Jens Petersen
Examinatorium Allgemeiner Teil des BGB und Handelsrecht
De Gruyter Studium

Jens Petersen

Examinatorium Allgemeiner Teil des BGB und Handelsrecht

—

DE GRUYTER

Dr. iur. *Jens Petersen*,
Professor für Bürgerliches Recht, Deutsches und Internationales Wirtschaftsrecht
an der Universität Potsdam

ISBN 978-3-11-024800-5
e-ISBN 978-3-11-024801-2

Bibliografische Information der Deutschen Nationalbibliothek
Die Deutsche Nationalbibliothek verzeichnet diese Publikation in der Deutschen
Nationalbibliografie; detaillierte bibliografische Daten sind im Internet über
http://dnb.d-nb.de abrufbar.

© 2013 Walter de Gruyter GmbH, Berlin/Boston
Druck: Hubert & Co. GmbH & Co. KG, Göttingen
♾ Gedruckt auf säurefreiem Papier
Printed in Germany

www.degruyter.com

Vorwort

Im juristischen Examen zählt nicht das, was man weiß, sondern das, was man in der Klausur anwenden kann. Die vorliegende Darstellung unterscheidet sich daher von den klassischen Lehrbüchern zum Allgemeinen Teil dadurch, dass sie von vornherein von der Anspruchsmethode ausgeht und an möglichst vielen Stellen auch die typischerweise konkurrierenden Anspruchsgrundlagen aus den anderen Büchern des BGB berücksichtigt. Da sich das Werk an fortgeschrittene Leserinnen und Leser wendet, wird entsprechend dem Grundprinzip des Allgemeinen Teils, der gleichsam vor der Klammer der übrigen Bücher steht, auf Schritt und Tritt der Bezug zu den anderen Büchern des BGB hergestellt. In diesem Rahmen werden auch viele Fragen und Probleme mit abgehandelt, die nicht unmittelbar zum Allgemeinen Teil bzw. dem Handelsrecht gehören, aber ihren Ausgangspunkt in strukturprägenden Besonderheiten des Allgemeinen Teils haben. Nicht zuletzt dadurch ist der Umfang des Buches sehr angeschwollen. Niemand soll meinen, das Examinatorium von Buchdeckel zu Buchdeckel durcharbeiten zu müssen. Würde wirklich alles zum paraten Examensstoff des Allgemeinen Teils und des Handelsrechts gehören, dann könnte man leicht hochrechnen, wie groß der Examensstoff wäre, wenn man auch zu allen anderen Materien entsprechende Darstellungen durcharbeiten müsste – ein unmögliches Unterfangen. Dass das Buch so dick geworden ist, liegt eher daran, dass sich die besondere Komplexität des Allgemeinen Teils erst in der Examensvorbereitung zeigt. Oft werden nämlich erst dann die Querbezüge zu den anderen Gebieten des Privatrechts sichtbar. Insofern sei zu einer selektiven Lektüre geraten, die dasjenige vertieft, was sich im Laufe des Studiums als schwerer erwiesen hat, als es in den Anfangssemestern den Anschein hatte. Wer sich dagegen der Mühe unterzieht, das Buch ganz durchzulesen, sollte für die aufgewendete Zeit durch ein vertieftes Verständnis der Querbezüge zu den anderen Büchern des BGB und den übrigen Nebengebieten entschädigt werden.

Die vorliegende Darstellung verbindet den Allgemeinen Teil des BGB soweit ersichtlich erstmals mit dem Handelsrecht. Dieses Konzept beruht auf der Annahme, dass sich praktisch das gesamte examensrelevante Handelsrecht aus dem Allgemeinen Teil des BGB erklären lässt bzw. umgekehrt mitunter Fragen des Allgemeinen Teils durch eine systematische Betrachtung des älteren Handelsgesetzbuchs beantworten oder zumindest erhellen lassen. Die Darstellung des Handelsrechts ist bewusst selektiv. Während der Allgemeine Teil bis hin zu den sonst häufig weggelassenen Problemen der Stiftung, des Vereins oder der Berechnung von Terminen und Fristen etc. zur Gänze dargestellt wurde, begnügt sich die Darstellung der handelsrechtlichen Fragen mit denjenigen Problemen, die nach einer Durchsicht der Examensklausuren der letzten Jahre typischerweise im Rahmen des Pflichtfachstoffs erwartet wurden. Verkürzungen und Auslassungen wurden bewusst hingenommen, um die Stofffülle in Grenzen zu halten, da die Einzelheiten nach den Erfahrungen der letzten Jahre zumeist den Schwerpunktbereichsprüfungen vorbehalten sind.

Das Buch besteht im Wesentlichen aus den Aufsätzen, die ich in den letzten anderthalb Jahrzehnten für die Zeitschrift JURA verfasst habe. Alle Beiträge wurden überarbeitet und mit neuen Nachweisen versehen. Der Titel geht bewusst zurück auf die frühere Rubrik „Examinatorium" der JURA. Es handelt sich aber nicht einfach um eine Aufsatzsammlung, da die einzelnen Beiträge von vornherein – spätestens seit meiner Mitherausgeberschaft im Jahre 2002 – auf ein großes Ganzes hin konzipiert wurden. Dabei war zunächst an eine Darstellung des Allgemeinen Teils gedacht, doch legte meine Zuständigkeit für das Handelsrecht bald die Verbindung dieser beiden

Materien nahe, deren systematischer Zusammenhang mir durch die lehrende Darstellung immer deutlicher wurde.

Ich danke meinen Mitarbeitern Herrn Hannes Arndt, Herrn Roy F. Bär, Herrn Lars Rühlicke, Frau Sophia Obst, Herrn Marcel Brix und ganz besonders Herrn David Hötzel sehr herzlich für ihre permanente Gesprächs- und Diskussionsbereitschaft sowie vor allem für die Aktualisierung der Beiträge und die Anfertigung der Register!

Potsdam, im Dezember 2012   Jens Petersen

Inhaltsverzeichnis

Abkürzungsverzeichnis

a.A.	anderer Ansicht
a.E.	am Ende
a.F.	alte Fassung
aaO	am angegebenen Ort
AbgG	Abgeordnetengesetz
Abs.	Absatz
AcP	Archiv für die civilistische Praxis
AG	Amtsgericht/Aktiengesellschaft
AGB	Allgemeine Geschäftsbedingungen
AGG	Allgemeines Gleichbehandlungsgesetz
Alt.	Alternative
Anm.	Anmerkung
AO	Abgabenordnung
ArchBürgR	Archiv für Bürgerliches Recht
arg.	Argumentum
ARSP	Archiv für Rechts- und Sozialphilosophie
Art.	Artikel
AT	Allgemeiner Teil
BAG	Bundesarbeitsgericht
BayObLG	Bayerisches Oberstes Landesgericht
BB	Betriebs-Berater
Bd.	Band
BFH	Bundesfinanzhof
BGB	Bürgerliches Gesetzbuch
BGBl	Bundesgesetzblatt
BGH	Bundesgerichtshof
BGHZ	Entscheidungen des BGH in Zivilsachen
Bsp.	Beispiel
BT-Drs.	Bundestags-Drucksache
BVerfG	Bundesverfassungsgericht
BVerfGE	Entscheidungen des Bundesverfassungsgerichts
BVerwG	Bundesverwaltungsgericht
BWNotZ	Zeitschrift für das Notariat in Baden-Württemberg
bzw.	beziehungsweise
c.i.c.	culpa in contrahendo
CR	Computer und Recht
d.h.	das heißt
DAR	Deutsches Autorecht
DB	Der Betrieb
dens.	denselben
ders.	derselbe
dies.	dieselbe(n)
DNotZ	Deutsche Notar-Zeitschrift
DStR	Deutsches Steuerrecht
ebd.	ebenda
EG	Europäische Gemeinschaft
Einf.	Einführung

Einl.	Einleitung
EntgeltFG	Entgeltfortzahlungsgesetz
EuGH	Europäischer Gerichtshof
EWiR	Entscheidungen zum Wirtschaftsrecht
f., ff.	folgend(e)
FamRZ	Zeitschrift für das gesamte Familienrecht
FernAbsG	Fernabsatzgesetz
FS	Festschrift
GbR	Gesellschaft bürgerlichen Rechts
GG	Grundgesetz der Bundesrepublik Deutschland
ggf.	gegebenenfalls
GmbH	Gesellschaft mit beschränkter Haftung
GmbHG	Gesetz betreffend die Gesellschaften mit beschränkter Haftung
GmbHR	GmbH-Rundschau
GoA	Geschäftsführung ohne Auftrag
GRUR	Gewerblicher Rechtsschutz und Urheberrecht
GrünhutsZ	Grünhurs Zeitschrift für das Privat- und Öffentliche Recht der Gegenwart
GS	Gedächtnisschrift
GVG	Gerichtsverfassungsgesetz
h.L.	herrschende Lehre
h.M.	herrschende Meinung
HeimG	Heimgesetz
HGB	Handelsgesetzbuch
HK-BGB	BGB-Handkommentar
Hrsg.	Herausgeber
Hs.	Halbsatz
i.S.d.	im Sinne des/der
i.V.m.	in Verbindung mit
InsO	Insolvenzordnung
JA	Juristische Arbeitsblätter
JFG	Jahrbuch für Entscheidungen in Angelegenheiten der Freiwilligen Gerichtsbarkeit und des Grundbuchrechts
JherJb	Jherings Jahrbücher der Dogmatik des Bürgerlichen Rechts
JK	Jura-Kartei
JR	Juristische Rundschau
Jura	Juristische Ausbildung
JuS	Juristische Schulung
JZ	Juristenzeitung
JW	Juristische Wochenschrift
Kfz	Kraftfahrzeug
KG	Kommanditgesellschaft/Kammergericht
KSchG	Kündigungsschutzgesetz
LG	Landgericht
LM	Nachschlagewerk des BGHZ, herausgegeben von Lindenmaier und Möhring
LMK	Kommentierte BGH-Rechtsprechung, hrsg. Von Lindenmaier und Möhring
LZ	Leipziger Zeitschrift für Deutsches Recht

MarkenG	Markengesetz
MMR	MultiMedia und Recht
m.w.N.	mit weiteren Nachweisen
MDR	Monatsschrift für deutsches Recht
MüKo	Münchener Kommentar zum BGB
NJW	Neue Juristische Wochenschrift
NJW-RR	NJW-Rechtsprechungs-Report Zivilrecht
NK-BGB	Nomos-Kommentar
NotBZ	Zeitschrift für die notarielle Beratungs- und Beurkundungspraxis
Nr.	Nummer
NVwZ	Neue Zeitschrift für Verwaltungsrecht
NZA	Neue Zeitschrift für Arbeitsrecht
NZG	Neue Zeitschrift für Gesellschaftsrecht
NZM	Neue Zeitschrift für Mietrecht
oHG	Offene Handelsgesellschaft
OLG	Oberlandesgericht
OLG-NL	OLG-Rechtsprechung Neue Länder
OLGZ	Entscheidungen der Oberlandesgerichte in Zivilsachen
PersBefG	Personenbeförderungsgesetz
PostG	Postgesetz
ProdHaftG	Produkthaftungsgesetz
Prot.	Protokoll
RdA	Recht der Arbeit
RBerG	Rechtsberatungsgesetz
RDG	Rechtsdienstleistungsgesetz
resp.	respektive
RG	Reichsgericht
RGZ	Entscheidungen des Reichsgerichts in Zivilsachen
Rn.	Randnummer
Rpfleger	Der Deutsche Rechtspfleger
Rspr.	Rechtsprechung
S.	Satz; Seite
SchlHA	Schleswig-Hosteinische Anzeigen
SJZ	Süddeutsche Juristenzeitung
sog.	sogenannt(e)
st. Rspr.	ständige Rechtsprechung
StVG	Straßenverkehrsgesetz
Tz.	Textziffer
u.U.	unter Umständen
VersR	Versicherungsrecht
vgl.	vergleiche
Vorb.	Vorbemerkung
VuR	Verbraucher und Recht
VVG	Versicherungsvertragsgesetz
VwGO	Verwaltungsgerichtsordnung

WG	Wechselgesetz
WM	Wertpapiermitteilungen
WRP	Wettbewerb in Recht und Praxis
ZBB	Zeitschrift für Bankrecht und Bankwirtschaft
ZEuP	Zeitschrift für Europäisches Privatrecht
ZEV	Zeitschrift für Erbrecht und Vermögensnachfolge
ZfA	Zeitschrift für Arbeitsrecht
ZfRV	Zeitschrift für Rechtsvergleichung, Internationales Privatrecht und Europarecht
ZGR	Zeitschrift für Unternehmens- und Gesellschaftsrecht
ZGS	Zeitschrift für das gesamte Schuldrecht
ZHR	Zeitschrift für das gesamte Handels- und Wirtschaftsrecht
ZInsO	Zeitschrift für das gesamte Insolvenzrecht
ZIP	Zeitschrift für Wirtschaftsrecht
ZMR	Zeitschrift für Miet- und Raumrecht
ZPO	Zivilprozessordnung
ZRP	Zeitschrift für Rechtspolitik
ZVG	Gesetz über die Zwangsversteigerung und die Zwangsverwaltung
ZVglRWiss	Zeitschrift für vergleichende Rechtswissenschaft
ZZP	Zeitschrift für Zivilprozess

Literaturverzeichnis

Armbrüster, Examinatorium BGB AT, 2006 (zitiert: *Armbrüster*)

Boecken, BGB – Allgemeiner Teil, 2. Auflage 2012 (zitiert: *Boecken*)

Boemke/Ulrici, BGB Allgemeiner Teil, 2009 (zitiert: *Boemke/Ulrici*)

Bork, Allgemeiner Teil des Bürgerlichen Gesetzbuchs, 3. Auflage 2011 (zitiert: *Bork*)

Brehm, Allgemeiner Teil des BGB, 6. Auflage 2008 (zitiert: *Brehm*)

Brox/Walker, Allgemeiner Teil des BGB, 36. Auflage 2012 (zitiert: *Brox/Walker*)

Canaris, Handelsrecht, 24. Auflage 2006 (zitiert: *Canaris* HR)

Diederichsen, Der Allgemeine Teil des Bürgerlichen Gesetzbuchs für Studienanfänger,
   5. Auflage 1984 (zitiert: *Diederichsen*)

Enneccerus/Nipperdey, Lehrbuch des bürgerlichen Rechts, Band I, 2 Halbbände, Allgemeiner Teil
   des bürgerlichen Rechts, 15. Auflage 1959/1960 (zitiert: *Enneccerus/Nipperdey*)

Faust, Bürgerliches Gesetzbuch. Allgemeiner Teil, 3. Auflage 2012 (zitiert: *Faust*)

Flume, Allgemeiner Teil des Bürgerlichen Rechts, Band II, Das Rechtsgeschäft, 4. Auflage 1992
   (zitiert: *Flume*)

Förster, Allgemeiner Teil des BGB, 2. Auflage 2011 (zitiert: *Förster*)

Gottwald, Examens-Repetitorium, BGB – Allgemeiner Teil, 2. Auflage 2008 (zitiert: *Gottwald*)

Hirsch, BGB, Allgemeiner Teil, 7. Auflage 2012 (zitiert: *Hirsch*)

Jung, Handelsrecht, 8. Auflage 2010 (zitiert: *Jung*)

Kindler, Handels- und Gesellschaftsrecht, 5. Auflage 2011 (zitiert: *Kindler*)

Köhler, Prüfe dein Wissen. BGB Allgemeiner Teil, 26. Auflage 2011 (zitiert: *Köhler* PdW)

Köhler, BGB, Allgemeiner Teil, Ein Studienbuch, 36. Auflage 2012 (zitiert: *Köhler*)

Larenz/Canaris, Lehrbuch des Schuldrechts, Besonderer Teil, Band II/2, 13. Auflage 1994
   (zitiert: *Larenz/Canaris*)

Leenen, BGB, Allgemeiner Teil, Rechtsgeschäftslehre, 2011 (zitiert: *Leenen*)

Leipold, BGB I, Einführung und Allgemeiner Teil, 6. Auflage 2010 (zitiert: *Leipold*)

Lettl, Handelsrecht, 2. Auflage 2011 (zitiert: *Lettl* HR)

Lettl, Fälle zum Handelsrecht, 2007 (zitiert: *Lettl* Fälle HR)

Löwisch/Neumann, Allgemeiner Teil des BGB, 7. Auflage 2004 (zitiert: *Löwisch/Neumann*)

Marburger, Klausurenkurs BGB – Allgemeiner Teil, 8. Auflage 2004 (zitiert: *Marburger*)

Medicus, Allgemeiner Teil des BGB, 10. Auflage 2010 (zitiert: *Medicus*)

Medicus/Lorenz, Schuldrecht I, Allgemeiner Teil, 19. Auflage 2010 (zitiert: *Medicus/Lorenz*)

Medicus/Petersen, Bürgerliches Recht, 23. Auflage 2011 (zitiert: *Medicus/Petersen* BR)

Medicus/Petersen, Grundwissen zum Bürgerlichen Recht, 9. Auflage 2011 (zitiert: *Medicus/
   Petersen* GW)

Meyer, Handelsrecht, 2. Auflage 2011 (zitiert: *Meyer*)

Musielak, Grundkurs BGB, 12. Auflage 2011 (zitiert: *Musielak*)

Oechsler, Schuldrecht Besonderer Teil, Vertragsrecht, 2. Auflage 2007 (zitiert: *Oechsler*)

Pawlowski, Allgemeiner Teil des BGB, 7. Auflage 2003 (zitiert: *Pawlowski*)

Petersen, Examens-Repetitorium Allgemeines Schuldrecht, 5. Auflage 2011 (zitiert: *Petersen*)

Roth/Weller, Handels- und Gesellschaftsrecht, 7. Auflage 2010 (zitiert: *Roth/Weller*)

Rüthers/Stadler, Allgemeiner Teil des BGB, 17. Auflage 2011 (zitiert: *Rüthers/Stadler*)

Saar/Müller, 35 Klausuren aus dem Handels- und Gesellschaftsrecht, 3. Auflage 2006
   (zitiert: *Saar/Müller*)

Schack, BGB – Allgemeiner Teil, 13. Auflage 2011 (zitiert: *Schack*)

Scherner, BGB – Allgemeiner Teil, 1995 (zitiert: *Scherner*)

K. Schmidt, Handelsrecht, 5. Auflage 1999 (zitiert: *K. Schmidt* HR)

Schwab/Löhnig, Einführung in das Zivilrecht, 19. Auflage 2012 (zitiert: *Schwab/Löhnig*)

Steinbeck, Handelsrecht, 2. Auflage 2011 (zitiert: *Steinbeck*)

Werner, 22 Probleme aus dem BGB, Allgemeiner Teil, 7. Auflage 2005 (zitiert: *Werner*)

Wertenbruch, BGB, Allgemeiner Teil, 2. Auflage 2012 (zitiert: *Wertenbruch*)

Wolf/Neuner, Allgemeiner Teil des Bürgerlichen Rechts, 10. Auflage 2012 (zitiert: *Wolf/Neuner*)

Erster Teil: Privatautonomie, Systematik und Anspruchsaufbau

§ 1 Die Privatautonomie und ihre Grenzen

I. Der Grundsatz der Privatautonomie

Die Privatautonomie ist das prägende Strukturprinzip der Privatrechtsordnung.[1] Sie **1** findet ihre Wurzeln bereits im römischen Recht, was regelmäßig mit dem beliebten Zitat „ius civile scriptum est vigilantibus" (Das Recht ist für die Wachsamen geschrieben)[2] belegt wird. Der Grundsatz der Privatautonomie besagt, dass der Einzelne im Rahmen des von der Rechtsordnung Zulässigen selbst seine Lebensverhältnisse regeln kann.[3] Privatautonomie ist mit den Worten *Flumes*, der sie in seinem großen Lehrbuch in besonderer Weise zur Geltung gebracht hat, „das Prinzip der Selbstgestaltung der Rechtsverhältnisse durch den Einzelnen nach seinem Willen".[4] Die Maßgeblichkeit des Willens geht letztlich auf *von Savigny* zurück, von dem „der Wille an sich als das einzig Wichtige und Wirkliche gedacht" wird.[5] Privatautonomie bedeutet mithin Freiheit,[6] die – wie jede Freiheit – nicht ohne Bindung bestehen kann.[7] Es sind vor allem drei Ausprägungen dieser Freiheit, welche die Privatautonomie ausmachen.

1. Vertragsfreiheit

Privatautonomie bedeutet für den Einzelnen zunächst Vertragsfreiheit.[8] Diese ist als **2** Ausprägung der allgemeinen Handlungsfreiheit nach Art. 2 Abs. 1 GG verfassungsrechtlich geschützt,[9] erfährt aber gleichsam schon von Verfassungs wegen Grenzen.[10] Die Vertragsfreiheit lässt sich ihrerseits untergliedern in die **Abschlussfreiheit**, die **Inhaltsfreiheit** und die Formfreiheit.[11] Der Einzelne soll ohne Fremdbestimmung entscheiden können, ob er einen Vertrag abschließt oder davon absieht;[12] man kann inso-

---

1 Aus dem unüberschaubaren Schrifttum vor allem *Biedenkopf*, FS Coing II 1982, S. 21; *Bydlinski*, Privatautonomie und objektive Grundlagen des verpflichtenden Rechtsgeschäfts, 1967; *Canaris*, AcP 200 (2000), 273; *Medicus*, Abschied von der Privatautonomie im Schuldrecht?, 1994; *Singer*, Selbstbestimmung und Verkehrsschutz im Recht der Willenserklärungen, 1995; *Oechsler*, Gerechtigkeit im modernen Austauschvertrag, 1997.

2 D. 42,8,24; dazu ausführlich *Baldus*, Römische Privatautonomie, AcP 210 (2010), 2 ff.

3 *Brox/Walker*, Rn. 25.

4 *Flume*, § 1, 1., S. 2.

5 Vgl. *v. Savigny*, System des heutigen römischen Rechts, 1840, Band 3, S. 258.

6 *Medicus*, Rn. 178.

7 BVerfGE 12, 347.

8 *L. Raiser*, JZ 1958, 1; ferner *Becker*, WM 1999, 709; *Höfling*, Vertragsfreiheit. Eine grundrechtsdogmatische Studie, 1991.

9 BVerfG NJW 1994, 36, 38; eingehend zum Zusammenhang zwischen Vertragsfreiheit und Grundrechten *Singer*, JZ 1995, 1133.

10 Dazu *Coester-Waltjen*, Jura 2006, 436, 437.

11 *Köhler*, § 5 Rn. 1; mit ebendieser Einteilung *Coester-Waltjen*, Jura 2006, 436, 438.

12 Zur damit verbundenen Betroffenheit Dritter *Habersack*, Vertragsfreiheit und Drittinteressen, 1991. Zur Frage, wie sich verbraucherschützende Widerrufsrechte vor der Privatautonomie rechtfertigen lassen, *Eidenmüller*, AcP 210 (2010), 67.

fern bei letzterem auch von einer negativen Abschlussfreiheit sprechen.[13] Im Rahmen der gesetzlichen Möglichkeiten können die Beteiligten aber eben auch den Inhalt des Vertrags selbst bestimmen und den Vertrag selbst ausgestalten (**Gestaltungsfreiheit**), sofern es sich nicht ausnahmsweise um zwingendes Recht handelt. Sie können sogar Vertragstypen mit neuartigem Inhalt schaffen, die gerade dasjenige zur Geltung bringen, was sie im Wirtschaftsleben konkret benötigen.[14] Schließlich gehört auch die **Formfreiheit** zur Vertragsfreiheit: Die Parteien können sich grundsätzlich formlos verpflichten, sofern nicht die Einhaltung einer Form zwingend vorgeschrieben ist, oder umgekehrt zu ihrem wechselseitigen Schutz eine bestimmte Form vereinbaren. Es kommt der Privatautonomie ganz bewusst entgegen, dass Verträge grundsätzlich formfrei geschlossen werden können, damit es möglichst wenig Hemmnisse auf dem Weg zu einer vertraglichen Bindung gibt, die sich am Markt und den Bedürfnissen der Marktteilnehmer orientiert. Als Markt bezeichnet man den ökonomischen Ort, an dem Angebot und Nachfrage bezüglich eines bestimmten Guts aufeinander treffen.[15] Es ist geradezu die Grundlage der Marktwirtschaft und überhaupt des wirtschaftlichen Wettbewerbs, dass die Teilnehmer über Angebot und Nachfrage grundsätzlich selbst bestimmen können sollen.[16]

3   Für die Fallbearbeitung wichtig sind vor allem die Instrumente der **Vertragsfreiheit** innerhalb der Rechtsgeschäftslehre.[17] Es geht also um den Zusammenhang von Rechtsgeschäft und Privatautonomie;[18] präziser gesagt geht es um die Gewährleistung von Privatautonomie durch das Rechtsgeschäft. In diesem Sinne ist das Rechtsgeschäft – mit den Worten der Motive zum BGB – „eine Privatwillenserklärung, gerichtet auf die Hervorbringung eines rechtlichen Erfolges, der nach der Rechtsordnung deswegen eintritt, *weil er gewollt ist*. Das Wesen des Rechtsgeschäfts wird darin gefunden, dass ein auf die Hervorbringung rechtlicher Wirkungen gerichteter Wille sich betätigt, und dass der Spruch der Rechtsordnung in Anerkennung dieses Willens die gewollte rechtliche Gestaltung in der Rechtswelt verwirklicht."[19] *Medicus* hat dies auf eine prägnante Formel gebracht, die man sich merken kann und die auch im Schrifttum Beifall gefunden hat:[20] „Die Willenserklärung ist das Mittel des Rechtsgeschäfts, dieses ist das Mittel der Privatautonomie."[21]

---

13 Erman/*Armbrüster*, 13. Auflage 2011, § 21 AGG Rn. 18.
14 Instruktiv zum Ganzen *Oechsler*, Rn. 6 ff. Zu angloamerikanischen Einflüssen auf die Ausgestaltung der Privatautonomie *R. Stürner*, AcP 210 (2010), 105 ff.
15 Näher zu den damit zusammenhängenden ökonomischen Theorien *Petersen*, Medienrecht und Informationsrecht. Eine Standortbestimmung am Beispiel des Kartellrechts, 2005.
16 *Rüthers/Stadler*, § 3 Rn. 5.
17 Siehe auch *Höhn*, Jura 1984, 57.
18 Grundlegend dazu *Flume*, Rechtsgeschäft und Privatautonomie, FS zum hundertjährigen Bestehen des Deutschen Juristentages, 1960, Band 1, S. 135 ff.
19 Motive Band I, 126 (= *Mugdan* Band I, S. 421); Hervorhebung nur hier.
20 *Leenen*, FS Canaris, 2007, S. 699; *ders.* Jura 2007, 721 ff.
21 *Medicus*, Rn. 175.

2. Eigentumsfreiheit

Die Eigentumsfreiheit scheint auf den ersten Blick nicht in diesen Zusammenhang zu 4
gehören. Sie erweist sich aber mit ihren Auswirkungen im Einzelnen als dem vorliegenden Thema zugehörig,[22] weil die Eigentumsfreiheit dem Eigentümer einen Freiraum im vermögensrechtlichen Bereich garantiert, den er eigenverantwortlich nutzen können soll.[23] Nach § 903 S. 1 BGB kann der Eigentümer einer Sache, soweit nicht das Gesetz oder Rechte Dritter entgegenstehen, mit der Sache nach Belieben verfahren und andere von jeder Einwirkung ausschließen.[24] Es geht bei der verfassungsrechtlichen Eigentumsgarantie zwar nicht im eigentlichen Sinne um eine Ausprägung der Privatautonomie, sondern vor allem um die Gewährleistung des Privateigentums als Rechtsinstitut. Doch deutet der Regelungsmechanismus des § 903 S. 1 BGB mit seinen gesetzlich vorausgesetzten Beschränkungen auf den systematischen Zusammenhang mit der Vertragsfreiheit hin. In diesem Sinnzusammenhang ist auch die Vorschrift des § 137 BGB in Erinnerung zu rufen, wonach die Befugnis zur Verfügung über ein veräußerliches Recht nicht durch Rechtsgeschäft ausgeschlossen oder beschränkt werden kann. Es soll nicht zu einer *res extra commercium* kommen.[25] Zudem soll niemand durch Rechtsgeschäft seine rechtliche **Handlungsfähigkeit** ausschließen oder beschränken können. Deshalb wird aus dieser Vorschrift auch das Verbot einer verdrängenden Vollmacht abgeleitet. Darunter versteht man eine unwiderrufliche Vollmacht, die so weit reicht, dass sie die Rechtsmacht des Vollmachtgebers geradezu ausschließt. Eine solche Vollmacht würde letztlich zu einer Entäußerung der Privatautonomie führen.[26]

3. Testierfreiheit

Eine wichtige Ausprägung der Privatautonomie stellt die Testierfreiheit dar.[27] Sie ist 5
ein so elementarer Bestandteil der Privatrechtsordnung, dass sie nicht eigens normiert werden musste.[28] Dem Erblasser ist verfassungsrechtlich die Möglichkeit garantiert, über sein Vermögen innerhalb der vom Gesetz gezogenen Grenzen frei zu verfügen (vgl. Art. 14 Abs. 1 S. 1 Fall 2 GG).[29] Er muss seine Abkömmlinge auch nicht gleich behandeln und kann sie sogar ohne besonderen Grund enterben, das heißt auf ihren Pflichtteil nach den § 2303 ff. BGB beschränken.[30] Das wird durch eine Vorschrift klargestellt, die systematisch am besten im Zusammenhang mit den Nichtigkeitsgründen des Allgemeinen Schuldrechts zu verstehen ist:[31] Gemäß § 2302 BGB ist ein Vertrag

---

22 *Brox/Walker*, Rn. 25.
23 BVerfG NJW 2006, 1191.
24 Zur Eigentumsgarantie des Art. 14 GG *Schoch*, Jura 1989, 113.
25 *R. Liebs*, AcP 175 (1975), 1.
26 *Petersen*, FS Bub, 2007, S. 405, 411 f.
27 Umfassend zur Testierfreiheit als Bestandteil der Privatautonomie *Röthel*, AcP 210 (2010), 32 ff.
28 Palandt/*Edenhofer*, 71. Auflage 2012, § 1937 Rn. 3.
29 BVerfG NJW 1999, 1853; 2005, 1561.
30 BVerfG NJW 1985, 1455.
31 *Petersen*, Rn. 68.

nichtig, durch den sich jemand verpflichtet, eine Verfügung von Todes wegen zu errichten oder nicht zu errichten, aufzuheben oder nicht aufzuheben.

6 Dass aber auch der Testierfreiheit Grenzen gesetzt sind, veranschaulicht der Zusammenhang mit dem Allgemeinen Teil des BGB, vor allem den §§ 134, 138 BGB.[32] Die Rechtsordnung erkennt nicht alle letztwilligen Verfügungen gleichermaßen an. Früher war die Rechtsprechung insbesondere unter dem Stichwort des so genannten „**Mätressentestaments**" sehr streng: In besonderen Konstellationen, insbesondere dann, wenn jemand sein Vermögen seiner außerhalb der Familie stehenden Geliebten vermachte, vermutete die Rechtsprechung, dass eine zwischen den Beteiligten bestehende sexuelle Beziehung den Ausschlag für die Zuwendung gab und hat der letztwilligen Verfügung dementsprechend die rechtliche Anerkennung versagt.[33] Diese Rechtsprechung hat der Bundesgerichtshof aber schon seit einiger Zeit aufgegeben.[34] Sittenwidrig sind solche Verfügungen, wenn sie „die geschlechtliche Hingabe entlohnen oder zur Fortsetzung der sexuellen Beziehungen bestimmen oder diese festigen" sollen („Hergabe für Hingabe").[35] Wenn es aber darum geht, die Geliebte zu versorgen, nimmt die Rechtsprechung keinen Verstoß (mehr) gegen § 138 Abs. 1 BGB an.[36]

7 Mitunter hat die Rechtsprechung auch außergesetzliche Normen für maßgeblich gehalten. Paradigmatisch ist die **Ebenbürtigkeitsklausel** in Erbverträgen des Hochadels, die gewährleisten soll, dass niemand „unter Stand" heiratet und für diesen Fall eine Enterbung des Betreffenden vorsah.[37] Der Bundesgerichtshof hat dies gebilligt,[38] dafür aber berechtigte Kritik erfahren.[39] Das Bundesverfassungsgericht hat diese Rechtsprechung dann auch deutlich eingeschränkt.[40]

8 Eine weitere Begrenzung der Privatautonomie in Gestalt der Testierfreiheit zeigt sich am Beispiel einer ebenso unbekannten wie praktisch wichtigen Vorschrift, nämlich § 14 des Heimgesetzes (HeimG), der ein Verbotsgesetz im Sinne des § 134 BGB darstellt.[41] § 14 HeimG untersagt letztwillige Verfügungen eines Heimbewohners zugunsten der dort Beschäftigten, um zu verhindern, dass diese sich in besonderer Weise denjenigen widmen, die ihnen testamentarische Versprechungen machen. Die Rechtsprechung hat diese Vorschrift aus gutem Grund weithin umgehungsresistent ausgelegt.[42] Diese Regelung illustriert anschaulich am Beispiel der Testierfreiheit den Zusammenhang zwischen dem Prinzip der Privatautonomie und ihren Grenzen: Die Bestimmung ist unverkennbar paternalistisch, weil sie privatautonome Gestaltungen pauschal ausschließt, für die der Betroffene im Einzelfall durchaus anerkennungswürdige Gründe haben kann, etwa weil sich seine Angehörigen nicht mehr um ihn kümmern und er diejenigen entlohnen möchte, die dies an ihrer Stelle tun, wenn sie

---

32 Anschaulich zum Spannungsfeld zwischen Testierfreiheit und Testiermacht *Röthel*, AcP 210 (2010), 32, 35 ff.
33 BGH JZ 1968, 466.
34 BGH NJW 1973, 1645.
35 BGHZ 53, 369, 376.
36 BGH NJW 1983, 674; dazu *Finger*, JZ 1983, 608.
37 Dazu *Schmoeckel*, AcP 197 (1997), 1; *ders.*, JZ 1999, 517.
38 BGHZ 140, 118.
39 *A. Staudinger*, Jura 2000, 467.
40 BVerfG NJW 2004, 2008.
41 BGHZ 110, 237.
42 BGH NJW 1991, 1060; BayObLG NJW 2000, 1875; dazu *Petersen*, DNotZ 2000, 739.

auch bereits dafür bezahlt werden und somit faktisch eine Doppelalimentation der Pflegeleistung droht.[43] Diesen **Paternalismus** hat der Gesetzgeber in Kauf genommen, um Missbräuche zu Lasten derjenigen zu unterbinden, die sich am wenigsten helfen können. Wie so viele Einschränkungen der Privatautonomie soll auch § 14 HeimG ihr in einem höheren Sinne gerecht werden: Die Privatautonomie wird so paradoxerweise institutionell geschützt, indem sie individuell begrenzt wird.

II. Grenzen der Privatautonomie

Eine schrankenlose Gewährleistung der Privatautonomie würde zwar vorderhand 9 die Freiheit des Einzelnen unbedingt verwirklichen, wäre aber für ein gedeihliches Zusammenleben nicht förderlich,[44] zumal nicht jedem dieselben wirtschaftlichen Möglichkeiten zu Gebote stehen, seine Freiheit zu verwirklichen.[45] Eine von den Grenzen der §§ 134, 138 BGB abgesehen nicht begrenzte Vertragsfreiheit wäre aber kein Liberalismus, sondern regelrechter Libertinismus.[46]

1. Kollidierende Grundrechte

Wie eng diese Grenzen der Privatautonomie zu ziehen sind, hatte jüngst der BGH in 10 einem vielbeachteten[47] Urteil im Kontext mehrerer kollidierender Grundrechte zu entscheiden:[48] Es stand in Frage, inwieweit ein Hotelbetreiber im Rahmen seines ihm grundsätzlich zustehenden Hausrechtes einen Gast entgegen des zuvor privatautonom mit ihm geschlossenen Beherbergungsvertrags aus seinem Hotel verweisen darf. Die Besonderheit des Falles lag darin, dass der Gast seinerzeit Bundesvorsitzender der NPD war und der Hotelbetreiber das Hausverbot mit der politischen Überzeugung des Gastes begründete. Der BGH hat in der Entscheidung zunächst eine Einschränkung des Hausrechts nach den §§ 19 Abs. 1 Nr. 1, 21 AGG zu Recht abgelehnt,[49] denn diese Normen kennen nach dem Willen des Gesetzgebers kein Diskriminierungsverbot wegen politischer Überzeugungen.[50] Gleichwohl kam der BGH zu dem Ergebnis, der privatautonom abgeschlossene Beherbergungsvertrag führe dazu, dass die Grundrechte des Hotelbetreibers auf Privatautonomie, unternehmerische Freiheit und Ausübung der Eigentumsrechte (Art. 2 Abs. 1, 12 Abs. 1 und 14 Abs. 1 GG) hinter das **Persönlichkeitsrecht** (Art. 2 Abs. 1 i.V.m. 1 Abs. 1 GG) des von einem späteren Hausverbot betroffenen Vertragspartners und das **Diskriminierungsverbot** (Art. 3 Abs. 1 GG) zurücktreten. Ein den Vertrag vereitelndes Hausverbot könne nur aus besonders gewichtigen Sachgründen ausgesprochen werden, die noch nicht allein in der politischen Überzeugung eines Gasts zu sehen seien. Hinzu kam, dass sich der Gast zuvor

---

43 Auch dies ist einer der Regelungszwecke des § 14 HeimG.
44 Instruktiv zu den Grenzen der Privatautonomie *C. Paulus/Zenker*, JuS 2001, 1.
45 Zur Privatautonomie im Spannungsfeld sozialer Gerechtigkeit *Geißler*, JuS 1991, 617.
46 Näher zum Ganzen *Petersen*, Wilhelm von Humboldts Rechtsphilosophie, 2. Auflage 2007, S. 80 ff.
47 *Mörsdorf*, JZ 2012, 688; in der Ausbildungsliteratur etwa *Mäsch*, JuS 2012, 777.
48 BGH NJW 2012, 1725.
49 Inwieweit diese zu einem Kontrahierungszwang führen könnten siehe unten Rn. 11.
50 BT-Drs. 16/2022, S. 13.

schon mehrfach in dem Hotel aufgehalten hatte, ohne dass es zu Beanstandungen gekommen war. Dem Hausrecht sei demgegenüber Vorrang einzuräumen, wenn sich der Hotelbetreiber die Entscheidung darüber von Anfang an vorbehalten hat, wen er als Gast aufnimmt. Der Fall steht paradigmatisch dafür, dass die ins Zivilrecht einstrahlenden Grundrechte[51] nach den konkreten Parametern des Sachverhaltes mit den Schutzgütern der Privatautonomie umfassend abzuwägen sind.

2. Kontrahierungszwang

11 In eng umgrenzten Fällen anerkennt die Rechtsordnung aus besonderen Gründen einen Kontrahierungszwang,[52] der das Gegenteil der Privatautonomie darstellt, weil diese nach dem eingangs Gesagten in erster Linie **Vertragsfreiheit** bedeutet.[53] Jeder Kontrahierungszwang ist vor dem Hintergrund der nach Art. 2 Abs. 2 GG verfassungsrechtlich geschützten Privatautonomie in besonderer Weise legitimationsbedürftig.[54] Diese Legitimation liegt häufig in einer speziellen gesetzlichen Anordnung, wie dies etwa nach §§ 17, 20 EnWG bei der Versorgung mit Strom und Gas, gemäß § 22 PersBefG im Personentransport sowie bei der Versorgung mit lebenswichtigen Gütern der Fall ist. Gleiches gilt für Monopolleistungen der Post (§ 8 PostG). Im Recht der Domain-Namen wird mit guten Gründen ein Kontrahierungszwang des Deutschen Network Information Center (Denic) angenommen.[55] Die Einzelheiten bezüglich des Kontrahierungszwangs sind für die Fallbearbeitung weniger wichtig als das Verständnis des prinzipiellen Zusammenhangs mit der Privatautonomie.

3. Allgemeines Gleichbehandlungsgesetz

12 Eine neuere Kodifikation schränkt die Vertragsfreiheit und damit die Privatautonomie ein. Es handelt sich um das Allgemeine Gleichbehandlungsgesetz (AGG). Nach dessen § 1 besteht das Ziel des AGG darin, eine Benachteiligung aus Gründen der Rasse, wegen der ethnischen Herkunft, des Geschlechts, der Religion oder Weltanschauung, einer Behinderung, des Alters und der sexuellen Identität zu verhindern oder zu beseitigen.[56] Diese Benachteiligungen werden in § 2 AGG näher bezeichnet und nach § 3 AGG in mittelbare und unmittelbare unterschieden. Das eigentliche **Benachteiligungsverbot** enthält sodann § 7 Abs. 1 AGG, wonach Beschäftigte nicht wegen eines in § 1 AGG genannten Grundes benachteiligt werden dürfen; eine solche Benachteiligung stellt nach § 7 Abs. 3 AGG zugleich eine Verletzung vertraglicher Pflichten dar.

---

51 Zum Einfluss der Verfassung auf die Auslegung des einfachen Rechts *Leenen*, § 23 Rn. 56 ff.; vgl. monographisch *Canaris*, Grundrechte und Privatrecht, 1999.

52 Monographisch aus dem älteren Schrifttum *H. C. Nipperdey*, Kontrahierungszwang und diktierter Vertrag, 1920; aus jüngerer Zeit *Busche*, Privatautonomie und Kontrahierungszwang, 1999.

53 Zu ihm *F. Bydlinski*, AcP 180 (1980), 1; *ders.*, JZ 1980, 378; *Grunewald*, AcP 182 (1982), 181; *Kilian*, AcP 180 (1980), 47.

54 Vgl. zum Zusammenhang zwischen Diskriminierungsschutz und Privatautonomie *Jestaedt*, VVDStRL 64 (2005) 298, 343.

55 LG Frankfurt WRP 1999, 366; *Nordemann/Czychowski/Grüter*, NJW 1997, 1900.

56 Siehe dazu insbesondere *Belling*, NZA 2004, 885; *Looschelders*, JZ 2012, 105.

Auch ein Arbeitsplatz darf gemäß § 11 AGG nicht unter Verstoß gegen § 7 Abs. 1 AGG ausgeschrieben werden. Ebenso ist diese Vorschrift gemäß § 6 Abs. 3 AGG auf den Geschäftsführer einer GmbH anwendbar, etwa wenn dessen Bestellung und Anstellung infolge einer Befristung abläuft und er sich erneut um das Amt des Geschäftsführers bewirbt.[57] Bestimmungen in Vereinbarungen, die gegen das Benachteiligungsverbot des § 7 Abs. 1 AGG verstoßen, sind nach dessen zweitem Absatz unwirksam. Das entspricht einer früheren Rechtsprechung des Bundesarbeitsgerichts.[58]

Zunehmend wird der Gleichbehandlungsgedanke auch durch den **EuGH** selbst **13** gestärkt, wie sich jüngst in einer Entscheidung zeigt: Danach stehe das Unionsrecht, insbesondere das Verbot der Diskriminierung wegen des Alters, einer Regelung wie § 622 Abs. 2 S. 2 BGB entgegen, wonach vor Vollendung des 25. Lebensjahres liegende Beschäftigungszeiten des Arbeitnehmers bei der Berechnung der Kündigungsfrist nicht berücksichtigt werden.[59]

Im einfachen Recht des AGG bedeutsam sind die in § 21 AGG geregelten Ansprü- **14** che: Nach dessen erstem Absatz kann der Benachteiligte bei einem Verstoß gegen das Benachteiligungsverbot unbeschadet weiterer Ansprüche die Beseitigung der Beeinträchtigung verlangen und, wenn weitere Beeinträchtigungen zu besorgen sind, auf **Unterlassung** klagen. Bei einer Verletzung des Benachteiligungsverbots ist der Benachteiligende nach § 21 Abs. 2 S. 1 AGG verpflichtet, den hierdurch entstandenen Schaden zu ersetzen, sofern er die Benachteiligung zu vertreten hat.[60] Nach einer im Schrifttum vertretenen, vorzugswürdigen Ansicht soll aber – vor dem Hintergrund der Privatautonomie wesentlich – über den Beseitigungsanspruch kein Vertragsschluss erzwungen werden können.[61] Die Gegenmeinung gibt zu bedenken, dass man de lege lata einen **Abschlusszwang** begründen könne,[62] sei es über den Beseitigungsanspruch selbst,[63] sei es durch die beim Schadensersatz zu leistende Naturalrestitution.[64] Sofern in der Benachteiligung zugleich eine Herabwürdigung des personalen Achtungsanspruchs liegt,[65] wird dieser Verstoß schon nach § 21 Abs. 2 S. 3 AGG, wonach der Benachteiligte wegen eines Schadens, der nicht Vermögensschaden ist, eine angemessene Entschädigung in Geld verlangen kann, effektiv sanktioniert,[66] ohne dass es darüber hinaus eines Kontrahierungszwangs bedarf.

57 BGH NJW 2012, 2346.

58 Zu ihr *Willemsen/Schweibert*, NJW 2006, 2583.

59 EuGH NJW 2010, 427.

60 Siehe dazu auch *Wagner/Potsch*, JZ 2006, 1085, 1098.

61 *Armbrüster*, NJW 2007, 1494; *Bachmann*, ZBB 2006, 257, 265 f.; *Schürnbrand*, BKR 2007, 305, 310; *Brox/Walker*, Rn. 75.

62 Zur früheren Rechtslage *Bezzenberger*, AcP 196 (1996) 395, 427; siehe auch *Neuner*, JZ 2003, 57, 61.

63 *Thüsing/von Hoff*, NJW 2007, 21.

64 *Rolfs*, NJW 2007, 1489, 1493; *Bruns*, JZ 2007, 385, 389.

65 Siehe dazu auch *Nickel*, NJW 2001, 2668, 2671.

66 *Armbrüster*, ZRP 2005, 41, 43; *Korell*, Jura 2006, 1, 9.

§ 2 Allgemeiner Teil und Handelsrecht

I. Die systematische Stellung des Allgemeinen Teils vor der Klammer der anderen Bücher

1. Bedeutung für die Fallbearbeitung

1 Wenn gesagt wird, dass der Allgemeine Teil vor der berühmten Klammer steht,[1] so bedeutet dies zunächst, dass alles, was dort an Allgemeinem geregelt ist, auch für die übrigen Bücher des BGB gilt, in denen Spezielles bestimmt ist.[2] Die mathematische Darstellung legt die Annahme nahe, dass die jeweilige Regelung des Allgemeinen Teils ein Faktor ist, der auch für das in den Besonderen Teilen Angeordnete gilt.[3] Für die Fallbearbeitung bedeutet dies, dass sich die Probleme, die der Fall im Zusammenwirken zwischen Allgemeinem Teil und den übrigen Büchern aufwirft, gleichsam multiplizieren und der Schwierigkeitsgrad entsprechend steigt. Nicht zuletzt das unterscheidet die Examensklausur von der Klausur in der Anfänger- oder Vorgerücktenübung. Ebenso wie es schwierig, um nicht zu sagen unmöglich ist, Fälle zu bilden, die hauptsächlich mit Vorschriften des Allgemeinen Teils zu lösen sind (prominentestes Beispiel: die Anfechtung der ausgeübten Innenvollmacht[4]), kommt es vergleichsweise selten vor, dass eine Spezialproblematik ohne jeden Rekurs auf Regelungen des Allgemeinen Teils zu bewältigen ist.

2 Mitunter erweist sich sogar ein vorgebliches Spezialproblem als paradigmatischer Anwendungsfall einer Regelung des Allgemeinen Teils des BGB. Die Kunst besteht dann darin, das Besondere der Reihe nach zu prüfen, um schließlich zum Allgemeinen zu gelangen. Deswegen ist es unerlässlich, sich bewusst zu machen, wo die Berührungspunkte zwischen Allgemeinem und Besonderem angesiedelt sind. Denn nur so können in bestimmten Fällen gravierende Auslassungen vermieden werden. Andernfalls besteht die Gefahr, dass in vermeintlichen Spezialfällen eine ganze Dimension – nämlich die des Allgemeinen Teils – verfehlt wird. Für die Anfechtung letztwilliger Verfügungen etwa gibt es zwar im Erbrecht die besonderen Vorschriften der §§ 2077 f. BGB. Doch besteht die Schwierigkeit in entsprechenden Klausuren nicht selten darin zu erkennen, wann es gleichwohl auf den allgemeinen § 133 BGB ankommt.

2. Legaldefinitionen

3 Legaldefinitionen bringen die Logik, Begriffsschärfe und innere Folgerichtigkeit des Gesetzes am sichtbarsten zum Ausdruck. Sie kommen nicht nur im Allgemeinen Teil vor, doch sind dort immerhin die bekanntesten geregelt. Ein Begriff, der in der dort bestimmten Weise legaldefiniert wurde, ist im gesamten Bürgerlichen Gesetzbuch in

---

1 Statt aller nur *Wolf/Neuner*, § 7 Rn. 12; *Köhler*, § 3 Rn. 14.
2 Zum Wert eines „allgemeinen" Teils des bürgerlichen Rechts *Zitelmann*, GrünhZ 33 (1906), 1.
3 Treffend *Brox/Walker*, Rn. 37: „Ausklammerungsmethode".
4 Dazu *Brox*, JA 1980, 449; *Eujen/Frank*, JZ 1973, 236; *Schwarze*, JZ 2004, 588; *Petersen*, AcP 201 (2001), 375; *S. Lorenz*, JuS 2010, 771, 773; Klausurbeispiel von *Forster*, Jura 2011, 778.

eben dieser Weise zu verstehen,[5] womit das **Klammerprinzip** besonders deutlich zum Vorschein tritt. Bei der Fallbearbeitung sollte die jeweilige Vorschrift dann immer mitzitiert werden. Zum Einen zeigt sich daran die Kenntnis des gesetzlichen Systems und seiner einzelnen Bestandteile auch dort, wo die Vorschriften weit auseinander stehen. Das ist bei Legaldefinitionen typischerweise der Fall, weil sie etwas ein für alle Mal festlegen. Zum Anderen erleichtern Legaldefinitionen die **Subsumtion**, weil sie nicht nur im Gesetz selbst, sondern auch im Gutachten Weitschweifigkeiten und terminologische Unschärfen zu vermeiden helfen. Man kann sich die innere Logik und Abstraktion des Gesetzes zunutze machen, indem man auf umständliche Zwischenschritte verzichtet und beispielsweise knapp feststellt, dass die Anfechtung „unverzüglich (§ 121 Abs. 1 BGB)" erklärt wurde, wenn der Anfechtungsberechtigte ersichtlich nicht schuldhaft gezögert hat. Auch hier bildet der Gutachtenaufbau die Regelungstechnik des BGB sinnvoll ab.[6]

a) Begriffe und Definitionen im Allgemeinen Teil

Legaldefinitionen sind selbst nicht notwendigerweise in Klammern gesetzt, wie die 4 §§ 13 f., 97 BGB beispielhaft veranschaulichen. Dennoch sollen im Folgenden vor allem diejenigen Definitionen betrachtet werden, bei denen ein bestimmtes Tatbestandsmerkmal in einer darauffolgenden Klammer in der Weise gleichgesetzt wird, dass das Gesetz im Folgenden nurmehr den kurzen Begriff verwenden kann, um den ausführlicheren Teil des Tatbestandes nicht jedes Mal aufs Neue verwenden zu müssen. Daran zeigt sich im Übrigen, dass Legaldefinitionen nicht nur der logischen Klarheit und begrifflichen Einheitlichkeit dienen, sondern auch der **Systemrationalität** verpflichtet sind,[7] die sie dadurch fördern und zum Gegenstand einer wissenschaftlichen Methode erheben.[8]

aa) Äquivokationen

Am bekanntesten ist wohl die bereits erwähnte Definition in § 121 Abs. 1 BGB, wonach 5 „unverzüglich" im Rechtssinne entgegen dem alltäglichen Sprachgebrauch nicht „sofort", sondern „ohne schuldhaftes Zögern" bedeutet. Das Beispiel veranschaulicht zugleich die vertrackte Problematik der Äquivokationen,[9] also gleichlautenden Begriffen mit unterschiedlicher Bedeutung.[10] In jeder juristischen Prüfung wird erwartet, dass Begriffe exakt so verwendet werden, wie sie im Gesetz stehen bzw. aus dem Gesetz dogmatisch folgerichtig hergeleitet werden können. Vermeintliche Synonyme gefährden die Subsumtion: Sachen dürfen nicht ohne weiteres mit Gegenstän-

---

5 *F. Ebel*, Über Legaldefinitionen, Rechtshistorische Studie zur Entwicklung der Gesetzgebungstechnik in Deutschland, insbesondere über das Verhältnis von Rechtsetzung und Rechtsdarstellung, 1974; *Wolf/Neuner*, § 7 Rn. 33.
6 *Petersen*, FS Medicus, 2009, S. 295.
7 Dazu *Grigoleit*, in: Rechtswissenschaftstheorie (Hg. Jestaedt/O. Lepsius), 2008, S. 51, 66.
8 Vgl. auch *Petersen*, Max Webers Rechtssoziologie und die juristische Methodenlehre, 2008, S. 155 ff.
9 *Oksaar*, Alltagssprache, Fachsprache, Rechtssprache, Zeitschrift für Gesetzgebung 3 (1989), 210; *Neumann*, Juristische Fachsprache und Umgangssprache, in: Sprachkultur und Rechtskultur (Hg. Grewendorf), 1992, S. 110.
10 *Röhl*, Allgemeine Rechtslehre, 3. Auflage 2008, § 8, S. 61; § 10 S. 75 ff.

den gleichgesetzt werden, weil Sachen nach § 90 BGB nur körperliche Gegenstände sind. Der Oberbegriff des Gegenstandes reicht also weiter, weil er auch unkörperliche Gegenstände (Bsp.: Forderungen) erfasst.[11] Gefährlich wird es in der **Fallbearbeitung**, wenn umgangssprachliche Begriffe mit vermeintlichen Fachbegriffen vermengt werden. Wenn also beispielsweise jemand – typischerweise in Anführungsstrichen – sagt: „Ich wäre bereit, Ihnen mein Auto für 10.000 Euro abzutreten", dann bedeutet dies ersichtlich ein mögliches Verkaufsangebot. Es wäre ein schrecklicher **Grundlagenfehler**, wenn auf der dinglichen Ebene der Wortlaut des Angebots für bare Münze genommen und eine Abtretung nach § 398 BGB geprüft würde, da nur Forderungen abgetreten werden können, während bewegliche Sachen nach § 929 BGB übereignet werden.

bb) Bestimmende Grundbegriffe

6 Das gesetzgeberische Prinzip des Vor-die-Klammer-Stellens lässt sich am besten auf der Grundlage einiger bestimmender Grundbegriffe erklären, die im gesamten Bürgerlichen Gesetzbuch, ja mitunter sogar darüber hinaus genau so zu verstehen sind, wie sie im Allgemeinen Teil definiert werden. Neben den im Folgenden näher betrachteten Begriffen lässt sich hierfür etwa das „Kennenmüssen", also die fahrlässige Unkenntnis bestimmter Umstände (§ 122 Abs. 2 BGB), als prominentes Beispiel anführen.

7 Die Legaldefinition der **Vollmacht** findet sich in § 166 Abs. 2 BGB.[12] Das Gesetz definiert sie als „durch Rechtsgeschäft erteilte Vertretungsmacht" im Unterschied zur durch Gesetz eingeräumten Vertretungsmacht, wie sie sich etwa in § 26 Abs. 1 S. 2 Hs. 2 BGB für den Vereinsvorstand oder in §§ 1626, 1629 BGB für die Eltern als gesetzliche Vertreter des Kindes findet. Auch die handelsrechtliche Prokura (§ 48 Abs. 1 HGB) ist – ebenso wie die Handlungsvollmacht (§ 54 HGB) – eine durch Rechtsgeschäft erteilte Vertretungsmacht,[13] nämlich eine Bevollmächtigung nach § 167 BGB.[14] Hieran zeigt sich im Übrigen exemplarisch, dass der Allgemeine Teil nicht nur im Hinblick auf die anderen Bücher des BGB vor der Klammer steht, sondern dieses Prinzip auch andere Teile der Privatrechtsordnung, wie hier das Handelsrecht, erfasst.

8 Die **begriffliche Ökonomie**, zu der die Verwendung von Legaldefinitionen führt, zeigt sich am besten anhand der §§ 182 ff. BGB. Einwilligung und Genehmigung sind Rechtsbegriffe, die das Gesetz durchgängig voraussetzt. Der Gesetzgeber hat sich für den Oberbegriff der Zustimmung entschieden und unterscheidet danach, ob sie zuvor oder nachträglich erklärt wurde. Die vorherige Zustimmung heißt nach § 183 S. 1 BGB Einwilligung, die nachträglich erklärte gemäß § 184 Abs. 1 BGB Genehmigung. Diese wird zuvor bereits in §§ 108, 177 Abs. 1 BGB vorausgesetzt, jene in § 107 BGB. Besonders wichtig ist die Genehmigung im Vormundschaftsrecht (§§ 1819-1824 BGB). Hier ist jeweils § 184 Abs. 1 BGB mit zu zitieren.

9 Eine der wichtigsten Legaldefinitionen enthält § 194 Abs. 1 BGB, der den **Anspruch** definiert als „das Recht, von einem anderen ein Tun oder Unterlassen zu verlangen". Allerdings ist die Regelung für den Anspruchsaufbau selbst irrelevant, weil der Anspruch dort nur allgemein vorausgesetzt wird und sich erst aus der jeweils

---

11 Näher unten § 51.
12 Dazu *S. Lorenz*, JuS 2010, 771.
13 Monographisch hierzu *Conrad*, Die Vollmacht als Willenserklärung, 2012.
14 *Canaris* HR, § 12 Rn. 4; § 13 Rn. 1; dazu *Drexl/Mentzel*, Jura 2002, 289; *Bork*, JA 1990, 249.

einschlägigen Anspruchsgrundlage dessen konkrete Voraussetzungen ergeben. Ausnahmsweise kann aber etwa im Hypothekenrecht anhand des § 194 Abs. 1 BGB in der gebotenen Kürze dargestellt werden, warum der oft so genannte Anspruch auf Duldung der Zwangsvollstreckung nach § 1147 BGB an sich kein Anspruch ist, aber nicht zuletzt wegen der durch § 1142 Abs. 1 BGB eingeräumten Möglichkeit zumindest zu einer **Abwendungsbefugnis** des Eigentümers gegen entsprechende Zahlung führt.[15]

b) Allgemeines Schuldrecht und Allgemeiner Teil

Auch wenn die bekanntesten Legaldefinitionen im Allgemeinen Teil zu finden sind, **10** gibt es sie auch in den anderen Büchern des BGB. Eine der relevantesten Definitionen dieser Art außerhalb des Allgemeinen Teils ist die der Fahrlässigkeit (§ 276 Abs. 2 BGB). Der Vollständigkeit halber seien zwei weitere Beispiele aus dem Allgemeinen Schuldrecht herausgegriffen, die ebenfalls veranschaulichen, wie im Bürgerlichen Recht das Allgemeine vor dem Besonderen geregelt ist. Das Geläufigste stellt § 421 BGB mit seiner Legaldefinition der **Gesamtschuld** dar. Weniger bekannt ist § 383 Abs. 3 BGB, der den Begriff der öffentlichen Versteigerung legaldefiniert. Das ist wichtig für Fälle, in denen eine einfache Versteigerung vorliegt, wie sie innerhalb des Allgemeinen Teils etwa in § 156 BGB vorausgesetzt ist. Letztgenannte Vorschrift stellt allerdings einen Ausnahmefall des hier behandelten Klammerprinzips dar; sie gilt ihrem Sinn und Zweck nach nur für das Zustandekommen des schuldrechtlichen Vertrags.[16] Das veranschaulicht folgendes

Beispiel: A erwirbt von V einen im Wald bereitliegenden und abzuholenden Holzstoß. **11** *Als A diesen nach einer Woche immer noch nicht abgeholt hat, nimmt V das Holz kurzerhand mit zu einer von ihm durchgeführten Versteigerung. Dort erhält B den Zuschlag für den Holzstoß, bezahlt diesen und nimmt ihn mit. A verlangt Herausgabe von B.*

Ein Anspruch des A aus § 985 BGB setzt voraus, dass A zuvor schon Eigentum erwor- **12** ben hat. Die neben der dinglichen Einigung gemäß § 929 S. 1 BGB notwendige Übergabe liegt in der Abholgestattung durch V gemäß § 854 Abs. 2 BGB, so dass A Eigentümer des Holzes geworden ist. B konnte demnach nicht mehr vom Berechtigten erwerben, so dass nur ein gutgläubiger Erwerb gemäß §§ 932, 929 S. 1 BGB in Betracht kommt. Für den dinglichen Vertrag im Sinne von § 929 BGB zwischen V und B gelten grundsätzlich die Vorschriften des Allgemeinen Teils, insbesondere die Normen der Rechtsgeschäftslehre gemäß §§ 104 ff. BGB und zum Zustandekommen von Verträgen gemäß §§ 145 ff. BGB. Anders verhält es sich jedoch bei § 156 BGB. Weder erwirbt der Ersteigerer bereits mit Zuschlag Eigentum, wie es etwa bei der Zwangsversteigerung von Grundstücken der Fall ist (vgl. § 90 Abs. 1 ZVG), noch gilt § 156 BGB für die dingliche Einigung als Bestandteil der Übereignung.[17] Der Zuschlag lässt daher keine (antizipierte) Einigung über den Eigentumsübergang zustandekommen. Dieses Auslegungsergebnis rechtfertigt sich mit Blick auf den Rechtsgedanken des § 320 BGB: Hat der Veräußerer die Gegenleistung noch nicht erlangt, kann der Erwerber regel-

---

15 Näher *Petersen*, Die mündliche Prüfung im ersten juristischen Staatsexamen, 2. Auflage 2012, S. 85 f. und unten § 3 Rn. 28.
16 Vgl. BGH NJW 1998, 2350, 2352; RGZ 153, 257, 260 f. Siehe auch den Fall bei *Pesch*, Jura 1993, 371.
17 BGH NJW 1998, 2350, 2352 für die Auflassung (§ 925 BGB); RGZ 153, 257, 260 f.

mäßig (noch) nicht auf einen entsprechenden Willen zur Eigentumsübertragung schließen.[18] Spätestens mit Bezahlung und Übergabe des Holzes haben sich B und V jedoch über den Eigentumsübergang nach § 929 S. 1 BGB geeinigt. B war auch gutgläubig (§ 932 BGB), doch könnte dem A das übereignete Holz abhanden gekommen sein, § 935 Abs. 1 BGB. Abhandenkommen bedeutet unfreiwilliger Besitzverlust; hier hat A den nach § 854 Abs. 2 BGB so genannten „offenen Besitz" infolge der Mitnahme des Holzes durch V verloren. Gleichwohl wäre gutgläubiger Erwerb möglich, wenn die Sache nach § 935 Abs. 2 BGB im Wege öffentlicher Versteigerung veräußert wurde. Hier kommt § 383 Abs. 3 BGB ins Spiel: Eine **öffentliche Versteigerung** liegt gerade nicht vor. Da B auch kein (ggf. abgeleitetes) Besitzrecht gegenüber A zusteht, kann A von B Herausgabe aus § 985 BGB verlangen. Gleiches gilt nach § 1007 Abs. 2 S. 1 BGB. Ein Anspruch aus § 861 BGB scheidet hingegen aus, weil B selbst keine in § 858 Abs. 1 BGB legaldefinierte verbotene Eigenmacht begangen hat und von der des V nichts wusste (§ 858 Abs. 2 S. 2 BGB). Letztere Erwägung steht auch einem Anspruch aus § 1007 Abs. 1 BGB entgegen.

3. Folgerung

13 Der zuletzt genannte Fall veranschaulicht beiläufig auch, dass sich zu jedem Grundsatz wie so häufig auch Ausnahmen finden. Die Vorschriften der Rechtsgeschäftslehre stehen auch im Hinblick auf den Eigentumserwerb grundsätzlich vor der Klammer: Die dingliche Einigung bemisst sich nach den §§ 145 ff. BGB, die eben für alle Verträge gelten und so das hohe Abstraktionsniveau des Privatrechts verdeutlichen.[19] § 156 BGB stellt hierzu eine der seltenen Ausnahmen dar. Zugleich kann man ausgehend von der Unterscheidung *Philipp Hecks*, der das äußere System vom inneren System trennte,[20] sagen, dass im Allgemeinen Teil **äußeres und inneres System** einander weitgehend entsprechen.[21]

II. Handelsrecht in der Examensvorbereitung

14 Das Handelsrecht nimmt in der zivilrechtlichen Examensvorbereitung traditionell einen besonderen Stellenwert ein, weil damit die Beherrschung zivilrechtlichen Grundlagenwissens einerseits und die Kenntnis elementarer Fragen der sogenannten Nebengebiete andererseits praxisgerecht verbunden werden können. Umso wichtiger ist es, die Prüfungsvorbereitung in diesem wichtigen Bereich rechtzeitig zu strukturieren.

---

18 MüKo/*Oechsler*, 5. Auflage 2009, § 929 Rn. 27: darin liegt auch kein Verstoß gegen das Abstraktionsprinzip.
19 *Medicus*, Rn. 19.
20 *Heck*, Begriffsbildung und Interessenjurisprudenz, 1932, S. 176.
21 Ausnahmen stellen nicht von ungefähr am ehesten die später ins Gesetz gelangten Vorschriften über Verbraucher und Unternehmer dar; siehe dazu *Duve*, Jura 2002, 793.

1. Literatur und Rechtsprechung

An examensrelevanten Darstellungen des gesamten Handelsrechts besteht kein 15
Mangel. Neben den großen Klassikern – zu nennen sind in erster Linie die großen
Lehrbücher von *Canaris* und *Karsten Schmidt*[22] – gibt es eine Reihe von kürzer gefassten Lehrbüchern, die das prüfungsrelevante **Handelsrecht** examensgerecht aufbereiten.[23] Dabei sind die großen Lehrbücher nach wie vor unentbehrlich, wenn es
darum geht, die jeweiligen Fragen in die Privatrechtsordnung einzubetten und auf
die Grundprinzipien zurückzuführen. Vor allem aber bieten gerade die beiden ausdrücklich zitierten Werke einen Argumentationsreichtum zu praktisch jeder beliebigen handelsrechtlichen Frage und erst recht zu den prüfungsrelevanten Problemen,
was zu einem Verständnis des Rechtsgebiets führen kann, das sich in der zivilrechtlichen Examensklausur unmittelbar niederschlägt. Wer auch nur auszugsweise
mit diesen Büchern gearbeitet hat und gerade die Grundlagenprobleme von daher
durchdacht hat, wird für die aufgewendete Mühe in Fragen des allgemeinen Teils,
des Schuld- und des Sachenrechts reichlich entschädigt.[24] Da das Handelsrecht aber
in den neueren Prüfungsordnungen unter dem Gewicht des Schwerpunktbereichs
vielfach regelrecht erdrückt oder zumindest zurückgedrängt wurde, gibt es vermehrt
hervorragende Darstellungen, die das Handelsrecht mit dem Gesellschaftsrecht verbinden und prüfungsgerecht aufbereiten.[25] Mitunter ist das Handelsrecht auch mit
dem **Wertpapierrecht** zusammen dargestellt worden.[26] Doch ist das zuletzt genannte
Rechtsgebiet im Hinblick auf die Examensrelevanz leider regelrecht im Aussterben
begriffen, obwohl es kaum eine Materie gibt, welche die Beherrschung des Zivilrechts
besser veranschaulichen und unter Beweis stellen kann als das Wertpapierrecht. Wer
beispielsweise den Einwendungsausschluss im Wertpapierrecht begriffen hat, wird
auch im Allgemeinen Zivilrecht bessere Klausuren schreiben, sodass es für den Exa-
menserfolg unmittelbar lohnend ist, zumindest eine knappe aber inhaltsreiche Darstellung durchzuarbeiten.[27]

Am Beispiel der Rechtsprechung lässt sich dagegen das Handelsrecht schwerer 16
erlernen, als es in anderen Bereichen der Fall sein mag. Das liegt vor allem daran,
dass man sich im Handelsrecht jederzeit die systematische Einordnung vergegenwärtigen muss, die in den Entscheidungen oft vorausgesetzt, im Schrifttum aber zumindest soweit explizit gemacht wird, dass man in der Prüfungsvorbereitung auf Schritt
und Tritt erfährt, wie sich das Handelsrecht als Sonderprivatrecht der Kaufleute zum
allgemeinen Zivilrecht verhält. Das lässt sich am besten anhand der **Anspruchsprüfung** erkennen. So kann beispielsweise das Lernen mit Entscheidungen im Geltungsbereich des § 377 HGB[28] dazu führen, dass man das Schwergewicht der Vorbereitung

---

22 *Canaris*, Handelsrecht, 24. Auflage 2006; *K. Schmidt*, Handelsrecht, 5. Auflage 1999.
23 Vgl. nur *Lettl*, Handelsrecht, 2. Auflage 2011; *Steinbeck*, Handelsrecht, 2. Auflage 2011; *Jung*, Handelsrecht, 8. Auflage 2010.
24 Paradigmatisch ist etwa die Darstellung bei *Canaris* HR, § 27 Rn. 28 ff. zum gutgläubigen Erwerb
gesetzlicher Pfandrechte zwischen § 366 Abs. 3 HGB und § 1257 BGB.
25 Instruktiv *Kindler*, Handels- und Gesellschaftsrecht, 5. Auflage 2011; *Roth/Weller*, Handels- und
Gesellschaftsrecht, 7. Auflage 2010.
26 *Brox/Henssler*, Handelsrecht mit Grundzügen des Wertpapierrechts, 21. Auflage 2011.
27 Lesenswert *Canaris*, JuS 1971, 441.
28 Näher zu § 377 HGB unten § 7 Rn. 13.

unwillkürlich auf die Frage verlegt, wann und unter welchen Umständen das Erfordernis der Unverzüglichkeit (§ 121 Abs. 1 BGB) eingehalten worden ist, während es in Wahrheit vor allem darum geht zu erkennen, dass die Rügeobliegenheit ihrem systematischen Standort nach der kaufrechtlichen Mängelhaftung zugeordnet ist. Wer vor allem mit höchstrichterlichen Entscheidungen lernt, verliert möglicherweise aus den Augen, was dort als zu selbstverständlich außer Betracht gelassen oder zumindest nicht eigens hergeleitet wird: Die Anspruchsprüfung geht von den §§ 437, 434 BGB aus und erst für das Bestehen der Gewährleistungsrechte in Folge eines Mangels ist die Genehmigungsfiktion nach § 377 Abs. 2 HGB von Bedeutung;[29] natürlich nur, wenn eine **Rügeobliegenheit** im Rahmen eines Handelsgeschäfts im Sinne der §§ 343 ff., 1 ff. HGB besteht. Wer bevorzugt mit Entscheidungen lernt, kann indes im Handelsrecht auf diejenige Ausbildungsliteratur zurückgreifen, welche die wichtigsten Entscheidungen sogleich im Anspruchsaufbau darstellt.[30]

2. Das Verständnis des Handelsrechts aus dem Allgemeinen Teil des BGB

17 Im Folgenden soll die Möglichkeit erörtert werden, das prüfungsrelevante Handelsrecht aus dem allgemeinen Teil des BGB heraus zu verstehen und zu wiederholen. Ein didaktisches Grundproblem des allgemeinen Teils des BGB besteht bekanntlich darin, dass seine Darstellung ins erste Semester gehört, dort aber nicht zuletzt wegen seiner Abstraktionshöhe und den notwendigen Bezügen zu den anderen Büchern des BGB sowie zu den Grundprinzipien der Privatrechtsordnung nicht selten unverständlich oder nur teilweise verständlich wirkt. Daher muss der allgemeine Teil des BGB in der Examensvorbereitung über die Rechtsgeschäftslehre hinaus mit den anderen Büchern verknüpft und insbesondere auf das Handels- und Gesellschaftsrecht bezogen werden.[31] Wenn man dies einmal speziell im Hinblick auf das Handelsrecht durchdenkt, so zeigt sich, dass nahezu alle prüfungsrelevanten Fragen des Handelsrechts aus dem Verständnis des allgemeinen Teils des BGB zu beantworten sind oder zumindest praktisch und klausurmäßig lösbar werden. Am deutlichsten zeigt sich dies beim Schweigen auf ein **kaufmännisches Bestätigungsschreiben.** Dies kann den Vertragsinhalt modifizieren, sodass im Rahmen der Prüfung des Primäranspruchs inzident die Kaufmannseigenschaft zumindest des Bestätigenden zu erörtern ist. Hieran zeigt sich im Übrigen beispielhaft, dass die Beherrschung des Kaufmannsbegriffs und der Kaufmannseigenschaft nach den §§ 1 ff. HGB unverzichtbare Grundvoraussetzung einer jeden privatrechtlichen Prüfung ist.[32] Das Handelsrecht als **Sonderprivatrecht der Kaufleute** begreift man eben nur, wenn man verstanden hat und in der Prüfung unter Beweis stellen kann, für wen es gilt und auf wen es anwendbar ist. Die beiden bisher behandelten Beispiele – die Rügeobliegenheit und das Bestä-

---

29 *Meyer*, Rn. 296.
30 Vor allem *Helm*, Fälle und Lösungen nach höchstrichterlichen Entscheidungen – Handelsrecht und Gesellschaftsrecht, 2. Auflage 1974; *Fezer*, Klausurenkurs im Handelsrecht, 5. Auflage 2009; *Hopt/Mössle/Schmitt*, Handelsrecht, 2. Auflage 1999; *Lettl*, Fälle zum Handelsrecht, 2007; *Saar/Müller*, 35 Klausuren aus dem Handels- und Gesellschaftsrecht, 3. Auflage 2006; Lehrreich auch *Hadding/Hennrichs*, Die HGB-Klausur, 3. Auflage 2003.
31 Zu besonderen Charakteristika handelsrechtlicher Normen *Meyer*, Rn. 26 ff.
32 Dazu unten § 56.

tigungsschreiben – veranschaulichen aber noch etwas darüber Hinausgehendes: Sowohl das Schweigen auf ein kaufmännisches Bestätigungsschreiben, als auch das Unterlassen der Rüge beim Handelskauf haben **Fiktionswirkung**.[33] In beiden Fällen trägt das Gesetz bzw. der entsprechende Handelsbrauch den Bedürfnissen Rechnung, die unter Kaufleuten bestehen. Rechtstechnisch – und das ist für die Fallbearbeitung von besonderer Bedeutung – kann dies dadurch gewährleistet werden, dass eine Partei mit dem Vorbringen bestimmter Gesichtspunkte präkludiert ist. Das kann die klausurmäßige Prüfung entsprechend abkürzen.[34]

Eine noch deutlichere Verbindung zwischen dem allgemeinen Teil des BGB und **18** dem Handelsrecht gibt es bei der Stellvertretung. Dort ist der fundamentale Unterschied zwischen unmittelbarer und mittelbarer Stellvertretung bei der Lösung von Fällen weit mehr als ein theoretisches Problem, sondern – wie im Übrigen jedes theoretische Problem[35] – von unmittelbarer praktischer Bedeutung. Denn während die bürgerlich-rechtlichen §§ 164 ff. BGB die unmittelbare Stellvertretung betreffen, begegnet die mittelbare Stellvertretung im Handelsrecht, vor allem bei der Kommission.[36] So kann man etwa im Rahmen der von der unmittelbaren Stellvertretung der §§ 164 ff. BGB abzugrenzenden mittelbaren Stellvertretung das Recht der Kommission (§§ 383 ff. HGB) erlernen bzw. wiederholen. Dabei geht es insbesondere um Abweichungen vom Offenkundigkeitsprinzip.[37] – Überdies entspringt auch das prüfungsrelevante **unternehmensbezogene Geschäft** einer Modifikation des Offenkundigkeitsprinzips (vgl. § 164 Abs. 1 S. 2 Fall 2 BGB). Auch bei diesem zeigt sich deutlich der Bezug zum Handelsrecht. – Bei der Durchsicht der examensrelevanten Probleme der Kommission gelangt man dann unweigerlich zum besonders schwierigen § 392 Abs. 2 HGB, der übrigens ebenfalls nicht von ungefähr eine Fiktion normiert. Zwar scheint es so, als sei diese schwierige Regelung – ebenso wie § 354a HGB – nur ein Problem des Abtretungsrechts, mithin also des allgemeinen Schuldrechts.[38] Bei einer solchen, dem äußeren System der Vorschriften verpflichteten Sichtweise darf jedoch nicht außer Betracht bleiben, dass es insbesondere bei § 392 Abs. 2 HGB nicht nur um ein anspruchsvolles Einzelproblem aus dem Bereich der Kommission, also im weiteren Sinne der mittelbaren Stellvertretung geht, sondern darüber hinaus um eine zentrale Frage des **Sukzessionsschutzes**, das heißt einem Grundprinzip der Privatrechtsordnung.[39]

Was die unmittelbare Stellvertretung betrifft, so ist der Bezug zum Handelsrecht **19** ebenso klar. Ausgangspunkt der Prüfung ist hier freilich nicht mehr das Merkmal der Offenkundigkeit, sondern die Vertretungsmacht in § 164 Abs. 1 S. 1 BGB.[40] Vollmacht im Sinne des § 166 Abs. 2 BGB kann sich nämlich auch unter dem Gesichtspunkt der handelsrechtlichen Vollmachten ergeben. Zu nennen ist natürlich in erster Linie die

---

33 BGHZ 11, 1, 5; *Leenen*, Jura 2011, 723, 728 f. Siehe zu den genannten Problemen auch *Lettl*, Jura 2006, 721; *ders.*, JuS 2008, 849.

34 Instruktiv *Leenen*, Jura 2011, 723, 725.

35 *Canaris*, FS Medicus, 1999, S. 25 ff.; *ders.*, JZ 1993, 377.

36 Zur unmittelbaren und mittelbaren Stellvertretung *Schwark*, JuS 1980, 777.

37 Dazu ausführlich unten § 35.

38 Klausurmäßige Darstellung bei *Petersen*, Rn. 401 ff.

39 *Canaris*, FS Flume, 1978, S. 371, 408 f.

40 Zum Prüfungsaufbau im Übrigen *Häublein*, Jura 2007, 728.

Prokura (§ 48 HGB),[41] sodann aber auch die Handlungsvollmacht (§ 54 HGB) sowie die sogenannte Ladenvollmacht (§ 56 HGB). Ebenfalls im Zusammenhang mit dem Stellvertretungsrecht kann der gesamte Bereich des handelsrechtlichen Vertrauensschutzes gelernt und erarbeitet werden.[42] Denn wie erwähnt geht es der Sache nach gerade bei diesen handelsrechtlichen Vorschriften häufig um Vertretungsmacht.[43] In dem Zusammenhang steht auch die sogenannte **negative Publizität des Handelsregisters** nach § 15 Abs. 1 HGB.[44] Die Einzelheiten zu § 15 HGB lassen sich also ebenfalls dann erlernen, wenn man sich die Einbettung dieser Vorschrift in das System des handelsrechtlichen Vertrauensschutzes und dessen systematischen Standort im bürgerlich-rechtlichen Stellvertretungsrecht vergegenwärtigt.[45] Im Übrigen ist im Hinblick auf § 15 HGB auch der registerrechtliche Schutz nach den §§ 64 ff. BGB zum Vereinsregister im allgemeinen Teil des BGB bemerkenswert, den man sinnvollerweise gleichfalls im Zusammenhang erarbeitet.

20   Weniger deutlich scheint der hier in den Vordergrund gestellte Zusammenhang beim prüfungsrelevanten Firmenrecht zutage zu treten.[46] Immerhin werden aber auch für die besonders umstrittene Form der **Forthaftung** nach den §§ 25 ff. HGB bei Übertragung und Vererbung eines Handelsgeschäfts rechtsgeschäftliche Begründungsansätze vertreten, um die Haftung zu legitimieren.[47] Der Bundesgerichtshof erblickt den Rechtsgrund der Haftung nach § 25 HGB in der kraft „Fortführung des Geschäfts unter der Firma liegenden, an die Öffentlichkeit gerichteten Erklärung des Erwerbers, für die bisherigen Geschäftsschulden haften zu wollen".[48] Auch wenn der rechtsgeschäftliche Begründungsansatz ebensolchen Einwänden ausgesetzt ist wie andere Begründungsversuche,[49] mag dies veranschaulichen, dass man auch die komplizierten Forthaftungsregeln des Handelsrechts am besten auf der Grundlage solider Kenntnisse des allgemeinen Teils versteht. Zumindest das sogenannte Firmennamensrecht zeigt, dass man einen examenswichtigen Teil des Firmenrechts ausgehend von den Grundstrukturen des allgemeinen Teils des BGB erlernen kann. Denn die **Firma** ist nach § 17 HGB der Name des Kaufmanns. Daraus ergibt sich freilich ein Spannungsverhältnis mit dem bürgerlich rechtlichen Namen nach § 12 BGB, nicht zuletzt, weil sich die Frage stellen kann, wann eine bestimmte Form der Firmierung unbefugt im Sinne dieser Vorschrift ist.[50] Immerhin das Firmennamensrecht ist demnach im Kern Bürgerliches Recht, und zwar dem Allgemeinen Teil des BGB zugeordnet.[51]

---

41 Dazu unten § 43.
42 Siehe zu den diesbezüglichen handelsrechtlichen Sonderregeln *J. Koch*, AcP 207 (2007), 768 und unten § 45.
43 Siehe auch *K. Schmidt*, JuS 1977, 209 ff.; *Schilken*, AcP 187 (1987), 1.
44 Eingehend dazu *J. Hager*, Jura 1992, 57, sowie weiter unten. Zu § 15 HGB in der Fallbearbeitung *Körber/Schaub*, JuS 2012, 303.
45 Vgl. *Medicus/Petersen* BR, Rn. 103 ff.; zur Eingliederung des handelsrechtlichen in den bürgerlichrechtlichen Vertrauensschutzes grundlegend *Canaris*, Die Vertrauenshaftung im deutschen Privatrecht, 1971, passim.
46 Dazu unten § 54.
47 Vgl. nur *Säcker*, ZGR 1973, 261, 272.
48 BGH NJW 1982, 577 f.; BGH WM 1990, 1573, 1576.
49 *Canaris* HR, § 7 Rn. 5 ff.
50 Zum Verhältnis von Namensrecht und Firmenrecht, *Köhler*, FS Fikentscher, 1998, S. 494.
51 *Canaris* HR, § 11 Rn. 54.

3. Übungsfall

Einige der zuvor angedeuteten Probleme seien abschließend anhand eines prakti- 21
schen Falles dargestellt, der das Zusammenspiel handelsrechtlicher Vorschriften mit
Problemen des allgemeinen Teils des Bürgerlichen Gesetzbuchs beispielhaft verdeutlicht:

a) Sachverhalt

Die Winterschuh-KG besteht aus dem Kaufmann K, dem B sowie dem Kommanditisten 22
Y, der seine Einlage in Höhe von 50.000,– Euro voll erbracht hatte. Nach dem Gesellschaftsvertrag waren die beiden Komplementäre B und K nur gemeinschaftlich zur
Vertretung berechtigt. Die Gesamtvertretung war im Handelsregister eingetragen. B
schied zum 01.04.2012 aus der Gesellschaft aus, ohne dass dies im Handelsregister
eingetragen wurde. Am 01.05.2012 verhandelt K namens der KG telefonisch mit dem
Kaufmann V über den Kauf von Schuhen und einigt sich über die Lieferung von 100
Paar hellbrauner italienischer Herrenschuhe zu 10.000,– Euro. Um sicherzugehen,
dass er alles richtig verstanden hat, schickt V an die KG ein mit „Auftragsbestätigung"
überschriebenes Fax, worin er die Bestellung von 100 Paar mittelbrauner italienischer
Herrenschuhe zum Preis von 10.000,– Euro bestätigt. Eine Woche später schickt er
die mittelbraunen Schuhe in der Annahme, dass alles seine Richtigkeit habe, an die
Winterschuh-KG, zumal er von dieser auf sein Fax hin nichts mehr gehört hat.

K protestiert heftig, als er die mittelbraunen Schuhe sieht. V erwidert, daran 23
müsse er sich jetzt festhalten lassen. Da das Gesellschaftsvermögen aufgebraucht ist,
will er wissen, ob er sich an K, B und Y halten kann. K meint, dass schon kein Vertrag
über mittelbraune Schuhe zustande gekommen sei; höchstvorsorglich fechte er „alle
diesbezüglichen Erklärungen und Verhaltensweisen" an. B wendet ein, er habe mit
dem Ganzen nichts mehr zu tun, da er aus der Gesellschaft ausgeschieden sei. Im
Übrigen habe immer Gesamtvertretungsmacht bestanden, so dass das Geschäft gar
nicht gültig sei. V verweist demgegenüber darauf, dass er nirgends hätte nachlesen
können, dass B ausgeschieden sei. B antwortet darauf, es gehe jedenfalls zu weit, wenn
V sich hier nur „die Rosinen herauspicken" wolle; das sei mit ihm nicht zu machen. Y
lässt V ausrichten, er habe der Gesellschaft einmal 50.000,– Euro gezahlt; wenn die
das Geld nicht ordnungsgemäß angelegt habe, könne er auch nichts machen.

Kann V von K, B oder Y Zahlung der Lieferung in Höhe von 10.000,– Euro verlangen?

b) Lösungshinweise

I. Anspruch des V gegen K

Ein Anspruch auf Kaufpreiszahlung i.H.v. 10.000,– Euro gegen K persönlich kann sich 24
aus § 433 Abs. 2 BGB i.V.m. §§ 128 S. 1, 161 Abs. 2 HGB ergeben. Voraussetzung dafür ist,
dass K als persönlich haftender Gesellschafter (Komplementär) der nach außen wirksamen KG eine entsprechende Kaufpreisverpflichtung der KG gegenüber V begründet
hat.

1. Wirkung gegen die KG

Fraglich ist zunächst, ob der Vertragsschluss durch K für und gegen die KG wirkt. Die 25
namens der KG zustande gekommene Einigung wirkt nur dann für und gegen die KG,

wenn K Vertretungsmacht hatte (§§ 164 BGB, 161 Abs. 2, 125 HGB). Zunächst bestand lediglich Gesamtvertretungsmacht mit B (§§ 125 Abs. 2 HGB, 161 Abs. 2 HGB). Nach dessen Ausscheiden ist K als einziger verbleibender Komplementär aber alleinvertretungsberechtigt. Y hat als Kommanditist nach § 170 HGB keine Vertretungsmacht. Das Erlöschen der Gesamtvertretung ist zwar eine eintragungspflichtige Tatsache, die in Angelegenheiten der KG einzutragen war (§§ 143 Abs. 2, 107 Fall 5, 161 Abs. 2 HGB). Diese Eintragung hat jedoch nur **deklaratorische Wirkung**,[52] sodass die KG – und damit auch K – dem V dieses Erlöschen schlicht nicht entgegenhalten könnte (§ 15 Abs. 1 HGB).[53] V kann sich aber andererseits statt auf § 15 Abs. 1 HGB auch auf die wahre Rechtslage berufen, wenn ihm dies, wie hier, günstiger erscheint.[54] Danach ist die KG wirksam durch die Erklärungen des K verpflichtet worden, so dass sie und mit ihr – über §§ 161 Abs. 2, 128 HGB – K unmittelbar, persönlich und unbeschränkt haftet.

2. Inhalt des Vertrags

26 **a.** Fraglich ist weiterhin, mit welchem Inhalt der Vertrag zustande gekommen ist, den K namens der KG mit V geschlossen hat.[55] Das hängt davon ab, wie die mit „Auftragsbestätigung" überschriebene Erklärung des V zu qualifizieren ist. Insbesondere fragt sich, ob dies wirklich eine (abweichende) Auftragsbestätigung darstellt oder ob es sich nicht vielmehr um ein sog. **kaufmännisches Bestätigungsschreiben** handelt. Der Unterschied besteht in der Rechtsfolge: Im letzteren Fall gilt[56] der Vertrag nach dem Rechtsgedanken der §§ 75h, 91a, 362 HGB[57] als mit dem Inhalt des unwidersprochen gebliebenen Bestätigungsschreibens geschlossen, sofern – was hier gegeben ist – der Absender redlich ist und die Abweichung nicht so groß ist, dass er ohnehin nicht davon ausgehen konnte, dass der Adressat darauf eingehen würde.[58] Hingegen liegt bei der Auftragsbestätigung mit verändertem Inhalt lediglich eine Ablehnung des alten Antrags verbunden mit einem neuen Antrag (§ 150 Abs. 2 BGB) vor.[59] Für die Abgrenzung zwischen der **Auftragsbestätigung** und dem kaufmännischen Bestätigungsschreiben ist nicht entscheidend, wie der Absender dies selbst überschrieben hat. Es kommt vielmehr auf den tatsächlichen Inhalt an und wie dieser zu würdigen ist.[60]

27 **b.** Während die Auftragsbestätigung also ein Angebot annimmt, glaubt der Absender beim Bestätigungsschreiben, dass bereits ein Vertrag mit diesem Inhalt geschlossen

---

52 Dazu *Lettl* HR, § 3 Rn. 27.

53 MüKo-HGB/*K. Schmidt*, 3. Auflage 2011, § 143 Rn. 21; GroßKomm-HGB/*Schäfer*, 5. Auflage 2009, § 143 Rn. 28 ff.

54 RGZ 157, 369, 377; BGHZ 65, 309, 310; BGH WM 1990, 638, 639; *Canaris* HR, § 5 Rn. 24 m.w.N. Gegen ein solches Wahlrecht aber *K. Schmidt* HR, § 14 II 4 b).

55 Zwar ist zwischen den Parteien nur streitig, welche Leistung geschuldet ist; der hier geprüfte und als Gegenleistung geschuldete Kaufpreis i.H.v. 10.000,– Euro dagegen unstreitig. Dennoch empfiehlt sich eine Prüfung beider Ansprüche aus dem Vertrag, um etwa einen Dissens der Parteien über den ganzen Vertrag oder mögliche Zurückbehaltungsrechte auszuschließen.

56 Es handelt sich um die schon oben unter II. angesprochene Fiktionswirkung.

57 Inzwischen auch gewohnheitsrechtlich anerkannt. Zur dogmatischen Einordnung *Canaris* HR, § 23 Rn. 9 ff.; *Leenen*, § 8 Rn. 205.

58 Zu den einzelnen Voraussetzungen *Medicus/Petersen* BR, Rn. 60 ff.; *Kindler*, § 7 Rn. 18 ff.

59 BGHZ 18, 212 ff.; *K. Schmidt* HR, § 19 III 3 d).

60 *Lettl* HR, § 10 Rn. 48. Das zumindest muss der Bearbeiter sehen; er darf die Überschrift nicht ohne weiteres für bare Münze nehmen.

wurde und will diesen nur noch einmal – wenngleich möglicherweise unrichtig – schriftlich fixieren.[61]

c. V und die KG haben bereits am Telefon übereinstimmende Erklärungen abgegeben. **28** Da V das Festgelegte nur noch einmal schriftlich fixieren will, handelt es sich um ein kaufmännisches Bestätigungsschreiben. Dass er dies fälschlich mit „Auftragsbestätigung" überschrieben hat, ändert an der rechtlichen Qualifikation nichts. Da K bzw. die KG daraufhin geschwiegen hat, kam der Vertrag mit dem Inhalt des Schreibens, d.h. über die Lieferung mittelbrauner Schuhe zu 10.000,– Euro zustande.[62]

d. Auch die von K erklärte (§ 143 Abs. 1 BGB) Anfechtung hilft nicht: Das Schweigen **29** auf ein kaufmännisches Bestätigungsschreiben ist nicht mit der Begründung anfechtbar, dass der Empfänger die Wirkungen des Schweigens auf ein Bestätigungsschreiben nicht gekannt habe. Dies ist nur ein unbeachtlicher **Rechtsfolgenirrtum**.[63]

II. Anspruch des V gegen B
Ein Anspruch des V gegen B auf Kaufpreiszahlung kann sich ebenfalls aus § 433 Abs. 2 **30** BGB i.V.m. §§ 128 S. 1, 161 Abs. 2 HGB ergeben.

1. Entstehung der Haftung des B kraft Rechtsschein
B haftet für die Zahlung des Kaufpreises aber nur dann persönlich, wenn er zum **31** Zeitpunkt des Vertragsschlusses (01.05.2012) noch Gesellschafter der selbständig verpflichteten KG war (vgl. zu diesem Rechtsgedanken auch § 160 Abs. 1 S. 1 HGB). Das ist jedoch nicht der Fall, da B bereits zum 01.04.2012 aus der Gesellschaft ausgeschieden war. B könnte jedoch gemäß § 15 Abs. 1 HGB dem V gegenüber als persönlich haftender Gesellschafter der KG anzusehen sein, weil sein Ausscheiden – eine nach §§ 143 Abs. 2, 161 Abs. 2 HGB einzutragende Tatsache – bei Abschluss des Kaufvertrags weder im Handelsregister eingetragen und öffentlich bekannt gegeben noch V diese Veränderung bekannt war. Die Voraussetzungen des § 15 Abs. 1 HGB liegen somit vor. Deshalb kann B, in dessen Angelegenheiten das Ausscheiden einzutragen war, dem V sein Ausscheiden nicht entgegenhalten. V gegenüber gilt B also noch als Gesellschafter der KG.

2. Bedenken
Wendet man auch auf B, was an sich zwingend ist, die oben aufgezeigte Wirkung **32** gegen die KG konsequent an, so entsteht ein schiefes Bild. Die registerrechtliche Fiktion des § 15 Abs. 1 HGB kommt an zwei verschiedenen Stellen mit jeweils gegen-

---

61 BGH, WM 1975, 831. Dies zumindest ist der allgemein anerkannte Fall des Bestätigungsschreibens, den *K. Schmidt* HR, § 19 III 3 b) daher als „Bestätigungsschreiben im engeren Sinne" benennt. Die Abgrenzung sollte den Bearbeitern bekannt sein. Wer letztlich einen Vertragsschluss verneint, was er gut begründen müsste, sollte zumindest hilfsgutachtlich fortfahren. Vorliegend dürfte dies jedoch schon methodisch kaum zu rechtfertigen sein, denn wenn die Grundsätze des kaufmännischen Bestätigungsschreibens nicht eingreifen, bleibt immer noch die zwischen V und der KG wirklich getroffene Vereinbarung über hellbraune Schuhe zu prüfen; vgl. dazu *Leenen*, § 8 Rn. 216.
62 Deutlicher lässt sich wohl formulieren, er wurde entsprechend in seinem Inhalt geändert. Diese Unterscheidung kann jedoch regelmäßig dahinstehen, vgl. *Medicus/Petersen* BR, Rn. 59.
63 *Canaris* HR, § 23 Rn. 34; *Leenen*, § 8 Rn. 208. Zu den Fällen, in denen eine Anfechtung ausnahmsweise doch in Betracht kommen kann MüKo/*Armbrüster*, 6. Auflage 2012, § 119 Rn. 66 f. Der Gesichtspunkt des Rechtsfolgenirrtums war im Sachverhalt nicht ausdrücklich angesprochen, und sollte besonders findigen Bearbeitern vorbehalten sein.

sätzlichem Ergebnis zum Tragen:[64] Bei der Gesellschaftereigenschaft des B ist dem Dritten die Rechtsscheinlage günstig. Bei der Frage nach der Gesamtvertretungsmacht wird dagegen auf die tatsächliche Lage abgestellt, weil dem Dritten diese günstiger ist. Diese nur teilweise Ausübung des **Wahlrechts**, d.h. die Freiheit, sich kombiniert auf die wahre und die scheinbare Rechtslage zu berufen, wird deshalb auch von Teilen der Lehre abgelehnt.[65] Sie liefe darauf hinaus, dass sich der Dritte die tatsächliche und die registerlich bezeugte Rechts- und Sachlage gleichsam wie Rosinen, nämlich wie es ihm gerade günstig erscheint, herauspicken könnte,[66] ohne insoweit schutzwürdiges Vertrauen zu genießen. Er müsse sich schon für den wahren oder den registerrechtlichen Scheinsachverhalt entscheiden. Die Rechtsprechung[67] und wohl h.M.[68] lässt auch die sog. **Rosinentheorie** zu, wonach sich der Dritte, der primär geschützt werden solle, zulässigerweise kombiniert auf die registerliche und tatsächliche Rechtslage berufen darf. Jede positive Bezugnahme auf den Registerinhalt verlasse den Boden der in § 15 Abs. 1 HGB allein geregelten **negativen Publizität**.[69]

III. Anspruch des V gegen Y

33 Der Haftung des Y gemäß § 171 Abs. 1 Hs. 1 HGB steht die **rechtsvernichtende Einwendung** des § 171 Abs. 1 Hs. 2 HGB entgegen, weil er seine Einlage voll erbracht hat.[70]

---

64 Anschauliche Zusammenfassung auch im Fallbeispiel bei *Lettl* HR, § 3 Rn. 41.

65 *Canaris* HR, § 5 Rn. 26; *Reinicke*, JZ 1985, 272, 278; *Schilken*, AcP 187 (1987), 1, 10 f.; *Tiedtke*, DB 1979, 245 f.

66 Dieses Problem wird daher unter dem Schlagwort „Rosinentheorie" bzw. gelegentlich als „Prinzip der Meistbegünstigung" diskutiert. Dazu unten § 45 Rn. 4.

67 BGHZ 65, 309, 310 f.

68 MüKo-HGB/*Krebs*, 3. Auflage 2010, § 15 Rn. 54; Baumbach/Hopt/*Hopt*, 35. Auflage 2012, § 15 Rn. 6; *K. Schmidt* HR, § 14 II 4 c); *Kreutz*, Jura 1982, 637; *J. Hager*, Jura 1992, 62 f.; *Lettl*, HR, § 3 Rn. 43.

69 Zu § 15 Abs. 1 HGB auch unten § 45 Rn. 1 ff.; weiterführend *Leenen*, Symposium zum 80. Geburtstag von Franz Wieacker (1990), S. 108, 120. Im Fall ist dieses Problem schwer zu sehen, wird aber im Sachverhalt sehr deutlich angesprochen. Wer es nicht sieht, aber konsequent löst, sollte dennoch Punkte bekommen. Wer den mutmaßlichen Widerspruch (*K. Schmidt* HR, § 14 II 4 c bezeichnet ihn vor dem Hintergrund des Sachverhalts-Wahlrechts gar als „schizophren") klar herausarbeitet, verdient besonderes Lob. Selbstverständlich sind beide Ansichten bestens vertretbar. Je nachdem haftet B hier oder eben nicht.

70 Dies dient nur der Abrundung; es geht nur um das Verständnis des Grundprinzips der Kommanditistenhaftung und das Benennen der richtigen Anspruchgrundlage. Zum Haftungssystem in der KG *Hueck/Windbichler*, Gesellschaftsrecht, 22. Auflage 2009, § 17 Rn. 18 ff.

§ 3 Die Entstehung und Prüfung von Ansprüchen

I. Sinn des Anspruchsaufbaus

Der Anspruchsaufbau, insbesondere die Verwirklichung des Grundsatzes der **1** Anspruchskonkurrenz, wird vereinzelt als unpraktisch erachtet. Diese Kritik ist auch von Lehrenden aufgegriffen worden, die in den vergangenen Jahrzehnten geltend gemacht haben, dass das Prüfen von gegensätzlichen Ansprüchen dem praktischen Leben nicht hinlänglich gerecht werde.[1] Man muss sich jedoch vergegenwärtigen, dass gerade die an **Anspruchsgrundlagen** orientierte gutachtliche Prüfung von Fällen ein wesentlicher Fortschritt gegenüber einer Prüfungsmethode ist, die Rechtsprobleme nur abstrakt darstellt.[2] Gerade das Denken in „Anspruch und Einwendung als Rückgrat einer zivilrechtlichen Lehrmethode"[3] ist daher sinnvoll und zur angemessenen Vorbereitung auf die Praxis unumgänglich.

Die Legaldefinition des Anspruchs in § 194 Abs. 1 BGB, wonach der Anspruch das **2** Recht ist, von einem anderen ein Tun oder Unterlassen zu verlangen, hilft nur bedingt weiter, da der Abgleich seinerseits eine Subsumtion erfordert, im Rahmen derer Fehler unterlaufen können. So erweist sich mitunter, wie später zu zeigen sein wird, das sture Lernen, welche Vorschriften von der Rechtsprechung und herrschenden Lehre als Anspruchsgrundlagen angesehen werden, obwohl sie nicht so formuliert sind (vgl. § 194 Abs. 1 BGB), als einziger Ausweg – ein vom Standpunkt einer methodisch anspruchsvollen, nämlich mit wissenschaftlichem Anspruch ausgerichteten Jurisprudenz blamabler Befund, zumal es erheblich mehr Anspruchsgrundlagen gibt, als man gemeinhin meint.[4]

II. Die Anspruchsentstehung in der Fallbearbeitung

Die Formulierung, dass ein Anspruch entsteht bzw. entstanden ist, findet sich im Ver- **3** jährungsrecht: Nach § 199 Abs. 1 Nr. 1 BGB setzt etwa der Beginn der regelmäßigen Verjährungsfrist – neben der Kenntnis bzw. grob fahrlässigen Unkenntnis des Gläubigers von den anspruchsbegründenden Tatsachen und der Person des Schuldners – voraus, dass der Anspruch entstanden ist. Entstehung im Sinne von § 199 Abs. 1 Nr. 1 BGB meint freilich präziser, dass der Anspruch auch gerichtlich geltend gemacht werden kann, also fällig ist.[5] Teilweise verjähren Ansprüche auch „ohne Rücksicht auf ihre Entstehung" (§ 199 Abs. 2 BGB) oder „von ihrer Entstehung an" (§ 199 Abs. 4 BGB). Der im Verjährungsrecht vorausgesetzte Begriff der Entstehung des Anspruchs

---

1 *Großfeld*, JZ 1992, 22 ff. Dieser und der folgende Absatz wurden zuerst publiziert in der FS Medicus, 2009, S. 295. Dem Verlag Wolters Kluwer sei für die freundliche Gestattung zum erneuten Abdruck gedankt.
2 *Canaris*, FS Medicus, 1999, S. 25, 27.
3 *Medicus*, AcP 174 (1974), 313.
4 Man denke nur an die – allerdings vergleichsweise selten vorliegenden – §§ 102, 160, 231 BGB; zu den Anspruchsgrundlagen im Allgemeinen Teil des BGB auch *Medicus*, AcP 174 (1974), 313, 317 f. und unten § 8.
5 *Leenen*, § 19 Rn. 4 f.

ist darüber hinaus für die Fallbearbeitung von vitaler Bedeutung. Dort fragt sich verkürzt gesagt, ob der Anspruch entstanden ist, ob er wieder erloschen ist und ob er
durchsetzbar ist. Das Gesetz verwendet freilich den Begriff des Erlöschens in § 362
BGB nur in Bezug auf das Schuldverhältnis im engeren Sinn,[6] also letztlich die Forderung bzw. den Anspruch (vgl. § 241 Abs. 1 BGB). Dabei werden die Begriffe Forderung,
Anspruch und Schuldverhältnis weder im BGB noch von der Literatur einheitlich ver-
wandt.[7] Doch zeigt sich daran, dass zwischen Anspruch und Forderung kein wesentlicher Unterschied besteht.[8] Die **Verjährung** kommt dagegen erst bei der Frage der
Durchsetzbarkeit eines Anspruchs wieder zur Geltung.

1. Anspruch und Anspruchsgrundlage

4 Die Untersuchung der Anspruchsentstehung muss von der Anspruchsgrundlage ausgehen.[9] Wenn alle tatbestandlichen Voraussetzungen der Anspruchsgrundlage vorliegen, ist der Anspruch entstanden.[10] Die Anspruchsgrundlage muss jedoch keine
Norm sein, sondern kann auch in einem Rechtsgeschäft bestehen.[11] Davon wird weiter
unten im Rahmen der Behandlung der vertraglichen Ansprüche noch die Rede sein.[12]
Das Gesetz kennt den Begriff der Anspruchsgrundlage nicht, wohl aber die Legaldefinition eines Anspruchs: Nach § 194 Abs. 1 BGB ist darunter das Recht zu verstehen,
von einem anderen ein Tun oder Unterlassen zu verlangen.[13] In diesem Sinne lässt
sich praktisch das gesamte **Prüfungsprogramm** der Fallbearbeitung „als Ziel von
Ansprüchen darstellen".[14]

5   Zu den zentralen Herausforderungen der gutachterlichen Fallbearbeitung gehört
die Bewältigung der **Anspruchskonkurrenz**. Da sich nämlich aus einem Sachverhalt
mehrere Ansprüche ergeben können,[15] ist das Gutachten nur vollständig, wenn alle
diese Ansprüche geprüft worden sind, soweit nicht im Bearbeitervermerk ausnahmsweise die Prüfung bestimmter Ansprüche erlassen ist. Ob man hier von Anspruchs-

---

6 *Gernhuber*, Die Erfüllung und ihre Surrogate, 2. Auflage 1994, S. 2; *Larenz*, Schuldrecht I, 14. Auflage
1987, § 2 V (S. 26); BGHZ 10, 391, 395; BGH NJW 1986, 1678.

7 Vgl. nur *Medicus/Lorenz*, Rn. 6 (Schuldverhältnis und Forderung als spezielle Ansprüche); *Heck*,
Grundriss des Schuldrechts, Neudruck der Ausgabe von 1929, 1974, S. 1 sowie *Kress*, Allgemeines
Schuldrecht, Neudruck der Ausgabe von 1929, 1974, S. 26 (Gleichstellung von Forderung und Schuldverhältnis); *Schlechtriem/Schmidt-Kessel*, Schuldrecht AT, 6. Auflage 2005, Rn. 21, 170 (Unterscheidung
von Verbindlichkeit und Anspruch); *Petersen*, Rn. 1.

8 *Medicus*, Rn. 75; *Bork*, Rn. 290

9 *Leenen*, § 22 Rn. 8. Gleichbedeutend wird auch von Anspruchsnorm gesprochen; vgl. nur *Medicus/
Petersen* GW, Rn. 16. Innerhalb der Prüfung eines Anspruchs ist freilich wiederum von der Rechtsfolgeanordnung der jeweils dort erörterten Norm auszugehen; vgl. *Leenen*, § 22 Rn. 11 f.

10 Lehrreich *Köhler*, Anhang, Rn. 11 f.

11 *Köhler*, § 18 Rn. 4.

12 Siehe unten Rn. 10 ff.

13 Angesichts dessen sind Forderungen nur spezielle, nämlich schuldrechtliche, Ansprüche, vgl.
Medicus/Lorenz, Rn. 6.

14 *Medicus/Petersen* GW, Rn. 15.

15 *Köhler*, § 18 Rn. 8 f.

konkurrenz oder **Anspruchsgrundlagenkonkurrenz** spricht,[16] ist für die Fallbearbeitung nicht wichtig. Allerdings ist ungeachtet der gebotenen Vollständigkeit stets zu beachten, dass nicht alle Anspruchsgrundlagen gleichermaßen ausführlich geprüft werden müssen. Insbesondere dann, wenn weitere Ansprüche nicht substanziell mehr bringen, kann sich die gebotene Erörterung mitunter in einem Satz erschöpfen.

2. Rechtshindernde Einwendungen

Zur Anspruchsentstehung gehört insbesondere die Frage nach dem Bestehen von 6
rechtshindernden Einwendungen.[17] Rechtshindernde Einwendungen (oder **Wirksamkeitshindernisse**) verhindern, dass ein vertraglicher Anspruch überhaupt erst entsteht. Praktisch handelt es sich dabei um alle Nichtigkeitsgründe, die bei Ansprüchen aus Vertrag die Anspruchsgrundlage selbst und damit die Entstehung des vertraglichen Anspruchs betreffen. Sie brauchen hier nicht im Einzelnen aufgezählt zu werden. Dagegen sind rechtsvernichtende Einwendungen und Einreden erst zu prüfen, wenn feststeht, dass der Anspruch entstanden ist.

3. Hinweise für die Fallbearbeitung

Nur was der Klärung der konkreten Anspruchsgrundlage dient, ist entscheidungs- 7
erheblich; alles Übrige ist in der Regel überflüssig.[18] Daraus folgt zugleich, dass allgemeine Erörterungen, die vorab, d.h. ohne Anbindung an ein Tatbestandsmerkmal der Anspruchsgrundlage, erfolgen, tunlichst zu vermeiden sind. Grundsätzlich gilt dies auch für den in Klausurbearbeitungen immer wieder anzutreffenden Gliederungspunkt „Anwendbarkeit". Dass eine bestimmte Regelung auf den konkreten Fall anwendbar ist, bedarf keiner Begründung. Erfolgt sie gleichwohl, so kommt dies nicht selten einer Rechtfertigung gleich, durch die der Korrektor hellhörig wird. Nur ausnahmsweise kann sich die Frage nach der Anwendbarkeit stellen, wenn etwa konkurrierende Ansprüche vorrangig sind.

So kann z.B. bei Vorliegen eines **Eigentümer-Besitzer-Verhältnisses** ein 8
Anspruch aus ungerechtfertigter Bereicherung ausgeschlossen sein, sofern es um Nutzungen (vgl. § 987 BGB) geht, weil die §§ 987 ff. BGB insoweit abschließende Regelungen zugunsten des gutgläubigen, nicht verklagten Besitzers bereithalten (vgl. § 993 Abs. 1 Hs. 2).[19] Ist dagegen der Anspruch auf die Sachsubstanz gerichtet,[20] wie dies bei § 816 Abs. 1 S. 1 BGB der Fall ist,[21] bestehen keine Konkurrenzprobleme. Gleichwohl sollte man auch hier den Topos „Anwendbarkeit" vermeiden und stattdessen die gesetzliche Wertung zum Ausdruck bringen. Daher empfiehlt es sich, auch bei Konkurrenzproblemen daran festzuhalten, das betreffende Tatbestandsmerkmal in den

---

16 Eingehend *Georgiades*, Die Anspruchskonkurrenz im Zivilrecht und Zivilprozessrecht, 1967; entsprechendes gilt für den Begriff der Anspruchsnormenkonkurrenz, vgl. *Medicus/Lorenz*, Rn. 356 f.
17 *Medicus/Petersen* BR, Rn. 16.
18 Zutreffend *Leenen*, § 22 Rn. 35: „Überflüssiges ist falsch".
19 *Medicus/Petersen* BR, Rn. 597.
20 Vgl. *Mugdan*, Band III S. 223.
21 Näher NK-BGB/*von Sachsen-Gessaphe*, 2. Auflage 2012, § 816 Rn. 5.

Vordergrund zu stellen, an dem die „Anwendbarkeit" bezogen auf den konkreten Fall scheitert. Deshalb kommt bei Konkurrenzfragen im Eigentümer-Besitzer-Verhältnis dem § 993 Abs. 1 Hs. 2 BGB so große Bedeutung zu, wonach der Besitzer im Übrigen weder zur Herausgabe von Nutzungen noch zum Schadensersatz verpflichtet ist. Schon die wortlautgetreue Anwendung dieser Regelung klärt viele hochtrabend verbrämte „Anwendbarkeitsprobleme". Damit vermeidet man zugleich abstrakte Erörterungen, welche der konkreten Falllösung letztlich nicht dienlich sind.

III. Die Prüfungsreihenfolge der Ansprüche

9 Zu den wichtigsten Aufbaufragen gehört die nach der Prüfungsreihenfolge der in Betracht kommenden Anspruchsgrundlagen. Entgegen einer weit verbreiteten Meinung geht es dabei weniger darum, welche Reihenfolge richtig oder falsch ist, als vielmehr um Zweckmäßigkeitserwägungen.[22] Allerdings besteht mitunter ein logisches Vorrangverhältnis unter verschiedenen Anspruchsgrundlagen. Dann kann es in der Tat falsch sein bzw. eine empfindliche Auslassung bedeuten, wenn ein bestimmter Anspruch nicht vorab geprüft wird. Davon zu unterscheiden ist die Frage, welche Tatbestandsmerkmale innerhalb einer Anspruchsgrundlage logisch vorrangig sind.[23] Innerhalb des § 280 Abs. 1 S. 1 BGB ist beispielsweise das Schuldverhältnis vor der Pflichtverletzung zu prüfen, weil von der Art des konkreten Schuldverhältnisses abhängt, welche Pflichten überhaupt bestehen und ob diese gegebenenfalls verletzt worden sind.

1. Ansprüche aus Vertrag

10 Auch wenn vorrangig an vertragliche Ansprüche zu denken ist, bedeutet das nicht, dass in jedem Fall darauf eingegangen werden muss. Sind etwa Ansprüche aus einen Verkehrsunfall zu prüfen, in dem sich die Beteiligten nie zuvor gesehen haben, erübrigt sich der häufig zu lesende Satz: „Vertragliche Ansprüche kommen nicht in Betracht." Das bringt keinen zusätzlichen Punkt, wirkt wenig souverän und kostet nur wertvolle Zeit.[24]

a) Vorrang vor gesetzlichen Ansprüchen

11 Zunächst werden vertragliche Anspruchsgrundlagen geprüft. Das **Vorrangverhältnis** ergibt sich daraus, dass die vertragliche Regelung Modifizierungen im Hinblick auf die gesetzlichen Schuldverhältnisse zur Folge haben kann.[25] Im Verhältnis zu bereicherungsrechtlichen Ansprüchen folgt das daraus, dass vertragliche Ansprüche Rechtsgrund i.S.d. § 812 BGB für das Behaltendürfen einer Leistung oder einer sonstigen Vermögensverschiebung sein können. Bezüglich deliktsrechtlicher Ansprüche kann ein bestehender Vertrag unter Umständen einen Rechtfertigungsgrund darstel-

---

22 *Medicus/Petersen* BR, Rn. 7; *Leenen*, § 22 Rn. 13 und 33 f.
23 Dazu *Medicus/Petersen* BR, Rn. 15.
24 Vgl. *Medicus/Petersen* BR, Rn. 13.
25 *Leenen*, § 22 Rn. 14 f.

len oder den Verschuldensmaßstab beeinflussen. Ansprüche aus Geschäftsführung ohne Auftrag sind schließlich über den Wortlaut des § 677 BGB hinaus ausgeschlossen, wenn ein wirksamer Vertrag bezüglich der geführten Geschäfte besteht.[26]

b) Vertrag als Anspruchsgrundlage

In Klausuren ist häufig zu lesen: „A könnte gegen B einen Anspruch auf Kaufpreis- **12** zahlung aus § 433 Abs. 2 BGB haben". Das ist zwar nicht falsch, aber doch unscharf, denn der Anspruch ergibt sich aus dem Kaufvertrag selbst, der lediglich in § 433 BGB geregelt ist.[27] Anspruchsgrund ist also wegen des Prinzips der **Privatautonomie** letztlich die vertragliche Einigung. Deshalb wurde eingangs gesagt,[28] dass die Anspruchsgrundlage auch in einem Rechtsgeschäft bestehen kann. Im Einzelnen ist hier vieles umstritten,[29] doch führt der Streit um die genaue Bezifferung letztlich nicht weiter.[30] Man kann dem Rechnung tragen durch die Formulierung: „A könnte gegen B einen Anspruch auf Kaufpreiszahlung aus Kaufvertrag gemäß § 433 Abs. 2 BGB haben." In diesem Zusammenhang ist auf einen häufigen Fehler hinzuweisen. Viele Bearbeiter neigen, gerade bei vertraglichen Schuldverhältnissen, die sich keinem besonders geregelten Vertragstyp zuordnen lassen, zu seitenlangen Ausführungen unter Ausbreitung von vorgeblich relevanten Streitigkeiten.[31] Geht es – wie häufig der Fall – um den vertraglichen **Primäranspruch**, ist dies überflüssig, weil sich dieser eben aus der vertraglichen Vereinbarung unbeschadet ihrer dogmatischen Einordnung ergibt. Nur wenn **Sekundäransprüche** geprüft werden, ist die konkrete Qualifizierung von Bedeutung, weil es dann darauf ankommt, ob und welche Gewährleistungsansprüche einschlägig sind.

c) Vertragsähnliche bzw. quasivertragliche Ansprüche

Im weiteren Sinne zu den vertraglichen Ansprüchen werden die quasivertraglichen **13** (§§ 280 Abs. 1, 311 Abs. 2 BGB) bzw. vertragsähnlichen Ansprüche (§ 179 BGB) gezählt.[32] Speziell im Hinblick auf § 179 BGB ist darauf zu achten, dass man zunächst Ansprüche gegen den Vertretenen geprüft hat, bevor der Anspruch gegen den Vertreter ohne Vertretungsmacht aus § 179 Abs. 1 BGB geprüft wird. Denn anderenfalls muss man beim Merkmal des Vertragsschlusses ohne Vertretungsmacht die gesamten Vertretungsverhältnisse prüfen. Hat man demgegenüber richtigerweise zunächst den Anspruch gegen den Vertretenen geprüft, so kann man im Rahmen des § 179 BGB nach oben verweisen.

---

26 *Medicus/Petersen* BR, Rn. 8; wobei sogar gesetzliche Schuldverhältnisse, beispielsweise die elterliche Vermögenssorge (§ 1626 Abs. 1 S. 2 BGB), die §§ 677 ff. BGB ausschließen.

27 Vgl. *Köhler*, Anhang, Rn. 16.

28 Im Anschluss an *Köhler*, § 18 Rn. 4.

29 Siehe nur *Larenz*, Die Methode der Auslegung des Rechtsgeschäfts, 1929, S. 53, freilich mit Korrekturen im Nachwort ebenda; *Pernice*, GrünhutsZ 7 (1880), 465, 473.

30 Zur Vertiefung lesenswert *Oechsler*, § 2 Rn. 49; *Leenen*, Jura 2011, 723.

31 Siehe dazu *Medicus/Petersen* BR, Rn. 14 mit Beispiel aus der Rechtsprechung. Paradigmatisch für die Behandlung eines besonderen Vertragstyps sei aber auf *Schulze*, Jura 2011, 481 verwiesen. Vgl. auch *Dietrich*, Jura 2011, 803.

32 *Köhler*, Anhang, Rn. 12.

14   Nach Ansprüchen aus Vertrag können Schadensersatzansprüche unter dem Gesichtspunkt der **culpa in contrahendo** (§§ 280 Abs. 1, 311 Abs. 2, Abs. 3 BGB) geprüft werden. Ansprüche aus §§ 280 Abs. 1, 311 Abs. 2 BGB sind zwingend vor deliktischen zu prüfen, weil sich aus dem anvisierten Vertrag eine Modifizierung des **Haftungsmaßstabs** ergeben kann.[33]

15   Im Zusammenhang mit vertraglichen bzw. vertragsähnlichen Ansprüchen ist immer auch an einen **Vertrag mit Schutzwirkung zugunsten Dritter** zu denken. Gerade in Fällen mit Drittbeteiligung, in denen nur ein **deliktischer Anspruch** gemäß § 831 Abs. 1 S. 1 BGB in Betracht zu kommen scheint, dem dann die **Exkulpationsmöglichkeit** (§ 831 Abs. 1 S. 2 BGB) entgegenstehen kann, ist an einen vorrangigen Anspruch aus Vertrag oder vorvertraglichem Schuldverhältnis (§ 311 Abs. 2 BGB) mit Schutzwirkung zugunsten Dritter zu denken, welcher gerade diese Schwäche des Deliktsrechts (§ 831 Abs. 1 S. 2 BGB) ausgleicht.[34]

2. Ansprüche aus Geschäftsführung ohne Auftrag

16 Als nächstes werden zweckmäßigerweise Ansprüche aus Geschäftsführung ohne Auftrag geprüft.[35] Für die echte berechtigte Geschäftsführung ohne Auftrag (§§ 683, 670, 677 BGB) folgt das daraus, dass sie einen Rechtfertigungsgrund darstellen kann und somit vor dem Deliktsrecht zu erörtern ist. Da sie zugleich ein Recht zum Besitz im Sinne des § 986 Abs. 1 BGB begründen kann, ist sie auch vor den dinglichen Ansprüchen zu prüfen.[36]

17   Weniger zwingend ist das Verhältnis der angemaßten Eigengeschäftsführung (§ 687 Abs. 2 BGB) mit ihren Rechtsfolgen der **Erlösherausgabe** (§§ 681 S. 2, 667 BGB) oder dem **Schadensersatz** (§ 678 BGB) zu anderen Anspruchgrundlagen. Auch wenn sich hier keine Konkurrenzprobleme zum Delikts- bzw. Bereicherungsrecht stellen (vgl. nur § 684 S. 1 BGB), empfiehlt es sich, die angemaßte Eigengeschäftsführung an dieser Stelle mit zu bedenken, damit keine Anspruchsgrundlage übersehen wird.

3. Dingliche Ansprüche

18 Aus den Erörterungen zur echten berechtigten GoA ergibt sich, dass erst jetzt an die so genannten dinglichen Ansprüche zu denken ist. Der Begriff der dinglichen Ansprüche rührt – ebenso wie der des Anspruchs überhaupt – aus dem Verjährungsrecht her: Gelangt eine Sache, hinsichtlich derer ein *dinglicher Anspruch* besteht, durch Rechtsnachfolge in den Besitz eines Dritten, so kommt die während des Besitzes des Rechtsvorgängers verstrichene Verjährung gemäß § 198 BGB dem Rechtsnachfolger zugute. Der dingliche Anspruch verwirklicht das dingliche Recht,[37] indem er sich gegen

---

33 *Medicus/Petersen* BR, Rn. 8a.

34 Näher zu den Voraussetzungen mit Fallbeispiel *Petersen*, Rn. 83 ff., 464 ff. Aktuell BGH NJW-RR 2011, 462 m. Anm. *Faust*, JuS 2011, 457.

35 Zur GoA als Anspruchsgrundlage *Medicus/Petersen* BR, Rn. 420 f.

36 *Medicus/Petersen* BR, Rn. 9.

37 *Heck*, Grundriss des Sachenrechts, 1930 (Nachdruck 1960), §§ 31 f.

jedermann richten kann.[38] So kann sich etwa § 985 BGB gegen jeden Besitzer richten. Soweit im konkreten Fall Pfandrechte (auch gesetzliche wegen § 1257 BGB!) eine Rolle spielen, ist im Zusammenhang mit der konkreten dinglichen Anspruchsnorm immer auch die Verweisungsnorm des § 1227 BGB zu berücksichtigen.[39] Außerdem muss die oft übersehene Anspruchsgrundlage des § 1223 BGB zumindest gedanklich geprüft werden.[40]

a) Herausgabeansprüche

Wesentlich häufiger kommen aber natürlich die auf Herausgabe gerichteten Ansprüche aus §§ 985, 861, 1007 BGB vor, an die stets zu denken ist. Die Herausgabepflicht kann sich des Weiteren aus § 823 Abs. 1 i.V.m. § 249 Abs. 1 BGB ergeben.[41] Liegt also tatbestandlich eine rechtswidrige und schuldhafte Eigentumsentziehung vor, so kann die Rechtsfolge – Schadensersatz – darin bestehen, nach § 249 Abs. 1 BGB den Zustand herzustellen, der ohne das schädigende Ereignis bestehen würde. Diesen Zustand kann der Schädiger dann nur durch Herausgabe der Sache bewerkstelligen. Allerdings handelt es sich hierbei um einen jener Ansprüche, die typischerweise sehr kurz abgehandelt werden können, weil er inhaltlich nicht mehr gewährt als die §§ 985, 861 BGB.[42]

b) Die Unterscheidung in possessorische und petitorische Ansprüche

Für die richtige dogmatische Einordnung des Besitzschutzes ist die Unterscheidung in possessorische und petitorische Ansprüche grundlegend. Denn davon hängt ab, welche Einreden und Einwendungen dem jeweiligen Anspruch entgegengehalten werden können. Das wiederum entscheidet über den sinnvollen Aufbau, weil sich danach bemisst, welche Gegenrechte im konkreten Fall zu prüfen sind.

aa) Possessorischer und petitorischer Besitzschutz

Den Unterschied zwischen possessorischem und petitorischem Besitzschutz macht man sich am besten anhand der beiden unterschiedlichen Anspruchsgrundlagen des Besitzschutzes klar. § 1007 BGB repräsentiert dabei den petitorischen Besitzschutz, wohingegen die Ansprüche aus §§ 861, 862 BGB possessorischer Natur sind.[43] Der possessorische Besitzschutz zeichnet sich dadurch aus, dass sich hier der Anspruch aus dem Besitz als solchem ergibt, ohne dass es auf ein Recht zum Besitz ankommt. Das Gesetz hat dies in der für den possessorischen Besitzschutz zentralen Vorschrift des § 863 BGB geregelt. Danach kann ein Recht zum Besitz gegenüber den in den §§ 861, 862 BGB bestimmten Ansprüchen grundsätzlich[44] nur zur Begründung der Behauptung geltend gemacht werden, dass die Entziehung oder die Störung des Besitzes

19

20

21

---

38 *Medicus/Petersen* BR, Rn. 436.
39 Klausurfall bei *Knütel*, JuS 1989, 208 ff.
40 Siehe den Klausurfall bei *Petersen*, JA 1999, 292.
41 *Medicus*, Rn. 77.
42 Vgl. oben II 1 a.E.
43 *Schreiber*, Jura 1993, 440.
44 Eine Ausnahme bildet der Sonderfall des § 864 Abs. 2 BGB.

keine **verbotene Eigenmacht** sei. Einwendungen, die sich aus dem **materiellen Recht** ergeben, sind also gegenüber den possessorischen Ansprüchen ausgeschlossen. Daraus folgt, dass der Kläger mit dem possessorischen Anspruch vorläufig Erfolg haben kann und später womöglich in einem anderen Verfahren unterliegt, weil erst dort petitorische Einreden beachtet werden. Der Grund für diese durch § 863 BGB bewirkte vorläufige Besserstellung des possessorischen Besitzschutzes besteht darin, dass der Besitzer möglichst schnell wieder in den (Besitz-)Stand versetzt werden soll, in dem er sich vor Verübung der verbotenen Eigenmacht befunden hat.[45] Hier kommt die Schutzfunktion des Besitzes besonders klar zum Ausdruck.[46]

22   Verübt der Eigentümer gegen den nicht berechtigten Besitzer verbotene Eigenmacht, so stellt sich die Frage, ob dem an sich gegebenen Anspruch aus § 861 BGB die **Arglisteinrede** („dolo agit, qui petit, quod statim redditurus est") entgegensteht, weil er zwar nach § 861 BGB die Herausgabe der Sache verlangen könnte, sie aber seinerseits dem Eigentümer wieder nach § 985 BGB herausgeben müsste. Dafür ließe sich anführen, dass der Grundsatz von Treu und Glauben, auf den die Arglisteinrede zurückgeht, über den systematischen Standort des § 242 BGB im Schuldrecht hinaus für das gesamte Bürgerliche Recht und somit für alle Ansprüche gilt.[47] Andererseits missbilligt die Rechtsordnung generell die eigenmächtige Durchsetzung von materiell bestehenden Rechtspositionen, so dass etwa auch zu erklären ist, dass in einem solchen Fall sogar dem Dieb gegenüber dem Eigentümer das **Selbsthilferecht** nach § 859 BGB zusteht.[48]

23   § 863 BGB ist jedoch in einer solchen Konstellation die entscheidende Wertung zu entnehmen, dass der Anspruch aus § 861 BGB gleichwohl begründet ist und ihm keine Einrede entgegensteht. Denn ausweislich dieser Vorschrift sollen petitorische Einreden gegen possessorische Ansprüche nur in ganz eng begrenztem Umfang (vgl. auch § 864 BGB) erhoben werden dürfen. Diese zentrale Wertung des Besitzschutzes würde konterkariert und die Unterscheidung zwischen possessorischen und petitorischen Ansprüchen demzufolge vermengt, wenn (vorläufige) unliebsame Ergebnisse ohne weiteres mit der Arglisteinrede ausgeschaltet werden könnten.

bb) Folgerungen für die Anspruchsprüfung

24   Aus dieser dogmatischen Unterscheidung zwischen possessorischem und petitorischem Besitzschutz folgt, dass es zumindest nicht falsch ist, den Anspruch aus § 861 BGB zuerst zu prüfen.[49] Denn ihm gegenüber kann nach § 863 BGB nur geltend gemacht werden, dass die **Besitzentziehung** oder -störung keine verbotene Eigenmacht ist.

---

45 BGH NJW 1979, 1358.

46 Zu ihr näher *Schreiber*, Sachenrecht, 5. Auflage 2008, Rn. 32 ff.; vgl. auch *Habersack*, Sachenrecht, 7. Auflage 2012, Rn. 40.

47 Die Rechtsprechung hat § 242 BGB seit jeher einen das gesamte Rechtsleben beherrschenden Grundsatz entnommen, wonach jedermann in Ausübung seiner Rechte nach Treu und Glauben zu handeln hat; vgl. nur RGZ 85, 108, 117. Näher zur Arglisteinrede *Larenz*, Schuldrecht I, 14. Auflage 1987, § 10 II, S. 125 ff., zum Prinzip von Treu und Glauben; speziell zur Arglisteinrede a.a.O., § 10 II b, S. 143.

48 Vgl. *Habersack*, Sachenrecht, Rn. 40.

49 Vgl. *Medicus/Petersen* BR, Rn. 455.

Eine andere Frage ist, ob dies in jedem Fall sinnvoll ist. Liegen nämlich die Vor- 25 aussetzungen des § 858 BGB, also insbesondere die verbotene Eigenmacht, ersichtlich nicht vor, so muss nicht unbedingt mit § 861 BGB begonnen werden. Vielmehr ist gerade dann, wenn die Aufgabe auf eine **Eigentumsprüfung** zugeschnitten ist, am besten mit § 985 BGB zu beginnen, weil dann die ausführliche Prüfung des § 861 BGB kleinschrittig anmutet.[50]

Das gilt zweckmäßigerweise auch dann, wenn sich der Eigentümer, der verbo- 26 tene Eigenmacht verübt hat, im Sachverhalt erkennbar auf die Arglisteinrede beruft. Denn würde man in einem solchen Fall mit § 861 BGB beginnen, so könnte man, da die **Eigentumsprüfung** noch nicht stattgefunden hat und im Rahmen des § 861 BGB auch keinesfalls angezeigt ist, noch nichts über die Berechtigung der Arglisteinrede sagen und müsste – im Gutachten äußerst anstößig – nach unten verweisen. Hat dagegen die Prüfung des § 985 BGB ergeben, dass derjenige, der die verbotene Eigenmacht verübt hat, Eigentümer war, so fügt sich die Prüfung der Arglisteinrede am Ende des § 861 BGB bruchlos in den Aufbau ein.

§ 861 BGB ist – ebenso wie die Ansprüche aus § 1007 Abs. 1 und § 1007 Abs. 2 27 BGB[51] – immer zumindest kurz anzusprechen, wenn nach der Herausgabe einer Sache gefragt ist. Dabei ist § 1007 BGB immer erst nach § 985 BGB zu prüfen. In **prozessualer Hinsicht** ist hinzuzufügen, dass der possessorische Anspruch aus § 861 BGB eine Berufung auf die petitorischen Ansprüche aus §§ 1007, 985 BGB nicht hindert.[52]

c) Anspruch auf Duldung der Zwangsvollstreckung

Einen Sonderfall stellt § 1147 BGB für das Vorgehen aus einer **Hypothek** dar. Obwohl 28 diese Vorschrift, wie der Vergleich mit der Legaldefinition des § 194 Abs. 1 BGB zeigt, an sich keine Anspruchsgrundlage darstellt, spricht man von einem „Anspruch auf Duldung der **Zwangsvollstreckung**".[53] Das ist streng genommen nicht ganz exakt, weil die Norm nur festlegt, wie das Grundpfandrecht zu realisieren ist.[54] Da aber die Verwertung einer Hypothek durch Selbstverwertungsmaßnahmen des Gläubigers ausscheidet[55] kann man von einem Anspruch des Gläubigers gegen den Eigentümer sprechen, die von ihm eingeleitete Zwangsvollstreckung zu dulden. Ob sich aber aus § 1147 BGB auch ein Zahlungsanspruch gegen den Eigentümer – der nicht notwendig persönlicher Schuldner sein muss – ergibt, ist umstritten.[56] Da der Eigentümer jedenfalls nach § 1142 BGB berechtigt ist, an den Gläubiger zu zahlen, kann in der Fallbearbeitung § 1147 BGB auch ein Zahlungsanspruch gegen den Eigentümer „aus dem Grundstück" entnommen werden. Wegen dieser Besonderheit kann sich hier ausnahmsweise ein klärendes Wort zur Anspruchsgrundlage empfehlen.

---

50 Siehe zur Prüfungsreihenfolge der sogenannten „dinglichen Ansprüche" *Medicus/Petersen* BR, Rn. 10; dort auch speziell zu § 861 BGB.

51 *Medicus/Petersen* BR, Rn. 439.

52 BGH DB 1973, 913.

53 Vgl. nur Prütting/Wegen/Weinreich/*Waldner*, 7. Auflage 2012, § 1147 Rn. 1.

54 Bamberger/Roth/*Rohe*, 24. Edition 2012, § 1147 Rn. 1; bereits zuvor angedeutet oben in § 2 Rn. 9.

55 MüKo/*Eickmann*, 5. Auflage 2009, § 1147 Rn. 1.

56 Vgl. dazu MüKo/*Eickmann*, 5. Auflage 2009, § 1147 Rn. 3 ff.

4. Ansprüche aus Delikt und ungerechtfertigter Bereicherung

29 Zwischen Ansprüchen aus Delikt und ungerechtfertigter Bereicherung besteht an sich kein zwingendes Vorrangverhältnis, so dass es grundsätzlich gleichgültig ist, welcher Anspruch zuerst geprüft wird. Ist nach Schadensersatzansprüchen gefragt, so prüft man zweckmäßigerweise vorrangig das Deliktsrecht, während bei Herausgabeansprüchen eher an die ungerechtfertigte Bereicherung zu denken ist.[57] Je nach Fallgestaltung kann es sich aber anbieten, den deliktischen Anspruch vorzuziehen, weil man beim bereicherungsrechtlichen Anspruch nach oben verweisen kann. So empfiehlt sich beim berühmten **Flugreisefall**,[58] in dem ein Minderjähriger ohne Flugschein und Wissen der Eltern nach New York flog, die vorrangige Prüfung des deliktischen Anspruchs aus § 823 Abs. 2 BGB i.V.m. § 265a StGB. Scheidet dieser mangels Vorliegen eines Schadens aus, kann dies Konsequenzen für die bereicherungsrechtliche Frage haben, ob im Rahmen des § 819 Abs. 1 BGB auf die Kenntnis der Eltern oder im Hinblick auf die Wertung des § 828 BGB auf die Kenntnis des Minderjährigen selbst abzustellen ist.[59] Denn wenn man oben das Vorliegen eines Schadens als elementarer Voraussetzung eines deliktischen Schadensersatzanspruchs verneint hat, fehlt der Heranziehung des § 828 BGB die Analogiebasis.[60]

---

57 *Medicus/Petersen* BR, Rn. 11.
58 BGHZ 55, 128; dazu *Hombrecher*, Jura 2004, 250; dazu auch unten § 15 Rn. 2 und § 21 Rn. 10 ff.
59 Näher *Petersen*, Rn. 521.
60 *Canaris*, JZ 1971, 560.

§ 4 Die Aufrechterhaltung des Primäranspruchs

I. Schuldrechtliche Anspruchserhaltung

Der Primäranspruch auf die Gegenleistung – sei es auf Kaufpreiszahlung aus Kaufver- **1** trag gemäß § 433 Abs. 2 BGB, sei es auf Entrichtung des Werklohns aus Werkvertrag gemäß § 631 Abs. 1 Hs. 2 BGB[1] – kann unter den Voraussetzungen des § 326 Abs. 1 S. 1 BGB wegen Unmöglichkeit der eigenen Leistung nach § 275 BGB entfallen. Jedoch gibt es eine Reihe von Vorschriften, die dem Schuldner des unmöglichen Anspruchs dessen **Gegenleistungsanspruch** aus Kauf- oder Werkvertrag ungeachtet der Unmöglichkeit erhalten. Diese Regelungen finden sich überwiegend im Allgemeinen und Besonderen Schuldrecht. Man kann insofern von **Anspruchserhaltungsnormen** sprechen[2]. Denn Anspruchsgrundlagen sind es nicht, wie sich aus dem Wortlaut dieser Vorschriften – etwa des § 326 Abs. 2 BGB: „behält" – ergibt (vgl. § 194 Abs. 1 BGB)[3]. Der Anspruch folgt also weiterhin aus dem zwischen den Parteien geschlossenen Vertrag.

1. Allgemeines Schuldrecht

Innerhalb des Allgemeinen Schuldrechts kommt es in diesem Zusammenhang vor **2** allem auf § 326 BGB an, und zwar auf dessen erste beide Absätze. Ausgangspunkt der Prüfung ist jeweils § 326 Abs. 1 S. 1 Hs. 1 BGB, der auch den Bezug zur Unmöglichkeit herstellt und deren Prüfung ermöglicht: Braucht der Schuldner nach § 275 Abs. 1 – 3 BGB nicht zu leisten, so entfällt nach § 326 Abs. 1 S. 1 Hs. 1 BGB dessen **Anspruch auf die Gegenleistung**. Bereits erbrachte Leistungen sind gemäß §§ 326 Abs. 4, 346 Abs. 1 BGB zurückzugewähren – und zwar ohne dass es hierfür noch eines Rücktritts bedarf. Bereits der Wortlaut offenbart das **Prüfungsprogramm**: Das Entfallen des Anspruchs auf die Gegenleistung, also des Zahlungsanspruchs aus Kauf- oder Werkvertrag, insbesondere wenn nach § 275 Abs. 1 BGB der Anspruch auf Leistung wegen Unmöglichkeit ausgeschlossen ist. Wenn der eine Teil wegen Unmöglichkeit nicht leisten muss, soll der andere grundsätzlich nicht zahlen müssen. Von diesem Grundsatz macht § 326 Abs. 2 S. 1 BGB wichtige Ausnahmen, während die §§ 326 Abs. 3, 285 BGB weniger prüfungsrelevant sind und hier daher nicht vertieft werden müssen.

a) Anspruchserhaltung bei alleiniger oder überwiegender Verantwortlichkeit
Ist der Gläubiger für den Umstand, auf Grund dessen der Schuldner insbesondere **3** nach § 275 Abs. 1 BGB nicht zu leisten braucht, allein oder weit überwiegend verantwortlich, so behält der Schuldner nach § 326 Abs. 2 S. 1 Fall 1 BGB den Anspruch auf die Gegenleistung. Er kann somit Kaufpreis- oder Werklohnzahlung verlangen, obwohl er selbst von seiner Leistungspflicht wegen Unmöglichkeit befreit ist. Der Bundesgerichtshof hatte dazu einen kuriosen Fall zu entscheiden, in dem bei einer **Wahrsagerin** überaus kostspielige Dienste für verschiedene Handlungen, wie etwa ein Ker-

---

1 Zur Anspruchsbegründung *Leenen*, Jura 2011, 723 f.
2 *Medicus/Petersen* GW, Rn. 138.
3 Näher zum Ganzen *Petersen*, FS Medicus, 2009, S. 265 ff.

zenritual, Kartenlegen sowie eine umfassende Lebensberatung mit der Aussicht auf eine erfolgreiche Partnerschaftsvermittlung in Anspruch genommen wurden[4]. Der vertragliche Primäranspruch ist entstanden, ohne dass man schon an dieser Stelle näher darauf eingehen müsste, ob ein Dienst- oder Werkvertrag vorliegt. Der Wirksamkeit konnte allenfalls § 138 BGB entgegenstehen. Das ist dann der Fall, wenn die Vereinbarung im Hinblick auf das horrende Entgelt, das die Vertragspartner vereinbart hatten und das sich im fünfstelligen Bereich bewegte, gegen das Anstandsgefühl aller billig und gerecht Denkenden verstoßen würde[5]. Der Bundesgerichtshof konnte dazu jedoch aus hier nicht weiter interessierenden Gründen nicht abschließend Stellung nehmen. In der Klausur würde der Fall wohl im Ergebnis so gestellt werden, dass die Sittenwidrigkeit zwar zu erörtern, letztendlich aber abzulehnen ist, damit wie folgt weiter geprüft werden kann: Der **Primäranspruch** entfällt nach § 326 Abs. 1 S. 1 BGB, wenn der Schuldner wegen Unmöglichkeit nach § 275 Abs. 1 BGB nicht zu leisten braucht. Unmöglichkeit im Rechtssinne hat der Bundesgerichtshof hier angenommen, weil die von der Wahrsagerin versprochenen Ratschläge und Hilfestellungen durch ihre übersinnliche Tätigkeit nach wissenschaftlichen und technischen Erkenntnissen von vornherein nicht ermöglicht werden konnten. Da die Parteien den Vertrag jedoch im Bewusstsein darüber geschlossen haben, dass sich der angestrebte Erfolg nicht rational erklären lässt, ging der Bundesgerichtshof davon aus, dass § 326 Abs. 1 S. 1 BGB hier von den Parteien stillschweigend abbedungen worden sei. Daher kam eine Anspruchserhaltung nach § 326 Abs. 2 S. 1 Fall 1 BGB in Frage, weil und sofern der Kunde als Gläubiger für die Unmöglichkeit verantwortlich war. Das hat der Bundesgerichtshof unter dem Gesichtspunkt einer **Garantie**- bzw. **Risikoübernahme** angenommen, weil der Gläubiger um die Irrationalität der vereinbarten Leistung gewusst habe.

b) Anspruchserhaltung bei Gläubigerverzug

4 Der Schuldner der Übereignungs- bzw. Werkverschaffungspflicht behält nach § 326 Abs. 2 S. 1 Fall 2 BGB auch dann den Anspruch auf die Gegenleistung, wenn der vom Schuldner nicht zu vertretende Umstand, auf Grund dessen der Schuldner nach § 275 BGB nicht zu leisten braucht, zu einer Zeit eintritt, zu welcher der Gläubiger im Verzug der Annahme ist. Das ist eine der klausurrelevantesten Einbruchstellen für die Prüfung des **Gläubigerverzugs**, der ja, wenn man einmal von der Sondervorschrift des § 304 BGB absieht, nicht direkt zu einem Anspruch führt. Man muss also im Falle des § 326 Abs. 2 S. 1 Fall 2 BGB inzident die Voraussetzungen der §§ 293 ff. BGB prüfen. Paradigmatisch ist der Fall, dass der Schuldner dem Gläubiger zu einem im Vorhinein genau vereinbarten Zeitpunkt eine vertraglich versprochene Sache vorbeibringt[6], den Gläubiger aber nicht antrifft und auf dem Rückweg die Sache infolge leichter Fahrlässigkeit des Schuldners untergeht. Auch wenn eine **Gattungsschuld** (§ 243 BGB) vereinbart war und der Schuldner dem Gläubiger somit an sich eine andere Sache der Gattung aufs Neue vorbeibringen könnte, ist im Rechtssinne Unmöglichkeit ein-

---

4 BGH NJW 2011, 756; dazu *Schermaier*, JZ 2011, 633; *Faust*, JuS 2011, 356; *Medicus/Petersen* BR, Rn. 222.

5 Näher *Leenen*, § 9 Rn. 242 ff.

6 Zu dem schwierigeren Fall, dass das Geld (hier: die Leistung!) vereinbarungsgemäß vorbeigebracht wird und untergeht *Petersen*, Rn. 294 ff.

getreten. Denn bei der vereinbarten Bringschuld hat sich die Schuld auf die ausgesuchte und vereinbarungsgemäß gebrachte Sache konkretisiert (§ 243 Abs. 2 BGB). Der Schuldner schuldet nicht einmal Schadensersatz nach §§ 283, 280 Abs. 3 BGB für die untergegangene Sache, weil er während des Gläubigerverzugs nur Vorsatz oder grobe Fahrlässigkeit zu vertreten hat, § 300 Abs. 1 BGB. Der Verkäufer braucht also nicht noch einmal zu leisten und verliert seinen Anspruch auf die Gegenleistung auch nicht nach § 326 Abs. 1 S. 1 BGB, weil zu seinen Gunsten die **Anspruchserhaltungsnorm** des **§ 326 Abs. 2 S. 1 Fall 2 BGB** eingreift. Die Gegenleistungsgefahr, d.h. die Gefahr, ohne die Ware zu erhalten zahlen zu müssen, ist also auf den Gläubiger übergegangen. Man spricht daher auch von der **Preisgefahr**. Nicht einschlägig für die Lösung des Falles ist übrigens trotz naheliegendem Wortlaut § 300 Abs. 2 BGB, der nur die **Leistungsgefahr** regelt, die hier jedoch bereits nach §§ 243 Abs. 2, 275 BGB mit dem Angebot des Schuldners auf den Gläubiger übergegangen ist[7]. Eigenständige Bedeutung erlangt § 300 Abs. 2 BGB daher vor allem in Fällen, wo der Gläubiger bereits durch ein wörtliches Angebot (vgl. § 295 BGB) in Annahmeverzug gerät, ohne dass damit zugleich Konkretisierung eintreten würde, sowie in entsprechender Anwendung bei Geldschulden, bei denen ein Gefahrübergang nach § 243 Abs. 2 BGB an § 270 Abs. 1 BGB scheitert[8].

2. Besonderes Schuldrecht

Im Besonderen Schuldrecht sind es die **Gefahrtragungsregeln**, die zur Anspruchser-   5
haltung führen können. Das sind im Kaufrecht die §§ 446 f. BGB, beim Dienstvertrag § 615 BGB und im Werkvertragsrecht die §§ 644 f. BGB. Allerdings ersetzt die bloße schlagwortartige Bezeichnung der Gegenleistungs- bzw. Leistungsgefahr hier, wie überall, nicht die geordnete Subsumtion[9].

a) Kaufvertrag

Mit der Übergabe der verkauften Sache geht nach § 446 S. 1 BGB die Gefahr des zufäl-   6
ligen Untergangs und der zufälligen Verschlechterung auf den Käufer über. Der Übergabe steht es nach Satz 3 gleich, wenn der Käufer im Annahmeverzug (§§ 293 ff. BGB) ist. Dabei fällt die strukturelle Ähnlichkeit des § 446 S. 3 BGB mit § 326 Abs. 2 S. 1 Fall 2 BGB ins Auge; eigenständige Bedeutung erlangt die Vorschrift vor allem im Hinblick auf eine Verschlechterung der verkauften Sache[10]. Der Grund für den Übergang der **Gegenleistungsgefahr** liegt darin, dass die Sache mit der Übergabe bzw. nach dem Gläubigerverzug Risiken ausgesetzt wird, die aus der Sphäre des Käufers stammen oder für die den Käufer zumindest die Verantwortung trifft. Haben die Vertragsparteien einen Ratenkauf unter Eigentumsvorbehalt vereinbart, dann bedeutet dies, dass der Käufer auch bei unverschuldetem Untergang nach Gefahrübergang die ausste-

---

7 *Coester-Waltjen*, Jura 2006, 829, 831.
8 So die h.M.; vgl. Bamberger/Roth/*Unberath*, 24. Edition 2011, § 300 Rn. 6; a.A. MüKo/*Ernst*, 6. Auflage 2012, § 300 Rn. 4.
9 Instruktiv *Leenen*, JuS 2008, 577. Zu den Grundlagen von Hol-, Bring- und Schickschuld *Bernhard*, JuS 2011, 9.
10 Bamberger/Roth/*Faust*, 24. Edition 2011, § 446 Rn. 2.

henden Raten an den Verkäufer zahlen muss, obwohl er kein Eigentum mehr erwerben kann (§ 449 Abs. 1 BGB)[11]. Auch beim Versendungskauf geht nach § 447 BGB die Gegenleistungsgefahr über: Versendet der Verkäufer auf Verlangen des Käufers die verkaufte Sache nach einem anderen Ort als dem **Erfüllungsort** (§ 269 BGB), dann geht die Preisgefahr, also das Risiko zahlen zu müssen, obwohl er keine Ware erhält, auf den Käufer über, sobald der Verkäufer die Sache dem Spediteur, dem Frachtführer oder der sonst zur Ausführung der Versendung bestimmten Person ausgeliefert hat, § 447 Abs. 1 BGB. Streitig ist, ob § 447 BGB und damit die Aufrechterhaltung der Preiszahlungspflicht auch beim Transport durch eigene Leute des Verkäufers gilt. Das Reichsgericht hat das angenommen[12]. Dagegen spricht jedoch, dass sich beim Transport durch eigene Leute die Ware noch im Machtbereich des Verkäufers befindet[13]. Zu beachten ist § 474 Abs. 2 S. 2 BGB, wonach insbesondere die §§ 446 f. BGB auf den **Verbrauchsgüterkauf** nicht anzuwenden sind. Entsprechend gilt § 447 BGB nach § 644 Abs. 2 BGB bei der Versendung eines Werks auf Verlangen des Bestellers.

b) Dienstvertrag

7 Beim Dienstvertrag kann sich die Anspruchserhaltung aus § 615 S. 1 BGB ergeben: Kommt der Dienstberechtigte mit der Annahme der Dienste in Verzug, so kann der Verpflichtete für die infolge des Verzugs nicht geleisteten Dienste die vereinbarte Vergütung verlangen, ohne zur Nachleistung verpflichtet zu sein[14]. Ebenso wie nach dem Rechtsgedanken des § 326 Abs. 2 S. 2 BGB muss er sich den Wert des Ersparten anrechnen lassen. § 615 S. 1 BGB macht also für den Fall des Annahmeverzugs eine Ausnahme von dem Grundsatz **„ohne Arbeit kein Lohn"**. Wie so oft in schuldrechtlichen Klausuren besteht die praktische Schwierigkeit bei der Anwendung dieser speziellen Regelung darin, zu erkennen, wann es statt ihrer wieder auf den allgemeinen § 326 Abs. 2 S. 1 Fall 1 BGB ankommt. Der Bundesgerichtshof hatte den ausbildungsrelevanten Fall zu entscheiden, dass ein Konzertveranstalter für ein Konzert der Gruppe „Tic Tac Toe", an dessen Durchführung er angesichts fortwährender Streitigkeiten der Sängerinnen, die schließlich zum Zerwürfnis führten, selbst nicht mehr glaubte, einen Dienstvertrag mit einem Beleuchtungstechniker geschlossen hatte[15]. Dieser hatte deswegen zwischenzeitlich, wie der Veranstalter wusste und wollte, ein anderweitiges lukratives Angebot ausgeschlagen und verlangt nun Zahlung aus dem Dienstvertrag gemäß § 611 BGB. Jedoch ist die Vergütung erst nach der Dienstleistung geschuldet, § 614 S. 1 BGB. Gleichwohl kann sich die **Anspruchserhaltung aus § 615 S. 1 BGB** ergeben. Dann müsste die Dienstleistung aber zumindest noch möglich sein. Hier war jedoch spätestens durch das Zerwürfnis der Sängerinnen der zwischen Veranstalter und Beleuchter verfolgte Zweck fortgefallen und damit **Unmöglichkeit** eingetreten. Infolge der Unmöglichkeit ist indes kein Raum mehr für eine Anspruchserhaltung nach § 615 S. 1 BGB, sondern nur noch für eine solche gemäß § 326 Abs. 2 S. 1 BGB. Aber auch dessen zweiter Fall ist nicht einschlägig, weil Gläubigerverzug bis

---

11 *Medicus/Petersen* GW, Rn. 139.

12 RGZ 96, 258.

13 *Medicus/Petersen* BR, Rn. 275.

14 Grundlegend zum Verhältnis zwischen Gläubigerverzug und Unmöglichkeit *Canaris*, Liber amicorum Prölss, 2009, S. 21 ff.

15 BGH NJW 2002, 595; ausführlichere Lösung als hier bei *Petersen*, Rn. 288-292.

zum die Unmöglichkeit begründenden endgültigen Streit der Sängerinnen noch nicht vorlag. Daher kommt nur § 326 Abs. 2 S. 1 Fall 1 BGB in Betracht. Dann müsste der Konzertveranstalter die Unmöglichkeit nach § 276 BGB zu verantworten haben. Hier ergibt die **Auslegung** (§§ 133, 157 BGB), dass der Veranstalter dem Beleuchter gegenüber die Garantie für das Konzert übernommen hatte, weil er trotz eigener Zweifel bezüglich des Konzerts auf seinen Vertrag gepocht und dem Vertragspartner damit das Alternativangebot vereitelt hat. Der primäre Vergütungsanspruch aus § 611 BGB wird daher zwar nicht nach § 615 S. 1 BGB, wohl aber gemäß § 326 Abs. 2 S. 1 Fall 1 BGB aufrechterhalten.

c) Werkvertrag

Im Werkvertragsrecht ist § 644 BGB zu beachten. § 644 Abs. 2 BGB mit seiner entsprechenden Anwendung des § 447 BGB wurde bereits beim Kaufvertrag genannt. Wichtiger ist für die Fallbearbeitung der erste Satz des ersten Absatzes. Danach trägt der Unternehmer die Gefahr bis zur Abnahme des Werkes. Allerdings kann die strikte Beachtung dieser Regel zu Unbilligkeiten führen. Der Bundesgerichtshof hatte den Fall zu entscheiden, dass ein Werkunternehmer vertraglich verpflichtet war, eine Scheune zu bauen, die der Besteller bereits vor der Abnahme (§ 640 Abs. 1 BGB) und sogar bereits vor endgültiger Fertigstellung benutzen durfte. Dabei entzündete sich das Heu und die Scheune brannte nieder. An sich stünde dem Zahlungsanspruch des Unternehmers aus Werkvertrag gemäß § 631 BGB die **Gefahrtragungsregel des § 644 Abs. 1 S. 1 BGB** entgegen, weil der Unternehmer die Gefahr bis zur Abnahme des Werks trägt. Allerdings ist diese Vorschrift auf den Normalfall zugeschnitten, in dem das Werk bis zu dem in § 644 Abs. 1 S. 1 BGB genannten Zeitpunkt (vgl. § 640 Abs. 1 BGB) im Herrschaftsbereich des Unternehmers liegt. Hier jedoch liegen die Dinge angesichts der Kulanz des Unternehmers anders. Entsprechend § 645 BGB[16] hat der Bundesgerichtshof dem Unternehmer die Vergütung des bereits erbrachten Teils der Bauarbeiten zugesprochen.[17] Das ist interessengerecht, wenn man den Fall des Bundesgerichtshofs mit dem Wortlaut des § 645 BGB und dem darin zum Ausdruck kommenden (allerdings auch nicht beliebig zu verallgemeinernden) **Sphärengedanken** vergleicht: Ist das Werk vor der Abnahme infolge eines Mangels des von dem Besteller gelieferten Stoffs oder einer von dem Besteller für die Ausführung erteilten Anweisung untergegangen, verschlechtert oder unausführbar geworden, so kann der Unternehmer nach § 645 Abs. 1 S. 1 BGB einen der geleisteten Arbeit entsprechenden Teil der Vergütung und Ersatz der in der Vergütung nicht inbegriffenen Auslagen verlangen.

II. Anspruchserhaltung im Sachenrecht

Weniger mag der Klausurbearbeiter im Blick haben, dass es den Mechanismus der **9** Aufrechterhaltung des Primäranspruchs – nicht minder prüfungsrelevant – auch im Sachenrecht gibt, nämlich bei der **Vormerkung** bzw. beim **dinglichen Vorkaufs-**

---

16 § 645 BGB wird in einigen Fällen auch als eigene Anspruchsgrundlage herangezogen und sollte vom Klausurbearbeiter als solche nicht übersehen werden. In der Falllösung instruktiv aufbereitet bei *Maties*, Jura 2009, 379, 380.
17 BGHZ 40, 71.

recht. Da nach § 1098 Abs. 2 BGB auf das dingliche Vorkaufsrecht die entscheidende Vorschrift des **§ 883 Abs. 2 BGB** entsprechend anwendbar ist, braucht im Folgenden nur auf die Vormerkung eingegangen zu werden[18]. Paradigmatisch ist der Fall, dass der Grundstückseigentümer und der Verkäufer dem Käufer eine Vormerkung zur Sicherung des Eigentumsverschaffungsanspruchs aus Kaufvertrag gemäß § 433 Abs. 1 BGB bewilligt hat. Veräußert nun der Verkäufer das Grundstück vormerkungswidrig an einen Dritten, so stellt sich die Frage, wie sich dies auf den Anspruch des Käufers aus § 433 Abs. 1 BGB auswirkt. Bei der Fallbearbeitung kann man an dieser Stelle nicht ansatzlos § 883 Abs. 2 BGB prüfen, der die relative Unwirksamkeit der Veräußerung des Verkäufers an den Dritten gegenüber dem Käufer normiert. Vielmehr muss man – insoweit nicht anders als in den vergleichsweise einfach gelagerten Leistungsstörungsfällen – zunächst die Frage stellen, ob dem Anspruch des Käufers aus Kaufvertrag gemäß § 433 Abs. 1 BGB nicht infolge der Weiterveräußerung des Verkäufers an den Dritten § 275 Abs. 1 BGB entgegensteht, weil und sofern der Verkäufer zur geschuldeten **Eigentumsverschaffung** außerstande ist. Das ist jedoch wegen § 883 Abs. 2 BGB gerade nicht der Fall: Die Vormerkung bewirkt, dass gegenüber dem Käufer die Verfügung des Verkäufers über das Grundstück unwirksam ist. Der Käufer kann von seinem Vertragspartner ungeachtet der Weiterveräußerung die Eigentumsverschaffung bezüglich des Grundstücks verlangen. Sie hat wegen § 883 Abs. 2 BGB also gerade nicht zur Unmöglichkeit nach § 275 BGB geführt. Gegenüber dem Dritten hat der Käufer zur Durchsetzung dieses Rechts einen **unselbständigen Hilfsanspruch** aus § 888 BGB. Die zugunsten des Käufers bestehende Vormerkung bewirkt also die Aufrechterhaltung des Primäranspruchs.

---

[18] Grundlegend dazu *Assmann*, Die Vormerkung (§ 883 BGB), 1998.

§ 5 Einwendungen und Einreden

I. Bedeutung in der Fallbearbeitung

Die Prüfung von Einwendungen und Einreden bereitet gerade Anfängern Schwierig- **1** keiten. Aber auch Fortgeschrittene wissen häufig nur, dass der Richter Einwendungen von Amts wegen zu berücksichtigen hat, während man sich auf das Bestehen einer Einrede berufen muss.[1] So richtig und wichtig dieses Wissen ist, gelingt es häufig nicht, die daraus folgenden Konsequenzen für die Fallbearbeitung zu ziehen.[2] Dies ist jedoch essentiell, weil es viele Aufgaben gibt, deren Probleme praktisch ausschließlich auf der Einwendungsebene angesiedelt sind.

Auch wenn Einreden vom Schuldner vor Gericht geltend gemacht werden müssen, **2** erübrigt sich deren Prüfung nicht ohne weiteres, wenn sich im Sachverhalt keine Hinweise auf die Erhebung der Einrede finden.[3] Im Rahmen eines im ersten Staatsexamen zu schreibenden Gutachtens sind vielmehr alle Gegennormen zu prüfen, unabhängig von ihrer Kennzeichnung als Einwendung oder Einrede. Enthält die Aufgabe also Daten, welche auf die Verjährung des Anspruchs hindeuten, muss die Einrede der Verjährung trotz § 214 Abs. 1 BGB geprüft werden. Gerade bei den immer häufiger gestellten **Anwaltsklausuren** liegt im Auffinden von Verjährungsproblemen mitunter eine wesentliche Bearbeiterleistung, kann sich die Einrede doch als – im Verhältnis zur Einwendung – günstigeres **Verteidigungsmittel** darstellen: Da beispielsweise die Aufrechnung den Schuldner im Gegensatz zur Verjährungseinrede seine Forderung kostet, kann die Erhebung der Einrede in einem solchen Fall sogar ausnahmsweise vor der Einwendung geprüft werden.[4]

II. Rechtsvernichtende Einwendungen

Die Erörterung beginnt mit der Darstellung der rechtsvernichtenden Einwendungen, **3** weil es sich in der Fallbearbeitung ebenso verhält: Nachdem geprüft wurde, ob der Anspruch entstanden ist, stellt sich die Frage, ob er wieder untergegangen bzw. erloschen ist. Nichts anderes wird unter dem Begriff der rechtsvernichtenden Einwendungen zusammengefasst. Es geht also um Gegennormen aus dem **materiellen Recht**.[5] Diese können danach unterschieden werden, ob sie sich gegen alle oder nur gegen bestimmte Ansprüche richten.[6] Dabei können im vorliegenden Zusammenhang nur die wichtigsten rechtsvernichtenden Einwendungen erörtert werden.

---

1 *Medicus*, Rn. 92. Vgl. zu Anspruch und Einrede auch *Heckel*, JZ 2012, 1094.

2 *Leenen*, § 3 Rn. 43 veranschaulicht zutreffend: „Die kategoriale Unterscheidung zwischen Einwänden, die sich gegen das Bestehen eines Rechts richten, und solchen, die nur die Durchsetzbarkeit von Ansprüchen betreffen, ist grundlegender Art und von jedem Juristen zu beherrschen".

3 Grundlegend zur Einrede *H. Roth*, Die Einrede des Bürgerlichen Rechts, 1988; dazu *Krampe*, AcP 191 (1991), 163. Zur Wirkungsweise und zur Frage der Geltendmachung von Einrede und Einwendung im materiellen Zivilrecht *Gröschler*, AcP 201 (2001), 48. Aktuell *Ulrici/Purrmann*, JuS 2011, 104.

4 *Medicus/Petersen* BR, Rn. 16.

5 *Medicus/Petersen* BR, Rn. 732.

6 Vgl. *Medicus/Petersen* BR, Rn. 736 ff.

4   Demgegenüber führen die **rechtshindernden Einwendungen** dazu, dass der Anspruch gar nicht erst zur Entstehung gelangt. Davon war in einem früheren Beitrag die Rede. So gehört etwa § 254 BGB zu den rechtshindernden Einwendungen, weil der Schadensersatzanspruch schon gar nicht entsteht, soweit das Mitverschulden reicht.[7]

1. Einwendungen gegen alle Ansprüche

5   In der Fallbearbeitung ist zuerst immer an solche Einwendungen zu denken, die gegen alle Ansprüche ins Feld geführt werden können, gleichviel aus welchem Rechtsgrund der Anspruch resultiert.

a) Erfüllung und Erfüllungssurrogate

6   In Betracht kommt zunächst die Erfüllung, sei es auch durch (§ 267 BGB)[8] oder an einen Dritten (vgl. § 362 Abs. 2 BGB). Nach § 362 Abs. 1 BGB erlischt das Schuldverhältnis, wenn die geschuldete Leistung an den Gläubiger bewirkt wird. Dazu gehört in aller Regel[9] auch das durch bargeldlosen Zahlungsverkehr überwiesene Geld.[10] Allerdings tritt die mit der Herbeiführung des geschuldeten Erfolges verbundene Befreiungswirkung der Erfüllung nur dann ein, wenn derjenige, an den die Leistung bewirkt wird, **empfangszuständig** ist.[11] Diese fehlt insbesondere dem Minderjährigen, so dass dieser durch die Zuwendung der geschuldeten Sache zwar Eigentum daran erwerben kann, weil dies lediglich rechtlich vorteilhaft ist, aber nicht die Forderung verliert, solange der gesetzliche Vertreter die geleistete Sache nicht erhalten oder die Leistung genehmigt hat.[12] Neben der Erfüllung gemäß § 362 Abs. 1 BGB befreit den Schuldner nach §§ 378, 376 Abs. 2 Nr. 1 BGB die Hinterlegung des geschuldeten Gegenstandes, sofern er den Verzicht auf die Rücknahme erklärt hat.

7   Zu den Erfüllungssurrogaten, die ebenfalls auf der Einwendungsebene angesiedelt sind, gehören die **Leistung erfüllungshalber** (etwa Hingabe eines Schecks, vgl. § 364 Abs. 2 BGB) und die Leistung an Erfüllungs Statt (§ 364 Abs. 1 BGB) sowie die in diesem Zusammenhang wichtige **Inzahlungnahme gebrauchter Sachen.**[13] Eine weitere Einwendung, die gegen alle Ansprüche wirken kann, ist der **Erlass** (§ 397 BGB). Der Erlass erscheint zwar als Ausnahme, kommt aber im Zusammenhang mit einem Vergleich (§ 779 BGB) häufig vor.[14] Praktisch wichtiger als der Erlass ist die **Aufrechnung.** Ihre rechtsvernichtende Wirkung, von der in der Fallbearbeitung im Obersatz auszugehen ist, findet sich in § 389 BGB. Bezüglich der Einzelheiten zur Aufrechnung ist auf das Schrifttum zum Allgemeinen Schuldrecht zu verweisen. Da

---

7 *Medicus/Petersen* BR, Rn. 748.

8 Zu den Einzelheiten *Petersen*, Rn. 108 ff.

9 Ausnahmen datieren im Wesentlichen aus der früheren Rechtsprechung; vgl. BGH NJW 1953, 897; BGHZ 98, 24, 30; kritisch dazu *Canaris*, Bankvertragsrecht, 2. Auflage 1981, Rn. 1021 ff.

10 *Medicus/Petersen* BR, Rn. 757.

11 *Larenz*, Schuldrecht I, 14. Auflage 1987, § 18 I.

12 *Medicus/Lorenz*, Rn. 228.

13 Einzelheiten bei *Petersen*, Rn. 111 ff., 115 f. (Klausurbeispiel).

14 *Medicus/Petersen* BR, Rn. 756.

die Aufrechnung einer Erklärung bedarf (§ 388 BGB), ist sie von der **Anrechnung** von Gesetzes wegen zu unterscheiden, die sich beispielsweise in § 1213 BGB findet.[15]

Ein prozessual und materiell-rechtlich wichtiges Sonderproblem, das auch die Wirkungsweise der Einwendungen veranschaulicht, ergibt sich, wenn jemand aus Kostengründen nur einen Teil einer Forderung einklagt. Hat der Beklagte eine aufrechenbare Gegenforderung in Höhe der eingeklagten Teilforderung, stellt sich die Frage, ob er die Aufrechnung gerade gegen diesen Teil richten kann. Die Rechtsprechung lässt dies zu.[16] Dem steht das in § 266 BGB normierte Verbot der Teilzahlung nicht entgegen. Das zeigt bereits der Wortlaut des § 389 BGB („*soweit* sie sich decken"). Zudem entsteht durch die **Teilklage** ein selbständiger Anspruch im Sinne des § 366 Abs. 1 BGB.[17] Die Aufrechnung gegen den eingeklagten Teilbetrag hat zur Folge, dass die Klageforderung nach § 389 BGB rückwirkend wegfällt und die Klage mit der **Kostenfolge** des § 91 ZPO als unbegründet abgewiesen wird. 8

In einer **Anwaltsklausur** („Was ist dem Kläger zu raten?") müsste der Bearbeiter diesen möglichen Einwand in Kenntnis der Rechtsprechung antizipieren und dem Kläger empfehlen, dass er seinerseits die Gegenforderung vorprozessual im Wege der Aufrechnung zu Fall bringt und erst anschließend seine Restforderung einklagt.[18] Hat der Kläger diesen Schritt bereits versäumt, kann man eine nachteilige Kostenentscheidung noch dadurch verhindern, dass der Kläger den Rechtsstreit in der Hauptsache für erledigt erklärt. Schließt sich der Beklagte dieser **Erledigungserklärung** an, trifft das Gericht gemäß § 91a ZPO die Kostenentscheidung nach billigem Ermessen. Schließt sich der Beklagte der Erledigung nicht an, liegt in der einseitigen Erledigungserklärung gemäß §§ 133, 157 BGB zugleich der zulässige Antrag, die Leistungsklage in eine Feststellungsklage mit dem Inhalt zu ändern, dass sich der Rechtsstreit durch die Aufrechnung erledigt hat. In beiden Fällen berücksichtigt das Gericht bei der Kostenentscheidung die Erfolgsaussichten der ursprünglichen Leistungsklage. Dazu hat der BGH im Jahre 2003 klargestellt,[19] dass – unabhängig von der materiell-rechtlichen Rückwirkung der Aufrechnung – das prozessual erledigende Ereignis jedenfalls die Aufrechnungserklärung darstellt. War also die Leistungsklage bis zur Aufrechnungserklärung des Beklagten im Prozess zulässig und begründet, werden die Kosten des Rechtsstreits nunmehr dem aufrechnenden Beklagten auferlegt. 9

b) Treuwidrigkeit

Gegen alle Ansprüche wirkt ferner § 242 BGB, da jegliche Rechtsausübung unter dem Gebot von Treu und Glauben steht. Das gilt insbesondere für jene Fälle, in denen jemand etwas zurückverlangt, was er sofort wieder zurückgeben müsste (**„dolo agit, qui petit quod statim redditurus est"**). Diesen Einwand vorherzusehen stellt in der Fallbearbeitung mitunter eine besondere Herausforderung dar, weil man die Gegenrechte vorausschauend würdigen muss, auch wenn sich der Berechtigte noch nicht darauf berufen hat.[20] Denn Einwendungen sind, wie gesagt, von Amts wegen 10

---

15 Klausurbeispiel bei *Petersen*, JA 1999, 292.
16 BGHZ 56, 312, 314.
17 RGZ 66, 266, 271; BGH NJW-RR 1991, 169, 170; OLG Düsseldorf, NJW-RR 2001, 1595, 1596.
18 *Medicus/Petersen* BR, Rn. 758.
19 BGHZ 155, 392, 398.
20 Klausurbeispiel bei *Petersen*, Rn. 459, 461.

zu berücksichtigen – und das heißt für die Fallbearbeitung nichts anderes, als dass sie vom Bearbeiter auch ohne einen Hinweis im Bearbeitervermerk erkannt werden müssen, insbesondere dann, wenn es dort heißt, dass zu allen durch den Sachverhalt aufgeworfenen Rechtsfragen Stellung zu nehmen ist.[21]

2. Einwendungen gegen bestimmte Ansprüche

11 Neben diesen universellen Einwendungsnormen gibt es solche, die nur gegen bestimmte Ansprüche wirken, wie z.B. das Recht zum Besitz nach § 986 Abs. 1 BGB gegen den Anspruch aus § 985 BGB. Ein Recht zum Besitz kann sich beispielsweise über § 1257 BGB aus einem **gesetzlichen Pfandrecht** des Vermieters (§ 562 BGB) oder des Werkunternehmers (§ 647 BGB) ergeben.[22] In einem solchen Fall kann, wie eingangs dargestellt, der Schwerpunkt des Falles auf der Einwendungsebene liegen, weil dann etwa ausführlich zu prüfen sein wird, ob ein solches Pfandrecht entstanden und wieder erloschen ist.[23]

12 Gegen vertragliche Ansprüche wirken insbesondere **Widerruf** (soweit gesetzlich zugelassen, vgl. etwa §§ 312 ff., 355 BGB) und **Rücktritt**,[24] bei dem die Erfüllungsansprüche erlöschen und der Vertrag sich in ein **Rückgewährschuldverhältnis** wandelt, § 346 Abs. 1 BGB. Aus dem Leistungsstörungsrecht ist ferner § 326 Abs. 1 S. 1 BGB zu nennen, wonach im Falle der Unmöglichkeit der Gegenanspruch erlischt.[25] Die Einzelheiten gehören ins Allgemeine Schuldrecht.[26]

III. Einreden

13 Versteht man die Einwendung als Oberbegriff, heißen die rechtshemmenden Einwendungen Einreden.[27] Die Einreden selbst unterteilt man in **dilatorische** und **peremptorische**,[28] je nachdem, ob sie die Geltendmachung des Rechts nur vorübergehend (dilatorisch) hindern,[29] wie bei der Stundung, oder ob sie die Rechtsausübung dauerhaft (peremptorisch) hindern, wie dies vor allem bei der Verjährung der Fall ist (vgl. § 214 Abs. 1 BGB).[30] Praktisch bedeutsam wird diese Differenzierung im Bereicherungsrecht. Nach § 813 Abs. 1 BGB kann das zum Zwecke der Erfüllung einer Verbindlichkeit Geleistete auch dann zurückverlangt werden, wenn dem Anspruch eine Einrede entgegenstand, durch welche die Geltendmachung *dauernd* ausgeschlossen

---

21 Siehe aber auch *Medicus/Petersen* BR, Rn. 15 a.E.
22 *Medicus/Petersen* GW, Rn. 17.
23 Klausurbeispiel bei *Petersen*, JA 1999, 292.
24 BGH NJW 1986, 919.
25 *Medicus/Petersen* BR, Rn. 743 ff.
26 Siehe etwa *Petersen*, Rn. 138 ff. (Rücktritt), 196 ff. (verbraucherschützende Widerrufsrechte), 248 ff. (Unmöglichkeit).
27 *Medicus*, Rn. 94.
28 Zur selbständigen peremptorischen Einrede und dem Gestaltungsrecht *P. Schlosser*, JuS 1966, 257; siehe auch *dens.*, JZ 1966, 428.
29 Zur Einrede des bürgerlichen Rechts auch *Jahr*, JuS 1964, 125 ff., 218 ff., 293 ff.
30 *Medicus*, Rn. 93.

wurde. Damit ist klargestellt, dass dies nur bei peremptorischen Einreden der Fall ist. Jedoch nimmt § 813 Abs. 1 S. 2 BGB die Einrede der **Verjährung** davon ausdrücklich aus. Die Verweisung auf § 214 Abs. 2 BGB macht vielmehr deutlich, dass die Leistung auf eine verjährte Schuld nicht kondiziert werden kann,[31] denn danach kann das zur Befriedigung eines verjährten Anspruchs Geleistete auch dann nicht zurückverlangt werden, wenn in Unkenntnis der Verjährung geleistet worden ist.

Die Verjährung führt aber nicht nur zu einer Einrede gegen den Anspruch selbst, **14** sondern zeitigt nach **§ 218 Abs. 1 BGB** auch Folgen auf ein eventuell bestehendes **Rücktrittsrecht**. Da Gestaltungsrechte nicht der Definition des § 194 Abs. 1 BGB unterfallen, verjähren sie nicht[32] und können noch nach Jahren geltend gemacht werden. Die Vorschrift des § 218 Abs. 1 BGB schließt allerdings einen Rücktritt wegen nicht oder nicht vertragsgemäß erbrachter Leistung aus, wenn der Leistungs- oder Nacherfüllungsanspruch verjährt ist und der Schuldner sich auf die Verjährung beruft.[33]

Zu den Einwendungen, die gegen alle Ansprüche geltend gemacht werden **15** können, gehört in Form der Einrede das **Zurückbehaltungsrecht** gemäß §§ 273, 274 BGB, sofern die Ansprüche konnex sind, also im weitesten Sinne aus demselben Lebenssachverhalt resultieren. Bei gleichartigen Leistungen – vor allem also bei Geldschulden – kommt § 273 BGB nicht in Betracht, weil eine Verurteilung zur Leistung Zug um Zug nach § 274 Abs. 1 BGB keinen Sinn ergeben würde; hier ist die Aufrechnung vorrangig (vgl. § 387 BGB).[34]

Einreden kommen bei der Fallbearbeitung wesentlich seltener als Einwendungen **16** vor und können daher hier kurz behandelt werden. Bei der Behandlung der Frage, ob der Anspruch durchsetzbar ist, geht es zumeist um die Verjährung. Im **Hypothekenrecht** kommen Einreden mitunter im Zusammenhang mit den **§§ 1137 f., 1157 BGB** vor. Dort geht es dann häufig um die Frage, ob ein Recht **gutgläubig einredefrei** erworben worden ist.[35] Sehr oft begegnet § 404 BGB in der Fallbearbeitung, wonach der Schuldner dem neuen Gläubiger nach der Abtretung die Einwendungen entgegensetzen kann, die zur Zeit der Abtretung der Forderung gegen den bisherigen Gläubiger begründet waren.[36] Hierbei ist zu berücksichtigen, dass § 404 BGB über den insoweit engen Wortlaut („Einwendungen") alle Gegenrechte meint, also insbesondere auch alle Formen der Einrede.[37] Zu denken ist ferner an die Bürgschaft, bei welcher der Bürge gemäß § 768 Abs. 1 S. 1 BGB die dem Hauptschuldner zustehenden Einreden geltend machen kann, sowie an den echten Vertrag zugunsten Dritter (§ 328 Abs. 1 BGB), bei welchem der Versprechende die Einwendungen aus dem Vertrag mit dem Versprechensempfänger gemäß § 334 BGB auch dem Dritten entgegenhalten kann.[38]

---

31 *Medicus*, Rn. 120. Zur Bedeutung des § 813 BGB bei einem klausurrelevanten Problem des Hypothekenrechts *Petersen/Rothenfußer*, WM 2000, 657.

32 Allenfalls bestehen besondere Fristen der Geltendmachung, vgl. etwa § 121 BGB.

33 Zu Unwirksamkeit von Haftungsausschlüssen beim Gebrauchtwagenkauf und den Folgen für den Rücktritt vgl. *Leenen*, DStR 2007, 214.

34 *Medicus/Petersen* BR, Rn. 738.

35 Praktischer Fall bei *Petersen*, Die mündliche Prüfung im ersten juristischen Staatsexamen, 2. Auflage 2012, S. 80 ff.

36 Einzelheiten dazu bei *Petersen*, Rn. 376 ff., mit Fallbeispiel.

37 Prütting/Wegen/Weinreich/*H.-F. Müller*, 7. Auflage 2012, § 404 Rn. 2.

38 Beim Vertrag mit Schutzwirkung zugunsten Dritter findet § 334 BGB entsprechende Anwendung, vgl. dazu das Fallbeispiel bei *Petersen*, Rn. 473, 478.

§ 6 Die Grenzen zulässiger Rechtsausübung

I. Sachliche Grenzen

1 **Rechtsausübung** ist die Geltendmachung der Befugnis, welche das subjektive Recht,[1] also das rechtlich geschützte Interesse,[2] verleiht.[3] Aber auch bestehende Rechte und Ansprüche dürfen nicht um jeden Preis durchgesetzt werden. Neben den zeitlichen Grenzen des subjektiven Rechts,[4] also vor allem der Verjährung,[5] bestehen bestimmte sachliche Grenzen.[6]

1. Schikaneverbot und vorsätzliche sittenwidrige Schädigung

2 Eine besonders drastische Beschränkung stellt das so genannte Schikaneverbot des § 226 BGB dar, wonach die Rechtsausübung unzulässig ist,[7] wenn sie nur den Zweck haben kann, einem anderen Schaden zuzufügen.[8] Der **Anwendungsbereich** dieser Vorschrift ist freilich **sehr eng**, weil sie bereits dann nicht eingreift, wenn die Rechtsausübung irgendeinen anderen Sinn haben kann. Fallgestaltungen, in denen die Schadenszufügung der einzig denkbare Zweck ist,[9] sind bei der Fallbearbeitung eher selten.[10] Wurde das Recht entgegen § 226 BGB gleichwohl unzulässigerweise ausgeübt und ist dem Betroffenen ein Schaden entstanden, so ist im Rahmen möglicher Gegenansprüche immer auch an § 823 Abs. 2 BGB zu denken, da § 226 BGB ein Schutzgesetz darstellt.[11] Außerdem ist an § 826 BGB zu denken, wenn und weil die vorsätzliche Schädigung in einer sittenwidrigen Weise erfolgte.[12] Jedoch ist auch die unzulässige Rechtsausübung nicht per se sittenwidrig, sondern es lässt sich allenfalls umgekehrt sagen, dass ein Verstoß gegen § 138 BGB oder § 826 BGB zur unzulässigen Rechtsausübung führen kann.[13]

---

1 Vgl. *von Tuhr*, Der Allgemeine Teil des Deutschen Bürgerlichen Rechts, Band 1, 1910, S. 53: „Der zentrale Begriff des Privatrechts und zugleich die letzte Abstraktion aus der Vielgestaltigkeit des Rechtslebens ist das Recht des Subjekts, das subjektive Recht".

2 Diese Paraphrasierung geht zurück auf *R. von Ihering*; eingehend zu seiner Theorie des subjektiven Rechts *G. Wagner*, AcP 193 (1993), 319.

3 *Köhler*, § 17 Rn. 31.

4 Zu ihnen instruktiv *Medicus*, Rn. 99 ff.

5 Dazu *Pohlmann*, Jura 2005, 1 ff.

6 Etwa die Pflichtbindung des Eigentums (Art. 14 Abs. 2 S. 1 GG); näher *Schoch*, Jura 1989, 113.

7 Zum Schikaneverbot im Zivilprozessrecht *Baumgärtel*, ZZP 69 (1956), 89.

8 Vgl. auch *Merz*, ZfRV 1977, 162 ff.

9 Beispiel RGZ 57, 239 (Bordellerrichtung, um den Wert des Nachbargrundstücks zu schmälern).

10 Vgl. ferner RGZ 72, 251 (Schlosseigentümer untersagt dem verfeindeten Sohn den Besuch des Grabes seiner Mutter im Schlosspark); RGZ 96, 184 (vgl. auch BGH ZIP 2004, 801), allerdings richtigerweise mit den Behelfen des Allgemeinen Schuldrechts zu lösen; schulmäßige Lösung bei *Medicus*, Rn. 130.

11 Palandt/*Ellenberger*, 71. Auflage 2012, § 226 Rn. 4.

12 Lesenswert im Hinblick auf den historischen Entstehungsprozess beim Zusammentreffen von Rechtsmissbrauch und vorsätzlicher sittenwidriger Schädigung Staudinger/*Oechsler*, Neubearbeitung 2009, § 826 Rn. 2 ff.

13 *Medicus*, Rn. 135.

2. Unzulässige Rechtsausübung

Damit ist noch nicht gesagt, unter welchen Voraussetzungen die Rechtsausübung 3
außerhalb des § 226 BGB unzulässig ist.[14] Gerade in der Fallbearbeitung ist es wichtig,
in diesem Punkt nicht in eine konturenlose Billigkeitsargumentation zu verfallen.

a) Maßstab von Treu und Glauben
Als Maßstab für die Unzulässigkeit der Rechtsausübung gilt der Grundsatz von Treu 4
und Glauben. Positiv-rechtliche Anknüpfungspunkte sind neben § 242 BGB auch die
§§ 157, 162, 320 Abs. 2, 815 BGB, also allesamt Vorschriften, die eine **Sonderverbindung** voraussetzen.[15] Die Sonderverbindung ergibt sich dabei freilich bereits aus dem
durchzusetzenden Anspruch selbst.[16]

Als Anknüpfungspunkt für eine unzulässige Rechtsausübung kommt zunächst 5
entweder ein gegenwärtiges oder ein früheres rechtsmissbräuchliches Verhalten in
Betracht. In den Bereich des gegenwärtigen rechtsmissbräuchlichen Handelns fallen
neben dem bereits erwähnten Schikaneverbot (§ 226 BGB) auch Rechtsausübungen,
die gegen das **Übermaßverbot** verstoßen.[17] Leichteste Pflichtverletzungen dürfen
nicht ohne weiteres mit einer übermäßigen Reaktion beantwortet werden.[18] So kann
eine Teilleistung, die die geschuldete Geldsumme nur geringfügig unterschreitet,
nicht nach § 266 BGB abgelehnt (Rechtsgedanke des § 320 Abs. 2 BGB)[19] oder für einen
geringfügigen Zinsrückstand keine drakonische Vertragsstrafe verhängt werden.[20]
Nach § 242 BGB ausgeschlossen ist auch die Geltendmachung eines Anspruchs aus
§ 281 BGB,[21] wenn der Gläubiger selbst nicht vertragstreu ist,[22] d.h. wenn er Schadensersatz statt der Leistung verlangt, obwohl er selbst die Gegenleistung an den vorleis-
tungspflichtigen[23] Schuldner nicht erbringen kann[24] oder will.[25]

Dagegen stellt es wohl keinen Fall der unzulässigen Rechtsausübung, insbeson- 6
dere nicht der so genannten **dolo-agit-Einrede** (§ 242 BGB) dar, wenn der Inhaber des
possessorischen Anspruchs aus § 861 BGB die Sache vom Eigentümer herausverlangt,
auch wenn dieser sie unter Umständen später aus § 985 BGB zurückverlangen kann.

---

14 Zur unzulässigen Rechtsausübung in der Rechtsprechung des Bundesgerichtshofs *Hohmann*, JA
1982, 112.
15 Überblick zu den Begriffen Anspruch, Forderung und Sonderverbindung bei *Petersen*, Rn. 1 f., 60,
247.
16 *Medicus*, Rn. 136.
17 Aus dem verfassungsrechtlichen Schrifttum grundlegend *Lerche*, Übermaß und Verfassungsrecht,
1961; für das Privatrecht wichtig *Canaris*, Grundrechte und Privatrecht, 1999, mit der Entwicklung eines
„Untermaßverbots".
18 BGH NJW 1981, 2686, 2687.
19 St. Rspr., BGH VersR 1954, 297, 298; NJW 1965, 1763, 1764; OLG Stuttgart VersR 1972, 448, 449.
20 LG Berlin NJW 1972, 1324.
21 Zu ihm *Petersen*, Rn. 304 ff.; 335 ff.
22 BGHZ 50, 176; NJW 1974, 36; ZIP 1999, 367; WM 1972, 1056.
23 Ansonsten ist zu bedenken, dass dem Primäranspruch aus einem gegenseitigen Vertrag bereits die
Einrede aus § 320 Abs. 1 BGB entgegengehalten werden kann.
24 BGH NJW 1974, 36; auch und gerade dann, wenn er sich vorsätzlich außerstande gesetzt hat, die
Leistung zu erbringen (OLG Düsseldorf MDR 2001, 206).
25 BGHZ 50, 176.

Denn es ist gerade Zweck des possessorischen Anspruchs gegenüber dem petitorischen, dass ohne abschließende Klärung der Eigentumsverhältnisse und eines etwaigen Rechts zum Besitz Herausgabe verlangt werden kann.[26]

7   In den Bereich des früheren rechtsmissbräuchlichen Verhaltens fällt demgegenüber die Ausnutzung einer **unredlich**, also insbesondere vertrags- oder gesetzeswidrig,[27] **erworbenen Rechtsposition**,[28] wobei hier als spezielle Ausprägungen immer § 123 BGB oder § 162 Abs. 2 BGB zu beachten sind.

b) Verbot widersprüchlichen Verhaltens

8 Einen Unterfall der unzulässigen Rechtsausübung bildet auch das Verbot widersprüchlichen Verhaltens (**venire contra factum proprium**),[29] das ebenfalls bei § 242 BGB angesiedelt ist. Anders als in den bisher behandelten Fällen ist dafür aber weder früheres noch ein gegenwärtiges missbräuchliches Verhalten erforderlich, stattdessen kommt es entscheidend auf einen Widerspruch zwischen dem früheren und dem gegenwärtigen Verhalten an. Das darf jedoch nicht dahingehend missverstanden werden, dass der Rechtsinhaber einen früher vertretenen, aber dann für falsch gehaltenen Rechtsstandpunkt nicht ohne weiteres aufgeben darf. Ebenso wenig bindet es ihn für die Zukunft, wenn er ein Recht zeitweise nicht geltend gemacht hat, denn die gesetzlichen Ausschluss- und Verjährungsfristen dürfen grundsätzlich voll ausgenutzt werden.[30] Eine Rechtsausübung ist aber dann unzulässig, wenn der Rechtsinhaber durch sein früheres Verhalten bei dem anderen Teil zurechenbar schützenswertes Vertrauen darauf geschaffen hat, dass er sein Recht nicht mehr ausüben werde; zu einem solchen **Vertrauenstatbestand** darf sich der Rechtsinhaber nicht in Widerspruch setzen.[31] Ein Selbstwiderspruch ist daher anzunehmen,[32] wenn sich ein Vertragspartner zuvor einerseits auf die Gegenleistungspflicht des anderen Teils beruft und damit zum Ausdruck bringt, den Vertrag zumindest für zustande gekommen zu halten, andererseits aber die eigene Leistungspflicht später mit der Begründung ablehnt, ein Vertrag sei nicht zustande gekommen, weil die Annahme verspätet erklärt worden sei.[33] Dem Annehmenden ist es dann nach Treu und Glauben versagt, sich auf die Verspätung seiner eigenen Erklärung zu berufen, weil er das Vertrauen auf das Zustandekommen des Vertrags erweckt hat.[34] Widersprüchlich ist es ferner, wenn ein Bürgschaftsgläubiger vorsätzlich und schuldhaft den Zusammenbruch des Hauptschuldners herbeiführt und anschließend die Erfüllung der Bürgschaft verlangt, da er durch sein früheres Verhalten den Rückgriff des Bürgen (§ 774 BGB) vereitelt hat.[35]

---

26 *Röthel/Sparmann*, Jura 2005, 456; *Schreiber*, Jura 1993, 440 und oben § 3 Rn. 20 ff.
27 BGHZ 57, 111.
28 *Köhler*, § 17 Rn. 43.
29 Grundlegend hierzu *Singer*, Das Verbot widersprüchlichen Verhaltens, 1993.
30 *Medicus*, Rn. 138.
31 Instruktiv und unbedingt zur Lektüre empfohlen sei *Teichmann*, JA 1985, 498.
32 *Faust*, § 3 Rn. 17.
33 BGH NJW 1951, 313: Eine Versicherung hatte den Versicherungsnehmer zur Prämienzahlung aufgefordert, wollte aber nach dessen Tod nichts mehr vom Vertragsschluss wissen.
34 Vgl. *Canaris*, FS Wilburg, 1975, S. 77, 94.
35 BGH ZIP 2004, 1589.

c) Verwirkung als Sonderfall widersprüchlichen Verhaltens

Wie bereits angedeutet, begründet der bloße Zeitablauf noch keinen Rechtsmiss- 9
brauch, wenn ein bestehendes Recht geltend gemacht wird.[36] Dies folgt aus § 214 Abs. 2
BGB, wonach die Verjährung dem Gläubiger nicht das Recht nimmt, die Erfüllung des
verjährten Anspruchs vom Schuldner zu verlangen. Vielmehr begründet die Verjährung gemäß § 214 Abs. 1 BGB lediglich eine Einrede, welche der Schuldner erheben
kann, aber nicht muss. Trotzdem gibt es Konstellationen, in denen sich nach Ablauf
einer Zeitspanne die Ausübung des Rechts als unzulässig darstellt, weil der Inhaber
sein Recht verwirkt hat. Die Verwirkung beruht als Unterfall der unzulässigen Rechtsausübung wegen widersprüchlichen Verhaltens ebenfalls auf dem Gedanken des **Vertrauensschutzes.**[37] Erforderlich ist dazu, dass der Berechtigte zum einen durch seine
Untätigkeit in einer vom anderen Teil erkannten Weise[38] den Eindruck erweckt, das
Recht auch künftig nicht ausüben zu wollen und zum anderen,[39] dass die spätere Geltendmachung für den anderen Teil unzumutbar ist.[40] Das ist freilich nur dann der Fall,
wenn er insoweit schutzwürdig ist, indem er sich auf die unterbleibende Geltendmachung auch wirklich verlassen hat, also Vertrauen investiert hat.[41] Für die Verwirkung[42]
ist also neben einem Zeitmoment auch ein Umstandsmoment erforderlich,[43] wodurch
sie sich zugleich von der Verjährung unterscheidet.[44] Das **Umstandsmoment** muss
aber weniger intensiv ausgeprägt sein als beim Verbot des venire contra factum proprium, da es durch das **Zeitmoment** ergänzt wird. Es kann etwa darin bestehen, dass
der Verpflichtete im Vertrauen auf die langjährige Nichtgeltendmachung einer Forderung inzwischen Beweismittel, die ihm günstig wären, vernichtet hat.[45] Geht es jedoch
darum, dass Formvorschriften nicht eingehalten wurden, so verfährt die Rechtsprechung strenger, weil diese nicht ohne weiteres aus Gründen der Billigkeit zur Disposition stehen, sondern auch der Rechtssicherheit zu dienen bestimmt seien.[46]

II. Grund und Grenzen eigenmächtiger Durchsetzung

Die Rechtsdurchsetzung kann zur **Vermeidung von Selbstjustiz** grundsätzlich nur 10
in der dafür vom Gesetz vorgesehenen Weise, also mit Hilfe des Staates, vonstatten
gehen.[47] Die eigenmächtige Durchsetzung von Ansprüchen ist nur möglich, wenn sie

---

36 Vgl. auch BAG ZIP 2001, 1647; BGH NJW-RR 1996, 949.

37 Vgl. BGHZ 105, 290, 298.

38 BGH NJW 2000, 140.

39 *Medicus*, Rn. 138 f.

40 BGHZ 1, 31, 33.

41 *Canaris*, Die Vertrauenshaftung im deutschen Privatrecht, 1971, S. 337 ff., 510 ff. Umgekehrt kann ein
Anspruch auch durch „Erwirkung" entstehen (grundlegend auch insoweit *Canaris*, ebenda, S. 372 ff.,
530 f.) bzw. einredefrei und damit durchsetzbar werden (*Medicus*, Rn. 144 f.).

42 Aus dem älteren Schrifttum *Siber*, Schranken der privaten Rechte, 1926; siehe aus dem neueren
Schrifttum vor allem *Kegel*, Verwirkung, Vertrag und Vertrauen, 1993; *Stauder*, Die Verwirkung zivilrechtlicher Rechtspositionen, 1995.

43 BGHZ 146, 117, 120; BGH NJW 1980, 880.

44 *Medicus*, Rn. 124.

45 BGH ZIP 1992, 1402.

46 BGH ZIP 2004, 3330.

47 *Schreiber*, Jura 1997, 29; vgl. auch *dens.*, Jura 2004, 385 zu Klage und Urteil.

ausnahmsweise vom Gesetz gestattet wird.[48] Da die Bedeutung der zivilrechtlichen Rechtfertigungsgründe im Strafrecht womöglich noch größer,[49] gewiss aber prüfungsrelevanter ist,[50] soll hier vor allem denjenigen Fragen nachgegangen werden, die spezifisch zivilrechtliche Probleme nach sich ziehen. Im Folgenden wird zwischen Selbsthilferechten des Allgemeinen Teils und solchen der übrigen Bücher des BGB unterschieden.

1. Rechtfertigungsgründe und Selbsthilferechte des Allgemeinen Teils

11   Die §§ 227 f. BGB entsprechen im Wesentlichen den korrespondierenden strafrechtlichen Vorschriften der §§ 32, 34 StGB, wobei jedoch die Notstandsregel des BGB dem § 34 StGB als lex specialis vorgeht.[51] Bezüglich der Einzelheiten kann auf das einschlägige strafrechtliche Schrifttum verwiesen werden.[52] Hier sollen nur die typischen zivilrechtlichen Folgefragen behandelt werden.

a) Rechtfertigungsgründe im Rahmen der Gefährdungshaftung

12   Da die durch **Notwehr** gebotene Handlung nach § 227 Abs. 1 BGB nicht widerrechtlich ist, kommt auch eine Haftung des Handelnden aus § 823 Abs. 1 BGB nicht in Betracht. Konstruktive Schwierigkeiten bereitet die Frage, ob und wenn ja auf welcher Ebene die Notwehr als Rechtfertigungsgrund gegenüber einem Tatbestand der **Gefährdungshaftung** eingreifen kann. Denn die Gefährdungshaftung ist nach Rechtsprechung[53] und ganz herrschender Ansicht[54] gleichsam „rechtswidrigkeitslos",[55] weil die Schaffung einer Gefahrenquelle für sich kein tauglicher Anknüpfungspunkt für ein Rechtswidrigkeitsurteil ist.[56] Die Gefährdungshaftung kennt also keine Rechtswidrigkeitsebene, auf welcher der Rechtfertigungsgrund Platz greifen könnte. Das illustriert folgendes Beispiel: Wenn ein Autofahrer frontal angegriffen wird und sich nur durch einen Tritt auf das Gaspedal retten kann,[57] soll dann der verletzte Angreifer einen Anspruch auf Ersatz der Heilungskosten aus § 7 Abs. 1 StVG gegen den Fahrer haben, obwohl dieser in Notwehr und deshalb an sich nach § 227 Abs. 1 BGB nicht widerrechtlich gehandelt hat? Die Frage zu stellen, heißt sie zu verneinen.[58] Man wird daher die Wertung des § 227 BGB,

---

48 *Köhler*, § 19 Rn. 1.

49 Eingehend *Hellmann*, Die Anwendbarkeit der zivilrechtlichen Rechtfertigungsgründe im Strafrecht, 1987; vgl. auch *Schreiber*, Jura 1997, 29 ff.

50 Vgl. nur *Roxin/Schünemann/Haffke*, Strafrechtliche Klausurenlehre, 4. Auflage 1982, S. 37 ff.

51 *Jäger*, Strafrecht Allgemeiner Teil, 5. Auflage 2011, Rn. 147; aus dem älteren Schrifttum grundlegend *von Tuhr*, Der Nothstand im Civilrecht, 1888.

52 Instruktiv *Jäger*, Strafrecht Allgemeiner Teil, 5. Auflage 2011, Rn. 118 ff.

53 BGHZ 24, 21, 26; 34, 355, 361; 105, 65, 68.

54 *Esser*, Grundlagen und Entwicklung der Gefährdungshaftung, 1941, S. 91; *Larenz*, VersR 1963, 597 f.; *Medicus/Petersen* BR, Rn. 631; *Petersen*, Duldungspflicht und Umwelthaftung, 1996, S. 4 ff.

55 *Deutsch*, Unerlaubte Handlungen, Schadensersatz und Schmerzensgeld, 5. Auflage 2009, Rn. 362.

56 *Larenz/Canaris*, § 84 I 3 b.

57 Vgl. *von Bar*, Verkehrspflichten, 1979, S. 135.

58 Siehe zu einem ähnlichen Problem (Geltung der Duldungspflicht aus § 906 BGB gegenüber § 833 BGB) BGHZ 117, 110; ausführliche Lösung des Falles bei *Petersen*, Die mündliche Prüfung im ersten juristischen Staatsexamen, 2. Auflage 2012, S. 51 ff.

wie auch aller anderen Rechtfertigungsgründe, gegenüber der Gefährdungshaftung dessen ungeachtet mit berücksichtigen müssen, um evident ungerechte Ergebnisse zu vermeiden.[59] Immerhin ist ja auch der konkurrierende Anspruch aus § 823 Abs. 1 BGB ausgeschlossen, weil die Verletzung wegen § 227 BGB nicht widerrechtlich ist.

b) Selbsthilfe und ihre Grenzen
Nach § 229 BGB handelt nicht rechtswidrig, wer zum Zwecke der Selbsthilfe eine [13] Sache wegnimmt, zerstört oder beschädigt oder wer zum Zwecke der Selbsthilfe einen Verpflichteten, welcher der Flucht verdächtig ist, festnimmt oder den Widerstand des Verpflichteten gegen eine Handlung, die dieser zu dulden verpflichtet ist, beseitigt, wenn obrigkeitliche Hilfe nicht rechtzeitig zu erlangen ist und ohne sofortiges Eingreifen die Gefahr besteht, dass die Verwirklichung des Anspruchs vereitelt oder wesentlich erschwert wird.[60] Jedoch darf die Selbsthilfe nach § 230 Abs. 1 BGB nicht weitergehen, als zur Abwendung der Gefahr erforderlich ist. Die Anwendung privater Gewalt ist lediglich zur vorläufigen eigenmächtigen Sicherung des bedrohten Anspruchs zulässig.[61] Im Gegensatz zur Notwehr und zum Notstand ist eine Selbsthilfe zugunsten Dritter im Rahmen des § 229 BGB nicht zulässig. Jedoch kann der Rechtsinhaber andere mit der Durchsetzung des Anspruchs beauftragen.[62] Dabei muss der Anspruch dem Selbsthelfenden tatsächlich zustehen.[63] Die Rechtsprechung hält demgegenüber Taschenkontrollen im Selbstbedienungsladen schon dann für gerechtfertigt, wenn ein konkreter Verdacht auf einen Ladendiebstahl besteht.[64] Dabei wird zudem die **Anspruchsgrundlage des § 231 BGB** leicht übersehen.[65]

2. Befugnisse zur Gewaltanwendung im übrigen BGB

Der Vollständigkeit halber seien im Folgenden noch einige derjenigen Tatbestände [14] genannt, die in den übrigen Büchern des BGB zur ausnahmsweise eigenmächtigen Rechtsdurchsetzung statuiert sind. Keiner weiteren Erörterung bedürfen § 910 BGB (**Abschneiderecht** beim Überhang) und § 962 BGB, das wegen seiner Nebensächlichkeit berühmte Verfolgungsrecht des Grundstückseigentümers gegenüber Bienenschwärmen.

a) Zivilrechtlicher Angriffsnotstand
Wesentlich wichtiger ist der so genannte zivilrechtliche Angriffsnotstand nach § 904 [15] S. 1 BGB,[66] der zwar keine Befugnis zur Gewaltanwendung normiert, sondern umge-

---

59 Näher *Petersen*, Von der Interessenjurisprudenz zur Wertungsjurisprudenz, 2001, S. 57 f.
60 Hierzu monographisch *Schünemann*, Selbsthilfe im Rechtssystem, 1985.
61 *Schreiber*, Jura 1997, 29, 33.
62 *Schreiber*, Jura 1997, 29, 34.
63 MüKo/*Grothe*, 6. Auflage 2012, § 229 Rn. 2.
64 BGHZ 124, 39; instruktiv zu der Entscheidung *Christensen*, JuS 1996, 873.
65 Instruktiv *Köhler* PdW, Fall 160.
66 Zur Bedeutung im Strafrecht *Hellmann*, Die Anwendbarkeit der zivilrechtlichen Rechtfertigungsgründe im Strafrecht, 1987, S. 164 ff.

kehrt dem Eigentümer einer Sache vorschreibt, dass er entgegen der Grundwertung des § 903 BGB nicht berechtigt ist, die Einwirkung eines anderen auf die Sache zu verbieten, wenn die Einwirkung zur Abwendung einer gegenwärtigen Gefahr notwendig und der drohende Schaden gegenüber dem aus der Einwirkung dem Eigentümer entstehenden Schaden **unverhältnismäßig** groß ist. Die Einwirkung ist unter diesen Voraussetzungen rechtmäßig, so dass der Einwirkende seinerseits den Widerstand nach §§ 227 f. BGB brechen darf.[67] Allerdings kann der Eigentümer Ersatz des ihm entstehenden Schadens verlangen, wobei das Gesetz, wenn Retter und Geretteter nicht identisch sind, offen lässt, vom wem: dem Einwirkenden[68] oder dem Geretteten.[69]

b) Andere gesetzlich geregelte Fälle

16 Im Mietrecht gewährt § 562b Abs. 1 BGB dem Vermieter als Ausgleich für die Besitzlosigkeit des **Vermieterpfandrechts** ein Selbsthilferecht:[70] Er darf die Entfernung der Sachen, die seinem Pfandrecht unterliegen (vgl. § 562 BGB), auch ohne Anrufen des Gerichts verhindern, soweit er berechtigt ist, der Entfernung zu widersprechen. Darüber hinaus bestehen Selbsthilferechte beim Besitzschutz. So darf der Besitzer sich nach § 859 Abs. 1 BGB verbotener Eigenmacht (§ 858 Abs. 1 BGB) mit Gewalt erwehren (**Besitzwehr**). Wird ihm eine bewegliche Sache mittels verbotener Eigenmacht weggenommen, so darf der Besitzer und nach § 860 BGB auch Besitzdiener sie dem auf frischer Tat betroffenen oder verfolgten Täter gemäß § 859 Abs. 2 BGB mit Gewalt wieder abnehmen. Wird dem Besitzer eines Grundstücks der Besitz durch verbotene Eigenmacht entzogen, so darf er sich sofort[71] nach der Entziehung des Besitzes „durch Entsetzung des Täters" wieder bemächtigen, § 859 Abs. 3 BGB (**Besitzkehr**).[72] Uneinheitlich wird beurteilt,[73] ob der Eigentümer auf dieser Grundlage auch ein fremdes Fahrzeug beiseite schieben darf, das seine Ausfahrt blockiert. Richtigerweise wird man dies für zulässig halten dürfen.[74] Zwar stellt das bloße Zuparken nur eine Besitzstörung dar, jedoch kann § 859 Abs. 3 BGB analog angewandt werden, da es keinen sachlichen Unterschied macht, ob das Fahrzeug in der Grundstückseinfahrt steht (dann teilweise Besitzentziehung) oder nur unmittelbar davor.[75]

---

67 Palandt/*Bassenge*, 71. Auflage 2012, § 904 Rn. 4.

68 *Medicus/Petersen* BR, Rn. 638a; *Köhler*, § 19 Rn. 18; BGHZ 6, 102.

69 So *Canaris*, NJW 1964, 1993; *Larenz/Canaris*, § 85 I 1 b; *Konzen*, Aufopferung im Zivilrecht, 1969, S. 110 ff.; *Horn*, JZ 1960, 352.

70 *Medicus*, Rn. 169.

71 Also nicht unverzüglich (§ 121 BGB), sondern schnellstmöglich, wobei auch schuldloses Zögern schadet; unter Umständen, etwa bei widerrechtlichem Parken (LG Frankfurt NJW 1984, 183) oder beim Aussperren aus der Wohnung (RG Seuffert 68, 145), dürfte jedoch ein Tätigwerden erst am nächsten Tag genügen.

72 Ein Sonderproblem möglicher Selbstjustiz stellt sich, wenn die in § 864 Abs. 2 BGB angeordnete Reihenfolge durchbrochen wird; Klausurbeispiel bei *Petersen*, JA 1999, 292.

73 Einzelheiten bei Westermann/*Gursky*, Sachenrecht, 8. Auflage 2011, § 23, 2, S. 140; *Schwarz/Ernst*, NJW 1997, 2550.

74 Ebenso *Medicus*, Rn. 170.

75 Westermann/*Gursky*, Sachenrecht, 8. Auflage 2011, § 23, 2, S. 140; a.A. Bamberger/Roth/*Fritzsche*, 24. Edition 2012, § 859 Rn. 18.

§ 7 Verjährung der Ansprüche

Die praktische Bedeutung der Verjährung ist immens. Der BGH betont, sie diene der 1
Sicherheit des Verkehrs und dem **Rechtsfrieden**.[1] Aber auch in der Ausbildung
spielt die Verjährung als eine der wichtigsten Einreden eine herausgehobene Rolle.

I. Anspruch und Verjährung

1. Der Anspruch als Gegenstand der Verjährung

Die berühmte Definition des Anspruchs – das Recht, von einem anderen ein Tun oder 2
Unterlassen zu verlangen[2] – findet sich nicht von ungefähr zu Beginn des Verjährungsrechts. In der Rechtsgeschäftslehre geht es implizit um die Entstehung und das
Erlöschen des Primäranspruchs, ohne dass dieser aber bis dahin explizit vorausgesetzt werden müsste. Wenn man sich fragt, warum etwas so Zentrales wie die Definition des Anspruchs an so vergleichsweise entlegener Stelle normiert ist, so kann man
sich daher ebenso gut umgekehrt fragen, ob es nicht geradezu dem inneren System
der Privatrechtsordnung Rechnung trägt,[3] dass gerade der Anspruch das Subjekt
des Verjährungsrechts ist, wie der Wortlaut des § 194 Abs. 1 BGB zeigt, wonach der
Anspruch „der Verjährung unterliegt." Im Zentrum beinahe aller verjährungsrechtlichen Vorschriften steht der Anspruch.[4] Deshalb sollen hier der Bezug zum Anspruch
und damit die Anspruchsprüfung im Mittelpunkt stehen.[5]

Dass das Gesetz selbst in den Kategorien der **Entstehung** und **Durchsetzbar-** 3
keit von Ansprüchen denkt, zeigt § 199 Abs. 1 Nr. 1 BGB, wonach die regelmäßige
Verjährungsfrist mit dem Schluss des Jahres beginnt („Silvesterfrist"),[6] in dem *der
Anspruch entstanden* ist. Allerdings besteht weitgehende Einigkeit darüber, dass der
Anspruch in verjährungsrechtlicher Hinsicht nicht schon bei Vorliegen aller seiner
tatbestandlichen Voraussetzungen „entstanden" ist; er muss darüber hinaus – außer
bei Schadensersatzansprüchen – auch **fällig** sein im Sinne des **§ 271 BGB**.[7] Praktisch
ist der Umstand, dass der Anspruch Gegenstand der Verjährung ist, vor allem deswegen wichtig, weil andere subjektive Rechte, wie beispielsweise das Eigentum, nicht
der Verjährung unterliegen, wohl aber **Herausgabeansprüche** *aus* dem Eigentum
(§ 197 Abs. 1 Nr. 1 BGB). Auch Gestaltungsrechte verjähren nicht; deshalb bedarf es der
weiter unten noch zu besprechenden Regelung des § 218 BGB. Eine wichtige Ausnah-

---

1 BGHZ 59, 72, 74; BGH NJW 2009, 1806, 1807; differenzierend *Leenen*, § 18 Rn. 5 ff.

2 Speziell zur Verjährung von Unterlassungsansprüchen *Köhler*, JZ 2005, 489. Aus neuerer Zeit wichtig
die Beiträge von *Zimmermann/Leenen/Mansel/Ernst*, JZ 2001, 684.

3 Zum Anspruch im Privatrechtssystem grundlegend *Medicus*, AcP 174 (1974), 313; vgl. auch *Petersen*,
FS Medicus, 2009, S. 295.

4 *Leenen*, § 18 Rn. 2; *Schreiber*, FS Medicus, 1999, S. 575 zur Verjährung titulierter Ansprüche.

5 Mit jeweils anderen didaktischen Schwerpunktsetzungen *Wernecke*, JA 2004, 331, der den Schnittpunkt zwischen materiellem Recht und Zivilprozessrecht akzentuiert; *Witt*, JuS 2002, 105, der das Verjährungsrecht nach der Schuldrechtsreform beleuchtet; ähnlich *Mansel/Budzikiewicz*, Jura 2003, 1;
Zimmermann, JuS 1984, 409; wie hier, allerdings zum alten Recht, *Büdenbender*, JuS 1997, 481.

6 *Medicus*, Rn. 110; andere sprechen von „Ultimoverjährung"; vgl. nur *Brox/Walker*, Rn. 673.

7 *Leenen*, § 19 Rn. 4; *Pohlmann*, Jura 2005, 3.

meregelung von der Verjährbarkeit enthält im Grundstücksrecht § 898 BGB, wonach die in den §§ 894 bis 896 BGB bestimmten Ansprüche nicht der Verjährung unterliegen. Der überaus prüfungsrelevante **Grundbuchberichtigungsanspruch** aus § 894 BGB verjährt also nicht. Schließlich ist an die Verjährung auch in Konstellationen akzessorischer Haftung zu denken: So gilt die für die Gesellschaftsschuld maßgebliche Verjährung grundsätzlich auch für die akzessorische Haftung des BGB-Gesellschafters analog § 128 HGB.[8] Gehemmt wird die Verjährung durch die in § 204 Abs. 1 BGB aufgeführten Rechtsverfolgungsmaßnahmen, insbesondere die Klageerhebung oder Zustellung eines **Mahnbescheides**; die währenddessen verstrichene Zeit wird nach § 209 BGB nicht in die Verjährungsfrist eingerechnet.

2. Die Verjährung in der Fallbearbeitung

4 Bei der Fallbearbeitung ist dessen ungeachtet wie immer mit der Rechtsfolge zu beginnen. Nach § 214 Abs. 1 BGB ist der Schuldner nach Eintritt der Verjährung berechtigt, die Leistung dauerhaft zu verweigern. Im Unterschied zu einer Ausschlussfrist, bei der das Recht nach Ablauf der Frist erlischt (Bsp.: Anfechtungsfrist),[9] bleibt der verjährte Anspruch bestehen, ist aber nach Erhebung der Einrede nicht mehr durchsetzbar.[10] Wenn der verjährte Anspruch nicht mehr geltend gemacht werden kann, stellt sich die Frage nach der bereicherungsrechtlichen **Rückforderbarkeit**. Nach **§ 813 Abs. 1 S. 1 BGB** kann das zum Zwecke der Erfüllung einer Verbindlichkeit Geleistete auch dann zurückgefordert werden, wenn dem Anspruch eine Einrede entgegenstand, durch welche die Geltendmachung des Anspruchs dauerhaft ausgeschlossen wurde.[11] Jedoch bleibt die Vorschrift des § 214 Abs. 2 BGB unberührt, § 813 Abs. 1 S. 2 BGB. Das bedeutet, dass das auf eine verjährte Schuld Geleistete auch bei Unkenntnis der Verjährung nicht zurückgefordert werden kann. Der Grund dafür ist der Zweck des Verjährungsrechts, nämlich die Sicherung des Rechtsfriedens.[12] Es soll nach der Leistung nicht mehr über deren Rückforderung prozessiert werden;[13] der genannte Schutzzweck der Verjährungsvorschriften würde gleichsam konterkariert. Gemäß § 216 BGB kann der Gläubiger eines **dinglichen Sicherungsrechts** grundsätzlich auch dann Befriedigung aus der Sicherheit suchen, wenn der gesicherte Anspruch bereits verjährt ist.[14]

5 Ausnahmsweise richtet sich, wie in § 218 BGB,[15] die wirksame Ausübung eines Gestaltungsrechts nach der Verjährung des ihm zugrunde liegenden Anspruchs.[16]

---

8 BGH WM 2010, 308.

9 *Leenen*, § 18 Rn. 3; *Wolf/Neuner*, § 22 Rn. 6 ff. mit anschaulicher Abgrenzung der Begriffe.

10 *Brox/Walker*, Rn. 667 mit instruktivem Schema in Rn. 682. Grundlegend zum Ganzen *H. Roth*, Die Einrede des Bürgerlichen Rechts, 1988.

11 Zur Bedeutung dieser Vorschrift im Hypothekenrecht, wo sie sehr klausurrelevant ist, *Petersen/Rothenfußer*, WM 2000, 657.

12 Motive I 291 (=*Mugdan* Band I, S. 512); siehe auch BGHZ 59, 72, 74.

13 *Medicus*, Rn. 120.

14 Nach BGH NJW 2010, 1144 ist § 216 Abs. 2 S. 1 BGB auf ein abstraktes Schuldversprechen mit Vollstreckungsunterwerfung analog anwendbar. Ein solches Schuldversprechen kann also nicht deshalb nach § 812 Abs. 2 BGB kondiziert werden, weil der Anspruch des Gläubigers verjährt ist.

15 Klausurmäßiger Fall dazu bei *Petersen*, Rn. 164 ff.

16 *Medicus*, Rn. 101, mit weiteren wichtigen Ausnahmen.

Rechtstechnisch geht es also bei der Verjährung um eine Einrede, die die Durchsetzbarkeit des Anspruchs betrifft.[17] Die Verjährung ist demnach im Anschluss an die Entstehung des Anspruchs und das Bestehen etwaiger Einwendungen zu prüfen.[18] Zugleich bedeutet dies, dass die Verjährungseinrede vom Schuldner erhoben werden muss. Ist dies nicht der Fall, so empfiehlt sich zumindest eine **hilfsgutachterliche Prüfung.** Wenn durch die Bekanntgabe von Daten oder Fristen nahegelegt wird, dass ein Anspruch verjährt sein könnte, darf man die Prüfung der Verjährung nicht allein deswegen unterlassen, weil die Einrede nicht erhoben wurde.[19] Immerhin entspricht es auch den Anforderungen der Praxis, dass an die Verjährung stets zu denken ist – auch dann, wenn niemand davon spricht.[20]

3. Die regelmäßige Verjährung

Die regelmäßige Verjährung beträgt nach § 195 BGB drei Jahre. Freilich wird der Lauf 6 der Frist gelegentlich per gesetzlicher Anordnung verlängert, insbesondere durch die Vorschriften der **Hemmung,** §§ 203 ff. BGB.[21] Diese Frist gilt immer dann („regelmäßig"), wenn das Gesetz keine andere Frist bestimmt, wie dies etwa in § 197 Abs. 1 BGB erfolgt ist. Nach § 195 BGB verjähren somit auch Ansprüche aus gesetzlichen Schuldverhältnissen.[22] Die regelmäßige Verjährungsfrist beginnt nach § 199 Abs. 1 BGB mit dem Schluss des Jahres, in dem der Anspruch entstanden ist (Nr. 1) und der Gläubiger von den anspruchsbegründenden Umständen und der Person des Schuldners Kenntnis erlangt oder ohne grobe Fahrlässigkeit erlangen müsste (Nr. 2). Es handelt sich daher um eine sog. **subjektive Frist,** bei der der Verjährungsbeginn von Umständen abhängig gemacht wird, die in der Person des Gläubigers liegen. [23] Dabei kann der Anknüpfungspunkt für die Kenntnis bisweilen fraglich sein: Werden beispielsweise einem Schuldner mehrere Pflichtverletzungen im Rahmen eines Anspruchs nach § 280 Abs. 1 BGB vorgeworfen, sind nach dem BGH die Voraussetzungen des § 199 Abs. 1 Nr. 2 BGB für jede einzelne Pflichtverletzung zu prüfen, selbst wenn sie letztlich

---

17 *Leenen,* § 18 Rn. 4; *Meller-Hannich,* JZ 2005, 656.

18 Zu diesen Prüfungsstationen oben §§ 3 und 5.

19 *Medicus/Petersen* BR, Rn. 16.

20 Ob der Richter im Prozess auf die Verjährung hinweisen darf, ist umstritten; während dies früher von der Rechtsprechung (OLG Bremen NJW 1979, OLG Köln MDR 1979, 1027) überwiegend verneint und als möglicher Befangenheitsgrund angesehen wurde, hielt die Rechtsprechung (andeutungsweise BGH NJW 1998, 612; vgl. auch BayObLG NJW 1999, 1875) einen solchen Hinweis im Rahmen des § 139 ZPO bisweilen für nicht prinzipiell ausgeschlossen. Nunmehr hat BGH NJW 2004, 164 die frühere Rechtsprechung bestätigt und bejaht einen Befangenheitsgrund, wenn das Parteivorbringen nicht wenigstens andeutungsweise eine Grundlage für die Einredeerhebung liefert. § 139 ZPO verleihe dem Richter gerade nicht die Befugnis, zu Lasten einer Partei auf neue Einreden hinzuweisen.

21 Dazu *Leenen,* § 18 Rn. 10 ff.

22 Damit wird ein früher zentrales Argument des Menzelbilderfalles (RGZ 130, 69) zwar entschärft. Doch auch so ist dieser Fall sachen- und bereicherungsrechtlich noch überaus lehrreich und mitnichten obsolet für die Examensvorbereitung.

23 Bei juristischen Personen ist nach der Rechtsprechung grundsätzlich an die Kenntniszurechnung der vertretungsberechtigten Organe (analog § 166 Abs. 1 BGB) zu denken. Nach BGH ZIP 2011, 858 sei dies ausnahmsweise anders, wenn der alleinige GmbH-Geschäftsführer selbst Schuldner ist.

denselben Schaden verursachen.[24] Der regelmäßigen Verjährung unterliegen grundsätzlich alle **vertraglichen Erfüllungs- und Sekundäransprüche**.[25] Wichtige Ausnahmen bilden jedoch insbesondere die §§ 438, 548[26] und 634a BGB, von denen im Folgenden die Rede sein wird.

II. Besondere Verjährungsfristen

7 Nicht minder wichtig als die Regel ist für die Fallbearbeitung die Ausnahme. Dementsprechend kommt gerade den besonderen Verjährungsfristen große Bedeutung zu. Klausurrelevant sind vor allem die Bestimmungen im Kauf- und Werkvertragsrecht.

1. Kaufrecht

8 Nach § 438 Abs. 1 BGB verjähren die in § 437 Nr. 1 und 3 BGB bezeichneten Ansprüche entweder in dreißig Jahren (Nr. 1) oder in fünf Jahren (Nr. 2) und im Übrigen in zwei Jahren (Nr. 3). Dabei kommt es auf die Kenntnis des Käufers nicht an, es handelt sich mithin um eine sog. **objektive Frist**.[27] Die erstgenannte dreißigjährige Frist erklärt sich daraus, dass sich der Käufer, wie sich aus § 197 Abs. 1 Nr. 1 BGB ergibt, unter Umständen noch ebenso lange dem Herausgabeanspruch durch einen dritten Eigentümer ausgesetzt sehen kann.

a) Verjährung bei der Nacherfüllung

9 Wichtig ist die Regelung über den Fristbeginn in § 438 Abs. 2 BGB, wonach die Verjährung außer bei Grundstücken mit der Ablieferung der Sache beginnt – gleichviel, ob der Käufer den Mangel erkennen konnte oder nicht. Problematisch ist dies im besonders wichtigen Fall der Nacherfüllung (§ 439 BGB). Hier kommt die Annahme eines **Neubeginns der Verjährung** gemäß § 212 Abs. 1 Nr. 1 BGB in Betracht, wenn der Verkäufer nacherfüllt. Denn dadurch erkennt er die Mängelrechte wenigstens stillschweigend an.[28] Der Bundesgerichtshof ist allerdings im Falle der Nachbesserung sehr zurückhaltend und gestattet den Neubeginn der Frist nur dann, wenn entweder die Folgen für die mangelhafte Nachbesserung berührt sind oder wenn derselbe Mangel betroffen ist.[29]

10 Zu beachten ist in diesem Zusammenhang der bereits verschiedentlich angesprochene § 218 Abs. 1 BGB. Nach dessen erstem Satz ist der Rücktritt wegen nicht oder nicht vertragsgemäß erbrachter Leistung unwirksam, wenn der Anspruch auf die Leistung oder der Nacherfüllungsanspruch verjährt ist und der Schuldner sich hierauf beruft. Hintergrund dieser Regelung ist der eingangs genannte Unterschied zwischen

---

24 Aktuell hat BGH WM 2011, 874 diese Rechtsprechung bestätigt.
25 *Leenen*, § 18 Rn. 3; *Pohlmann*, Jura 2005, 3.
26 Zum Beginn der besonderen Verjährung nach § 548 Abs. 1 S. 2 BGB siehe BGH NJW 2012, 144.
27 *Leenen*, § 19 Rn. 28 f.; zum früheren Recht *ders.*, § 477 BGB: Verjährung oder Risikoverlagerung?, 1997.
28 *S. Lorenz*, NJW 2007, 1, 5.
29 BGHZ 164, 196, 206.

Ansprüchen und **Gestaltungsrechten,** zu denen der Rücktritt gehört, der daher auch nicht in § 438 BGB genannt ist, wenngleich § 438 Abs. 4, Abs. 5 BGB darauf verweisen. § 218 Abs. 1 S. 2 BGB erstreckt dies auf den sogenannten fiktiven Nacherfüllungsanspruch.[30] Allerdings verjähren die Ansprüche *aus* erklärtem Rücktritt respektive erklärter Minderung nach der vorzugswürdigen Rechtsprechung nicht gemäß § 438 BGB, wie ein Teil der Lehre vorgeschlagen hat,[31] sondern regelmäßig gemäß §§ 195, 199 BGB.[32]

b) Konkurrenzfragen

Durch die mangelhafte Lieferung der Sache kann beim Käufer oder einem Dritten **11** zugleich eines der von § 823 Abs. 1 BGB erfassten Rechte verletzt worden sein. Dann stellt sich die Frage, ob die Deliktsansprüche von § 438 BGB erfasst werden, wie dies ein Teil der Lehre annimmt.[33] Die wohl herrschende Ansicht hält dagegen die Verjährung dieser deliktsrechtlichen Ansprüche nach §§ 195, 199 BGB für sachgerecht.[34] Andernfalls könnte der Käufer infolge seiner Sonderverbindung in wertungswidersprüchlicher Weise schlechter stehen als ein vertragsfremder Dritter.[35] Das Problem wird auch relevant beim Unterschied zwischen Leistungs- und Schutzpflichten, wenn es um den Ersatz von **Mangelfolgeschäden** geht. Mitunter wird nämlich nicht nur eine Leistungs-, sondern zugleich auch eine Schutzpflicht verletzt. Dann fragt sich, ob bezüglich des Schadens des Gläubigers an seinen sonstigen Rechtsgütern § 438 BGB mit der Begründung gilt, dass eine kaufvertragsrechtliche Leistungspflicht (§ 433 Abs. 1 S. 2 BGB) verletzt wurde,[36] oder ob es im Hinblick auf die gleichzeitig verletzte Schutzpflicht auf die allgemeinen §§ 195, 199 BGB ankommt, die für den Geschädigten günstiger sind.[37] Die besseren Gründe sprechen dafür,[38] die Schutzpflichtverletzung in diesen Fällen zurücktreten zu lassen und die Verjährung in der kurzen Frist nach § 438 BGB anzunehmen,[39] der teilweise auch analog angewendet wird.[40]

2. Werkvertragsrecht

Die werkvertragliche Verjährung der Gewährleistungsansprüche bemisst sich nach **12** § 634a BGB.[41] Für den Verjährungsbeginn kommt es auf den werkvertragsrechtlichen

---

30 BGHZ 168, 64.
31 *Wagner,* ZIP 2002, 789, 794.
32 BGHZ 170, 30, 44.
33 *Gsell,* JZ 2002, 1092; *Mansel,* NJW 2002, 89, 95.
34 *Grigoleit,* ZGS 2002, 78 f.; *Wagner,* JZ 2002, 475; 1092.
35 *Canaris,* Karlsruher Forum 2002, S. 97; vgl. auch *Medicus/Petersen* BR, Rn. 307c.
36 So *Fikentscher/Heinemann,* 10. Auflage 2006, Rn. 43.
37 In diese Richtung *Ehmann/Sutschet,* JZ 2004, 62, 69.
38 Näher *Medicus/Petersen* BR, Rn. 209a, b.
39 *Grigoleit,* FS Canaris, 2007, S. 275, 298.
40 *Müller-Hempel,* AcP 205 (2005), 246, 259.
41 Siehe zur Neuregelung *Leenen,* DStR 2002, 34, 39. Allerdings verjährt nach BGH NJW 2010, 1195 der Anspruch des Unternehmers auf Rückzahlung eines Vorschusses auf Mängelbeseitigungskosten in der regelmäßigen Verjährungsfrist, obwohl eine sachliche Nähe zu Gewährleistungsrechten und damit § 634a BGB besteht.

Zentralbegriff der Abnahme an: Sie ist nach § 634a Abs. 2 BGB in den Fällen des § 634a Abs. 1 Nr. 1 und 2 BGB maßgeblich. Im Übrigen bleibt es nach § 634a Abs. 1 Nr. 3 BGB bei der regelmäßigen Verjährungsfrist (§ 195 BGB). Abweichend von Abs. 1 Nr. 1 und 2 und Abs. 2 verjähren die Ansprüche gemäß § 634a Abs. 3 S. 1 BGB in der regelmäßigen Verjährungsfrist, wenn der Unternehmer den Mangel arglistig verschwiegen hat. Schwierigkeiten kann auch im Werkvertragsrecht die Konkurrenz zur deliktischen Verjährung bereiten. Ein verjährungsrechtlicher Gleichlauf zwischen Werkvertragsrecht und Deliktsrecht ist lediglich in den Fällen des § 634a Abs. 1 Nr. 3 BGB gegeben. Ein Teil der Lehre wendet § 634a Abs. 1 Nr. 1 und 2 BGB im Falle werkvertragsrechtlicher **Integritätsverletzungen** auf den Verjährungsbeginn der deliktischen Ansprüche entsprechend an,[42] wenn sich in der gleichzeitigen Eigentumsverletzung nach § 823 Abs. 1 BGB ein Schaden abbildet, der in engem sachlichen Zusammenhang mit dem Werk steht.[43] Dies geht letztlich auf eine frühere Entscheidung des Bundesgerichtshofs zurück.[44]

III. Exkurs: Die kaufmännische Rügeobliegenheit

13 Von der Frage der im Kaufrecht besonderen Verjährungsfrist des § 438 BGB ist ein handelsrechtliches Rechtsinstitut zu unterscheiden, bei dessen Eingreifen kaufrechtliche (Sekundär-) Ansprüche ausgeschlossen sein können.

1. Normzweck und dogmatische Einordnung

14 Bei beiderseitigen Handelsgeschäften hat der Käufer die Ware nach § 377 Abs. 1 HGB grundsätzlich unverzüglich, also ohne schuldhaftes Zögern (§ 121 Abs. 1 BGB) zu untersuchen und Mängel, die sich dabei zeigen, unverzüglich gegenüber dem Verkäufer substantiiert zu rügen; andernfalls gilt die Ware als genehmigt, § 377 Abs. 2 HGB.[45] Gleiches gilt für zunächst nicht erkennbare Mängel, die sich später zeigen, § 377 Abs. 3 HGB. Diese Rechtsfolgenanordnung verdeutlicht, dass der unterlassenen Anzeige – insoweit nicht anders als beim Schweigen auf ein kaufmännisches Bestätigungsschreiben – **Fiktionswirkung** zukommt. Diese Wirkung ist, wie jede Rechtsfolge, und wie weiter unten dargestellt wird, für die Fallbearbeitung bedeutsam.[46] Denn damit wird u.U. eine nähere Prüfung des Sachmangels verzichtbar, wenn und weil eine Berufung darauf nach § 377 Abs. 2 HGB präkludiert ist. Neben dem eigentlichen Sachmangel erfasst die Vorschrift auch sämtliche juristische. Erweiterungen des Begriffs der Sachmängel (§ 434 Abs. 1 S. 3, Abs. 2 und 3 BGB).[47] Auf Rechtsmängel ist § 377 HGB entsprechend dem Wortlaut und der grundsätzlichen, insbesondere verjährungsrechtlichen (§ 438 BGB) Gleichbehandlung von Sach- und Rechtsmängeln

---

42 *H. Roth*, JZ 2001, 543; a.A. *Leenen*, JZ 2001, 552, 556.
43 *Oechsler*, Rn. 624.
44 Vgl. BGHZ 58, 305.
45 Dazu bereits *Lettl*, Jura 2006, 721.
46 *Leenen*, Jura 2011, 723, 728 f.
47 *Canaris* HR, § 29 Rn. 51, 54.

ebenfalls anwendbar.[48] Wegen des Rechtsverlusts bei unterlassener Mängelanzeige, gelten für diese – an sich nur eine Wissenserklärung – die Vorschriften über Willenserklärungen (insbesondere die §§ 107, 111, 130 f., 164 Abs. 3, 180 BGB) entsprechend.[49] Den Zugang der Anzeige hat der Käufer zu beweisen,[50] während Verzögerungen bei der Übermittlung zu Lasten des Verkäufers gehen (§ 377 Abs. 4 HGB).[51]

§ 377 Abs. 1 HGB setzt ein beiderseitiges Handelsgeschäft voraus.[52] Wann ein **15** solches vorliegt, ergibt sich aus §§ 343 ff. HGB, im Rahmen derer wiederum die §§ 1 ff. HGB inzident zu prüfen sind.[53] § 377 HGB ist ein Paradebeispiel für die **Teleologie des Handelsrechts:** Es geht nicht nur um die Behebung von Beweisschwierigkeiten.[54] Vielmehr sollen darüber hinaus unter Kaufleuten Rechtsgeschäfte möglichst schnell und ohne langfristige Unsicherheiten abgewickelt werden, weil beide Seiten auf diese Weise zügig Klarheit über abgeschlossene Geschäfte haben und über ihre Ressourcen disponieren können, ohne mit mangelbedingten Ansprüchen rechnen oder gar Rückstellungen bilden zu müssen.[55] Allerdings schafft erst die Verjährung nach § 438 BGB endgültige Klarheit, weil es Mängel geben kann, auf die sich § 377 Abs. 2 HGB nicht erstreckt, wie die in dessen letztem Halbsatz genannte Erkennbarkeit des Mangels zeigt. § 377 HGB steht also in einem engen systematischen Zusammenhang zu § 438 BGB und flankiert diese Vorschrift.[56] Für die Fallbearbeitung bedeutet dies, dass für die Prüfung der Verjährung auch dann noch Raum ist, wenn es zuvor auf § 377 HGB ankam, nämlich insbesondere bezüglich nicht erkennbarer Mängel. Die Rügeobliegenheit verdrängt also nicht etwa die Verjährung, sondern beide Fragen stellen sich, wie sogleich noch zu zeigen sein wird, aufbautechnisch auf unterschiedlichen Ebenen. Entscheidend für das Verständnis wie für die praktische Rechtsanwendung ist die Einsicht, dass § 377 HGB dem Gewährleistungsrecht zugehört,[57] was sich aus der Voraussetzung des Mangels ergibt.[58] Wenn man diese dogmatische Einordnung verstanden hat, lassen sich die meisten Klausurprobleme ohne weiteres lösen.

2. Konsequenzen für die Fallbearbeitung

Die kaufmännische Rügeobliegenheit ist in der Fallbearbeitung nicht ganz einfach **16** zu handhaben. Klar ist im Ausgangspunkt, dass die Untersuchung und Anzeige nach § 377 Abs. 1 HGB – entgegen weit verbreitetem Sprachgebrauch – keine Pflicht, sondern eine **Obliegenheit** ist. Daher versteht sich, dass die Missachtung der Rügeobliegenheit lediglich die Rechtsstellung des Verkäufers schmälert und gerade nicht

---

48 *Canaris*, FS Konzen, 2006, S. 43, 51; a.A. *Grunewald*, Kaufrecht, 2006, § 10 Rn. 90.
49 *Canaris* HR, § 29 Rn. 68.
50 BGHZ 101, 49, 52; kritisch dazu *J. Hager*, JR 1988, 287.
51 Baumbach/Hopt/*Hopt*, Handelsgesetzbuch 35. Auflage 2012, § 377 Rn. 41.
52 Für das Leasing *Medicus/Petersen* BR, Rn. 323 m.w.N.
53 Zum Kaufmannsbegriff und zur Kaufmannseigenschaft *Petersen*, Jura 2005, 831.
54 In diese Richtung die Rspr.; vgl. BGHZ 66, 208, 213; 91, 293, 299; 101, 49, 53; 101, 337, 345.
55 *Canaris* HR, § 29 Rn. 42, gegen *U. Huber*, ZHR 161 (1997), 160, 184; *G. Müller*, ZIP 2002, 1178, 1185.
56 *Canaris* HR, § 29 Rn. 44.
57 Instruktiv dazu *Fikentscher/Heinemann*, Schuldrecht, 10. Auflage 2006, §§ 69 ff.
58 *Canaris* HR, § 29 Rn. 44.

zu einer Schadensersatzverpflichtung aus § 280 Abs. 1 BGB führen kann. Dies wäre ein schwerer Grundlagenfehler.

a. Prüfungsprogramm bei beeinträchtigtem Äquivalenzinteresse

17 Weniger klar ist freilich, wie die Genehmigungsfiktion das Prüfungsprogramm prägt. Auch insoweit ist im Ausgangspunkt sicher, dass § 377 HGB an den Mangel anknüpft. Daher ist § 377 HGB folgendermaßen in die Anspruchsprüfung zu integrieren: § 437 BGB setzt für die sich aus den Nr. 1 bis 3 ergebenden Ansprüche voraus, dass „die Sache mangelhaft ist".[59] Das bemisst sich im Bürgerlichen Recht nach den §§ 433 f. BGB.[60] Liegt ein beiderseitiges Handelsgeschäft im Sinne der §§ 343 ff., 1 ff. HGB vor, dann kommt die Fiktionswirkung zum Zug. Die Frage ist nur, ob gleichwohl in der Fallbearbeitung zunächst zu prüfen ist, ob nach Bürgerlichem Recht, also den §§ 433 f. BGB, ein Mangel vorliegt und erst in einem zweiten Schritt erörtert wird, ob die Ware gegebenenfalls wenngleich mangelhaft, wie sie ist, nach § 377 Abs. 2 HGB als genehmigt gilt. Diese „extensive" Prüfungsreihenfolge mag dann angezeigt sein, wenn der Sachverhalt mehrere Angaben zur möglichen Mangelhaftigkeit enthält und eine genaue Subsumtion des § 434 BGB erfordert. Das wir jedoch in handelsrechtlich geprägten Konstellationen nicht die Regel sein, weil § 377 Abs. 1 und 2 HGB gerade einen erkennbaren Mangel voraussetzt. Daher ist es in solchen Fällen ratsam – und vor allem vom Zweck der Fiktionswirkung des § 377 HGB gedeckt[61] – zu prüfen, ob der Käufer mit seiner Berufung auf einen etwaigen Mangel **nach § 377 Abs. 2 HGB präkludiert** ist. Geht es um mehrere Mängel, deren einer erkennbar ist, aber nicht gerügt wurde, während andere bei der nach § 377 Abs. 1 HGB gebotenen Untersuchung nicht zutage treten, dann ist bezüglich des erkennbaren Mangels die Prüfung der §§ 437 BGB, 377 Abs. 1 und 2, 343, 1 ff. HGB infolge der Präklusionswirkung beendet, während für die nicht erkennbaren Mängel § 377 Abs. 1 HGB ausscheidet und daher „bürgerlich-rechtlich" weiter zu prüfen, d.h. auch die Möglichkeit der Verjährung (§ 438 BGB) in Betracht zu ziehen ist.[62] Entsprechendes gilt nach § 377 Abs. 5 HGB, wenn der Mangel zwar erkennbar war, der Verkäufer aber arglistig handelte. Auch dann gilt die Ware nicht als mangelfrei, so dass bis zur etwaigen Verjährung weitergeprüft werden kann. Bei der Nachlieferung (§ 439 BGB) hat der Käufer nochmals vollständig auf Mängel zu prüfen und gegebenenfalls zu rügen, und zwar auch bezüglich etwaiger bei der Erst-lieferung nicht gerügter Mängel, während er bei der Nachbesserung schon vormals erkennbare Mängel nicht mehr rügen kann.[63]

b. Anspruchskonkurrenz bei Verletzung des Integritätsinteresses

18 In der Fallbearbeitung spielt die Anspruchskonkurrenz eine wesentliche Rolle. Prak-tisch bedeutsam ist dies für Mangelfolgeschäden, die an den von § 823 Abs. 1 BGB geschützten Rechtsgütern entstehen. Dann fragt sich, ob die Genehmigungsfiktion

---

59 Beim Werkvertrag gilt die Rügeobliegenheit nicht, es sei denn, dass über § 381 Abs. 2 HGB letztlich doch wieder Kaufrecht anzuwenden ist; BGHZ 182, 140.
60 Zum Handelsrecht im System des Privatrechts *Heinemann*, FS Fikentscher, 1998, S. 349.
61 *Leenen*, Jura 2011, 723, 728 f.
62 *Fikentscher/Heinemann*, Schuldrecht, 10. Auflage 2006, Rn. 812.
63 *Mankowski*, NJW 2006, 865, 869.

des § 377 Abs. 2 HGB auch bezüglich solcher Schäden gilt, die nicht das kaufrecht-lich geschützte **Äquivalenzinteresse** betreffen, sondern das **Integritätsinteresse**. Das gilt zunächst für Ansprüche aus § 280 Abs. 1 BGB Der Bundesgerichtshof hat den Ersatz von Mangelfolgeschäden wegen der Genehmigungsfiktion des § 377 Abs. 2 HGB einmal für ausgeschlossen gehalten,[64] in anderen Fällen wegen gleichzeitiger Verlet-zung einer Nebenpflicht aber entgegengesetzt entschieden.[65] Konkurrierende delik-tische Ansprüche werden von § 377 HGB nicht (auch nicht analog) erfasst.[66] Ansons-ten würde der Käufer wegen seiner vertraglichen Beziehung schlechter gestellt, als jeder beliebige Dritte. Das wäre ein nicht hinnehmbarer Wertungswiderspruch, weil ihm das Vertragsverhältnis ja gerade einen stärkeren Schutz vermittele.[67] Das spricht entscheidend gegen die Ansicht derer, die § 377 HGB auch auf deliktische Ansprüche anwenden wollen[68] oder insoweit nach dem Schutzzweck differenzieren.[69]

Allerdings können deliktische Ansprüche aus anderen Gründen ausgeschlossen 19 sein, weshalb die Anwendung des § 377 HGB auf **Mangelfolgeschäden** besondere Brisanz hat, wie ein lehrreiches Beispiel zeigt:[70] Angenommen, es kommt wegen eines nicht unverzüglich gerügten Mangels, an dem ein selbständiger vom Verkäu-fer beauftragter Subunternehmer schuld ist, zu einer Explosion. Wenn infolgedessen die Fabrikhalle des Käufers abbrennt, dann hat dieser gegen den Verkäufer keine deliktischen Ansprüche: Der Verkäufer haftet nicht aus § 823 Abs. 1 BGB, weil er sich selbst nichts hat zuschulden kommen lassen. § 831 BGB scheidet aus, weil der Sub-unternehmer nicht weisungsgebunden und daher kein Verrichtungsgehilfe ist. Und einem Anspruch aus § 1 Abs. 1 ProdHaftG steht dessen S. 2 entgegen. Daher kommt es im Ergebnis entscheidend darauf an, ob der Käufer einen – in der Fallbearbeitung natürlich immer an erster Stelle, d.h. vor etwaigen deliktischen Ansprüchen zu prü-fenden[71] – Anspruch aus §§ 437 Nr. 3, 280 Abs. 1 BGB i.V.m. § 278 BGB hat, oder ob dieser nach § 377 Abs. 2 HGB präkludiert ist. Die Annahme der **Genehmigungsfiktion** würde den Käufer hier gegenüber dem Verkäufer rechtlos stellen, obwohl es nicht um das von § 377 HGB vorrangig erfasste Äquivalenzinteresse, sondern das Integritäts-interesse geht. Die besseren Gründe sprechen daher dafür, § 377 HGB im Wege einer teleologischen Reduktion einzuschränken und dem Käufer den Anspruch aus § 280 Abs. 1 BGB zu geben, der freilich nach § 254 BGB gekürzt sein kann.[72]

IV. Die Berechnung von Fristen und Terminen

Die Berechnung von Terminen und Fristen gehört zu den eher spröden Themen, ist 20 aber praktisch äußerst wichtig und soll daher zumindest kurz behandelt werden.

---

64 BGH NJW 1975, 2011.
65 BGHZ 66, 208; BGH NJW 1992, 912; VersR 1992, 966.
66 BGHZ 101, 337 (Weiterfresserschaden); 105, 346, 357.
67 *Canaris* HR, § 29 Rn. 81.
68 So *Schwark*, JZ 1990, 374.
69 In diese Richtung *K. Schmidt* HR, § 29 III 5b.
70 *Canaris* HR, § 29 Rn. 76, der das Beispiel gebildet hat; vgl. auch *H. Roth*, JuS 1988, 938.
71 *Medicus/Petersen* BR, Rn. 7 ff.
72 *Canaris* HR, § 29 Rn. 76.

Zudem spielt die **Fristberechnung** gerade auch im Examen mitunter eine Rolle. Wenn man die §§ 186 ff. BGB zum ersten Mal in der Klausur liest, ist es in aller Regel zu spät.

1. Universeller Geltungsbereich

21 Die Vorschriften über Termine und Fristen werden – auf den ersten Blick überflüssig – nach § 186 BGB mit einer Bestimmung über den Geltungsbereich eingeleitet. Danach gelten für die in Gesetzen, gerichtlichen Verfügungen und Rechtsgeschäften enthaltenen Frist- und Terminbestimmungen die Auslegungsvorschriften der §§ 187 bis 193 BGB. Zweierlei ist daran bemerkenswert: Zum Einen ist damit ein sehr weiter sachlicher Anwendungsbereich abgesteckt, weil über die Rechtsgeschäfte, denen die Rechtsgeschäftslehre des Allgemeinen Teils schwerpunktmäßig gewidmet ist, hinaus auch gerichtliche Verfügungen und sogar Gesetze überhaupt erfasst sind. Wichtige Verweisungsvorschriften sind die gesetzlichen Regelungen in § 222 Abs. 1 ZPO und § 57 Abs. 2 VwGO. Das bedeutet für die Fallbearbeitung, dass man letztlich durchgängig auf die §§ 187 ff. BGB verweisen wird und diese Vorschriften daher ein für allemal durchdrungen haben muss.[73] Zum Anderen bedeutet dies, dass es sich bei diesen Regelungen um **Auslegungsvorschriften** handelt. Das zeigt sich beispielhaft an der Vorschrift des § 189 BGB, wonach unter einem halben Jahr eine Frist von sechs Monaten, unter einem Vierteljahr eine Frist von drei Monaten und unter einem halben Monat eine Frist von 15 Tagen verstanden wird. Das Gesetz hat hier also eine Klarstellung beim möglichen Auseinanderfallen von juristischem Sprachgebrauch und Alltagssprache getroffen. So erklärt sich wohl auch die passivische Formulierung in § 192 BGB, wonach unter Anfang des Monats der erste, unter Mitte des Monats der 15. und unter Ende des Monats der letzte Tag des Monats verstanden wird. Vor allem aber folgt aus der Bestimmung als Auslegungsregel, dass die vertragliche Auslegung vorrangig ist, das heißt, dass sich aus dem Parteiwillen etwas anderes ergeben kann.[74] Im geschäftlichen Verkehr etwa wird, da § 192 BGB diesen Fall selbst nicht regelt, wohl verstanden, dass mit Ende der Woche der Freitag und nicht der Sonntag gemeint ist, wenn im Übrigen auf Werktage verwiesen wird.[75] Ähnlich verhält es sich bei der umgangssprachlichen Wendung „acht Tage". Während diese im Handels- und Wertpapierrecht wörtlich zu nehmen sind (§ 359 Abs. 2 HGB, Art. 36 Abs. 4 WG), kann damit im Bürgerlichen Recht nach §§ 133, 157 BGB auch eine Woche gemeint sein.[76]

2. Zivilkomputation und Naturalkomputation

22 Das tragende Strukturprinzip der §§ 187 ff. BGB ist das der Zivilkomputation im Unterschied zur Naturalkomputation. Nach der **Zivilkomputation** ist der Beginn und Ablauf von Tagen maßgeblich. Anders als nach der **Naturalkomputation** ist also nicht der exakte Zeitpunkt des fristauslösenden Ereignisses entscheidend, so dass eine Frist nicht etwa mitten am Tag zu laufen beginnt und um dieselbe Stunde eines

---

73 Instruktiv *Schroeter*, JuS 2007, 29; vgl. auch *Ziegeltrum*, JuS 1986, 705 ff.; 784 ff.
74 *Bork*, Rn. 335.
75 Prütting/Wegen/Weinreich/*Kesseler*, 7. Auflage 2012, § 192 Rn. 1.
76 *Medicus*, Rn. 856.

späteren Tages abläuft.[77] Vielmehr beginnt die Frist um 0.00 Uhr des Folgetages zu laufen und endet dementsprechend um 24.00 Uhr des letzten Tages der Frist. Die sich aus dieser gesetzgeberischen Entscheidung für die Zivilkomputation ergebenen Vereinfachungen bei der Fristberechnung liegen auf der Hand.

a. Fristbeginn

Begrifflich handelt es sich beim Termin um einen bestimmten Zeitpunkt (vgl. § 163 **23** BGB), an dem eine Rechtswirkung eintreten soll bzw. etwas Tatsächliches geschehen soll,[78] während eine Frist ein bestimmter oder bestimmbarer Zeitraum ist.[79] Ist nach § 187 Abs. 1 BGB für den Anfang einer Frist ein Ereignis oder ein in den Lauf eines Tages fallender Zeitpunkt maßgebend, so wird bei der Berechnung der Frist der Tag nicht mitgerechnet, in welchen das Ereignis oder der Zeitpunkt fällt. Der „angebrochene" Tag zählt also nicht mit.[80] § 187 Abs. 2 BGB stellt klar, dass dann, wenn der Beginn eines Tages der für den Anfang einer Frist maßgebende Zeitpunkt ist, dieser Tag bei der Fristberechnung mitgerechnet wird, so dass eine Zahlungspflicht „ab 1.5." bedeutet, dass auch schon für den ersten und nicht erst ab dem 2. Mai zu zahlen ist. Umgekehrt geht man davon aus, dass die Fristsetzung „in 14 Tagen ab heute" meint, dass der in diesem Sinne heutige Tag nicht mitgerechnet wird.[81]

b. Fristende

Eine nach Tagen bestimmte Frist endigt nach § 188 Abs. 1 BGB mit dem Ablaufe des **24** letzten Tages der Frist. Wichtiger noch ist bei der Fallbearbeitung § 188 Abs. 2 BGB: Eine Frist, die nach Wochen, nach Monaten oder nach einem mehrere Monate umfassenden Zeitraum – Jahr, halbes Jahr, Vierteljahr – bestimmt ist, endigt im Fall des § 187 Abs. 1 BGB mit dem Ablauf desjenigen Tages der letzten Woche oder des letzten Monats, welcher durch seine Benennung oder seine Zahl dem Tag entspricht, in den das Ereignis oder der Zeitpunkt fällt, im Falle des § 187 Abs. 2 BGB mit dem Ablauf desjenigen Tages der letzten Woche oder des letzten Monats, welcher dem Tag vorhergeht, der durch seine Benennung oder seine Zahl dem Anfangstag der Frist entspricht. Diese sperrige Bestimmung, die man in der Klausur möglichst nicht zum ersten Mal gelesen haben sollte, bedeutet beispielsweise im Fall des § 187 Abs. 1 BGB, dass eine am 18. Mai durch ein Ereignis in Gang gesetzte Monatsfrist am 18. Juni um 24.00 Uhr endet oder dass eine am Dienstag gesetzte Wochenfrist am darauf folgenden Dienstag abläuft. Man sollte in derart klaren Fällen nicht umständlich subsumieren, sondern kann dies einfach mit dem Gesetzeszitat der §§ 187 Abs. 1, 188 Abs. 2 BGB belegen.

c. Verlängerung der Frist

Die klausurrelevanteste Sondervorschrift ist wohl § 193 BGB: Ist an einem bestimm- **25** ten Tag oder innerhalb einer Frist eine Willenserklärung abzugeben oder eine Leis-

---

77 *Repgen*, ZGR 2006, 121, 124 ff.
78 So prägnant *Brox/Walker*, Rn. 832a.
79 RGZ 120, 355, 362.
80 BGH NJW-RR 1989, 629; BGH ZIP 2005, 310.
81 OLG Königsberg OLGE 30, 277.

tung zu bewirken und fällt der bestimmte Tag oder der letzte Tag der Frist auf einen Sonntag, auf einen am Erklärungs- oder Leistungsort staatlich anerkannten allgemeinen Feiertag oder auf einen Sonnabend, so tritt an die Stelle eines solchen Tages der nächste Werktag. Man kann in Klausuren, die Fristprobleme enthalten mit beinahe mathematischer Sicherheit davon ausgehen, dass *der bestimmte Tag oder der letzte Tag der Frist* auf einen Samstag, Sonn- oder Feiertag fällt. Während es in öffentlich-rechtlichen Klausuren mit regionalem Hintergrund häufig die Feiertage sind, die man durch entsprechende Vorschriften als solche identifizieren muss (beliebtes Beispiel: 15. August – Mariä Himmelfahrt – in Bayern), sind es im Zivil- und Zivilprozessrecht (§ 222 Abs. 1 ZPO) vor allem die Samstage und Sonntage, die in Klausuren vorkommen. Im Examen gehört daher mancherorts ein Kalender zu den zulässigen Hilfsmitteln, den man daher bei Fristberechnungen sicherheitshalber konsultieren sollte. § 193 BGB gilt auch für Verjährungsfristen, Widerrufsfristen und entsprechend auch für **Ausschlussfristen**.[82] Jedoch ist gerade deswegen, weil so viele Klausuren auf § 193 BGB zugeschnitten sind, auch Vorsicht angezeigt: Für gesetzliche **Kündigungsfristen** gilt § 193 BGB weder direkt noch entsprechend, wenn und weil sich hier eine Schutzfrist zugunsten eines anderen anschließt,[83] wie dies etwa beim Arbeitsvertrag,[84] Mietvertrag,[85] nicht aber beim Versicherungsvertrag der Fall ist.[86]

---

[82] BGH NJW-RR 2008, 459; so bereits RGZ 151, 345. Zum Widerruf vgl. *Lettl* JA 2011, 9, 12; MüKo/*Masuch*, 6. Auflage 2012, § 355 Rn. 55.

[83] BGHZ 162, 179.

[84] BAG NJW 1970, 1470.

[85] Staudinger/*Repgen*, Neubearbeitung 2009, § 193 Rn. 17.

[86] LG Köln VersR 1953, 185.

§ 8 Die Anspruchsgrundlagen des Allgemeinen Teils

Wie gesehen findet sich die Legaldefinition des **Anspruchs** im Allgemeinen Teil. 1
§ 194 Abs. 1 BGB definiert „das Recht, von einem anderen ein Tun oder Unterlassen
zu verlangen", als Anspruch. Darüber hinaus enthält der Allgemeine Teil selbst nicht
weniger als zehn Anspruchsgrundlagen. Nicht alle sind gleichermaßen bedeutsam;
einige führen ein ausgesprochenes Schattendasein. Es geht im Folgenden weniger um
eine erschöpfende Erörterung der einzelnen Voraussetzungen der jeweiligen Ansprüche, als vielmehr der Darstellung ihrer Vielfalt sowie der hauptsächlichen Probleme
und Streitfragen, die sich im Umgang mit den Anspruchsgrundlagen stellen. Die
Darstellung trennt zwischen Ansprüchen außerhalb der Rechtsgeschäftslehre und
solchen, die zur Rechtsgeschäftslehre, also dem prüfungsrelevantesten Bereich des
Allgemeinen Teils, gehören. An dieser Stelle werden bereits einige klausurrelevante
Fragen zu den Anspruchsgrundlagen der Rechtsgeschäftslehre in der gebotenen
Kürze beantwortet; die eingehende Erörterung ist dann den jeweiligen Teilen vorbe-
halten, zu denen die Sachfragen gehören.

I. Anspruchsgrundlagen außerhalb der Rechtsgeschäftslehre

Außerhalb der Rechtsgeschäftslehre finden sich Anspruchsgrundlagen im Namens- 2
recht (§ 12 BGB), im Vereinsrecht (§ 54 S. 2 BGB), im Recht der Früchte (§ 102 BGB)
sowie beim Notstand (§ 228 S. 2 BGB) und bei der Selbsthilfe (§ 231 BGB).

1. Namensrecht

§ 12 BGB illustriert die oben genannte Legaldefinition des Anspruchs besonders deut- 3
lich: In ihrem ersten Satz regelt sie das Recht, von einem anderen ein Tun zu verlangen, nämlich Beseitigung der Beeinträchtigung für den Fall, dass sein **Recht zum
Gebrauch eines Namens** von einem anderen bestritten oder sein Interesse dadurch
verletzt wird, dass dieser unbefugt den gleichen Namen gebraucht. S. 2 regelt demgegenüber einen **Unterlassungsanspruch** für den Fall, dass weitere Beeinträchtigungen zu besorgen sind.

Ursprünglich sollte mit § 12 BGB nur der bürgerliche Name geschützt werden.[1] 4
Heute handelt es sich dabei jedoch um die zentrale Anspruchsgrundlage für Beeinträchtigungen des Namens im weitesten Sinne, so dass etwa auch **Künstlernamen**
(„Heino"[2]) und sogar bestimmte Vornamen mit entsprechender Verkehrsgeltung
(„Uwe"[3]) geschützt sein können. Der Namensschutz bezieht sich aber entgegen der
systematischen Stellung des § 12 BGB nicht nur auf natürliche Personen, sondern
erstreckt sich auch auf juristische Personen. So sind etwa eingetragene Vereine
geschützt.[4] Würde sich also etwa ein neugegründeter Verein „Bayern München"
nennen, so bestünde gegen ihn ein Beseitigungs- (§ 12 S. 1 BGB) und gegebenenfalls

---

1 Es ist insoweit als ein besonderes Persönlichkeitsrecht zu verstehen, *Leenen*, § 3 Rn. 24.
2 LG Düsseldorf NJW 1987, 1413; allgemein BGHZ 30, 7, 9.
3 BGH NJW 1983, 1184, 1185; vgl. auch OLG München NJW 1960, 869 („Romy").
4 RGZ 74, 114, 115 f.; BGH NJW 1970, 1270.

Unterlassungsanspruch (§ 12 S. 2 BGB) seitens des gleichnamigen etablierten Vereins. Aber auch offenen Handelsgesellschaften, Kommanditgesellschaften[5] und Gesellschaften bürgerlichen Rechts[6] können die Ansprüche aus § 12 BGB zustehen. Im Recht der freien Berufe sind zudem Anwaltssozietäten zu nennen.[7] Eine gewisse Bedeutung hat § 12 BGB in den letzten Jahren dadurch erlangt, dass die Vorschrift auch für **Internet Domains** („domain names") als einschlägig angesehen wird. Doch betrifft dies eher wettbewerbs- und markenrechtliche Probleme.[8]

2. Vereins- und Stiftungsrecht

5 Innerhalb des Vereinsrechts findet sich die wichtigste Anspruchsgrundlage in § 54 S. 2 BGB, die eine sogenannte „Handelndenhaftung" enthält. Danach haftet beim nicht rechtsfähigen Verein aus einem Rechtsgeschäft, das im Namen eines solchen Vereins einem Dritten gegenüber vorgenommen wird, der Handelnde persönlich. Mehrere Handelnde haften als Gesamtschuldner (§§ 421 ff. BGB).[9] Eine weitere Anspruchsgrundlage enthält § 53 BGB, nach dem **Liquidatoren**, die schuldhaft bestimmte Pflichten verletzen, die in den vorangehenden Vorschriften näher bezeichnet sind, den Gläubigern gegenüber gesamtschuldnerisch zum Schadenersatz verpflichtet sind. Indes ist dieser Anspruch für die Fallbearbeitung weithin unwichtig, so dass darauf nicht näher eingegangen werden muss.[10]

6 Aus dem Stiftungsrecht ist § 82 BGB zu nennen, wonach der Stifter im Falle der Anerkennung der Stiftung verpflichtet ist, das in dem Stiftungsgeschäft zugesicherte Vermögen auf die Stiftung zu übertragen. Dieser Pflicht korrespondiert ein Recht, nämlich ein Anspruch der Stiftung auf Übertragung des vom Stifter zugesicherten Vermögens.[11]

7 Keine Anspruchsgrundlagen sind entgegen der insoweit irreführenden Überschriften § 31 („Haftung des Vereins für Organe") und § 89 BGB („Haftung für Organe"). Vielmehr handelt es sich dabei um **Zurechnungsnormen**, die eine anderweitig begründete Haftung voraussetzen.[12] Das verbreitete Missverständnis des § 31 BGB als Anspruchsgrundlage dokumentiert in der Fallbearbeitung einen schweren Grundlagenfehler.

3. Exotische Ansprüche

8 Wie bereits eingangs erwähnt, finden sich im Allgemeinen Teil auch Anspruchsgrundlagen, die kaum bekannt sind, weil sie sehr selten vorkommen. Der Vollständig-

---

5 RGZ 114, 90, 93.
6 KG WRP 1990, 37, 38 f.
7 OLG München NJW-RR 1993, 621.
8 Dazu unten § 53 Rn. 6 ff.
9 Näher unten § 58.
10 Gleiches gilt im Übrigen für § 37 Abs. 1 BGB, sofern man ihn als Anspruchsgrundlage ansieht (in diese Richtung MüKo/*Reuter*, 6. Auflage 2012, § 37 Rn. 1, der von „Anspruchsberechtigten" spricht).
11 Palandt/*Ellenberger*, 71. Auflage 2012, § 82 Rn. 1.
12 BGHZ 99, 298, 302.

keit halber sollen diese „exotischen" Ansprüche hier mitbehandelt werden. Sie finden sich in den §§ 90 ff. sowie in den §§ 227 ff. BGB.

a) Der Anspruch aus § 102 BGB

Die vielleicht unbekannteste, aber wohl auch unwichtigste Anspruchsgrundlage des **9** Allgemeinen Teils findet sich in § 102 BGB, wonach derjenige, der zur Herausgabe von Früchten i.S.d. § 99 BGB verpflichtet ist, Ersatz der auf die Gewinnung verwendeten Kosten insoweit verlangen kann, als sie einer ordnungsmäßigen Wirtschaft entsprechen und den Wert der Früchte nicht übersteigen. Es handelt sich dabei jedoch um einen echten Anspruch und nicht etwa – wie im Fall des § 1001 BGB – nur um eine Einrede.[13] Hervorhebung verdient noch, dass der Anspruch auch den Wert der persönlichen Arbeitsleistung mit umfasst,[14] was insbesondere bei den Früchten eines gewerblichen Unternehmens von Bedeutung sein kann.[15.]

b) Notstand und Selbsthilfe

Notstand und Selbsthilfe sind zwar in erster Linie Schwerpunkte strafrechtlicher Prü- **10** fungsarbeiten, doch darf nicht übersehen werden, dass die Begriffe im Bürgerlichen Gesetzbuch näher geregelt sind und folglich auch das Strafrecht die jeweiligen Rechtfertigungsgründe den §§ 228, 904 BGB entnimmt.[16] Dennoch müssen diese beiden Vorschriften auch in der zivilrechtlichen Prüfungsvorbereitung mitberücksichtigt werden, weil jede von ihnen in ihrem zweiten Satz eine Anspruchsgrundlage enthält.

aa) Folgeansprüche des Notstands

Während § 228 BGB den zivilrechtlichen Verteidigungsnotstand regelt, der bei Sach- **11** gefahren die Zerstörung oder Beschädigung der gefahrträchtigen Sache gestattet, betrifft § 904 BGB den sogenannten **Angriffsnotstand**, bei dem der Täter in einer Notstandslage auf eine fremde Sache einwirkt. In beiden Fällen werden die Folgen der Beschädigung oder Zerstörung durch die Zuerkennung eines Anspruchs zivilrechtlich ausgeglichen. Der entscheidende Unterschied zwischen beiden Vorschriften liegt darin, dass bei § 904 BGB eine am Entstehen der Gefahrenlage unbeteiligte Sache beschädigt wird, wohingegen im Falle des § 228 BGB die Gefahr gerade von der Sache ausgeht. Aus diesem Grunde gewährt das Gesetz auch nur im Fall des § 904 BGB uneingeschränkt einen Ersatzanspruch, während der Anspruch nach § 228 S. 2 BGB zusätzlichen Einschränkungen unterliegt.[17]

Der **Verteidigungsnotstand** wird vor allem bei Tierangriffen relevant. Tiere sind **12** zwar nach § 90a S. 1 BGB keine Sachen, doch finden die für Sachen geltenden Vorschriften auf sie entsprechende Anwendung, § 90a S. 3 BGB. Wird jemand also etwa von einem Hund angegriffen, so darf er diesen nach § 228 S. 1 BGB erforderlichenfalls

---

13 RG JW 1938, 3040, 3042.
14 BGH NJW 1996, 921.
15 Palandt/*Ellenberger*, 71. Auflage 2012, § 102 Rn. 1.
16 Vgl. nur *Roxin*, Strafrecht Allgemeiner Teil, Band I, 4. Auflage 2006, § 16 Rn. 107 ff. (zu § 904 BGB); Rn. 111 ff. (zu § 228 BGB).
17 *Canaris*, JZ 1963, 655, 658.

sogar töten.[18] Er ist freilich unter den Voraussetzungen des § 228 S. 2 dem Eigentümer des Hundes zum Schadensersatz verpflichtet. § 228 BGB liegt die Wertung zugrunde, dass der Eigentümer das Risiko der Zerstörung seiner Sache selbst zu tragen hat, wenn von ihr eine Gefahr ausgeht. Selbst wenn die Gefahr nicht nur durch die gefährliche Sache, sondern auch durch ein Verhalten des Begünstigten hervorgerufen wurde und dieser mithin die Notstandslage mitverursacht hat, gilt § 228 BGB, wie gerade die Ersatzpflicht des § 228 S. 2 BGB belegt. Das bedeutet, dass der Verletzte entsprechend § 228 S. 2 BGB einen Ersatzanspruch hat, wenn er die Gefahr durch ein objektiv gefährliches Verhalten schuldhaft mit herbeigeführt hat.[19] § 228 S. 2 BGB liegt damit – ebenso wie dem sogleich zu behandelnden § 904 S. 2 BGB – das „Alles oder Nichts"-Prinzip zugrunde.[20]

13   § 904 S. 2 BGB gehört seiner äußeren systematischen Einteilung nach zwar nicht in den Allgemeinen Teil und müsste daher im vorliegenden Zusammenhang an sich nicht erwähnt werden. Jedoch hängen die beiden Formen des Notstands zum einen eng miteinander zusammen. Zum anderen verbirgt sich in § 904 S. 2 BGB ein **prüfungsrelevantes Problem**, das daher hier mit behandelt werden soll.

14   Die Frage ist nämlich, wer der Anspruchsgegner im Falle des § 904 S. 2 BGB ist, wenn Retter und Geretteter nicht personenidentisch sind, da die Vorschrift über die Anspruchsrichtung nichts aussagt. Beispiel: B beschädigt den Zaun des Z, um den ins Eis eingebrochenen E damit zu retten, so fragt sich, ob B oder E dem Anspruch aus § 904 S. 2 BGB ausgesetzt ist.[21] Für die Haftung des B spricht, dass dieser für den Geschädigten leichter zu ermitteln ist, weil er konkret gehandelt hat.[22] Nach ebenso vertretbarer Ansicht haftet indes der Gerettete.[23] Dafür wird angeführt, dass es unbillig wäre dem Retter das Insolvenzrisiko des Geretteten aufzuerlegen, da der Eigentümer dieses ja auch zu tragen hätte, wenn der Gerettete den nach § 904 S. 1 BGB erlaubten Eingriff selbst vorgenommen hätte.[24]

15   Wer gleichwohl einen Anspruch gegen den Eingreifenden für richtig hält,[25] muss im Anschluss einen **Rückgriffsanspruch** des Eingreifenden gegen den Begünstigten aus §§ 683, 670 BGB prüfen, weil der Eingreifende schwerlich mit der Ersatzpflicht allein belastet werden kann. Daran zeigt sich im Übrigen, dass es unbillig sein kann, den Eingreifenden auf diesen Rückgriffsanspruch gegen den Begünstigten zu verweisen, weil dieser zahlungsunfähig sein kann.

bb) Selbsthilfe: § 231 BGB

16   § 231 BGB normiert eine verschuldensunabhängige Schadensersatzhaftung desjenigen, der eine Selbsthilfehandlung i.S.d. § 229 BGB in der irrigen Annahme vornimmt, dass die für den Ausschluss der Widerrechtlichkeit erforderlichen Voraussetzungen vorliegen. Da ein Verschulden nicht vorausgesetzt wird und die Haftung an den Ein-

---

18 *Roxin*, Strafrecht Allgemeiner Teil, Band I, 4. Auflage 2006, § 16 Rn. 111.
19 *Canaris*, JZ 1963, 655, 659.
20 *Canaris*, JZ 1963, 655, 661.
21 Beispiel von *Medicus/Petersen* BR, Rn. 638a.
22 RGZ 113, 301, 303; BGHZ 6, 102, 105; *Baur/Stürner*, Sachenrecht, 18. Auflage 2009, § 25 Rn. 8.
23 *Canaris*, NJW 1964, 1987, 1993; *Horn*, JZ 1960, 350, 352; *Kraffert*, AcP 165 (1965), 453.
24 *Larenz/Canaris*, § 85 I 1 b.
25 *Medicus/Petersen* BR, Rn. 638a.

griff in ein fremdes Rechtsgut anknüpft, durch den der Handelnde ein besonderes Risiko setzt, steht § 231 BGB der Gefährdungshaftung zumindest nahe,[26] wiewohl es sich um keinen echten Tatbestand der Gefährdungshaftung handelt.[27] Eine analoge Anwendung des § 231 BGB kommt bei **Putativnotwehr** und -notstand[28] sowie im Falle des Notwehr- bzw. **Notstandsexzesses**[29] in Betracht.[30]

II. Die Anspruchsgrundlagen der Rechtsgeschäftslehre

Im Mittelpunkt der Ausbildung stehen innerhalb des Allgemeinen Teils fraglos die 17 Anspruchsgrundlagen der Vorschriften über die Rechtsgeschäftslehre (§§ 105 ff. BGB). Dort gibt es drei Anspruchsgrundlagen, deren zwei (§§ 122, 179 BGB) zu den bekanntesten Anspruchsgrundlagen überhaupt zählen,[31] wohingegen die dritte (§ 160 BGB) ein ausgesprochenes Schattendasein fristet. Entsprechend ihrer Bedeutung sollen zunächst die ersten beiden behandelt werden.

1. Die Schadensersatzpflicht des Anfechtenden: § 122 Abs. 1 BGB

Obwohl § 122 BGB eine der prominentesten Anspruchsgrundlagen des Allgemei- 18 nen Teils darstellt, wird sie doch in der Fallbearbeitung nicht selten übersehen. Das mag daran liegen, dass die Anfechtung häufig beim Primäranspruch eine Rolle spielt, wohingegen § 122 BGB als Konsequenz der Anfechtung[32] bei der umgekehrten Anspruchsrichtung zu berücksichtigen ist und dort mitunter in Vergessenheit gerät.

a) Geltungsgrund und dogmatische Einordnung

Der Geltungsgrund des § 122 BGB besteht in Folgendem. Es handelt sich um eine 19 **Veranlassungshaftung**,[33] die darauf gründet, dass der Anfechtende durch seine „zunächst als irrtumsfrei erscheinende Erklärung die Vertrauensinvestition des Gegners herbeigeführt"[34] und folglich für die Folgen dieser Vertrauensinvestition entsprechend einzustehen hat.[35] Liegt der Grund für die Haftung des Anfechtenden letztlich in der Veranlassung, so fragt sich, wie es sich auswirkt, wenn im Einzelfall nicht der Anfechtende, sondern der andere Teil einmal den Irrtum veranlasst hat. Der Bundesgerichtshof hat in dieser Konstellation den Ersatzanspruch des anderen Teils aus § 122 BGB nach § 254 BGB gemindert, und zwar sogar dann, wenn der andere Teil

---

26 *Larenz/Canaris*, § 85 IV 2 a.

27 A.A. Palandt/*Ellenberger*, 71. Auflage 2012, § 231 Rn. 1.

28 *Canaris*, JZ 1971, 399.

29 Zum Notwehrexzess siehe *Wessels/Beulke*, Strafrecht Allgemeiner Teil, 41. Auflage 2011, Rn. 446 ff.

30 Näher *Larenz/Canaris*, § 85 IV 2 b.

31 *Leenen*, vor § 15 Rn. 1.

32 Instruktiv zur Anfechtung *Leenen*, Jura 1991, 393.

33 *Leenen*, vor § 15 Rn. 3: Zuweisung bestimmter „Risiken rechtsgeschäftlichen Verhaltens".

34 *Medicus/Petersen* GW, Rn. 116.

35 Dies gilt freilich nur, wenn seine Erklärung nicht an anderen Mängeln leidet, die unabhängig der Anfechtung zu einem wirkungslosen Rechtsgeschäft geführt hätten, *Leenen*, § 15 Rn. 4 f.

den Irrtum schuldlos veranlasst hat.[36] Dieser Entscheidung ist seitens des Schrifttums mit gutem Grund entgegengehalten worden, dass die Veranlassung, für die nach § 122 BGB einzustehen ist, auf eine *Willenserklärung* zurück geht, und dieser nicht ohne weiteres jede andere – möglicherweise weniger vertrauenswürdige – **Veranlassung** gleichgestellt werden kann.[37] Dafür spricht, dass § 122 BGB die Willenserklärung in den Vordergrund stellt und nicht auf ein gleich wie geartetes Verhalten abstellt. Das macht zugleich deutlich, warum die Ersatzpflicht nur dann eintritt, wenn die Willenserklärung aufgrund der §§ 119 f. BGB, nicht aber nach § 123 BGB angefochten ist, weil der arglistig Täuschende von vornherein nicht schutzwürdig ist und somit auch keinen Ersatzanspruch aus § 122 BGB verdient.

b) Analoge Anwendung des § 122 BGB

20 Gerade in jüngerer Zeit werden vermehrt Fälle diskutiert, in denen § 122 BGB nicht direkt anwendbar ist, aber entsprechend gelten soll. Vor allem zwei Konstellationen dürften prüfungsrelevant sein:

aa) Fehlendes Erklärungsbewusstsein

21 § 122 BGB ordnet nicht nur für die Fälle der Anfechtung nach §§ 119 f. BGB die Schadensersatzpflicht des Anfechtenden an, sondern auch für den Fall der Nichtigkeit nach § 118 BGB. Diese Vorschrift wird von einigen analog bzw. erst recht angewendet, wenn keine **Scherzerklärung** vorliegt, sondern dem Erklärenden das Erklärungsbewusstsein fehlt.[38] Während der Bundesgerichtshof in diesem Fall die Erklärung für grundsätzlich wirksam, wenngleich nach § 119 Abs. 1 BGB anfechtbar hält,[39] geht ein Teil der Lehre davon aus, dass sich aus einem **Erst-Recht-Schluss**[40] aus **§ 118 BGB** die Nichtigkeit der Erklärung ohne Anfechtung ergibt.[41] Wenn schon eine im Scherz abgegebene Erklärung nach § 118 BGB ohne weiteres nichtig sei, so müsse das erst recht für eine Erklärung gelten, die ohne jegliches Erklärungsbewusstsein abgegeben wurde. Die Vertreter dieser Ansicht wenden folgerichtig § 122 BGB *entsprechend* auf denjenigen an, der eine Erklärung ohne das erforderliche[42] Erklärungsbewusstsein abgegeben hat. Beschränkt man demgegenüber mit einem Teil der Lehre die Tatbestandsmerkmale der Willenserklärung allein auf ihre objektiven Komponenten,[43] ist sie weder bei fehlendem Erklärungsbewusstsein noch bei (nach herrschender

---

36 BGH NJW 1969, 1380; ebenso *Leenen*, § 15 Rn. 24.

37 *Medicus/Petersen* BR, Rn. 145.

38 Dazu unten § 9 Rn. 16.

39 BGHZ 91, 324; BGHZ 149, 129, 136; *Medicus/Petersen* BR, Rn. 130.

40 Aus methodischer Sicht kritisch *Leenen*, § 23 Rn. 132.

41 *Canaris*, NJW 1984, 2281 f.; eingehend *Singer*, Selbstbestimmung und Verkehrsschutz im Recht der Willenserklärungen, 1995, S. 184 ff.; *ders.*, JZ 1989, 1030.

42 Der Bundesgerichtshof hält demgegenüber das Erklärungsbewusstsein nicht für zwangsläufig erforderlich; es genüge, wenn der andere Teil unter Beachtung der im Verkehr erforderlichen Sorgfalt davon ausgehen konnte, dass es sich um eine Willenserklärung handelt (BGHZ 91, 324, 330). Man kann insofern von einem „potentiellen" Erklärungsbewusstsein sprechen. Kritisch *Leenen*, § 5 Rn. 33 f.

43 So *Leenen*, § 5 Rn. 21 ff.; vgl. auch *Schwab*, Iurratio 2009, 142, 143 f.

Meinung erforderlichem[44]) fehlendem Handlungswillen nichtig.[45] Eine solchermaßen abgegebene Erklärung unterliege stets lediglich dem Anfechtungsrecht nach § 119 Abs. 1 Var. 2 BGB. Auch diese Ansicht erhält – im Ergebnis mit dem BGH übereinstimmend[46] – dem Erklärenden also eine Wahlmöglichkeit. Ein Anspruch kann dann erst mit erfolgter Anfechtung aus § 122 BGB (in *direkter* Anwendung) entstehen.[47]

bb) Nicht zu vertretende Unkenntnis der Unmöglichkeit

Die entsprechende Anwendung des § 122 BGB wird in einem Bereich diskutiert, in   **22** dem man es vorderhand am wenigsten erwarten würde. Es geht um § 311a Abs. 2 BGB, wonach der Gläubiger für den Fall, dass der Schuldner nach § 275 BGB nicht zu leisten braucht und das Leistungshindernis schon bei Vertragsschluss vorliegt, Schadensersatz verlangen kann. Hat der Schuldner seine Unkenntnis von der Unmöglichkeit nicht zu vertreten, so soll er nach dem Gesetz nichts verlangen können. Ersatz des **Vertrauensschadens** wird demgegenüber von einem Teil der Lehre[48] **in Analogie zu § 122 BGB** gefordert und mit der Begründung angenommen, dass andernfalls – nämlich wenn man es insoweit bei § 311a Abs. 2 BGB belassen würde – ein bloßer Motivirrtum zur ersatzlosen Befreiung von der vertraglich übernommenen Leistungspflicht führen würde.[49] Da ein solcher Irrtum aber einem Eigenschaftsirrtum i.S.d. § 119 Abs. 2 BGB entspreche, bei dem sich der Verpflichtete gleichfalls nur um den Preis des Ersatzes des Vertrauensschadens nach § 122 BGB von der Verpflichtung befreien könne, wird dasselbe aus Gründen der Wertungsgerechtigkeit auch in der hier diskutierten Konstellation der nicht zu vertretenden Unkenntnis von der Unmöglichkeit befürwortet.[50]

Gegen den Weg über § 122 BGB wird allerdings vorgebracht, dass damit gleichsam   **23** eine „Gefährdungshaftung auf das negative Interesse" geschaffen würde.[51] Des Weiteren wird eingewendet, dass die Formulierung des § 311a Abs. 2 BGB dafür spreche, dass der Schuldner nur haften solle, wenn er das Scheitern des Vertrags zu vertreten habe und dass es widersprüchlich sei, dem Schuldner beim Motivirrtum den Schutz des § 119 BGB zu versagen, ihm aber andererseits die Schadensersatzpflicht des § 122

---

44 *Medicus*, Rn. 606; *Boecken*, Rn. 202; *Brox/Walker*, Rn. 83 ff.

45 *Leenen*, § 6 Rn. 132 ff.; § 5 Rn. 35.

46 BGHZ 91, 324, 329.

47 *Leenen*, § 15 Rn. 26; § 14 Rn. 46.

48 So vor allem *Canaris*, JZ 2001, 499, 507 f., der dies auch vergeblich im Gesetzgebungsverfahren angeregt hat.

49 Dagegen *Otto*, Jura 2002, 1, 5, der sich dafür ausspricht, „dass die Pflichtverletzung wegen derer sich der Schuldner entlasten kann, in dem Vertragsschluss trotz des anfänglichen Ausschlusses einer Leistungspflicht zu sehen ist, hingegen nicht erst in der Verletzung einer mit dem wirksamen Vertrag begründeten Leistungspflicht."

50 *Canaris*, JZ 2001, 499, 508, der zugleich konzediert, dass die endgültige Lösung nur durch eine Reform des Irrtumsrechts zu erreichen sei. Gegen ihn *Dauner-Lieb*, in: Das Neue Schuldrecht, 2002, § 2 Rn. 91.

51 So *Ehmann/Sutschet*, Modernisiertes Schuldrecht, 2002, § 5 a.E., S. 126.

BGB aufzuerlegen.[52] Im Übrigen sei bei einem neuen Gesetz eine Analogie für ein bereits bekanntes Problem zweifelhaft.[53]

2. Die Haftung des Vertreters ohne Vertretungsmacht: § 179 BGB

24 § 179 Abs. 1 BGB ist vielleicht die wichtigste Anspruchsgrundlage des Allgemeinen Teils. Sie betrifft die Haftung des Vertreters ohne Vertretungsmacht (**falsus procurator**).[54] Die dogmatische Struktur des § 179 Abs. 1 BGB ist nicht ganz einfach.

a) Dogmatische Einordnung

25 Nimmt man den Wortlaut ernst, so lässt das Gesetz erkennen, dass es von einem dreistufigen Aufbau ausgeht: Abschluss, Zustandekommen und Wirksamkeit des Vertrags.[55] Denn die einleitende Formulierung des § 179 Abs. 1 BGB lautet gerade: „Wer als Vertreter einen Vertrag *geschlossen* hat". Das Gesetz geht also insbesondere in den §§ 177 ff. BGB davon aus, dass der Vertrag vom Vertreter geschlossen wird. Zustande kommt er freilich mit dem Vertretenen, wenn der Vertreter die eigene Erklärung erkennbar im Namen des Vertretenen abgegeben hat. Für wen der Vertrag dann wirkt, ist eine Frage der Vertretungsmacht.[56]

26 In jedem Fall aber sind zunächst Ansprüche gegen den Vertretenen zu prüfen, wenn sie nach der Fallfrage in Betracht kommen, so dass nicht mit einem Anspruch aus § 179 Abs. 1 BGB begonnen wird. Andernfalls müsste der Bearbeiter im Rahmen des § 179 Abs. 1 BGB – womöglich bei dem Tatbestandsmerkmal „sofern er nicht seine Vertretungsmacht nachweist" – inzident erörtern, warum der vom Vertreter mit dem Dritten geschlossene Vertrag nicht für und gegen den Vertretenen wirkt. Das wäre jedoch in hohem Maße unzweckmäßig, weil es zur Prüfung des Primäranspruchs gegen den Vertretenen gehört.

b) Ausschluss der Haftung

27 Unter den Ausschlussgründen der Haftung ist vor allem § 179 Abs. 3 S. 2 BGB von Bedeutung, weil diese Vorschrift einen allgemeinen Rechtsgedanken enthält. Ein beschränkt geschäftsfähiger Vertreter ohne Vertretungsmacht haftet demnach nur dann, wenn sein **gesetzlicher Vertreter** mit der Übernahme der Stellvertretung einverstanden war. Aus dieser Wertung wird etwa auch die Folgerung gezogen, dass ein Geschäftsunfähiger entsprechend § 179 Abs. 3 S. 2 BGB niemals aus culpa in contrahendo gemäß §§ 280 Abs. 1, 311 Abs. 2 BGB haftet. Ein beschränkt Geschäftsfähiger

---

52 *Palandt/Grüneberg*, 71. Auflage 2012, § 311a Rn. 15; allgemein zu dieser Frage auch *Schultz*, in: Westermann (Hrsg.), Das Schuldrecht 2002, S. 78 ff.

53 *Wilhelm*, JZ 2001, 861, 864; *Otto*, Jura 2002, 1, 5; *Ehmann/Sutschet*, Modernisiertes Schuldrecht, 2002, S. 126 Fußnote 213. Dieses vermeintliche Gegenargument ist freilich methodologisch sehr zweifelhaft und angreifbar.

54 Instruktiv dazu *Prölss*, JuS 1985, 577; ausführlich unten § 25.

55 Vgl. den ähnlich lautenden Aufsatz von *Leenen*, AcP 188 (1988), 381 ff.

56 *Leenen*, AcP 188 (1988), 381, 392; *ders.* § 4 Rn. 75 ff.

soll dagegen nur dann haften, wenn der gesetzliche Vertreter mit der Aufnahme des geschäftlichen Kontakts einverstanden war.[57]

c) Gegenrechte des falsus procurator

Schuldet der Vertreter ohne Vertretungsmacht nach Wahl des Vertragspartners Schadensersatz oder Erfüllung aus § 179 Abs. 1 BGB, so fragt sich, welche Gegenrechte der in Anspruch Genommene dem entgegensetzen kann. Für den Fall der Anfechtung ist dabei anerkannt, dass diese auch dem nach § 179 Abs. 1 BGB Verpflichteten möglich sein muss, wenn der Vertragspartner anfechten könnte, da kein Grund ersichtlich ist, den Vertragspartner besser zu stellen, als wenn er nicht mit einem falsus procurator kontrahiert hätte.[58] Entsprechendes soll nach Auffassung des Bundesgerichtshofs grundsätzlich auch im Rahmen des den Verbraucher schützenden **Widerrufsrechts** nach § 312 Abs. 1 BGB gelten.[59] Jedoch verlangt die Rechtsprechung, dafür, dass die Voraussetzungen des Widerrufsrecht auch in der Person des hypothetischen Vertragspartners vorliegen.[60] **28**

d) Konkurrenz zur c.i.c. (§§ 280 Abs. 1, 311 Abs. 2 BGB)

Nach dem bereits eingangs hervorgehobenen Grundsatz der Anspruchskonkurrenz müssen in der Fallbearbeitung stets alle konkret in Betracht kommenden Anspruchsgrundlagen durchgeprüft werden. Dabei kann sich im Rahmen des § 179 BGB ein heikles Konkurrenzproblem stellen, das nur unter Rückgriff auf die der Vorschrift zugrunde liegende gesetzgeberische Basiswertung zu lösen ist. Mitunter wirkt der vom Vertreter mit einem Dritten geschlossene Vertrag mangels Vertretungsmacht nach §§ 177 ff. BGB nicht für und gegen den Vertretenen.[61] Liegt dies etwa an einem zurechenbaren (vgl. § 278 BGB) Verschulden des Vertreters, so kann sich die Frage stellen, ob der Dritte nicht gegen den Vertretenen einen **Erfüllungsanspruch** unter dem Gesichtspunkt der **culpa in contrahendo** aus §§ 280 Abs. 1, 311 Abs. 2 BGB hat. **29**

Dies wird von der Rechtsprechung und ganz h.L. abgelehnt.[62] Denn das würde auf einen Anspruch aus c.i.c. auf das positive Interesse hinauslaufen. Damit würden aber die Wertungen der §§ 177 ff. BGB ausgehöhlt. Könnte nämlich die Haftung nach § 179 BGB im Wesentlichen dieselben Rechtsfolgen nach sich ziehen wie die Wirksamkeit des ohne Vertretungsmacht vorgenommenen Geschäfts, so würde der **Schutzzweck der Vertretungsbeschränkung** unterlaufen.[63] Allenfalls wird das negative Interesse ersetzt, wenn etwa der unbefugte Vertragsabschluss durch einen verhandlungsbefugten, wenngleich nicht vertretungsberechtigten Mitarbeiter erfolgt, dessen **30**

---

57 *Canaris*, NJW 1964, 1987, 1988.

58 Vgl. *Canaris* HR, § 14 Rn. 24.

59 BGH NJW-RR 1991, 1074 f.

60 Vgl. zu einem entsprechenden Fall unten § 55 Rn. 12 ff.

61 Das Bestehen der Vertretungsmacht betrifft wie gesagt die Wirksamkeit und nicht das Zustandekommen des Vertrags; vgl. *Leenen*, AcP 188 (1988), 381, 392; *Häublein*, Jura 2007, 728.

62 Vgl. *Medicus*, Rn. 454 sowie speziell zum Formmangel, bei dem das Problem gleichfalls auftritt, Rn. 633.

63 *Canaris*, in: Festgabe 50 Jahre Bundesgerichtshof, 2000, Band I, S. 129, 176 ff.; *ders.*, JuS 1980, 332, 335 zur Haftung aus § 179 Abs. 2 BGB i.V.m. § 31 BGB.

Verhalten dem Vertretenen nach § 278 BGB zugerechnet werden kann, wenn dieser immerhin die Befugnis hatte, den rechtsgeschäftlichen Kontakt mit dem Dritten herzustellen.[64] Folglich scheidet ein Erfüllungsanspruch aus; allenfalls könnten nutzlos gewordene Aufwendungen (negatives Interesse) ersetzt werden. Ersatz des positiven Interesses kann der Dritte also nur vom Vertreter ohne Vertretungsmacht unter den Voraussetzungen des § 179 Abs. 1 BGB verlangen, nicht jedoch vom Vertretenen aus §§ 280 Abs. 1, 311 Abs. 2 BGB.

e) Schnittstelle: Vollmachtsanfechtung

31 Die beiden zentralen Anspruchsgrundlagen der §§ 122, 179 BGB stehen nicht zusammenhanglos nebeneinander, sondern greifen in einem sehr prüfungsrelevanten Bereich ineinander. Die Schnittstelle zwischen der Schadensersatzpflicht des Anfechtenden und der Haftung des falsus procurator markiert nämlich das Problem der **Anfechtung einer ausgeübten Innenvollmacht**. Hat also etwa P den V bevollmächtigt, bei D für 300.000,– Euro zu kaufen, obwohl er 30.000,– Euro meinte, so fragt sich, ob und wie er sich von seiner Erklärung lösen kann. Hat V das Geschäft mit D noch nicht ausgeführt, so genügt ein schlichter Widerruf der Vollmacht nach § 168 S. 2 BGB. Ist die Vollmacht indes bereits „ausgeübt" worden, indem V das Geschäft mit D zu dem vorgeschriebenen Preis abgeschlossen hat, begegnet die Lösung vom Vertrag Schwierigkeiten. Könnte P nun einfach die Vollmacht des V nach § 119 Abs. 1 BGB anfechten, so stünde dieser ohne Vertretungsmacht dar, so dass ihm die Haftung nach § 179 BGB drohen würde. Im Schrifttum wird daher die Anfechtung der bereits ausgeübten Innenvollmacht vereinzelt ganz abgelehnt.[65] Teilweise wird die Anfechtung nur dann zugelassen, wenn der bei der Erteilung der Vollmacht mitwirkende Willensmangel auf das Ausführungsgeschäft mit dem Dritten „ungebrochen durchschlägt".[66] Das wäre in unserem Fall wohl zu bejahen, stößt aber bei der Anfechtung nach § 119 Abs. 2 BGB an Grenzen.[67] Andere stellen in diesem Fall die Innenvollmacht der Außenvollmacht gleich, so dass P nicht gegenüber[68] V die Vollmacht, sondern gegenüber D das Ausführungsgeschäft anfechten soll, womit über den Vertreter gleichsam hinweggesehen wird.[69]

32   Am besten zeigt sich der Zusammenhang zwischen § 122 BGB und § 179 BGB sowie die grundsätzliche **Folgerichtigkeit der gesetzlichen Lösung**, wenn man im Ausgangspunkt den gesetzlichen Weg nachzeichnet: Ficht nämlich P die Vollmacht gegenüber V an, so steht dieser mitnichten wegen der ihm drohenden Haftung aus § 179 BGB „im Regen", wie dies von Seiten des Schrifttums überplastisch formuliert

---

64 *Canaris*, in: Festgabe 50 Jahre Bundesgerichtshof, 2000, Band I, S. 129, 178, mit Verweis auf BGHZ 92, 164, 175; siehe aber auch BGH WM 1978, 1092 f. (keine Haftung aus c.i.c. bei Fehlen der Vertretungsmacht, wenn das Vertrauen des anderen Teils nicht schutzwürdig ist).

65 *Brox*, JA 1980, 449 ff.

66 *Eujen/Frank*, JZ 1973, 232, 236.

67 Näher *Petersen*, AcP 201 (2001), 375 ff.

68 Auch die Person des Anfechtungsgegners ist in diesem Fall streitig; siehe *Medicus/Petersen* BR, Rn. 96.

69 *Flume*, § 52 5 c); ihm folgend *Medicus*, Rn. 945; dagegen *Canaris*, Die Vertrauenshaftung im deutschen Privatrecht, 1971, S. 546 Fußnote 26. Zum Ganzen auch unten § 18 Rn. 10; § 37 Rn. 17.

wird.[70] Vielmehr hat V in Konsequenz der Anfechtung durch P gegen diesen einen Anspruch aus § 122 Abs. 1 BGB auf Ersatz des Vertrauensschadens.[71] Dagegen lässt sich auch nicht einwenden, dass die dem V drohende Haftung aus § 179 BGB umfangmäßig höher, nämlich auf das positive Interesse gerichtet sei. Denn V weiß ja bis zur Ausführung des Geschäfts mit D noch gar nichts von der Anfechtung. Daher hat er den Mangel der Vertretungsmacht nicht gekannt und ist nach § 179 Abs. 2 BGB nur zum Ersatz des Vertrauensschadens verpflichtet. Seine Haftung nach § 179 Abs. 2 BGB entspricht also umfangmäßig dem Anspruch aus § 122 Abs. 1 BGB, den er selbst gegen P hat. Aus diesem Grund spricht sich ein Teil der Lehre für die skizzierte Beibehaltung des gesetzlichen Modells aus.[72]

Dabei wird jedoch nicht hinreichend beachtet, dass bei reiner Anwendung der 33 §§ 122, 179 BGB der Dritte das **Insolvenzrisiko** des Vertreters trägt; hat dieser kein Geld, so hilft dem D der Anspruch gegen V aus § 179 Abs. 2 BGB wenig. Deshalb sollte man es nicht dabei bewenden lassen, den P nur gegenüber V die Vollmacht anfechten zulassen, sondern ihm die Lösung von dem Geschäft mit D nur zubilligen, wenn er zugleich diesem gegenüber[73] das Ausführungsgeschäft anficht und folgerichtig auch ihm und nicht nur V Schadensersatz nach § 122 Abs. 1 schuldet. D hat dann einen Anspruch gegen V aus § 179 Abs. 2 BGB und einen umfangmäßig gleich hohen Anspruch gegen P aus § 122 Abs. 1 BGB, so dass diese ihm gesamtschuldnerisch (§ 421 BGB) haften.[74]

3. Der Anspruch des bedingt Berechtigten: § 160 BGB

§ 160 BGB zählt wohl zu den unbekanntesten Anspruchsgrundlagen des Bürgerli- 34 chen Gesetzbuchs. Das nimmt vor allem deshalb wunder, weil die Vorschrift in ihrem ersten Absatz die Berechtigung unter einer aufschiebenden Bedingung voraussetzt, wie sie nach § 449 Abs. 1 typischerweise beim **Eigentumsvorbehalt** vorliegt. Ist ein solcher vereinbart, bleibt der Verkäufer bis zur vollständigen Zahlung des Kaufpreises Eigentümer. Mit der vollständigen Entrichtung des Kaufpreises geht das Eigentum ohne Weiteres auf den Käufer über. Dazwischen besteht jedoch ein Schwebezustand, während dessen das Gesetz den Käufer schützt. Dieser hat zwar ein Anwartschaftsrecht, doch ist der Verkäufer bis zur vollständigen Zahlung des Kaufpreises nach wie vor Eigentümer, so dass er auch als Berechtigter über die Sache verfügen kann.

In der **Klausurbearbeitung** muss man sich nun aber davor hüten, vorschnell 35 einen Anspruch aus § 160 Abs. 1 BGB anzunehmen. Denn für den Fall der Verfügung durch den Verkäufer schützt § 161 BGB, der wegen seiner dinglichen Wirkung vorrangig zu prüfen ist, den Vorbehaltskäufer. Wenn also der Verkäufer, der regelmäßig nicht im Besitz der Sache ist, diese nach § 931 BGB[75] an einen Dritten veräußert, so ist die Verfügung im Falle des Bedingungseintritts nach § 161 Abs. 1 BGB unwirksam.

---

70 So *Schack*, Rn. 517.
71 Solche Regressketten sind grundsätzlich zulässig und üblich. So auch *Leenen*, § 13 Rn. 23.
72 *Köhler*, § 18 Rn. 28; *Bork*, Rn. 1479.
73 Das ergibt sich aus einer kombinierten Anwendung der Absätze 2 und 3 des § 143 BGB.
74 Näher zur Begründung dieser Lösung *Petersen*, AcP 201 (2001), 375, 379 ff.
75 Abgetreten wird der Anspruch aus dem Vorbehaltskauf, der von der h.M. als Besitzmittlungsverhältnis angesehen wird, *Habersack*, Sachenrecht, 7. Auflage 2012, Rn. 164.

Anders als der Wortlaut vermuten lassen würde, nimmt die h.M. hier absolute und nicht nur relative Unwirksamkeit an.[76] Die Unwirksamkeitsfolge tritt jedoch nicht ein, wenn der Dritte gutgläubig lastenfreies Eigentum gem. § 936 BGB, der nach § 161 Abs. 3 BGB zugunsten des Dritten entsprechend anwendbar ist, erworben hat. Allerdings werden die Voraussetzungen des § 936 BGB in den Fällen des Eigentumsvorbehalts in aller Regel nicht vorliegen. Ist der Käufer nämlich im Besitz der Sache, schützen ihn §§ 936 Abs. 1 S. 3, Abs. 3 BGB umfassend. Der Dritte erwirbt zwar zunächst das Eigentum, aber belastet mit dem **Anwartschaftsrecht** des Käufers. Dieses erstarkt mit Zahlung der letzten Kaufpreisrate zum Vollrecht, so dass das Eigentum, unabhängig von der etwaigen Gutgläubigkeit des Dritten,[77] auf den Käufer übergeht. § 160 BGB kommt mithin nur dann Bedeutung zu, wenn der Käufer die Sache ausnahmsweise nicht in Besitz hat. Hat der Käufer die Sache bereits weiter verkauft, wird er nunmehr der Haftung gegenüber seinem Vertragspartner nach §§ 433 Abs. 1 S. 2, 435, 437 Nr. 3, 280 ff. BGB ausgesetzt sein. Daher gewährt ihm § 160 Abs. 1 S. 1 BGB einen Anspruch auf Schadensersatz gegen den Vorbehaltsverkäufer, wenn dieser – wie das bei der Weiterveräußerung einer bereits unter Eigentumsvorbehalt verkauften Sache in der Regel der Fall sein dürfte – schuldhaft gehandelt hat. Für den Verschuldensmaßstab kann § 276 BGB herangezogen werden, der an sich nur von dem Oberbegriff des Vertretenmüssens spricht. Zu beachten ist, dass auch § 278 BGB anwendbar ist,[78] so dass der insoweit arglose Verkäufer auch für das Fehlverhalten seines Erfüllungsgehilfen haftet, der die Sache in Kenntnis des zeitlich vorhergehenden Eigentumsvorbehalts an einen Dritten weiter veräußert. Ein weiterer Anwendungsfall des § 160 BGB ist die Beschädigung oder Zerstörung der Sache durch den Verkäufer.[79]

36   Dass der Anwendungsbereich des § 160 BGB überschaubar ist, liegt nicht zuletzt daran, dass die Vorschrift bei bedingten Verpflichtungen im Wesentlichen nur eine klarstellende Funktion hat.[80] Denn wer sich unter einer Bedingung zu etwas verpflichtet, hat dem anderen Teil gegenüber nicht erst mit dem Eintritt der Bedingung **Schutz**- und **Sorgfaltspflichten** einzuhalten. Werden diese vorsätzlich oder fahrlässig verletzt, so haftet derjenige, der die Sache unter einer aufschiebenden Bedingung versprochen hat, schon aus § 280 Abs. 1 BGB. Denn zwischen den Beteiligten besteht dann schon vor Bedingungseintritt ein Schuldverhältnis i.S.d. § 280 Abs. 1 BGB. Dies macht die Anwendung des § 160 BGB – insbesondere in der Fallbearbeitung – freilich nicht überflüssig. Denn nach dem Grundsatz der Anspruchskonkurrenz, der auch hier gilt,[81] müssen alle in Betracht kommenden Ansprüche geprüft werden. In einem solchen Fall besteht mithin Anspruchskonkurrenz zwischen § 160 BGB und § 280 Abs. 1 BGB.

37   Handelt es sich dagegen um eine bedingte Verfügung, so hat § 160 Abs. 1 BGB durchaus eigenständige Bedeutung. Dass die Vorschrift allerdings auch dort nicht so stark zur Geltung kommt, liegt daran, dass auch bei der bedingten Verfügung die Schutz- und Sorgfaltspflichten aus dem zugrunde liegenden **Kausalgeschäft** resul-

---

76 MüKo/*Westermann*, 6. Auflage 2012, § 161 Rn. 7.
77 Palandt/*Bassenge*, 71. Auflage 2012, § 929 Rn. 35.
78 Hk-BGB/*Dörner*, § 160 Rn. 3.
79 MüKo/*Westermann*, 6. Auflage 2012, § 160 Rn. 5.
80 *Medicus*, Rn. 842.
81 Vgl. BGHZ 90, 302, 308.

tieren und deren Verletzung nicht nur einen Anspruch aus § 280 Abs. 1 BGB, sondern auch einen Anspruch aus § 160 Abs. 1 BGB nach sich zieht.[82]

Das wirft die Frage auf, wozu eigentlich der eingangs erwähnte Fall des **Eigen-** **tumsvorbehalts** zählt – bedingte Verpflichtung oder Verfügung. Entgegen einem weit verbreiteten Missverständnis[83] handelt es sich um einen Fall der **bedingten Verfügung** und der **unbedingten Verpflichtung**. Denn der Kaufvertrag ist unbedingt abgeschlossen, und lediglich der Eigentumsübergang steht unter der aufschiebenden Bedingung der vollständigen Kaufpreiszahlung. § 160 Abs. 1 BGB ist somit in diesem häufigsten Fall nicht lediglich klarstellend formuliert. Allerdings veranschaulicht gerade auch der Kauf unter Eigentumsvorbehalt die soeben angestellte Erwägung zur bedingten Verfügung: Der Verkäufer ist nämlich schon aus dem unbedingt abgeschlossenen Kaufvertrag verpflichtet, über die Sache nicht in einer Weise zu verfügen, die dazu führt, dass der Käufer im Falle des Eintritts der Bedingung, d.h. vollständiger Kaufpreiszahlung, kein unbelastetes Eigentum erwerben kann.[84] Letztlich folgt daraus, dass in allen Fällen des Kaufs unter Eigentumsvorbehalt stets § 160 Abs. 1 BGB mitbedacht werden sollte, der gegebenenfalls in Anspruchskonkurrenz zu § 280 Abs. 1 steht.

38

---

82 *Medicus*, Rn. 842.
83 Unscharf *Giesen*, Rechtsgeschäftslehre, 2. Auflage 1995, Rn. 94.
84 *Medicus*, Rn. 842.

Zweiter Teil: Rechtsgeschäftslehre

§ 9 Der Tatbestand der Willenserklärung

I. Begriff

Das Gesetz überschreibt den zweiten Titel der Rechtsgeschäftslehre mit „Willenser- 1
klärung". Daran wird ersichtlich, dass eine Willenserklärung der Grundbaustein
eines jeden Rechtsgeschäfts ist,[1] da ein Rechtsgeschäft stets aus mindestens einer
Willenserklärung sowie oft aus weiteren Elementen besteht.[2] Allerdings ist im Gesetz
schon an früherer Stelle, nämlich im ersten Titel bei der Geschäftsfähigkeit, von
der Willenserklärung die Rede. Dort wird sie also bereits vorausgesetzt. Das Gesetz
sagt jedoch an keiner Stelle, was genau eine Willenserklärung ist. Lediglich in den
§§ 116 ff. BGB wird die Willenserklärung subjektive punktuell näher umschrieben. Am
ehesten lässt sie sich definieren als eine „auf die Erzielung einer Rechtsfolge gerichtete Privatwillensäußerung".[3] Das Bezeichnende ist, dass der mit der Willenserklärung intendierte Erfolg „nach der Rechtsordnung deshalb eintritt, weil er gewollt
ist".[4] Dadurch unterscheidet sich die Willenserklärung von der geschäftsähnlichen
Handlung, wie etwa der **Mahnung**, bei welcher zwar die Erklärung als solche gewollt
sein muss, nicht aber die rechtlichen Folgen; letztere treten vielmehr unabhängig vom
Willen des Erklärenden ein.[5]

Abweichend von dieser herrschenden Definition befürwortet ein Teil des Schrift- 2
tums bereits im Ansatz eine strikte dogmatischen Trennung der Begriffe **Willenserklärung** und **Rechtsgeschäft**.[6] Nach dieser Ansicht resultieren die erstrebten
Rechtsfolgen erst aus dem Rechtsgeschäft. Das Rechtsgeschäft wird seinerseits mit
Hilfe (mindestens) einer Willenserklärung geschaffen.[7] Diese wird dann konsequent
definiert als „das von der Rechtsordnung vorgesehene Instrument, um privatautonom
zu bestimmen, dass ein Rechtsgeschäft geschaffen werden soll und welche Rechtswirkungen es herbeiführen soll."[8]

Wie die rechtliche Geltung des erklärten Willens bei der Willenserklärung genau 3
zu begründen ist, wird unterschiedlich beurteilt.[9] Nach der **Willenstheorie** besteht
der Grund für die Rechtsfolge im inneren Willen.[10] Die **Erklärungstheorie** hält demgegenüber den durch die Erklärung geschaffenen Vertrauenstatbestand für maßgeblich.[11] Die **Geltungstheorie** schließlich betont, dass der innere Wille nicht nur geäußert, sondern unmittelbar in Geltung gesetzt werde.[12] Die Verfasser des Bürgerlichen

---

1 Nach dieser Vorstellung haben die Motive auch Willenserklärung und Rechtsgeschäft gleichgesetzt,
vgl. Motive I, S. 126; kritisch hierzu *Leenen*, § 4 Rn. 103 ff.
2 So ist bei der Übereignung gemäß § 929 S. 1 BGB neben der dinglichen Einigung die Übergabe erforderlich.
3 BGHZ 145, 343, 346; *Bork*, Rn. 566; *Enneccerus/Nipperdey*, § 145 II A.
4 Motive, Band I, S. 126; vgl. auch BGH NJW 2001, 289, 290.
5 *Rüthers/Stadler*, § 16 Rn. 28.
6 *Leenen*, § 4 Rn. 105 ff.
7 *Leenen*, § 5 Rn. 4.
8 *Leenen*, § 4 Rn. 57.
9 Anschaulich zusammengestellt bei *Wolf/Neuner*, § 30.
10 Ihre Vertreter waren vor allem *Savigny*, *Windscheid* und *Zitelmann*.
11 Zu nennen sind *Kohler* und *Leonhard*.
12 *Enneccerus/Nipperdey*, § 145 II A 2.

Gesetzbuchs haben die Frage letztlich nicht beantworten wollen und sich für eine Kompromisslösung entschieden.[13] Auf diesen Streit kommt es zumindest praktisch in den wenigsten Fällen an.[14] An ihm lässt sich jedoch ermessen, dass die Problematik der Willenserklärung im Spannungsfeld zwischen **Selbstbestimmung**, der sie letztlich zu dienen bestimmt ist,[15] und **Verkehrsschutz** steht.[16]

4   Es ist – auch wenn dies im bisherigen Schrifttum, soweit ersichtlich, noch nicht herausgestellt wurde – auffallend, dass der Begriff der Willenserklärung im gesamten Schuldrecht nur an wenigen Stellen neueren Datums im Zusammenhang mit dem verbraucherschützenden Widerruf vom Gesetzgeber verwendet wird.[17] Die Rede ist von den §§ 312 Abs. 3 Nr. 3, 312f, 358 Abs. 1, Abs. 2, 485 Abs. 3, 510 Abs. 1 BGB. Ansonsten spricht das Gesetz im Zweiten Buch bevorzugt vom Vertrag bzw. – allerdings auch dies nur selten und vorwiegend in neuerer Zeit (vgl. § 311 Abs. 1 BGB) – vom Rechtsgeschäft. Auch bezüglich der einseitigen Rechtsgeschäfte in den §§ 388, 349 BGB spricht das Gesetz nur von der Erklärung, nicht aber der Willenserklärung. Daraus kann man die Folgerung ziehen, dass der **Begriff der Willenserklärung** entsprechend dem 2. Titel der Rechtsgeschäftslehre (§§ 116 ff. BGB) **genuin dem Allgemeinen Teil zugehört**. Im Familienrecht ist zwar in den §§ 1903, 1907 Abs. 1 BGB von der Willenserklärung die Rede. Doch sind auch diese Vorschriften des Betreuungsrechts neueren Datums und illustrieren, dass der moderne Gesetzgeber das Begriffsverständnis des ursprünglichen Gesetzgebers des Bürgerlichen Gesetzbuchs nicht mehr nachvollzogen hat. Nur eine scheinbare Ausnahme machen die familienrechtlichen Vorschriften der §§ 1450 Abs. 2, 1629 Abs. 1 BGB für den Fall, dass gegenüber bestimmten Personen eine Willenserklärung abzugeben ist. Denn das bezieht sich ersichtlich auf die Willenserklärung im Sinne der §§ 116 ff. BGB des Allgemeinen Teils. Entsprechendes gilt für den erbrechtlichen § 2229 Abs. 4 BGB, wonach kein Testament errichten kann, wer wegen krankhafter Störung der Geistestätigkeit oder ähnlichem nicht in der Lage ist, die Bedeutung einer von ihm abgegebenen Willenserklärung einzusehen. In § 2255 BGB ist zwar von der Aufhebung einer „schriftlichen Willenserklärung" die Rede; hier wäre aber der Begriff „Rechtsgeschäft" vorzugswürdig.

5   Auf den Willen des Erklärenden gehen schließlich auch so genannte **automatisierte Willenserklärungen** zurück, die im Wege automatischer Datenverarbeitung hergestellt werden, weil die Willensbildung bereits durch die Software-Programmierung festgelegt ist.[18] Daher sind auch auf sie der Begriff und die Regeln über die Willenserklärung anwendbar.[19] Nichts anderes gilt für **online abgegebene** Willenserklärungen.[20]

---

13 *Köhler*, § 7 Rn. 1.
14 Für einen „einheitlich vertrauenstheoretischen Willenserklärungsbegriff" im Übrigen *Hepting*, FS der Rechtswissenschaftlichen Fakultät zur 600-Jahr-Feier der Universität zu Köln, 1988, S. 209, 215 ff.
15 *Bork*, Rn. 566.
16 Grundlegend *Singer*, Selbstbestimmung und Verkehrsschutz im Recht der Willenserklärungen, 1995; vgl. auch *dens.*, JZ 1989, 1030.
17 Hierzu und im Folgenden *Petersen*, Liber Amicorum Leenen, 2012, S. 219, 224 f.
18 *Staudinger/Singer*, Neubearbeitung 2012, Vorb. zu §§ 116 – 144, Rn. 57; *Cheng*, Die Anwendbarkeit des BGB auf den modernen Vertragsschluss im Internet, 2004, 37; *Köhler/Arndt*, Recht des Internet, 7. Auflage 2011, Rn. 108; *Brehm*, FS Niederländer, 1991, S. 11.
19 *Köhler*, AcP 182 (1982), 126.
20 BGH NJW 2002, 363, 364; *Lettl*, JuS 2002, 219; *Petersen*, Medienrecht, 5. Auflage 2010, § 1 Rn. 3 f.

II. Voraussetzungen der Willenserklärung

Wenn im Folgenden die Voraussetzungen der Willenserklärung in subjektiver und 6
objektiver Hinsicht dargestellt werden, so ist im Ausgangspunkt darauf hinzuweisen,
dass diese in der Fallbearbeitung keinesfalls stereotyp durchgeprüft werden dürfen.
Nur wenn der konkrete Fall Anhaltspunkte enthält, auf Grund derer das Vorliegen
der einen oder anderen Voraussetzung problematisch oder zweifelhaft erscheint, darf
darauf näher eingegangen werden.

1. Objektiver Tatbestand

In objektiver Hinsicht ist die Kundgabe eines entsprechenden **Rechtsbindungswil-** 7
lens[21] erforderlich.[22] Dies muss nicht ausdrücklich geschehen. Vielmehr reicht die
Verwendung eines wie auch immer gearteten Erklärungszeichens, sofern nur das
Zeichen den eindeutigen Schluss eines objektiven Empfängers auf einen Rechtsbindungswillen rechtfertigt. Mithin sind auch konkludente Willenserklärungen unproblematisch.

Dass sich der Erklärende rechtlich binden will, bereitet in den weitaus meisten 8
Fällen keine Probleme,[23] so dass in der Klausur nach dem zuletzt Gesagten nicht näher
darauf einzugehen ist. Mitunter ist jedoch zu prüfen, ob die Erklärung tatsächlich den
Schluss auf einen Rechtsbindungswillen zulässt. Das betrifft nicht nur die Fälle der
invitatio ad offerendum,[24] sondern auch die Abgrenzung der Willenserklärung von
der bloßen Zusage zur **Gefälligkeit**.[25] Letztere wird von der Rechtsprechung etwa
dann angenommen, wenn Eltern neben ihren eigenen Kindern auch die Kinder von
Freunden bei gegenseitigen Besuchen mit beaufsichtigen[26] oder wenn jemand einen
Arbeitskollegen, der sich unwohl fühlt, nach Hause fährt.[27] Ob im Einzelfall eine mit
Rechtsbindungswillen kund getane Erklärung vorliegt, ergibt sich im Wege der Auslegung (§§ 133, 157 BGB) unter Zugrundelegung aller Umstände des Sachverhalts.[28] Dabei
kommt es nicht zuletzt auf die der Vereinbarung zugrunde liegende soziale und wirtschaftliche Lage an.[29] Oftmals ist bei der Auslegung nur schwer ein Urteil bezüglich

---

21 Kritisch zum Begriff *Leenen*, § 5 Rn. 14.
22 BGHZ 97, 372, 378. Trennt man mit dem eben geschilderten Ansatz die Begriffe Rechtsgeschäft und
Willenserklärung, so muss im objektiven Tatbestand der Willenserklärung ermittelt werden, ob es „der
nach außen erkennbare Sinn einer Äußerung [...] ist, dass hierdurch ein Rechtsgeschäft geschaffen
werden soll, das die in der Erklärung bestimmten, willentlicher Gestaltung zugänglichen Rechtsfolgen
herbeiführt", *Leenen*, § 5 Rn. 4.
23 *Köhler*, § 6 Rn. 2.
24 Bei dieser will sich der Erklärende ersichtlich nicht rechtlich binden, vgl. nur *Rüthers/Stadler*, § 19
Rn. 4 ff.
25 Zur Haftung bei Gefälligkeitsverhältnissen *Schreiber*, Jura 2001, 810. Dass diese Abgrenzung rechtspolitisch sinnvoll ist, zeigt *Leenen*, § 5 Rn. 12. Anschaulich zur Abgrenzung *Wolf/Neuner*, § 28 Rn. 17 ff.
26 BGH NJW 1968, 1874.
27 BGH NJW 1992, 498; anders soll es sich jedoch bei einer regelmäßigen Fahrgemeinschaft verhalten,
weil und sofern sich die Arbeitnehmer auf das pünktliche Erscheinen am Arbeitsplatz verlassen; dann
kann ein Auftrag gemäß § 662 BGB vorliegen.
28 *Leenen*, § 5 Rn. 36 ff.
29 BGH NJW 1985, 313.

eines Rechtsbindungswillens zu treffen. Dann ist anhand objektiver Kriterien über die Rechtsverbindlichkeit der Vereinbarung zu entscheiden.[30] Als solche Faktoren sind zu berücksichtigen: die Unentgeltlichkeit, der Grund und die Interessen der Parteien an der versprochenen Tätigkeit sowie der Wert der anvertrauten Rechtsgüter.[31] Maßgeblich – und damit auch in der Fallbearbeitung entsprechend zu gewichten – ist die **Risikoverteilung** nach **normativen Maßstäben**.[32] Aufschlussreich und spektakulär war die folgende Entscheidung des Bundesgerichtshofs:

9   BGHZ 97, 372: M und F leben in nichtehelicher Lebensgemeinschaft. Obwohl F dem M versprochen hatte, die Pille zu nehmen, setzte sie diese ab und bekam ein Kind. M verlangt von F unter Hinweis auf die Vereinbarung Ersatz für den Unterhalt, welchen er seinem Kind zahlen muss.

10   Gemäß §§ 1601, 1602 Abs. 1, 1589 BGB hat das Kind gegen M **Anspruch auf angemessenen Unterhalt**. Wegen dieser Unterhaltspflicht könnte M gegen F ein Schadensersatzanspruch aus § 280 Abs. 1 S. 1 BGB zustehen. Bezüglich eines solchen Schadensersatzanspruchs ist vorab zu sagen, dass dieser nicht etwa deshalb ausscheidet, weil kein Schaden entstanden ist. Zwar ist die Geburt des Kindes kein Schaden im Rechtssinne,[33] wohl aber die Belastung mit der Unterhaltsverpflichtung.[34] Gemäß § 280 Abs. 1 S. 1 BGB müsste F eine Pflicht aus einem Schuldverhältnis verletzt haben. Zweifelhaft ist schon, ob zwischen den Beteiligten ein Schuldverhältnis vorgelegen hat. Unter Zugrundelegung der oben dargestellten Abgrenzungsmerkmale ist davon auszugehen, dass der Vereinbarung die für eine Willenserklärung erforderliche Bindungswirkung gefehlt hat. Der Bundesgerichtshof hat u.a. für wesentlich gehalten, dass die höchstpersönlichen und intimen Beziehungen innerhalb einer nichtehelichen Lebensgemeinschaft keiner vertraglichen Bindung zugänglich seien. Das entspricht auch dem Standpunkt der wohl herrschenden Lehre.[35] F schuldet dem M daher keinen Ersatz wegen der erbrachten Unterhaltsleistung.

2. Subjektiver Tatbestand

11 Neben den objektiven Merkmalen besteht nach der überwiegenden Ansicht der Literatur die Willenserklärung tatbestandlich auch aus einer subjektiven Komponente.[36] Ebenso wenig, wie das Gesetz die Willenserklärung jedoch definiert, finden sich dort fest umrissene Vorgaben über diese subjektiven Elemente. Allerdings kann sich das in subjektiver Hinsicht Erforderliche als Ergebnis der Auslegung der §§ 116 ff. BGB darstellen lassen, die, wie bereits gesagt, immerhin von der Willenserklärung handeln. Herkömmlicherweise wird der subjektive Tatbestand der Willenserklärung in **Handlungswille**, **Erklärungsbewusstsein** und **Geschäftswille** unterschieden.[37]

---

30 *Medicus*, Rn. 192; zu sog. Auslegungshilfen *Leenen*, § 5 Rn. 65.
31 BGHZ 21, 107; *Schack*, Rn. 196; *Wolf/Neuner*, § 28 Rn. 18 f.
32 *Medicus*, Rn. 192; *Köhler*, § 6 Rn. 2.
33 BGHZ 76, 249.
34 Vgl. auch *Petersen*, Rn. 494.
35 *Medicus/Petersen* BR, Rn. 372a.
36 *Boecken*, Rn. 199 ff.; *Brox/Walker*, Rn. 83; *Köhler*, § 6 Rn. 2 f.; *Leipold*, § 10 Rn. 13.
37 *Bork*, Rn. 588 ff.; *Brox/Walker*, Rn. 84 ff.; anders *Wolf/Neuner*, § 32 Rn. 1 ff., die zwischen „kompetenziellen und intentionalen Voraussetzungen einer Willenserklärung" differenzieren.

Demgegenüber wird von Teilen der Lehre bestritten, dass das BGB subjektive Vor- 12
aussetzungen für den *Tatbestand* der Willenserklärung aufstellt. Vielmehr seien subjektive Willensmängel erst Frage der davon zu trennenden *Wirksamkeit* von Erklärungen.[38] Begründet wird diese Ansicht ebenfalls mit den §§ 116 ff. BGB, die tatbestandlich
sämtlich das Vorliegen einer Willenserklärung voraussetzten und davon ausgehend
erst bestimmen, ob die vorliegende Willenserklärung wirksam ist. Gleiches gelte bei
näherer Betrachtung des § 105 Abs. 2 BGB, denn eine Erklärung könne im Sinne dieser
Vorschrift nur nichtig sein, wenn sie tatbestandlich überhaupt existiere.[39]

Für die Fallbearbeitung folgt daraus jedenfalls, dass es weniger darauf ankommt, 13
nur Gelerntes wiederzugeben, was gleichwohl häufig geschieht. Vielmehr zeigt sich
gerade am Beispiel des subjektiven Tatbestandes der Willenserklärung, ob nur unreflektiert und womöglich unter Rekurs auf eine herrschende Meinung Voraussetzungen statuiert werden oder ob sich diese als Ergebnis systematischer und teleologischer Gesetzesauslegung darstellen lassen.

a) Handlungswille
Am Handlungswillen fehlt es, wenn der objektive Tatbestand – das Erklärungszei- 14
chen – nicht bewusst gesetzt wurde, die Handlung nicht beabsichtigt war, etwa
wenn jemand durch Gewalt oder Einwirkung auf den Willen (z.B. durch Hypnose) zur
fraglichen Handlung veranlasst wurde.[40] Allerdings darf in diesen außergewöhnlichen Fällen nicht übersehen werden, dass sich die besonderen Umstände bereits im
Rahmen der Auslegung des objektiven Tatbestandes auswirken und dieser gegebenenfalls verneint werden muss.[41] Eine Meinung im Schrifttum hält den Handlungswillen mit der Begründung für unerheblich, dass dann entweder schon keine zurechenbare Erklärungshandlung vorliege oder die Erklärung bereits nach § 105 Abs. 2
BGB nichtig sei.[42] Die Rechtsprechung verlangt dessen ungeachtet den Handlungswillen.[43] Das ist in einer auf Basis der Privatautonomie gründenden Rechtsordnung auch
folgerichtig. Da die Meinungen jedoch zum selben Ergebnis gelangen, lohnt es sich
nicht, den Streit auszubreiten. Zudem sind Fälle fehlenden Handlungswillens in der
Fallbearbeitung sehr selten. Da er zumeist unproblematisch ist, darf darauf nach dem
eingangs Gesagten überhaupt nur dann eingegangen werden, wenn eindeutig ist,
dass wirklich der Handlungswille und nicht etwa das weiter unten zu behandelnde
Erklärungsbewusstsein fehlt.

b) Geschäftswille
Nicht erforderlich für eine Willenserklärung ist dagegen der Geschäftswille, d.h. der 15
Wille, ein ganz bestimmtes Geschäft abzuschließen. Am Geschäftswillen fehlt es,
wenn der Betreffende in objektiver Hinsicht etwas anderes erklärt, als er subjektiv

---

38 *Leenen*, § 5 Rn. 29 f.; kritisch dazu *Wolf/Neuner*, § 33 Rn. 28.

39 *Leenen*, JuS 2008, 577, 579; *Schwab*, Iurratio 2009, 142, 143.

40 *Köhler*, § 6 Rn. 3.

41 *Leenen*, § 5 Rn. 35.

42 *Kellmann*, JuS 1971, 609; vgl. auch *Brehmer*, JuS 1986, 440, 443. Gegen die Nichtigkeitsfolge und für
ein Anfechtungsrecht nach den §§ 119 ff. BGB *Leenen*, § 5 Rn. 35.

43 BGH DB 1975, 2075.

möchte.[44] Dass der Geschäftswille nicht erforderlich ist, eine Willenserklärung mithin gleichwohl vorliegen kann, zeigen in erster Linie die §§ 133, 157 BGB, wonach nicht das vom Erklärenden tatsächlich Gewollte, sondern die Erklärung mit dem Inhalt gilt, den der Empfänger verstehen durfte. Welches Geschäft genau zustande kommt, bemisst sich daher nach dem objektiven Empfängerhorizont. Ein weiteres, systematisches Argument für die Unnötigkeit des Geschäftswillens ergibt sich aus der **Existenz der Anfechtungsvorschriften** (§§ 119 ff. BGB), steht doch dem Erklärenden bei Auseinanderfallen von Wille und objektiven Erklärungsinhalt die Anfechtung gemäß § 142 Abs. 1 BGB zu Gebote.

c) Rechtsbindungswille bzw. Erklärungsbewusstsein

16 Die schwierigste und zugleich dogmatisch interessanteste Frage besteht darin, ob es eines Rechtsbindungswillens bzw. eines Erklärungsbewusstseins bedarf.[45] Während es beim eben erwähnten Geschäftswillen darum geht, ein ganz bestimmtes Rechtsgeschäft vorzunehmen, stellt sich hier die Frage, ob sich der Erklärende überhaupt in irgendeiner Art rechtlich binden will. Gerade bei Fallgestaltungen, in denen dies problematisch ist, fehlt es häufig in der Falllösung an einer vertiefenden und gesetzesnahen Begründung, statt einem lediglichen Verweis auf die Rechtsprechung.[46] Der Schulfall fehlenden Rechtsbindungswillens ist die berühmte „Trierer Weinversteigerung", bei welcher der ahnungslose Tourist, der einem Bekannten zuwinkt, den Zuschlag erhält.[47] Klausurrelevanter als dieses Kathederbeispiel sind freilich modernere Fallvarianten, in denen sich die Frage nach dem Erklärungsbewusstsein stellt. So etwa bei der vom Bundesgerichtshof unlängst entschiedenen **Dialer-Problematik**,[48] bei der ein Internetnutzer sich bei jedem Internetzugang zugleich über einen versehentlich heimlich installierten Dialer in ein kostenpflichtiges Netz einwählt. Die Lösung dieser Fälle findet sich im Schrifttum anschaulich anhand der „Trierer Weinversteigerung" dargestellt.[49] Der Bundesgerichtshof hatte einen weiteren bezeichnenden Fall zu entscheiden:

17 BGHZ 91, 324: G verlangte von S zusätzliche Sicherheiten wegen eines Kredits. Kurze Zeit später erreicht G von der Bank B ein Schreiben mit folgendem Inhalt: „Zu Gunsten der Fa. S haben wir gegenüber Ihrer Firma die selbstschuldnerische Bürgschaft in Höhe von 75.000,– Euro[50] übernommen. Wir wären Ihnen für eine kurze Mitteilung sehr verbunden, wie hoch sich die Verpflichtungen der S bei Ihnen zur Zeit belaufen." G antwortete daraufhin: „Wir (...) haben gerne zur Kenntnis davon genommen, dass Sie gegenüber der Firma S die selbstschuldnerische Bürgschaft gegenüber unserer Firma in Höhe von 75.000,– Euro übernommen haben." Kurze Zeit später stellte B fest, dass ihre Zweigstelle irrtümlich von einer übernommenen Bürgschaft ausging, während die Bürgschaftsübernahme in Wahrheit nur im Gespräch war, aber nie zustande kam. Zwei Wochen später focht B daher gegenüber G eine „etwa erteilte

---

44 *Köhler*, § 7 Rn. 6.
45 Monographisch *Traub*, Das Erklärungsbewusstsein im Tatbestand der Willenserklärung, 1971.
46 Vgl. auch *Klein-Blenkers*, Jura 1993, 640, 641.
47 Siehe dazu *Leipold*, § 17 Rn. 14; *Brox/Walker*, Rn. 85, 137; instruktiv *Werner*, S. 20.
48 BGHZ 158, 201.
49 *Oechsler*, Jura 2012, 422.
50 Im Originalfall waren es 150.000 DM.

Bürgschaftserklärung nochmals wegen Irrtums vorsorglich an." Nachdem S insolvent war, verlangte G von B Zahlung.

G hat gegen B einen Anspruch auf Zahlung von 75.000,– Euro aus § 765 Abs. 1 **18** BGB, wenn ein wirksamer Bürgschaftsvertrag zwischen B und G zustande gekommen ist. Problematisch ist, ob in dem Schreiben der B ein diesbezüglicher Antrag (§ 145 BGB) zu sehen ist, den G mit seinem Antwortschreiben angenommen hätte. In objektiver Hinsicht ist zunächst erforderlich, dass G das Schreiben der B gemäß §§ 133, 157 BGB so verstehen durfte, dass B einen Bürgschaftsvertrag mit G schließen wollte, wovon der BGH ausging.[51] Auf der subjektiven Seite bereitet jedoch das Vorliegen des Rechtsbindungswillens Probleme, weil die Filiale der B von einer bereits übernommenen Bürgschaft ausgegangen war und mit dem Schreiben lediglich die Höhe der Verbindlichkeiten klären wollte. Ihr fehlte daher subjektiv der Rechtsbindungswille, weil sie sich nicht darüber im Klaren war, mit dem Schreiben eine **rechtserhebliche Erklärung** abzugeben. Damit stellt sich die Frage, ob dieses Erklärungsbewusstsein notwendiger Bestandteil einer Willenserklärung ist.

Dagegen wurde die Regelung des § 118 BGB ins Feld geführt, wonach eine nicht **19** ernstlich gemeinte Willenserklärung nichtig ist, die in der Erwartung abgegeben wird, der Mangel der Ernstlichkeit werde nicht verkannt.[52] Wenn also schon eine nicht ernst gemeinte Willenserklärung ohne weiteres, d.h. insbesondere ohne die Notwendigkeit ihrer Anfechtung, nichtig sei, so müsse dies erst recht gelten für eine Erklärung, die nicht einmal in dem Bewusstsein abgegeben werde, etwas Rechtserhebliches zu erklären.[53] Nach dieser Ansicht ist die ohne Rechtsbindungswillen abgegebene Willenserklärung nichtig, so dass gegebenenfalls nur ein **Schadensersatzanspruch** entsprechend § 122 Abs. 1 BGB oder aus den §§ 280 Abs. 1 S. 1, 311 Abs. 2, 241 Abs. 2 BGB in Betracht kommt.[54]

Die Rechtsprechung, welche die Frage zunächst lange Zeit unentschieden gelassen hatte,[55] hat sich im vorliegenden Fall zur Erforderlichkeit des Rechtsbindungswillens bekannt, dabei aber eine wesentliche Maßgabe aufgestellt: Es sei unerlässlich, dass der Erklärende „bei der Anwendung der im Verkehr erforderlichen Sorgfalt hätte erkennen können, dass seine Erklärung oder sein Verhalten vom Empfänger nach Treu und Glauben und mit Rücksicht auf die Verkehrssitte als Willenserklärung aufgefasst werden durfte";[56] andernfalls sei ihm die Erklärung nicht zurechenbar.[57] Im

---

51 Nach dem Wortlaut der Erklärung läge indes der Abschluss des BürgschaftsVertrags zwischen S und B als echter Vertrag zugunsten Dritter (§ 328 BGB) näher. *Canaris*, NJW 1984, 2281, gibt zudem mit gutem Grund zu bedenken, dass Banken Bürgschaftserklärungen in aller Regel auf besonderem Papier und nicht, wie hier, unter der Überschrift „Unsere Bürgschaft in Höhe von 75.000 Euro" zu erklären pflegen.

52 *Canaris*, NJW 1984, 2281; *Singer*, Selbstbestimmung und Verkehrsschutz im Recht der Willenserklärung, 1995, S. 160 ff., *ders.*, JZ 1989, 1030, 1034; skeptisch *Medicus*, Rn. 607; *Köhler*, § 7 Rn. 5.

53 Gegen diesen „Erst-recht-Schluss" aus methodologischer Sicht *Leenen*, § 23 Rn. 132 und § 6 Rn. 134.

54 Siehe dazu *Canaris*, Die Vertrauenshaftung im deutschen Privatrecht, 1971, S. 427 ff., 548 ff.; *Wolf/ Neuner*, § 32 Rn. 23; *H. Hübner*, Allgemeiner Teil des Bürgerlichen Gesetzbuches, 2. Auflage 1996, Rn. 677 ff., 681 ff.; vgl. bereits *von Tuhr*, Der Allgemeine Teil des Deutschen Bürgerlichen Rechts, Band II/1, 1914, § 61 I 1 b.

55 BGH NJW 1953, 58; 1968, 2102, 2103; BGH JR 1968, 420, 421; BGH NJW 1983, 2198, 2199.

56 BGHZ 91, 324, 329 f.

57 Aus der nachfolgenden Rechtsprechung BGHZ 97, 327, 377; 109, 171, 177; BGH NJW 1991, 2084, 2085; BGH WM 1989, 650, 652; BGH NJW 1995, 953; BGH BB 1999, 2104, 2105; 2002, 363, 365.

Schrifttum ist dies unter dem Stichwort der „Erklärungsfahrlässigkeit" paraphrasiert worden.[58] Man kann auch von einem **„potentiellen Erklärungsbewusstsein"** sprechen, das der Bundesgerichtshof hier statuiert hat. Bei Anwendung der im Verkehr erforderlichen Sorgfalt hätte B auch erkennen können, dass ihre Erklärung mangels Vorliegen einer Bürgschaft nur als Antrag auf Abschluss eines Bürgschaftsvertrags verstanden werden konnte. Unter Zugrundelegung des obigen Maßstabs folgt für den Ausgangsfall, dass B mit potentiellem Erklärungsbewusstsein gehandelt hat. Im Ergebnis liegt daher ein Bürgschaftsangebot vor, welches auch der Form des § 766 S. 1 BGB entspricht.

21   Der sonach zustande gekommene Vertrag könnte jedoch nach § 142 Abs. 1 BGB nichtig sein.[59] In Betracht kommt hier eine Anfechtung wegen Erklärungsirrtums nach § 119 Abs. 1 Fall 2 BGB.[60] Diese Möglichkeit muss dem Erklärenden zu Gebote stehen, weil er in Fällen fehlenden Erklärungsbewusstseins eine Erklärung dieses Inhalts überhaupt nicht abgeben wollte.[61] Jedoch hätte die Erklärung unverzüglich, also ohne schuldhaftes Zögern (§ 121 Abs. 1 BGB) angefochten werden müssen. Hier hatte die Bank indes noch zwei Wochen verstreichen lassen, womit die Anfechtung nicht mehr unverzüglich erklärt wurde. Ein Anspruch auf Zahlung gegen die Bank aus Bürgschaftsvertrag gemäß § 765 Abs. 1 BGB bestand daher.[62]

---

58 *Marburger*, Rn. 92.
59 Zur Prüfung der Anfechtung und insbesondere der aufbautechnisch heiklen Frage, ob die einzelne Willenserklärung oder – wohl richtiger – der Vertrag als das maßgebliche Rechtsgeschäft angefochten wird, instruktiv *Leenen*, Jura 1991, 393.
60 *Bydlinski*, JZ 1975, 1; *Leenen*, § 5 Rn. 133 f.; *Medicus*, Rn. 607.
61 Siehe auch *Habersack*, JuS 1996, 585, 586; *Köhler*, § 7 Rn. 5; *Kramer*, Jura 1984, 234, 240; *Emmerich*, JuS 1984, 117.
62 Vgl. auch *Medicus/Petersen* BR, Rn. 130.

§ 10 Die Wirksamkeit der Willenserklärung

I. Gesetzessystematik und Prüfungsreihenfolge

Im Folgenden sollen die Vorschriften betrachtet werden, die speziell die Wirksamkeit 1
der Willenserklärung in Bezug nehmen, denn nach ihnen richtet sich in der Fallbearbeitung auch die Prüfungsreihenfolge.

Wie oben bereits gesagt, führt das Gesetz den Begriff der Willenserklärung 2
nicht erst mit den §§ 116 ff. BGB ein, sondern verwendet ihn wie die Rechtsfolge der
Nichtigkeit schon früher. So legt § 105 Abs. 1 BGB fest, dass die Willenserklärung
eines Geschäftsunfähigen ohne Genehmigungsmöglichkeit nichtig ist.[1] Gleiches gilt
nach § 105 Abs. 2 BGB für die im Zustand der Bewusstlosigkeit oder vorübergehenden Störung der Geistestätigkeit abgegebene Willenserklärung. In beiden Fällen ist
Bezugspunkt der Nichtigkeit die einzelne Willenserklärung. Im Gegensatz dazu sprechen die §§ 108 ff. BGB vom Vertrag.[2] Man sollte sich diesen Unterschied vor allem
deshalb bewusst machen, weil man in der Fallbearbeitung entscheiden muss, welche
Fragen der Wirksamkeit man bereits bei der einzelnen Willenserklärung, und welche
man erst beim Vertrag behandelt.[3]

Entgegen der gesetzlichen Reihenfolge soll hier mit der Behandlung der §§ 130 ff. 3
BGB vor den §§ 116 ff. BGB begonnen werden, stellt doch der Zugang einer Willenserklärung im Verhältnis zu den anderen Prüfungspunkten eine notwendige Vorfrage
dar. Bevor die Erklärung etwa ausgelegt werden kann, müssen eventuelle **Zugangsprobleme** erörtern werden.[4] Konstruktiv wird im Schrifttum auch vorgeschlagen,
zwischen Wirksamkeitserfordernissen und Wirksamkeitshindernissen zu trennen,
um der Verteilung der Darlegungs- und Beweislast bereits in der Methodik der Fallbearbeitung Rechnung zu tragen, wobei auch nach dieser Begründung im Prüfungsaufbau mit Zugangsfragen als Erfordernis zu beginnen ist.[5]

II. Zugangsfragen

Eine Willenserklärung, die einem anderen gegenüber abzugeben ist, wird, wenn sie 4
in dessen Abwesenheit abgegeben wird, in dem Zeitpunkt wirksam, in welchem sie
ihm zugeht (§ 130 Abs. 1 S. 1 BGB). Seinem Wortlaut nach ist § 130 BGB auf **empfangsbedürftige Willenserklärungen** beschränkt. Nicht empfangsbedürftige Willenserklärungen, wie die Auslobung oder das Testament, werden daher ohne Zugangser-

---

1 Vgl. dazu *Schreiber*, Jura 1991, 24, 28; *Coester-Waltjen*, Jura 1994, 331.
2 Diese Unterscheidung zwischen Willenserklärung und Rechtsgeschäft betont *Leenen*, § 6 Rn. 75 ff.
und § 9 Rn. 17 ff., und prüft konsequenterweise die Nichtigkeitsfolge des § 105 BGB bei der Wirksamkeit
der einzelnen Willenserklärung, die Voraussetzungen des § 108 BGB dagegen bei der Wirksamkeit des
Vertrags. In der vorliegenden Darstellung werden die Fragen der Geschäftsfähigkeit zur leichteren Wiederholbarkeit dem äußeren systematischen Zusammenhang nach dargestellt; unten §§ 20–22.
3 Vgl. *Leenen*, § 6 Rn. 1 ff.; *ders.*, Jura 1991, 393, 398 zur Parallelproblematik bei der Anfechtung; dazu
auch *Petersen*, Liber Amicorum Leenen, 2012, S. 219.
4 *Medicus/Petersen* BR, Rn. 49.
5 *Leenen*, § 6 Rn. 5 ff.

fordernis bereits mit Abgabe wirksam.[6] Zwar fallen empfangsbedürftige Erklärungen unter Anwesenden, zu denen entsprechend § 147 Abs. 1 S. 2 BGB auch telefonische Erklärungen gehören,[7] ebenfalls nicht unter den Wortlaut des § 130 Abs. 1 S. 1 BGB; sie werden indes wie Erklärungen unter Anwesenden erst mit Zugang wirksam.[8] Der Zugang ist damit grundsätzlich für jede empfangsbedürftige Willenserklärung erforderlich.[9] Eine Ausnahme von diesem Grundsatz enthält § 151 S. 1 BGB, wonach unter besonderen Voraussetzungen auf den Zugang der Annahmeerklärung (nicht auf die Annahme selbst!) verzichtet wird.[10] Empfangsbedürftige Willenserklärungen werden nicht wirksam, wenn dem Empfänger vorher oder gleichzeitig ein Widerruf zugeht, § 130 Abs. 1 S. 2 BGB.[11]

1. Abgabe

5 Vor der Prüfung des Zugangs der Willenserklärung steht die Frage, ob die Erklärung überhaupt abgegeben wurde.[12] Das Gesetz definiert die Abgabe nicht. Sie ist anzunehmen, wenn der Erklärende die Erklärung willentlich in Richtung auf den Empfänger in den Verkehr gebracht hat, so dass unter normalen Umständen mit Zugang gerechnet werden kann.[13] Ein beliebtes **Klausurproblem** stellt sich, wenn der Absender die Willenserklärung zwar schon auf einem Schriftstück fixiert, dies jedoch noch nicht abgesendet hat, weil er es sich noch einmal überlegen will. Schickt ein Dritter es in der Annahme ab, der Erklärende habe dies vergessen, so fragt sich, ob durch den Erhalt des Schriftstücks ein Vertrag zustande kommt. Nach dem Willen des historischen Gesetzgebers ist dies nicht der Fall; erforderlich ist danach der hinzu tretende Abgabewille des Erklärenden.[14] Dem folgt die Rechtsprechung in Übereinstimmung mit der genannten Definition.[15] Damit werden jedoch die Interessen des Erklärungsempfängers nicht hinreichend berücksichtigt, welcher von einer abgegebenen Erklärung ausgehen musste.[16] Entsprechend § 122 BGB wird diesem daher von einigen Autoren ein verschuldensunabhängiger Anspruch auf Ersatz des Vertrauensschadens zugesprochen.[17] Eine starke Strömung im Schrifttum hält hingegen eine Anfechtung für erforderlich;[18] jedenfalls, wenn der Erklärende das Inverkehrbringen der Wil-

---

6 *Medicus*, Rn. 293; *Brox/Walker*, Rn. 141.

7 RGZ 90, 160; etwas anders *John*, AcP 184 (1984), 385, 390; *Medicus*, Rn. 288; a.A. *Müglich*, MMR 2001, 7, 9: Analogie zu § 147 Abs. 1 S. 1 BGB.

8 *Medicus/Petersen* BR, Rn. 48.

9 Zu empfangsbedürftigen Willenserklärungen *John*, AcP 184 (1984), 385.

10 Näher *Medicus/Petersen* GW, Rn. 58.

11 Beispielsfälle bei *Leenen*, § 6 Rn. 34 ff.

12 *Canaris*, JZ 1976, 132, 134; *Boecken*, Rn. 216; *Bork*, Rn. 615; *Brox/Walker*, § 147 f.; *Köhler*, § 6 Rn. 12; *Leipold*, § 12 Rn. 8; kritisch *Leenen*, § 6 Rn. 73.

13 *Medicus*, Rn. 263.

14 Motive, Band I, S. 157.

15 BGH NJW 1979, 2032, 2033.

16 *Leenen*, § 6 Rn. 73 formuliert zutreffend: „Das Risiko, dass (...) der Eindruck einer willentlichen Abgabe entsteht, kann (...) nicht vom Empfänger gesteuert werden".

17 *Leipold*, § 12 Rn. 8; siehe auch *Canaris*, JZ 1976, 132, 134.

18 *Leenen*, § 6 Rn. 73.

lenserklärung zwar nicht zielgerichtet veranlasst, aber doch zu vertreten hat.[19] Sie verweist darauf, dass die Problematik des fehlenden Abgabewillens der Situation des fehlenden Erklärungsbewusstseins ähnelt und daher auch entsprechend gelöst werden sollte.[20] Neben dem Anspruch aus § 122 Abs. 1 BGB (entsprechend) kann eine Haftung des Erklärenden gemäß §§ 280 Abs. 1 S. 1, 311 Abs. 2, 241 Abs. 2 BGB in Betracht kommen; ein etwaiges Fremdverschulden muss sich der Erklärende nach § 278 BGB zurechnen lassen.[21] Dagegen kann eine abhandengekommene Willenserklärung nach der Wertung des § 935 BGB nicht wirksam werden, wenn eine verkörperte Willenserklärung entwendet wird.[22]

2. Zugang

Zugegangen ist eine verkörperte (wiederholt wahrnehmbare)[23] Willenserklärung,   6
wenn sie dergestalt in den **Machtbereich** des Empfängers gelangt ist,[24] dass dieser bei Zugrundelegung gewöhnlicher Verhältnisse Kenntnis von ihr nehmen kann.[25] Erforderlich ist demnach, dass die Erklärung „in verkehrsüblicher Art in die tatsächliche Verfügungsgewalt des Adressaten oder eines anderen, der ihn in der Empfangnahme von Briefen vertreten konnte,[26] gelangt und ihm in dieser Weise die **Möglichkeit der Kenntnisnahme** verschafft ist."[27] Nach überwiegender Auffassung in Rechtsprechung und Schrifttum ist dabei bereits für den Zugang die Beachtung einer angeordneten Form erforderlich, die einzelne Willenserklärung bei Formverstößen also bereits unwirksam.[28] Dem wird dogmatisch präzise entgegen gehalten, dass § 125 S. 1 BGB bei Formmängeln erst die Nichtigkeit des Rechtsgeschäfts, also etwa des zustande gekommenen Vertrags anordne und dieser zunächst wirksame Willenserklärungen voraussetze. Der Zugang könne demnach nicht von der Beachtung der erforderlichen Form abhängen.[29]

Für nicht verkörperte (nur einmal wahrnehmbare) Willenserklärungen verlangt   7
die so genannte **strenge Vernehmenstheorie**, dass der Empfänger die Erklärung wirklich vernommen hat, womit der Erklärende das Risiko des richtigen Vernehmens

---

19 *Flume*, S. 449; *Medicus*, Rn. 266; MüKo/*Einsele*, 6. Auflage 2012, § 130 Rn. 14.
20 *Medicus*, Rn. 266.
21 *Bork*, Rn. 615.
22 *Leenen*, § 6 Rn. 73; zu dieser Wertung instruktiv *Singer/Müller*, Jura 1988, 485.
23 Zur Unterscheidung von verkörperten (gespeicherten) und nicht verkörperten Erklärungen vgl.
Medicus, Rn. 291; *John*, AcP 184 (1984), 385, 390 ff.
24 *John*, AcP 184 (1984), 385, 403, spricht von „Speicherung"; damit wird insbesondere der für die moderne Technik typischen wiederholten Möglichkeit der Kenntnisnahme durch mehrmaligen Abruf Rechnung getragen; zustimmend daher *Medicus*, Rn. 274.
25 BGHZ 67, 271, 275. Überblick bei *Noack/Uhlig*, JA 2012, 740.
26 Nach *Leenen*, § 6 Rn. 11 ff. kommt es für die Wirksamkeit der einzelnen Erklärung durch Zugang beim Vertreter freilich noch nicht auf dessen Vertretungsmacht an. Diese sei nach § 177 Abs. 1 BGB erst auf späterer Prüfungsstufe für die Frage entscheidend, ob der gesamte Vertrag wirksam sei.
27 So bereits RGZ 50, 191, 194; BGH NJW 1965, 965, 966; vgl. auch BGH NJW 1979, 2032, 2033; 2004, 1320; BAG NJW 1984, 1651.
28 BGHZ 130, 71; *Köhler*, § 6 Rn. 20; *Armbrüster*, NJW 1996, 438; *Wolf/Neuner*, § 33 Rn. 30.
29 Eingehend *Leenen*, § 6 Rn. 63 ff.

trägt.[30] Die **eingeschränkte Vernehmenstheorie** schwächt dies dahingehend ab, dass es ausreicht, dass der Erklärende nach den für ihn ersichtlichen Gegebenheiten davon ausgehen durfte, dass der Empfänger den Erklärungsinhalt zutreffend vernommen hat.[31]

3. Übungsfall

8 In diesem Zusammenhang werden auch in der aktuellen Rechtsprechung immer wieder Einzelfragen des Zugangs erörtert, wie folgender Fall des BAG exemplarisch zeigt:[32]

a) Sachverhalt

9 Am 31.1.2008 verließ die Arbeitnehmerin (AN) nach einem Streit ihren Arbeitsplatz. Mit einem Schreiben vom selben Tag kündigte der Arbeitgeber (AG) das Arbeitsverhältnis ordentlich zum 29.2.2008. Das Kündigungsschreiben ließ AG durch seinen Mitarbeiter M dem Ehemann der AN (E) überbringen. G suchte dazu am Nachmittag des 31.1.2008 den mit ihm befreundeten E an seinem Arbeitsplatz in einem Bau- und Heimwerkermarkt auf. G ließ nach kurzer Diskussion das Kündigungsschreiben am Arbeitsplatz des E zurück. E nahm das Schreiben an dem Tag von seinem Arbeitsplatz nicht mit nach Hause, sondern übergab der AN das Kündigungsschreiben erst am 1.2.2008. AG und AN streiten nun darüber, ob eine ordentliche Kündigung des AG der AN am 31.1.2008 oder am 1.2.2008 zugegangen ist. Die einmonatige Kündigungsfrist zum Ende des Kalendermonats wäre je nach dem am 29.2.2008 oder erst am 31.3.2008 abgelaufen

b) Lösungshinweise

10 Die Kündigung eines Arbeitsverhältnisses i.S.d. § 622 Abs. 1 und 2 BGB ist eine einseitige, empfangsbedürftige Willenserklärung. Sie muss daher, um Wirksamkeit zu entfalten, dem Empfänger nach § 130 Abs. 1 S. 1 BGB zugehen. Erst mit Zugang beginnt die Kündigungsfrist zu laufen.[33] Da auch das Schriftformerfordernis des § 623 BGB eingehalten ist, bleibt nur die Frage des Zugangszeitpunkts zu klären.

11 **I.** Maßgeblich ist, wie sich die Übergabe der Kündigung an den E für den Zugang bei AN auswirkt. Wird ein Dritter in die Übermittlung einer Willenserklärung eingeschal-

---

30 *Wolf/Neuner*, § 33 Rn. 37; *Flume*, § 14, S. 241; gegen die Vernehmungstheorie und zu Gunsten der sog. Empfangstheorie hatte sich aber der historische BGB-Gesetzgeber ausgesprochen; vgl. Motive I, S. 156 f. (= *Mugdan* Band I, S. 438 f.); dargestellt bei *Leenen*, § 6 Rn. 21 f.

31 *Boecken*, Rn. 241; dagegen kritisch *Wolf/Neuner*, § 33 Rn. 39 unter Hinweis auf Art. 3 Abs. 3 S. 2 GG, wonach insbesondere von Personen mit Verständnisschwierigkeiten nicht erwartet werden kann, jene zu offenbaren; zurückhaltend auch schon *Neuner*, NJW 2000, 1822, 1825.

32 BAG NJW 2011, 2604 m. Anm. *Faust*, JuS 2012, 68; ebenso *Schwarze*, JA 2012, 67.

33 Die Vorschriften des KSchG sollen hier außer Acht gelassen werden.

tet, so ist denkbar, dass dieser als Empfangsvertreter, **Empfangsbote** oder **Erklärungsbote** zu qualifizieren ist.[34]

1. E ist kein Empfangsvertreter. Ob er Empfangs- oder Erklärungsbote ist, hängt vom **12** Machtbereich ab, dem der E zuzuordnen ist. Ist er Empfangsbote, so trägt AN das Übermittlungsrisiko. Deutlicher als eingangs sollte man den Zugang also wie folgt definieren: Eine schriftliche Willenserklärung geht zu, sobald diese in verkehrsüblicher Weise in die tatsächliche Verfügungsgewalt des Empfängers oder eines empfangsberechtigten Dritten gelangt und für den Empfänger unter gewöhnlichen Verhältnissen die Möglichkeit besteht, von dem Inhalt des Schreibens Kenntnis zu nehmen.[35] Dabei erkennt die h.M. als empfangsbereite Dritte nicht nur a maiore ad minus zu § 164 Abs. 1 und 3 BGB rechtsgeschäftlich bestellte Empfangsboten an, sondern grundsätzlich auch Empfangsboten kraft Verkehrsanschauung.[36] Letzteres wird aus der gesetzlichen Wertung des § 130 BGB abgeleitet, aus der sich die Grundsätze für die Risikoverteilung beim Zugang von Willenserklärungen ergeben: Ebenso wie der Adressat dafür Sorge zu tragen hat, dass er von Erklärungen, die in seinen Machtbereich gelangt sind, Kenntnis erhält, kann er sich nicht auf seine Unkenntnis berufen, wenn solche Erklärungen an Personen übergeben werden, die regelmäßig Kontakt zu seinem Machtbereich haben und auch aufgrund ihrer Reife und Fähigkeiten geeignet erscheinen, Erklärungen an ihn weiterzuleiten.

2. Unter Machtbereich ist zunächst der gewöhnliche räumlich-gegenständliche **13** Zugriffsbereich oder Lebensbereich des Empfängers zu verstehen.[37] Die Eigenschaft, Empfangsbote sein zu können, hängt jedoch nicht nur von einer auf eine gewisse Dauer angelegten räumlichen Beziehung zum Adressaten ab, sondern darüber hinaus auch von einer persönlichen oder vertraglichen Beziehung. Obwohl die Grenzen demgemäß fließend sind, werden in einer gemeinsamen Wohnung lebende Ehegatten füreinander grundsätzlich als Empfangsboten angesehen. Diese Verkehrsanschauung beruht auf der Lebenserfahrung, dass in aller Regel ohne weiteres davon auszugehen ist, dass die für einen Ehepartner bestimmte Erklärung durch Aushändigung an den anderen so in dessen Macht- und Zugriffsbereich gelangt, dass er von der Erklärung Kenntnis nehmen kann. Ein Verstoß gegen Art. 6 Abs. 1 GG liegt darin nicht, da auch andere in der Wohnung des Empfängers lebende erwachsene Haushaltsmitglieder als Empfangsboten gelten.

3. Ausgehend von diesem Maßstab gelangt eine Willenserklärung grundsätzlich auch **14** dann in den Machtbereich des Adressaten, wenn sie dem Ehegatten außerhalb der Wohnung übermittelt wird. Nach der allgemeinen Lebenserfahrung händigt ein Ehegatte ein für den anderen Ehegatten angenommenes Schriftstück auch dann alsbald aus, wenn er sich bei der Entgegennahme der Willenserklärung nicht in der Wohnung der Ehegatten aufhält. E war demnach Empfangsbote der AN.

II. An welchem Ort eine Willenserklärung gegenüber einem Empfangsboten abgege- **15** ben wird, hat allerdings für den **Zeitpunkt des Zugangs** der Willenserklärung beim Adressaten Bedeutung.[38] Eine Willenserklärung geht dem Adressaten (nach umstrit-

---

34 Zur Risikoverteilung, wenn ein Dritter in die Übermittlung eingeschaltet wird *Leenen*, § 6 Rn. 44 ff.
35 Nach *Boecken*, Rn. 221 wird der Begriff des Zugangs damit um den Dritten „inhaltsgleich erweitert".
36 BGH NJW 1994, 2613; *Medicus*, Rn. 285 f.
37 Mit instruktiven Beispielen *Leenen*, § 6 Rn. 24 f.
38 Anschauliche Beispiele bei *Wolf/Neuner*, § 33 Rn. 24.

tener Auffassung[39]) nämlich erst dann zu, wenn mit der Weitergabe der Erklärung durch den Empfangsboten an den Adressaten zu rechnen ist. Erst wenn dieser bei gewöhnlichen Übermittlungsverhältnissen die (theoretische) Möglichkeit der Kenntnisnahme hat, ist die an den Empfangsboten abgegebene Erklärung zugegangen. Der Empfangsbote hat lediglich die Funktion einer personifizierten Empfangseinrichtung (er ist damit eine Art „Briefkasten"). Im Fall war mit einer Aushändigung noch am 31.1.2008 zu rechnen. Es war nach den gewöhnlichen Umständen davon auszugehen, dass der Ehemann an diesem Tag nach Beendigung der Arbeit in die Wohnung zurückkehrt und das Schreiben aushändigt. Für Nachtschichten oder dergleichen ist nichts ersichtlich.

16 **III.** Nach st. Rspr. des BAG muss ein Arbeitnehmer die Kündigung jedoch grundsätzlich nicht als zugegangen gegen sich gelten lassen, wenn ein als Empfangsbote anzusehender Familienangehöriger des abwesenden Arbeitnehmers die Annahme eines Kündigungsschreibens ablehnt.[40] Eine Weigerung, das Schreiben an seine Ehefrau weiterzuleiten, hätte E aber deutlich zum Ausdruck bringen müssen. Das Kündigungsschreiben vom 31.1.2008 ist AN demnach noch am selben Tag zugegangen und nicht erst mit der Übergabe des Schreibens durch E am 1.2.2008. Die Kündigung hat das Arbeitsverhältnis damit gemäß § 622 II 1 Nr. 1 BGB zum 29.2.2008 beendet.

4. Zugangsfragen im Internet

17 Für den Zugang von Willenserklärungen im Internet hilft der Begriff der elektronischen Willenserklärung annäherungsweise. Im Schrifttum werden vier Typen „elektronischer Willenserklärungen" unterschieden:[41] Unter den Begriff sollen zunächst die „echten" Willenserklärungen fallen, die nur auf elektronischem Weg übermittelt werden,[42] sodann sogenannte **„computergestützte Willenserklärungen"**, bei denen ein Teil einer echten Willenserklärung durch ein Computerprogramm unterstützt wird. Unterschieden werden können diese von sogenannten „automatisierten Computererklärungen", die vollständig von einem Computerprogramm verfasst werden. Und schließlich viertens Willenserklärungen von **elektronischen Softwareagenten**, die autonom handeln.[43] Alle diese Unterscheidungen sind jedoch nicht zwingend und daher nur bedingt weiterführend.

a) Die elektronische Willenserklärung

18 Der Begriff der elektronischen Willenserklärung ist demgemäß schillernd.[44] Am besten definiert man die elektronische Willenserklärung als „mittels EDV-technischer Hilfsmittel niedergelegte und übermittelte, aber stets vom Anwender erzeugte, beherrschte

---

39 *Joussen*, Jura 2003, 577, 579; *Boecken*, Rn. 226 m.w.N.

40 BAG NJW 1993, 1093.

41 Diese Einteilung ist freilich nicht zwingend; etwas anders etwa *Wolf/Neuner*, § 31 Rn. 10.

42 So etwa im berühmten Fall des BGH NJW 2002, 363, 364 („ricardo.de"); dazu unten § 12 III.

43 Vgl. *Sester/Nitschke*, CR 2004, 548.

44 Seine Herkunft ist schwer ermittelbar. Bereits früh wurde (von *Susat/Stolzenburg*, MDR 1957, 146) für die elektronische Willenserklärung ein neues Konzept der Rechtsgeschäftslehre gefordert.

und von ihm abgegebene Willenserklärung".[45] Aber auch bei den „**automatisierten Erklärungen**", die aufgrund einer entsprechenden Programmierung vom Computer selbständig erstellt und übermittelt werden, ohne im Einzelfall vom Menschen kontrolliert zu werden, geht nach h.m zumindest die Willensbildung letztlich auf einen menschlichen Willen zurück.[46]

b) Abgabe und Zugang

Abgegeben ist die elektronische Willenserklärung mit der Eingabe des Sendebefehls.[47] **19** Der problematische Fall, dass der Sendebefehl ungewollt erteilt wurde, lässt sich auf das bekannte Problem der „abhandengekommenen Willenserklärung" zurückführen und wie dort lösen.[48] Die elektronische Willenserklärung ist regelmäßig eine solche gegenüber Abwesenden;[49] für diese ordnet § 130 Abs. 1 BGB an, dass sie mit dem Zugang wirksam wird.[50] Als Merksatz gilt auch hier: Zugegangen ist eine Willenserklärung, wenn sie dergestalt in den Machtbereich des Empfängers gelangt, dass bei Annahme gewöhnlicher Verhältnisse damit gerechnet werden kann, dass dieser von ihr Kenntnis nehmen kann.[51] Der Empfänger soll also das **Risiko der Übermittlung** innerhalb seines Machtbereiches tragen.[52] Damit stellt sich zunächst im alltäglichen **E-Mail Verkehr** die Frage, wie weit sich der Machtbereich des Empfängers einer E-Mail erstreckt. Dabei ist grundsätzlich davon auszugehen, dass die Willenserklärung mit Eingang auf dem Server des Providers in den Machtbereich des Empfängers gelangt, da er ab diesem Zeitpunkt die alleinige Verfügungsgewalt über die **Mailbox** als von ihm bereitgehaltene Empfangseinrichtung inne hat.[53] Er hat mithin die Möglichkeit, die E-Mail abzurufen.[54] Dieses Zugangsverständnis findet sich nunmehr auch in der **Zugangsfiktion** des § 312g Abs. 1 S. 2 BGB wider. Aus praktischer Sicht problematisch sind die Fälle, in denen der Server des Providers ausgefallen und somit ein herunterladen der E-Mail nicht möglich ist. Die Beweislast dafür, dass eine E-Mail trotz eines solchen denkbaren Fehlers angekommen ist, trägt der Sendende; den Beweis darüber kann er praktisch nur durch eine Bestätigung des Empfängers erbringen.[55]

Umstritten ist jedoch, ob der Empfänger seine Mailbox auch für den Empfang **20** im Geschäftsverkehr seiner inneren Willensrichtung entsprechend gewidmet haben muss;[56] das soll jedenfalls dann anzunehmen sein, wenn ein Unternehmer im

45 *Fritzsche/Malzer*, DNotZ 1995, 3, 8.
46 Staudinger/*Singer*, Neubearbeitung 2012, Vorb. zu §§ 116 – 144, Rn. 57; *Mehrings*, MMR 1998, 30, 31; *Cheng*, Die Anwendbarkeit des BGB auf den modernen Vertragsschluss im Internet, 2004, 37; allgemein *Medicus*, Rn. 256.
47 *Kuhn*, Rechtshandlungen mittels EDV und Telekommunikation, 1991, S. 86.
48 Dazu *Leenen*, § 6 Rn. 70 ff.; *Medicus*, Rn. 266; *Bork* Rn. 610; und oben Rn. 5.
49 *Fritzsche/Malzer*, DNotZ 1995, 3, 11.
50 Zur problematischen Beweisbarkeit des Zugangs bei E-Mails und den damit zusammenhängenden technischen Schwierigkeiten *Herwig*, MMR 2001, 145, 146.
51 BGHZ 67, 271, 275; *Medicus*, Rn. 274.
52 *Dörner*, AcP 202 (2002), 363, 369.
53 Spindler/Schuster/*Spindler/Anton*, Recht der elektronischen Medien, 2. Auflage 2011, § 130 Rn. 4.
54 *Vehslage*, DB 2000, 1801, 1804; a.A. *Ultsch*, NJW 1997, 3007, für rein private Nutzung.
55 *Roßnagel*, NJW 2011, 1473 (auch zum De-Mail-Gesetz vom 28.4.2011); vgl. auch *Herwig*, MMR 2001, 145, 146 f.
56 Dafür *Lange*, JA 2007, 766, 771; a.A. *Mankowski*, NJW 2004, 1901.

Geschäftsverkehr mit seiner E-Mail Adresse auftritt,[57] wenn er etwa auf seinem Brief-kopf darauf hinweist oder selbst ein bestimmtes Kommunikationsmittel wie z.B. die De-Mail nutzt. Ob dies ebenso beim Verbraucher gilt,[58] wenn er seine E-Mail Adresse nur für private Zwecke nutzt und gar keine rechtlich relevanten Erklärungen elektro-nisch empfangen will, ist zumindest begründungsbedürftig.[59]

21 Fraglich ist weiterhin der **Zeitpunkt des Zugangs**. Dabei ist zu differenzieren zwi-schen geschäftlicher und privater E-Mail-Nutzung. Bei geschäftlicher Nutzung gehen E-Mails während der Geschäftszeiten sofort, spätestens aber bei Geschäftsschluss zu.[60] Im Einzelfall kommt für die Feststellung des genauen Zeitpunkts des Zugangs eine Differenzierung nach Größe und Branche des Unternehmens in Betracht. Bei einem größeren Unternehmen der Internetbranche gehen E-Mails beispielsweise sofort zu, während bei einer kleineren Bäckerei, die am elektronischen Geschäftsver-kehr teilnimmt, keine sofortige Kenntnisnahme zu erwarten ist.

22 Demgegenüber haben Privatpersonen zwar grundsätzlich ständig die Möglichkeit der Kenntnisnahme. Es ist ihnen aber nicht ohne weiteres zuzumuten, ihre Mailbox fortwährend zu überwachen. Hier sollte vom Zugang frühestens am nächsten Tag aus-gegangen werden.[61] Entscheidend ist in jedem Fall das konkrete Auftreten des Emp-fängers im elektronischen Geschäftsverkehr sowie die Verkehrsanschauung,[62] die sich bei fortgesetzter Verbreitung der E-Mail-Nutzung dahin entwickeln dürfte, dass sich der Zeitpunkt des Zugangs nach vorn verlagert. Schließlich ist daran zu erinnern, dass der Zugang stets spätestens mit der tatsächlichen **Kenntnisnahme** durch den Empfänger erfolgt.[63] Keine Besonderheiten gelten für die Vereitelung bzw. Verzöge-rung des Zugangs von E-Mails.[64]

23 Zu beachten ist für Verträge im elektronischen Geschäftsverkehr mit einem Ver-braucher schließlich das Erfordernis einer Zugangsbestätigung in der etwas versteck-ten Regelung des § 312g Abs. 1 S. 1 Nr. 3 BGB, die im jeweiligen Einzelfall als bloße Wis-senserklärung von der Annahme des Vertrags abzugrenzen ist.[65]

24 Eine Ausnahme von diesen Zugangsregeln unter Abwesenden gilt im **Onlineverfahren** (z.B. im Chat). Dabei können die Vertragspartner unmittelbar miteinander kommunizieren, indem sie über ihre Computer direkt verbunden sind. Das entspricht eher der Regelungssituation des § 147 Abs. 1 S. 2, der von einem mittels Fernsprecher von Person zu Person gemachten Antrag spricht und dies als Angebot unter Anwesen-den wertet.[66]

25 Ob über diese Grobeinteilung, die der gesetzlichen Regelungslage entspricht, hinaus bei der elektronischen Willenserklärung noch die aus dem Schrifttum stam-

---

57 *Mertens/Daners*, ZAP 2008, Fach 2, 553, 554; *Dörner*, AcP 202 (2002), 363, 368.
58 Ohne Einschränkungen bejahend etwa *Wietzorek*, MMR 2007, 156.
59 Spindler/Schuster/*Spindler/Anton*, Recht der elektronischen Medien, 2. Auflage 2011, § 130 Rn. 5.
60 *Vehslage*, DB 2000, 1801, 1804; *Herwig*, MMR 2001, 145, 146.
61 Wie hier *Mankowski*, NJW 2004, 1901; *Vehslage*, DB 2000, 2001, 2004; a.A. *Ernst*, NJW-CoR 1997, 165, 166: spätestens am nächsten Tag; *Dörner*, AcP 202 (2002), 363, 369: nach Feierabend in den Abendstun-den. So auch *Brehm*, Rn. 168.
62 So auch *Ultsch*, NJW 1997, 3007, 3008.
63 *Medicus*, Rn. 276.
64 Näher dazu *Ultsch*, NJW 1997, 3007, 3008.
65 Dazu LG Hamburg NJW 2004, 1568; *Hoffmann*, NJW 2003, 2576, 2577.
66 *Müglich*, MMR 2001, 7, 9, stellt auf den S. 1 des § 147 Abs. 1 BGB ab.

mende Differenzierung[67] zwischen verkörperten und nicht verkörperten Willenserklärungen angezeigt ist, ist zweifelhaft. Aufgrund der technischen Möglichkeit, sie auf Datenträgern zu speichern und auszudrucken, würde man die elektronische Willenserklärung wohl als verkörpert anzusehen haben,[68] doch hilft bei der elektronischen Willenserklärung die gesetzliche Regelung wertungsmäßig weiter als die aus der Literatur stammende zusätzliche Unterscheidung.

5. Wirksamwerden gegenüber nicht voll Geschäftsfähigen

Abweichend von § 130 BGB beurteilt sich das Wirksamwerden einer Willenserklärung, 26 die einem nicht voll Geschäftsfähigen gegenüber abzugeben ist. Wird die Willenserklärung einem Geschäftsunfähigen gegenüber abgegeben, wird sie nach § 131 Abs. 1 BGB nicht wirksam, bevor sie dem gesetzlichen Vertreter zugeht. Das Gleiche gilt gemäß § 131 Abs. 2 S. 1 BGB grundsätzlich auch dann, wenn die Erklärung einer in der Geschäftsfähigkeit beschränkten Person gegenüber abgegeben wird. Bringt die Erklärung jedoch der in der Geschäftsfähigkeit beschränkten Person lediglich einen rechtlichen Vorteil[69] oder hat der gesetzliche Vertreter seine Einwilligung erteilt, wird die Erklärung in dem Zeitpunkt wirksam, in welchem sie ihr zugeht, § 131 Abs. 2 S. 2 BGB. Lediglich rechtlich vorteilhaft im Sinne dieser Vorschrift ist jedenfalls jedes an den beschränkt Geschäftsfähigen gerichtete Vertragsangebot, da ihm die günstige Rechtsposition eingeräumt wird, den Vertrag anzunehmen oder abzulehnen. Diese Wahlmöglichkeit ist immer vorteilhaft.[70] Es kommt an dieser Stelle noch nicht darauf an, ob der Vertrag selbst lediglich rechtlich vorteilhaft ist.[71] Diese Frage betrifft die Wirksamkeit des Vertrags und stellt sich erst, wenn der beschränkt Geschäftsfähige das ihm gemachte Angebot wirksam angenommen hat. Mit Recht wird im Schrifttum daher konsequenterweise vertreten, dass die an den beschränkt Geschäftsfähigen gerichtete Annahmeerklärung nicht rechtlich nachteilig sei und daher gemäß § 131 Abs. 2 S. 2 BGB zugeht, denn auch mit der wirksamen Annahme komme der Vertrag lediglich zustande, dessen Wirksamkeit hänge erst und allein von den Erfordernissen des § 108 BGB ab.[72]

III. Geheimer Vorbehalt, Scheingeschäft und Scherzerklärungen

Die §§ 116 bis 118 BGB haben gemein, dass sie eine bewusst mangelhafte Willens- 27 erklärung voraussetzen und unterschiedliche Fälle der Nichtigkeit regeln, also ihren Schwerpunkt auf der Ebene der Wirksamkeit der Willenserklärung haben.[73]

---

67 Vgl. nur *John*, AcP 184 (1984), 385, 403, der auf die Speicherung abhebt; das ist gerade im Computerzeitalter ein weiterführender Gesichtspunkt.

68 *Ultsch*, NJW 1997, 3007; *Vehslage*, DB 2000, 1801, 1804; *Ernst*, NJW-CoR 1997, 165, 166; siehe auch *Köhler*, AcP 182 (1982), 126.

69 Was bei einseitigen Rechtsgeschäften kaum der Fall sein wird, vgl. *Leenen*, § 6 Rn. 57.

70 *Leipold*, § 12 Rn. 33; *Boecken*, Rn. 233.

71 Bamberger/Roth/*Wendtland*, 24. Edition 2012, § 131 Rn. 7.

72 *Leenen*, § 6 Rn. 59 f.; *Häublein*, Jura 2007, 728, 729; anders etwa *Boecken*, Rn. 233.

73 *Leenen*, § 6 Rn. 74.

1. Scherzerklärung

28 § 118 BGB regelt die Nichtigkeit von Scherzerklärungen.[74] Nichtig ist danach eine Erklärung, die in der Erwartung abgegeben wird, der Mangel der Ernstlichkeit werde nicht verkannt (so genannter „guter Scherz"). Dabei ist es unerheblich, ob Nichternstlichkeit erkannt wurde oder überhaupt erkannt werden konnte.[75] In der Systematik der Willenserklärungen, welche nach dem objektiven Empfängerhorizont beurteilt werden, stellt § 118 BGB einen dogmatischen Fremdkörper dar.[76] In Erinnerung zu rufen ist noch die Anspruchsgrundlage des § 122 Abs. 1 BGB,[77] die nicht nur auf die Anfechtung nach §§ 142 Abs. 1, 119 f. BGB Bezug nimmt, sondern auch auf die – in diesem Zusammenhang häufig übersehene – Nichtigkeit nach § 118 BGB. Dabei ist der **Gegenanspruch aus § 122 Abs. 1 BGB** nur billig. Denn wer eine nicht ernst gemeinte Willenserklärung abgibt, trägt das Risiko, dass der andere im Vertrauen auf die Ernstlichkeit Dispositionen getroffen hat und schuldet somit Ersatz des negativen Interesses.[78]

2. Mentalreservation

29 Nach § 116 S. 1 BGB ist eine Willenserklärung nicht deshalb nichtig, weil sich der Erklärende insgeheim vorbehält, das Erklärte nicht zu wollen.[79] Diesen **geheimen Vorbehalt** bezeichnet man auch als Mentalreservation.[80] Die Wirksamkeit bezweckt vor allem den Schutz des Empfängers, welcher von einer mit Rechtsbindungswillen abgegebenen Erklärung ausgehen durfte. Dieses Ergebnis deckt sich im Übrigen mit den §§ 133, 157 BGB.

30 Wenn hingegen der Empfänger einer empfangsbedürftigen Willenserklärung den Vorbehalt kennt – Kennenmüssen genügt nicht – ist die Erklärung gemäß § 116 S. 2 BGB nichtig.[81] In diesem Fall ist der Empfänger nämlich nicht mehr schutzwürdig. Ob § 116 S. 2 BGB auf nicht empfangsbedürftige Willenserklärungen entsprechend anzuwenden ist, wird uneinheitlich beurteilt. Teilweise wird dies etwa für die **Auslobung** (§ 657 BGB) vertreten, sofern die Nichtigkeit gegenüber dem Bösgläubigen eintritt.[82] Die Gegenansicht gibt zu bedenken, dass § 116 S. 2 BGB als rechtspolitisch bedenkliche Vorschrift, die sich im Gegensatz zu § 166 S. 1 BGB nicht von selbst verstehe, tendenziell einschränkend zu handhaben sei, so dass eine Analogie abzulehnen sei.[83]

---

74 Siehe zu § 118 BGB auch *Tscherwinka*, NJW 1995, 308; *Weiler*, NJW 1995, 2608.

75 *Löwisch/Neumann*, Rn. 295; *Köhler*, § 7 Rn. 13.

76 *Rüthers/Stadler*, § 25 Rn. 10.

77 Dazu oben § 8 Rn. 18 ff.

78 Ähnlich *Leenen*, § 6 Rn. 111.

79 Siehe dazu aus neuerer Zeit BGH NJW 2002, 363, 365.

80 Hk-BGB/*Dörner*, 7. Auflage 2012, § 116 Rn. 1.

81 *Leenen*, § 6 Rn. 91 weist richtigerweise darauf hin, dass in den in § 116 S. 2 BGB geregelten Fällen die Auslegung der Erklärungen bereits ergeben dürfte, dass der (objektive) Tatbestand der Willenserklärung zu verneinen ist und es auf die Nichtigkeitsanordnung daher nicht mehr ankommt. Ähnlich *Süß*, Jura 2011, 735.

82 Palandt/*Ellenberger*, 71. Auflage 2012, § 116 Rn. 5.

83 *Köhler*, § 7 Rn. 8.

§ 116 S. 1 BGB wird von der Rechtsprechung auch auf eine Innenvollmacht ange- 31
wandt, die unter einem geheimen Vorbehalt erteilt wird. Wird dieser dem Geschäftsgegner verheimlicht, soll die Vollmacht sogar ungeachtet der Kenntnis des Bevollmächtigten wirksam sein.[84] Ein Teil der Lehre[85] hält die Vollmacht demgegenüber für
nichtig nach § 116 S. 2 BGB und wendet zum Schutz des Geschäftsgegners, der den
Vorbehalt nicht kennt, die Grundsätze über die Ancheins- und Duldungsvollmacht
an.

3. Scheingeschäft

Wird eine Willenserklärung, die einem anderen gegenüber abzugeben ist,[86] mit dessen 32
Einverständnis nur zum Schein abgegeben, so ist sie nach § 117 Abs. 1 BGB nichtig.
Man spricht dann von einem **simulierten Geschäft** (Scheingeschäft). Charakteris-
tisch dafür ist, dass bezüglich des nicht gewollten Geschäfts der Rechtsbindungswille
fehlt.[87] Im Hinblick auf das weiter unten zu behandelnde verdeckte Geschäft kann
er dagegen durchaus vorliegen.[88] Kein Scheingeschäft liegt dagegen vor, wenn zur
Erreichung eines bestimmten wirtschaftlichen Erfolgs ein **Strohmann** mit eigenen
Rechten und Pflichten, aber für Rechnung des Hintermanns eingeschaltet wird, weil
die Begründung von Rechten und Pflichten in der Person des Strohmanns in aller
Regel ernstlich gewollt ist.[89] Dabei spielt es keine Rolle, ob der Vertragspartner um die
Strohmanneigenschaft wusste.[90]

In der Klausur treten häufig mehr als zwei Personen auf. Die Bearbeiterleistung 33
besteht dann weniger darin zu erkennen, dass zwischen zweien von ihnen ein Scheingeschäft abgeschlossen wurde, als vielmehr im Verständnis der Konsequenzen, die
dieses nichtige Geschäft für einen insoweit gutgläubigen Dritten entfaltet. Hat etwa A
dem S, um diesem zu einem Bankkredit zu verhelfen, einen Schuldschein ausgestellt,
obwohl er ihm in Wirklichkeit nichts schuldet, begründet das wegen § 117 Abs. 1 BGB
keinen Anspruch des S gegen A aus §§ 780, 781 BGB. Freilich trägt A, wenn er sich
beispielsweise nach einem Streit mit S auf die Nichtigkeit beruft, die **Beweislast**.[91]
Aber auch ohne einen Streit kann das Geschäft für A sehr riskant sein, nämlich wenn
S sich wegen eines Kredits an die Bank B wendet und diese sich zur Sicherheit die
vorgebliche Forderung des S gegen A abtreten lässt. Zwar bestand diese in Wirklichkeit nicht und ein gutgläubiger Erwerb scheidet bei Forderungen grundsätzlich aus.
Jedoch greift die Ausnahme des § 405 BGB zugunsten der B.[92] Bei der **Scheinüber-**

---

84 BGH NJW 1966, 1916.
85 *Köhler*, § 7 Rn. 8.
86 § 117 BGB betrifft nur empfangsbedürftige Willenserklärungen; vgl. BayObLG FamRZ 1977, 348; OLG
Frankfurt OLGZ 1993, 467.
87 BGH NJW 1980, 1572, 1573; daher kritisch zur Nichtigkeitsfolge *Leenen*, § 6 Rn. 98: es fehle bereits am
(objektiven) Tatbestand der Willenserklärung.
88 Palandt/*Ellenberger*, 71. Auflage 2012, § 117 Rn. 3.
89 BGHZ 21, 381; BGH NJW 1959, 333; 1995, 727.
90 BGH NJW 2002, 2030, 2031.
91 BGH NJW 1988, 2597, 2599; 1991, 1618; 1999, 3481.
92 Vgl. auch *Petersen*, Rn. 384 ff.

eignung von Sachen begründen die §§ 932, 892 BGB einen entsprechenden Schutz gutgläubiger Dritter.[93]

34 Wird durch ein Scheingeschäft ein anderes Rechtsgeschäft verdeckt, so finden nach § 117 Abs. 2 BGB die für das **verdeckte Rechtsgeschäft** geltenden Vorschriften Anwendung. Das bedeutet, dass das verdeckte Geschäft seinerseits wirksam sein muss. Paradigmatisch ist insoweit der Schwarzkauf, bei dem zwecks Ersparnis von Notarkosten und Grunderwerbsteuern einverständlich ein zu niedriger Kaufpreis für das Grundstück angesetzt wird (sog. **„Unterverbriefung"**). In einem derartigen Fall sind die im Hinblick auf das abgeschlossene und beurkundete Geschäft abgegeben Willenserklärungen nach § 117 Abs. 1 BGB nichtig.[94] Nach § 117 Abs. 2 BGB finden gleichwohl die für das verdeckte Rechtsgeschäft geltenden Vorschriften Anwendung. Damit stellt der Gesetzgeber klar, dass ein Vertrag mit dem Inhalt zustande kommt, der sich aus dem übereinstimmenden wirklichen Willen der Parteien ergibt (**„falsa demonstratio non nocet"**).[95] Das verdeckte Rechtsgeschäft ist mithin zustande gekommen, wurde jedoch nicht nach § 311b Abs. 1 S. 1 BGB notariell beurkundet und ist in Ermangelung dessen nach § 125 S. 1 BGB nichtig.[96] Allerdings besteht gemäß § 311b Abs. 1 S. 2 BGB die Möglichkeit der Heilung durch Auflassung (§ 925 BGB) und Eintragung in das Grundbuch (§ 873 Abs. 1 BGB).[97] War die Auflassung, also die dingliche Einigung, schon erfolgt, bleibt sie nach dem Abstraktionsprinzip wirksam und wird durch das nach § 117 Abs. 1 BGB nichtige Kausalgeschäft nicht berührt.[98]

35 Der Vollständigkeit halber sei für die Fallbearbeitung erwähnt, dass beim Schwarzkauf noch ein anderer Nichtigkeitsgrund in Gestalt des § 134 BGB geprüft werden kann. Denn die Unterverbriefung verwirklicht regelmäßig den Tatbestand der **Steuerhinterziehung** (§ 370 AO) hinsichtlich der Grunderwerbsteuer. Damit könnte das Rechtsgeschäft gegen ein gesetzliches Verbot im Sinne des § 134 BGB verstoßen. Die ständige Rechtsprechung geht jedoch davon aus, dass die Steuerhinterziehung nur dann zur Nichtigkeit nach § 134 BGB führt, wenn sie der alleinige Zweck des Rechtsgeschäfts ist.[99] Das ist jedoch beim Schwarzkauf praktisch nie der Fall, weil stets noch andere Zwecke, etwa die Ersparnis von Notarkosten, mitwirken.

---

93 Siehe das instruktive Beispiel bei *Köhler*, § 7 Rn. 11.

94 In der dogmatischen Begründung präziser *Leenen* (§ 6 Rn. 100, 102 und § 28 Rn. 32 ff.), der § 117 Abs. 1 hier für nicht anwendbar hält: Wenn das verdeckte Rechtsgeschäft nach § 117 Abs. 2 BGB mit dem wirklich gewollten Inhalt zustande komme, so setze dies wirksame Willenserklärungen voraus.

95 *Leenen*, § 6 Rn. 100.

96 Zu den Formvorschriften näher unten § 25.

97 BGHZ 89, 43; BGH NJW-RR 1991, 615.

98 *Schack*, Rn. 300.

99 BGHZ 14, 30, 30; BGH NJW 1983, 1844; dazu näher unten § 26 Rn. 7.

§ 11 Die Auslegung von Rechtsgeschäften

I. Typische Fehler

Studierende neigen mitunter zu dem Fehlurteil, dass Fragen der Auslegung nur ein 1
Mindestmaß an Wissen verlangen, weil man mit dem Gesetzeszitat der §§ 133, 157 BGB
und dem Schlagwort vom „verobjektivierten Empfängerhorizont" über die Runden
zu kommen können glaubt. Reichert man dies, so die weitere Annahme, mit einigen
argumentativen Erwägungen an, so gelange man nicht selten zu den von der Aufgabenstellung erwarteten Ergebnissen. Das führt häufig zu dem Fehler, dass die Auslegungsvorschriften sowohl hinsichtlich ihres Inhalts als auch in Bezug auf ihren systematischen Standort mehr oder weniger willkürlich gehandhabt werden. Auf dieser
Grundlage wird in der Regel entweder viel zu früh ausgelegt, was noch gar nicht aus-
deutbar ist, oder die Auslegung muss zur verspäteten Korrektur für unbillig gehaltene
Ergebnisse herhalten.

Beide Fehler lassen sich vermeiden, wenn man sich den systematischen Stand- 2
ort der Auslegung vor Augen führt. Diesen erkennt man freilich erst, wenn man die
anderen Grundkategorien der Rechtsgeschäftslehre verinnerlicht hat.[1] Erst wenn
man weiß, wie sich die Auslegung zur Anfechtung, Sittenwidrigkeit und zum Dissens
verhält und an welcher Stelle konkret ausgelegt werden muss, gelangt man zu einem
angemessenen Verständnis der §§ 133, 157 BGB. Dabei erweist sich zugleich, dass der
richtige Umgang mit den Auslegungsvorschriften entgegen einer weit verbreiteten
Meinung nicht zum einfachsten, sondern zum anspruchsvollsten Element des Allgemeinen Teils gehört. Daher soll es im Folgenden vor allem um das Vorrangverhältnis
und den systematischen Standort der Auslegung gehen.

II. Die Auslegung innerhalb der Rechtsgeschäftslehre

Die Auslegung von Rechtsgeschäften stellt nur einen kleinen Ausschnitt der Ausle- 3
gungsproblematik dar.[2] Die grundsätzlichere, aber auf anderer Ebene relevante
Problematik stellt die Gesetzesauslegung dar.[3] Eine Folgefrage der Auslegung von
Rechtsgeschäften betrifft dagegen die Auslegung von letztwilligen Verfügungen. Diese
beiden Problembereiche – Gesetzesauslegung und Testamentsauslegung – werden
später noch zu erörtern sein. Zunächst geht es im Folgenden nur um die Auslegung
von Rechtsgeschäften.[4]

---

1 Außerhalb der Rechtsgeschäftslehre kommt es auf die Auslegung auch im Allgemeinen Schuldrecht an, etwa bei der Bestimmung einer Vorratsschuld oder eines absoluten Fixgeschäfts (dazu
Medicus/Petersen BR, Rn. 255; *Petersen*, Rn. 148, 269).
2 Speziell zur Auslegung im Wechselrecht *Canaris*, JZ 1987, 543, sowie im Gesellschaftsrecht *Wiedemann*, DNotZ Sonderheft 1977, 99. Besonders zur Auslegung bei Handelsbräuchen *Saar/Müller*,
7. Klausur. Allgemein zum Ziel der Auslegung *Staake*, Jura 2011, 177. Die Besonderheiten bei der Auslegung europarechtlicher Richtlinien und der richtlinienkonformen Auslegung nationalen Rechts
behandelt *Leenen*, Jura 2012, 753.
3 Zum Verhältnis beider zueinander *Mayer-Maly*, Festgabe Weinberger, 1984, S. 583 ff.
4 Aus dem älteren Schrifttum die gleichnamige Schrift von *Danz*, 3. Auflage 1911.

1. Auslegungsgegenstand

4 Man kann sich zunächst ganz grundsätzlich fragen, was überhaupt auszulegen ist, die einzelne Willenserklärung oder der Vertrag. Die diesbezüglichen Zweifel rühren daher, dass das Gesetz in § 133 BGB die Willenserklärung zum Bezugspunkt erhebt, während § 157 BGB von der Auslegung von Verträgen spricht.[5]

a) Willenserklärung und Vertrag

5 § 133 BGB verlangt, dass bei der Auslegung von Willenserklärungen der **wirkliche Wille** erforscht und nicht am buchstäblichen Sinn des Ausdrucks gehaftet wird. Demgegenüber sind Verträge gemäß § 157 BGB nach Treu und Glauben mit Rücksicht auf die Verkehrssitte auszulegen.[6] Der augenscheinliche Gegensatz zwischen Willenserklärung und Vertrag geht indes auf eine missglückte gesetzgeberische Unterscheidung zurück.[7] Weder ist der Maßstab von Treu und Glauben (§ 157 BGB) auf Verträge beschränkt noch ist nur die einzelne Willenserklärung nach dem wirklichen Willen auszulegen.

b) Unterscheidung nach der Empfangsbedürftigkeit

6 Erweist sich sonach die Differenzierung nach Vertrag und Willenserklärung als wenig weiterführend, so tritt eine andere Unterscheidung ins Blickfeld. Aussagekräftiger ist nämlich die Kategorisierung der Willenserklärungen in empfangsbedürftige und nicht empfangsbedürftige.[8] Der praktisch wichtigste Fall der nicht empfangsbedürftigen Willenserklärung ist das Testament. Für die Auslegung von Testamenten rückt daher in der Tat § 133 BGB in den Mittelpunkt, weil es dort auf den kraft seiner Testierfreiheit geäußerten wirklichen Willen des Testators ankommt.[9] Für den vorliegenden Zusammenhang kommt es dagegen nur auf die **empfangsbedürftigen Willenserklärungen** an.

2. Auslegungsmaßstab

7 Empfangsbedürftige Willenserklärungen sind nach dem **Empfängerhorizont** auszulegen; ihre Inhaltsbestimmung hängt also von den Verständnismöglichkeiten des Empfängers ab. Es kommt somit weniger auf das an, was der Erklärende mit seiner Erklärung wollte als vielmehr darauf, wie der Empfänger sie verstehen konnte und durfte. Insofern wohnt der Auslegung hier ein wertendes Moment inne, so dass auch von einem „**normativen Willen**" gesprochen wird.[10] Diese Normativierung führt

---

5 Grundlegend zur Auslegung der Rechtsgeschäfte *Leonhard*, AcP 120 (1922), 14 ff.

6 Vgl. dazu *Hamburger*, Treu und Glauben im Verkehr, 1930.

7 *Medicus*, Rn. 319 f.

8 Zur Anpassung der Auslegungsmethode an die Eigenart des auszulegenden Willensaktes *H. Westermann*, FS K. Arnold, 1955, S. 281 ff.

9 Näher *Kapp*, Die Auslegung von Testamenten, BB 1984, 2077; *Smid*, JuS 1987, 283.

10 *Flume*, § 16, 3b, S. 310. Zur Unterscheidung zwischen natürlicher und normativer Auslegung *Leenen*, § 5 Rn. 43 ff.

zugleich dazu, dass die Maßgeblichkeit des Empfängerhorizonts dort eine Korrektur erfährt, wo die Erklärung ihrem Sinne nach dem Erklärenden nicht mehr zurechenbar ist.[11] Vertauscht also etwa ein Restaurantgast die Speisekarten zur Irreführung weiterer Kunden willkürlich, so kann der Inhalt der vertauschten Karte dem Wirt nicht ohne weiteres zugerechnet werden.[12] Nicht allein auf den Empfängerhorizont kommt es daher in denjenigen Ausnahmefällen (!) an, in denen „der Erklärungsempfänger Umstände mitberücksichtigt, die dem Erklärenden unerkennbar sind."[13]

III. Verhältnis zu anderen Instituten der Rechtsgeschäftslehre

Es wurde bereits eingangs angedeutet, dass die Auslegung in der Fallbearbeitung 8 vielfach erst viel zu spät erörtert wird. Nicht immer gibt es ein logisches Vorrangverhältnis. Man sollte sich daher für jeden Fall einzeln fragen, ob es nicht, bevor man ein Institut der Rechtsgeschäftslehre ansteuert, einer vorherigen Auslegung der Erklärung(en) bedarf.

1. Konvergenz der Willenserklärungen

Vorrangig ist die Auslegung etwa gegenüber der **Anfechtung**. Nur durch Auslegung 9 lässt sich häufig ermitteln, ob sich Erklärung und Geschäftswille decken. Kann die Erklärung schon im Wege der Auslegung dem Gewollten angepasst werden, so besteht für eine Anfechtung kein Bedürfnis.[14]

a) Dissens
Ebenso klar verhält es sich bei der Ermittlung eines offenen oder versteckten Dissenses im Sinne der §§ 154, 155 BGB.[15] Bevor festgestellt werden kann, ob zwei Willenserklärungen einander entsprechen und zum Vertragsschluss führen, sind sie auszulegen.[16] So kann ein Dissens nur scheinbar bestehen, wenn die Erklärungen zwar vorderhand inkongruent anmuten, die Auslegung aber ergibt, dass die eine Erklärung auf eine Besonderheit der anderen Bezug nimmt und somit eine objektive Übereinstimmung besteht. Dann ist der Vertrag zustande gekommen; seine Wirksamkeit kann aber noch davon abhängen, ob er wegen dieser Besonderheiten angefochten werden kann.[17]

---

11 *Medicus*, Rn. 325 f.
12 Schulbeispiel nach *von Ihering*, Zivilrechtsfälle ohne Entscheidungen Nr. 49 II; dazu *Larenz*, Allgemeiner Teil des deutschen Bürgerlichen Rechts, 7. Auflage 1989, § 19 II a, S. 329 f.; *Medicus*, Rn. 324 ff.; *Wieser*, AcP 184 (1984), 40, 44.
13 *Canaris*, Die Vertrauenshaftung im deutschen Privatrecht, 1971, S. 344 mit Fußnote 43.
14 *Medicus/Petersen* BR, Rn. 123.
15 Zu ihm ausführlich unten § 22.
16 Vgl. dazu *Medicus/Petersen* BR, Rn. 125.
17 *Medicus*, Rn. 437.

b) Der Grundsatz „falsa demonstratio non nocet"

11 Einen prüfungsrelevanten Sonderfall der Auslegung fasst man unter dem Satz „**falsa demonstratio non nocet**" zusammen. In diesem Fall wollen beide Parteien übereinstimmend dasselbe, drücken es aber objektiv falsch aus. Die Leitentscheidung des Reichsgerichts ist unter dem Begriff „Haakjöringsköd" bekannt geworden,[18] dem wohl einzigen norwegischen Wort, das alle Studierenden der Rechtswissenschaften kennen. Anders als die Parteien meinten, bedeutet es Haifischfleisch und nicht Walfleisch. Da jedoch beide Vertragspartner derselben Fehlvorstellung unterlagen, kam ein Vertrag über die Lieferung von Walfleisch zustande, weil die Vertragspartner dies übereinstimmend gemeint hatten.[19] Dass hier der übereinstimmende wirkliche Wille jeder anderen Auslegungsmöglichkeit vorgeht, liegt letztlich darin begründet, dass die Auslegung der Willenserklärungen keinen Selbstzweck verfolgt, sondern gerade das Zustandekommen des Vertrags nachzeichnen soll; denn die Parteien wollen mit diesem Vertrag gerade die ihrem Willen entsprechenden Rechtswirkungen erreichen.[20]

12 Prüfungsrelevanter als diese klassische Entscheidung ist der Fall, dass die Parteien übereinstimmend eine bestimmtes Grundstück kaufen bzw. verkaufen wollen, dabei aber eine **falsche Parzellenangabe** zugrundelegen.[21] Auch hier bleibt es beim Vorrang des übereinstimmend von den Parteien Gewollten.[22] Was das konkret ist, wird durch Auslegung ermittelt. Entscheidend dafür ist die Willensrichtung der Beteiligten bei der Einigung.[23]

13 Wie so oft kommt es hier in der Fallbearbeitung darauf an, dass die vom Klausurersteller zu diesem Zweck mitgeteilten **Umstände des Sachverhalts**, welche die Auslegung bestimmen können, gewürdigt werden. Nicht selten lässt sich dem Sachverhalt etwa entnehmen, dass die Parteien das jeweilige Grundstück vorher in Augenschein genommen oder über Besonderheiten eines bestimmten Grundstücks gesprochen haben, bevor sie es parzellenmäßig falsch bezeichnet haben.[24] Dann müssen diese Gesichtspunkte auch in der Falllösung bedacht und in Rechnung gestellt werden. Dass es dann auf den übereinstimmend geäußerten wirklichen Willen ankommt, kann mit dem Gesetzeszitat des § 133 BGB untermauert werden. Keinesfalls sollte es nur bei der Wendung „falsa demonstratio non nocet" ohne weitere Begründung bewenden (häufiger Fehler).[25] Denn dieser Satz ersetzt keine Begründung, sofern er nicht auf den konkreten Fall mit all seinen Besonderheiten und Begleitumständen angewendet wird. Das aber gehört zur Aufgabe des Juristen, weshalb auch in der Fallbearbeitung deutlich zu machen ist, dass es sich hier nicht zuletzt um ein Auslegungsproblem handelt.[26]

---

18 RGZ 99, 147.

19 Instruktiv zu dieser klassischen Entscheidung *Cordes*, Jura 1991, 352.

20 *Leenen*, § 8 Rn. 145.

21 BGH NJW 2008, 1658.

22 Bei der Beteiligung Dritter, insbesondere von Behörden, gilt dies freilich nicht ohne weiteres, weil diese das Gewollte nicht erkennen können; dazu *Medicus/Petersen* BR, Rn. 124 a.E.

23 BGH NJW 2002, 1038; sehr instruktiver Fall, dem bereits eine (bayerische) Examensklausur nachgebildet wurde.

24 *Medicus*, Rn. 327.

25 Generell kritisch zur falsa demonstratio *Wieling*, Jura 1979, 524; *ders.*, AcP 172 (1972), 297 ff.

26 Zur Problematik der gesetzlichen Form in diesem Zusammenhang *Medicus/Petersen* BR, Rn. 124; *Leenen*, § 9 Rn. 192 ff.

2. Zugang und Zugangsbedürftigkeit

Andererseits gibt es nur wenige starre Regeln, nach denen im Vorhinein beurteilt **14** werden kann, in welcher Reihenfolge ausgelegt werden muss. Insbesondere sind Grundsatz und Ausnahme zu unterscheiden. So sind die §§ 130 ff. BGB, also die Fragen nach Abgabe und Zugang von Willenserklärungen,[27] der Auslegung gegenüber grundsätzlich vorrangig, weil nur das ausgelegt werden kann, was zugegangen ist.[28] Etwas anderes gilt jedoch dann, wenn unklar ist, ob die Erklärung überhaupt zugangsbedürftig ist. Das bekannteste Beispiel bildet **§ 151 BGB**, der bekanntlich nicht auf die Annahmeerklärung verzichtet – das wäre mit dem Prinzip der Privatautonomie schwerlich vereinbar –, sondern unter den dortigen Voraussetzungen auf deren Zugang. Ob der Antragende auf den Zugang der Annahmeerklärung verzichtet hat, lässt sich freilich ist in aller Regel nur im Wege der Auslegung des Angebots ermitteln.[29] Zu bedenken ist schließlich, dass Zugang und Auslegung schon deshalb voneinander unterschieden werden müssen, weil es für die Auslegung – anders als für den Zugang – auch auf das ankommen kann, was jemand hätte verstehen können und nicht nur auf das, was er tatsächlich verstanden hat.[30]

3. Geschäftsgrundlage

Eine beträchtliche Rolle spielt die Auslegung bei der Lehre von der Geschäftsgrund- **15** lage, die in § 313 BGB positiv-rechtlich verankert ist. Hier sind zwei Fragen zu unterscheiden. Zunächst geht es wie oben um das Vorrangverhältnis zwischen Auslegung und Geschäftsgrundlagenstörung. Sodann fragt sich, welche Rolle die Auslegung innerhalb der Lehre von der Geschäftsgrundlage gemäß § 313 BGB spielt.

a) Vorrang der Auslegung gegenüber § 313 BGB

Was zunächst die Frage nach dem Vorrangverhältnis betrifft, so lautet der Grund- **16** satz, dass es der Lehre von der Geschäftsgrundlage und damit der Anwendung des § 313 BGB dort nicht bedarf, wo der Vertrag schon durch Auslegung den tatsächlichen Verhältnissen angepasst werden kann.[31] Ein Beispiel aus der reichsgerichtlichen Rechtsprechung bildet der **Rubelfall**: Der Schuldner S hat dem Gläubiger G im Jahre 1920 in Moskau Schuldscheine über 7.500,– Mark ausgestellt, weil er von ihm 30.000,– Rubel darlehensweise erhalten hat, die er zum richtigen Kurswert in deutschen Mark zurückzahlen sollte. S und G gingen übereinstimmend davon aus, dass ein Rubel einen Gegenwert von 25 Pfennig hätte, während er in Wirklichkeit nur einen Pfennig wert war.[32]

G könnte gegen S einen Anspruch aus §§ 780, 781 BGB auf Zahlung von 7.500,– Mark **17** haben. Geht man davon aus, dass es sich bei den Schuldscheinen um **abstrakte**

---

27 Dazu zuvor § 10 Rn. 4 ff.
28 Zum Zugang näher oben § 14 II.
29 *Medicus*, Rn. 313 sowie Rn. 382 ff.
30 *Medicus/Petersen* BR, Rn. 49.
31 *Medicus/Petersen* BR, Rn. 154.
32 RGZ 105, 406.

Schuldanerkenntnisse handelt,[33] so kommen als Gegenrechte des S einerseits die Anfechtung gemäß § 119 Abs. 1 BGB mit der Wirkung des § 142 BGB, andererseits der Rekurs auf die Geschäftsgrundlage gemäß § 313 BGB in Betracht. Das Reichsgericht hat das Schuldanerkenntnis für anfechtbar gehalten. Teilweise wird demgegenüber § 313 BGB für einschlägig gehalten. Da es sich jedoch um keine tatsächliche, sondern nur um eine von den Parteien – freilich übereinstimmend – angenommene Währungsschwankung handelt, ist vorrangig zu untersuchen, ob nicht die Auslegung bereits zum Erfolg führt. Gliedert man die Vereinbarung auf, so ergibt sich nämlich, dass ihre beiden Teile einander widersprechen: Auf der Grundlage eines falschen Kurswertes wurde ein Rückzahlungsanspruch von 7.500,– Mark vereinbart. Zugleich sind die Parteien überein gekommen, dass das Darlehen zum richtigen Kurswert in deutschen Mark zurückgezahlt werden sollte. Die Frage ist demnach nur, welche der beiden widersprüchlichen Vereinbarungen nach dem Parteiwillen unter Berücksichtigung der §§ 133, 157 BGB vorrangig gelten sollte. Dies ist ersichtlich die Rückzahlungspflicht zum richtigen Kurswert, so dass S dem G nurmehr 300,– Mark (30.000,– × 0,01 Mark) schuldet.[34]

18   Zu bedenken ist freilich, dass die Auslegung wegen der Abstraktheit des Schuldversprechens (§ 781 BGB) nicht dieses selbst betrifft, sodass daraus grundsätzlich in voller Höhe vorgegangen werden kann.[35] Einem Vorgehen in voller Höhe steht jedoch § 812 Abs. 2 BGB entgegen, weil die Schuldscheine, soweit ihr Betrag 300,– Mark übersteigt, rechtsgrundlos geleistet wurden. Da es diesbezüglich an einer causa fehlt, können sie zurückgefordert werden. Und wegen § 821 BGB kann aus den Schuldscheinen auch nicht in voller Höhe, sondern nur in Höhe von 300,– Mark geklagt werden.

b) Die Auslegung innerhalb der Risikoverteilung

19 Sedes materiae der zweiten Frage ist die Risikoverteilung, die deshalb auch in der Fallbearbeitung den größten argumentativen Aufwand verursacht. Geschäftsgrundlage ist eben nicht nur ein Umstand, den mindestens eine Partei beim Vertragsschluss vorausgesetzt hat und ohne den sie den Vertrag nicht oder nicht so abgeschlossen hätte, sondern auf den sich die andere Partei redlicherweise hätte einlassen müssen. Dieses **normative Element** verlangt dem Gesetzeswortlaut nach eine Risikozuweisung. Welches Risiko welche Partei nach dem Inhalt des Vertrags übernommen hat, ergibt sich indes nicht allein aus dessen Wortlaut, sondern wesentlich im Wege der Auslegung; nur sie kann darüber entscheiden, welche unvorhergesehenen Ereignisse in wessen Risikobereich fallen.[36]

---

33 Zu den Einzelheiten der Unterscheidung zwischen abstraktem und deklaratorischem Schuldanerkenntnis bzw. Zeugnis gegen sich selbst *Petersen*, Rn. 548 ff.
34 *Flume*, § 26, 4a.
35 *Medicus/Petersen* BR, Rn. 154.
36 *Medicus/Petersen* BR, Rn. 165a.

4. Gesetzesverstoß und Sittenwidrigkeit

Verstöße gegen die §§ 134, 138 BGB gehen oft mit Auslegungsfragen einher.[37] Für **20** den Fall des Gesetzesverstoßes folgt dies bereits daraus, dass erst durch Auslegung zu ermitteln ist, ob eine Vorschrift überhaupt ein Verbotsgesetz im Sinne des § 134 BGB darstellt. Allerdings betrifft diese Frage nicht den vorliegenden Zusammenhang, weil es sich dabei um ein Problem der **Gesetzesauslegung** handelt. Demgegenüber geht es hier um den Inhalt des Rechtsgeschäfts, der im Wege der Auslegung ermittelt werden muss. Den so verstandenen Inhalt des Geschäfts kann man dann am Maßstab des Gesetzes bzw. der guten Sitten messen.[38]

Abschließend seien die diesbezüglichen Zweifel anhand folgenden Falles illust- **21** riert: A bittet den befreundeten Kfz-Werkstattbetreiber B, seinen roten Wagen umzuspritzen; „schwarz natürlich", wie er hinzufügt. Zu seinem Entsetzen lackiert B den Wagen mit schwarzem Lack. Fraglich ist, mit welchem Inhalt der Vertrag in diesem Fall zustande gekommen ist. A wollte offenbar, dass B in der Rechnung keine Mehrwertsteuer ausweist; die damit einhergehende Steuerhinterziehung (§ 370 AO) macht den Vertrag indes nur nach § 134 BGB nichtig, wenn sie geradezu den Hauptzweck des Vertrags ausmacht.[39] Das kann hier jedoch unentschieden bleiben, weil B diesen Zweck gar nicht wahrgenommen hat, sondern vielmehr instinktiv „rechtstreu" handelte. Insofern könnte man sich fragen, ob nicht ein versteckter Dissens im Sinne des § 155 BGB vorlag. Jedoch ist insoweit der oben[40] behandelte Vorrang der Auslegung zu beachten. Es fragt sich demnach, wie B die Erklärung nach §§ 133, 157 BGB redlicherweise verstehen durfte. Angesichts des von A intendierten, wenngleich fehlgeschlagenen Versuchs, gegen die Abgabenordnung zu verstoßen, wird man nicht sagen können, dass B die Offerte anders verstehen musste, als er dies tatsächlich getan hat. Folglich ist ein Vertrag zustande gekommen mit dem Inhalt, dass der Wagen farblich schwarz gestaltet werden sollte.

IV. Exkurs: Die Auslegung von letztwilligen Verfügungen

Die Auslegung spielt im Allgemeinen Teil und im Erbrecht eine zentrale Rolle. Die **22** Auslegungsregeln des Erbrechts können nur verstanden werden, wenn man diese beiden Bücher des BGB zusammenhängend betrachtet. Gerade das Verständnis der grundlegenden Vorschrift des § 133 BGB erklärt sich nur vor diesem Hintergrund.

Im Erbrecht nimmt die Auslegung nicht nur in der Praxis eine überragende Rolle **23** ein, sondern sie ist auch für die Fallbearbeitung außerordentlich bedeutsam. Insbesondere geht sie der Anfechtung vor.[41] Kaum eine Aufgabe aus dem Erbrecht hält nicht zumindest kleinere Auslegungsfragen bereit. Das hängt zunächst mit der angesprochenen praktischen Bedeutung zusammen. Diese wiederum geht darauf zurück, dass sich der Erblasser, gerade beim **eigenhändigen Testament**, häufig unklar und laien-

---

37 Näher unten § 26 zu den gesetzlichen Verboten bzw. § 27 zum Verstoß gegen die guten Sitten.
38 *Medicus*, Rn. 316.
39 BGHZ 14, 25, 30 f.; BGH NJW 1983, 1844; dazu bereits oben § 10 Rn. 35 und noch näher unten § 26 Rn. 7.
40 Unter Rn. 11.
41 *Brox/Walker*, Erbrecht, 24. Auflage 2010, Rn. 199; dazu sogleich unter Rn. 36.

haft ausdrückt. Die Feinheiten sind dem nicht fachjuristisch Beratenen nicht geläufig. Gerade wenn er meint, sich juristisch korrekt auszudrücken, wird die korrekte rechtliche Qualifizierung nicht selten besonders zweifelhaft. Die besondere Schwierigkeit geht dann dahin, seiner letztwilligen Verfügung diejenige Bedeutung zuzumessen, die ihm nach der Vorstellung des Erblassers am ehesten zukommen sollte. Eine Prämisse nach Art des § 305c Abs. 2 BGB, wonach Unklarheiten zu Lasten desjenigen gehen, der die missverständliche Regelung verwendet hat, verbietet sich schon wegen des das ganze Erbrecht durchziehenden Grundsatzes der **benigna interpretatio**, der seine gesetzliche Ausprägung in § 2084 BGB gefunden hat: Es soll diejenige Bedeutung ermittelt werden, die dem Willen des Erblassers am nahesten kommt und am ehesten Rechnung trägt. Da dieser aber verstorben ist, kann er nicht mehr selbst gehört werden, so dass die Auslegungsgrundsätze von vornherein andere sind als bei der Auslegung von Rechtsgeschäften im Allgemeinen Teil.

1. Das Verhältnis der allgemeinen Auslegungsvorschriften zu den besonderen

24 Dementsprechend hält das Erbrecht eine Reihe besonderer Auslegungsvorschriften bereit, deren richtige Handhabung zu den wesentlichen Fragen der erbrechtlichen Prüfung gehört. Denn wie so häufig kann das Besondere, also die speziellen Auslegungsvorschriften, nur im Licht des Allgemeinen, also der Auslegung nach Maßgabe der §§ 133, 157 BGB, begriffen werden.

a) Unmaßgeblichkeit des § 157 BGB im Erbrecht

25 Dabei ist freilich im Ausgangspunkt hervorzuheben, dass für die Vorschrift des § 157 BGB im Erbrecht nur wenig Platz ist, weil sie einen gegenseitigen Vertrag voraussetzt, an dem es beim Testament gerade fehlt. Die mangelnde Berücksichtigung des Empfängerhorizonts ist auch wertungsmäßig legitimiert, weil niemand auf das Bestehen einer letztwilligen Verfügung – geschweige denn mit einem bestimmten Inhalt – zu seinen Gunsten vertrauen kann.[42] Bei letztwilligen Verfügungen besteht mit anderen Worten kein Vertrauensschutz. Hingegen ist beim **gemeinschaftlichen Testament** (§§ 2265 ff. BGB) und beim **Erbvertrag** (§§ 2274 ff. BGB) Raum für die zusätzliche Anwendung des § 157 BGB. Jedenfalls, soweit es um wechselseitige bzw. vertragsmäßige Verfügungen geht, kommt es nicht nur darauf an, was der Verstorbene gewollt hat, sondern auch darauf, wie der andere Teil es redlicherweise verstehen durfte.[43] Hingegen handelt es sich beim **Erbschaftskauf** (§§ 2371 ff. BGB) um einen modifizierten Kaufvertrag unter Lebenden, auf den grundsätzlich die allgemeinen Vorschriften anwendbar sind, soweit nichts anderes im Gesetz bestimmt ist.[44]

---

42 *Schlüter*, Erbrecht, 16. Auflage 2007, Rn. 191.
43 *Olzen*, Erbrecht, 3. Auflage 2009, Rn. 605 ff.
44 *Olzen*, Erbrecht, 3. Auflage 2009, Rn. 1281 ff.

b) Vorschneller Rekurs auf die Auslegungsvorschriften als Grundlagenfehler

Mit der Kenntnis der einschlägigen allgemeinen Vorschrift ist jedoch die entschei- 26
dende Klippe noch nicht übersprungen, sondern im Gegenteil das Problem in der
Fallbearbeitung erst aufgezeigt. Denn der Punkt, an dem viele Kandidaten in der
Fallbearbeitung scheitern, liegt gerade im richtigen Verständnis und Wissen um die
Einschlägigkeit der ins Visier genommenen Auslegungsvorschrift. Anders gewendet:
Vielfach wird in der Klausur oder Hausarbeit eine einschlägig erscheinende Auslegungsvorschrift ohne weiteres herangezogen, d.h. ohne Rücksicht darauf, dass die
vorrangige Auslegung nach Maßgabe des § 133 BGB etwas anderes gebietet. Nicht
selten sind die Prüfungsaufgaben sogar so gestellt, dass sie sich mit einer der im
Erbrecht normierten speziellen Auslegungsvorschriften vergleichsweise leicht lösen
ließe, wenn diese nur anwendbar wäre; mitunter ist dies dann aber wegen des vorrangigen § 133 BGB gar nicht der Fall. Diese Fehlerquelle gehört zu denjenigen Stellen, an
denen der Prüfer sehr schnell erkennen kann, ob das Erbrecht gelernt und verstanden
oder in der Vorbereitung beiseitegelassen wurde.

c) Primat der Auslegung nach § 133 BGB

Damit ist die Grundregel bereits zum Ausdruck gekommen: Zunächst und vor allem 27
ist die letztwillige Verfügung nach § 133 BGB auszulegen. Lässt sich mit Hilfe dieser
allgemeinen Regelung kein eindeutiges Ergebnis finden, so darf auf die speziellen
Auslegungsvorschriften rekurriert werden. Wie die meisten systematischen Grundfragen kann man dies auch mit dem Wortlaut der Bestimmungen belegen. So ist nach
§ 2084 BGB **im Zweifel** diejenige Auslegung vorzunehmen, bei welcher die Verfügung
Erfolg hat, wenn der Inhalt der letztwilligen Verfügung verschiedene Auslegungen
zulässt. Ob jedoch ein Zweifel besteht, bemisst sich nach § 133 BGB. Ist das Ergebnis
der Auslegung nach dieser Vorschrift schon eindeutig, besteht kein Zweifel und die
Auslegungsvorschriften kommen nicht zum Zug, auch wenn die Aufgabe gerade auf
diese zugeschnitten erscheint.

d) Die Auslegung nach § 133 BGB

§ 133 BGB hilft der Ermittlung und der Verwirklichung des wahren letzten Willens des 28
Erblassers.[45] Zu ermitteln ist also der wirkliche Wille des Erklärenden zum Zeitpunkt
der Errichtung der letztwilligen Verfügung. Entscheidend ist nicht unbedingt der vom
Erblasser gewählte Wortlaut, sondern dasjenige, was er damit sagen wollte.[46] Daher
kommt es auch nicht auf den objektiven Sinngehalt der Erklärung an. Vielmehr ist
der wirkliche Wille des Erklärenden zu ermitteln.[47] Auch Umstände außerhalb des
Testaments können hierfür herangezogen werden. Hier zeigt sich besonders deutlich
der Unterschied zu § 157 BGB, da es aus den oben[48] genannten Gründen gerade nicht
darauf ankommt, wie ein Erklärungsempfänger das Gesagte redlicherweise verstehen
durfte.

---

45 Dazu *Lange*, JherJb 82 (1932), 1 ff.
46 BGHZ 86, 41, 46; BGH NJW 1993, 256.
47 BGHZ 80, 246, 249; 86, 41, 45.
48 Rn. 24 ff.

29   Die Bedeutung des § 133 BGB im Erbrecht zeigt sich auch im Zusammenhang mit § 2087 Abs. 1 BGB, wonach die letztwillige Verfügung des Erblassers dann, wenn er sein Vermögen oder einen Bruchteil dessen dem Bedachten zugewendet hat, als **Erbeinsetzung** anzusehen ist, selbst wenn der Bedachte nicht als Erbe bezeichnet ist. Da nämlich der Laie sich regelmäßig im Unklaren über den Unterschied zwischen Vermächtnis (§§ 2147 ff. BGB) und Erbschaft ist (vgl. § 1939 BGB), kann es nicht allein auf die vom Erblasser gebrauchte Wendung ankommen.[49] Deshalb ist nach § 133 BGB der wirkliche Wille zu erforschen und nicht an dem buchstäblichen Sinn des Ausdrucks zu haften. Somit kommt es nicht auf den Wortlaut des Testaments an, also ob der Erblasser von „erben" oder „vermachen" gesprochen hat, sondern auf den sachlichen Inhalt seiner Verfügung. Dementsprechend beschränkt sich die Bedeutung des § 2087 Abs. 2 BGB auf die Auslegung solcher Verfügungen, bei denen erst noch zu ermitteln ist, was der Verstorbene mit der Zuwendung von Einzelgegenständen wirklich gewollt hat.[50] Mit diesem Vorrangverhältnis wird das soeben Gesagte nochmals untermauert.[51]

e) Das Verhältnis des § 133 BGB zu § 2084 BGB

30   Das Verhältnis von § 133 BGB zu § 2084 BGB wird nicht zuletzt dann relevant, wenn es darauf ankommt, ob ein Schriftstück ein Testament darstellt oder ob es sich etwa nur um einen unbeachtlichen Entwurf handelt. Bei unbedarfter Betrachtungsweise könnte man daran denken, dass es hierfür auf § 2084 BGB ankommt und danach im Zweifel ein Testament vorliegt. Das ist jedoch falsch, wie sich auch im Wege der exakten Subsumtion ergibt. Denn § 2084 BGB setzt tatbestandlich eine letztwillige Verfügung voraus; darüber kann die Vorschrift nicht hinweg helfen. Hier geht es jedoch darum, *ob* eine letztwillige Verfügung vorliegt. Das ist eine Frage des **Rechtsbindungswillens**[52] und daher nach Maßgabe des § 133 BGB zu beantworten.[53] Erst wenn dies geklärt ist und dann nach dem Inhalt der letztwilligen Verfügung noch verschiedene Auslegungen in Betracht kommen, ist der Weg für § 2084 BGB eröffnet. Dieses Beispiel veranschaulicht das Verhältnis des Allgemeinen Teils zum Erbrecht, das zahlreiche Klausuren zum Gegenstand hat. Zugleich belegt dies, dass das Erbrecht, welches nach den meisten Prüfungsordnungen in den Grundzügen beherrscht werden muss, gerade dort prüfungsrelevant wird, wo es in Kontakt zu Instituten tritt, die, wie hier die Problematik des Rechtsbindungswillens, unzweifelhaft dem Pflichtfachstoff zugehören.

2. Die ergänzende Auslegung im Erbrecht

31   Als einseitige, nicht empfangsbedürftige Willenserklärung stellt das **Testament** den Auslegenden, wie gesehen, vor besondere Schwierigkeiten. Diese vergrößern sich, wenn die Testamentsauslegung allein nicht weiter hilft, weil sich die Umstände nach

---

49 BayObLG FamRZ 1995, 835; OLG Köln, Rpfleger 1992, 199; *Horn/Kroiß*, NJW 2012, 666.
50 Palandt/*Weidlich*, 71. Auflage 2012, § 2087 Rn. 1.
51 Vgl. oben unter c).
52 Zu ihm *Medicus*, Rn. 191.
53 BGHZ 86, 41, 45; 80, 246, 249; BGH FamRZ 1987, 475, 476; NJW 1993, 256.

Errichtung und womöglich noch nach dem Tode des Erblassers geändert haben. Aber selbst wenn die Umstände schon zum Zeitpunkt der Errichtung vorlagen, dem Testator aber nicht bekannt waren, stellt sich die Frage, ob man nicht neben dem ausdrücklich fixierten auch den **hypothetischen Willen des Erblassers** mit berücksichtigen muss. Es geht also um die Frage, welchen Willen der Erblasser gehabt und geäußert hätte, wenn er das ihm unbekannte oder später eintretende Ereignis gekannt hätte. Dagegen hilft die Umdeutung in diesen Fällen nicht weiter, da diese die Nichtigkeit des Rechtsgeschäfts voraussetzt. Das bedeutet freilich zugleich, dass bei einer nichtigen letztwilligen Verfügung nurmehr die Umdeutung nach § 140 BGB, die Auslegung hingegen nicht mehr möglich ist.

a) Die Andeutungstheorie

Damit ist die Frage nach Möglichkeit und Grenzen der ergänzenden Auslegung **32** gestellt.[54] Hinter dieser steht ein gravierendes Sachproblem, da eine zu weitgehende Zulassung zugleich eine Aushöhlung des erbrechtlichen Formzwangs bedeutet würde.[55] Denn eine Auslegung, die sich nur auf hypothetische Elemente stützt, läuft Gefahr, gänzlich „freihändig" zu erfolgen und den **erbrechtlichen Formzwang** auf diese Weise preiszugeben, weil damit de facto formlose Verfügungen möglich wären. Dem soll die von der Rechtsprechung[56] und h.L.[57] vertretene Andeutungstheorie entgegenwirken. Diese verlangt einen im Testament zumindest andeutungsweise zum Ausdruck gekommenen Anhaltspunkt für den im Wege der ergänzenden Testamentsauslegung ermittelten hypothetischen Erblasserwillen. Es geht der Andeutungstheorie also nicht so sehr um eine Einschränkung der Auslegung als vielmehr um die Gewährleistung, dass der durch sie ermittelte Wille formgerecht (§§ 2247, 125 BGB) erklärt worden ist.[58]

b) Gegner der Andeutungstheorie

Eine starke Strömung im Schrifttum fordert demgegenüber keinen sprachlichen **33** Anhaltspunkt im Testament, weil für die ergänzende Testamentsauslegung gerade typisch ist, dass sie eine Lücke voraussetzt.[59] Denn dann bedürfe es einer Andeutung in derartigen Fällen gar nicht, sofern sich die Auslegung nur innerhalb der Grenzen der nachvollziehbaren Planung des Testators hält und die Verfügung weiter entwickelt, ohne sie freilich einer neuen Regelung zuzuführen, die der Erblasser nicht getroffen hat.[60] Gegen die Andeutungstheorie wird auch geltend gemacht, dass die Andeutungen rein zufälliger Art sein können und damit letztlich der Zufall darüber

---

54 Vgl. nur BayObLG FamRZ 1997, 1509.

55 *Schlüter*, Erbrecht, 16. Auflage 2007, Rn. 193.

56 BGH NJW 1985, 1554, 1555; BayObLG FamRZ 1997, 1509; BGH ZEV 1997, 376.

57 Vgl. nur Jauernig/*Stürner*, 14. Auflage 2011, § 2084 Rn. 4.

58 BGHZ 80, 246, 248.

59 So *Lange/Kuchinke*, Erbrecht, 5. Auflage 2001, § 34 III 5 c).

60 Vgl. *Flume*, § 16, 5); *dens.*, FS zum hundertjährigen Bestehen des Deutschen Juristentages, 1960, Band 1, S. 135, 190.

entscheidet, ob eine ergänzende Auslegung noch von einer entsprechenden Andeutung gedeckt ist.[61]

c) Stellungnahme

34 Die Andeutungstheorie ist in der Tat abzulehnen. In den allermeisten Fällen führt sie nicht wesentlich weiter als die gesetzlich fixierten Auslegungsregeln. Auch wenn sie ihrem Zweck nach eher ein eindämmendes Negativkriterium darstellt, ist ihre Leistungsfähigkeit – der zentrale Gesichtspunkt einer juristischen Theorie[62] – damit eingeschränkt. Denn wenn dasjenige, was Ergebnis der Auslegung sein soll, zumindest in der Verfügung angedeutet sein muss, wird man es in der Regel auch schon im Wege der erläuternden Auslegung aus dieser herauslesen können. Im Übrigen kollidiert die Andeutungstheorie in vielen Fällen mit § 133 BGB, wonach bei der Auslegung einer Willenserklärung nicht an dem buchstäblichen Sinne des Ausdrucks zu haften ist; genau dazu führt die Anwendung der Andeutungstheorie indes vielfach. Damit gewinnt eine von Seiten des Erblassers unüberlegt gebrauchte Wendung mitunter eine Bedeutung, die ihr nicht zukommen sollte, und auf Seiten der Nachwelt gerät ihre Auslegung zur Kaffeesatzleserei.

35 Der anerkennenswerte Zweck der Andeutungstheorie besteht in der Eindämmung einer unterstellenden Auslegung. Zu wenig berücksichtigt wurde jedoch bislang, dass im Erbrecht für die Grundsätze über den Wegfall der Geschäftsgrundlage grundsätzlich kein Raum ist, weil es an einem gegenseitigen Vertrag fehlt.[63] Die Rechtsprechung wendet § 313 BGB daher auf letztwillige Verfügungen nicht an.[64] Das ist sachgerecht, weil letztwillige Verfügungen gerade über größere Nachlässe naturgemäß weit in die Zukunft wirken und daher nicht über die Geschäftsgrundlage abgeändert werden sollen.[65] Das muss auch bei der ergänzenden Auslegung beachtet werden, die der Bundesgerichtshof jedoch gerade dort für prinzipiell möglich gehalten hat, wo bei gegenseitigen Schuldverträgen eine Geschäftsgrundlagenstörung in Betracht gezogen würde.[66] Die ergänzende Testamentsauslegung ist mit anderen Worten nicht zuletzt auch ein funktionelles Korrelat für die mangelnde Möglichkeit eines Vorgehens nach § 313 BGB. Daher sollte man an Stelle der insoweit unbehelflichen Andeutungstheorie bei der ergänzenden Testamentsauslegung in Analogie zu den §§ 133, 140 BGB fragen, was der Erblasser hypothetisch gewollt hätte, wenn der den nach Errichtung des Testaments oder nach seinem Tode eingetretenen Umstand gekannt und bedacht hätte, wobei sich dieser hypothetische Wille natürlich in den erkennbaren Sinngehalt der letztwilligen Verfügung einfügen können muss.

---

61 *Brox*, JA 1984, 549.
62 *Canaris*, JZ 1993, 377.
63 *Leipold*, Erbrecht, 19. Auflage 2012, Rn. 391 mit Fußnote 46; beim schuldrechtlichen Teil des Erbverzichts sind die Regeln über die Geschäftsgrundlage aber anwendbar; ebd., Rn. 548.
64 BGH NJW 1993, 850; OLG Düsseldorf ZEV 1996, 466.
65 *Medicus*, ZEV 1996, 467.
66 BGH NJW 1993, 850.

3. Das Verhältnis der Auslegung zur Anfechtung

Die Auslegung geht auch im Erbrecht grundsätzlich der Anfechtung vor. Da die **36** Anfechtungsmöglichkeit einer Willenserklärung eng mit der Auslegung nach dem **objektiven Empfängerhorizont** zusammenhängt, schränkt die Auslegung allein nach dem wirklichen Willen des Erblassers den Anwendungsbereich der Anfechtung zwangsläufig stark ein. Dem steht auch § 2078 BGB nicht entgegen. Die Existenz dieser Norm ist der Auslegungspraxis der Jahrhundertwende des 19. Jahrhunderts geschuldet, welche sich stark am Wortlaut der letztwilligen Verfügung orientierte. Durch die veränderte Auslegungspraxis hat § 2078 Abs. 1 BGB nunmehr einen vergleichsweise geringen Anwendungsbereich.[67] Das liegt nicht zuletzt daran, dass die erbrechtlichen Auslegungsregeln dem Willen des Erblassers soweit nur irgend möglich zur Geltung verhelfen wollen (vgl. § 2084 BGB). Die Anfechtung ließe aber die letztwillige Verfügung als solche entfallen und die gesetzliche Erbfolge träte in Kraft. Dass jene jedoch gerade nicht dem Willen des Erblassers entspricht, hat er durch Abfassung der letztwilligen Verfügung deutlich zum Ausdruck gebracht.

4. Auslegung letztwilliger Verfügungen bei Auflösung der Ehe

Die Auslegung letztwilliger Verfügungen ist gerade in Fällen, in denen zugleich eine **37** familienrechtliche Berührung besteht, von Interesse. Paradigmatisch ist der Fall, dass der Erblasser schlicht seine „Ehefrau" zu einem Zeitpunkt als Erbin eingesetzt hat, währenddessen seine erste Frau noch lebte. Ändert er nach Wiederverheiratung sein Testament nicht, so ergibt die Auslegung, dass nur seine erste, nicht aber seine zweite Frau Erbin ist – und zwar selbst dann, wenn er dies Dritten gegenüber erklärt hat.[68] Denn diese Erklärung genügt nicht der gesetzlich vorausgesetzten Form, so dass auch eine ergänzende Auslegung hier – jedenfalls vom Standpunkt der h.M. – nicht weiter hilft.

a) Die Sonderregelung des § 2077 BGB

Eine leicht zu übersehende, aber nichtsdestoweniger wichtige Auslegungsvorschrift **38** mit elementarem Gerechtigkeitsgehalt findet sich an eher entlegener Stelle in § 2077 BGB. Eine letztwillige Verfügung, durch die der Erblasser seinen **Ehegatten** bedacht hat, ist nach § 2077 Abs. 1 BGB unwirksam, wenn die Ehe vor dem Tode des Erblassers aufgelöst worden ist. Damit besteht an sich die Situation der Nichtigkeit, in der eine Auslegung, wie bereits oben dargestellt, nicht mehr in Betracht kommt. Nach § 2077 Abs. 3 BGB ist jedoch die Verfügung nicht unwirksam, wenn anzunehmen ist, dass der Erblasser sie auch für einen solchen Fall getroffen haben würde. § 2077 Abs. 3 BGB ist also eine Auslegungsregel,[69] die deshalb auch in den vorliegenden Zusammenhang gehört. Der Grund der Regelung liegt darin, dass eine solche Verfügung auf der durch die Ehe bedingten familienrechtlichen Bindung beruht.[70] Allerdings ist auch im

---

67 *Brox/Walker*, Erbrecht, 24. Auflage 2010, Rn. 199.
68 Vgl. RGZ 134, 277, 278; ebenso *Schlüter*, Erbrecht, 16. Auflage 2007, Rn. 193.
69 BGH FamRZ 1960, 28; NJW 2003, 2095.
70 MüKo/*Leipold*, 5. Auflage 2010, § 2077 Rn. 1.

Rahmen des § 2077 Abs. 3 BGB zu berücksichtigen, dass es ebenso wie bei den weiter oben behandelten Auslegungsregeln auf den hypothetischen Erblasserwillen nur dann ankommt, wenn die Auslegung ergibt, dass kein wirklicher und irrtumsfreier Wille des Erblassers ersichtlich ist.[71]

b) Die Rechtslage bei der Lebensversicherung

39 Den bisher behandelten Fragen lässt sich noch eine damit zusammenhängende anfügen, die gleichsam die Probe aufs Exempel macht: Wie verhält es sich nämlich, wenn die Ehefrau als Bezugsberechtigte einer Lebensversicherung des Ehemannes eingesetzt ist, die Ehe jedoch vor dem Tode des Versicherungsnehmers geschieden wurde oder zumindest die Voraussetzungen der Scheidung vorgelegen haben.[72] Hier sind zwei grundsätzliche Lösungen denkbar, die auch beide vertreten werden. Die Rechtsprechung zieht die Regeln über den **Wegfall der Geschäftsgrundlage** heran und entscheidet nach den Umständen des Einzelfalls, wem die Versicherungssumme gebührt.[73] Im Schrifttum wird demgegenüber über eine Analogie zu § 2077 Abs. 1 BGB nachgedacht,[74] der für den entsprechenden Fall beim Testament grundsätzlich die Unwirksamkeit der letztwilligen Verfügung bestimmt.[75] Die Rechtsprechung und h.M. hat dies bislang aus Gründen der Rechtssicherheit und im Interesse des Vertragspartners abgelehnt. Letzteres verfängt jedoch nicht, weil beim Versicherungsvertrag den Interessen des Vertragspartners schon dadurch entsprochen ist, dass er **Einwendungen** nach § 334 auch dem Drittbegünstigten entgegenhalten kann. Gewiss hat das Instrument der Geschäftsgrundlage den Charme des Flexiblen für sich, mit dem etwaige Härten abgemildert werden können. Aber dass dies nicht überall wirkungsvoll ist, sei abschließend an folgendem kurios anmutenden Beispielsfall aus der Praxis gezeigt, der allerdings letztlich vergleichsweise beigelegt wurde: Der Erblasser war zweimal verheiratet. Nach seinem Tod fand man einen Versicherungsschein aus der Zeit seiner ersten Ehe, auf den als weitere **Bezugsberechtigte** eingetragen war: „meine Frau". Nun hätte man meinen können, dass die Versicherung im Lauf der Zeit in Vergessenheit geraten und deshalb eine Umtragung oder Präzisierung unterblieben war. Die Pointe bestand jedoch darin, das sich im Nachhinein zweifelsfrei ermitteln ließ, dass sich der Erblasser dessen bewusst war und er nach wie vor seine erste Frau begünstigen wollte.

40 Die Lösung über die Grundsätze der Geschäftsgrundlage begegnet hier Zweifeln. Denn beim insoweit maßgeblichen Abschluss des Vertrags dürfte die Scheidung von seiner Frau ein Umstand gewesen sein, der, wenn er sich dessen bewusst gewesen wäre, vielleicht dazu geführt hätte, dass er den Vertrag nicht oder nicht so abgeschlossen hätte. Genau weiß man dies freilich auch bei normativer Betrachtung im Nachhinein nicht, weshalb die Geschäftsgrundlagenlösung die verheißene Rechtssicherheit auch nicht unter allen Umständen gewährleisten kann. Dagegen hat § 2077 BGB für

---

71 BGH FamRZ 1960, 28.

72 Näher zum Schicksal der Lebensversicherung in Fällen mit erbrechtlicher Berührung *Petersen*, Von der Interessenjurisprudenz zur Wertungsjurisprudenz, 2001, S. 19 ff.; *ders.*, AcP 204 (2004), 832.

73 BGH NJW 1987, 3131.

74 Vgl. *Tappmeier*, DNotZ 1987, 715; Völkel, VersR 1992, 539.

75 Zum Ganzen *Winter*, in: Bruck/Möller, VVG-Kommentar, 8. Auflage 1988, Anm. H 71; *Liebl-Wachsmuth*, VersR 1983, 1004.

entsprechende Fälle beim Testament Vorsorge getroffen: Nach dessen Absatz drei ist die letztwillige Verfügung dann nicht unwirksam, wenn anzunehmen ist, dass der Erblasser sie auch für einen solchen Fall getroffen haben würde. Das kann hier angenommen werden und ist auch interessengerecht, sodass der Lösung über § 2077 BGB der Vorzug zu geben ist, und zwar gerade aus Gründen der Rechtssicherheit.[76]

---

76 *Petersen*, AcP 204 (2004), 832, 851 ff.

§ 12 Das Zustandekommen des Vertrags

I. Der Vertrag

1 Die Ebenen des Zustandekommens und der Wirksamkeit des Vertrags müssen in der Fallbearbeitung sorgsam unterschieden werden.[1] Diese Unterscheidung ist nämlich – wie im Übrigen jede richtige dogmatische Einordnung – unmittelbar für die Fallbearbeitung relevant, weil sich daraus nicht zuletzt die **Prüfungsreihenfolge** ergibt.[2] Denn wenn man Zustandekommen und Wirksamkeit des Vertrags nicht klar unterscheidet, ist ein Durcheinander kaum zu vermeiden, und es schleichen sich nahezu zwangsläufig Folgefehler ein. So ist etwa für die Prüfung der Anfechtung wesentlich, dass zunächst festgestellt wird, dass ein Vertrag tatbestandlich vorliegt, weil dieser selbst und nicht die einzelne Willenserklärung Gegenstand der Anfechtung ist.[3] Andernfalls gelangt man zu der wenig sinnvollen Prüfung des Antrags mit allen möglichen Wirksamkeitshindernissen und kann, insbesondere wenn eines von ihnen durchgreift, schwerlich noch zur Erörterung der womöglich erklärten Annahme Stellung nehmen.

1. Tatbestand und Wirksamkeit des Vertrags

2 Von besonderer dogmatischer Bedeutung ist die Unterscheidung zwischen der Wirksamkeit der Willenserklärung und der **Wirksamkeit des Vertrags.** Das zeigt sich in denjenigen Konstellationen, in denen ein Vertrag gar nicht erst zustande kommt und sich die Frage seiner Wirksamkeit überhaupt nicht stellt. So verhält es sich in allen Fällen, in denen die auf den Vertragsschluss zielende Erklärung ipso iure nichtig ist, wie dies etwa § 105 Abs. 1 BGB für die Willenserklärung eines Geschäftsunfähigen anordnet.[4] Dem Gesetz liegt hier die Wertung zugrunde,[5] dass die Willenserklärung eines Geschäftsunfähigen gar keine Wirkungen haben und demgemäß auch keinen Vertrag zustande bringen soll.[6] Auf der anderen Seite ist mit der Feststellung der Wirksamkeit der Willenserklärung noch nichts über die Wirksamkeit des Vertrags gesagt, der ohne weiteres zustande gekommen, gleichwohl aber wegen Formverstoßes, Sittenwidrigkeit, des Verstoßes gegen ein gesetzliches Verbot etc. nichtig sein kann.[7] Die Vertragsschließenden können durch ihre Willenserklärungen also rechtsgeschäftlich

---

1 Grundlegend *Leenen*, AcP 188 (1988), 381; *ders.* Vorbem. zu § 8 Rn. 1 ff. Instruktiv im Hinblick auf die europarechtlichen Bestrebungen *Armbrüster*, Jura 2007, 321; zu den Problemen der Vertragsbindung und Vertragslösung in rechtsvergleichender Betrachtung *Stathopoulos*, AcP 194 (1994), 543.

2 Zum Folgenden auch *Fritzsche*, JA 2006, 674.

3 *Leenen*, Jura 1991, 393; *ders.*, Jura 2007, 728; *Faust*, § 23 Rn. 9; *Petersen*, Liber Amicorum Leenen, 2012, S. 219; anders freilich die h.L; vgl. nur *Brox/Walker*, Rn. 439.

4 *Leenen*, AcP 188 (1988), 381, 386 f.; *Armbrüster*, Jura 2007, 321 f.

5 Ob diese systematisch folgerichtig und geboten ist, soll hier nicht beurteilt werden; ablehnend insoweit *Canaris*, JZ 1987, 993, 996; *ders.*, JZ 1989, 494 ff.

6 *Leenen*, FS Canaris, 2007, S. 699, 702, erarbeitet demgemäß die Ordnungsgesichtspunkte Tatbestand, Wirksamkeit und Wirkungen.

7 *Leenen*, FS Canaris, 2007, S. 699, 701.

und privatautonom bestimmen,[8] mit welchem Inhalt[9] und zu welchen Bedingungen der Vertrag *zustande kommen* soll; die *Wirksamkeit* des Vertrags steht dagegen nicht in ihrem Belieben.[10] Demgemäß geht auch die Rechtsprechung[11] im Einklang mit den Motiven zum BGB[12] davon aus, dass auch ohne Einwilligung i.S.d. § 107 BGB der Tatbestand eines Vertrags vorliegt, diesem aber aus Rechtsgründen (§§ 108 ff. BGB) die Wirksamkeit versagt sein kann.[13]

2. Verpflichtende und verfügende Verträge

Entgegen einer in der Fallbearbeitung immer wieder zu beobachtenden Fehlvorstel- 3
lung betreffen die §§ 145 ff. BGB nicht nur Schuldverträge, mag auch der Kaufvertrag ein besonders eindrückliches Beispiel darstellen, anhand dessen das Zustandekommen des Vertrags am deutlichsten erklärt werden kann. Vielmehr gelten die §§ 145 ff. BGB entsprechend ihrer systematischen Stellung im Allgemeinen Teil („vor der Klammer") für alle Verträge. So folgt etwa die Einigung i.S.d. § 929 S. 1 BGB ebenso den Vorschriften der Rechtsgeschäftslehre, insbesondere eben den §§ 145 ff. BGB. Freilich ist trotz des gemeinsamen Rückgriffs auf die §§ 145 ff. BGB stets zwischen Schuldverträgen und Verfügungen zu unterscheiden. Entgegen der Ansicht vieler Examenskandidaten findet sich die Trennlinie zwischen Verpflichtung und Verfügung nicht zwischen dem zweiten und dritten Buch des BGB, denn auch im Allgemeinen Schuldrecht sind mit der Abtretung und dem Erlass einzelne Verfügungen geregelt.[14] Wird etwa eine Forderung verkauft (**Factoring**), so ist der Kaufvertrag das Verpflichtungsgeschäft und die Abtretung der verkauften Forderung das Verfügungsgeschäft. Für beides bedarf es eines Vertrags, also einer rechtsgeschäftlichen Einigung i.S.d. §§ 145 ff. BGB.

II. Das Zustandekommen durch Antrag und Annahme

In der Fallbearbeitung ist der wichtigste Fall des Zustandekommens eines Vertrags der- 4
jenige, bei dem der Antrag von dem anderen Teil angenommen wird (§ 151 S. 1 BGB). Es ist jedoch nicht der einzig mögliche Fall, wie § 156 BGB für den Vertragsschluss durch Zuschlag bei einer **Versteigerung** zeigt.[15] Mangels Zuschlags gilt § 156 BGB jedoch nicht für die Versteigerung im Internet (sog. „Verkauf gegen Höchstgebot").[16] Daneben kann ein Vertrag – und das ist in der Praxis durchaus häufig der Fall[17] – durch Zustim-

---

8 Vgl. *Medicus*, Rn. 175: „Die Willenserklärung ist das Mittel des Rechtsgeschäfts; dieses ist das Mittel der Privatautonomie."

9 Zur Beweislast *Gsell*, AcP 203 (2003), 119.

10 *Leenen*, FS Canaris, 2007, S. 699, 702 f.; sowie S. 724; Hervorhebungen auch dort.

11 BGH NJW 2003, 514, 515.

12 Vgl. *Mugdan*, Band I, S. 426.

13 *Leenen*, FS Canaris, 2007, S. 699, 708.

14 *Petersen*, Rn. 22, 372.

15 Dort ist der Ersteigerungsauftrag noch kein Kaufantrag, vgl. BGH NJW 1983, 116.

16 BGHZ 149, 129, 133 ff.; nach BGH NJW 2005, 53, 54 gilt für das Widerrufsrecht daher auch nicht die Ausnahme des § 312d Abs. 4 Nr. 5 BGB.

17 Näher *Bischof*, Der Vertragsschluss beim verhandelten Vertrag, 2001.

mung beider Seiten zu einem zuvor ausgearbeiteten und vorbereiteten Vertragstext zustande kommen.[18]

1. Der Antrag

5 Ein Vertrag kommt durch mindestens zwei übereinstimmende und mit Bezug aufeinander abgegebene Willenserklärungen zustande, Antrag und Annahme (vgl. §§ 145, 147 BGB). Häufig wird der Antrag auch als Angebot bezeichnet. Das Gesetz verwendet den Begriff des Angebots jedoch in einem anderen Zusammenhang (§§ 293 ff. BGB), so dass im Gutachten besser die genaue Terminologie des Gesetzes verwendet und vom Antrag gesprochen werden sollte.[19] Ebenfalls ungenau ist die Formulierung, dass ein Vertrag aus zwei korrespondierenden Willenserklärungen *besteht*,[20] zumal dies nicht die Sprache des Gesetzes ist. Das Gesetz spricht vielmehr davon, dass ein Vertrag *zustande kommt*, vgl. nur §§ 151 ff. BGB. Daran kann man sich auch in der Fallbearbeitung halten, indem man wie § 151 S. 1 BGB formuliert, dass der Vertrag durch die Annahme des Antrags zustande kommt.[21] Gerade die Übereinstimmung von Antrag und Annahme bereitet in der Praxis immer wieder Probleme. Die Annahme muss nach dem Wortlaut des § 151 S. 1 BGB zudem mit Bezug auf den Antrag erklärt werden („Annahme *des* Antrags"), so dass es an einem Vertragsschluss fehlt, wenn sich zwei inhaltlich übereinstimmende Erklärungen zufällig kreuzen (sog. **Kreuzofferten**).[22] Ein Teil des Schrifttums bejaht den Vertragsschluss in dieser Konstellation dennoch mit Hinweis auf die materielle Konsensbildung.[23] Ganz überwiegend wird demgegenüber jedoch erst dann von einem Vertragsschluss ausgegangen, wenn die Beteiligten nicht unverzüglich widersprechen.[24] Der Vertrag kommt folglich durch das beiderseitige Schweigen zustande. Zum Vertragsschluss im Internet[25] sei auch auf die nachfolgenden Darstellungen verwiesen.[26]

a) Konstellationen ohne Rechtsbindungswillen

6 Da der Antrag eine Willenserklärung darstellt, muss eine solche tatbestandlich vorliegen. Der Tatbestand der Willenserklärung wurde bereits an anderer Stelle behandelt, so dass darauf verwiesen werden kann. Die Willenserklärungen sind ihrerseits das gesetzliche Mittel, um den Tatbestand des Vertrags zu schaffen.[27]

---

18 *Leenen*, AcP 188 (1988), 381, 399; *Medicus/Petersen* GW, Rn. 51.
19 *Faust*, § 3 Rn. 1; *Medicus*, Rn. 357.
20 Hierzu *Faust*, § 3 Rn. 1.
21 *Leenen*, FS Canaris, 2007, S. 699, 726.
22 *Brox/Walker*, Rn. 80; siehe auch *Medicus*, Rn. 357; *Köhler*, § 8 Rn. 3.
23 *Neumayer*, FS Riese, 1964, S. 315 ff.
24 Ausführlich Staudinger/*Bork*, Neubearbeitung 2010, § 146 Rn. 7; *Flume*, § 35 II 1, S. 650.
25 Grundlegend *J. Hager*, FS Georgiades, 2005, S. 205 ff.; *ders.*, JZ 2001, 786; *Dörner*, AcP 202 (2002), 363; *Lettl*, JuS 2002, 219.
26 Unten Rn. 31 ff.
27 *Leenen*, Jura 2007, 721, 722 f.; eingehend *ders.*, FS Canaris, 2007, S. 699, 705.

aa) Die invitatio ad offerendum

Nicht immer ist ohne weiteres klar, ob jemand einen Antrag mit dem erforderlichen   7
Rechtsbindungswillen abgeben wollte. Dann ist die Erklärung zunächst auszulegen.[28]
Ein Antrag liegt dem Tatbestand nach nicht vor, wenn es sich um eine bloße invitatio
ad offerendum handelt,[29] weil dieser der erforderliche Rechtsbindungswille fehlt. Die
invitatio ad offerendum ist lediglich eine Aufforderung zur Abgabe eines Angebots,[30]
aber tatbestandlich noch kein Antrag.[31] Wer beispielsweise in einem Schaufenster,
Prospekt oder im Internet[32] gegenüber der Allgemeinheit Ware feil bietet, möchte sich
noch nicht jedem gegenüber verpflichten, der sich davon angesprochen fühlt. Denn
andernfalls drohten **Schadensersatzansprüche**,[33] wenn die Zahl der Interessenten
den Vorrat an angebotener Ware übersteigen würde.[34]

bb) Entbehrlichkeit der Anfechtung

Dementsprechend liegt auch in der Ausstellung von Ware mit einem falschen Preis-   8
schild noch kein rechtsverbindlicher Antrag, den der Interessent annehmen könnte.
Vielmehr geht der Antrag in diesem Fall vom Kunden aus, der sich durch den niedrigen Preis angesprochen fühlt, und bedarf daher noch einer Annahme durch den
Verkäufer. Da der Verkäufer diese jedoch nicht zu diesen Bedingungen erklären
wird, kommt kein Vertrag zustande,[35] so dass es auch keiner Anfechtung des Vertrags
bedarf.[36] Mitunter heißt es in derartigen Aufgaben, der Verkäufer „fechte hilfsweise
alle diesbezüglichen oder etwaigen Erklärungen an". Dann kommt es nicht selten
darauf an zu erkennen, dass eine Anfechtung gar nicht in Betracht kommt, weil es an
einem Vertrag als Gegenstand der Anfechtung fehlt,[37] so dass auch eine hilfsgutachtli-
che Prüfung der Anfechtung nicht veranlasst ist.

b) Tatbestand des Antrags

Das Gesetz sagt nicht, was ein Antrag ist und wann er vorliegt. Das ist dann der Fall,   9
wenn die vorbehaltlose Annahme zum Vertragsschluss führt;[38] der Vertrag muss also
grundsätzlich durch ein schlichtes „Ja" zustande kommen können.[39]

---

28 *Köhler*, § 8 Rn. 13; *Brehm*, Rn. 515.
29 Zu ihr *Muscheler/Schewe*, Jura 2000, 565.
30 *Köhler*, § 8 Rn. 9.
31 *Leenen*, Jura 2007, 721, 722.
32 BGH NJW 2005, 976; anders freilich bei der Freischaltung einer Internetseite einer Internetauktion;
BGH NJW 2002, 363, 364.
33 *Brox/Walker*, Rn. 165a.
34 Skeptisch zum Ganzen *Köndgen*, Selbstbindung ohne Vertrag, 1981, S. 290 ff.; *ders.*, AcP 184 (1984),
600, 604; zu ihm die überzeugende Kritik von *Medicus*, Rn. 359 f.
35 *Medicus*, Rn. 360.
36 *Brox/Walker*, Rn. 165a.
37 *Leenen*, Jura 1991, 393, 395.
38 *Medicus*, Rn. 358.
39 *Brox/Walker*, Rn. 165a; Ausnahmen von diesem Grundsatz gibt es vor allem beim Vertragsschluss
in einer Internet-Auktion, wo der Käufer die Annahme durch Abgabe eines Höchstgebots erklärt, siehe
dazu BGHZ 149, 129, 133 ff. und *Faust*, § 3 Rn. 3 a.E.

aa) Bestimmtheit und Bestimmbarkeit des Antrags

10 Dass der Antrag inhaltlich bestimmt oder zumindest bestimmbar sein muss, steht zwar nicht im Gesetz, versteht sich aber von selbst, weil es sonst nicht zu einer Einigung über den Vertragsinhalt kommen kann.[40] Das gilt vor allem für die so genannten **essentialia negotii**, also die wesentlichen Vertragspunkte, wie etwa beim Kaufvertrag neben den Vertragsparteien die Kaufsache und den Preis. Besteht hierüber keine Einigkeit, so kommt kein Vertrag zustande.[41] Für die Möglichkeit der Bestimmbarkeit sind die §§ 315 ff. BGB zu beachten. So steht nach § 316 BGB die Bestimmung dann, wenn der Umfang der für eine Leistung versprochenen Gegenleistung nicht bestimmt ist, im Zweifel demjenigen Teil zu, welcher die Gegenleistung zu fordern hat.

bb) Antrag ad incertas personas

11 Von der bereits behandelten Aufforderung zur Abgabe eines Antrags (invitatio ad offerendum) ist das Angebot an einen unbestimmten Personenkreis („ad incertas personas") zu unterscheiden, bei dem der Antrag nicht einer bestimmten Person gegenüber abgegeben wird, sondern eine Vielzahl von Adressaten betreffen kann.[42] Im Gegensatz zur invitatio ad offerendum liegt hier ein Antrag vor, wenn die Auslegung ergibt, dass der Anbietende sich gegenüber demjenigen binden wollte, der den Antrag annimmt. Das ist insbesondere beim Online-Angebot naheliegend[43] oder bei Kauf an einem Selbstbedienungsautomaten. Führt hingegen die Auslegung zu dem Ergebnis, dass die an einen unbestimmten Kreis von Personen gerichtete Erklärung schon aus Kapazitätsgründen nicht ohne weiteres mehrfach erfüllbar ist (etwa beim ersichtlich leeren Getränkeautomat), so liegt auch kein Antrag vor.[44]

12 Uneinheitlich wird beurteilt, wer in **Selbstbedienungsläden** den Antrag unterbreitet.[45] Der Bundesgerichtshof hat dies offen gelassen.[46] Übereinstimmung herrscht im Ausgangspunkt darüber, dass der Kunde die Ware bis zum Vorlegen an der Kasse ohne vertragliche Bindung wieder zurücklegen kann. Im Grundsatz (Ausnahme: Sonderangebote) kann man auch hier davon ausgehen, dass der Ladeninhaber die Ware an jeden Kunden im Rahmen der Verfügbarkeit verkaufen will und somit gleichfalls einen Antrag ad incertas personas abgibt.[47] Es gibt also keinen Grund, erst die Vorlage der Ware durch den Kunden als Antrag zu qualifizieren und dadurch dem Inhaber des Geschäfts die Möglichkeit zu eröffnen, nicht an bestimmte Kunden verkaufen zu wollen.[48]

---

40 *Köhler*, § 8 Rn. 8.
41 *Leenen*, Jura 2007, 721, 722.
42 *Köhler*, § 8 Rn. 8.
43 Vgl. BGH NJW 2002, 363; 2005, 53.
44 *Medicus*, Rn. 362.
45 Einzelheiten zum Meinungsbild bei *G. Schulze*, AcP 201 (2001), 232.
46 BGHZ 66, 51, 55. Vgl. aber bei Selbstbedienungstankstellen BGH NJW 2011, 440 m. Anm. *Faust*, JuS 2011, 929; *Stadler*, JA 2012, 467: Vertragsschluss mit Einfüllen in den Tank.
47 *Köhler*, § 8 Rn. 12.
48 *Medicus*, Rn. 363.

c) Rechtsfolgen des Antrags

Wer einem anderen die Schließung eines Vertrags anträgt, ist nach § 145 BGB an den 13
Antrag mit dem Zugang grundsätzlich unwiderruflich (§ 130 Abs. 1 S. 2 BGB) gebunden, es sei denn, dass er die Gebundenheit ausgeschlossen hat, indem er sich etwa den Widerruf vorbehalten hat.[49]

aa) Bindungsfrist

Mit der Wirksamkeit des Antrags ist der Antragende daran nach Maßgabe der §§ 147 f. 14
BGB gebunden. Hat der Antragende für die Annahme eine Frist gesetzt, so kann die Annahme nach § 148 BGB nur innerhalb der Frist erfolgen.[50] Mitunter ist nur die Länge der Frist vom Antragenden bestimmt worden. Dann bemisst sich die Berechnung von Fristbeginn und Fristende nach Maßgabe der §§ 186 ff. BGB.[51] Ohne eine derartige Fristbestimmung hängt die Entscheidung über die Rechtzeitigkeit der Annahme nach § 147 BGB davon ab, ob der Antrag einem Anwesenden (Absatz 1) oder einem Abwesenden (Absatz 2) unterbreitet wurde: Der einem Anwesenden gemachte Antrag kann nach § 147 Abs. 1 S. 1 BGB nur sofort (nicht: unverzüglich, vgl. § 121 Abs. 1 S. 1 BGB) angenommen werden, wohingegen der einem Abwesenden gemachte Antrag nur bis zu dem Zeitpunkt angenommen werden kann, in welchem der Antragende den Eingang unter regelmäßigen Umständen, d.h. je nach Beförderungsdauer etc., erwarten darf, § 147 Abs. 2 BGB.[52] Nach dem Grundsatz der **Korrespondenz der Kommunikationsmittel** darf der Antragende davon ausgehen, dass die Annahme auf dieselbe Weise übermittelt wird, für die er sich selbst entschieden hat.[53] Die Unterscheidung zwischen Anwesenden und Abwesenden ist durch die modernen Kommunikationsmittel erschwert worden. Das Bürgerliche Gesetzbuch kennt nur den Fall eines „mittels Fernsprechers oder einer sonstigen technischen Einrichtung von Person zu Person gemachten Antrags" (§ 147 Abs. 1 S. 2 BGB). Das gilt insbesondere für den nicht auf einem Anrufbeantworter gespeicherten,[54] sondern telefonisch direkt übermittelten Antrag. Entscheidend ist die Möglichkeit der unmittelbaren Verständigung zwischen Antragendem und Annehmendem, so dass beispielsweise der Antrag in einem Chatroom oder per Videokonferenz unter Anwesenden gemacht wird,[55] während ein per Email, Fax oder brieflich gemachter Antrag unter Abwesenden erfolgt.[56]

bb) Widerrufsvorbehalt und Sekundäransprüche

Wie bereits angedeutet, kann der Antragende die Gebundenheit an den Antrag nach 15
§ 145 BGB durch einen **Widerrufsvorbehalt** ausschließen. Die Auslegung entschei-

---

49 Speziell für die Bindung bei eBay-Auktionen KG NJW 2005, 1053.

50 Zum Schutz der Privatautonomie bei Befristung des Vertragsangebots *Diederichsen*, FS Medicus, 1999, S. 89; zur verspäteten Annahme *Hilger*, AcP 185 (1985), 559.

51 Beispiel bei *Faust*, § 3 Rn. 6.

52 Näher zur Bestimmung der dortigen Annahmefrist *Finkenauer*, JuS 2000, 118.

53 *Köhler*, § 8 Rn. 18; instruktiv *ders.* PdW, Fall 97.

54 *Faust*, § 3 Rn. 7.

55 *Köhler*, § 8 Rn. 17.

56 *Faust*, § 3 Rn. 7.

det darüber, ob ein solcher Widerrufsvorbehalt ausbedungen wurde.[57] Der Antragende kann seine Bindung etwa durch die Worte „entsprechend unserer Verfügbarkeit",[58] „ohne Obligo"[59] oder einfach nur „freibleibend"[60] ausschließen. In diesem letztgenannten Fall nimmt die Rechtsprechung an, dass noch kein Antrag vorliegt.[61] Im Übrigen und in aller Regel bedeuten derartige Zusätze indes einen **Widerrufsvorbehalt**.[62] Der Widerruf kann dann auch unverzüglich nach Zugang der Annahmeerklärung noch erfolgen.[63] Bei der Auslegung der Klausel „Lieferungsmöglichkeit vorbehalten" ist zu bedenken, dass dadurch abweichend von dem in § 276 Abs. 1 S. 1 BGB geregelten **Beschaffungsrisiko** die Beschaffungspflicht des Anbietenden dergestalt beschränkt wird, dass dieser im Falle des Misslingens der Beschaffung nicht nach §§ 280, 281 BGB auf Schadensersatz statt der Leistung haftet.[64]

16   Innerhalb der Bindungsfrist steht es dem Empfänger des Antrags frei zu entscheiden, wie sich die Dinge entwickeln und das dem Angebot innewohnende Spekulationspotential auszuschöpfen,[65] ohne dass dies eine gleichwie geartete Pflichtverletzung begründen könnte. Aber selbst wenn nach dem oben Gesagten kein Antrag im Rechtssinne vorliegt und somit ein vertraglicher Primäranspruch ausgeschlossen ist, können im Einzelfall Sekundäransprüche auf Schadensersatz gemäß §§ 280, 241 Abs. 2, 311 Abs. 2 BGB in Betracht kommen, weil und sofern ein entsprechender Vertrauenstatbestand geschaffen wurde.[66] Allerdings kann das nicht ohne weiteres angenommen werden, weil aus der Privatautonomie auch folgt, dass man von Vertragsverhandlungen wieder Abstand nehmen kann. In der Fallbearbeitung sollte jedoch ein Anspruch auf Schadensersatz zumindest in Betracht gezogen werden.

d) Erlöschen des Antrags und Auswirkungen von Tod und Geschäftsunfähigkeit

17 Nach § 146 BGB erlischt der Antrag, wenn er dem Antragenden gegenüber abgelehnt oder wenn er nicht diesem gegenüber nach den §§ 147 bis 149 BGB rechtzeitig angenommen wird.[67] Hat sich der Antragende einen Widerrufsvorbehalt ausbedungen, so erlischt der Antrag auch durch wirksamen Widerruf.[68] Für die Fallbearbeitung ist § 153 BGB bedeutsam. Danach wird das Zustandekommen des Vertrags nicht dadurch gehindert, dass der Antragende vor der Annahme stirbt oder geschäftsunfähig wird, es sei denn, dass ein anderer Wille des Antragenden – für den Antragsempfänger

---

57 *Köhler*, § 8 Rn. 8.
58 BGH NJW 1984, 1885. Anders zum sog. „Selbstbelieferungsvorbehalt" *Wertenbruch*, § 6 Rn. 22.
59 Prütting/Wegen/Weinreich/*Brinkmann*, 7. Auflage 2012, § 145 Rn. 11.
60 Didaktisch lehrreich dazu *Maier/Scherl*, JuS 1996, L 1 ff.
61 RGZ 103, 8, 12; BGH NJW 1996, 919.
62 *Medicus*, Rn. 366.
63 *Flume*, § 35 I 3 c; a.A. Palandt/*Ellenberger*, 71. Auflage 2012, § 145 Rn. 4; *Faust*, § 3 Rn. 9 (Widerruf nur bis zum Wirksamwerden der Annahme durch Zugang möglich).
64 *Medicus*, Rn. 367.
65 *Medicus*, Rn. 368, spricht in Anlehnung an die Motive (*Mugdan*, Band I, S. 443) von „spekulieren".
66 Aus der älteren Rechtsprechung RGZ 102, 229; aus dem Schrifttum MüKo/*Emmerich*, 6. Auflage 2012, § 311 Rn. 48.
67 Aus der Rechtsprechung dazu BGH NJW-RR 2004, 953.
68 Prütting/Wegen/Weinreich/*Brinkmann*, 7. Auflage 2012, § 146 Rn. 3.

erkennbar[69] – anzunehmen ist. Stirbt demgegenüber der Antragsempfänger, so gilt § 153 BGB nicht,[70] weil das dortige Regel-Ausnahme-Verhältnis nicht passt.[71]

Das Gesetz selbst sagt, dass es in § 153 BGB um das Zustandekommen des Vertrags 18 geht. Auf der Ebene der einzelnen Willenserklärung findet sich die entsprechende Regelung in § 130 Abs. 2 BGB, wonach es auf die *Wirksamkeit der Willenserklärung* ohne Einfluss ist, wenn der Erklärende nach der Abgabe stirbt oder geschäftsunfähig wird.[72] Prüfungsrelevant wird § 153 BGB vor allem im Zusammenhang mit der erbrechtlichen Regelung des § 2301 BGB,[73] der sich paradigmatisch im **Bonifatiusfall** des Reichgerichts zeigt,[74] auf den hier freilich nur verwiesen werden kann.[75]

2. Die Annahme

Auch bei der **Annahme** ist zwischen Tatbestand und Wirksamkeit zu unterscheiden, 19 so dass der Vertrag nicht zustande kommt, wenn die Annahme unwirksam ist.[76] Der Vertrag kommt gemäß § 151 S. 1 BGB grundsätzlich durch die Annahme des Antrags zustande.[77] Allerdings kann der grundsätzlich erforderliche Zugang der Annahme[78] nach § 151 S. 1 Hs. 2 BGB entbehrlich sein.

a) Tatbestand der Annahme

Bevor auf die Einzelheiten dieser Regelung eingegangen wird, ist auf die Besonderheit 20 des § 149 BGB hinzuweisen. Ausgangspunkt ist die bereits angesprochene Regelung des § 148 BGB, wonach die Annahme nur innerhalb der Frist erfolgen kann, wenn der Antragende eine solche bestimmt hat.

aa) Verspätet zugegangene Annahmeerklärung

Ist eine dem Antragenden verspätet zugegangene Annahmeerklärung dergestalt 21 abgesendet worden, dass sie ihm bei regelmäßiger Beförderung rechtzeitig zugegangen sein würde, und musste der Antragende dies erkennen, so hat er die Verspätung dem Annehmenden nach § 149 S. 1 BGB unverzüglich (§ 121 Abs. 1 S. 1 BGB) nach dem Empfang der Annahmeerklärung anzuzeigen, sofern dies nicht schon vorher geschehen ist. Verzögert er die Absendung der Anzeige, so gilt die Annahme gemäß § 149 S. 2 BGB als nicht verspätet. Es handelt sich dabei um eine gesetzlich geregelte

---

69 *Brox/Walker*, Rn. 174; *Flume*, § 35 I 4; *Medicus*, Rn. 377; Palandt/*Ellenberger*, 71. Auflage 2012, § 153 Rn. 2.

70 *Medicus*, Rn. 378.

71 *Flume*, § 35 I 4.

72 Der jeweilige Wortlaut bestätigt die Sichtweise von *Leenen*, FS Canaris, 2007, S. 699 ff.

73 Klausurbeispiel bei *Petersen*, Rn. 459 ff.

74 RGZ 83, 223; dazu *Medicus/Petersen* BR, Rn. 392.

75 Instruktiv behandelt wird diese klassische Entscheidung von *Otte*, Jura 1993, 643.

76 *Leenen*, Jura 2007, 722.

77 Zu möglichen Ausnahmen *Medicus/Petersen* GW, Rn. 51.

78 Siehe oben § 18 II.

Obliegenheit,[79] die aus dem Eintritt in Vertragsverhandlungen resultiert. Die **Obliegenheitsverletzung** führt dann also zum Zustandekommen des Vertrags, so dass Erfüllung und nicht lediglich Ersatz des negativen Interesses geschuldet wird.[80]

bb) Abändernde Annahme

22 Die nach §§ 147 f. BGB verspätete Annahme eines Antrags gilt gemäß § 150 Abs. 1 BGB als neuer Antrag. Wichtig ist die **Fiktion** des § 150 Abs. 2 BGB. Danach gilt eine Annahme unter Erweiterungen, Einschränkungen oder sonstigen Änderungen als Ablehnung verbunden mit einem neuen Antrag. Schweigen darauf kann nach allgemeinen Grundsätzen nicht als Annahme gewertet werden.[81] Ergibt also die Auslegung der Erklärungen, dass eine noch so geringfügige Abweichung zwischen Antrag und Annahme besteht, so führt dies lediglich zu einem neuen Antrag, da nur bei vorbehaltlosem Einverständnis tatbestandlich eine Annahme vorliegt.[82]

b) Wirksamkeit der Annahme

23 Die wichtigste Vorschrift zur Wirksamkeit der Annahme ist § 151 S. 1 Hs. 2 BGB,[83] wonach für die Wirksamkeit der Annahmeerklärung der Zugang entbehrlich sein kann.[84] Zu beachten ist, dass nur der Zugang, nicht etwa die Annahmeerklärung selbst entbehrlich ist (häufiger Fehler), weil alles andere vor dem Hintergrund der Privatautonomie nicht zu erklären wäre. Dementsprechend muss sich der Annahmewille, gleichviel in welcher Form, nach außen manifestieren,[85] sei es auch nur durch Eintragung einer Bestellung in den eigenen Unterlagen.[86] Man spricht insoweit von einer **Willensbetätigung**,[87] die gleichwohl eine Willenserklärung darstellt,[88] ohne empfangsbedürftig zu sein.[89] Ein objektiver Dritter muss das Verhalten unter Hinzunahme aller äußeren Anzeichen als Betätigung des Annahmewillens verstehen können.[90] Etwas anderes gilt insbesondere wenn die Geschäfte rechtlich lediglich vorteilhaft sind (vgl. für die Schenkung § 516 Abs. 2 S. 1 BGB).[91] In den Fällen des § 151 BGB kommt der Vertrag bereits im Zeitpunkt der Willensbetätigung unwiderruflich (§ 130 Abs. 1 S. 2 BGB) zustande.[92]

---

79 Grundlegend zu ihnen *R. Schmidt*, Die Obliegenheiten, 1953.
80 *Medicus*, Rn. 373.
81 *Brox/Walker*, Rn. 187 mit instruktivem Beispielsfall.
82 *Köhler*, § 8 Rn. 21.
83 *Leenen*, Jura 2007, 721, 722.
84 Dazu *Schwarze*, AcP 202 (2002), 607; *Brehmer*, JuS 1994, 386; BGH NJW 1957, 1105 (instruktive Lösung bei *Medicus*, Rn. 386).
85 A.A. *Flume*, § 35 II 3: Entschluss genügt.
86 *Medicus*, Rn. 382.
87 Skeptisch *Repgen*, AcP 200 (2000), 533.
88 *Köhler*, § 8 Rn. 22.
89 *Faust*, § 3 Rn. 18.
90 BGH NJW 2004, 278, 288.
91 *Köhler*, § 8 Rn. 22.
92 A.A. *P. Bydlinski*, JuS 1988, 36, 38; dagegen mit Recht *Köhler*, § 8 Rn. 23.

3. Übungsfall

Die Rechtsprobleme beim Vertragsschluss haben bis heute an Aktualität nichts ein- **24**
gebüßt, wie ein kürzlich entschiedener Fall des BGH zeigt.[93] Die Entscheidung ist ein
prägnantes Beispiel dafür, dass nicht nur dem Studierenden bereits früh die Grundlagen des Vertragsschlusses vertraut sein sollten, sondern sich bisweilen auch die oberinstanzlichen Gerichte hiermit beschäftigen müssen.

a) Sachverhalt
Am 4. Mai gab der Kläger (K) gegenüber dem beklagten Unternehmen (B) ein notari- **25**
ell beurkundetes Angebot zum Kauf einer Eigentumswohnung ab. Nach einer in den
Vertrag aufgenommenen, vorformulierten Klausel sollte das Angebot bis zum 30. Sep-
tember bindend sein. Mit notarieller Urkunde vom 22. Juni erklärte B die Annahme
des Angebotes. Nach Zahlung des Kaufpreises und erklärter Auflassung wurde K
als Eigentümer ins Grundbuch eingetragen. Später verlangte K die Rückzahlung des
Kaufpreises und die Erstattung seiner Erwerbsnebenkosten Zug um Zug gegen Rückübereignung und Rückgabe der Wohnung. Die Klage blieb in den unteren Instanzen
erfolglos.

b) Lösungshinweise
I. Anspruch auf Rückzahlung gemäß § 812 Abs. 1 S. 1 Fall 1 BGB
1. Als Anspruchsgrundlage auf Kaufpreisrückzahlung kommt § 812 Abs. 1 S. 1 Fall 1
BGB in Betracht. Allein fraglich ist, ob ein wirksamer Kaufvertrag zwischen K und
B zustande gekommen ist oder aber die Zahlung des Kaufpreises rechtsgrundlos
erfolgte. Ein notariell beurkundetes Angebot zum Kauf der Eigentumswohnung hat K
gegenüber B am 4. Mai abgegeben. Dieses Angebot hat B mit notarieller Urkunde vom
22. Juni auch angenommen. Gemäß § 146 BGB muss die Annahme jedoch rechtzeitig
erfolgen; andernfalls erlischt der Antrag mit der Folge, dass ein Vertrag (zunächst)
nicht zustande kommt. Ist abweichend von § 147 BGB eine Annahmefrist bestimmt
worden, kann die Annahme des Antrags nur innerhalb dieser Frist erfolgen (§ 148
BGB).[94] Danach wäre angesichts der Bindung des K an sein Angebot bis zum 30. Sep-
tember dessen Annahme durch B rechtzeitig erfolgt. Die in der Vertragsklausel statuierte Bindungsfrist könnte jedoch gemäß § 308 Nr. 1 BGB unwirksam sein. Handelt es
sich – wie hier – um einen Vertrag zwischen einem Verbraucher (§ 13 BGB) und einem
Unternehmer (§ 14 BGB), unterliegen abweichend von § 305 Abs. 1 S. 1 BGB auch solche
Klauseln der AGB-Inhaltskontrolle, die nur zur einmaligen Verwendung bestimmt
sind, soweit der Verbraucher aufgrund der Vorformulierung auf ihren Inhalt keinen
Einfluss nehmen konnte (§ 310 Abs. 3 Nr. 2 BGB). Gemäß § 310 Abs. 3 Nr. 1 BGB gelten
die Klauseln überdies als vom Unternehmer gestellt. So liegt es hier hinsichtlich der
in der Klausel vereinbarten Bindungsfrist.
2. § 308 Nr. 1 BGB soll den Offerenten vor einer übermäßig langen Bindung an seinen **27**
Antrag und damit vor einer unangemessenen Einschränkung seiner Dispositions-

---

93 BGH NJW 2010, 2873 m. Anm. *Armbrüster*, LMK 2010, 306668.
94 *Boecken*, Rn. 277 f. Zur Fristberechnung oben § 7 Rn. 20 ff.

freiheit schützen. Über den nach § 147 Abs. 2 BGB üblichen Zeitraum, in welchem der Antragende den Eingang der Antwort unter regelmäßigen Umständen erwarten darf und den der BGH beim Kauf einer Eigentumswohnung mit ca. vier Wochen bemisst (dazu sogleich), geht die vorliegend vereinbarte, fast fünfmonatige Bindungsfrist erheblich hinaus. In diesem Fall beeinträchtigt sie den Anbietenden jedenfalls dann unangemessen in seiner Dispositionsfreiheit, wenn der Verwender kein schutzwürdiges Interesse geltend machen kann, hinter dem das Interesse des Antragenden am baldigen Wegfall seiner Bindung zurückzustehen hat. Solche Umstände sind vorliegend angesichts des typischen Kaufs einer (bereits fertig gestellten) Eigentumswohnung nicht ersichtlich. Weder hat K besondere und zeitaufwendige Sonderwünsche geltend gemacht noch rechtfertigt eine etwaige Bonitätsprüfung des K eine derart lange Bindung. Die Bindungsfrist ist daher nach § 308 Nr. 1 BGB unwirksam.

28 3. Folge der Unwirksamkeit einer AGB-Klausel ist gemäß § 306 II BGB das Eingreifen der gesetzlichen Vorschriften, hier des § 147 Abs. 2 BGB. Für den nach objektiven Maßstäben zu bestimmenden Zeitraum, in dem die Annahme regelmäßig erwartet werden darf, sind neben der jeweiligen Übermittlungszeit insbesondere Bearbeitungs- und Überlegungsfristen zu berücksichtigen. Angesichts dessen hält der BGH auch bei finanzierten und beurkundungsbedürftigen Verträgen der vorliegenden Art einen Zeitraum von vier Wochen für üblich und ausreichend. Anderes gilt nur bei absehbaren Verzögerungen, die auch ein verständiger Offerent in Rechnung stellen würde, für die hier jedoch nichts ersichtlich ist. Damit entfällt angesichts des eindeutigen Wortlauts des § 146 BGB nicht lediglich die Bindungswirkung, vielmehr erlischt der Antrag des K endgültig. Die verspätete Annahme durch B gilt gemäß § 150 Abs. 1 BGB somit als erneuter Antrag zum Vertragsschluss.

29 4. Eine Annahme dieses Antrags durch bloßes Schweigen kommt – jedenfalls bei bedeutsamen Rechtsgeschäften – grds. nicht in Betracht.[95] Jedoch könnte in der Zahlung des Kaufpreises eine konkludente Annahmeerklärung gesehen werden. Die Qualifizierung eines Verhaltens als schlüssige Annahme setzt jedoch ein entsprechendes Erklärungsbewusstsein voraus. Der Erklärende muss daher – ähnlich wie bei der Bestätigung nach § 141 BGB[96] – jedenfalls Zweifel am Zustandekommen des Vertrags haben und zumindest die Möglichkeit in Betracht ziehen, dass für den Vertragsschluss noch eine weitere Erklärung erforderlich ist. Ohne einen solchen Rechtsbindungswillen kann dem Verhalten gleichwohl die Wirkung einer Willenserklärung beigemessen werden, wenn der Erklärende bei entsprechender Sorgfalt hätte erkennen und vermeiden können, dass sein Verhalten nach Treu und Glauben als Willenserklärung aufgefasst werden durfte und der Empfänger sie als solche aufgefasst hat (potentielles Erklärungsbewusstsein). Beide Parteien sind jedoch ersichtlich davon ausgegangen, der Kaufvertrag sei bereits geschlossen worden. Der Kaufpreiszahlung kam daher auch aus Sicht der B gerade kein entsprechender Erklärungswert zu, weshalb sie nicht als schlüssige Annahmeerklärung gewertet werden kann. Mangels Annahme des Vertragsangebots ist folglich kein Kaufvertrag zustande gekommen. Die Kaufpreiszahlung erfolgte rechtsgrundlos. Der Kaufpreis ist nach § 812 Abs. 1 S. 1 Fall 1 BGB zurückzugewähren.

---

95 BGH NJW 1986, 1807, 1809.
96 Dazu unten § 31.

II. Anspruch auf Ersatz der Erwerbsnebenkosten gemäß §§ 280 Abs. 1, 311 Abs. 2, 241 **30**
Abs. 2 BGB
Der geltend gemachte Anspruch auf Schadensersatz wegen der Erwerbsnebenkosten
steht K hingegen nicht zu. Die Verwendung einer unwirksamen Klausel in AGB kann
sich als pflichtwidriges Verhalten i.S.d. § 241 Abs. 2 BGB beim Vertragsschluss (§ 311
Abs. 2 Nr. 1 BGB) darstellen. Unabhängig von einem Vertretenmüssen der B (§ 280
Abs. 1 S. 2 BGB) beschränkt sich in diesen Fällen nach Auffassung des BGH der Ersatz
jedoch auf solche Schäden, die gerade auf der Verwendung der unzulässigen Klausel
beruhen. Im vorliegenden Zusammenhang sind daher nur solche Schäden ersatz-
fähig, die Folge gerade der überlangen Bindung an das Vertragsangebot sind (etwa
zusätzliche Finanzierungskosten). Die Aufwendungen des K hingegen beruhen allein
auf der verfehlten Annahme eines wirksamen Vertragsschlusses. Ein Schadensersatzanspruch scheidet folglich aus.[97] K kann damit die Rückzahlung des Kaufpreises,
nicht aber Ersatz der Erwerbsnebenkosten verlangen.

III. Vertragsschluss bei Online-Auktionen

Zunächst sollte man sich noch einmal vor Augen führen, dass sich der Vertrags- **31**
schluss im Internet nach den Maßstäben der allgemeinen Rechtsgeschäftslehre des
BGB richtet. Mithin ist das Vorliegen von (elektronischen) Willenserklärungen für das
zustande kommen eines Vertrags auch hier unerlässlich.[98] Die technischen Besonderheiten und Möglichkeiten des Internet führen jedoch dazu, dass Vorschriften,
die lange Zeit ein Schattendasein führten, im Internetzeitalter gleichsam zu neuem
Leben im rechtswissenschaftlichen Diskurs erweckt worden sind. Das gilt in besonderer Weise für § 156 BGB, der den Vertragsschluss bei Auktionen zum Gegenstand hat.
Konnte diese Norm lange Zeit eher als exzentrischer Sonderfall gelten, der illustrierte,
dass das Bürgerliche Gesetzbuch buchstäblich an alles gedacht hat, so zeigte sich mit
steigender Beliebtheit der Online-Auktionen,[99] dass diese Gedanken auch in aktuelle-
ren Rechtsdiskussionen wieder aufgegriffen wurden.

1. Online-Auktionen und § 156 BGB

Bei der Online-Auktion können die Teilnehmer der Versteigerung über die Website **32**
des Versteigerers die konkurrierenden Angebote zur Kenntnis nehmen und selbst
innerhalb eines bestimmten Zeitraumes „mitbieten". Der Vertrag kommt mit dem
Höchstbietenden regelmäßig bei Ablauf des Angebotszeitraums zustande. Der Vertragsschluss unterfällt hierbei jedoch nicht der Rechtstechnik des § 156 BGB,[100] die sich
durch Gebot und Zuschlag auszeichnet.[101] Die rechtsgeschäftliche Besonderheit dieser
Regelung besteht nämlich darin, dass der **Zuschlag** eine nicht empfangsbedürftige

---

97 Zum grds. zu verneinenden Bereicherungsanspruch auf Ersatz der Erwerbskosten BGHZ 251, 255 f.
98 *Paal*, JuS 2010, 953, 954.
99 *Wiebe*, MMR 2000, 323.
100 Anders noch *Petersen*, Jura 2002, 387.
101 Zum historischen Sinn und Zweck des § 156 BGB, der sich von der Interessenlage bei Internetver-
steigerungen deutlich unterscheidet eingehend *Oechsler*, Jura 2012, 497 f.

Willenserklärung des Auktionators darstellt. An einem solchen Auktionator, der nach eigenem Ermessen entscheidet, ob bzw. dass er dem Höchstbietenden den Zuschlag erteilt, fehlt es bei der Online-Auktion gerade.[102]

2. Der Vertragsschluss im Einzelnen

33 Gerade die sich bei Internet-Auktionen stellenden Fragen sind solche der allgemeinen Rechtsgeschäftslehre. Das gilt auch für die Konstruktion des Vertragsschlusses. Mit diesem Bereich hatte sich der Bundesgerichtshof erstmalig 2001 in einer Grundsatzentscheidung zu befassen.[103]

a) Die Grundsatzentscheidung „ricardo.de"

34 Es ging in dem Fall, der auch unter der Bezeichnung **„ricardo.de"** in das Fachschrifttum eingegangen ist,[104] um die Versteigerung eines Kraftfahrzeugs. Der Beklagte stellte auf der Online-Plattform eine Angebotsseite mit einer Fahrzeugbeschreibung ein. Bereits in den Allgemeinen Geschäftsbedingungen von „ricardo.de" hieß es übrigens, dass § 156 BGB keine Anwendung findet.[105] Der Verkäufer legte den Startpreis (10,– DM), die Schrittweiten der Gebote sowie die Dauer der Auktion fest und gab eine vorgegebene Erklärung ab, in der es u.a. hieß: „Bereits zu diesem Zeitpunkt erkläre ich die Annahme des höchsten, wirksam abgegebenen Kaufangebots." Einen Mindestkaufpreis legte der Verkäufer nicht fest. Der Käufer gab unter seinem Benutzernamen wenige Sekunden vor Auktionsende mit 26.350,– DM das letzte und höchste Gebot ab. Der Auktionator teilte dem Käufer daraufhin per E-Mail mit, er habe den Zuschlag erhalten. Der Verkäufer, der nur zu einem Verkauf des Kfz zum Preis von etwa 39.000,– DM bereit war, lehnte die Lieferung mit der Begründung ab, es sei noch kein Vertrag zustande gekommen.

b) Die Entscheidung des Bundesgerichtshofs

35 Der Bundesgerichtshof bestätigte die Entscheidung der Vorinstanz:[106] Den Antrag (§ 145 BGB) hatte erst der Käufer nach Ansicht des BGH verbindlich abgegeben, weil dieser die Kaufsache und den klar bezifferten Preis in Höhe von 26.350,– DM bestimmt habe. Die erforderliche Annahme sieht der BGH bereits zuvor in der mit der ausdrücklichen Erklärung verbundenen Freischaltung der Angebotsseite. Darin habe keine bloße *invitatio ad offerendum* gelegen.[107] Die Äußerung: „Bereits zu diesem Zeitpunkt erkläre ich die Annahme des höchsten, wirksam abgegebenen Kaufangebots"

---

102 *Leenen*, § 8 Rn. 128.
103 BGH NJW 2002, 363 m. Anm. *Lettl*, JuS 2002, 219.
104 Vgl. nur *Hartung/Hartmann*, MMR 2001, 278.
105 Da sich der Vertragsschluss ohnehin nach §§ 145 ff. BGB richtet, ist diese Klausel freilich rein deklaratorisch; näher zu den Versteigerungsbedingungen im konkreten Fall *Hartung/Hartmann*, MMR 2001, 278, 280.
106 OLG Hamm JZ 2001, 764, 765; zustimmend *Hartung/Hartmann*, MMR 2001, 278, 286; ablehnend *Wiebe*, MMR 2000, 285; *J. Hager*, JZ 2001, 786.
107 Zustimmend *Oechsler*, Jura 2012, 497, 498.

habe den erforderlichen Rechtsbindungswillen hinreichend dokumentiert.[108] Dass der Antrag der Annahme zeitlich nachfolgt, mag befremdlich erscheinen, steht den §§ 145 ff. BGB jedoch nicht entgegen, denn diese geben keine zeitliche Reihenfolge vor, in der die einzelnen Willenserklärungen abgegeben werden müssen.[109]

Voraussetzung des Vertragsschlusses ist weiterhin die Einigung über die vertrags- 36 wesentlichen Bestandteile (**essentialia negotii**).[110] Die Parteien müssen sich also über Kaufgegenstand und Kaufpreis einig sein. In der Fallbearbeitung sollte man diesen Punkt kurz (!) ansprechen. Vorliegend stand zumindest ein konkreter Kaufpreis noch nicht im Vorhinein fest. Der mindestens erzielte Kaufpreis stand jedoch durch Angabe des Startgebotes fest.[111] Dass der tatsächliche Kaufpreis aller Wahrscheinlichkeit höher ausfallen würde, unterstützt diese Erwägung: Denn zumindest bestand dahingehend Einverständnis seitens des Verkäufers, dass er mit jeder Annahme zu einem höheren Preis eher einverstanden sein würde als mit dem Mindestgebot. Wenn also das ursprüngliche Angebot rechtlich wirksam war, dann wäre eine Annahme zu einem durch die zwischenzeitlichen Bietschritte höheren Preis erst recht möglich. Damit lagen von Anfang an die essentialia negotii vor.[112]

Der Verkäufer war sich schließlich über die rechtlichen Folgen seiner Erklärung 37 hinreichend im Klaren, als er bereits zu Beginn erklärte, dass er die Annahme des höchsten, wirksam abgegebenen Angebots annimmt. Da nach Ansicht der Rechtsprechung des BGH ein sogenanntes **potentielles Erklärungsbewusstsein** genügt,[113] reichte es aus, dass der Verkäufer bereits damals zumindest bei Zugrundelegung der im Verkehr erforderlichen Sorgfalt hätte erkennen können, dass seine Äußerung als rechtsverbindliche Erklärung aufgefasst werde. Daran dürfte im heutigen Rechtsverkehr auch kein Zweifel mehr bestehen.

c) Die weitere Entwicklung und „eBay"-Fälle

Das vom BGH im Fall „ricardo.de" skizzierte Modell des Vertragsschlusses wird in 38 der Literatur eingängig als **Annahmemodell** bezeichnet.[114] Demgegenüber basieren die heute in der Rechtsprechung häufigen „eBay"-Fälle auf einer Konstruktion, die man als **Antragsmodell** bezeichnen könnte: Hiernach stellt die Einstellung eines Artikels auf die Online-Plattform keine antizipierte Annahme, sondern bereits den Antrag dar.[115] Es ist ein Antrag an eine bestimmbare Person zu einem bestimmbaren

---

108 BGH NJW 2002, 363, 365. Demgegenüber hat das LG Münster (JZ 2000, 730) zuvor auf ein interessantes Indiz gegen einen Rechtsbindungswillen aufmerksam gemacht, das darin bestand, dass die Limitierung der Bietschritte von DM 50,– dazu führe, dass eine Vielzahl von Bietschritten erforderlich sei, um ein Angebot in einer „realistischen Größenordnung" zu erreichen; durchschlagend ist dies freilich nicht (näher dazu *Hartung/Hartmann*, MMR 2001, 278, 284).
109 *Leenen*, § 8 Rn. 131.
110 *Medicus*, Rn. 431, 438.
111 Ein Rückgriff auf § 315 BGB ist entgegen *Ulrici*, JuS 2000, 947, 949, nicht erforderlich, weil insoweit keine Zweifel bestehen; ebenso *Hartung/Hartmann*, MMR 2001, 278, 282.
112 *Hartung/Hartmann*, MMR 2001, 278, 282.
113 BGHZ 91, 324; dagegen mit guten Gründen *Canaris*, NJW 1984, 2279.
114 *Leenen*, § 8 Rn. 131.
115 OLG Oldenburg NJW 2005, 2556; OLG Hamm NJW 2001, 1142, 1143.

Kaufpreis: nämlich an diejenige Person, die bei Ablauf der Bietzeit das höchste Gebot abgegeben haben wird.

39 Die aktuellen AGB von „eBay" folgen diesem Grundmodell, modifizieren es aber insoweit, als sich der Antrag an jeden richtet, der ein Gebot abgibt. Der Antrag wird also mit jedem Gebot zunächst auch angenommen. Bei diesem Modell ist freilich konstruktiv erklärungsbedürftig, warum zunächst jedes Höchstgebot eine eigene Annahme darstellt, die aber ihrerseits die Bindungswirkung der vorherigen Annahme suspendiert.[116] Da letztlich nur *ein* Vertrag zustande kommen soll, „erlischt" jede Annahme bei Abgabe eines höheren Gebots durch einen anderen Bieter.[117] Rechtstechnisch lässt sich dies dadurch bewerkstelligen, dass man die Annahmeerklärung als auflösend bedingt ansieht, § 158 Abs. 2 BGB, wobei die auflösende Bedingung die Abgabe eines höheren Gebotes ist.[118]

3. Befund und Folgerungen

40 Hier zeigt sich besonders eindringlich, dass das Medium des Internet kein neues Recht schafft, sondern dass die Wertungen der Rechtsgeschäftslehre konsequent fortgedacht werden können und müssen. Auf diese Weise braucht man nicht von dem modisch gewordenen Begriff des „Internetrechts" zu sprechen, sondern es sind die allgemeinen Regelungen und Prinzipien, die auch hier gelten und beherrscht werden müssen,[119] um sie durch lediglich methodologischen Präzisierung entsprechend auf den neuen Lebenssachverhalt anwenden zu können.

41 In der **Klausur** sollte man, wie immer, stets auf die konkrete Fallgestaltung achten: Maßgeblich für den Vertragsschluss sind keine erlernten Konstruktionen, sondern die nach den allgemeinen Grundsätzen auszulegenden Willenserklärungen der Parteien. Einen deutlichen Anhaltspunkt für die Auslegung sollten dabei die jeweils der Auktion zu Grunde liegenden AGB der Internetplattform sein. Diese werden zwar nicht unmittelbar in den Vertrag zwischen Käufer und Verkäufer einbezogen, sind aber von beiden Parteien gegenüber dem Auktionsportal als „Spielregeln" akzeptiert worden und können daher ein geeigneter Maßstab für die Auslegung sein. Anhand der AGB lässt sich in der Klausur meist ersehen, ob sich der Vertrag nach dem oben skizzierten Antrags- oder Annahmemodell richten soll.

42 Allgemein bleibt festzuhalten, dass die herkömmliche Rechtsgeschäftslehre den Anforderungen gewachsen, welche die moderne Informationsgesellschaft an eine fortschrittliche Rechtsordnung stellt. **Tragende Strukturprinzipien des Privatrechts**, wie der Grundsatz der Selbstbestimmung oder der Minderjährigenschutz, gelten nach wie vor auch im Hinblick auf den Vertragsschluss im Internet. Auffällig ist, dass sich im Bereich der bisweilen penibel anmutenden Vorschriften des BGB – etwa über den Zugang von Willenserklärungen – praktikable Regelungen für moderne Lebenssachverhalte finden. Die oft gescholtene Abstraktionshöhe des BGB, die gerade in seinem Allgemeinen Teil gelegentlich belächelt wird, gelangt nicht zuletzt dadurch zu ihrer

---

116 *Paal*, JuS 2010, 953, 955.
117 Übersichtlich unter Abdruck des § 10 Nr. 1 der „eBay"-AGB *Leenen*, § 8 Rn. 133 f.
118 *Deutsch*, MMR 2004, 586.
119 *Oechsler*, Jura 2012, 422.

wirklichen Größe, dass mit ihrer Hilfe auch Probleme zu bewältigen bzw. dogmatisch einzuordnen sind, die seine Väter unmöglich vorhersehen konnten.

4. Übungsfall

Der Vertragsschluss bei „eBay" wird auch in der aktuellen Rechtsprechung immer **43** wieder auf seine Vereinbarkeit mit den grundlegenden Vorschriften des Allgemeinen Teils überprüft. In einem aktuellen Urteil des BGH[120] standen im Mittelpunkt Probleme, die sich regelmäßig immer dann ergeben, wenn zwischen dem Wert einer auf eBay verkauften Sache und dem tatsächlichen erzielten Kaufspreis eine deutliche und vom Verkäufer ersichtlich unerwünschte Differenz besteht. Der Verkäufer hat dann typischerweise ein Interesse daran, den Vertrag nicht zu den für ihn ungünstigen Bedingungen durchführen zu müssen. Verweigert er aber die Vertragserfüllung unberechtigt, kann er zum Schadensersatz verpflichtet sein.

a) Sachverhalt

V bot auf der Internetplattform „eBay" im Rahmen einer Auktion unter Hinzufü- **44** gung eines Fotos ein Mobiltelefon zum Verkauf an unter der Bezeichnung „*Vertu Weiss Gold*"; Startpreis 1,– Euro. Zur Beschreibung hieß es in dem Angebot „*Zustand gebraucht*". Zudem teilte V mit: „*Hallo an alle Liebhaber von Vertu. Ihr bietet auf ein fast neues Handy (wurde nur zum ausprobieren ausgepackt). Weist aber ein paar leichte Gebrauchsspuren auf (erwähne ich ehrlichkeitshalber). Hatte 2 ersteigert und mich für das gelb goldene entschieden. Gebrauchsanweisung (englisch) lege ich von dem gelb goldenen bei, das andere habe ich auch nicht bekommen. Dazu bekommt ihr ein Etui, Kopfhörer und Ersatzakku. Privatverkauf, daher keine Rücknahme. Viel Spaß beim Bieten.*" K gab ein Maximalgebot von 1.999,– Euro ab und erhielt für 782,– Euro den Zuschlag. Die Abnahme des von V angebotenen Mobiltelefons verweigerte K aber mit der Begründung, es handele sich um ein Plagiat. Das Mobiltelefon war eine Imitation der Firma „Veptu"; ein Original des von V angebotenen Mobiltelefons kostet neu 24.000,– Euro. Der Aufforderung des K, ihm ein „Original Vertu Handy weiß-gold" zur Verfügung zu stellen, kam V nicht nach. K verlangt daher von V Zahlung von 23.218,– Euro Schadensersatz (24.000,– Euro abzüglich Kaufpreis).

b) Lösungshinweise

Vorliegend könnte K ein Schadensersatzanspruch aus §§ 280 Abs. 1 und 3, 281 BGB **45** zustehen. (Ein Einstieg über § 437 BGB verbietet sich, da das Handy noch nicht an K übergeben war.)

I. Zwischen den Parteien ist ein Schuldverhältnis in Form eines Kaufvertrags zustande **46** gekommen. Der Kaufvertrag könnte indes als „wucherähnliches Rechtsgeschäft" nichtig sein, § 138 Abs. 1 BGB. Rechtsgeschäfte, bei denen – wie vorliegend – ein auffälliges Missverhältnis zwischen der Vergütung und dem Wert der dafür zu erbringenden Leistung besteht, sind nach § 138 Abs. 1 BGB nur dann nichtig, wenn weitere

---

120 BGH MDR 2012, 697 m. Anm. *Schwab*, JuS 2012, 839.

sittenwidrigkeitsbegründende Umstände hinzutreten; etwa eine verwerfliche Gesinnung oder die Ausbeutung der schwierigen Lage des Partners für das eigene unangemessene Gewinnstreben. Besteht ein besonders krasses Missverhältnis zwischen Leistung und Gegenleistung, so rechtfertigt dieser Umstand regelmäßig den Schluss auf eine verwerfliche Gesinnung des begünstigten Vertragsteils und damit auf einen sittenwidrigen Charakter des Rechtsgeschäfts. In Rechtsprechung und Schrifttum wird dieser Maßstab im Rahmen einer Internetauktion aufgrund der dortigen Besonderheiten jedoch angepasst. Der Erfahrungssatz, dass außergewöhnliche Leistungen in der Regel nicht ohne Not zugestanden werden, greift bei der Internetauktion nicht.[121] Es macht gerade den Reiz einer (Internet-)Auktion aus, mit der Abgabe eines zunächst niedrigen Gebots die Chance wahrzunehmen, den Auktionsgegenstand zum „Schnäppchenpreis" zu erwerben, während umgekehrt der Anbieter die Chance wahrnimmt, durch den Mechanismus des Überbietens am Ende einen für ihn vorteilhaften Kaufpreis zu erzielen. Für den Bieter kann es daher durchaus taktische Gründe geben, zunächst nicht sein äußerstes Höchstgebot anzugeben, sondern – etwa kurz vor Ablauf der Auktion – noch ein höheres Gebot zu platzieren, zu dem er indes keine Veranlassung hat, wenn er sich zu diesem Zeitpunkt aufgrund des Auktionsverlaufes bereits Chancen ausrechnen kann, den Gegenstand zu dem von ihm zunächst gebotenen Höchstpreis zu erwerben. Der Kaufvertrag ist daher nicht nach § 138 Abs. 1 BGB nichtig.

47 **II.** Die Parteien könnten jedoch eine die Pflichtverletzung ausschließende **Beschaffenheitsvereinbarung** (§ 434 Abs. 1 S. 1 BGB) getroffen haben, wonach von V gar kein Originalexemplar der Marke „Vertu" geschuldet war. Das Berufungsgericht vertrat die Ansicht, der Verkauf eines „Originals" sei bei Auslegung des Kaufvertrags nicht vereinbart gewesen. Dagegen spreche „vor allem" der von V gewählte Startpreis der Auktion von 1,– Euro.

48 **1.** Dieser Ansicht folgt der BGH zu Recht nicht, denn dem Startpreis ist bei einer Internetauktion im Hinblick auf den Wert des angebotenen Gegenstandes grundsätzlich kein Aussagegehalt zu entnehmen. Der bei Internetauktionen erzielbare Preis ist von dem Startpreis völlig unabhängig, da er aus den Maximalgeboten der Interessenten gebildet wird, so dass auch Artikel mit einem sehr geringen Startpreis einen hohen Endpreis erzielen können. Dieses System kann den Anbieter veranlassen, auch hochwertige Artikel zu einem niedrigen Einstiegspreis anzubieten. Ein Rückschluss darauf, ob die Parteien eine Beschaffenheitsvereinbarung über wertbildende Eigenschaften getroffen haben, kann daher aus dem Startpreis einer Internetauktion nicht erfolgen.

49 **2.** Die Frage, ob eine Beschaffenheitsvereinbarung (§ 434 Abs. 1 S. 1 BGB) getroffen wurde, erfordert vielmehr eine umfassende Würdigung der abgegebenen Willenserklärungen unter Berücksichtigung aller Umstände des Falls. Diese hatte das Berufungsgericht bislang nicht vorgenommen. Um erforderliche weitere Feststellungen treffen und eine entsprechende Auslegung vornehmen zu können, hat der BGH die Sache zur Entscheidung an das Berufungsgericht zurückverwiesen und dabei auf Folgendes hingewiesen: Ausgangspunkt der Beurteilung muss das Angebot des V sein, welches in der Überschrift ein Mobiltelefon mit der Bezeichnung „Vertu" anbietet und

---

121 Allerdings können besondere Umstände ausnahmsweise doch dazu führen, dass die Durchführung von Verträgen mit krassen Preisdifferenzen als rechtsmissbräuchlich einzustufen wäre; so in OLG Koblenz MMR 2009 630; anders *Oechsler*, Jura 2012, 497, 499 f.

sich ausdrücklich „an alle Liebhaber von Vertu" richtete. Dies sind Umstände, die für eine Beschaffenheitsvereinbarung sprechen können. Hinzu kommt, dass eBay den Verkauf von Repliken und Fälschungen ausdrücklich verbietet. Dieses Verbot ist bei der Auslegung der Willenserklärung des Anbieters zu berücksichtigen. Der Erklärungsinhalt der Willenserklärungen (§§ 133, 157 BGB) richtet sich bei Abschluss des Kaufvertrags im Rahmen der bei eBay durchgeführten Internetauktion auch nach den Bestimmungen in den AGB von eBay, denen die Parteien vor der Teilnahme an der Internetauktion zugestimmt haben.[122] Bezieht sich das Angebot ausdrücklich auf einen Markennamen, kann und darf der Kunde daher im Allgemeinen die berechtigte Erwartung haben, dass das angebotene Produkt diesen Vorgaben entspricht und kein Plagiat ist. Andere Umstände erscheinen dagegen geeignet, Zweifel am Bestehen einer Beschaffenheitsvereinbarung zu wecken. So gab V an, das streitgegenständliche Telefon und ein weiteres Vertu-Mobiltelefon selbst ersteigert und damit nicht im autorisierten Fachhandel erworben zu haben; auch fehle die Gebrauchsanleitung. Zudem enthält der Angebotstext – für Luxusobjekte ungewöhnlich – keine Modellbezeichnung. Je nach Auslegung dieser Frage steht dem K ein entsprechender Schadensersatzanspruch zu.[123]

III. Gut vertretbar ist es übrigens – anders als der BGH – als **Anspruchsgrundlage** 50 § 311a Abs. 2 BGB heranzuziehen, da vorliegend nach den bisherigen Feststellungen eine Stückschuld vereinbart war, deren Erfüllung V gegebenenfalls von Anfang an unmöglich war.[124]

---

122 BGH NJW 2005, 53; 2011, 2643.
123 Instruktiv *Schwab*, JuS 2012, 643.
124 *Lorenz*, LMK 2012, 332201.

§ 13 Der Dissens beim Vertragsschluss

I. Vorfragen

1 In der Fallbearbeitung wird nicht selten voreilig die Lösung von Zweifelsfällen beim Vertragsschluss in der Heranziehung der Vorschriften über den offenen (§ 154 BGB) oder versteckten (§ 155 BGB) Einigungsmangel gesucht. Insbesondere Missverständnisse bei der Lektüre des nicht einfach zu verstehenden § 155 BGB führen die Studierenden dann leicht in die Irre und lassen sie zu schwer oder gar nicht vertretbaren Ergebnissen gelangen. Deshalb ist es wichtig, sich im Ausgangspunkt Gewissheit darüber zu verschaffen, was die Vorschriften über den Einigungsmangel voraussetzen und wann sie dementsprechend überhaupt weiterhelfen können.[1]

1. Primat der Auslegung

2 Wichtig ist zunächst, dass jedenfalls die Auslegung nach Maßgabe der §§ 133, 157 BGB vorrangig ist.[2] Sie entscheidet nicht zuletzt darüber, ob überhaupt ein Dissens vorliegt.[3] So können sich die Vertragsparteien nach dem Grundsatz **falsa demonstratio non nocet** in Wahrheit einig sein, obwohl sie etwas Missverständliches erklärt haben.[4] Dann gilt nach § 133 BGB das wirklich Gewollte. Kein Dissens liegt auch dann vor, wenn die Auslegung einen übereinstimmenden Erklärungsinhalt ergibt, den lediglich eine Partei subjektiv so nicht gewollt hat, wie sie ihn nach außen erklärt hat. Dann kann sie den Vertrag möglicherweise anfechten,[5] doch ist der Vertrag tatbestandlich zustande gekommen.[6] Auch die einverständlich begonnene Vertragsdurchführung stellt ein Indiz für einen Vertragsschluss dar.[7] In vielen Fällen führt also die Auslegung bereits zum Ziel, ohne dass es auf den Dissens überhaupt ankommt. Das Unterlassen der Auslegung und das unkontrollierte Zusteuern auf die §§ 154 f. BGB ist dann ein gravierender Fehler.

2. Totaldissens und logischer Dissens

3 Auf der anderen Seite ist von vorrangiger Bedeutung, dass kein Vertrag zustande kommt, wenn die Parteien sich nicht über die so genannten **essentialia negotii** einig sind. Haben die Parteien also dergestalt aneinander vorbeigeredet,[8] dass sie sich bei-

---

1 Aus dem älteren Schrifttum *Titze*, Die Lehre vom Missverständnis, 1910; *Manigk*, Das Wesen des Vertragsschlusses in der neueren Rechtsprechung, Beiträge zur Lehre von Konsens und Dissens, IherJB 75 (1925), 127.

2 Zu ihr im Einzelnen oben unter § 13 III 1. a).

3 Instruktiv *Brox/Walker*, Rn. 244 f.

4 *Köhler*, § 8 Rn. 37.

5 Umstritten ist, ob der Vertrag oder die einzelne Willenserklärung angefochten wird; dazu *Leenen*, Jura 1991, 393; *ders.*, Jura 2007, 721; sowie oben § 12 Rn. 1.

6 *Medicus*, Rn. 437.

7 BGH NJW 1983, 1727, 1728.

8 *Brox/Walker*, Rn. 250.

spielsweise über Kaufpreis und Kaufsache überhaupt nicht geeinigt haben, ohne dies zu bemerken,[9] so kommt auch kein Vertrag zustande.[10] Dann bedarf es der Anwendung der §§ 154 f. BGB schon deswegen nicht, weil das Gesetz für diese selbstverständliche Folge gar keine Regelung vorzusehen braucht.[11] Man spricht teilweise von einem „Totaldissens",[12] andernteils von einem „logischen Dissens".[13]

II. Die gesetzliche Regelung

Für die Anwendung der §§ 154, 155 BGB bleibt somit lediglich Raum, wenn sich die   4
Parteien zwar über die wesentlichen Vertragsbestandteile geeinigt haben, daneben aber eine Einigung über andere Punkte, die über den Mindestinhalt des Vertrags hinaus gehen, fehlt.

1. Offener Dissens

Solange sich die Parteien nicht über alle Punkte eines Vertrags geeinigt haben, über   5
die nach der Erklärung auch nur einer Partei eine Vereinbarung getroffen werden sollte, ist der Vertrag nach § 154 Abs. 1 S. 1 BGB im Zweifel nicht geschlossen worden. Das dient dem Schutz der **negativen Vertragsfreiheit**.[14] Dies gilt auch für den Dissens, der nur von einer Partei erkannt wurde, so dass in diesem Fall nicht § 155 BGB gilt.[15] § 154 Abs. 1 S. 2 BGB stellt zudem klar, dass die Verständigung über einzelne Punkte auch dann nicht bindend ist, wenn eine Aufzeichnung stattgefunden hat, die man als Punktation bezeichnet.[16] Ist eine Beurkundung des beabsichtigten Vertrags verabredet worden, so ist im Zweifel der Vertrag nicht geschlossen, bis die Beurkundung erfolgt ist, § 155 Abs. 2 BGB. Die Beurkundung ist demnach im Zweifel Abschlussvoraussetzung,[17] es sei denn, dass sie nur Beweiszwecken dienen soll.[18]

2. Versteckter Dissens

Haben sich die Parteien bei einem Vertrag, den sie als geschlossen ansehen, über   6
einen Punkt, über den eine Vereinbarung getroffen werden sollte, in Wirklichkeit

---

9 Instruktives Klausurbeispiel bei *Krampe*, Jura 1986, 545; *ders.*, Grundfragen der vertraglichen Einigung, 1972.
10 Zu Vertrag und Einigung auch *Mayer-Maly*, FS Nipperdey, 1965, S. 509; zum Konsens als Grundlage des Vertrags *ders.*, FS Seidl, 1975, S. 118.
11 *Medicus*, Rn. 438.
12 MüKo/*Busche*, 6. Auflage 2012, § 155 Rn. 2. Monographisch *Kramer*, Grundfragen der vertraglichen Einigung, 1972.
13 *Diederichsen*, FS Juristische Gesellschaft Berlin, 1984, S. 81.
14 *Köhler*, § 8 Rn. 40.
15 *Diederichsen*, FS Hübner, 1984, S. 421, 440; *Medicus*, Rn. 436.
16 *Medicus*, Rn. 434.
17 Palandt/*Ellenberger*, 71. Auflage 2012, § 154 Rn. 4.
18 BGH NJW 1964, 1269.

nicht geeinigt, so gilt das Vereinbarte, sofern anzunehmen ist, dass der Vertrag auch ohne eine Bestimmung über diesen Punkt geschlossen sein würde.[19] Aus dem oben[20] Gesagten folgt, dass der Einigungsmangel hier nicht die essentialia, sondern nur die **accidentialia negotii,**[21]also bloße Nebenpunkte betreffen kann.[22] Es handelt sich hier zumeist um einen bloßen Teildissens.[23] Dabei muss freilich der Vertrag ohne die betreffende Regelung noch einen nachvollziehbaren Sinn ergeben.[24]

III. Sekundäransprüche beim Dissens?

7   Eine prüfungsrelevante Folgefrage des Dissenses stellt sich auf der Ebene möglicher Sekundäransprüche.[25] Die Frage ist nämlich, ob derjenige, der den versteckten Dissens fahrlässig verursacht hat, dem anderen aus §§ 280 Abs. 1, 241 Abs. 2, 311 Abs. 2 BGB unter dem Gesichtspunkt der **culpa in contrahendo**[26] bzw. **analog § 122 BGB**[27] zum Schadensersatz verpflichtet ist. Als mögliche Pflichtverletzung kommt indes keine gleichwie geartete „Abschlussförderungspflicht" in Betracht, da sich aus dem Eintritt in Vertragsverhandlungen keine solche ergibt.[28] Dementsprechend lehnt ein Teil der Lehre eine Schadensersatzhaftung aus Gründen der Risikotragung überhaupt ab, da jeder, der sich in Vertragsverhandlungen begibt, mit dem Risiko, dass Missverständnisse über den Vertragsinhalt entstehen, entschädigungslos leben muss, mag der andere diese auch verursacht haben.[29] Die Gegenansicht hält einen solchen Schadensersatzanspruch jedoch für möglich.[30] Die Pflichtverletzung kann dann nur darin bestehen, den Vertragspartner durch undeutliche Ausdrucksweise irregeführt zu haben.[31]

---

19 Eingehend hierzu *Leenen*, AcP 188 (1988), 381, 411.
20 Siehe I. 2.
21 *Faust*, § 3 Rn. 27.
22 *Brox/Walker*, Rn. 258.
23 *Köhler*, § 8 Rn. 43.
24 *Medicus*, Rn. 436.
25 Zur Schadensersatzhaftung bei verstecktem Dissens aus der älteren Literatur bereits *R. Raiser*, AcP 127 (1927), 1.
26 *Faust*, § 3 Rn. 28.
27 In diese Richtung RGZ 104, 265, ohne freilich eine Festlegung darüber zu treffen, ob der Anspruch verschuldensunabhängig ist.
28 *Medicus*, Rn. 452.
29 *Flume*, § 34, 5, S. 626.
30 *Bork*, Rn. 783; *Leipold*, § 14 Rn. 44 mit Fußnote 39.
31 *Medicus*, Rn. 439.

§ 14 Die Einbeziehung Allgemeiner Geschäftsbedingungen

I. Der gesetzliche Tatbestand

Allgemeine Geschäftsbedingungen kommen nicht nur in der Praxis, sondern auch in   1
der Klausur sehr häufig vor. Obwohl die AGB im Schuldrecht geregelt sind, gehört
die Problematik ihrer Einbeziehung in den Allgemeinen Teil des BGB.[1] Die überaus
komplexe Problematik der Inhaltskontrolle (§§ 307 ff. BGB) betrifft dagegen vielfach
Fragen des Allgemeinen und Besonderen Schuldrechts und soll im Folgenden außer
Betracht bleiben.[2]

1. Zwecksetzung und Begriffsklärung

Allgemeine Geschäftsbedingungen sind nach § 305 Abs. 1 S. 1 BGB alle für eine Viel-   2
zahl von Verträgen vorformulierten Vertragsbedingungen, die eine Vertragspartei,
die das Gesetz als „Verwender" legaldefiniert, der anderen Partei bei Abschluss eines
Vertrags stellt.[3]

a) Voraussetzungen der Einbeziehung

Dass solche Vertragsbedingungen von einer Vertragspartei „gestellt" werden,[4] ver-   3
stößt nicht gegen das Prinzip der Privatautonomie, sondern bestätigt es aus der Sicht
des Verwenders sogar, weil er damit regelmäßig zu erkennen gibt, dass er eben nur
unter diesen seinen Bedingungen zum Vertragsschluss bereit ist und andernfalls
davon Abstand nimmt.[5] Damit besteht jedoch andererseits die Gefahr, dass die Vertragsbedingungen zu einem „einseitigen Diktat" werden, dem sich der andere Teil zu
fügen hat, wenn er auf eine Ware oder Leistung angewiesen ist.[6] Dementsprechend
sind bloße Hinweise oder Bitten keine Allgemeinen Geschäftsbedingungen,[7] es sei
denn, dass dadurch der Eindruck erweckt wird, dass der Verwender daraus Rechte
oder Pflichten herleiten will.[8] Wenn also etwa der Inhaber eines Supermarkts auf
einem Schild am Eingang „höflichst darauf hinweist, dass an den Kassen Taschenkontrollen durchgeführt werden", so stellt dies ungeachtet der freundlichen Anrede
eine Allgemeine Geschäftsbedingung dar,[9] weil damit der Inhalt des vorvertraglichen

---

1 Zutreffend *Brox/Walker*, Rn. 223. Zu weiteren Grundfällen *Löhnig/Gietl*, JuS 2012, 393; 494.
2 Siehe dazu nur von *Hippel*, BB 1985, 1629; *Becker*, WM 1999, 709; *Kötz*, JuS 2003, 209; *Markwardt*,
ZIP 2005, 152; siehe auch *Medicus*, Zur gerichtlichen Inhaltskontrolle notarieller Verträge, 1989; *Leve-
renz*, Jura 1993, 266; *Leenen*, § 21 Rn. 37 ff.
3 Zu den verbraucherrechtlichen Grundlagen *Hart*, Jura 2001, 649.
4 Zum Begriff des „Stellens" *Bartsch*, NJW 1986, 28.
5 *Canaris*, FS Steindorff, 1990, S. 519, 548.
6 *Brox/Walker*, Rn. 220.
7 BGHZ 124, 45.
8 BGHZ 133, 184.
9 BGH NJW 1996, 2574, 2575.

Rechtsverhältnisses zwischen Inhaber und Kunden geregelt wird.[10] Andererseits liegt ein „Stellen" von Vertragsbedingungen nicht vor, wenn Private in freier Entscheidung vorformulierte Vertragsbedingungen in ihren Vertrag einbeziehen; der BGH hatte einen solchen Fall kürzlich für die einvernehmliche Verwendung eines Pkw-Verkauf-Vertragsmusters zu entscheiden.[11] Weiterhin ist aus dem Begriff „Vielzahl" in § 305 Abs. 1 S. 1 BGB zu folgern, dass es wenigstens drei Verträge sein müssen,[12] da zwei lediglich eine **Mehrzahl** wären.[13] Zu beachten ist für das Merkmal der „Vielzahl von Verträgen" § 310 Abs. 3 Nr. 2 BGB, wonach bestimmte Vorschriften auf vorformulierte Verbraucherverträge auch dann anwendbar sind, wenn sie nur zur einmaligen Verwendung bestimmt sind und der Verbraucher aufgrund der Vorformulierungen auf ihren Inhalt keinen Einfluss nehmen konnte.[14]

b) Unbeachtlichkeit von Form und Umfang

4 Gleichgültig ist nach § 305 Abs. 1 S. 2 BGB, ob die Bestimmungen einen äußerlich gesonderten Bestandteil des Vertrags bilden oder in die Vertragsurkunde selbst aufgenommen werden, welchen Umfang sie haben, in welcher Schriftart sie verfasst sind und welche Form der Vertrag hat. Allgemeine Geschäftsbedingungen sind daher auch solche Vertragsbedingungen, die zum Zwecke künftiger wiederholter Verwendung nur im Kopf des Verwenders gespeichert sind.[15] Sogar handschriftlich in den Vertragstext eingefügte Klauseln, die der Verwender mindestens dreimal benutzt und auswendig niederschreibt, können somit Allgemeine Geschäftsbedingungen darstellen,[16] selbst wenn der Vertrag im Übrigen individuell ausgehandelt und ausgestaltet worden ist.[17] Bei der Fallbearbeitung ist daher auch in solchen Konstellationen an das Recht der AGB zu denken, wenn kein einseitig vorgefertigter Drucktext vorliegt. Missverständnisse können ferner dann entstehen, wenn ein Vermieter ein von anderer Seite konzipiertes Formular über einen Mietvertrag nur einmal verwendet. Ungeachtet der einmaligen Verwendung durch den Vermieter handelt es sich dann gleichwohl um „für eine Vielzahl von Verträgen vorformulierte Vertragsbedingungen" im Sinne des § 305 Abs. 1 S. 1 BGB.[18] Der passivische Wortlaut („vorformulierter") lässt nämlich mit Bedacht die Möglichkeit offen, dass der Verwender personenverschieden von demjenigen ist, der die Klausel entworfen hat.[19] Es muss sich auch nicht um einen Formularvertrag handeln, so dass es auf den Umfang des Klauselwerks nicht ankommt.[20] Der Verweis auf einen bestehenden **Eigentumsvorbehalt** kann ebenso gut eine All-

---

10 *Köhler*, § 16 Rn. 4.
11 BGH NJW 2010, 1131; dazu *Faust*, JuS 2010, 538.
12 BAG DB 2006, 1377; nach BGH NJW 1997, 135 jedoch nicht zwingend ausreichend.
13 *Medicus*, Rn. 404.
14 Näher zum Verbraucher und Unternehmer unten § 55.
15 BGHZ 141, 108; BGH NJW 1988, 410; 2001, 2635.
16 BGH NJW 2005, 2543, 2544.
17 BGHZ 75, 21.
18 *Köhler*, § 16 Rn. 4.
19 *Medicus*, Rn. 404.
20 Palandt/*Grüneberg*, 71. Auflage 2012, § 305 Rn. 15.

gemeine Geschäftsbedingung darstellen[21] wie eine **Gerichtsstandsklausel** im Brief-kopf.[22]

c) Vorrangige Individualabreden

Allgemeine Geschäftsbedingungen liegen nach § 305 Abs. 1 S. 3 BGB nicht vor, soweit 5
die Vertragsbedingungen zwischen den Vertragsparteien im Einzelnen ausgehandelt
worden sind. Solche Individualabreden sind nach § 305b BGB vorrangig.[23] Das gilt auch
dann, wenn den Vertragsparteien die Kollision der Individualabrede mit der jeweiligen Geschäftsbedingung nicht bewusst war.[24] Allerdings ist gegenüber der Annahme
einer Individualabrede Zurückhaltung angebracht, wenn der Vertragspartner bereits
einen **vorformulierten Entwurf** vorgelegt hat und lediglich Verhandlungsbereit-
schaft im Hinblick auf einzelne Punkte erkennen lässt.[25] Auch wenn der Verwender
von seinen AGB nicht Abstand nehmen muss,[26] ist nach der Rechtsprechung für ein
solches Entgegenkommen in Richtung einer Individualabrede erforderlich, dass „der
Verwender zunächst den in seinen AGB enthaltenen ‚gesetzesfremden' Kerngehalt
(...) ernsthaft zur Disposition stellt und dem Verhandlungspartner Gestaltungsfreiheit
zur Wahrung eigener Interessen einräumt mit zumindest der realen Möglichkeit, die
inhaltliche Ausgestaltung der Vertragsbedingungen zu beeinflussen."[27] Ist dies der
Fall, so liegt insoweit eine Individualabrede vor; der übrige Teil des Vertrags wird
dann gleichwohl durch die weiteren AGB bestimmt.[28]

2. Einbeziehungsvereinbarung

Wann Allgemeine Geschäftsbedingungen Vertragsbestandteil werden, bestimmt § 305 6
Abs. 2 BGB. Erstens muss der Verwender bei Vertragsschluss die andere Vertragspartei ausdrücklich oder, wenn ein ausdrücklicher Hinweis wegen der Art des Vertragsschlusses nur unter unverhältnismäßigen Schwierigkeiten möglich ist, durch deutlich
sichtbaren – oder besser: nicht übersehbaren – Aushang am Ort des Vertragsschlusses auf die AGB **hinweisen**. Notwendig ist das vor allem bei konkludent geschlossenen Verträgen des Massenverkehrs, bei denen ein ausdrücklicher Hinweis schon
wegen der Art des Vertragsschlusses ohne persönlichen Kontakt unmöglich ist.[29] Typischerweise fallen hierunter etwa die Parkhausbenutzung, die Nutzung öffentlicher
Verkehrsmittel oder Kino- und Theaterbesuche. Zweitens muss der Verwender der
anderen Vertragspartei die Möglichkeit verschaffen, in zumutbarer Weise, die auch
eine für den Verwender erkennbare körperliche Behinderung der anderen Vertrags-

---

21 *Brox/Walker*, Rn. 220.
22 BGHZ 101, 273.
23 Dazu *Gottschalk*, NJW 2005, 2543.
24 BGH NJW 2006, 138 f.
25 BGHZ 98, 24, 28; zu weitgehend wohl zuvor BGH NJW 1977, 624; vgl. *Medicus*, Rn. 407.
26 Vgl. aber auch BGH NJW 1992, 2283.
27 BGH NJW 1992, 2759; vorher bereits BGH ZIP 1986, 1467.
28 BGHZ 8, 109, 112.
29 Palandt/*Grüneberg*, 71. Auflage 2012, § 305 Rn. 31.

partei berücksichtigt,[30] von ihrem Inhalt **Kenntnis** zu nehmen (Leserlichkeit).[31] Wird der Vertrag unter Abwesenden geschlossen, ist demgemäß die Übersendung der AGB erforderlich.[32] Weiterhin muss die andere Partei mit der Geltung der AGB einverstanden sein. Die damit angesprochene Einbeziehungsvereinbarung ist Teil des Vertrags und kein eigenständiges Rechtsgeschäft.[33] Auf AGB, die gegenüber einem Unternehmer verwendet werden, ist § 305 Abs. 2 BGB zwar gemäß § 310 Abs. 1 S. 1 BGB unanwendbar, was eine Einbeziehungsvereinbarung jedoch nicht entbehrlich macht.

3. Kollidierende AGB

7 Probleme ergeben sich, wenn beide Parteien jeweils ihre AGB in den Vertrag einbeziehen wollen, diese sich aber inhaltlich widersprechen. Wendet man hier streng § 150 Abs. 2 BGB an, so gilt die Annahme einer Offerte unter Änderungen (durch die eigenen AGB) als Ablehnung, verbunden mit einem neuen Antrag, der konkludent mit Durchführung des Vertrags angenommen wird. Eine solche Auslegung würde dem Interesse und Willen des Erst-Verwenders jedoch regelmäßig zuwider laufen.[34] In der Praxis wird dies häufig mit einer sog. „**Abwehrklausel**" in den eigenen AGB deutlich gemacht, wonach sich der Verwender mit der Geltung widersprechender oder ergänzender AGB nicht einverstanden erklärt.[35] Die Rechtsprechung ist dem früher mit der sog. „**Theorie des letzten Wortes**" begegnet: trotz „Abwehrklausel" wurden diejenigen AGB Vertragsbestandteil, auf die zuletzt verwiesen wurde.[36] Daran mag allenfalls das Bestreben berechtigt gewesen sein, den Vertrag nicht wegen der fehlenden Übereinstimmung scheitern zu lassen. Die Parteien wären aber zu fortdauernden gegenseitigen Protesten gezwungen, obwohl beide eigentlich den Vertragsschluss herbeiführen wollen. Um einen angemessenen Interessenausgleich zu erreichen, legt der BGH § 150 Abs. 2 BGB nunmehr einschränkend aus, so dass sich eine Partei jedenfalls bei *durchgeführten* Verträgen nach Treu und Glauben nicht auf die Ungültigkeit des Vertrags berufen darf, wenn sie durch ihr Verhalten gezeigt hat, dass sie den Vertrag durchführen will[37] (sog. **protestatio facto contraria**). Wegen dieser zutreffenden Wertung führt auch die Auslegungsregel über den Dissens nach §§ 154 Abs. 1 S. 1, 155 BGB nicht weiter.[38] Richtigerweise können einander widersprechende AGB vielmehr nur soweit gelten, als sie der anderen Partei günstig sind oder sich nicht auf den Schuldvertrag beziehen.[39] Darüber hinaus treten an die Stelle kollidierender AGB entsprechend

---

30 Dazu *Heinrichs*, NZM 2003, 8.
31 BGH WM 1986, 770; aktuell OLG Saarbrücken NJW-RR 2009, 989.
32 BGH NJW 2009, 1486 (Reisekatalog).
33 *Brox/Walker*, Rn. 225.
34 *Köhler*, § 16 Rn. 19.
35 BGH NJW-RR 2001, 484.
36 BGH LM § 150 Nr. 3 und 6.
37 BGHZ 61, 282.
38 *Medicus/Petersen* BR, Rn. 75; a.A. MüKo/Basedow, 6. Auflage 2012, § 305 Rn. 106.
39 *Flume*, § 37, 3.

§ 306 Abs. 2 BGB die Vorschriften des Gesetzes,[40] was sich auch als allgemeiner Grundsatz im europäischen Vertragsrecht findet.[41]

4. Auslegung

AGB sind weder Gesetze noch Rechtsnormen, weil sie von einer Vertragspartei gestellt **8** wurden, der keine Rechtssetzungsmacht zukommt.[42] Diese besondere Interessenlage muss für die Bewertung und Auslegung von AGB berücksichtigt werden, die daher Abweichungen von den üblichen Auslegungsweisen mit sich bringt.

a) Überraschende Klauseln

Bestimmungen in AGB, die nach den Umständen, insbesondere nach dem äußeren **9** Erscheinungsbild des Vertrags, so ungewöhnlich sind, dass der Vertragspartner des Verwenders mit ihnen nicht zu rechnen braucht, werden gemäß § 305c Abs. 1 BGB nicht Vertragsbestandteil. Die Klauseln dürfen also keinen **Überrumpelungs-effekt** dergestalt entfalten, dass zwischen dem Klauselinhalt und den Erwartungen des Kunden eine Diskrepanz besteht.[43] Überraschend ist es etwa, wenn eine Bürgschaft aus Anlass der Gewährung eines Darlehens – daher „**Anlassrechtsprechung**" genannt[44] – auch auf alle übrigen bestehenden und zukünftigen Verbindlichkeiten des Hauptschuldners erweitert wird.[45] Das „Kleingedruckte" wird eben häufig nicht hinreichend zur Kenntnis genommen, so dass der Vertragspartner vor „bösen" Überraschungen insbesondere dann geschützt werden soll, wenn die dem Verwender günstige Klausel systematisch so versteckt erscheint, dass zumindest an dieser Stelle nicht damit zu rechnen ist.[46] Für die danach regelmäßig erforderliche Auslegung gilt folgender Maßstab:[47] Als Vertragsbedingungen sind AGB der Auslegung zugänglich, wobei sich diese nicht nach dem objektivierten Horizont des konkreten Erklärungsempfängers gemäß §§ 133, 157 BGB bemisst, sondern eine gänzlich objektive Auslegung angezeigt ist.[48] Es kommt dementsprechend auf den Verständnishorizont eines Durchschnittsadressaten dieser AGB an.[49] Richtet sich die AGB typischerweise auch an juristische Laien, sind Rechtskenntnisse grundsätzlich nicht erforderlich. Sofern die Geschäftsbedingungen jedoch erkennbar auf Gesetzesbegriffe Bezug nehmen, die im allgemeinen Sprachgebrauch nicht vorkommen, sind sie so zu verstehen, wie es ihrer Fachbedeutung entspricht.[50] Eine ergänzende Auslegung kommt zugunsten des

---

40 Ähnlich *Köhler*, § 16 Rn. 19.
41 Dazu *Leenen*, § 21 Rn. 30 m.w.N.
42 BGHZ 9, 1, 3; 17, 1, 2; zur Abgrenzung von der Vertrags- zur Gesetzesauslegung auch *Biehl*, JuS 2010, 195, 196.
43 BGHZ 102, 152, 158; BGH NJW-RR 2004, 780.
44 *Medicus*, Rn. 416.
45 BGH NJW 1986, 1805.
46 *Medicus*, Rn. 417.
47 Dazu auch *Lange*, ZGS 2004, 208.
48 BGH WM 2008, 1350; BGH NJW-RR 2007, 1697.
49 BGH NJW 2006, 1056; BAG NJW 2007, 3228.
50 BGHZ 5, 367.

Verwenders nur ausnahmsweise, für den Vertragspartner dagegen grundsätzlich in Betracht.[51]

b) Mehrdeutige Klauseln

10 Zweifel bei der Auslegung Allgemeiner Geschäftsbedingungen gehen nach § 305c Abs. 2 BGB zu Lasten des Verwenders. Hier gilt – auf den ersten Blick paradoxerweise – zunächst das **Prinzip der kundenfeindlichsten Auslegung**.[52] Bestehen mehrere rechtlich vertretbare Möglichkeiten,[53] die Klausel zu deuten, so prüft man zunächst, ob die betreffende Klausel bei (scheinbar) kundenfeindlichster Auslegung wegen Verstoßes gegen ein Klauselverbot nichtig ist.[54] Die kundenfeindlichste Auslegung dient folglich gerade dem Schutz des Kunden,[55] so dass sie letztlich „die dem Kunden günstigste" ist.[56] Erweist sich die Klausel dagegen nach allen Auslegungsvarianten als wirksam, so ist die Unklarheitenregel des § 305c Abs. 2 BGB unmittelbar mit der Maßgabe der kundenfreundlichsten Auslegung anzuwenden.[57]

II. Rechtsfolgen bei Nichteinbeziehung oder Unwirksamkeit

11 Sind Allgemeine Geschäftsbedingungen ganz oder teilweise nicht Vertragsbestandteil geworden oder unwirksam, so bleibt der Vertrag nach § 306 Abs. 1 BGB im Übrigen wirksam. Die Vorschrift enthält somit eine Ausnahme zu der Grundregel des § 139 BGB.[58] Das gilt auch dann, wenn sich die Nichtigkeit der Klausel aus § 134 BGB oder anderen Nichtigkeitsnormen ergibt.[59] Soweit die Bestimmungen nicht Vertragsinhalt geworden oder unwirksam sind, richtet sich der Inhalt des Vertrags nach den gesetzlichen Vorschriften, § 306 Abs. 2 BGB. Wichtig ist, dass eine **geltungserhaltende Reduktion**[60] unwirksamer Klauseln auf ihren gerade noch zulässigen Inhalt nach der Rechtsprechung nicht in Betracht kommt,[61] es sei denn, dass sich die Teile einer Klausel sinnvollerweise sprachlich trennen lassen.[62] Der gesamte Vertrag ist gemäß § 306 Abs. 3 BGB unwirksam, wenn das Festhalten an ihm auch unter Berücksichtigung der nach § 306 Abs. 2 BGB vorgesehenen Änderungen eine unzumutbare Härte für eine Vertragspartei darstellen würde.

---

51 BGHZ 103, 234, 119, 325.
52 BGHZ 95, 353; 104, 88; 108, 56; 119, 72. Soweit die Rechtsstellung des Kunden verbessert wird, ist die Unklarheitenregel entgegen der früher h.M. gleichermaßen im Individual- und Verbandsprozess anzuwenden, näher Palandt/*Grüneberg*, 71. Auflage 2012, § 305c Rn. 19.
53 Es genügt nicht, dass lediglich Streit über die Auslegung besteht, erforderlich sind vielmehr nicht behebbare Zweifel, BGHZ 112, 65, 68; BGH WM 2009, 1180.
54 BGH NJW 2008, 2172, 2173.
55 *Ernst*, ZGS 2004, 259.
56 BGH NJW 1998, 2207.
57 BGH NJW 1992, 1097, 1099; 2008, 2172, 2173; OLG Schleswig ZIP 199, 759, 762; OLG München NJW-RR 1998, 393, 394.
58 BGH NJW 2007, 3568, 3569.
59 BGHZ 129, 306.
60 Dazu *J. Hager*, JZ 1996, 175; *H. Roth*, JZ 1989, 411.
61 BGHZ 107, 273, 277; kritisch kürzlich *Uffmann*, Das Verbot der geltungserhaltenden Reduktion, 2010.
62 BGHZ 107, 285, 190.

III. Hinweise für die Fallbearbeitung

Im Anwendungsbereich der §§ 305 ff. BGB ist eine exakte Subsumtion unerlässlich, **12** die – zumindest gedanklich – mit dem Anwendungsbereich nach § 310 BGB beginnt.[63] Gerade § 305 Abs. 1 S. 1 BGB muss sorgfältig geprüft werden.

1. Mietrechtliche Klausuren

So kann etwa ausnahmsweise auch der Mieter – als der regelmäßig wirtschaftlich **13** Schwächere – Verwender im Sinne des § 305 Abs. 1 S. 1 BGB sein,[64] wenn von ihm die Anregung ausgeht, eine bestimmte Handbuch-Klausel in den Vertrag aufzunehmen.[65] Überhaupt spielen AGB in mietrechtlichen Klausuren eine besondere Rolle: So selten mietrechtliche Klausuren im Vergleich zu kaufrechtlichen gestellt werden, so auffallend häufig begegnen hier – nicht anders als in der Praxis – Allgemeine Geschäftsbedingungen. Dabei geht es dann häufig um die hier nicht zu erörternde Inhaltskontrolle (Bsp.: **Schönheitsreparaturen**, die dem Mieter entgegen § 535 Abs. 1 S. 2 BGB aufgebürdet werden).[66] Ein weiteres Beispiel bilden die gerade im Mietrecht häufigen (doppelten) Schriftformklauseln. In einem jüngst entschiedenen Fall war im formularmäßigen Mietvertrag bestimmt, dass Änderungen oder Ergänzungen des Vertrags der Schriftform bedürfen und das Schriftformerfordernis nur schriftlich abbedungen werden kann.[67] Da hier später eine mündliche Individualabrede getroffen wurde, war diese bereits nach § 305b BGB vorrangig. Die **doppelte Schriftformklausel** war darüber hinaus nach § 307 BGB unwirksam: Sie konnte dem Mieter den Eindruck vermitteln, dass eine Individualabrede entgegen § 305b BGB unwirksam sei, und ihn so davon abhalten, seine Rechte durchzusetzen. Der Fall zeigt, dass derselbe rechtliche Gesichtspunkt bei der Prüfung Allgemeiner Geschäftsbedingungen mitunter auf unterschiedlichen Ebenen – Einbeziehung und Wirksamkeit – zum Tragen kommt.

2. Prüfungsreihenfolge

Bevor man aber zur Inhaltskontrolle kommt, ist zunächst zu prüfen, ob die betref- **14** fende Klausel im Sinne des oben zu § 305 Abs. 1 BGB Gesagten wirksam in den Vertrag einbezogen wurde.[68] Dabei ist stets die Möglichkeit einer vorrangigen (§ 305b BGB) Individualabrede im Auge zu behalten, § 305 Abs. 1 S. 3 BGB. Als nächstes ist die Einbeziehungsvereinbarung nach § 305 Abs. 2 BGB zu prüfen. Ferner darf die AGB für den anderen Teil nicht überraschend sein (§ 305c Abs. 1 BGB). Gegebenenfalls ist die Geschäftsbedingung (objektiv, nicht nach §§ 133, 157 BGB!) auszulegen, wobei diesbezügliche Zweifel nach § 305c Abs. 2 BGB zu Lasten des Verwenders gehen. Erst dann kommt es auf die Inhaltskontrolle an, sofern die Klausel einer solchen unterliegt (vgl.

---

63 Siehe *Faust*, § 15 Rn. 1.
64 BGH NJW 2010, 1131; generell skeptisch LG Köln NJW-RR 1987, 1001.
65 *Köhler*, § 16 Rn. 4; beachte aber auch § 310 Abs. 3 Nr. 1 BGB.
66 Dazu *Herrler*, Jura 2008, 248.
67 BGH NJW 2009, 3376.
68 Instruktives Schema bei *Köhler*, § 16 Rn. 31 a.E.

§ 307 Abs. 3 BGB). Im Rahmen der Inhaltskontrolle prüft man **vom Besonderen** (erst § 309 BGB, dann § 308 BGB) **zum Allgemeinen** (§ 307 BGB). Im Falle der Nichteinbeziehung oder Unwirksamkeit sind zum Schluss die Rechtsfolgen des § 306 BGB für den Vertrag im Übrigen zu erörtern.

§ 15 Faktische und fehlerhafte Vertragsverhältnisse

I. Sozialtypisches Verhalten und „faktischer Vertrag"

„Der Konsens bringt den Vertrag zustande."[1] Diese ebenso einfache wie tiefgründige **1** Einsicht bringt etwas zum Ausdruck, das gerade in alltäglichen Fällen gelegentlich weit weniger klar ist, als es den Anschein hat. So stellt sich mitunter die Frage, ob im Einzelfall nicht Vertragsansprüche ohne Vertrag bzw. Rechtsgeschäfte ohne Willenserklärung denkbar sind.[2] Diese auf den ersten Blick irritierende Fragestellung, die allem zuwider zu laufen scheint, was man über die Rechtsgeschäftslehre gelernt hat, ist von beträchtlicher praktischer Relevanz, weil die §§ 145 ff. BGB gerade im modernen Massenverkehr an die Grenzen ihrer Leistungsfähigkeit geraten und häufig nur durch Unterstellungen noch ein Vertragsschluss begründet werden kann. Derartige Fälle werden seit langem unter dem Stichwort des „faktischen Vertrags" diskutiert, der durch **„sozialtypisches Verhalten"** zustande kommen soll.[3] Danach soll auch ohne eine auf den Vertragsschluss gerichtete Willenserklärung bereits durch tatsächliches Verhalten, insbesondere durch Inanspruchnahme der Leistung, ein Vertragsverhältnis entstehen. Es geht dabei um die alltäglichen Konstellationen des modernen Massenverkehrs, etwa die Benutzung öffentlicher Verkehrsmittel oder die Inanspruchnahme kostenpflichtiger Parkplätze, aber auch um den Bereich der Daseinsvorsorge, beispielsweise die Entnahme von Elektrizität.

1. Der Flugreisefall als Paradigma

Wie zeitgebunden jedoch die dahinter stehenden Vorstellungen sind, zeigt der bereits **2** weiter oben in anderem Zusammenhang behandelte Flugreisefall,[4] in dem ein Minderjähriger ohne Einwilligung seiner gesetzlichen Vertreter und ohne von der Lufthansa erkannt worden zu sein als blinder Passagier nach New York geflogen war.[5] Dieser Fall ist nicht nur bereicherungsrechtlich interessant,[6] sondern birgt darüber hinaus noch mannigfache andere Probleme im Bereich der gesetzlichen Schuldverhältnisse. Nicht selten wird bei der Fallbearbeitung jedoch übersehen, dass die Lösung mit der Erörterung eines vertraglichen Beförderungsanspruchs zu beginnen hat. Diesen kann man prüfungsmäßig nicht einfach damit umgehen, dass der Minderjährige wegen §§ 2, 106 ff. BGB keinen Vertrag schließen könne. Denn das wäre dogmatisch unsauber: Die Minderjährigkeit hindert das Zustandekommen des Vertrags nicht, sondern steht nur dessen Wirksamkeit im Wege.[7] Bevor man aber bei der Falllösung zur Wirksamkeit des Vertrags kommt, ist zu behandeln, ob überhaupt ein Vertrag zustande gekommen ist, etwa im Wege des sozialtypischen Verhaltens. Jedoch hat der Bundesgerichtshof

---

1 *Leenen*, Faktischer und normativer Konsens, Liber amicorum Prölss, 2009, S. 153.
2 *Medicus*, Rn. 244.
3 Instruktiv *Schreiber*, Jura 1988, 219.
4 Oben § 3 Rn. 29; siehe zum Flugreisefall ferner unten § 21 Rn. 10 ff.
5 BGHZ 55, 128; dazu auch ausführlich unten § 21 Rn. 10 ff.
6 *Canaris*, JZ 1971, 560.
7 *Leenen*, Jura 2007, 721; *ders.*, AcP 188 (1988), 381.

dies abgelehnt: Der Vertragsschluss durch sozialtypisches Verhalten sei nur auf den **modernen Massenverkehr** zugeschnitten, wozu das Gericht den Flugverkehr nicht zählte.[8] Das mochte im Jahre 1971 noch zutreffen, doch kann man wohl mit Fug die Frage stellen, ob das auch vierzig Jahre später noch gilt.

3   Eine andere Frage ist freilich, ob nicht gegenüber Minderjährigen überhaupt Verpflichtungen auf der Grundlage sozialtypischen Verhaltens ausgeschlossen sein müssen. Nahezu einhellig abgelehnt worden ist eine unterinstanzliche Entscheidung,[9] wonach ein Achtjähriger (!), der ohne gültigen Fahrschein eine Spazierfahrt mit der **Bremer Straßenbahn** unternommen hatte, kraft sozialtypischen Verhaltens den vollen Fahrpreis schulden sollte.[10] Das ist schon deswegen dogmatisch nicht begründbar, weil der Wirksamkeit eines Vertrags mit dem Achtjährigen das Wirksamkeitshindernis der beschränkten Geschäftsfähigkeit (§§ 2, 106 BGB) entgegenstehen würde,[11] wohingegen nach Auffassung des Gerichts in Fällen der Bindung aus sozialtypischem Verhalten auch eine nur entsprechende Anwendung der §§ 107 ff. BGB nicht in Betracht kommt. Vollends unverständlich ist, warum das Gericht über die vertragliche Verpflichtung hinaus auch noch eine Buße des Minderjährigen nach Maßgabe der Allgemeinen Beförderungsbedingungen anerkannt hat. Denn eine Vertragsstrafe des Minderjährigen infolge der wegrationalisierten Aufsicht im Bahnverkehr ist schlechterdings nicht annehmbar.[12] Im Rahmen der Fallbearbeitung sind Ansprüche aus § 812 Abs. 1 S. 1 Fall 2 BGB und aus §§ 823, 828 Abs. 3, 829 BGB gegen den Minderjährigen in Betracht zu ziehen,[13] wodurch freilich die zentrale gesetzliche Wertung – der Minderjährigenschutz – nicht aus den Angeln gehoben werden darf.

2. Hamburger Parkplatzfall

4   Berühmt geworden ist der Hamburger Parkplatzfall:[14] Die Stadt Hamburg widmete den Rathausmarkt teilweise als gebührenpflichtigen Parkplatz und ließ ihn durch ein privates Unternehmen bewachen. Ein Autofahrer verweigerte ungeachtet des sichtbar aufgestellten Schildes („Parkgeldpflichtig und bewacht") die Zahlung.

5   Der Bundesgerichtshof hat in diesem Fall angenommen, dass Verträge nicht nur durch Angebot und Annahme zustande kämen. Im Anschluss an eine im Schrifttum vertretene Auffassung, die sich mit dieser Möglichkeit auseinander gesetzt hatte,[15] kam das Gericht zu der Folgerung, dass es auch **faktische Vertragsverhältnisse** gebe,[16] die auf einer „sozialen Leistungsverpflichtung" gründeten. Auch wenn sich

---

8 BGH FamRZ 1971, 247 f.; in der zitierten Fundstelle BGHZ 55, 128 nicht enthalten.

9 LG Bremen NJW 1966, 2360.

10 Statt aller bereits *Larenz*, Allgemeiner Teil des deutschen Bürgerlichen Rechts, 7. Auflage 1989, § 28 II S. 535; Siehe auch *Flume*, § 13, 1 S. 182 („Jurisprudenz der Straßenbahnfahrt").

11 *Schreiber*, Jura 1988, 219, 220.

12 *Medicus*, Rn. 251.

13 *Brox/Walker*, Rn. 194.

14 BGHZ 21, 319.

15 *Haupt*, Über faktische Vertragsverhältnisse, 1941.

16 Siehe dazu auch *Larenz*, NJW 1956, 1897; *ders.*, DRiZ 1958, 245; *Betti*, FS Lehmann, Band I, 1956, S. 256; *Esser*, AcP 157 (1957/58), 86; *Nikisch*, FS Dölle, Band I, 1963, S. 79; *Kellmann*, NJW 1971, 1; instruktiv *H. Roth*, JuS-L 1991, 89.

daran einige Entscheidungen, die in dieselbe Richtung gingen, anschlossen,[17] hat sich diese Vorstellung nicht durchgesetzt.[18]

Im Rahmen der Fallbearbeitung tut man daher gut daran, nicht einfach dem **6** Schlagwort der faktischen Vertragsverhältnisse subsumieren zu wollen,[19] sondern die Grundprinzipien der Rechtsgeschäftslehre heranzuziehen. Nicht selten wird das tatsächliche Verhalten nämlich schon als konkludente Annahme des in der Zurverfügungstellung der Leistung liegenden Antrags (**Realofferte**) gedeutet werden können und sich daher (ggf. unter Zuhilfenahme des § 151 BGB) ein Vertragsschluss begründen lassen.[20] So liegt in der Leistung eines Stromversorgungsunternehmens regelmäßig ein Antrag auf Abschluss eines Versorgungsvertrags, den derjenige konkludent annimmt, der dem Netz Elektrizität entnimmt.[21] Zwar sollte man Vorsicht walten lassen, bevor man eine **protestatio facto contraria** ohne Weiteres als unbeachtlich einstuft, denn ein ausdrücklich erklärter oder sonst erkennbar gegen einen Vertragsschluss gerichteter Wille ist sehr wohl beachtlich.[22] Man kann konstruktiv jedoch eine analoge Anwendung der §§ 612, 632 BGB erörtern und so wertungsmäßig zu einer Einschränkung der Privatautonomie gelangen:[23] Wer eine geldwerte Leistung in Anspruch nimmt, hat diese in aller Regel zu vergüten und kann nicht erwarten, dass sich daran durch seine einseitige gegenteilige Erklärung etwas ändert.[24]

Soweit in der Literatur der negativen Vertragsfreiheit und dem ausdrücklich **7** erklärten Willen des Protestierenden der Vorrang gegeben wird,[25] ist dies als besondere Würdigung der **Privatautonomie** folgerichtig und daher auch in der Klausurbearbeitung gut vertretbar. Folgt man dieser Ansicht, sollte man es bei diesem Ergebnis aber nicht bewenden lassen. Vielmehr ist die rechtswidrig erlangte Leistung mittels Bereicherungs- oder Deliktsrecht abzuschöpfen.[26] Ebenso sind Ansprüche aus den §§ 987 ff. oder 861 f. BGB denkbar. Zu beachten ist aber bei einer Abschöpfung als Schadensersatz, dass typischerweise kein Schaden vorliegen wird. So liegt es etwa im Hamburger Parkplatzfall, solange noch wenigstens ein weiterer Parkplatz frei war und damit keine Parkgebühren entgangen sind.

---

17 BGHZ 23, 175; 249; BGH NJW 1965, 387; aus neuerer Zeit noch BGHZ 115, 311, 315; BGH NJW 2000, 3429, 3431; 2003, 3131.

18 Siehe bereits *Nipperdey*, MDR 1957, 129; *Leenen*, § 8 Rn. 76; aus der Rechtsprechung BGHZ 95, 393, 395.

19 *Fikentscher/Heinemann*, Schuldrecht, 10. Auflage 2006, Rn. 75 f.

20 *Medicus/Petersen* BR, Rn. 190.

21 Allerdings nicht, wenn der Abnehmer zuvor einen Vertrag mit einem anderen Lieferanten geschlossen hat und nach wie vor davon ausgeht, dass dieser ihn beliefert, BGH NJW-RR 2005, 639.

22 *Medicus/Petersen* BR, Rn. 191.

23 Dazu *Teichmann*, FS Michaelis, 1972, S. 295, 314; *Medicus/Petersen* BR, Rn. 191; skeptisch Erman/ *Armbrüster*, 13. Auflage 2011, Vor § 145 Rn. 43.

24 *Schreiber*, Jura 1988, 219, 220; so ausdrücklich für den zuvor genannten Fall der Entnahme von Elektrizität BGH NJW-RR 2005, 639.

25 *Leenen*, § 8 Rn. 60 f.

26 *Leenen*, § 8 Rn. 61 m.w.N.

II. Fehlerhafte Rechtsverhältnisse im Gesellschafts- und Arbeitsrecht

8 Von der zuletzt dargestellten Problematik zu unterscheiden sind die **fehlerhaften Vertragsverhältnisse**, d.h. solche Rechtsverhältnisse, die zu einer faktischen Eingliederung auf der Basis einer mangelhaften Vertragsgrundlage geführt haben.[27]

9 Nicht selten handelt es sich hierbei um Rechtsbeziehungen, deren Wirksamkeit von den Beteiligten trotz fehlerhafter Begründung seit geraumer Zeit angenommen wird.[28] Ein einfacher Vertrag könnte auf dieser unzureichenden Grundlage ohne weiteres nach §§ 812 ff. BGB rückabgewickelt werden, d.h. jeder hätte die seinerseits empfangene Leistung bereicherungsrechtlich zurück zu gewähren. Anders verhält es sich jedoch bei **Dauerschuldverhältnissen**,[29] insbesondere im Arbeits- und Gesellschaftsrecht.[30] Solche gewachsenen Rechtsverhältnisse bringen es mit sich, dass im Laufe der Zeit eine unüberschaubare Zahl von Zuwendungen und Leistungen getätigt worden ist, die streng genommen alle rechtsgrundlos erfolgt waren, wenn sich später herausstellt, dass das zugrundeliegende Rechtsgeschäft – ein gesellschaftsrechtlicher Beitritt ebenso wie ein fehlerhaftes Arbeitsverhältnis[31] – unwirksam war. Müssten nun alle erdenklichen späteren, d.h. auf dieser Grundlage erfolgten Rechtsgeschäfte rückabgewickelt werden, dann käme es – abgesehen von möglichen Härten im Einzelfall, die nicht selten mit dem **Entreicherungseinwand** nach § 818 Abs. 3 BGB zu tun haben – zu einer unüberschaubaren Ausgleichspflichtigkeit.[32] Deshalb wird in solchen Fällen eine Lösungsmöglichkeit mit Wirkung für die Zukunft zugelassen;[33] das entspricht wirtschaftlich einer Kündigung mit ex nunc-Wirkung an Stelle einer Nichtigkeit ex tunc.[34] Für die Vergangenheit hingegen überwiegt die Erfüllungswirkung gegenüber den Unwirksamkeitsgründen.[35]

10 Das zeigt sich exemplarisch an der Rückwirkung der Anfechtung nach § 142 Abs. 1 BGB: Wenn der Vertrag, der zum ursprünglichen Eingliederungsakt geführt hat, angefochten wurde, ist nicht nur er selbst nichtig, sondern alle auf dieser Grundlage abgeschlossenen weiteren Verträge und Rechtsgeschäfte müssten ebenfalls rückabgewickelt werden. Das wäre ebenso unpraktikabel wie ungerecht.

11 Ebenso ungerecht wäre es allerdings, wenn jemand Vorteile aus der Lehre **faktischer Arbeits- und Gesellschaftsrechtsverhältnisse** ziehen könnte, der gesetzes- oder sittenwidrig (§§ 134, 138 BGB) gehandelt hat[36] oder den anderen Teil arglistig getäuscht oder widerrechtlich bedroht hat (§ 123 BGB). Wenn daher „gewichtige Inter-

---

27 Zum Folgenden auch *Medicus/Petersen* BR, Rn. 193 ff.

28 Monographisch dazu *C. Schäfer*, Die Lehre vom fehlerhaften Verband, 2002; *Lambrecht*, Die Lehre vom faktischen Vertragsverhältnis, 1994.

29 Anders aber im Mietrecht, wo die Rückwirkung grundsätzlich möglich ist, BGH NJW 2009, 1266.

30 Näher *K. Schmidt*, AcP 186 (1986), 421.

31 BGH DB 1974, 1531; *Hönn*, ZfA 1987, 61.

32 Aus dem früheren Schrifttum *Tasche*, IherJb 90 (1942/43), 101; siehe auch *Esser*, AcP 157 (1958/59), 86.

33 Zur fraglichen Vereinbarkeit mit europarechtlichen Vorgaben BGH NJW 2008; 2464; dazu *Oechsler*, NJW 2008, 2471.

34 Vgl. nur BGH ZIP 2005, 254.

35 *Medicus/Petersen* BR, Rn. 193.

36 BGHZ 62, 234, 241.

essen der Allgemeinheit oder einzelner schutzwürdiger Personen" entgegenstehen,[37] wie das in den genannten Konstellationen der Fall ist, sind die Nichtigkeitsgründe wiederum auch für die Vergangenheit beachtlich.[38] Bei der Fallbearbeitung führt dies nicht selten zu dem Schema: Grundsatz (Nichtigkeit mit ex tunc-Wirkung nach § 142 Abs. 1 BGB oder §§ 105 ff. BGB), Ausnahme nach den Grundsätzen der fehlerhaften Gesellschaft bzw. des fehlerhaften Arbeitsverhältnisses (Rechtsfolge: ex nunc-Wirkung), es sei denn, es greift – gleichsam als Unterausnahme – die besondere Schutzbedürftigkeit infolge arglistiger Täuschung etc. ein, die wiederum zum Grundsatz führt.

---

37 BGHZ 55, 5, 9.
38 *Medicus*, Rn. 255.

§ 16 Schweigen im Bürgerlichen Recht

1 Die Bedeutung des Schweigens im Rechtsverkehr geht weit über die Rechtsgeschäftslehre hinaus und reicht über das Schuldrecht bis ins Handelsrecht. Dementsprechend handelt es sich um eine Grundproblematik, die auch aus Sicht der Fallbearbeitung übergreifend zu behandeln ist. Gerade der prominenteste und vielleicht ausbildungsrelevanteste Fall des **Schweigens auf ein kaufmännisches Bestätigungsschreiben** illustriert, dass die Rechtsfolgen des Schweigens eine markante Schnittstelle zwischen Allgemeinem Teil des BGB und dem Handelsrecht bilden.[1]

2 **„Qui tacet consentire videtur"**[2] – Wer schweigt, scheint zuzustimmen – ist ein Satz des kanonischen Rechts, der im Bürgerlichen Recht immer wieder zitiert wird,[3] obwohl er allenfalls eine „Art Faustregel innerhalb der Rechtsgeschäftslehre" ist.[4] Präziser müsste man sagen, dass dem Schweigen grundsätzlich überhaupt kein Erklärungswert zukommt, dass es also nicht einmal als Ablehnung gilt.[5] Dass das Schweigen auf ein Vertragsangebot grundsätzlich nicht als Annahme gewertet werden darf,[6] gehört zu den Basislehren des Allgemeinen Teils.[7]

I. Schweigen beim Vertragsschluss

3 Ein Vertrag kommt durch zwei korrespondierende Willenserklärungen, Antrag und Annahme, zustande. Der Antrag erlischt nach § 146 BGB, wenn er dem Antragenden gegenüber abgelehnt oder wenn er nicht diesem gegenüber nach den §§ 147 bis 149 BGB rechtzeitig angenommen wird.

1. Gesetzlich geregelte Treuepflichten

4 Einen gesetzlich normierten Sonderfall des Schweigens beim Vertragsschluss stellt § 149 S. 1 BGB dar. Danach muss der Antragende, der eine verspätet zugegangene Annahmeerklärung empfangen hat und erkennen musste, dass sie so abgesendet worden ist, dass sie ihm bei regelmäßiger Beförderung rechtzeitig zugegangen wäre, dem Annehmenden dies unverzüglich (§ 121 BGB) anzeigen. Andernfalls gilt die Annahme als nicht verspätet, § 149 S. 2 BGB, und der Vertrag als geschlossen,[8] so dass

---

1 Zum Schweigen im Handelsrecht unten § 17.
2 Vgl. RGZ 145, 87, 94; BGHZ 1, 353, 355; üblicherweise mit dem Nachsatz „ubi loqui debuit atque potuit" d.h., wo er sprechen musste und konnte.
3 In rechtsgeschichtlicher Hinsicht zum ganzen *Wacke*, JA 1982, 184.
4 So GroßKomm-HGB/*Canaris*, 4. Auflage 2004, § 362 Anhang Rn. 9.
5 *Flume*, § 5 2 b; GroßKomm-HGB/*Canaris*, 4. Auflage 2004, § 362 Anhang Rn. 2 (entspricht weitgehend FS Wilburg, 1975, S. 77 ff.); anders freilich noch *Enneccerus/Nipperdey*, § 153 III; BGH MDR 1970, 136.
6 Dazu *Kramer*, Jura 1984, 235.
7 Grundlegend zum Schweigen als Verpflichtungsgrund *Canaris*, FS Wilburg, 1975, S. 77; allgemein zum Schweigen im Rechtsverkehr die gleichnamigen Monographien von *Krause* (1933) und *Götz* (1968).
8 RGZ 105, 255, 257.

der Antragende zur Erfüllung verpflichtet ist. § 149 BGB wird daher als **gesetzlich geregelte Treuepflicht** qualifiziert.[9]

Bedenkenswert ist in diesem Zusammenhang § 150 Abs. 1 BGB, wonach die ver- 5 spätete Annahme eines Antrags als neuer Antrag gilt. Im Schrifttum wird dazu vertreten, dass im Schweigen des Antragenden auf eine ihm verspätet zugegangene Annahmeerklärung die Annahme des darin liegenden Antrags gesehen werden könne.[10] Die wohl h.L. hält dies jedoch mit Recht für zu weitgehend.[11] Auch wenn sich in diesem Fall Antrag und Annahme zu decken scheinen, würde damit doch der dem § 150 BGB zugrunde liegende Grundgedanke durchkreuzt, der jegliche Divergenz in sachlicher (Absatz 2) wie in zeitlicher (Absatz 1) Hinsicht zur Aufhebung des alten und Gestaltung eines neuen Antrags macht, der seinerseits einer Annahme bedarf. Diese im bloßen Schweigen zu erblicken, würde die eingangs festgestellte gesetzgeberische Basiswertung konterkarieren.[12]

2. Konkludente und „stillschweigende" Willenserklärungen

Die Annahme des Vertrags kann auch stillschweigend bzw. durch schlüssiges Ver- 6 halten angenommen werden, indem etwa die Leistung bewirkt[13] oder die angebotene Leistung entgegengenommen wird.[14] Für diese Fälle ist bezeichnend, dass sich der Erklärungstatbestand hier letztlich nicht im Schweigen erschöpft, sondern dass zumeist ein irgendwie geartetes Tun vorliegt.[15] Man spricht daher besser von einer **konkludenten Willenserklärung**[16] als von einer stillschweigenden.[17] Damit ist freilich die Ermittlung des zugrundeliegenden Willens bzw. des Sinns, den das konkludent zum Ausdruck gebrachte Verhalten hat, schwieriger, als wenn der Betreffende seinen Willen ausdrücklich erklärt hätte.[18] Dagegen lässt sich nicht vorbringen, dass dem Schweigen nur dann rechtserhebliche Wirkung zukommt, wenn im konkreten Fall eine Pflicht zum Handeln bestünde.[19] Denn dann würde sich die Rechtsfolge aufgrund einer Pflichtverletzung ergeben, die jedoch nicht ohne weiteres angenommen werden kann. Ebenso wenig kann man sagen, dass eine Willenserklärung nur durch eine Handlung, nicht aber durch ein Unterlassen, welches das Schweigen letztlich

---

9 *Medicus*, Rn. 373.

10 *Flume*, § 35 II 2.

11 *Medicus*, Rn. 392.

12 Siehe oben I vor 1.

13 RGZ 129, 109, 113; BGH NJW 1980, 2245, 2246.

14 BGH NJW 1963, 1248.

15 Palandt/*Ellenberger*, 71. Auflage 2012, Einf. v § 116 Rn. 6.

16 Zu ihr *Medicus*, Rn. 334 ff.

17 Palandt/*Ellenberger*, 71. Auflage 2012, Einf. v § 116 Rn. 6 („die Bezeichnung als stillschweigende Willenserklärung ist irreführend").

18 Zutreffend folgert GroßKomm-HGB/*Canaris*, 4. Auflage 2004, § 362 Anhang Rn. 4: „doch liegt darin allenfalls ein quantitativer und kein qualitativer Unterschied gegenüber anderen Formen der Willenserklärung."

19 So aber *Fabricius*, JuS 1966, 50, 58.

sei, zustande komme.[20] Nicht von ungefähr spricht man in diesem Zusammenhang mitunter von „**beredtem Schweigen**".[21]

7   Die konkludente Willenserklärung hat dementsprechend in aller Regel[22] dieselben Wirkungen wie eine entsprechende, die ausdrücklich erklärt worden ist.[23] Das bedeutet vor allem, dass sie nach § 119 Abs. 1 BGB anfechtbar ist, wenn sich der Erklärende hinsichtlich der Bedeutung seines Erklärungszeichens geirrt hat.[24] Im Falle der Formbedürftigkeit der konkludent erklärten Annahme fehlt weniger die Erklärung als vielmehr die Form, so dass die Erklärung nach § 125 BGB nichtig ist. Kann der **Formmangel** in derartigen Fällen durch Erfüllung geheilt werden, wie es etwa für die Bürgschaft nach § 766 S. 2 BGB der Fall ist, so wird mit der Heilung auch die konkludent erklärte Annahme wirksam.[25] Schließlich ist die Möglichkeit zu bedenken, dass das Schweigen bei objektiver Betrachtung gar nicht schlüssig oder konkludent war, der Vertragspartner darin aber eine Annahme oder Zustimmung erblickt hat und diese auch in der Tat so gemeint war. In dieser Sonderkonstellation bestehen – frei nach dem Grundsatz „falsa demonstratio non nocet"[26] – keine Bedenken, das übereinstimmend Gewollte gelten zu lassen.

3. Die Willensbetätigung

8   Eine vielfach missverstandene, aber häufig vorkommende Regelung für den Vertragsschluss findet sich in § 151 BGB. Danach kommt der Vertrag durch die Annahme des Antrags zustande, ohne dass die Annahme dem Antragenden gegenüber erklärt zu werden braucht, wenn eine solche Erklärung nach der Verkehrssitte nicht zu erwarten ist oder der Antragende auf sie verzichtet. Entgegen einem weit verbreiteten Missverständnis wird hier nicht etwa auf die Annahme des Vertrags verzichtet (vgl. den Wortlaut: „durch die Annahme"), sondern lediglich auf den **Zugang der Annahmeerklärung**. Die Annahme muss freilich in irgendeiner Form erklärt werden (etwa das Verwenden einer geschenkten Sache).[27] Dementsprechend sind die Vorschriften über Willenserklärungen auf die Willensbetätigung unmittelbar anwendbar.[28] Aus § 151 BGB kann daher nicht geschlossen werden, dass bloßes Schweigen als Annahmeerklärung gilt.[29]

---

20 In diese Richtung *Sonnenberger*, Verkehrssitten im Schuldvertrag, 1970, S. 213 ff.; *Bickel*, NJW 1972, 607, 608.

21 GroßKomm-HGB/*Canaris*, 4. Auflage 2004, § 362 Anhang Rn. 4.

22 Ausnahmen betreffen BGH NJW 1974, 2123; 1977, 1292.

23 Skeptisch gegenüber der Konstruktion des Schweigens als Willenserklärung *Hanau*, AcP 165 (1965), 220, 241; dagegen GroßKomm-HGB/*Canaris*, 4. Auflage 2004, § 362 Anhang Rn. 4.

24 *Medicus*, Rn. 335.

25 *Medicus*, Rn. 337.

26 Auf ihn weist auch GroßKomm-HGB/*Canaris*, 4. Auflage 2004, § 362 Anhang Rn. 4, in diesem Zusammenhang hin.

27 So die h.L.; a.A. *Flume*, § 35 II 3 (Annahmeentschluss genügt); dagegen *Medicus*, Rn. 382.

28 *Medicus/Petersen* BR, Rn. 55.

29 Palandt/*Ellenberger*, 71. Auflage 2012, § 151 Rn. 1.

4. Schweigen als Beendigung eines Schwebezustandes

In der übrigen Rechtsgeschäftslehre finden sich zwei praktisch wichtige Fälle, in 9
denen dem Schweigen rechtserhebliche Wirkung zukommt.[30] Zunächst gilt dies für
den Vertragsschluss durch einen Minderjährigen. Die Wirksamkeit eines solchen
Vertrags hängt nach § 108 Abs. 1 BGB von der Genehmigung des gesetzlichen Vertreters ab. Sie kann nur bis zum Ablauf von zwei Wochen erklärt werden; wird sie
nicht erklärt, so gilt sie als verweigert (§ 108 Abs. 2 S. 2 BGB).[31] Das entspricht dem
allgemeinen Grundsatz, dass durch Schweigen kein Vertrag zustande kommt bzw. –
wie hier – wirksam wird. Die Rechtsfolge des Schweigens tritt im Übrigen auch dann
zwingend ein, wenn eine erklärte Ablehnung anfechtbar ist.[32] Ein entsprechender
Mechanismus findet sich in § 177 Abs. 2 S. 2 BGB für den von einem Vertreter ohne
Vertretungsmacht abgeschlossenen Vertrag. Freilich kann die **Genehmigung durch
schlüssiges Handeln** erfolgen.[33] Dies ist eben, wie eingangs gesehen, gerade kein
bloßes Schweigen, sondern konkludent erklärtes Tun.

In beiden Fällen ist folgendes zu beachten: Immer dann, wenn das Schweigen als 10
Ablehnung gilt, gilt für Mängel der Geschäftsfähigkeit in der Person des Schweigenden
§ 131 BGB. Danach wird die einem Geschäftsunfähigen oder beschränkt Geschäftsfähigen (Absatz 2) gegenüber abgegebene Willenserklärung nicht wirksam bevor sie dem
gesetzlichen Vertreter zugeht. Vorher spielt auch das Schweigen keine Rolle. Vielmehr
beginnt die Zweiwochenfrist, nach deren Ablauf das Schweigen Ablehnung bedeutet,
erst mit dem Zugang der Erklärung bei der anderen Partei.[34]

II. Schweigen trotz Aufklärungspflicht

Unter bestimmten Voraussetzungen kann das Schweigen sogar als Verschulden bei 11
Vertragsverhandlungen (§§ 280 Abs. 1, 241 Abs. 2, 311 Abs. 2 BGB) anzusehen sein. Das
ist dann der Fall, wenn im Einzelfall eine „Pflicht zum Reden", d.h. eine Aufklärungspflicht, besteht. Damit ist die Frage gestellt, wann und unter welchen Voraussetzungen **Informationspflichten** entstehen.[35] Der Bundesgerichtshof, der als Haftungs-
grundlage das enttäuschte Vertrauen angibt,[36] verlangt von den Vertragspartnern
Informationen dort, wo Vertrauen in Anspruch genommen und gewährt worden ist.[37]
Der Rechtsprechung ist entgegengehalten worden, die Rechtsordnung selbst müsse
angeben, wann und wie weit der Vertragspartner informiert werden müsse.[38] Eine
Aufklärungspflicht kann etwa dann bestehen, wenn der Vertragspartner über beson-

---

30 *Wolf/Neuner*, § 31 Rn. 23 f. „Fiktionstatbestand".
31 Allgemein zum Schweigen als Genehmigung *Philipowski*, BB 1964, 1069.
32 *Medicus/Petersen* BR, Rn. 53.
33 BGH DB 1976, 1573; BGH WM 1981, 171.
34 *Medicus/Petersen* BR, Rn. 53.
35 Dazu *Grigoleit*, Vorvertragliche Informationshaftung, 1997; *S. Lorenz*, Der Schutz vor dem unerwünschten Vertrag, 1997.
36 Vgl. nur BGH NJW 1966, 498, 499.
37 In Anlehnung an *Ballerstedt*, AcP 151 (1950/51), 501, 507.
38 *Medicus*, Rn. 449.

dere Sachkunde im Hinblick auf eine die Rechtsgüter des anderen beeinträchtigende Gefahrenquelle verfügt.[39]

III. Sonstige Fälle im Bürgerlichen Recht

12 Außer den soeben behandelten Fällen aus der Rechtsgeschäftslehre gibt es noch eine Reihe von gesetzlich geregelten Fällen, in denen dem Schweigen eine rechtserhebliche Bedeutung zukommt. Diese finden sich im Schuld- und Erbrecht.

1. Schweigen im Schuldrecht

13 Aufschlussreich sind in diesem Zusammenhang die §§ 415 f. BGB über die **befreiende Schuldübernahme**.[40] § 415 Abs. 2 S. 2 Hs. 2 BGB und § 416 Abs. 1 S. 2 BGB zeigen nämlich einen insoweit konträren Regelungsmechanismus: Nach § 415 Abs. 1 BGB ist die Schuldübernahme nur dann wirksam, wenn der Gläubiger sie genehmigt; wird die Genehmigung nach Aufforderung durch den Schuldner nicht erklärt, so gilt sie als verweigert. Das Schweigen gilt hier also als Ablehnung. Demgegenüber gilt das Schweigen nach § 416 Abs. 1 S. 2 BGB vorbehaltlich einer vorherigen Verweigerung durch den Gläubiger als Zustimmung, wenn seit dem Empfang der Mitteilung von der Schuldübernahme ein halbes Jahr verstrichen ist.[41] Einen ähnlichen Fall regelt § 516 Abs. 2 S. 2 BGB für die Schenkung. Setzt der Schenker dem zu Beschenkenden eine Frist zur Erklärung der Annahme der Schenkung, so gilt die Schenkung mit Ablauf der Frist als angenommen. Das erklärt sich daraus, dass „Schenkungen nur ausnahmsweise zurückgewiesen werden."[42] Dieser Erfahrungssatz stützt die Hypothese, dass man das Schweigen ausnahmsweise dann als Zustimmung ansehen kann, wenn die jeweilige Regelung dem Schweigenden ausschließlich[43] einen Vorteil verschafft;[44] § 516 Abs. 2 S. 2 BGB kann zumindest als gesetzgeberischer Ausdruck einer derartigen Regel verstanden werden.[45]

2. Schweigen im Erbrecht

14 Den wichtigsten und folgenreichsten Fall des Schweigens im Erbrecht stellt die **Erbschaftsannahme** dar. Nach § 1943 BGB kann der Erbe die Erbschaft nicht mehr ausschlagen, wenn er sie angenommen hat oder wenn die für die Ausschlagung vor-

---

39 Vgl. BGH NJW 1978, 41.

40 Zu ihr *Grigoleit/Herresthal*, Jura 2002, 393.

41 Fallbeispiel zum Regelungsmechanismus der §§ 415, 416 bei *Petersen*, Rn. 418 f.

42 *Mugdan*, Band II, S. 739.

43 Nicht ausreichend ist es dagegen, wenn das OLG Köln (NJW 1966, 1817, 1818) meint, dass „das Angebot im überwiegenden Interesse einer normalen, sachgemäßen Abwicklung des Rechtsverhältnisses (!) liegt und deshalb mit Bestimmtheit zu erwarten ist, dass derjenige, an den das Angebot herangetragen worden ist, nicht widerspricht".

44 GroßKomm-HGB/*Canaris*, 4. Auflage 2004, § 362 Anhang Rn. 3.

45 Vgl. BAG DB 1961, 1262, 1263.

geschriebene Frist von sechs Wochen (§ 1944 Abs. 1 BGB) verstrichen ist; nach dem Ablauf der Frist gilt die Erbschaft als angenommen, wobei die Annahme auch durch schlüssiges Verhalten erfolgen kann. Die Erbschaftsannahme kann aber eben auch „durch Schweigen", nämlich das Verstreichenlassen der Sechswochenfrist, erfolgen. In diesem Fall ist § 1956 BGB bedeutsam: Die Versäumung der Ausschlagungsfrist kann in gleicher Weise wie die Annahme angefochten werden.

Zu beachten ist jedoch, dass die Irrtumsanfechtung nicht darauf gestützt werden 15 kann, dass der Schweigende die gesetzlich bestimmte Bedeutung seines Schweigens nicht gekannt habe. Dass ein derartiger **Rechtsfolgenirrtum** unbeachtlich ist, ergibt sich daraus, dass § 119 BGB nur die fehlerhafte Willensbildung schützt, wohingegen die Rechtsfolge des Schweigens aus der gesetzlichen Anordnung resultiert.[46] Die Anfechtbarkeit bezieht sich mithin nicht auf das Schweigen, sondern auf das dadurch zustande gekommene Rechtsgeschäft.[47]

---

46 *Medicus/Petersen* BR, Rn. 54.
47 *Flume*, § 36, 7.

§ 17 Schweigen im Handelsrecht

1 Zum Handelsrecht gehört die in der Fallbearbeitung wichtigste Ausprägung des Schweigens im Rechtsverkehr, nämlich die Lehre vom Schweigen auf ein kaufmännisches Bestätigungsschreiben. Da diese ihre positiv-rechtliche Fundierung in § 362 HGB sowie verschiedenen handelsrechtlichen Sondervorschriften hat,[1] sollen diese der Reihe nach behandelt werden.

I. Schweigen gegenüber Allgemeinen Geschäftsbedingungen

2 Zunächst ist jedoch eine gerade in Fällen mit handelsrechtlicher Berührung nicht untypische Konstellation zu behandeln, die weniger ein Problem des Schweigens als vielmehr eine Frage der Auslegung ist. Die Rede ist vom Schweigen gegenüber Allgemeinen Geschäftsbedingungen. Die Problematik stellt sich etwa dann, wenn der Antragende seinem Angebot seine Allgemeinen Geschäftsbedingungen beilegt und der Vertragspartner das Angebot ohne weiteres, d.h. ohne einen Einspruch gegen die Geltung der Allgemeinen Geschäftsbedingungen, annimmt. In diesem Fall ergibt sich in aller Regel aus der gebotenen normativen Auslegung nach dem verobjektivierten Empfängerhorizont gemäß §§ 133, 157 BGB i.V.m. **§ 346 HGB**,[2] dass der Annehmende auch mit den Allgemeinen Geschäftsbedingungen einverstanden ist.[3] In derartigen Fällen geht es aber nicht um das Schweigen als Rechts- oder Geltungsgrund einer Verpflichtung,[4] sondern eine **Auslegungsfrage**, die im kaufmännischen Verkehr in der dargestellten Weise zu beantworten ist.[5]

II. Schweigen auf einen Auftrag

3 Geht einem Kaufmann, dessen Gewerbebetrieb die Besorgung von Geschäften für andere mit sich bringt, ein Antrag über die Besorgung solcher Geschäfte von jemand zu, mit dem er in Geschäftsverbindung steht, so ist er nach **§ 362 Abs. 1 S. 1 HGB** verpflichtet, unverzüglich zu antworten; sein Schweigen gilt als Annahme des Antrags.

1. Gesetzeszweck

4 § 362 HGB kann nach den bisherigen Feststellungen nur als Ausnahmevorschrift angesehen werden.[6] Es handelt sich dabei um einen Tatbestand der **Rechtsscheinhaftung**,[7]

---

1 Zu nennen sind die §§ 75h, 91a HGB.

2 *Canaris*, Die Vertrauenshaftung im deutschen Privatrecht, 1971, S. 214 ff.

3 Vgl. *Schmidt-Salzer*, Das Recht der allgemeinen Geschäfts- und Versicherungsbedingungen, 1967, S. 118 ff. m.w.N.

4 So aber *Krause*, BB 1955, 265, 267; *Meeske*, BB 1959, 857, 863.

5 GroßKomm-HGB/*Canaris*, 4. Auflage 2004, § 362 Anhang Rn. 8.

6 *Fabricius*, JuS 1966, 50, 52; a.A. *Hanau*, AcP 165 (1965), 220, 244.

7 *Canaris*, Die Vertrauenshaftung im deutschen Privatrecht, 1971, S. 200 ff. („Rechtsscheinhaftung kraft verkehrsmäßig typisierter Erklärungsbedeutung").

der auf dem gesteigerten Verkehrsschutzbedürfnis im Handelsrecht beruht.[8] Ein Irrtum über die Bedeutung des Schweigens ist nach allgemeinen Grundsätzen unbeachtlich, da die gesetzliche Regelung ansonsten leerliefe.[9] Im Übrigen sind die Vorschriften über Willensmängel, insbesondere die §§ 119 ff. BGB entsprechend anwendbar, soweit ihre Voraussetzungen auch bezüglich einer ausdrücklichen Erklärung gleichen Inhalts vorliegen würden.[10] Andernfalls stünde der Schweigende ohne Grund schlechter als derjenige, der sich explizit erklärt. Wer also etwa durch eine Drohung bestimmt wurde und daher geschwiegen hat, kann nach § 123 Abs. 1 BGB anfechten.[11]

Umstritten ist, ob der Schweigende mit dem Einwand gehört wird, dass er nicht   5 gewusst habe, dass das Schreiben zugegangen sei. Ein Teil der Lehre entscheidet nach dem **Verschuldensprinzip**,[12] so dass beispielsweise das Vorbringen, der Angestellte habe das Schreiben unterschlagen, beachtlich wäre. Allerdings muss der Schweigende auch nach dieser Meinung unverzüglich, also ohne schuldhaftes Zögern (§ 121 BGB) widersprechen. Nach vorzugswürdiger Ansicht kommt es demgegenüber auf das **Risikoprinzip** an, mithin darauf, ob die Unkenntnis des Schweigenden auf den besonderen Risiken des kaufmännischen Betriebs beruht.[13] Danach wäre der Schweigende im soeben gebildeten Beispiel verpflichtet, weil die Unterschlagung durch einen Angestellten noch zu den betriebstypischen Risiken zählt. Denn es kommt auf die schlechthin ideale Organisation als Zurechnungsmaßstab an. Wäre dagegen das Schreiben durch einen Brand vernichtet worden, so hätte sich nicht mehr das betriebliche Risiko verwirklicht.[14]

2. Schweigen entgegen Treu und Glauben

Die Rechtsprechung hat dem Schweigen im Handelsverkehr über die genannte gesetz-   6 liche Wertung hinaus rechtserhebliche Bedeutung zuerkannt und das Schweigen als Zustimmung resp. Annahmeerklärung gewertet, „wenn nach Treu und Glauben ein Widerspruch des Angebotsempfängers erforderlich gewesen wäre."[15] Diese ständige Rechtsprechung[16] hat im Schrifttum nahezu ausnahmslos Ablehnung erfahren.[17] Dementsprechend vage sind die Voraussetzungen, unter denen die Rechtsprechung eine Pflicht zum Widerspruch annimmt: „Widerspruch ist insbesondere dann zu verlangen, wenn die Parteien schon vorher in Geschäftsverbindung standen, wenn zwi-

---

8 *K. Schmidt* HR, § 19 II 2 c; GroßKomm-HGB/*Canaris*, 4. Auflage 2004, § 362 Rn. 4.

9 *Canaris* HR, § 23 Rn. 4.

10 *K. Schmidt* HR, § 19 II 2 e. Entsprechendes gilt im Übrigen auch für das weiter unten behandelte Schweigen auf ein kaufmännisches Bestätigungsschreiben.

11 *Canaris* HR, § 23 Rn. 6.

12 *Flume*, § 10, 2; *Krause*, Schweigen im Rechtsverkehr, 1933, S. 131 ff.

13 *Canaris*, Die Vertrauenshaftung im deutschen Privatrecht, 1971, S. 202 ff.; *K. Schmidt* HR, § 19 II 2 d; *Hopt*, AcP 183 (1983), 608. 688; *Litterer*, Vertragsfolgen ohne Vertrag, 1979, S. 112.

14 *Canaris* HR, § 23 Rn. 5.

15 BGHZ 1, 353, 355; kritisch dazu *Canaris*, Die Vertrauenshaftung im deutschen Privatrecht, 1971, S. 86 f.

16 Vgl. des weiteren BGH LM § 157 Nr. 4; BGH NJW 1972, 820; 1990, 1601; BGH WM 1991, 554, 557.

17 *K. Schmidt* HR, § 18 II 1a; *Canaris*, FS Wilburg, 1975, S. 77, 82 ff.; *Larenz*, Allgemeiner Teil des deutschen Bürgerlichen Rechts, 7. Auflage 1989, § 27 II 1, spricht von „Mitleidsentscheidungen"; *Medicus*, Rn. 392 („das geht viel zu weit"); nach *Flume*, § 35 II 4, bedeutet dies sogar „einen Umsturz des derzeit geltenden Rechts des Vertragsschlusses".

schen ihnen ein bis dahin noch nicht aufgelöster Vertrag vorlag, und erst recht dann, wenn der Briefschreiber (...) für den Gegner erkennbar ein Interesse an einer baldigen Antwort hatte."[18] Das verstößt gegen den ehernen Grundsatz, dass die Verletzung einer **Widerspruchspflicht** nur zu einem **Schadensersatzanspruch**, nicht aber zu einem Erfüllungsanspruch führen kann.[19] Insgesamt handelt es sich dabei um eine konturenlose Billigkeitsrechtsprechung.

III. Schweigen auf ein kaufmännisches Bestätigungsschreiben

7 Zu den prüfungsrelevantesten Schnittstellen zwischen Allgemeinem Teil des BGB und Handelsrecht gehört die Problematik des Schweigens auf ein kaufmännisches Bestätigungsschreiben.[20] Die besondere Schwierigkeit besteht darin, dass die Lehre vom Schweigen auf ein kaufmännisches Bestätigungsschreiben zwar gewohnheitsrechtlich verfestigt, aber gesetzlich nicht normiert ist, so dass man in der Fallbearbeitung Voraussetzungen und Rechtsfolge kennen muss.

1. Rechtsfolge und Abgrenzung zur Auftragsbestätigung

8 Das kaufmännische Bestätigungsschreiben ist von der so genannten Auftragsbestätigung abzugrenzen. Der Unterschied zeigt sich vor allem im Hinblick auf die jeweilige Rechtsfolge. Während das Schweigen auf ein kaufmännisches Bestätigungsschreiben zur Folge hat, dass der in Bezug genommene Vertrag als mit dem Inhalt des Bestätigungsschreibens zustande gekommen gilt,[21] fehlt es an dieser Fiktionswirkung beim Schweigen auf eine bloße **Auftragsbestätigung**.[22] Der maßgebliche Unterschied zwischen beiden Instituten besteht darin, dass der Absender der Auftragsbestätigung nicht davon ausgeht, dass der Vertragsschluss bereits erfolgt ist, sondern die Annahme eines Angebots erklärt. Gibt in einem solchen Fall der Inhalt der Auftragsbestätigung den Inhalt des geschlossenen Vertrags nicht exakt wieder, so handelt es sich bei der Auftragsbestätigung um nicht mehr als eine **modifizierte Annahmeerklärung**,[23] die ihrerseits nach **§ 150 Abs. 2 BGB** einen neuen Antrag darstellt,[24] den der andere Teil erst noch annehmen müsste; schweigt er, so liegt darin keine Annahme.[25] Zu beden-

---

18 BGHZ 1, 353, 355.
19 *Canaris* HR, § 23 Rn. 51; skeptisch aber *Kramer*, Jura 1984, 235, 246.
20 Siehe dazu *Diederichsen*, JuS 1966, 129, 135.
21 Soweit der Vertrag damit auf eine neue Grundlage gestellt wird, handelt es sich um ein so genanntes konstitutives Bestätigungsschreiben; *Canaris* HR, § 23 Rn. 12. Dazu *Wertenbruch*, § 10 Rn. 39.
22 BGHZ 18, 212, 215; 61, 282, 285; BGH WM 1977, 451, 452; im Einzelfall kommt allerdings eine Vertrauenshaftung kraft widersprüchlichen Verhaltens in Betracht; vgl. BGH WM 1986, 527: Eine unter ähnlichem Namen firmierende Schwestergesellschaft schweigt auf eine Auftragsbestätigung und wendet im Prozess ihre mangelnde Passivlegitimation ein; dazu auch *Canaris*, Die Vertrauenshaftung im deutschen Privatrecht, S. 528 ff.; *ders.*, Handelsrecht, 24. Auflage 2006, § 6 Rn. 85.
23 *Canaris* HR, § 23 Rn. 49.
24 *Medicus/Petersen* BR, Rn. 61.
25 BGHZ 18, 212.

ken ist jedoch, dass in Grenzfällen, z.B. bei Zweifeln über den Vertragsabschluss die Regeln über das kaufmännische Bestätigungsschreiben Anwendung finden.[26]

In der Praxis – aber auch in der **Fallbearbeitung**[27] – kommt es mitunter vor, dass   9 der Text des Schreibens mit „Auftragsbestätigung" überschrieben ist, während es sich in Wahrheit um ein kaufmännisches Bestätigungsschreiben handelt, weil der Absender seine Auffassung vom Inhalt eines bereits geschlossenen Vertrags darstellt. Dann liegt ungeachtet der falschen Bezeichnung ein kaufmännisches Bestätigungsschreiben vor und der Adressat muss widersprechen, um nicht entsprechend gebunden zu sein.[28] Entscheidend ist also der Inhalt und nicht der von den Parteien verwendete Begriff. Das kann in der Fallbearbeitung weit reichende Konsequenzen haben, weil im einen Fall der Vertrag als mit dem fixierten Inhalt abgeschlossen gilt, wohingegen im Fall der Auftragsbestätigung lediglich ein annahmebedürftiges Angebot vorliegt und damit noch keine vertragliche Verpflichtung begründet ist.

2. Die Voraussetzungen im Einzelnen

Mit dieser Abgrenzung ist implizit bereits eine wesentliche Voraussetzung des kauf-   10 männischen Bestätigungsschreibens bezeichnet: Der Absender teilt darin – mit den Worten des Bundesgerichtshofs[29] – „seine Auffassung über das Zustandekommen und den Inhalt eines (...) geschlossenen Vertrags mit". Nach der Vorstellung des Absenders ist der angeblich geschlossene Vertrag „wenigstens nach dem wesentlichen Inhalt bestimmt." Der Absender muss demnach zumindest selbst an den Vertragsschluss glauben und den Vertragsinhalt im Wesentlichen wiedergeben.[30] Hierin liegt zugleich – nochmals – der Unterschied zur Auftragsbestätigung. Weiterhin müssen die Vertragsparteien **grundsätzlich Kaufleute** sein, damit die Regeln über das kaufmännische Bestätigungsschreiben Anwendung finden.[31] Jedoch kommt eine Ausdehnung auf den nichtkaufmännischen Verkehr für die Person des Bestätigenden in Betracht.[32]

a) Vertragsverhandlungen und zeitlicher Zusammenhang

Dass dem Bestätigungsschreiben Vertragsverhandlungen vorausgegangen sein   11 müssen, versteht sich von selbst,[33] was freilich nicht ausschließt, dass der Vertrag ohne Verhandlungen – zumindest nach Ansicht einer Vertragspartei – sofort abgeschlossen wurde und der Vertragsabschluss von dieser Vertragspartei hiernach

---

26 BGH NJW 1974, 991.
27 Siehe das Klausurbeispiel oben § 2 Rn. 22 sowie bei *Saar/Müller*, 8. Klausur.
28 BGHZ 54, 236, 239 (dazu *Lieb*, JZ 1971, 135, 136); BGHZ 93, 338, 341; BGH WM 1968, 400, 401; 1969, 1452, 1453.
29 BGH NJW 1965, 965; vgl. auch BGH NJW 1972, 820.
30 *Canaris* HR, § 23 Rn. 17.
31 Siehe zum Kaufmannsbegriff unten § 56.
32 Die Abgrenzung ist hier freilich nicht abschließend geklärt. *Canaris* HR, § 23 Rn. 45, spricht sich dafür aus, auf eine Anlehnung an die Kaufmannseigenschaft gänzlich zu verzichten.
33 Vgl. BGH NJW 1974, 991 f.

schriftlich bestätigt und fixiert wird;[34] nicht zuletzt hierin besteht der praktische Sinn des Bestätigungsschreibens. Des weiteren ist erforderlich, dass der angeblich oder vermeintlich geschlossene Vertrag in einem unmittelbaren zeitlichen Zusammenhang zum Bestätigungsschreiben steht,[35] weil der Adressat andernfalls **keine Veranlassung zum Widerspruch** (mehr) hat, da er den Vorgang als erledigt betrachten kann.[36]

b) Keine wesentliche inhaltliche Abweichung

12 Was die inhaltlichen Abweichungen des Bestätigungsschreibens vom Inhalt der Verhandlungen betrifft, so dürfen sie nicht so beträchtlich sein, dass der Absender mit einer Billigung durch den Adressaten vernünftigerweise nicht rechnen kann.[37] Der Absender kann also zwar durchaus den Vertragsinhalt durch bestimmte Modalitäten und Nebenabreden ergänzen,[38] nicht aber auf eine völlig neue Grundlage stellen.[39] Im Grundsatz bedeutet dies, dass auch Allgemeine Geschäftsbedingungen durch ein Bestätigungsschreiben nachträglich einbezogen werden können,[40] sofern die jeweilige Vertragspartei dies nicht zuvor ergebnislos in den Verhandlungen versucht hat[41] oder der andere Teil sich dagegen im Wege einer so genannten **Abwehrklausel** verwahrt hatte.[42] Man kann dies dahingehend zusammenfassen, dass Allgemeine Geschäftsbedingungen nur dann durch Schweigen auf ein kaufmännisches Bestätigungsschreiben zum Inhalt des Vertrags werden können, wenn über die Einbeziehung vorher überhaupt noch nicht gesprochen wurde.[43]

c) Redlichkeit des Absenders

13 Aus dem bisher Gesagten erklärt sich auch eine subjektive Voraussetzung der Lehre vom Bestätigungsschreiben: Der Absender muss redlich sein,[44] d.h. er muss den Inhalt der Vereinbarungen guten Glaubens wiedergeben[45] bzw. nur solche Abweichungen

---

34 BGH NJW 1972, 820, 821.

35 BGH WM 1967, 958, 960; 1975, 324, 325.

36 *Canaris* HR, § 23 Rn. 18.

37 BGHZ 7, 187, 190; 11, 1, 4; 40, 42, 44.

38 *Bydlinski*, Privatautonomie und objektive Grundlagen des verpflichtenden Rechtsgeschäfts, 1967, S. 207, stellt darauf ab, dass die Interessen des Empfängers „nicht in fühlbarem Maße beeinträchtigt sind".

39 Etwa indem ein doppelt so hohes Entgelt verlangt wird wie vordem; vgl. BGH NJW 1969, 1711; dazu *Canaris* HR, § 23 Fußnote 42.

40 BGHZ 7, 187, 190; BGH WM 1969, 1452; BGH DB 1970, 1777; skeptisch *Lieb*, JZ 1971, 135, 137; zum ganzen *Lindacher*, WM 1981, 702; *Müller-Graf*, FS Pleyer, 1986, S. 401.

41 Bei sich kreuzenden Bestätigungsschreiben, in denen jede Partei versucht, ihre Geschäftsbedingungen durchzusetzen, spricht nichts dagegen, die inhaltlich übereinstimmenden Klauseln für wirksam zu halten, weil die Parteien insoweit einig sind; *K. Schmidt* HR, § 19 III 5 c; *Canaris* HR, § 23 Rn. 28.

42 BGHZ 61, 282, 286; BGH WM 1973, 1198, 1200.

43 *Canaris* HR, § 23 Rn. 27.

44 *Medicus/Petersen* BR, Rn. 62.

45 Ähnlich verhält es sich bei der objektiven Voraussetzung fehlender Abschlussreife: „Denn dann ist die Zusendung eines Bestätigungsschreibens meist nicht eine sinnvolle Klarstellung, sondern eine Unverschämtheit, auf die eine ausdrückliche Ablehnung seitens des Adressaten nicht zu erwarten ist." (*Canaris* HR, § 23 Rn. 23).

formulieren, von denen er annehmen durfte, dass der Empfänger sie billigen würde.[46] Der Bestätigende muss sich die **Bösgläubigkeit**, d.h. fahrlässige Unkenntnis ebenso wie positive Kenntnis[47] seines Vertreters entsprechend **§ 166 BGB zurechnen** lassen, auch wenn er selbst gutgläubig ist.[48] Das führt zu der Frage, wie es sich beim Zusammentreffen von Stellvertretungsrecht und Schweigen auf ein kaufmännisches Bestätigungsschreiben im Einzelnen verhält.

3. Mängel der Vertretungsmacht

Neben den Fällen eines versteckten Dissens bzw. dem Fehlen des Abschlusstatbestandes[49] und den inhaltlichen Abweichungen des Bestätigungsschreibens von der vorausgehenden vertraglichen Vereinbarung[50] stellen die in Betracht kommenden Mängel der Vertretungsmacht[51] die dritte wichtige Fallgruppe der Lehre vom kaufmännischen Bestätigungsschreiben dar.[52] Das Bestätigungsschreiben kann nämlich auch solche Mängel heilen. Der Absender kann häufig nur schwer abschätzen, wer nach der internen Zuständigkeitsverteilung des Vertragspartners mit ihm verhandelt hat. Das Bestätigungsschreiben gibt ihm die Möglichkeit, sich von den Risiken etwaiger Mängel der Vertretungsmacht in der Person seines konkreten Verhandlungspartners zu befreien.[53] Es kann dann freilich passieren, dass dem falsus procurator selbst das Schreiben zugeht oder dass er es sich sonst wie verschafft, ohne dem Vertretungsberechtigten oder dem Vertretenen selbst davon Mitteilung zu machen. In diesem Fall muss der Vertretene sich das Verhalten grundsätzlich zumindest dann zurechnen lassen, wenn der falsus procurator als **Gesellschafter** oder **Prokurist** gesetzlich unbeschränkte Vertretungsmacht hat, aber nur zusammen mit einer anderen Person gesamtvertretungsberechtigt ist.[54] Empfängt umgekehrt der Adressat ein Bestätigungsschreiben von jemandem, der ersichtlich keine Befugnis zur Aufnahme von Vertragsverhandlungen hatte, so kann aus dem Schweigen auf das Schreiben nicht auf ein Einverständnis geschlossen werden, weil dann auch nichts dafür spricht, dass das Verhalten des falsus procurator genehmigt würde.[55]

14

---

46 *Walchshöfer*, BB 1975, 719.

47 *Canaris* HR, § 23 Rn. 40; a.A. *Hopt*, AcP 183 (1983), 608, 693 f.; *K. Schmidt* HR, § 19 III 5 a.

48 BGHZ 40, 42, 45.

49 Siehe dazu aus der Rechtsprechung nur RGZ 105, 389; 114, 282; BGHZ 11, 1; 54, 236, 241.

50 Dazu RGZ 54, 176; BGHZ 7, 187, 190; 93, 338, 341.

51 Vgl. RG JW 1927, 1675; 1938, 1902; BGHZ 20, 149; zum abweichenden kaufmännischen Bestätigungsschreiben auch *Walchshöfer*, BB 1975, 719.

52 Siehe zur Fallgruppenbildung *Canaris* HR, § 23 Rn. 12 ff.

53 *Canaris* HR, § 23 Rn. 14; siehe dort (Rn. 29) auch zu der Fallkonstellation, dass fehlende Vertretungsmacht und inhaltliche Abweichungen zusammentreffen.

54 RG JW 1927, 1675, 1676; 1938, 1902, 1903; BGHZ 20, 149, 152: Kein Schutz des Bestätigenden, der die Unterschriftsfälschung eines weiteren Gesamtvertreters erkennen musste.

55 *Canaris* HR, § 23 Rn. 21, 24.

§ 18 Einseitige Rechtsgeschäfte

I. Einseitige und mehrseitige Rechtsgeschäfte

1 Im Mittelpunkt der Vorschriften über die Rechtsgeschäftslehre steht fraglos der Vertrag. Er kommt durch zwei korrespondierende Willenserklärungen, Antrag und Annahme, zustande.[1] Dementsprechend geht das Gesetz in allen Kernbereichen des Allgemeinen Teils – Minderjährigenrecht, Anfechtung, Stellvertretung – hauptsächlich vom Vertrag aus. Dieser ist denn auch in der Fallbearbeitung von größtem Interesse, weil es zumeist um die Verpflichtung aus gegenseitigen Schuldverträgen geht.

1. Die Kategorien

2 In der Kategorienbildung des Allgemeinen Teils sieht dies freilich etwas anders aus: Der Vertrag stellt den Hauptfall der mehrseitigen Rechtsgeschäfte dar. Daneben sind Beschlüsse mehrseitige Rechtsgeschäfte; im Gegensatz zum Vertrag sind sie nicht vom Prinzip der Willensübereinstimmung, sondern durch die Geltung des **Mehrheitsprinzips** beherrscht.[2] Daraus erklärt sich auch, dass das Gesetz den Begriff der einseitigen Rechtsgeschäfte erst in der Rechtsgeschäftslehre einführt. Denn zuvor geht es im Wesentlichen um Verein und Stiftung, in denen der **Beschluss** als wichtigstes **mehrseitiges Rechtsgeschäft** die zentrale Rolle spielt (vgl. § 28 BGB).[3]

2. Bedeutung für die Fallbearbeitung

3 Aus dieser begrifflichen Gegenüberstellung erhellt, dass der Gegenbegriff zu den mehrseitigen Rechtsgeschäften theoretisch und praktisch nicht unwichtig sein kann. Deshalb finden sich auch in allen genannten Bereichen (Minderjährigenrecht, Anfechtung, Stellvertretung) vereinzelte Vorschriften über einseitige Rechtsgeschäfte. Ihre Beherrschung ist für die Fallbearbeitung nicht minder wichtig. Dabei kommt es nämlich zunächst einmal darauf an, diese Regelungen, die überwiegend sehr versteckt sind, zu erkennen und zu finden. Nicht selten handelt es sich bei Prüfungsfällen, in denen es um einseitige Rechtsgeschäfte geht, um sogenannte „Pointenklausuren", die sich dadurch auszeichnen, dass eine bestimmte Regelung, gleichsam als Pointe, gefunden werden muss, um den Fall lösen zu können. Über den Wert solcher Aufgaben kann man streiten, nicht aber darüber, dass es überaus wünschenswert ist, die Pointe zu durchschauen. Besteht diese im Auffinden einer Sondervorschrift über einseitige Rechtsgeschäfte, so wird dies in aller Regel nicht den gesamten geistigen Rahmen des Falles ausschöpfen – das wäre selbst für eine derartige Pointenklausur zu wenig –, doch es ist immerhin ein wichtiges Bewertungskriterium für den Korrek-

---

1 Zum Ganzen *Leenen*, AcP 188 (1988), 381; *ders.* § 8 Rn. 5 ff.
2 BGH NJW 1998, 3713, 3715; 2003, 3629; zum Beschluss als Organakt *Ernst*, Liber Amicorum Leenen, 2012, S. 1.
3 Dazu *Wolf/Neuner*, § 29 Rn. 10 ff. Zur Widerruflichkeit einer abgegebenen Stimme vor Verkündung eines gefassten Beschlusses aktuell BGH MDR 2012, 2018.

tor, weil sich am Beispiel der einseitigen Rechtsgeschäfte Kenntnis der gesetzlichen Vorschriften, systematisches Zusammenwirken und Sinn für die aufgezeigte **Kategorienbildung** des Bürgerlichen Rechts ersehen lassen. Daher soll im Folgenden die Figur des einseitigen Rechtsgeschäfts durch den gesamten Allgemeinen Teil bis in das Erbrecht dargestellt werden.

II. Rechtsgeschäftslehre

Den Schwerpunkt bildet entsprechend der obigen Systematisierung die Rechtsge- 4 schäftslehre. Die bereits angesprochenen Einzelbereiche des Minderjährigenrechts, der Anfechtung und der Stellvertretung stehen daher im Mittelpunkt der einseitigen Rechtsgeschäfte.

1. Minderjährigenrecht

Die erste Regelung über einseitige Rechtsgeschäfte ist zugleich eine der wichtigsten, 5 weil an anderer Stelle (vgl. § 182 Abs. 3 BGB) darauf verwiesen wird. Es handelt sich um **§ 111 BGB.** Nach dessen erstem Satz ist ein einseitiges Rechtsgeschäft, das der Minderjährige ohne die erforderliche Einwilligung des gesetzlichen Vertreters vornimmt, unwirksam. Einwilligung ist nach § 183 BGB die vorherige Zustimmung.

a) Der Begriff des einseitigen Rechtsgeschäfts
An diesem gesetzlichen Beispiel lässt sich am deutlichsten die bislang bewusst noch 6 unbeantwortete Frage erläutern, was überhaupt ein einseitiges Rechtsgeschäft ist. Als solches kommen in der Praxis, aber eben auch in der Fallbearbeitung, vor allem die Kündigung, die Rücktrittserklärung und die Anfechtungserklärung in Betracht. Es sind also vor allem **Gestaltungsrechte**, bei deren Geltendmachung immer auch an die Vorschriften über einseitige Rechtsgeschäfte zu denken ist. Darüber hinaus ist, wie sogleich zu zeigen sein wird,[4] die Bevollmächtigung ein einseitiges Rechtsgeschäft.[5] Sie wird im Folgenden zunächst nur bezüglich der §§ 174, 180 BGB in diesem Abschnitt behandelt und im Übrigen vertiefend in den Abschnitten über die Vertretungsmacht dargestellt.[6]

b) § 111 BGB als Ausgangsbestimmung
Ein einseitiges Rechtsgeschäft, das der **Minderjährige** ohne die gemäß § 107 BGB 7 erforderliche Einwilligung des gesetzlichen Vertreters vornimmt, ist nach § 111 S. 1 BGB unwirksam. Kündigt also der Minderjährige oder erklärt er den Rücktritt von einem Vertrag, so kommen diesen Handlungen keine Rechtswirkungen zu, wenn sie ohne Einwilligung des gesetzlichen Vertreters vorgenommen werden. Gleichwohl

---

4 Unter Rn. 11 ff.
5 Das ist nicht unumstritten, entspricht aber der h.M.; vgl. *Brox/Walker*, Rn. 285.
6 Konsequent in den Kategorien der Rechtsgeschäftslehre *Leenen*, § 13, der die Erteilung der Vollmacht im Rahmen der einseitigen Rechtsgeschäfte darstellt.

kommt es in Prüfungsfällen häufig dazu, dass der gesetzliche Vertreter das einseitige Rechtsgeschäft dessen ungeachtet genehmigt. Eine solche Genehmigung geht an sich ins Leere. Zu prüfen ist dann aber, ob eine solche „Genehmigung" nicht unter den Voraussetzungen des § 140 BGB in eine nachträgliche Vornahme des Geschäfts durch den gesetzlichen Vertreter selbst umgedeutet werden kann.[7] Eine Ausnahme vom Grundsatz des § 111 S. 1 BGB wird für den Fall gemacht, dass der Geschäftsgegner mit der **Kündigung** oder **Rücktrittserklärung** einverstanden ist. Dann gelten die §§ 108, 109 BGB entsprechend.[8] In diesem Fall ist das Rechtsgeschäft schwebend unwirksam und wird erst mit der Genehmigung durch den gesetzlichen Vertreter (§ 109 Abs. 2 BGB) wirksam.[9]

8   Nimmt dagegen der Minderjährige mit Einwilligung des gesetzlichen Vertreters ein einseitiges Rechtsgeschäft einem anderen gegenüber vor, so ist das Rechtsgeschäft nach § 111 S. 2 BGB unwirksam, wenn der Minderjährige die Einwilligung nicht in schriftlicher Form (vgl. § 126 BGB) vorlegt und der andere das Rechtsgeschäft aus diesem Grund unverzüglich zurückweist. **Unverzüglich** bedeutet nach § 121 BGB „ohne schuldhaftes Zögern". Die Zurückweisung, eine einseitige empfangsbedürftige Willenserklärung, kann entsprechend § 109 BGB auch dem Minderjährigen gegenüber erklärt werden.[10] Die Zurückweisung ist nach § 111 S. 3 BGB ausgeschlossen, wenn der Vertreter den anderen von der Einwilligung in Kenntnis gesetzt hatte. Insgesamt verfolgt also § 111 BGB, wie die meisten der im Folgenden zu untersuchenden Vorschriften, den Zweck, einen **Schwebezustand** zu Gunsten dessen, der mit einer Kündigungs-, Anfechtungs- oder Rücktrittserklärung konfrontiert ist, aufzuheben.[11]

2. Anfechtung

9 Im Anfechtungsrecht findet sich eine Vorschrift über einseitige Rechtsgeschäfte, die vielleicht deshalb häufig übersehen wird, weil die Anfechtungserklärung nicht sauber genug geprüft und allenfalls der erste Absatz des § 143 BGB zitiert und gelesen wird. Es sind jedoch erst die beiden letzten Absätze, welche die einseitigen Rechtsgeschäfte regeln. Nach § 143 Abs. 3 BGB ist bei einem einseitigen Rechtsgeschäft, das einem anderen gegenüber vorzunehmen ist, **der andere** Anfechtungsgegner. Bei einem einseitigen Rechtsgeschäft anderer Art ist gemäß § 143 Abs. 4 BGB Anfechtungsgegner jeder, der aufgrund des Rechtsgeschäfts unmittelbar einen rechtlichen Vorteil erlangt hat. Als solches kommt etwa die Auslobung in Betracht.

10   Bedeutung erlangt § 143 Abs. 3 BGB im Streit um die bereits verschiedentlich angesprochene **Anfechtung einer ausgeübten Innenvollmacht**.[12] Dort ist nämlich insbesondere umstritten, wem gegenüber angefochten werden muss. Das hängt von

---

7 *Medicus*, Rn. 570.

8 RGZ 76, 89, 91; *Wertenbruch*, § 17 Rn. 14..

9 Nach BGH NJW 1990, 1721 gilt dies insbesondere dann, wenn das Geschäft von den Parteien einverständlich in einen gleichzeitig abgeschlossenen Vertrag eingeordnet wird; vgl. auch Palandt/*Ellenberger*, 71. Auflage 2012, § 111 Rn. 3.

10 Palandt/*Ellenberger*, 71. Auflage 2012, § 111 Rn. 5.

11 *Medicus*, Rn. 570.

12 Eingehend dazu *Brox*, JA 1980, 449; *Eujen/Frank*, JZ 1973, 232; *Petersen*, AcP 201 (2001), 375. Dazu oben § 8 Rn. 31 sowie unten § 37 Rn. 17.

der Beantwortung der Frage ab, was genau angefochten wird: das Vertretergeschäft oder die Vollmacht. Hält man ersteres für maßgeblich, so ist § 143 Abs. 2 BGB einschlägig, weil man der Sache nach auf den Vertrag abstellt.[13] Hält man demgegenüber nur die Vollmacht für anfechtbar, so kommt es auf § 143 Abs. 3 BGB an. Denn die Vollmacht ist ein einseitiges Rechtsgeschäft in diesem Sinne.[14]

3. Stellvertretung

Das soeben behandelte Problem führt nahtlos zur Behandlung des Stellvertretungs- **11** rechts. Innerhalb dessen gibt es zwei Vorschriften, welche von einseitigen Rechtsgeschäften handeln. Es sind dies die §§ 174 und 180 BGB. Zu beginnen ist entgegen der äußeren systematischen Stellung mit § 180 BGB, weil sich aus dieser Vorschrift die Regelung des § 174 BGB erklärt.

a) Vertretung ohne Vertretungsmacht

Bei einem einseitigen Rechtsgeschäft ist nach § 180 S. 1 BGB Vertretung ohne Ver- **12** tretungsmacht unzulässig. Die durch einen falsus procurator erklärte **Auslobung** etwa ist also ohne weiteres nichtig und auch nicht genehmigungsfähig. Hat jedoch derjenige, welchem gegenüber ein solches Geschäft vorzunehmen war, die von dem Vertreter behauptete Vertretungsmacht bei der Vornahme des Rechtsgeschäfts nicht beanstandet oder ist er damit einverstanden gewesen, dass der Vertreter ohne Vertretungsmacht handelt, so finden nach § 180 S. 2 BGB die Vorschriften über Verträge, also die §§ 177 ff. BGB, entsprechende Anwendung. So verhält es sich nicht nur bei der Kündigung oder Rücktrittserklärung, sondern auch bei **geschäftsähnlichen Handlungen**, wie zum Beispiel der **Mahnung**.[15]

Das Gleiche, also auch die Verweisung auf die §§ 177 ff. BGB, gilt nach § 180 S. 3 **13** BGB, wenn ein einseitiges Rechtsgeschäft gegenüber einem Vertreter ohne Vertretungsmacht mit dessen Einverständnis vorgenommen wird. Dieser Fall betrifft die sogenannte **passive Stellvertretung**. Ein Beispiel[16] bildet die an den insoweit nicht bevollmächtigten Rechtsanwalt des Mieters gerichtete Kündigung. Die Kündigung ist grundsätzlich wirkungslos, wobei der Rechtsanwalt sie freilich an seinen Mandanten weiterleiten kann; dann geht sie dem Mieter allerdings erst zu, wenn sie bei ihm eintrifft. Der Anwalt kann sich jedoch auch mit der Entgegennahme der Kündigung einverstanden erklären; dann hat der Mieter die Möglichkeit, sie nach §§ 180 Satz 2, 3, 177 Abs. 1 BGB zu genehmigen, wenn ihm dies im Einzelfall vorteilhaft erscheint.

b) Vorlage einer Vollmachtsurkunde

Die praktisch wichtigste Vorschrift über einseitige Rechtsgeschäfte ist § 174 BGB.[17] Sie **14** wird in der Fallbearbeitung häufig übersehen. Danach ist ein einseitiges Rechtsge-

---

13 In diese Richtung *Medicus*, Rn. 945.
14 Zu einer kombinierten Anwendung der Absätze 2 und 3 *Petersen*, AcP 201 (2001), 375, 385 ff.
15 OLG Frankfurt a.M. FamRZ 1986, 592.
16 Nach *Medicus*, Rn. 983.
17 Dazu *Deggau*, JZ 1982, 796.

schäft, das ein Bevollmächtigter einem anderen gegenüber vornimmt, unwirksam, wenn der Bevollmächtigte eine Vollmachtsurkunde nicht vorlegt und der andere das Rechtsgeschäft aus diesem Grund unverzüglich (§ 121 BGB)[18] zurückweist.[19] Die **Kausalität** („aus diesem Grund") ist zu beachten, das heißt, es muss sich aus dem Inhalt der Erklärung selbst oder doch zumindest aus den Umständen ergeben, dass der andere das Rechtsgeschäft deshalb zurückweist, weil die Einwilligung nicht durch die Urkunde nachgewiesen wurde. [20] In der (Klausur-) Praxis ist Vorsicht insoweit geboten, als auch das **Zurückweisungsschreiben** nach § 174 S. 1 BGB a.E. seinerseits ein einseitiges Rechtsgeschäft ist. Liegt diesem Schreiben keine Vollmachtsurkunde bei, obwohl es von einem Vertreter abgegeben wurde, kann die Zurückweisungserklärung vom Kündigenden nach § 174 BGB ebenfalls zurückgewiesen werden.[21]

c) Systematischer Zusammenhang und typische Anwendungsfälle

15 § 174 BGB zieht gleichsam die Konsequenzen aus der Regelung des § 180 S. 1 BGB, welche die Vertretung ohne Vertretungsmacht bei einseitigen Rechtsgeschäften für unzulässig erklärt. Es bedarf dieser Vorschrift gerade deshalb, weil der Geschäftsgegner häufig nicht im Klaren darüber ist, ob dem als Vertreter Auftretenden rechtsgeschäftliche Vertretungsmacht (vgl. § 166 Abs. 2 BGB) erteilt wurde. Um dies verlässlich in Erfahrung bringen zu können, muss er die Möglichkeit haben, sich die Vollmachtsurkunde vorlegen zu lassen, und zwar im **Original**. Eine beglaubigte Kopie, Abschrift oder ein Fax reichen nicht aus.[22]

16   Nicht selten ist es in Klausuren ein Rechtsanwalt, der ein einseitiges Rechtsgeschäft, also etwa eine Kündigung, einem anderen gegenüber vornimmt. Das verleiht der Handlung auf den ersten Blick etwas „Offizielles". Es darf aber nicht darüber hinwegtäuschen, dass sich der Erklärungsempfänger nicht einschüchtern zu lassen braucht. Weist er die Kündigungserklärung aus diesem Grund zurück, das heißt, weil der vorgeblich Bevollmächtigte nicht in der Lage ist, eine entsprechende Urkunde vorzulegen, so bleibt die Kündigung folgenlos. Entgegnet also der Erklärungsempfänger etwa: „Solange Sie mir nicht mit Brief und Siegel Ihre Berechtigung nachweisen, habe ich mir von Ihnen gar nichts sagen zu lassen", so kann darin eine **Zurückweisung** im Sinne des § 174 BGB gesehen werden.

d) § 174 BGB im Gesellschaftsrecht

17 Des Weiteren ist in gesellschaftsrechtlichen Fällen an § 174 BGB zu denken. So kann etwa eine im Namen einer Gesellschaft bürgerlichen Rechts von einem allein vertre-

---

18 Zum Beispiel ist die Zurückweisung einer Kündigungserklärung nach einer Zeitspanne von mehr als einer Woche ohne das Vorliegen besonderer Umstände des Einzelfalls nicht mehr unverzüglich, BAG NZA 2012, 495 m. Anm. *Boemke*, JuS 2012, 641.
19 Bei der Annahme eines Antrags wird die analoge Anwendung des § 174 BGB für den Fall vorgeschlagen, dass jemand im Ungewissen darüber ist, ob ein Vertreter Vertretungsmacht hat (*Flume*, § 49, 2b). *Medicus*, Rn. 981 fügt mit Recht hinzu, dass in einem solchen Fall auch § 180 S. 1 BGB entsprechend gelten muss.
20 BAG NJW 1981, 2374.
21 BAG NZA 2012, 495.
22 BGH NJW 1981, 1210; OLG Hamm NJW 1991, 1185.

tungsberechtigten Gesellschafter abgegebene einseitige Willenserklärung vom Empfänger nach § 174 S. 1 BGB zurückgewiesen werden, wenn der Erklärung keine durch die anderen Gesellschafter erteilte Vollmacht oder zumindest eine Erklärung beigefügt ist, aus der sich ersehen lässt, dass der Handelnde allein vertretungsberechtigt ist.[23] Dabei ist bezüglich der Möglichkeit der Zurückweisung zwischen der Gesellschaft bürgerlichen Rechts und den Handelsgesellschaften zu unterscheiden. Da nämlich die gesetzliche Vertretungsmacht nicht auf dem Willen des Vertretenen beruht und daher auch nicht durch eine Vollmachtsurkunde dokumentiert werden kann, scheidet die Zurückweisung aus, wenn die Vertretungsmacht auf Gesetz gründet.[24] Daher wird auch bei der für die Handelsgesellschaften typischen **organschaftlichen Vertretung kein Zurückweisungsrecht** angenommen. Das rechtfertigt sich daraus, dass der Geschäftspartner sich hier durch den Einblick in das jeweilige öffentliche Register von der Organstellung überzeugen kann und daher den Schutz des § 174 BGB nicht benötigt (vgl. § 107 HGB für die oHG; § 67 BGB für den Verein; § 39 GmbHG). Bei der **Gesellschaft bürgerlichen Rechts** sieht es dagegen anders aus: Dort resultieren die Vertretungsverhältnisse aus dem Gesellschaftsvertrag und lassen sich aus keinem Register ersehen.[25] Deshalb besteht bei der Gesellschaft bürgerlichen Rechts eine dem § 174 BGB entsprechende Interessenlage. Daher kann die von einem einzelnen Gesellschafter einer Gesellschaft bürgerlichen Rechts abgegebene einseitige Willenserklärung zurückgewiesen werden, wenn der Erklärende keine Vollmachtserteilung durch die anderen Gesellschafter nachweist oder den Gesellschaftsvertrag vorlegt, aus dem sich die Vertretungsmacht ergibt.[26]

e) Prüfungsreihenfolge

Hat der Dritte die Vorlage der Vollmachtsurkunde nicht verlangt oder die Kündigung nicht unverzüglich wegen der Nichtvorlage zurückgewiesen, so verbleibt immer noch der Unwirksamkeitsgrund des § 180 S. 1 BGB, weil und sofern der Vertreter keine Vertretungsmacht hatte.[27] Allerdings ist dann immer noch zu prüfen, ob sich nicht etwas anderes aus **§ 180 S. 2 BGB** ergibt. Die beiden Unwirksamkeitsgründe der §§ 174, 180 BGB können also „hintereinander geschaltet" werden, so dass sie zweckmäßigerweise in dieser Reihenfolge, also § 174 BGB vor § 180 BGB, zu prüfen sind. Schließlich zeigt das Beispiel, wie wichtig es gerade bei einseitigen Rechtsgeschäften ist, dass immer alle Sätze der Vorschrift zu Ende gelesen werden, weil es sich der Aufgabensteller oft nicht nehmen lässt, die „Pointe" erst im zweiten oder dritten Satz zu setzen. **18**

f) Insichgeschäft

Kein Fall des einseitigen Rechtsgeschäfts ist das Insichgeschäft im Sinne des **§ 181 BGB**. Gleichwohl ist § 181 BGB auch auf einseitige Rechtsgeschäfte anwendbar, wenn **19**

---

23 BGH ZIP 2002, 174.
24 OLG Düsseldorf NJW-RR 1993, 470.
25 Siehe zu den Vertretungsverhältnissen bei der GbR sowie insbesondere der Möglichkeit einer Vertretungsmachtsbeschränkung *Petersen/Rothenfußer*, GmbHR 2000, 757 ff., 801 ff.
26 BGH ZIP 2002, 174.
27 Vgl. *Medicus*, Rn. 980.

Erklärender und Erklärungsempfänger identisch sind.[28] Stimmt dagegen der Vertreter einem von ihm im eigenen Namen abgeschlossenen zustimmungsbedürftigen Vertrag namens des Vertretenen zu, so liegen, sofern die Zustimmung gegenüber dem Vertragspartner erklärt wird, die Voraussetzungen des § 181 BGB nicht vor.[29] Ebenso verhält es sich, wenn einem vollmachtslosen Vertreter nachträglich Vertretungsmacht erteilt wird und dieser den von ihm zuvor geschlossenen Vertrag nachträglich genehmigt[30] oder wenn ein Vertreter einen von ihm namens eines anderen geschlossenen Vertrag im eigenen Namen genehmigt.[31]

4. Zustimmung

20 Eine gleichsam abrundende Funktion innerhalb der Vorschriften über einseitige Rechtsgeschäfte hat § 182 BGB, der in seinem wesentlichen dritten Absatz auf den eingangs behandelten § 111 BGB verweist. Zunächst nennt jedoch § 182 Abs. 1 BGB auch das einseitige Rechtsgeschäft: Hängt die Wirksamkeit eines Vertrags oder eines einseitigen Rechtsgeschäfts, das einem anderen gegenüber vorzunehmen ist, von der Zustimmung eines Dritten ab, so kann die Erteilung sowie die Verweigerung der Zustimmung sowohl dem einen als auch dem anderen Teil gegenüber erklärt werden. An die zweite Variante knüpft **§ 182 Abs. 3 BGB** an. Wird ein einseitiges Rechtsgeschäft, dessen Wirksamkeit von der Zustimmung eines Dritten abhängt, mit Einwilligung des Dritten vorgenommen, so erklärt § 182 Abs. 3 BGB „die Vorschriften des § 111 Satz 2, 3" für entsprechend anwendbar. Das ist deshalb bemerkenswert, weil auf § 111 S. 1 BGB nicht Bezug genommen wird und dieser mithin nicht entsprechend angewendet werden soll. Das einseitige Rechtsgeschäft ist also nach dem Willen des Gesetzgebers nicht schlechthin unwirksam. Das wird zwar vereinzelt bestritten, folgt aber doch einem immerhin nachvollziehbaren gesetzgeberischen Regelungskonzept.[32] Das Gesetz geht davon aus, dass den Interessen des anderen Teils dadurch entsprochen wird, das der andere das Geschäft zurückweisen kann, wenn die Einwilligung nicht in schriftlicher Form vorgelegt wird (§ 111 S. 2 BGB entsprechend). Im Schrifttum wird überdies im Hinblick auf die Zurückweisung mit gutem Grund verlangt, dass der Handelnde zumindest auf eine Zustimmung Bezug genommen hat.[33] Die **Kündigung eines fremden Darlehens** ohne jede derartige Bezugnahme etwa kann danach vom Adressaten ohne jede Zurückweisung ignoriert werden.[34]

21 Eine gewisse Einschränkung des § 182 Abs. 3 BGB ergibt sich daraus, dass die h.L. § 180 S. 2 BGB auch ohne eine gesetzlich angeordnete Analogie entsprechend anwendet.[35] Dieser erklärt unter den dortigen Voraussetzungen die Vorschriften über Verträge für entsprechend anwendbar. Hat sich also der Erklärungsempfänger mit der

---

28 BGH WM 1991, 1754.
29 RGZ 76, 89, 92; BGHZ 94, 132, 137.
30 BGHZ 41, 104, 107.
31 BGH JZ 1955, 243.
32 *Medicus*, Rn. 1018.
33 *Flume*, § 54, 6c, S. 892.
34 *Medicus*, Rn. 1018.
35 Palandt/*Ellenberger*, 71. Auflage 2012, § 182 Rn. 5.

Geschäftsvornahme ohne Einwilligung einverstanden erklärt, so ist das Rechtsgeschäft bis zur Entscheidung über die Genehmigung schwebend unwirksam.[36]

III. Einseitige Rechtsgeschäfte im Schuld- und Sachenrecht

Nur ganz am Rande behandelt werden sollen die einseitigen Rechtsgeschäfte im 22 Schuld- und Sachenrecht, zumal deren prüfungsmäßige Relevanz durchaus überschaubar ist.

1. Schuldrecht

Aus dem Schuldrecht ist die in § 657 BGB geregelte **Auslobung** zu nennen. Danach 23 ist, wer durch öffentliche Bekanntmachung eine Belohnung für die Vornahme einer Handlung, insbesondere für die Herbeiführung eines Erfolgs, aussetzt, verpflichtet, die Belohnung demjenigen zu entrichten, welcher die Handlung vorgenommen hat, auch wenn dieser nicht mit Rücksicht auf die Auslobung gehandelt hat. Sie ist eine einseitige rechtsgeschäftliche Willenserklärung. Der Bezug zur Rechtsgeschäftslehre liegt im Übrigen in sachlicher Hinsicht in den Auslegungsschwierigkeiten bezüglich des Rechtsbindungswillens, der bei der Auslobung nicht immer zweifelsfrei besteht.[37] Ebenso wie die Auslobung eine Verbindlichkeit begründet, kann sie widerrufen werden (§ 658 BGB), was ihren Charakter als einseitiges Rechtsgeschäft unterstreicht. Praktisch und auch in der Ausbildung wichtiger als die Auslobung sind jedoch die bereits angesprochenen einseitigen Rechtsgeschäfte, wie die Kündigung, der Rücktritt, die Aufrechnung sowie außerdem noch der verbraucherschützende Widerruf.

2. Sachenrecht

Innerhalb des Sachenrechts wird die Eigentumsaufgabe (**Dereliktion**) als Beispiel für 24 ein einseitiges Rechtsgeschäft genannt.[38] Nach § 959 BGB wird eine bewegliche Sache herrenlos, wenn der Eigentümer in der Absicht, auf das Eigentum zu verzichten, den Besitz der Sache aufgibt. Dabei handelt es sich um ein einseitiges Verfügungsgeschäft.[39] Das Recht an der Sache – Eigentum – wird nämlich aufgehoben. Darin liegt die Verfügung. Derartige einseitige Verfügungsgeschäfte stellen die sachenrechtliche Ausprägung einseitiger Rechtsgeschäfte dar, betreffen aber letztlich etwas anderes als die hier im Mittelpunkt stehenden rechtsgeschäftlichen Besonderheiten, so dass sie hier auch nicht weiter verfolgt werden müssen.

---

36 Vgl. zu den Streitigkeiten im einzelnen MüKo/*Bayreuther*, 6. Auflage 2012, § 182 Rn. 32 m.w.N.
37 Vgl. nur BGHZ 88, 373, 382; siehe dazu auch *Medicus*, Rn. 191.
38 Palandt/*Ellenberger*, 71. Auflage 2012, Überbl v § 104 Rn. 11.
39 Palandt/*Bassenge*, 71. Auflage 2012, § 959 Rn. 1.

IV. Einseitige Rechtsgeschäfte im Familien- und Erbrecht

25 Nicht nur in den drei ersten Büchern des BGB, sondern auch im Familien- und Erbrecht begegnen einseitige Rechtsgeschäfte. Während es sich im Familienrecht um eher unbekannte Regelungen handelt, die aber im eingangs beschriebenen Sinne gerade deshalb durchaus einmal in der Klausur vorkommen können, ist das Hauptbeispiel aus dem Erbrecht zugleich eines der bekanntesten Institute.

1. Familienrecht

26 Eine wenig bekannte Bestimmung über einseitige Rechtsgeschäfte findet sich in § 1367 BGB. Danach ist ein einseitiges Rechtsgeschäft, das ohne die erforderliche Einwilligung vorgenommen wird, unwirksam. Dieser Regelungsmechanismus ist uns durch die §§ 111 etc. BGB inzwischen gründlich vertraut. Es ist daher hier vor allem aufschlussreich, in welchem Regelungszusammenhang § 1367 BGB steht. Dieser ist nämlich aufgrund der beiden vorangehenden Vorschriften von größtem Interesse. Insbesondere **§ 1365 BGB** gehört zu den prüfungsrelevantesten Vorschriften des ganzen Familienrechts.[40] Der Regelungsmechanismus kann hier nicht näher dargestellt werden.[41] Sind also in einem Fall, der einen erkennbaren Schwerpunkt bei § 1365 BGB aufweist, zusätzlich Kündigungen oder Anfechtungserklärungen ausgesprochen worden oder ist von einer Seite der Rücktritt erklärt worden, so ist stets an § 1367 BGB zu denken. Die Rechtsprechung verlangt hier als Besonderheit, dass dem Ehegatten die Möglichkeit zur **Nachreichung** gegeben wird.[42] Liegt aber auch in diesem Sinne keine Einwilligung vor, so sind die genannten Rechtsgeschäfte unheilbar nichtig und bleiben es auch nach Beendigung des gesetzlichen Güterstands der Zugewinngemeinschaft.[43]

27   Eine weitere Regelung einseitiger Rechtsgeschäfte enthält § 1831 BGB aus dem **Betreuungsrecht**. Auch hier soll der Dritte nicht auf unbestimmte Zeit im Ungewissen über die Wirksamkeit des Geschäfts bleiben. Ebenso wie in den anderen bekannten Fällen kann die Genehmigung nicht nachgeholt werden, so dass das Rechtsgeschäft nur neu vorgenommen werden kann.[44] S. 2 enthält wiederum den bekannten Regelungsmechanismus. Die Bedeutung des § 1831 BGB für die Fallbearbeitung ist insgesamt gering, so dass die Einzelheiten hier – zumal sie nichts Neues enthalten – dahinstehen können.

2. Erbrecht

28 Das wohl bekannteste einseitige Rechtsgeschäft ist das **Testament**. § 1937 BGB bestimmt, dass der Erblasser durch einseitige Verfügung von Todes wegen, die das

---

[40] Vgl. dazu OLG Celle NJW-RR 2001, 866.
[41] Klausurrelevanter Fall bei *Petersen*, Die mündliche Prüfung im ersten juristischen Staatsexamen, 2. Auflage 2012, S. 92 ff.
[42] RGZ 50, 212.
[43] Palandt/*Brudermüller*, 71. Auflage 2012, § 1367 Rn. 1.
[44] RG LZ 1930, 1390.

Gesetz Testament bzw. letztwillige Verfügung nennt, den Erben festlegt. Wiederum folgt aus der Einseitigkeit, dass der Testator das Testament ohne weiteres widerrufen kann. Dementsprechend sind wechselbezügliche Verfügungen innerhalb eines gemeinschaftlichen Testaments nach § 2271 Abs. 2 BGB nicht ohne weiteres widerrufbar. Denn dabei werden von den Ehegatten Verfügungen gerade im Hinblick darauf getroffen, dass auch der andere Teil sich entsprechend bindet. Auch hier erweist sich das Merkmal der Widerruflichkeit als Erkennungszeichen einseitiger Rechtsgeschäfte, wohingegen der Ausschluss der Widerrufbarkeit darauf hindeutet, dass es sich um eine vertragliche, also mehrseitige Beziehung handelt, wie dies etwa beim Erbvertrag gemäß den §§ 2278, 2289 ff. BGB der Fall ist. Ebenfalls kein einseitiges Rechtsgeschäft ist der Erbverzicht (§ 2346 BGB), da es sich dabei um einen noch zu Lebzeiten geschlossenen Vertrag des Erblassers mit dem gesetzlichen Erben handelt.[45]

---

45 Palandt/*Weidlich*, 71. Auflage 2012, § 2346 Rn. 1.

§ 19 Der Widerruf im Bürgerlichen Recht

I. Widerrufsrechte im Allgemeinen Teil

1 Widerrufsrechte gibt es nicht nur im Allgemeinen Teil, sondern auch im Schuldrecht, wobei die Vorschriften über Verbraucher und Unternehmer eine Schnittstelle darstellen. Was zunächst den Allgemeinen Teil betrifft,[1] so enthalten die §§ 109, 130 Abs. 1, 168 S. 2, 178, 183 BGB Regelungen über den Widerruf.[2] Entsprechend dem Wortlaut der betreffenden Vorschriften unterscheidet man darstellungsmäßig zweckmäßigerweise zwischen dem Widerruf von Willenserklärungen, Verträgen und einseitigen Rechtsgeschäften.[3]

1. Willenserklärung

2 Für die Wirksamkeit der Willenserklärung gilt § 130 BGB. Nach dessen Abs. 1 S. 2 wird die Willenserklärung nicht wirksam, wenn dem anderen vorher oder gleichzeitig ein Widerruf zugeht.[4] Dabei kommt es ausweislich des Wortlauts für beide Erklärungen nicht auf den Zeitpunkt der Kenntnisnahme, sondern den des **Zugangs** an.[5] Gehen Erklärung und Widerruf also gleichzeitig zu, so berührt es die Wirksamkeit des Widerrufs nicht, wenn der Erklärungsempfänger zuerst die Willenserklärung zur Kenntnis nimmt.[6] Wirkungslos ist dagegen nach dem eindeutigen Wortlaut des Gesetzes der verspätete Widerruf einer bereits zugegangenen Willenserklärung,[7] selbst wenn der Empfänger ihn vor der Erklärung zur Kenntnis nimmt.[8]

2. Vertrag

3 Bei Verträgen gibt es innerhalb der Rechtsgeschäftslehre zwei strukturell gleichgelagerte Widerrufsrechte. Sie seien hier nur kurz rekapituliert, da die Einzelheiten zum Grundwissen gehören. Zu erinnern ist des Weiteren an die Möglichkeit eines vereinbarten Widerrufsvorbehalts nach § 145 BGB.

---

1 *Brox/Walker*, Rn. 198.

2 Nicht mit dem Folgenden zu verwechseln ist ersichtlich der presserechtliche Widerruf, der deshalb außer Betracht bleibt (dazu *Petersen*, Medienrecht, 5. Auflage 2010, § 7).

3 Eingehend *Leenen*, Jura 2007, 721; grundlegend *ders.*, FS Canaris, 2007, S. 699.

4 Dazu *D. Schmidt*, Jura 1993, 345.

5 Palandt/*Ellenberger*, BGB, 71. Auflage 2012, § 130 Rn. 11.

6 BGH NJW 1975, 382.

7 *Medicus*, Rn. 300. Zum letzten Widerrufszeitpunkt der Stimmenabgabe in einer Wohnungseigentümerversammlung aktuell BGH MDR 2012, 2018.

8 RGZ 91, 60; *Bork*, Rn. 649; a.A. *H. Hübner*, Allgemeiner Teil des Bürgerlichen Gesetzbuchs, 2. Auflage 1996, Rn. 737.

a) Vertragsschluss durch den Minderjährigen

Das erste Widerrufsrecht betrifft den Fall, dass der Minderjährige (arg. § 2 BGB) einen **4**
Vertrag ohne die erforderliche Einwilligung des gesetzlichen Vertreters abschließt.
Dann hängt die Wirksamkeit des Vertrags gemäß § 108 Abs. 1 BGB von der Genehmigung des Vertreters ab. Bis zur Genehmigung des Vertrags ist der andere Teil nach
§ 109 Abs. 1 S. 1 BGB zum Widerruf berechtigt.[9] Der Widerruf kann auch dem Minderjährigen gegenüber erklärt werden (**§ 109 Abs. 1 S. 2 BGB**). Hat der andere Teil die
Minderjährigkeit gekannt, so kann er gemäß § 109 Abs. 2 BGB nur widerrufen, wenn
der Minderjährige der Wahrheit zuwider die Einwilligung des Vertreters behauptet
hat; er kann auch in diesem Fall nicht widerrufen, wenn ihm das Fehlen der Einwilligung bei dem Abschluss des Vertrags bekannt war.

b) Vertretung ohne Vertretungsmacht

Derselbe Regelungsmechanismus begegnet bei der Vertretung ohne Vertretungs- **5**
macht.[10] Auch hier kommt das Gesetz dem Dritten entgegen, damit er die Ungewissheit während des Schwebezustandes beenden kann:[11] Schließt jemand als Vertreter
ohne Vertretungsmacht im Namen eines anderen einen Vertrag ab, so hängt die Wirksamkeit des Vertrags für und gegen den Vertretenen nach § 177 Abs. 1 BGB von dessen
Genehmigung ab. Bis zur Genehmigung des Vertrags ist der andere Teil zum Widerruf
berechtigt, es sei denn, dass er den Mangel der Vertretungsmacht bei dem Abschluss
des Vertrags gekannt hat, § 178 S. 1 BGB.[12] Der Widerruf kann nach § 178 S. 2 BGB auch
dem Vertreter gegenüber erklärt werden. Der Widerruf ist **formfrei**,[13] selbst wenn die
zu widerrufende Erklärung formgebunden ist.[14]

3. Einseitige Rechtsgeschäfte

Schließlich regelt das Gesetz die Widerruflichkeit bei bestimmten einseitigen Rechts- **6**
geschäften. Zu nennen sind die Vollmacht (§ 166 Abs. 2 S. 1 BGB) sowie die Einwilligung (§ 183 S. 1 BGB). Dagegen ist die einmal erklärte und zugegangene Anfechtung
unwiderruflich,[15] da sie die Rechtslage umgestaltet und der andere Teil andernfalls
einer Ungewissheit darüber ausgesetzt wäre.[16]

---

9 Dazu *Kaiser*, Jura 1982, 77. Zum Widerruf des Vertrags*angebots* gegenüber einem Minderjährigen
Ludwig, Jura 2011, 9.
10 Instruktiv *Prölss*, JuS 1985, 577.
11 *Medicus*, Rn. 979.
12 Die Frage der zeitlichen Grenzen für die Genehmigung von Rechtsgeschäften eines Vertreters ohne
Vertretungsmacht behandelt *Jauernig*, FS Niederländer, 1991, S. 285.
13 BGH NJW 1965, 1714; BAG NJW 1996, 2595.
14 *Medicus*, Rn. 299.
15 Palandt/*Ellenberger*, 71. Auflage 2012, § 143 Rn. 2; zu den einseitigen Rechtsgeschäften am Beispiel
der Anfechtung *Leenen*, Jura 2007, 721, 723.
16 *Medicus*, Rn. 90.

a) Vollmacht

7 Nach § 168 S. 2 BGB ist die Vollmacht auch bei dem Fortbestehen des Rechtsverhältnisses widerruflich, sofern sich nicht aus diesem ein anderes ergibt. Allerdings wirkt der Widerruf nur für die Zukunft, so dass bei einer bereits ausgeübten Vollmacht nur die Anfechtung in Betracht kommt.[17] Der Nachsatz des § 168 S. 2 BGB („sofern") eröffnet die Möglichkeit einer unwiderruflichen Vollmacht. Das gilt auch für die Vollmacht über den Tod hinaus,[18] bei der sich die Widerruflichkeit ebenfalls nach dem zugrundeliegenden Rechtsgeschäft bemisst.[19] Da der Widerruf eine empfangsbedürftige Willenserklärung ist, bedarf es hierfür des **Erklärungsbewusstseins**, an dem es bei der Vollmacht über den Tod hinaus fehlen kann, wenn der Erbe von der Vollmachterteilung nichts weiß.[20] Zieht er diesbezügliche Erkundigungen ein, so kann darin unter Umständen ein Widerruf liegen.[21] Auch eine unwiderrufliche Vollmacht kann stets aus wichtigem Grund widerrufen werden.[22]

b) Einwilligung

8 Nach § 183 S. 1 BGB ist die vorherige Zustimmung, die das Gesetz als Einwilligung definiert, bis zur Vornahme des Rechtsgeschäfts widerruflich, soweit sich nicht aus dem ihrer Erteilung zugrunde liegenden Rechtsverhältnis ein anderes ergibt. Der Widerruf kann sowohl dem einen als auch dem anderen Teil gegenüber erklärt werden. Wird er jedoch gegenüber dem Ermächtigten, also gleichsam „nach innen" erklärt, so gelten zum Schutz des gutgläubigen Dritten die §§ 170 ff. BGB entsprechend.[23] Ausnahmen von der Widerruflichkeit der Zustimmung bestehen vor allem im Sachenrecht und werden dementsprechend dort dargestellt.[24]

II. Widerrufsrechte im Schuldrecht[25]

9 Bei bestimmten vertraglichen Schuldverhältnissen stellt sich die Frage des Widerrufsrechts. Gesetzlich ausführlich geregelt ist es bei der Schenkung; daneben besteht es bei der Anweisung und dem Auftrag.

1. Schenkung

10 Eine Schenkung kann nach § 530 Abs. 1 BGB widerrufen werden, wenn sich der Beschenkte durch eine schwere Verfehlung gegen den Schenker oder einen nahen

---

17 Zu diesem Problem *Petersen*, AcP 201 (2001), 375.
18 Zu ihr *Seif*, AcP 200 (2000), 192.
19 BGH DNotZ 1972, 229.
20 BGH NJW 1995, 250.
21 *Schultz*, NJW 1995, 3345.
22 BGH WM 1969, 1009; 1985, 646.
23 MüKo/*Bayreuther*, 6. Auflage 2012, § 183 Rn. 14; *Medicus*, Rn. 1021.
24 Siehe unten Rn. 13 ff.
25 Hier seien nur die Widerrufsrechte des besonderen Schuldrechts behandelt. Die (sehr klausurrelevanten) verbraucherschützenden Widerrufsrechte werden behandelt bei *Petersen*, Rn. 196 ff.

Angehörigen des Schenkers groben Undanks schuldig macht.[26] Dem Erben des Schenkers steht das Widerrufsrecht jedoch nur zu, wenn der Beschenkte vorsätzlich und widerrechtlich den Schenker getötet oder am Widerruf gehindert hat.[27] Der Widerruf erfolgt durch Erklärung gegenüber dem Beschenkten, § 531 Abs. 1 BGB. Ist die Schenkung widerrufen, so kann die Herausgabe des Geschenks gemäß § 531 Abs. 2 BGB nach den Vorschriften einer ungerechtfertigten Bereicherung gefordert werden, wobei damit im Zusammenhang stehende Gegenansprüche als Entreicherung (§ 818 Abs. 3 BGB) geltend gemacht werden können.[28] Der Widerruf ist nach § 532 S. 1 BGB ausgeschlossen, wenn der Schenker dem Beschenkten verziehen hat – ein bloßer **Versöhnungsversuch** genügt nicht[29] – oder wenn seit dem Zeitpunkt, in welchem der Widerrufsberechtigte von dem Eintritt der Voraussetzungen seines Rechts Kenntnis erlangt hat, ein Jahr verstrichen ist. Nach dem Tode des Beschenkten ist der Widerruf nicht mehr zulässig (§ 532 S. 2 BGB). Auf das Widerrufsrecht kann verzichtet werden,[30] aber erst dann, wenn der Undank dem Widerrufsberechtigten bekannt geworden ist (§ 533 BGB). Schenkungen, durch die einer sittlichen Pflicht oder auf den Anstand zu nehmenden Rücksicht entsprochen wird, unterliegen nach § 534 BGB nicht der Rückforderung und dem Widerruf.

2. Auftrag

Nach § 671 Abs. 1 BGB kann der Auftrag vom Auftraggeber jederzeit widerrufen, vom **11** Beauftragten jederzeit gekündigt werden. Mit Ausübung des Widerrufs entstehen Ansprüche aus §§ 667, 670 BGB.[31] Ob auf das Widerrufsrecht verzichtet werden kann, hängt davon ab, welchen Interessen der Auftrag dient: Liegt er nicht nur im Interesse des Auftraggebers, sondern dient er in wenigstens gleicher Weise den Belangen des Beauftragten, so kann auf das Widerrufsrecht verzichtet werden.[32] Dient der Auftrag demgegenüber allein den Interessen des Auftraggebers, so kann er auf das Widerrufsrecht nicht verzichten, da er dem Beauftragten sonst auf Gedeih und Verderb ausgesetzt wäre.[33] Die paternalistische Aufrechterhaltung des Widerrufsrechts dient hier also letztlich der Durchsetzung der **Privatautonomie**, der sie zunächst zu widersprechen scheint.

3. Anweisung

Im Rahmen der bürgerlichrechtlichen Anweisung (§ 783 BGB) besteht ein gesetz- **12** liches Widerrufsrecht, das in § 790 BGB geregelt ist. Der Anweisende kann danach die Anweisung dem Angewiesenen gegenüber widerrufen, solange nicht der Ange-

---

26 Instruktiv zum Schenkungsrecht *Zeranski*, NJW 1998, 2574.
27 Dazu BGH NJW-RR 1988, 548.
28 BGH NJW 1999, 1626.
29 BGH NJW 1999, 1626.
30 Vertraglich modifizierbar, BGH MDR 1972, 36.
31 Palandt/*Sprau*, 71. Auflage 2012, § 671 Rn. 2.
32 BGH WM 1971, 956.
33 Palandt/*Sprau*, 71. Auflage 2012, § 671 Rn. 2.

wiesene sie dem Anweisungsempfänger gegenüber angenommen oder die Leistung ausgeführt hat. Nach § 790 S. 2 BGB gilt dies auch dann, wenn der Anweisende mit den Widerruf einer ihm gegen den Anweisungsempfänger obliegenden Verpflichtung zuwiderhandelt. Der Grund für die ausnahmsweise Widerruflichkeit der Anweisung besteht darin, dass sie nur eine Ermächtigung, aber keine Verpflichtung schafft.[34]

III. Widerruf und Unwiderruflichkeit im Sachenrecht

13   Im Sachenrecht spielt der Widerruf vor allem bei der Übereignung eine Rolle, wenngleich eine ausdrückliche gesetzliche Regelung hier fehlt. Der Wortlaut des § 929 S. 1 BGB verlangt bei beweglichen Sachen ein Einigsein im Zeitpunkt der Übergabe, woraus ganz überwiegend abgeleitet wird, dass die Einigung vor der Übergabe nicht bindend ist (vgl. auch § 873 Abs. 2 BGB) und vom Veräußerer jederzeit widerrufen werden kann.[35] Der Widerruf muss jedoch für den Erwerber erkennbar sein, um die grundsätzlich bestehende Vermutung zu widerlegen, der einmal erklärte Einigungswille bestehe fort.[36] Das bedeutet freilich nichts anderes, als dass die Widerrufserklärung dem anderen Teil zugehen muss.[37] Auch bei der Verfügung über Grundstücke ist die Einigung vor Eintragung des Erwerbers ins Grundbuch grundsätzlich **nicht bindend**, wobei sich in § 873 Abs. 2 BGB jedoch einige praxisrelevante Ausnahmen (insbesondere bei notarieller Beurkundung) finden. Ist der Veräußerer noch nicht gebunden, so kann er die Einigung durch Erklärung gegenüber dem Erwerber jederzeit widerrufen.[38]

14   Die Unwiderruflichkeit begegnet im Zusammenhang mit der Zustimmung, also im systematischen Zusammenhang mit dem bereits oben behandelten § 183 BGB. Ausnahmen von der Widerruflichkeit der Einwilligung sieht das Gesetz insbesondere in § 876 S. 3 Hs. 2 BGB bei der **Aufhebung** eines belasteten Rechts, in § 880 Abs. 2 S. 3 Hs. 2 BGB bei der **Rangänderung** sowie in § 1245 Abs. 1 S. 3 Hs. 2 BGB beim **Pfandverkauf** vor, weil der Ermächtigte in diesen Fällen in den Genuss einer unentziehbaren Rechtsposition kommen soll.[39] Unwiderruflich ist deshalb auch die Zustimmung zur rechtsgeschäftlichen Aufhebung des Pfandrechts (§ 1255 Abs. 2 S. 2 Hs. 2 BGB), die Aufhebung eines dem **Nießbrauch** unterliegenden Rechts (§ 1071 Abs. 1 S. 2 Hs. 2 BGB), die Zustimmung zum Verzicht auf eine **Hypothek** (§ 1178 Abs. 2 S. 3 Hs. 2 BGB) und die Zustimmung zur Aufhebung eines verpfändeten Rechts nach § 1276 Abs. 1 S. 2 Hs. 2 BGB.

---

34 Palandt/*Sprau*, 71. Auflage 2012, § 790 Rn. 1.
35 BGH NJW 1978, 696; zum Streitstand *Medicus/Petersen* BR, Rn. 33 ff. Gleiches gilt für § 1205 BGB, der ebenfalls ein Einigsein bei Übergabe verlangt.
36 BGH, NJW 1978, 696, 697.
37 *Baur/Stürner*, Sachenrecht, 18. Auflage 2009, § 5 Rn. 37; *Medicus/Petersen* BR, Rn. 34.
38 *Baur/Stürner*, Sachenrecht, 18. Auflage 2009, § 5 Rn. 33.
39 *Flume*, § 55, S. 897.

IV. Widerrufsrechte im Familienrecht

Auch wenn die schuldrechtlichen Widerrufsrechte ungleich bekannter und auch in 15
der Fallbearbeitung öfter anzutreffen sind, darf nicht übersehen werden, dass auch
im Familienrecht Widerrufsrechte geregelt sind. Das gilt umso mehr, als sie sich in
demjenigen Bereich finden, der noch den Grundzügen zuzuordnen ist, die nach den
meisten Ausbildungsordnungen im Staatsexamen beherrscht werden müssen. Nicht
näher betrachtet werden müssen die §§ 1516 f., 1750 BGB zur Unwiderruflichkeit der
Zustimmung, da hier dasselbe gilt wie bei dem zum Sachenrecht Gesagten.

1. Verfügungsbeschränkung

Innerhalb des Familienrechts enthält § 1366 Abs. 2 BGB ein wichtiges Widerrufsrecht.[40] 16
Der systematische Zusammenhang dieses Widerrufsrechts ist nur im Hinblick auf die
absolute Verfügungsbeschränkung des § 1365 Abs. 1 S. 1 BGB verständlich. Danach
kann ein Ehegatte sich nur mit Einwilligung des anderen Ehegatten verpflichten,
über sein **Vermögen im Ganzen** zu verfügen. Hat er sich ohne Zustimmung des
anderen Ehegatten verpflichtet, so kann er die Verpflichtung gemäß § 1365 Abs. 1 S. 2
BGB nur erfüllen, wenn der andere Ehegatte einwilligt. Hieran knüpft § 1366 Abs. 1
BGB, wonach ein Vertrag, den ein Ehegatte ohne die erforderliche Genehmigung des
anderen Ehegatten schließt, wirksam ist, wenn der andere ihn genehmigt.[41] Dieser zwischenzeitliche Schwebezustand ist für den Dritten, der mit dem Ehegatten kontrahiert
misslich. Daher kann der Dritte den Vertrag bis zur Genehmigung nach § 1366 Abs. 2
BGB widerrufen. Hat er jedoch gewusst, dass der Mann oder die Frau verheiratet ist,
so kann er nur widerrufen, wenn der Mann oder die Frau wahrheitswidrig behauptet
hat, der andere Ehegatte habe eingewilligt. Er kann auch in diesem Fall nicht widerrufen, wenn ihm beim Abschluss des Vertrags bekannt war, dass der andere Ehegatte
nicht eingewilligt hatte, § 1366 Abs. 2 S. 2 BGB. Interessanterweise geht **§ 1366 Abs. 2
BGB** davon aus, dass der **Vertrag widerrufen** wird, während § 355 Abs. 1 S. 1 BGB
davon spricht, dass der Verbraucher nach fristgerechtem Widerruf an seine auf den
Vertrag gerichtete *Willenserklärung* nicht mehr gebunden ist. Die vergleichsweise einfache Formulierung des § 1366 Abs. 2 BGB erscheint gegenüber der gewundenen des
§ 355 BGB vorzugswürdig.[42]

Die Vorschrift ist geradezu ein Musterbeispiel dafür, wie die anderen Bücher des 17
BGB mit dem Allgemeinen Teil in der Weise verbunden sind, dass dessen Vorschriften
vor der berühmten Klammer der übrigen Bücher stehen:[43] Zum einen ist der Zusammenhang von Einwilligung (§ 183 Abs. 1 BGB) und Genehmigung (§ 184 Abs. 1 BGB) mit
den betreffenden Legaldefinitionen abgestimmt. Zum anderen verwendet der Gesetz-

---

40 Ein weniger klausurrelevantes Widerrufsrecht enthält § 1413 BGB, wenn ein Ehegatte dem anderen
die Verwaltung seines Vermögens überlässt.
41 Fallbeispiel und Einzelheiten bei *Petersen*, Die mündliche Prüfung im ersten juristischen Staatsexamen, 2. Auflage 2012, S. 92 ff.
42 Zu der sich in dieser Frage spiegelnden Parallelproblematik der Anfechtung des Vertrags oder der
einzelnen Willenserklärung *Leenen*, Jura 1991, 393, 395; vgl. auch unten § 32 Rn. 16 ff.
43 Dazu ausführlich oben § 2 Rn. 1 ff. Der vorliegende Absatz wurde zuerst publiziert im Liber Amicorum Leenen, 2012, S. 219, 223.

geber mit Bedacht die Formulierung, dass *der Vertrag* unter der Voraussetzung der nachträglichen Zustimmung wirksam ist, wie dies die §§ 109 Abs. 1 S. 1, 178 S. 1 BGB im Allgemeinen Teil vorsehen. Aus gutem Grund spricht § 1365 Abs. 2 BGB in einem weiteren Sinne vom Rechtsgeschäft und nicht vom Vertrag, weil sich die Regelung auf § 1365 Abs. 1 S. 1 BGB bezieht, der dementsprechend weit formuliert ist und jede Verpflichtung in dem genannten bzw. gemeinten Umfang einschließt, also nicht nur zweiseitige, sondern auch einseitig begründete rechtsgeschäftliche Verpflichtungen.[44]

2. Gütergemeinschaft

18 Eine für die Fallbearbeitung weniger wichtige, aber strukturell ähnliche Regelung findet sich im Übrigen bei der Gütergemeinschaft (§§ 1415 ff. BGB) in § 1427 BGB. Für den Fall, dass ein Ehegatte, der das **Gesamtgut** verwaltet, ein Rechtsgeschäft ohne die erforderliche Einwilligung des anderen Ehegatten vornimmt, verweist § 1427 Abs. 1 BGB auf § 1366 BGB, allerdings nur auf dessen ersten, dritten und vierten Absatz und nicht auf den soeben behandelten zweiten Absatz. Dafür bestimmt § 1427 Abs. 2 S. 1 BGB, dass der Dritte einen Vertrag (nicht *den* Vertrag, wie in § 1366 Abs. 2 BGB) bis zur Genehmigung widerrufen kann. Entsprechend dem Regelungsmechanismus des § 1366 Abs. 2 BGB verhält es sich bezüglich des positiven Wissens um die Gütergemeinschaft: Hat der Dritte gewusst, dass der Ehegatte in Gütergemeinschaft lebt, so kann er nach § 1427 Abs. 2 S. 2 BGB nur widerrufen, wenn dieser wahrheitswidrig behauptet hat, der andere Ehegatte habe eingewilligt; er kann auch in diesem Falle nicht widerrufen, wenn ihm beim Abschluss des Vertrags bekannt war, dass der andere Ehegatte nicht eingewilligt hatte.

V. Widerrufsrechte im Erbrecht

19 Auch im Erbrecht gibt es Widerrufsrechte, die zwar nicht die gleiche Relevanz für die Fallbearbeitung haben wie die soeben behandelten. In der Praxis freilich ist die Bedeutung der §§ 2253 ff. BGB immens.

1. Testament

20 Der Erblasser kann ein Testament sowie eine einzelne in seinem Testament enthaltene Verfügung nach § 2253 BGB **jederzeit widerrufen**.[45] Diese Möglichkeit ist im Interesse der Testierfreiheit unwiderruflich, wie sich auch aus § 2302 BGB ergibt.[46] Der Widerruf des Testaments bzw. der darin enthaltenen Verfügung erfolgt gleichfalls durch Testament, § 2254 BGB, das formgerecht errichtet werden muss (§ 2247 BGB),[47] aber nicht notwendigerweise derselben Form entsprechen wie das zu widerrufende

---

44 Staudinger/*Thiele*, Neubearbeitung 2007, § 1365 Rn. 4 f. Zu einseitigen Rechtsgeschäften zuvor § 18.
45 Dazu *von Lübtow*, NJW 1968, 1849.
46 BGH FamRZ 1960, 28.
47 OLG Schleswig SchlHA 1976, 9.

Testament.[48] Wie immer im Erbrecht kommt der Auslegung eine wichtige Rolle zu.[49] Nach § 2255 S. 1 BGB kann ein Testament auch dadurch widerrufen werden, dass der Erblasser in der Absicht, es aufzuheben, die Testamentsurkunde vernichtet oder an ihr Veränderungen vornimmt, durch die der Wille, eine schriftliche Willenserklärung aufzuheben, ausgedrückt zu werden pflegt.[50] Wie sich aus dem Umkehrschluss aus §§ 2257 BGB ergibt, kann der Widerruf nach § 2255 BGB nicht widerrufen werden, es kommt aber eine Anfechtung nach § 2078 BGB in Betracht.[51] Nach der soeben bereits angesprochenen widerleglichen Vermutung des § 2257 BGB ist,[52] wenn der durch Testament erfolgte Widerruf einer letztwilligen Verfügung widerrufen wird, im Zweifel die Verfügung wirksam, wie wenn sie nicht widerrufen worden wäre.[53] Durch die Errichtung eines Testaments wird ein früheres Testament nach § 2258 Abs. 1 BGB insoweit aufgehoben, als das spätere mit dem früheren in Widerspruch steht. Die Auslegung nach §§ 133, 2084 BGB entscheidet erforderlichenfalls darüber, ob und inwieweit ein Widerspruch besteht. Wird das spätere Testament widerrufen, so ist im Zweifel das frühere Testament in gleicher Weise wirksam, wie wenn man es nicht aufgehoben hätte, § 2258 Abs. 2 BGB. Einen Sonderfall regelt § 2256 Abs. 1 S. 1 BGB, wonach ein vor einem **Notar** (§ 2232 BGB) oder Bürgermeister (§ 2249 BGB) errichtetes Testament als widerrufen gilt, wenn die in amtliche Verwahrung genommene Urkunde dem Erblasser zurückgegeben wird.

2. Gemeinschaftliches Testament

Schließlich ist noch § 2271 BGB über den Widerruf wechselbezüglicher Verfügungen **21** (§ 2270 BGB) beim gemeinschaftlichen Testament zu nennen. Nach dessen erstem Absatz erfolgt der Widerruf einer solchen Verfügung bei Lebzeiten der Ehegatten nach der für den Rücktritt von einem Erbvertrag geltenden Vorschrift des § 2296 BGB, also durch empfangsbedürftige, höchstpersönlich abgegebene Erklärung gegenüber dem anderen Vertragsschließenden mit **notarieller Beurkundung**.[54] Das Recht zum Widerruf erlischt nach § 2271 Abs. 2 S. 1 Hs. 1 BGB mit dem Tode des anderen Ehegatten. Die erbrechtliche Bindung des Überlebenden an seine wechselseitigen Verfügungen beschränkt also aus gutem Grund seine Testierfreiheit (nicht: Testierfähigkeit, §§ 2229, 2275 BGB; häufiger Fehler!).[55]

---

48 OLG Köln OLGZ 1968, 325.
49 BGH NJW 1966, 201; BayObLGZ 1965, 91.
50 Dazu BGH NJW 1959, 2113.
51 RGZ 102, 70; BayObLGZ 1983, 204.
52 BayObLG FamRZ 1996, 1112.
53 Näher *Klunzinger*, DNotZ 1974, 278.
54 Eingehend zur Problematik eines inzwischen geschäftsunfähig gewordenen Ehegatten *Helms*, DNotZ 2003, 104.
55 Palandt/*Weidlich*, 71. Auflage 2012, § 2271 Rn. 9.

§ 20 Die Geschäftsfähigkeit

1 Der Allgemeine Teil des BGB steht in dem Sinne vor der Klammer der übrigen Bücher, dass die darin getroffenen Regeln auch für alle übrigen Bücher gelten, sofern darin nichts Abweichendes geregelt ist. Das zeigt sich deutlich am Beispiel der Geschäftsfähigkeit. Mit Bedacht hat der Gesetzgeber die Regelungen über die Geschäftsfähigkeit an den Anfang der Rechtsgeschäftslehre gestellt und damit verdeutlicht, dass zur Wirksamkeit einer Willenserklärung grundsätzlich – zur Ausnahme der beschränkten Geschäftsfähigkeit sogleich – die Geschäftsfähigkeit des Handelnden vorausgesetzt wird. Da Geschäftsfähigkeit die Regel ist, bedarf es keines Hinweises darauf in der Fallbearbeitung, wenn sich nicht ausnahmsweise aus dem Sachverhalt etwas anderes ergibt.

I. Abgrenzung zu anderen Erscheinungsformen

2 Das Gesetz hat nicht nur im Rahmen der Geschäftsfähigkeit, sondern auch im Schuldrecht sowie im Familien- und Erbrecht eine Reihe von Tatbeständen geregelt, die an bestimmte Altersvorgaben anknüpfen.[1] Dazu gehört die Deliktsfähigkeit einerseits sowie die Testier- und Ehefähigkeit andererseits.[2]

1. Geschäftsfähigkeit und Deliktsfähigkeit

3 Von der Geschäftsfähigkeit ist die Deliktsfähigkeit zu unterscheiden. Sie ist in den §§ 827 f. BGB geregelt und betrifft die Frage, ob (vgl. § 827 BGB) und unter welchen altersmäßigen Voraussetzungen (§ 828 BGB) ein deliktisch Handelnder für einen Schaden verantwortlich ist, den er einem anderen zufügt. Delikts- und Geschäftsfähigkeit dürfen in der Fallbearbeitung nicht miteinander vermengt werden. Diese betrifft die Folgen rechtsgeschäftlichen Handelns, wohingegen jene die Schadensersatzpflicht für deliktisches Handeln regelt. Im einen Fall geht es also um den Anspruch aus Vertrag, während es im anderen um einen Anspruch aus §§ 823 ff. BGB geht. Die Deliktsfähigkeit kann bei der Prüfung des vertraglichen Anspruchs nur im Rahmen des Verschuldens eine Rolle spielen. § 276 Abs. 1 S. 2 BGB erklärt die §§ 827, 828 BGB für entsprechend anwendbar. Damit steht zugleich fest, dass die Deliktsfähigkeit nicht im Rahmen des Erfüllungsanspruchs (**Primäranspruch**), sondern nur beim Schadensersatzanspruch (**Sekundäranspruch**) relevant werden kann. Für den Primäranspruch kommt es dagegen ausschließlich auf die §§ 104 ff. BGB und nicht auf die §§ 827, 828 BGB an.

---

1 Detaillierter bezüglich der Handlungsfähigkeit der in Betracht kommenden Personengruppen *Schreiber*, Jura 1991, 24. Überblick zum Minderjährigen im Zivilrecht auch bei *Staudinger/Steinrötter*, JuS 2012, 97.
2 Siehe dazu auch schon *Coester-Waltjen*, Jura 1994, 331.

2. Erb- und Testierfähigkeit, Ehefähigkeit

Erbfähig ist nach § 1923 Abs. 1 BGB, wer zur Zeit des Erbfalls lebt. Abs. 2 dehnt dies **4**
über eine Fiktion auf den Nasciturus aus, indem als vor dem Erbfall geboren gilt –
und mithin erbfähig ist –, wer zur Zeit des Erbfalls zwar noch nicht lebte, aber bereits
gezeugt war. Die Testierfähigkeit versteht das Gesetz als die Rechtsmacht, ein Testament wirksam zu errichten. § 2229 Abs. 1 BGB schreibt hierfür vor, dass ein Minderjähriger ein Testament erst errichten kann, wenn er das 16. Lebensjahr vollendet hat.
Das bedeutet eine Abweichung von der Geschäftsfähigkeit, die sich damit begründen
lässt, dass den Minderjährigen durch die Testamentserrichtung zu Lebzeiten noch
keine nachteiligen Rechtswirkungen treffen. Aus diesem Grund kann der Minderjährigenschutz hier hinter die Testierfähigkeit als **besondere Ausprägung der Privatautonomie** zurücktreten.[3] Etwas anderes gilt freilich für diejenigen Personen, die
im Allgemeinen Teil unter § 104 Nr. 2 BGB fallen; sie sind nach § 2229 Abs. 4 BGB auch
nicht testierfähig.

Bemerkenswert ist in diesem Zusammenhang die Sollvorschrift des § 1303 Abs. 1 **5**
BGB über die Ehemündigkeit. Heiratet ein beschränkt Geschäftsfähiger eine voll
Geschäftsfähige, so wird er damit nicht selbst voll geschäftsfähig; der Satz „Ehe macht
mündig" trifft insoweit nicht zu. Zu beachten ist § 1633 BGB, wonach sich die **Personensorge** für einen Minderjährigen, der verheiratet ist, auf die Vertretung in den persönlichen Angelegenheiten beschränkt. Darüber hinaus sollen sich die Eltern nicht in
die Angelegenheiten der Eheleute einmischen können.[4] § 1304 BGB stellt klar, dass
eine Ehe nicht eingehen kann, wer geschäftsunfähig ist. Die Aufhebung einer bestehenden Ehe bei eintretender Geschäftsunfähigkeit ist gleichwohl dann nicht geboten,
wenn vom Standpunkt eines billig und gerecht denkenden Betrachters und unter
Berücksichtigung des **Art 6 Abs. 1 GG** dem öffentlichen Interesse an der Aufhebung
kein wesentliches Gewicht mehr beigemessen werden kann.[5] Das führt zum Begriff
der Geschäftsunfähigkeit, der im Folgenden näher betrachtet werden soll.

II. Geschäftsunfähigkeit

Für die Behandlung der Geschäftsunfähigkeit ist von der grundlegenden Vorschrift **6**
des § 105 BGB auszugehen, weil diese die Rechtsfolgen der Geschäftsunfähigkeit –
Nichtigkeit der Willenserklärung[6] – regelt und in der Fallbearbeitung stets von der
Rechtsfolge her gedacht werden muss. So ist etwa der Obersatz „Fraglich ist, ob G
nach § 104 BGB geschäftsunfähig ist" unscharf, weil damit nicht die Rechtsfolge in
Betracht gezogen wird.[7]

---

3 Eine besondere Einschränkung der Testierfähigkeit stellt § 14 HeimG für letztwillige Verfügungen
zugunsten Heimbediensteter dar; dazu *Petersen*, DNotZ 2000, 739; zu ihr bereits oben § 1. Zur Testierfähigkeit auch *Schreiber*, Jura 2011, 19.
4 Hk-BGB/*Kemper*, § 1633 Rn. 1.
5 BGH FamRZ 2012, 940; dazu *Wellenhofer*, JuS 2012, 750.
6 Zu der Frage, ob die ausnahmslose Nichtigkeit nicht gegen das verfassungsrechtliche Übermaßverbot verstößt (vgl. *Canaris*, JZ 1988, 494) siehe *Coester-Waltjen*, Jura 1994, 331, 332.
7 Näher zum Aufbau und zur Formulierung in der Fallbearbeitung unten IV.

7   § 104 BGB enthält zwei verschiedene Ausprägungen der Geschäftsunfähigkeit, die trotz gleicher Rechtsfolge – Nichtigkeit – voneinander zu unterscheiden sind.[8] Geschäftsunfähig ist nach § 104 Nr. 1 BGB, wer nicht das siebente Lebensjahr vollendet hat.[9] Das gibt einmal mehr Anlass, in Klausuren genau auf die **Altersangabe** der handelnden Personen zu achten und nicht pauschal von „Minderjährigkeit" auszugehen, wenn jemand das achtzehnte Lebensjahr noch nicht vollendet hat.

8   In Prüfungsarbeiten treten mitunter „unerkannt Geisteskranke" auf. Der Grund dafür liegt weniger darin, den Sachverhalt lebensnah auszugestalten und den angehenden Juristen daran zu gewöhnen, obwohl die praktische Häufigkeit höher ist, als gemeinhin angenommen wird. Vielmehr spielen unerkannt Geisteskranke deshalb eine besondere Rolle, weil die Qualifikation als solche ein probates Mittel für den Aufgabensteller ist, die vom Geisteskranken eingegangenen Verpflichtungen und vorgenommenen **Verfügungen** ohne weitere Erklärung für nichtig einzustufen. Die Bearbeiterleistung liegt in derartigen Fällen weniger darin, zu erkennen, dass das jeweilige Rechtsgeschäft nichtig ist – das ergibt sich ohne weiteres aus §§ 105 Abs. 1, 104 Nr. 2 BGB –, als vielmehr im Auffinden und Lösen der dadurch veranlassten Folgeprobleme.

9   *Beispiel (RGZ 130, 69): Der unerkannt geisteskranke Neffe des Malers Menzel verkauft der Münchener Pinakothek Bilder seines Onkels. Mehr als zehn Jahre später verlangt der Vormund des Neffen die Bilder heraus.*

10   Der Neffe könnte zunächst einen Anspruch aus § 985 BGB haben. Dann müsste er noch Eigentümer der Bilder sein. Er könnte das Eigentum jedoch nach § 929 S. 1 BGB auf die Pinakothek übertragen haben. Infolge seiner Geschäftsunfähigkeit (§§ 104 Nr. 2, 105 BGB) war aber seine Einigungserklärung nichtig, so dass ein rechtsgeschäftlicher Eigentumsübergang ausscheidet und der Neffe das Eigentum demnach nicht verloren hat. Da aber die Pinakothek die Bilder zwischenzeitlich mehr als zehn Jahre gutgläubig in Besitz hatte, ist sie nach § 937 BGB durch Ersitzung von Gesetzes wegen Eigentümer geworden.

11   In Betracht kommt daher nunmehr ein Anspruch aus § 812 Abs. 1 S. 1 Fall 1 BGB. Ein Teil der Lehre nimmt an, dass § 937 BGB insoweit einen Rechtsgrund und mithin einen Grund zum Behaltendürfen der Bilder darstellt. Die h.L. differenziert demgegenüber danach, ob es sich um eine Leistungskondiktion oder um eine Nichtleistungskondiktion handelt. Im Falle der Leistungskondiktion soll der Geschäftsunfähige den Bereicherungsgegenstand kondizieren können, wohingegen für die Nichtleistungskondiktion § 937 BGB eine endgültige Güterzuordnung darstellt und eine Herausgabe mithin ausgeschlossen ist.[10] Da die Pinakothek den Besitz an den Bildern hier durch Leistung des Geschäftsunfähigen[11] erlangt hat, kann dieser die Bilder vom Standpunkt der h.L. aus bereicherungsrechtlich herausverlangen.[12]

---

8 Siehe zu den Einzelfragen die Beispiele bei *Schreiber*, Jura 1991, 24, 25.

9 Zu den Voraussetzungen des § 104 Nr. 2 BGB siehe *Schreiber*, Jura 1991, 24, 25.

10 Näher *Petersen*, Jura 1999, 297 m.w.N.

11 Skeptisch insoweit Staudinger/*St. Lorenz*, Neubearbeitung 2007, § 812 Rn. 51, der beim Geschäftsunfähigen keine *bewusste* Mehrung fremden Vermögens annimmt.

12 Vgl. auch *Larenz/Canaris*, § 67 IV 2 b; Staudinger/*Wiegand*, Neubearbeitung 2011, § 937 Rn. 22.

III. Beschränkte Geschäftsfähigkeit

Die beschränkte Geschäftsfähigkeit ist in § 106 BGB geregelt und in den folgenden 12
Vorschriften näher ausgestaltet. Von der beschränkten Geschäftsfähigkeit ist die *partielle* Geschäftsfähigkeit zu unterscheiden, die vorliegt, wenn jemand infolge einer
krankhaften Störung nur für einen beschränkten Kreis von Geschäften als geschäftsfähig angesehen werden kann.[13] In der Fallbearbeitung spielt diese Ausprägung indes
keine Rolle, weil es für den Aufgabensteller unergiebig wäre, einen derartigen Kreis
zunächst zu umreißen, nur um den Begriff der **partiellen Geschäftsfähigkeit** ins
Spiel zu bringen. Aus demselben Grund hat auch die im Schrifttum diskutierte, von
der Rechtsprechung aber aus Gründen der erschwerten Abgrenzbarkeit abgelehnte[14]
relative Geschäftsfähigkeit keine Bedeutung für die Prüfung, so dass sie hier außer
Betracht bleiben kann.

§ 106 BGB führt den Begriff des Minderjährigen in das Gesetz ein. Er versteht sich 13
als Gegenbegriff zum Volljährigen i.S.d. § 2 BGB, der deshalb auch im Zusammenhang
mit § 106 BGB mitzitiert werden kann. Im Folgenden ist der Regelungsmechanismus
der §§ 107 bis 110 BGB zu erläutern.

1. Der lediglich rechtliche Vorteil im Überblick

§ 107 BGB enthält die zentrale Einschränkung für Willenserklärungen des Minderjäh- 14
rigen. Danach bedarf er der Einwilligung – also der vorherigen (!) Zustimmung (vgl.
§ 183 BGB) – seines gesetzlichen Vertreters zu einer Willenserklärung,[15] durch die er
nicht lediglich einen *rechtlichen* Vorteil erlangt. Nach einhelliger Meinung reicht ein
bloß *wirtschaftlicher* Vorteil, etwa ein äußerst günstiger Kaufpreis, nicht aus. Die Einzelheiten zu dem überaus prüfungsrelevanten § 107 BGB betreffen vorwiegend Bezüge
zu den anderen Büchern des BGB.

2. Der Regelungsmechanismus der §§ 108 bis 109 BGB

Schließt der Minderjährige den Vertrag ohne die erforderliche Einwilligung des 15
gesetzlichen Vertreters, so hängt die Wirksamkeit des Vertrags nach § 108 Abs. 1 BGB
von der Genehmigung des Vertreters ab. Genehmigung ist gemäß § 184 BGB die nachträgliche Zustimmung. Zu beachten ist, dass der Minderjährige selbst nach dem eindeutigen Wortlaut des Gesetzes den Vertrag *schließt*. Das bedeutet zugleich, dass der
Vertrag zwischen ihm und dem Geschäftspartner *zustande kommt*. Das ist für die in
der Fallbearbeitung zu treffende Unterscheidung zwischen Zustandekommen und
Wirksamkeit bedeutsam. Denn es gibt keinen Grund, warum nicht ein Vertrag zwischen Minderjährigem und Geschäftsgegner zustande kommen können soll;[16] eine

---

13 BGHZ 30, 117.
14 BGH NJW 1970, 1681; BayObLG NJW 1989, 1678.
15 Einzelheiten bei *Schreiber*, Jura 1991, 24, 28.
16 Zutreffend *Leenen*, AcP 188 (1988), 381, 388: „Der beabsichtige Schutz (sc. des beschränkt Geschäftsfähigen) würde zum durch nichts gerechtfertigten Hemmnis, wenn der beschränkt Geschäftsfähige
nicht wenigstens den Vertrag nach seinem Willen zustande bringen und damit die Grundlage für eine

andere Frage ist freilich, ob der Vertrag für und gegen den Minderjährigen wirkt. Dies betrifft die Ebene der Wirksamkeit, auf der mit Selbstverständlichkeit der **Minderjährigenschutz** die entscheidende Wertung darstellt.

16   Fordert der andere Teil den gesetzlichen Vertreter – regelmäßig sind es die Eltern in Gesamtvertretung, vgl. § 1626, 1629 BGB[17] – zur Erklärung über die Genehmigung auf, so kann die Erklärung nach § 108 Abs. 2 BGB nur ihm gegenüber erfolgen; eine vor der Aufforderung dem Minderjährigen gegenüber erklärte Genehmigung oder Verweigerung der Genehmigung wird unwirksam, § 108 Abs. 2 S. 1 Hs. 2 BGB. Da die Vorschrift ausdrücklich von einer Genehmigung (§ 184 BGB) spricht, gilt sie nicht, auch nicht entsprechend,[18] für eine vor Vertragsschluss dem Minderjährigen erklärte Einwilligung i.S.d. § 183 BGB. Die Genehmigung kann gemäß § 108 Abs. 2 S. 2 BGB nur bis zum Ablauf von zwei Wochen (§§ 187 Abs. 1, 188 Abs. 2 BGB) nach dem Empfang der Aufforderung erklärt werden; wird sie nicht erklärt, so gilt sie nach der **Fiktion** des § 108 Abs. 2 S. 2 Hs. 2 BGB als verweigert.[19] Irrt sich der gesetzliche Vertreter bei der Genehmigung über Einzelheiten des zu genehmigenden Vertrags, weil ihn der beschränkt Geschäftsfähige aus Versehen falsch informiert, wird das **Risiko einer solchen Fehlunterrichtung** von Seiten des Schrifttums[20] dem anderen Teil zugewiesen, so dass die Genehmigung mangels Übereinstimmung mit dem zu genehmigenden Geschäft unwirksam ist. Begründet wird dieses Ergebnis damit, dass der andere Teil den gesetzlichen Vertreter selbst informieren kann und soll, wenn er Missverständnisse befürchtet.[21]

17   In Klausuren ergibt sich mitunter aus dem dringend gebotenen sorgfältigen Studium der Daten, einschließlich dem Geburtsdatum des Minderjährigen, dass dieser inzwischen **volljährig** (vgl. § 2 BGB) geworden ist. Für diesen Fall ist § 108 Abs. 3 BGB zu beachten, wonach die Genehmigung des Minderjährigen selbst für den Fall, dass dieser unbeschränkt geschäftsfähig geworden ist, an die Stelle der Genehmigung des Vertreters tritt. In diesem Fall muss die Aufforderung nach § 108 Abs. 2 BGB an den nunmehr Volljährigen gerichtet werden.[22] Bis zur Genehmigung des Vertrags, die freilich auch konkludent erfolgen kann, ist der andere Teil nach § 109 Abs. 1 S. 1 BGB zum Widerruf berechtigt. Der Widerruf kann auch dem Minderjährigen gegenüber erklärt werden, § 109 Abs. 1 S. 2 BGB. Nach § 109 Abs. 2 BGB kann der andere Teil nur widerrufen, wenn er die Minderjährigkeit positiv gekannt hat und der Minderjährige der Wahrheit zuwider die Einwilligung des gesetzlichen Vertreters behauptet hat. Allerdings kann der andere Teil auch in diesem Fall nicht widerrufen, wenn ihm das Fehlen der Einwilligung bei Vertragsabschluss bekannt war, § 109 Abs. 2 Hs. 2 BGB.

Genehmigung als bloßer Wirksamkeitsvoraussetzung des Vertrags schaffen könnte." (Unter Verweis auf die Motive des BGB).

17 Näher dazu *Coester-Waltjen*, Jura 1994, 331, 332; *Schwab/Löhnig*, Rn. 172 ff. Soweit es um alltägliche Angelegenheiten geht, kann man in aller Regel davon ausgehen, dass sich die Eltern stillschweigend gegenseitig bevollmächtigt haben.

18 Siehe auch *Coester-Waltjen*, Jura 1994, 333 mit Fußnote 13.

19 Dazu *Kohler*, Jura 1984, 349.

20 Vgl. *Flume*, § 13, 7 d bb, S. 201.

21 *Medicus*, Rn. 575.

22 BGH NJW 1989, 1728; Fallbeispiel bei *Förster*, Rn. 255, 286.

3. Der sogenannte „Taschengeldparagraph"

Eine schwierige Sondervorschrift stellt der – missverständlich und verkürzt als [18] solcher bezeichnete[23] – „Taschengeldparagraph" (§ 110 BGB)[24] dar, nach dem ein von dem Minderjährigen ohne Zustimmung des gesetzlichen Vertreters geschlossener Vertrag als von Anfang an wirksam gilt, wenn der Minderjährige die vertragsmäßig Leistung mit Mitteln bewirkt, die ihm zu diesem Zweck oder zur freien Verfügung von dem gesetzlichen Vertreter oder mit dessen Zustimmung (vgl. § 182 BGB) von einem Dritten überlassen worden sind. Einigkeit besteht im Ausgangspunkt darüber, dass die Vorschrift nur dann gilt, wenn der Minderjährige nicht nur einen Teil des Kaufpreises etwa, sondern diesen in voller Höhe gezahlt hat, wie sich aus der Formulierung „bewirkt" ergibt.[25] Ebenfalls klar ist, dass man die **Zweckbestimmung** bei der Überlassung des Geldes durch die gesetzlichen Vertreter noch nicht als sofort wirksame Einwilligung nach § 107 BGB ansehen kann, weil damit der Schutzzweck der §§ 107 ff. BGB unterlaufen würde.[26]

Die dogmatische Struktur des § 110 BGB ist nicht ganz einfach und nur im Hin- [19] blick auf das Abstraktions- und Trennungsprinzip verständlich. Der schuldrechtliche Vertrag ist im Fall des § 110 BGB der „ohne Zustimmung des gesetzlichen Vertreters geschlossene Vertrag". Das dingliche Rechtsgeschäft, zu dem sich der Minderjährige verpflichtet hat, besteht in der Vornahme einer Verfügung, also etwa in Gestalt der Übereignung der Geldscheine im Nennwert des vereinbarten Kaufpreises.[27] Die Verfügung muss nach den §§ 107 f. BGB von der Zustimmung des gesetzlichen Vertreters gedeckt sein.[28] Es ist also bei § 110 BGB – wie überall im Geltungsbereich des **Trennungsprinzips** – zwischen der schuldrechtlichen und dinglichen Ebene zu unterscheiden.

4. Einseitige Geschäfte und Arbeitsverhältnisse

Weniger wichtig für das Verständnis der Geschäftsfähigkeit sind die §§ 111 bis 113 [20] BGB. Während § 112 BGB durch die Herabsetzung des Volljährigkeitsalters von 21 auf 18 Jahre (vgl. § 2 BGB) praktisch keine besondere Bedeutung mehr hat und § 113 BGB von eher arbeitsrechtlichem Interesse ist,[29] ist § 111 BGB auch für die Fallbearbeitung mitunter bedeutsam. Nach dem ersten Satz dieser Vorschrift ist ein einseitiges Rechtsgeschäft, das der Minderjährige ohne die erforderliche Einwilligung des gesetzlichen

---

23 Zutreffend *Leenen*, FamRZ 2000, 863 Fußnote 1: „Die Kennzeichnung als ‚Taschengeldparagraph' verniedlicht den Anwendungsbereich der Norm."
24 Vgl. zur österreichischen Parallelvorschrift des § 151 Abs. 3 ABGB, *Häublein*, Liber Amicorum Leenen, 2012, S. 59.
25 *Coester-Waltjen*, Jura 1994, 668, 670.
26 *Medicus*, Rn. 173 mit instruktivem Beispiel. Einen praktischen Fall besprechen *Kalscheuer/Bünger*, Jura 2012, 874.
27 *Leenen*, FamRZ 2000, 863; sehr lehrreich zur dogmatischen Struktur des § 110 BGB.
28 Vgl. *Leenen*, FamRZ 2000, 863: „Die Wirksamkeit des Verfügungsgeschäfts ist tatbestandliche Voraussetzung der auf das obligatorische Geschäft bezogenen Rechtsfolgenanordnung des § 110 BGB." Zu § 110 BGB anhand des Lotterielos-Falles des Reichsgerichts in RGZ 74, 234 *Kalscheuer*, Jura 2011, 44.
29 Zu § 113 BGB im Überblick *Coester-Waltjen*, Jura 1994, 668, 670.

Vertreters vornimmt, unwirksam. Kündigt also etwa der minderjährige Vermieter, so ist die Kündigung unwirksam. Gleiches gilt für die Ausübung von **Gestaltungs-rechten**, wie etwa die Anfechtung[30] oder die Aufrechnung.[31] Zu beachten ist, dass derartige Geschäfte ohne Einwilligung, also *vorherige* Zustimmung (§ 183 BGB) nach § 111 BGB unwirksam sind, d.h. auch nicht nach Maßgabe der §§ 108, 109 BGB genehmigungsfähig. Allerdings hat schon das Reichsgericht anerkannt,[32] dass die §§ 108 f. BGB entsprechend gelten, wenn der Geschäftsgegner mit der Vornahme des Geschäfts ohne Einwilligung einverstanden war.[33] Nimmt der Minderjährige mit Einwilligung ein einseitiges Geschäft einem anderen gegenüber vor, so ist das Rechtsgeschäft nach § 111 S. 2 BGB unwirksam, wenn der Minderjährige die Einwilligung nicht in schriftlicher Form, die in § 126 Abs. 1 BGB näher umschrieben ist, vorlegt und der andere das Rechtsgeschäft aus diesem Grunde unverzüglich zurückweist. Eine stellvertretungsrechtliche Entsprechung findet sich im Übrigen in dem oft übersehenen § 174 BGB, von dem ebenfalls bereits im Rahmen der einseitigen Rechtsgeschäfte die Rede war.

IV. Hinweise zur Fallbearbeitung

21 Die gutachtliche Lösung von Fällen, in denen Minderjährige mitwirken, bereitet regelmäßig ein unangenehmes Darstellungs- und Aufbauproblem: Prüft man etwa im Rahmen des Zustandekommens des Vertrags beim Austausch der auf den Vertrag ausgerichteten einzelnen Willenserklärung des Minderjährigen die Rechtsfolgen der fehlenden oder beschränkten Geschäftsfähigkeit oder lässt man den Vertrag zunächst zwischen dem Minderjährigen und dem Vertragspartner zustande kommen und erörtert die Minderjährigkeit erst auf der Ebene der Wirksamkeit. **Bezugspunkt der Prüfung** wäre dann nicht mehr die einzelne Willenserklärung des Minderjährigen sondern der von ihm geschlossene Vertrag.

22 Betrachtet man die gesetzlichen Regelungen unvoreingenommen, so scheinen beide Wege gleichermaßen vertretbar, da das Gesetz in den §§ 105, 107 BGB von der Willenserklärung spricht, in den §§ 108 bis 110 BGB dagegen vom Vertrag.[34] Damit wird der Eindruck erweckt, das Gesetz selbst habe es mit den Begriffen nicht so genau genommen. Hierbei ist jedoch dasjenige zu beachten, was bereits weiter oben[35] beim Regelungsmechanismus der §§ 108 f. BGB herausgestellt wurde: Da der Vertrag vom Minderjährigen geschlossen wird und mit diesem zustande kommt, liegt der **Tatbestand des Vertrags** vor, soweit zwei korrespondierende Willenserklärungen, Antrag und Annahme vorliegen, ohne dass es für das Zustandekommen des Vertrags darauf

---

30 Palandt/*Ellenberger*, 71. Auflage 2012, § 111 Rn. 3.
31 *Schreiber*, Jura 1991, 24, 30.
32 RGZ 76, 91.
33 Instruktives Beispiel bei *Schreiber*, Jura 1991, 24, 30.
34 Von dieser Unterscheidung zwischen Willenserklärung und Rechtsgeschäft ausgehend *Leenen*, § 6 Rn. 75 ff. und § 9 Rn. 17 ff., der die Nichtigkeitsfolge des § 105 BGB bei der Wirksamkeit der einzelnen Willenserklärung und den § 108 BGB bei der Wirksamkeit des Vertrags prüft.
35 Unter III 2.

ankommt, ob eine der beiden Willenserklärungen wegen der Minderjährigkeit eines Beteiligten unwirksam ist.[36]

Dieses Vorgehen hat zum einen den Vorteil, dass von der allgemeinen Unterschei- 23 dung zwischen Zustandekommen und Wirksamkeit nicht abgewichen werden muss.[37] Zum anderen reißt es die Prüfung von Antrag und Annahme nicht ohne Not auseinander. Denn geht der Antrag vom Minderjährigen aus, so müsste, noch ehe ein Wort zur Annahme gesagt werden könnte, die Unwirksamkeit der Willenserklärung des antragenden Minderjährigen bereits in extenso geprüft werden; stellt sich heraus, dass sie unwirksam ist, so würde die – fraglos erklärte – Annahme ins Leere gehen und nicht mehr sinnvoll erörtert werden können.

Allerdings ist zu berücksichtigen, dass diese – wie überhaupt die meisten – **Auf-** 24 **baufragen** nicht im Sinne eines „So und nicht anders" beantwortet werden kann, zumal auch im Schrifttum nicht immer mit hinreichender Deutlichkeit zwischen Willenserklärung und Vertrag differenziert wird.[38] Beide Wege dürften daher letztlich gleichermaßen vertretbar sein, doch tut man sich in der Regel leichter, nach dem hier vorgeschlagenen Muster zu verfahren.

---

36 Vgl. *Leenen*, AcP 188 (1988), 381, 388: „Unwirksam ist nicht die auf den Abschluss eines rechtlich nachteiligen Vertrags gerichtete Willenserklärung (das ‚Handeln' des Minderjährigen), sondern der ohne die erforderliche Einwilligung abgeschlossene *Vertrag*" (Hervorhebung auch dort).
37 Instruktiv für die Anfechtung, bei der sich strukturell gleichartige Aufbaufragen stellen, *Leenen*, Jura 1991, 393, 398 f.
38 Siehe die Nachweise bei *Leenen*, AcP 188 (1988), 381; *ders.*, Jura 1991, 393, 399.

§ 21 Der Minderjährige im Schuld- und Sachenrecht

1 Nach § 2 BGB tritt mit der Vollendung des achtzehnten Lebensjahres die Volljährigkeit ein. Den Gegenbegriff des Minderjährigen führt das Gesetz in § 106 BGB ein. Sein Schutz vor Belastungen gehört zu den zentralen Wertungen des Privatrechts. Das bringt es mit sich, dass der Minderjährigenschutz entsprechend der Grundintention des Allgemeinen Teils nicht auf die Rechtsgeschäftslehre beschränkt ist, sondern gerade in den anderen Büchern des BGB zur Geltung kommen muss. Interessant und prüfungsrelevant sind demnach nicht nur die auf den Allgemeinen Teil begrenzten Fälle des Minderjährigenrechts, sondern vor allem diejenigen Konstellationen, in denen sich die Wertungen des Minderjährigenrechts im Schuld- und Sachenrecht niederschlagen bzw. zu berücksichtigen sind.

I. Beschränkte Geschäftsfähigkeit im Schuldrecht

2 Im Folgenden wird zunächst der Einfluss der beschränkten Geschäftsfähigkeit auf das Schuldrecht behandelt. Es soll hier nur um die spezifischen Probleme und Berührungspunkte der beschränkten Geschäftsfähigkeit mit Fragen des Schuldrechts gehen. Dabei ist zwischen Fragen des Allgemeinen und des Besonderen Schuldrechts zu unterscheiden.

1. Allgemeines Schuldrecht

3 Im Allgemeinen Schuldrecht sind es vor allem die Möglichkeit eines Verschuldens bei Vertragsverhandlungen und das Problem der Leistung an den Minderjährigen mit gegebenenfalls befreiender Wirkung, die diskutiert werden.

a) Verschulden des Minderjährigen bei Vertragsverhandlungen

4 Im Schnittpunkt zum Allgemeinen Schuldrecht steht die Frage, ob der Minderjährige aus **culpa in contrahendo** gemäß §§ 280 Abs. 1, 311 Abs. 2 BGB haftet. Soweit darin zugleich ein Betrug liegt, hat er dafür in den Grenzen der Deliktsfähigkeit (§ 828 BGB) und Strafmündigkeit (§§ 19 StGB, 3 JGG) deliktisch einzustehen (§ 823 Abs. 2 BGB i.V.m. § 263 StGB).[1] Vertraglich haftet der Minderjährige entsprechend § 179 Abs. 3 S. 2 BGB hier jedoch höchstens, wenn der gesetzliche Vertreter in den Eintritt der Vertragsverhandlungen eingewilligt hatte.[2] Für den Fall, dass der Minderjährige sich beim Vertragsschluss für einen Volljährigen ausgibt, dürfte zudem § 109 Abs. 2 BGB eine abschließende Sonderregelung darstellen.[3] Die Haftung aus culpa in contrahendo gemäß §§ 280 Abs. 1, 311 Abs. 2 BGB ist demnach gegen den Minderjährigen ausgeschlossen, sofern nicht eine Einwilligung des gesetzlichen Vertreters besteht.[4]

---

1 Vgl. *Medicus/Petersen* BR, Rn. 177. Zur deliktischen Haftung Minderjähriger siehe auch *Singer*, Liber amicorum Prölss, 2009, S. 191.

2 *Canaris*, NJW 1964, 1987.

3 *Medicus/Petersen* BR, Rn. 177.

4 Vgl. *Petersen*, Rn. 92.

b) Erfüllung und Empfangszuständigkeit

Eine andere Frage des Allgemeinen Schuldrechts im Spannungsfeld mit dem Schutz 5
des beschränkt Geschäftsfähigen betrifft die Erfüllung. Ist der Minderjährige **Inhaber einer Forderung**, so fragt sich, ob der Schuldner durch Leistung an ihn erfüllen kann.[5] Nach § 362 Abs. 1 BGB erlischt das Schuldverhältnis, wenn die geschuldete Leistung an den Gläubiger bewirkt wird. Danach sieht es aus, als könne auch dem minderjährigen Gläubiger gegenüber ohne weiteres mit befreiender Wirkung erfüllt werden. Ein Teil der Lehre nimmt dies in der Tat an.[6] Zwar erhalte der Minderjährige nicht nur den Leistungsgegenstand, sondern verliere auf der anderen Seite auch die Forderung, doch führe in diesem Fall eine **Gesamtbetrachtung** zu dem Ergebnis, dass es günstiger sei, den Leistungsgegenstand selbst als den bloßen Anspruch darauf zu haben.[7]

Die h.L. lehnt eine derartige Gesamtbetrachtung aus gutem Grund ab. Es ist eine 6
blauäugige Vorstellung, davon auszugehen, dass die Entgegennahme der geschuldeten Leistung durch den Minderjährigen besser ist als die bloße Forderung. Das zeigt sich besonders deutlich bei **Geldschulden:**[8] Gibt der Minderjährige das empfangene Geld aus, bevor der gesetzliche Vertreter von der Zahlung an ihn Kenntnis erlangt hat, so würde die Gesamtbetrachtung nachgerade zum gegenteiligen Ergebnis führen. Die besseren Gründe sprechen daher dafür, die Erfüllungswirkung erst dann eintreten zu lassen, wenn der Leistungsgegenstand an den gesetzlichen Vertreter gelangt oder die Leistung zumindest von diesem genehmigt wurde.[9] Der Minderjährige selbst ist also nicht „empfangszuständig";[10] vielmehr steht die **Empfangszuständigkeit** nur dem gesetzlichen Vertreter zu.[11]

2. Besonderes Schuldrecht

Innerhalb des Besonderen Schuldrechts fällt sofort die in den §§ 827, 828 BGB geregelte 7
Deliktsfähigkeit ins Auge. Von dieser schuldrechtlichen Parallele zur Geschäftsfähigkeit war bereits oben die Rede.[12] Es wird sich freilich zeigen, dass die Wertungen der §§ 827 ff. BGB ein zentrales Element der Argumentation, insbesondere in bereicherungsrechtlichen Zusammenhängen darstellen. Der Schwerpunkt der folgenden Darstellung liegt demgemäß im Bereicherungsrecht, doch enthält auch das Recht der Geschäftsführung ohne Auftrag einen auffälligen Bezugspunkt zum Minderjährigkeitsrecht. Nicht näher behandelt werden dagegen die einzelnen vertraglichen Schuldverhältnisse, im Rahmen derer die beschränkte Geschäftsfähigkeit, wie jedes andere Problem des Allgemeinen Teils vorkommen kann, weil sich daraus keine spezifischen Folgeprobleme ergeben.

---

5 Instruktiv dazu *Schreiber*, Jura 1993, 666.
6 *Harder*, JuS 1977, 149; 1978, 84; *van Venrooy*, BB 1980, 1017.
7 A.A. *Wacke*, JuS 1978, 80.
8 *Medicus*, Rn. 566.
9 *Medicus/Petersen* BR, Rn. 171.
10 Dazu *Petersen*, Rn. 107.
11 *Larenz*, Allgemeiner Teil des Deutschen Bürgerlichen Rechts, 7. Auflage 1989, § 6 III a 1, S. 108.
12 § 20 I 1.

a) Geschäftsfähigkeit bei der Geschäftsführung ohne Auftrag

8 Eine häufig übersehene Sondervorschrift bezüglich der beschränkten Geschäftsfähigkeit findet sich im Recht der Geschäftsführung ohne Auftrag. Dabei geht es nicht um die Geschäftsfähigkeit des Geschäftsherrn. Denn diese ist unerheblich, weil auf den **gesetzlichen Vertreter** abzustellen ist, sofern es, wie in den Fällen der §§ 681 S. 1, 683, 684 S. 2 BGB, auf seinen Willen ankommt.[13] Ist aber der Geschäftsführer geschäftsunfähig oder in der Geschäftsfähigkeit beschränkt, so muss er geschützt werden. Aus diesem Grund ist er nach § 682 BGB nur nach den Vorschriften über den Schadensersatz wegen unerlaubter Handlungen und über die Herausgabe einer ungerechtfertigten Bereicherung verantwortlich. Das ist für den Minderjährigen insofern günstiger, als er etwa auf Schadensersatz nicht nach den vergleichsweise „scharfen" §§ 677, 678 BGB haftet, sondern nur nach den §§ 823 ff. BGB, so dass ihm insbesondere die Wirkungen der §§ 827, 828 BGB zugute kommen. Bereicherungsrechtlich haftet er statt der unbequemen §§ 681 S. 2, 667, 668 BGB nach den §§ 812 ff. BGB. Das führt zu den besonderen bereicherungsrechtlichen Folgen, die daher im Folgenden behandelt werden sollen.

b) Minderjährigkeit im Bereicherungsrecht

9 Ist die Willenserklärung eines Geschäftsunfähigen nach § 105 Abs. 1 BGB nichtig oder nach § 107 BGB unwirksam, so kommt es in der Fallbearbeitung nicht selten zu einer bereicherungsrechtlichen Rückabwicklung. Hat der Minderjährige bereits eine Leistung erbracht, so muss dies im Wege der **condictio indebiti** (§ 812 Abs. 1 S. 1 Fall 1 BGB) rückgängig gemacht werden, weil das Geleistete nicht im Rechtssinne vom Minderjährigen geschuldet war, § 107 BGB. In diesem Sinne trifft es zu, wenn die Leistungskondiktion mitunter als Ausgleichsinstrument für fehlgeschlagenes Vertragsrecht charakterisiert wird.

aa) Maßgebliche Kenntnis

10 Die bereicherungsrechtlichen Folgen beschränkter Geschäftsfähigkeit[14] lassen sich zum Beispiel anhand des berühmten „**Flugreisefalles**" illustrieren.[15] BGHZ 55, 128: Der 17-jährige M fliegt als blinder Passagier in der ausgebuchten Maschine der L-AG nach New York. L verlangt von M Ersatz der Hinflugkosten.

11   Ein vertraglicher Anspruch besteht nicht und ist auch insbesondere nicht über die Grundsätze des faktischen Vertrags, des sozialtypischen Verhaltens oder der Lehre von der *protestatio facto contraria*[16] begründbar. Insbesondere eine Verpflichtung des Minderjährigen aus sozialtypischem Verhalten, wie hier etwa dem Einsteigen in ein Flugzeug, wird von der h.L. mit Recht als Verstoß gegen den Minderjährigenschutz angesehen.[17] Auch ein deliktischer Anspruch nach §§ 823 Abs. 2 BGB, 265a StGB, 827 f. BGB besteht nicht, weil die Maschine nicht ausgebucht war und die L mithin keinen

---

13 Vgl. HK-BGB/*Schulze*, 7. Auflage 2012, § 682 Rn. 3.

14 Siehe zu ihnen auch *Coester-Waltjen*, Jura 1994, 331, 334.

15 Zum Flugreisefall bereits oben § 3 Rn. 29 sowie § 15 Rn. 2.

16 Zu diesen Grundsätzen und Lehren näher *Medicus*, Rn. 249, 253 ff. und schon oben § 15 Rn. 1.

17 Das gilt vor allem dann, wenn noch ein erhöhtes Beförderungsentgelt vom Minderjährigen gezahlt werden soll, wie dies LG Bremen NJW 1966, 1360 entschieden hat; vgl. *Larenz*, Allgemeiner Teil des

Schaden erlitten hatte; die Lehre vom **normativen Schaden** wird insoweit mit Recht abgelehnt, weil sich auch bei wertender Betrachtungsweise kein Schaden begründen lässt.[18]

In Betracht kommt daher nur ein Anspruch aus § 812 Abs. 1 S. 1 Fall 2 BGB. Der **12** Minderjährige hat hier etwas, die Flugreise,[19] in sonstiger Weise auf Kosten der L ohne rechtlichen Grund erlangt. Seiner Berufung auf die Entreicherung (§ 818 Abs. 3 BGB) könnte die verschärfte Haftung nach §§ 818 Abs. 4, 819 Abs. 1 BGB entgegenstehen. Das setzt voraus, dass er bösgläubig war. Fraglich ist jedoch, auf wessen **Kenntnis** es beim minderjährigen Bereicherungsschuldner ankommt, auf seine eigene – dann würde er haften – oder auf die seiner gesetzlichen Vertreter, die von dem Flug nichts wussten. Eine starke Strömung im Schrifttum unterscheidet beim minderjährigen Bereicherungsschuldner danach, ob es sich um eine Leistungs- oder um eine Eingriffskondiktion handelt. Handelt es sich um eine Leistungskondiktion, so soll es auf den gesetzlichen Vertreter ankommen, weil es bei der Leistungskondiktion letztlich um fehlgeschlagenes Vertragsrecht gehe und demgemäß die §§ 104 ff. BGB wertungsmäßig gelten müssten. Liege jedoch eine Eingriffskondiktion vor, so seien aufgrund der Deliktsähnlichkeit der Eingriffskondiktion die §§ 827 f. BGB in entsprechender Anwendung einschlägig. Dann würde es auf die Einsichtsfähigkeit des Minderjährigen ankommen, von der bei einem 17-jährigen auszugehen sei. Auch der Bundesgerichtshof hat in der Flugreise-Entscheidung entsprechend § 828 BGB auf den Minderjährigen und seine konkrete Einsichtsfähigkeit abgestellt und ihn zur Zahlung des Flugpreises verurteilt.[20]

Damit werden jedoch die **wertungsmäßig** zentralen §§ 104 ff. BGB und damit der **13** Minderjährigenschutz ignoriert.[21] Immerhin hätte der Minderjährige ja nicht einmal selbst den Flug wirksam buchen können, weil dies aufgrund der damit einhergehenden Zahlungsverpflichtung nicht lediglich rechtlich vorteilhaft gewesen wäre, wie es § 107 BGB bestimmt. Hätte der Minderjährige also den Flugpreis entrichtet, so hätte die Fluggesellschaft ihn nach § 812 Abs. 1 S. 1 Fall 1 BGB zurück erstatten müssen.[22] Abgesehen davon ist es schwerlich begründbar, wenn schadensersatzrechtliche Vorschriften in Gestalt der §§ 827 f. BGB herangezogen werden, obschon es, wie gesehen, an einem Schaden fehlt, weil das Flugzeug nicht ausgebucht war.[23] Die Entscheidung des Bundesgerichtshofs ist daher von vielen kritisiert worden.[24] Der Flugreisefall illustriert somit, dass sich das Minderjährigenrecht und seine primäre Schutzfunktion in das Bereicherungsrecht fortsetzt und auch wertungsmäßig fortsetzen muss.

---

deutschen Bürgerlichen Gesetzbuchs, 7. Auflage 1989, § 28 II, S. 535 f.; vgl. auch *Flume*, § 13, 1 S. 182; *Medicus*, Rn. 251.

18 Näher *Petersen*, Rn. 521.

19 Nicht etwa die Ersparnis von Aufwendungen, wie der BGH annahm; dazu *Canaris*, JZ 1971, 560 ff.

20 BGHZ 55, 128, 137.

21 Näher *Canaris*, JZ 1971, 560, 561 f.

22 *Larenz/Canaris*, § 73 II 2 a, S. 312.

23 *Larenz/Canaris*, S. 313.

24 *Medicus*, FamRZ 1971, 251; MüKo/*Schwab*, 5. Auflage 2009, § 819 Rn. 8.

bb) Minderjährigkeit und Saldotheorie

14 Auch im Rahmen der sogenannten Saldotheorie[25] wirkt sich die Minderjährigkeit aus. Bei der Saldotheorie wird der Wert der Entreicherung zum Abzugsposten.[26] Das führt bei beiderseits ausgeführten gegenseitigen Verträgen zu einer Einschränkung des § 818 Abs. 3 BGB. Ist also eine Partei nach dieser Vorschrift an sich entreichert, so muss sie sich grundsätzlich gleichwohl den **Abzug des Wertes** der von ihr empfangenen Leistung gefallen lassen. Die einander gegenüberstehenden Kondiktionsansprüche bei Nichtigkeit eines gegenseitigen Vertrags, stehen also einander nicht beziehungslos gegenüber, wie dies bei Zugrundelegung der Zweikondiktionentheorie der Fall wäre.

15 Eine Ausnahme von der Saldotheorie wird aber zugunsten des Minderjährigen gemacht.[27] Bei ihm wird der Wert der Entreicherung nicht zum Abzugsposten. Hat also ein Minderjähriger gegen den Willen seines gesetzlichen Vertreters Sachen gekauft und verbraucht, so wird ihr Wert nicht von seinem Bereicherungsanspruch abgezogen, weil der Minderjährige sonst gerade bei solchen Geschäften schutzlos wäre, vor denen er nach dem **Normzweck des Minderjährigenrechts** geschützt werden soll.[28] Ebenso entscheidet derjenige Teil der Lehre, der die Saldotheorie generell ablehnt, und die bereicherungsrechtliche Zurechnungsfähigkeit beim Minderjährigen entsprechend den §§ 104 ff. BGB bemisst.[29]

II. Beschränkte Geschäftsfähigkeit im Sachenrecht

16 An dieser Stelle ist daran zu erinnern, dass die Vorschriften über die Rechtsgeschäftslehre, zu denen auch die §§ 104 ff. BGB gehören, nicht nur für schuldrechtliche Verträge gelten, sondern etwa auch auf die Einigung i.S.d. § 929 S. 1 BGB Anwendung finden. Das bedeutet, dass die Einigung als dinglicher Vertrag nach § 105 BGB nichtig sein kann. Gewisse Schwierigkeiten bereitet in diesem Zusammenhang § 107 BGB.

1. Neutrale Geschäfte

17 Uneinheitlich beurteilt wird, wie es sich auswirkt, wenn das Geschäft für den Minderjährigen nicht lediglich rechtlich vorteilhaft ist, sondern „gleichsam an dem Vermögen des Handelnden vorbeigeht"[30] Man spricht in diesem Fall von einem **rechtlich neutralen Geschäft**.[31] Der Gesetzgeber hat diese Möglichkeit bei der Stellvertretung vorhergesehen, wie § 165 BGB zeigt. Danach wird die Möglichkeit einer von oder gegenüber einem Vertreter abgegebenen Willenserklärung nicht dadurch beeinträchtigt, dass der Vertreter in der Geschäftsfähigkeit beschränkt ist. Da nämlich die rechtlichen Folgen im Falle wirksamer Stellvertretung ohnehin nicht den minderjährigen

---

25 Mit guten Gründen gegen sie *Canaris*, FS W. Lorenz, 1991, S. 19 ff.
26 *Medicus/Petersen* BR, Rn. 225.
27 BGHZ 126, 105; *Koppensteiner/Kramer*, Ungerechtfertigte Bereicherung, 2. Auflage 1988, S. 189.
28 *Medicus/Petersen* BR, Rn. 231.
29 *Larenz/Canaris*, § 73 II 2 a; III 5 b.
30 So *Medicus*, Rn. 567.
31 Siehe dazu auch *Schreiber*, Jura 1987, 221. Kritische Würdigung bei *Fleck*, JZ 2012, 941.

Vertreter, sondern nach § 164 Abs. 1 BGB den Vertretenen treffen, ist es unschädlich, wenn der Vertreter beschränkt geschäftsfähig (nicht: geschäftsunfähig!) ist. Diese Wertung wird durch § 179 Abs. 3 S. 2 BGB folgerichtig ergänzt, nach dem der Vertreter nicht haftet, wenn er in der Geschäftsfähigkeit beschränkt ist, es sei denn, dass er mit Zustimmung des gesetzlichen Vertreters gehandelt hat.

a) Veräußerung einer fremden Sache durch den Minderjährigen

Das Gesetz erweist sich also allem Anschein nach gegenüber rechtlich neutralen **18** Geschäften aufgeschlossen. Dennoch ist zweifelhaft, welche Wirkungen diese, insbesondere im Hinblick auf den in Betracht kommenden gutgläubigen Erwerb haben. Paradigmatisch ist insoweit der Fall, dass ein Minderjähriger eine fremde Sache veräußert.[32] Hier bringt die Veräußerung dem Minderjährigen selbst keinen rechtlichen Nachteil; sie ist für ihn rechtlich neutral, so dass einem gutgläubigen Erwerb des Dritten nichts im Wege zu stehen scheint.[33] Ein Teil der Lehre hat dem entgegen halten, dass der Dritte nach dem Zweck der Redlichkeitsvorschriften nicht besser gestellt werden dürfe, als er bei Richtigkeit seiner Vorstellung stehen würde, d.h. so behandelt werden müsste, als wenn er vom Minderjährigen als Berechtigtem erwerben würde.[34] Dann aber stünde § 107 BGB entgegen. Da die Gutglaubenvorschriften den Schutz des Verkehrs bezwecken,[35] ist kein Grund ersichtlich den Erwerber vom nichtberechtigten Minderjährigen besser zu stellen, als er bei Richtigkeit seiner Vorstellung stünde. Die Redlichkeitsvorschriften sind also bei der Veräußerung einer fremden Sache durch einen Minderjährigen nach dieser zutreffenden Ansicht teleologisch zu reduzieren.

b) Konsequenzen für die Fallbearbeitung

Auch wenn die besseren Gründe für die zuletzt dargestellte Ansicht sprechen,[36] ist in **19** „klausurtaktischer" Hinsicht Folgendes zu beachten: Nur unter Zugrundelegung der h.M. stellt sich nämlich ein Folgeproblem, das häufig mit geprüft werden soll und in Folgendem besteht. Hat der Dritte nämlich nach der Wertung des § 107 BGB gutgläubig Eigentum an der Sache erlangt, so fragt sich, ob er gleichwohl dem Anspruch aus § 816 Abs. 1 S. 2 BGB ausgesetzt ist. Dieser spricht zwar nur von Unentgeltlichkeit, doch kommt eine entsprechende Anwendung des § 816 Abs. 1 S. 2 BGB in Betracht, wenn – wie hier – der Erwerb nicht unentgeltlich, sondern **rechtsgrundlos** erfolgt ist. Das Reichsgericht[37] hat dies mit der Begründung angenommen, dass der Erwerber in beiden Fällen kein Vermögensopfer erbringen muss. Diese Ansicht gerät aber dann an ihre Grenzen, wenn der Erwerber den Kaufpreis gezahlt hat, also tatsächlich ein Vermögensopfer erbracht hat.[38]

---

32 Vgl. auch *Coester-Waltjen*, Jura 1994, 668, 669 mit Fn. 8; *Schreiber*, Jura 1987, 221.

33 So daher auch die h.M., vgl. nur *Schröder*, FamRZ 1979, 643 f.

34 *Medicus/Petersen*, BR, Rn. 542.

35 Grundlegend *J. Hager*, Verkehrsschutz durch redlichen Erwerb, 1990.

36 Ebenso *Braun*, Jura 1993, 459.

37 RGZ 163, 348 (allerdings zu § 988 BGB).

38 *Medicus/Petersen* BR, Rn. 390a m.w.N.

2. Schenkung von (belastetem) Grundeigentum an den Minderjährigen

20 Ein weiteres zentrales Problem, dessen Schwerpunkt gleichfalls bei der Bestimmung des lediglich rechtlichen Vorteils liegt, besteht in der Schenkung von Grundeigentum an den Minderjährigen. Verschärft wird dieses Problem, wenn es sich nicht um unbelastetes Grundeigentum handelt, sondern wenn mit dem Erwerb dingliche Lasten verbunden sind. Beispielhaft für die Problematik ist folgende Entscheidung:

21 BayObLGZ 1979, 49 ff. (ähnlich BGHZ 161, 170): Die Eltern schenkten ihrer 13-jährigen Tochter ein in ihrem (Mit-) Eigentum stehendes, mit einer Grundschuld belastetes Grundstück und ließen es der Tochter auf. Diese nahm die Anträge selbst an. Des Weiteren hatten sich die Eltern den uneingeschränkten unentgeltlichen Nießbrauch an dem Grundstück auf Lebenszeit vorbehalten.

22 Hier sind drei Fragen zu unterscheiden: Zunächst fragt sich, ob die Eltern ihrem minderjährigen Kind überhaupt das Grundstück schenken konnten. Sodann muss geklärt werden, ob die Belastung mit der **Grundschuld** entgegensteht. Schließlich ist zu untersuchen, ob der **Nießbrauch** zugunsten der Eltern zu einer anderen Beurteilung nötigt.

23 Was die erste Frage betrifft, so ergibt sich der rechtliche Nachteil nicht aus dem schuldrechtlichen Schenkungsversprechen, sondern allenfalls aus der dinglichen Auflassung (§§ 925, 873 BGB). Bei dieser können die Eltern die Tochter jedoch nach §§ 1626, 1629 Abs. 2 S. 1, 1795 Abs. 1 Nr. 1 BGB vertreten, ohne dass § 181 BGB seinem Wortlaut nach entgegen zu stehen scheint, weil die Auflassung nur in Erfüllung der Verbindlichkeit aus dem Schenkungsversprechen erfolgt. Der Bundesgerichtshof vertrat hier unter Durchbrechung des Trennungs- und Abstraktionsprinzips zunächst die Lösung über eine **Gesamtbetrachtung** des dinglichen und des schuldrechtlichen Vertrags.[39] Danach waren bereits bei der Prüfung des Schenkungsvertrags die aus dem Vollzug resultierenden rechtlichen Nachteile zu berücksichtigen.[40] Nunmehr ist der BGH von dieser Sichtweise abgerückt und stellt auf eine isolierte Betrachtung nur des dinglichen Rechtsgeschäfts ab.[41] Müsste der Minderjährige über die Erfüllung der Verbindlichkeit hinaus rechtliche Nachteile hinnehmen, so soll die in § 181 Hs. 2 BGB festgelegte Ausnahme gerade nicht eingreifen. Der Sache nach läuft das auf eine schon zuvor im Schrifttum vorgeschlagene teleologische Reduktion des § 181 Hs. 2 BGB hinaus.[42]

24 In diesem Sinne ist die Schenkung von Grundeigentum an den Minderjährigen grundsätzlich mit § 107 BGB vereinbar. Es fragt sich indes, ob sich aus dem Umstand, dass das Grundstück mit einer **Grundschuld** belastet war, etwas anderes ergibt. Davon ist jedoch nicht auszugehen. Zwar ist der Minderjährige damit u.U. dem oft so genannten **„Anspruch auf Duldung der Zwangsvollstreckung"** aus §§ 1147, 1192 BGB ausgesetzt.[43] Bei Licht besehen handelt es sich dabei jedoch nicht um einen Anspruch gegen den Minderjährigen persönlich, sondern um eine Zugriffsmöglichkeit auf das

---

39 BGHZ 78, 28, 34; zustimmend *Gitter-Schmitt*, JuS 1982, 253.
40 Vgl. auch *Stürner*, AcP 173 (1973), 402 mit etwas anderem Ansatz.
41 BGH NJW 2010, 3643 m. Anm. *Medicus*, JZ 2011, 159 f.
42 So *Jauernig*, JuS 1982, 576 f.; dagegen *Medicus*, Rn. 565; zum Insichgeschäft unten § 40.
43 Zur Rechtsnatur oben § 2 sowie näher § 3 Rn. 28.

Grundstück, die der Eigentümer durch Zahlung abwenden kann.[44] Da er aber nicht persönlich in Anspruch genommen werden kann, ist auch für § 107 BGB davon auszugehen, dass dessen Schutzzweck nicht berührt ist.[45] Allenfalls wird nämlich der zugewendete Gegenstand wieder ausgezehrt, ohne dass der Minderjährige selbst haften könnte. Daher ist in derartigen Fällen von einer teleologischen Reduktion des § 107 BGB auszugehen.

Anders dürfte jedoch entgegen der h.L. bei der Belastung mit dem zugunsten 25 der Eltern eingetragenen **Nießbrauch** zu entscheiden sein. Denn hier handelt es sich nicht nur um eine Belastung des Grundstücks ohne potentielle persönliche Einstandspflicht des Minderjährigen. Vielmehr besteht eine potentielle *persönliche* Haftung des Eigentümers nach § 1049 Abs. 1 BGB für Verwendungen des Nießbrauchers. Dass dieser Nachteil kraft Gesetzes und nicht infolge der Willenserklärung entsteht, wie es § 107 BGB nahezulegen scheint, ändert nichts daran, dass die Folgen des Geschäfts in dieser Konstellation nicht lediglich rechtlich vorteilhaft für den Minderjährigen sind.[46]

III. Der Minderjährige im Gesellschaftsrecht

Zum Schluss sei noch eine praktisch relevante Konstellation behandelt, die etwa 26 in der mündlichen Prüfung, aber auch im Rahmen der immer wichtiger werdenden anwaltsorientierten Juristenausbildung eine Rolle spielen kann. Es geht dabei um gesellschaftsrechtliche Ausprägungen des Minderjährigenschutzes. Praktisch bedeutsam ist in diesem Zusammenhang vor allem die **Nachfolge in Personengesellschaften**. Vor allem Familiengesellschaften bedienen sich gerne der Rechtsform der Kommanditgesellschaft, weil minderjährigen Gesellschaftern die Rechtsstellung des Kommanditisten[47] zugedacht werden kann,[48] indem ihnen die Kommanditeinlage schenkweise zugewendet wird. Da der Kommanditist zwar nach § 171 Abs. 1 Hs. 1 HGB summenmäßig beschränkt mit seinem ganzen Vermögen haftet, jedoch nicht, soweit er eine **Einlage** bei der Gesellschaft hält (§ 171 Abs. 1 Hs. 2 HGB), droht dem Minderjährigen für den die Einlage durch die Schenkung geleistet wird, keine persönliche Haftung, es sei denn die Einlage fließt in irgendeiner Form wieder an den Minderjährigen zurück, weil dann seine Haftung nach § 172 Abs. 4 HGB wieder auflebt.[49] Die

---

44 Dazu schon oben § 3 Rn. 28. Anders entscheidet der BGH nunmehr bei der Schenkung von Wohneigentum, der stets rechtlich nachteilig ist; vgl. BGH NJW 2010, 3643; zum Ganzen *J. Hager,* Liber Amicorum Leenen, 2012, S. 43 ff.

45 So auch die Rechtsprechung (BayObLGZ 1979, 49 ff.) ihr folgend die h.L.; vgl. *Medicus/Petersen* BR, Rn. 172; *Schreiber,* Jura 1991, 24, 29; a.A. *Köhler,* § 17 III 1 b.

46 Zutreffend *Schreiber,* Jura 1991, 24, 29; anders BGHZ 162, 137, jedenfalls dann, wenn der Nießbraucher auch die Kosten außergewöhnlicher Ausbesserungen und Erneuerungen sowie die außergewöhnlichen Grundstückslasten zu tragen hat.

47 Würde er Komplementär, so wäre dies aufgrund der persönlichen Haftung aus §§ 128, 161 Abs. 2 HGB nicht lediglich rechtlich vorteilhaft; vgl. *Gernhuber/Coester-Waltjen,* Familienrecht, 4. Auflage 1992, § 51 III 8.

48 Zum minderjährigen Kommanditisten die gleichlautende Monographie von *Fastrich*; zu den steuerrechtlichen Besonderheiten *Petersen,* Unternehmenssteuerrecht und bewegliches System, Betriebsaufspaltung, Mitunternehmerschaft und verdeckte Gewinnausschüttung, 1999, S. 140 ff.

49 Ausführlich zur Einlage und Haftung des Kommanditisten die gleichnamige Schrift von *K. Schmidt* (1977); *ders.* Gesellschaftsrecht, 4. Auflage 2002, § 54 I.

Rechtsprechung verlangt für den Abschluss des Gesellschaftsvertrags, nicht jedoch für dessen nachträgliche Änderung,[50] die Genehmigung des Vormundschaftsgerichts.[51] Dagegen bedarf es keines Dauerpflegers zur Wahrung der Rechte des **minderjährigen Kommanditisten**.[52] Zwar scheint einer Vertretung durch die Eltern, etwa bei Gesellschafterbeschlüssen, § 181 BGB entgegenzustehen, doch ist zu bedenken, dass die Interessen von Eltern und Kind bei der laufenden Geschäftsführung in aller Regel gleichgerichtet sind und damit die durch § 181 BGB zu verhindernden Interessenkollisionen regelmäßig nicht zu befürchten sind.[53]

---

50 BGHZ 38, 26; BGH NJW 1961, 724.
51 BGHZ 17, 160; weitergehende Einzelheiten bei *Medicus*, Rn. 589.
52 BGHZ 65, 93.
53 *Medicus*, Rn. 590.

§ 22 Der Minderjährige im Familien- und Erbrecht

I. Grundzüge

Das Familien- und Erbrecht muss nach den meisten Prüfungsordnungen in den Grund- **1**
zügen beherrscht werden. Was damit genau gemeint ist, wird nicht immer ganz deutlich. Sicher ist aber, dass die wesentlichen Grundbegriffe, wie etwa der **gesetzliche Güterstand** oder die Universalsukzession, bekannt sein müssen. Unter die Grundzüge fallen aber auch diejenigen Folgefragen im Familien- und Erbrecht, die sich aus den zentralen Problemstellungen des Allgemeinen Teils, des Schuld- und Sachenrechts ergeben können. Für das Recht der Stellvertretung im Verhältnis zum Familienrecht zeigt sich das etwa am Beispiel des § 1357 BGB, bezogen auf das Sachenrecht sind die §§ 1365 ff. BGB zu nennen[1] und im Erbrecht bilden die **Schenkungen von Todes wegen** des umstrittenen Verhältnisses von § 2301 BGB zu § 331 BGB ein markantes Beispiel.[2] In diesem Sinne ist jedoch auch das Minderjährigenrecht in seiner Gesamtheit ein Anwendungsfeld für die Grundzüge des Familien- und Erbrechts, zumal man den Schwierigkeitsgrad jedes beliebigen Falles beträchtlich erhöhen kann, indem eine der handelnden Personen als in der Geschäftsfähigkeit beschränkt vorausgesetzt wird. Eine Reihe von Regelungen, die im Folgenden näher betrachtet werden soll, gerät damit ins Blickfeld.

II. Familienrechtliche Regelungen

Zu erwähnen sind im Ausgangspunkt die §§ 1303, 1304 BGB über die Ehemündigkeit **2**
und die Geschäftsfähigkeit, aus denen sich indes regelmäßig keine klausurrelevanten Probleme ergeben. Des Weiteren weist ersichtlich das gesamte **Kindschaftsrecht** einen Bezug zum Minderjährigenrecht auf. Dennoch braucht es hier nicht in den Einzelheiten betrachtet zu werden, weil es den spezifischen Bezug zum Minderjährigenrecht weitgehend vermissen lässt und daher wohl nur in sehr beschränktem Umfang examensrelevant ist. Ein spezifischer Bezug zeigt sich nur in vereinzelten Regelungen, wie zum Beispiel § 1596 BGB. Danach kann ein beschränkt Geschäftsfähiger die Vaterschaft nur selbst und mit Zustimmung seines gesetzlichen Vertreters (§ 1596 Abs. 1 S. 2 BGB) anerkennen. Entsprechende Regelungen finden sich in den §§ 1600a Abs. 2 S. 2, Abs. 3, 4, 5, 1600b Abs. 4 BGB für die Anfechtung der Vaterschaft. Zu nennen ist schließlich die Annahme als Kind (§§ 1741 ff. BGB), die als Rechtsbegriff ebenfalls bekannt sein muss. Speziell die Adoption eignet sich als Verbindungsglied zwischen familien- und erbrechtlichen Fallgestaltungen.

---

[1] Näher *Medicus/Petersen* BR, Rn. 537 ff.; *Petersen*, Die mündliche Prüfung im ersten juristischen Staatsexamen, 2. Auflage 2012, S. 92 ff.
[2] *Medicus/Petersen* BR, Rn. 390 ff.; Klausurbeispiel bei *Petersen*, Rn. 459.

1. Elterliche Sorge, insbesondere Vermögenssorge

3 Zweifelsohne zum Examensstoff gehören die §§ 1626, 1629 BGB über die elterliche Sorge.[3] Nach § 1626 Abs. 1 S. 1 BGB haben die Eltern die Pflicht, für das minderjährige Kind zu sorgen. Dabei wird gemäß § 1626 Abs. 1 S. 2 BGB zwischen der **Personensorge** und der **Vermögenssorge** unterschieden. Die Personensorge für einen Minderjährigen, der verheiratet ist oder war, beschränkt sich jedoch nach § 1633 BGB zum Schutz der Ehe und zur Vermeidung unwillkommener Einmischung seitens der Eltern auf die Vertretung in den persönlichen Angelegenheiten.[4] In der Fallbearbeitung von weitaus größerem Interesse ist die Vermögenssorge, vor allem die Einschränkung derselben. Ausnahmebestimmungen zum Schutz des Kindes, die zum Teil schon das Erbrecht berühren, enthalten nämlich die §§ 1638, 1641 BGB. Nach § 1638 Abs. 1 BGB erstreckt sich die Vermögenssorge nicht auf das Vermögen, welches das Kind von Todes wegen erwirbt oder welches ihm unter Lebenden unentgeltlich zugewendet wird, wenn der Erblasser durch letztwillige Verfügung, der Zuwendende bei der Zuwendung bestimmt hat, dass die Eltern das Vermögen nicht verwalten sollen.[5] Was das Kind auf Grund eines zu einem solchen Vermögen gehörenden Rechts oder als Ersatz für die Zerstörung, Beschädigung oder Entziehung eines zu dem Vermögen gehörenden Gegenstands oder durch Rechtsgeschäft erwirbt, das sich auf das Vermögen bezieht, können die Eltern nach § 1638 Abs. 2 BGB gleichfalls nicht verwalten.[6] Dabei kommt es nicht auf die Willensrichtung der an dem Rechtsgeschäft beteiligten Personen an, weil es sich zum Schutz des Kindes um einen Tatbestand der **dinglichen Surrogation** handelt.[7]

2. Vertretung des Kindes

4 Zur elterlichen Sorge gehört gemäß § 1629 Abs. 1 BGB auch die Vertretung des Kindes. Die dort geregelte Vertretung des Kindes spielt aufbautechnisch im Rahmen des § 164 Abs. 1 S. 1 BGB eine wichtige Rolle, wo sie beim Merkmal „innerhalb der ihm zustehenden Vertretungsmacht" zu prüfen ist. Die Vertretungsmacht kann sich nämlich nicht nur aus einem Rechtsgeschäft (Vollmacht, § 166 Abs. 2 S. 1 BGB), sondern auch aus dem Gesetz ergeben. Letzteres bestimmt § 1629 Abs. 1 BGB i.V.m. § 1626 Abs. 1 BGB für die Vertretung des Kindes durch die Eltern. Da, wie gesehen, in § 1626 Abs. 1 BGB die in § 1629 Abs. 1 BGB vorausgesetzte elterlichen Sorge legaldefiniert ist, sind die §§ 1626 Abs. 1, 1629 Abs. 1 BGB stets zusammen zu zitieren. Die **Empfangsvertretung** (vgl. § 164 Abs. 3 BGB) bemisst sich nach § 1629 Abs. 1 S. 2 Hs. 2 BGB, wonach die Abgabe gegenüber einem Elternteil genügt, wenn eine Willenserklärung gegenüber dem Kind abzugeben ist. Neben dem § 164 Abs. 1 BGB ist die Regelung des § 1629 Abs. 1 BGB über die gesetzliche Vertretung für die §§ 107 ff. BGB von zentraler Bedeutung und daher bei der Prüfung der Vorschriften mit zu zitieren, da sich aus §§ 1626 Abs. 1, 1629 Abs. 1 BGB ergibt, wer der in den §§ 107 ff. BGB bezeichnete gesetzliche Vertreter ist.

---

3 Zu ihr *Coester-Waltjen*, Jura 2005, 97.

4 Vgl. Hk-BGB/*Kemper*, 7. Auflage 2012, § 1633 Rn. 1.

5 Vgl. dazu *Merkel*, MDR 1964, 113.

6 Siehe zu den Folgeregelungen *Michalski*, BGB-Erbrecht, 2. Auflage 2001, Rn. 7 f.

7 *Dölle*, Familienrecht, Band 2, 1965, § 94 II, S. 203.

3. Schenkungen in Vertretung des Minderjährigen

Allerdings besteht auch die Vertretungsmacht der Eltern als gesetzlichen Vertreter 5
nicht uneingeschränkt. So können die Eltern in Vertretung des Kindes keine Schenkungen – ausgenommen Anstandsschenkungen – nach §§ 516 Abs. 1, 164 Abs. 1 BGB machen. Hat das Kind eine eigene Sache verschenkt, können sie nicht genehmigen.[8] Wird dagegen verstoßen, ist das Rechtsgeschäft nach h.M.[9] gemäß § 134 BGB nichtig.[10] In der Fallbearbeitung ist zu unterscheiden, ob die Eltern im eigenen oder im Namen ihres minderjährigen Kindes geschenkt haben: Haben also die Eltern einem Dritten eine Sache des Kindes im eigenen Namen geschenkt, so kommt – anders als bei **absoluten Verfügungsbeschränkungen** (§§ 1365, 1369 BGB) – ein gutgläubiger Erwerb gemäß § 932 BGB in Betracht,[11] der dem Herausgabeanspruch aus § 985 BGB entgegenstehen kann. Jedoch ist auf bereicherungsrechtlicher Ebene, wie immer bei Schenkungen, an § 816 Abs. 1 S. 2 BGB zu denken. Da in diesem Fall die Eltern als Nichtberechtigte verfügt haben, schuldet der Bereicherte, hier also D, dem Kind die Herausgabe der Sache nach § 816 Abs. 1 S. 2 BGB. In gravierenden Fällen kommt zudem eine Haftung der Eltern gegenüber dem Kind aus § 823 Abs. 2 BGB i.V.m. §§ 246, 266 StGB in Betracht.[12] Anders verhält es sich indes, wenn die Eltern dem D die Sache im Namen ihres Kindes geschenkt und übergeben haben. Da die Übereignung unwirksam ist, blieb das Kind Eigentümer. Anders als in der vorangehenden Fallgestaltung kommt ein gutgläubiger Erwerb hier nicht in Frage, weil nach § 932 BGB allein der gute Glaube an das Eigentum, nicht aber an die Vertretungsmacht der Eltern geschützt wird.[13]

4. Aufwendungsersatz

Machen die Eltern bei der Ausübung der elterlichen Sorge Aufwendungen, die sie den 6
Umständen nach für erforderlich halten dürfen, können sie von dem Kind nach § 1648 BGB Ersatz dafür verlangen, sofern nicht die Aufwendungen ihnen selbst zur Last fallen, d.h. im wesentlichen nur dann, wenn es sich nicht um dem Kind geschuldete Unterhaltsleistungen handelt. Der **§ 1648 BGB** ist somit **lex specialis** zu den §§ 683, 670, 677 BGB, da die Geschäftsbesorgung nicht „ohne Auftrag", sondern mit einem solchen, nämlich der Personen- oder Vermögenssorge, erfolgt.[14] Im Übrigen § 1602 Abs. 2 BGB zu berücksichtigen, wonach ein minderjähriges unverheiratetes Kind von seinen Eltern, auch wenn es Vermögen hat, die Gewährung des Unterhalts insoweit

---

8 OLG Stuttgart, FamRZ 1969, 39.
9 A.A. *Canaris*, JZ 1987, 999, der von der Möglichkeit einer vormundschaftsgerichtlichen Genehmigung im Wege verfassungskonformer Lückenfüllung ausgeht; ebenso für den Fall, dass die Schenkung im Einzelfall aus Billigkeitsgründen oder zur Wahrung des Familienfriedens erforderlich erscheint KG JFG 1913, 187.
10 Allgemein zu § 134 BGB *Canaris*, Gesetzliches Verbot und Rechtsgeschäft, 1983.
11 Vgl. *von Tuhr*, Der Allgemeiner Teil des Deutschen Bürgerlichen Rechts, Band II/2, 1918, S. 162.
12 Vgl. *Dölle*, Familienrecht, Band 2, 1965, § 94 III, S. 206, sowie § 124 II 1, S. 701, zur Parallelproblematik im Vormundschaftsrecht.
13 *Dölle*, aaO., S. 206.
14 HK-BGB/*Kemper*, 7. Auflage 2012, § 1648 Rn. 1.

verlangen kann, als die Einkünfte seines Vermögens und der Ertrag seiner Arbeit zum Unterhalt nicht ausreichen.

5. Haftung

7 Im Zusammenhang mit dem Sorgerecht der Eltern ist weiterhin der nach § 1664 BGB modifizierte Haftungsmaßstab zu beachten. Die Eltern haben danach bei der Ausübung der elterlichen Sorge dem Kind gegenüber nur für diejenige Sorgfalt einzustehen, die sie in eigenen Angelegenheiten anzuwenden pflegen (vgl. § 277 BGB). Die h.L. versteht **§ 1664 BGB** entgegen seines Wortlauts als eigenständige **Anspruchsgrundlage**. Die besseren Gründe sprechen indes dafür, das zwischen Eltern und Kind bestehende besondere Schutzverhältnis (vgl. auch § 1618a BGB) als gesetzliches Schuldverhältnis anzusehen, so dass bei schuldhaften Pflichtverletzungen § 280 Abs. 1 S. 1 BGB die richtige Anspruchsgrundlage ist.[15] Ein solcher Anspruch kommt im Übrigen auch in dem oben genannten Fall in Betracht, dass die Eltern Vermögen des minderjährigen Kindes verschenken.[16] Schließlich ist im Rahmen des § 1664 BGB immer auch an die Möglichkeit einer gestörten Gesamtschuld zu denken.[17]

III. Erbrechtliche Besonderheiten

8 Innerhalb des Erbrechts ist zu unterscheiden, ob der Minderjährige als Erblasser oder Erbe auftritt. Nach dem Prinzip der **Universalsukzession** (§ 1922 BGB) fällt die Erbschaft dem Minderjährigen kraft Gesetzes an, weshalb Minderjährige unproblematisch erben können, sofern sie nur erbfähig sind. Letzteres setzt nach § 1923 Abs. 1 BGB lediglich voraus, dass der Minderjährige zum Zeit des Erbfalls noch lebt. Darüber hinaus bestimmt § 1923 Abs. 2 BGB, dass sogar der zum Zeitpunkt des Erbfalls bereits gezeugte, aber noch nicht geborene Mensch – der nasciturus – Erbe werden kann.

9 Ist der Minderjährige dagegen Erblasser, gelten hinsichtlich des Eintritts der gesetzlichen Erbfolge keine Besonderheiten. Sofern er aber eine letztwillige Verfügung treffen möchte, setzt das nach § 2229 Abs. 1 BGB die Vollendung des 16. Lebensjahres voraus. Erbverträge können Minderjährige als Erblasser regelmäßig nicht schließen (§ 2275 Abs. 1 BGB). Etwas anders gilt nach § 2275 Abs. 2 S. 1 BGB nur, sofern beschränkt Geschäftsfähige einen **Erbvertrag** mit ihrem Ehegatten schließen.

IV. Das Minderjährigenhaftungsbegrenzungsgesetz

10 Eine Schnittstelle zwischen dem Familienrecht und Erbrecht mit Bezügen zum Minderjährigenrecht stellt das so genannte Minderjährigenhaftungsbegrenzungsgesetz dar,[18] das in das BGB Eingang gefunden hat und geradezu einen Paradefall der ein-

---

15 *Petersen*, Jura 1998, 399; *ders.*, FS Medicus, 2009, S. 295.
16 Vgl. auch *Dölle*, Familienrecht, Band 2, 1965, § 98 II, S. 203 f.
17 Vgl. BGHZ 103, 338; klausurmäßige Lösung bei *Petersen*, Rn. 453 ff.
18 BGBl. I 1998, S. 2487.

gangs dargestellten Grundzüge bezeichnet.[19] Hintergrund der Regelungen ist eine Rechtsprechung des Bundesverfassungsgerichts, wonach der Schuldner für Verbindlichkeiten, die er während der Phase seiner beschränkten Geschäftsfähigkeit begründet hat, nur mit demjenigen Vermögen haften soll, das beim Eintritt der **Volljährigkeit** vorhanden ist.[20]

1. Haftungsbeschränkung

Die maßgeblichen Neuregelungen finden sich in § 1629a BGB.[21] Nach § 1629 Abs. 1 S. 1 **11** Hs. 1 BGB beschränkt sich die Haftung für Verbindlichkeiten, welche die Eltern im Rahmen ihrer gesetzlichen Vertretungsmacht oder sonstige vertretungsberechtigte Personen im Rahmen ihrer Vertretungsmacht durch Rechtsgeschäft oder eine sonstige Handlung mit Wirkung für das Kind begründet haben,[22] oder die aufgrund eines während der Minderjährigkeit erfolgten Erwerbs von Todes wegen entstanden sind,[23] auf den Bestand des bei Eintritt der Volljährigkeit vorhandenen Vermögens des Kindes. Dasselbe ordnet § 1629a Abs. 1 S. 1 Hs. 2 BGB für Verbindlichkeiten aus Rechtsgeschäften an, die der Minderjährige gemäß §§ 107, 108 BGB oder § 111 BGB mit Zustimmung seiner Eltern vorgenommen hat oder für Verbindlichkeiten aus Rechtsgeschäften, zu denen die Eltern die Genehmigung des **Vormundschaftsgerichts** erhalten haben.

a) Anwendungsbereich

Der Personenkreis des § 1629a Abs. 1 S. 1 BGB ist nicht auf die Eltern beschränkt, **12** sondern erfasst auch „sonstige vertretungsberechtigte Personen", sei es rechtsgeschäftlich begründete Vertreter – etwa Prokuristen[24] – oder gesetzliche Vertreter, wie z.B. den **Insolvenzverwalter** (§§ 56, 80 InsO).[25] Auf einen Nenner gebracht, handelt es sich also um „**fremdverantwortete Schuldenverursachung**".[26]

Erklärungsbedürftig ist ferner der Begriff der sonstigen Handlung i.S.d. § 1629a **13** Abs. 1 S. 1 BGB. In Betracht kommt vor allem der Fall, dass der Vertreter im (vor-)vertraglichen Bereich durch ein Fehlverhalten schuldhaft einen Schaden verursacht und dem Minderjährigen das Verschulden des Handelnden nach § 278 S. 1 BGB zuzurechnen ist – sei es wegen seiner Eigenschaft als gesetzlicher Vertreter oder aber als Erfüllungsgehilfe im Sinne dieser Vorschrift. Dies führt zur Schadensersatzpflicht des Minderjährigen aus §§ 280 Abs. 1 S. 1, 311 Abs. 2 BGB.[27] Da es sich jedoch nicht notwendigerweise um rechtsgeschäftlich begründete Verbindlichkeiten handeln muss,

---

19 Instruktiv dazu *Coester*, Jura 2002, 88.

20 BVerfGE 72, 155.

21 Zum Folgenden wichtig *J. Hager*, Liber Amicorum Leenen, 2012, S. 43, 53 ff.

22 Das gilt auch für Dauerschuldverhältnisse, wenn diese vor der Volljährigkeit eingegangen wurden, selbst wenn die einzelne Forderung erst später fällig wird; vgl. *Habersack*, FamRZ 1999, 1, 4.

23 Vgl. OLG Koblenz ZEV 1999, 359; dazu *Christmann*, ZEV 1999, 360 f.

24 *Habersack*, FamRZ 1999, 1, 3.

25 *Behnke*, NJW 1998, 3078, 3079.

26 So prägnant Staudinger/*Coester*, Neubearbeitung 2007, 1629a, Rn. 5.

27 *Coester*, Jura 2002, 88, 89.

werden von der Haftungsbeschränkung auch deliktsrechtliche und bereicherungsrechtliche Schulden erfasst.[28]

b) Ausnahmen

14 Allerdings gilt die Haftungsbeschränkung nicht für Verbindlichkeiten aus dem selbständigen Betrieb eines Erwerbsgeschäfts, soweit der Minderjährige hierzu nach § 112
BGB ermächtigt war,[29] sowie nicht für Verbindlichkeiten aus Rechtsgeschäften, die
allein der Befriedigung seiner persönlichen Bedürfnisse dienten, § 1629a Abs. 2 BGB.
Gerade die letztgenannte Einschränkung wird für gefährlich weitgehend gehalten.
Mit guten Gründen wird daher eine teleologische Reduktion auf Geschäfte des täglichen Lebens vorgeschlagen.[30] § 1629a Abs. 3 BGB stellt zudem klar,[31] dass die Rechte
der Gläubiger gegen Mitschuldner und Mithaftende,[32] sowie deren Rechte aus einer
für die Forderung bestellten Sicherheit oder aus einer deren Bestellung sichernden
Vormerkung von der Haftungsbeschränkung nach Abs. 1 nicht berührt werden. Der
Grund dafür liegt darin, dass die Beschränkung der Haftung den betreffenden Dritten
nicht zugutekommen soll.[33] Wenn der Mithaftende selbst minderjährig war, steht ihm
bei Volljährigkeit ebenfalls die **Einrede** des § 1629a Abs. 1 BGB zu.[34]

2. Erbrechtliche Bezüge

15 Das Minderjährigenhaftungsbegrenzungsgesetz enthält zwei markante erbrechtliche
Bezüge. Zum einen beinhaltet § 1629a Abs. 1 S. 1 BGB eine erbrechtliche Variante, zum
anderen wird in § 1629a Abs. 1 S. 2 BGB explizit auf die erbrechtliche **Dürftigkeitseinrede** verwiesen.

a) Erwerb von Todes wegen

16 § 1629a Abs. 1 S. 1 BGB ordnet die Haftungsbegrenzung des Minderjährigen auch für
den Fall an, dass die Verbindlichkeiten aufgrund eines während der Minderjährigkeit erfolgten Erwerbs von Todes wegen entstanden sind. Dabei ist im Ausgangspunkt
zu berücksichtigen, dass der Minderjährige als Erbe gemäß § 1967 Abs. 1 BGB für die
Nachlassverbindlichkeiten haftet. Derartige Verbindlichkeiten sind gemeint, wenn
das Gesetz von den auf Grund eines während der Minderjährigkeit erfolgten Erwerbs
von Todes wegen entstandenen Verbindlichkeiten spricht. Das Erbrecht enthält in
den §§ 1975 ff. BGB zwar für die **Beschränkung der Erbenhaftung** ein eigenstän-

---

28 *Habersack*, FamRZ 1999, 1, 4.

29 Skeptisch insoweit *Laum/Dylla-Krebs*, FS Vieregge, 1995, S. 538; noch weitergehend *Muscheler*, WM
1998, 2271, 2282.

30 *Coester*, Jura 2002, 88, 90 mit Fußnote 26.

31 Darin erschöpft sich wohl seine Bedeutung; vgl. Staudinger/*Coester*, Neubearbeitung 2007, § 1629a
Rn. 39.

32 Gleichgültig aus welchem Grund die Mithaftung resultiert (Bürgschaft, Schuldübernahme, Garantie,
Gesamtschuld etc.), vgl. Palandt/*Diederichsen*, 71. Auflage 2012, § 1629a Rn. 14.

33 Bundestags-Drucksache 13/5624, S. 13.

34 *Behnke*, NZG 1999, 244, 245.

diges Verfahren, das selbstredend auch für den Minderjährigen gilt, so dass dieser seine Haftung nach §§ 1975 ff. BGB auf den Nachlass beschränken könnte.[35] Jedoch ist dieser Weg regelmäßig mit Kosten verbunden. Zudem bedürfen die Eltern für die **Ausschlagung** des überschuldeten Nachlasses (vgl. §§ 1942, 1944 BGB) nach § 1643 Abs. 2 S. 1 BGB der Genehmigung des Familiengerichts, so dass es ein entsprechender Schutz des minderjährigen Erben – zumal dann, wenn der Nachlass überschuldet war – angezeigt ist.[36]

b) Verweis auf die erbrechtliche Dürftigkeitseinrede

Eine prüfungsrelevante Besonderheit findet sich in § 1629a Abs. 1 S. 2, der auf die erb- **17** rechtliche Dürftigkeitseinrede verweist. Beruft sich nämlich der volljährig Gewordene auf die Haftungsbeschränkung, finden die für die Haftung des Erben geltenden Vorschriften der §§ 1990, 1991 BGB entsprechende Anwendung. Zunächst ergibt sich aus dem Wortlaut („beruft sich"), dass es sich bei der Haftungsbeschränkung nach § 1629a Abs. 1 BGB um eine Einrede handelt, für deren Erhebung keine Frist gilt.[37] Auch eine **Aufrechnungserklärung** des Altgläubigers gegen eine Forderung aus dem Vermögen des nunmehr Volljährigen kann mit der Einrede abgewehrt werden,[38] weil der volljährig Gewordene andernfalls entgegen der ratio legis mit seinem Vermögen haften würde.[39]

Die Erhebung der Einrede führt zu einer Spaltung des Vermögens des nunmehr **18** Volljährigen in zwei verschiedene Haftungsmassen, deren eine das den Altgläubigern vorbehaltene Altvermögen darstellt, wohingegen das nach Eintritt der Volljährigkeit erworbene Vermögen („**Neuvermögen**") unberührt bleibt.[40] Das Altvermögen hat der Volljährige entsprechend der Verweisung in § 1629a Abs. 1 S. 2 BGB auf die §§ 1991, 1978 Abs. 1 BGB und damit schließlich die §§ 662 BGB gleich einem Beauftragten zu verwalten, also darüber entsprechend § 666 BGB Auskunft und Rechenschaft zu geben sowie die Erträge nach § 667 BGB an die Altgläubiger auszukehren. In umgekehrter Anspruchsrichtung steht dem Volljährigen freilich entsprechend §§ 1978 Abs. 3, 670 BGB ein Anspruch auf Aufwendungsersatz zu.[41] In prozessualer Hinsicht ist hinzuzufügen, dass der volljährig Gewordene, der mit dem Vorbehalt der Haftungsbeschränkung verurteilt worden ist, diese im Wege der **Vollstreckungsgegenklage** nach §§ 767, 785 ZPO geltend machen kann, wobei die §§ 786, 780 Abs. 1 ZPO gewährleisten, dass

---

35 *Habersack*, FamRZ 1999, 1, 5.

36 *Coester*, Jura 2002, 88. *Habersack*, FamRZ 1999, 1, 5 gibt freilich zu bedenken, dass das Gesetz möglicherweise „(zu) weit über die Vorgaben des BVerfG hinausgeht".

37 Staudinger/*Coester*, Neubearbeitung 2007, § 1629a Rn. 49; *Habersack*, FamRZ 1999, 1, 5; vgl. zum Vorschlag einer Befristung zuvor *Dauner-Lieb*, ZIP 1996, 1818, 1821.

38 Uneinheitlich beurteilt wird, ob sich der volljährig Gewordene auf die Einrede nach allgemeinen Grundsätzen berufen muss (so Staudinger/*Coester*, § 1629a Rn. 49) oder ob dies ausnahmsweise nicht erforderlich ist (so *Muscheler*, WM 1998, 2271, 2289).

39 Staudinger/*Coester*, Neubearbeitung 2007, § 1629a Rn. 49; *Muscheler*, WM 1998, 2271, 2287; a.A. MüKo/*Küpper*, 5. Auflage 2010, § 1991 Rn. 6; vgl. bereits Staudinger/*Marotzke*, 13. Bearbeitung, 1996, § 1990 Rn. 41.

40 Zu den Rechtsfolgen etwaiger Fehler des Volljährigen im Rahmen der allfälligen Vermögensseparierung instruktiv *Coester*, Jura 2002, 88, 91.

41 *Coester*, Jura 2002, 88, 91.

die Haftungsbeschränkung auch demjenigen zugute kommt, gegen den ein Titel zuvor erwirkt wurde, d.h. zu einer Zeit, während derer ein entsprechender Vorbehalt im Leistungsurteil noch nicht möglich war.[42]

19   Das Minderjährigenhaftungsbegrenzungsgesetz stellt den Examenskandidaten nach alledem vor mannigfaltige Probleme, die sich aus dem Zusammenwirken von Allgemeinem Teil, Schuldrecht, Familienrecht und Erbrecht sowie dem Prozessrecht ergeben.

---

42 *Habersack*, FamRZ 1999, 1, 5, unter Verweis auf die Begründung zum Regierungsentwurf.

§ 23 Die Irrtumsanfechtung

I. Die Irrtumsanfechtung im Allgemeinen Teil

Bei der Zusammenstellung der **klausurrelevanten Irrtümer** richtet sich der Blick 1
zunächst und vor allem auf die Irrtumsanfechtung im Allgemeinen Teil.[1] Daher stehen
die in § 119 BGB geregelten Irrtümer im Mittelpunkt.[2] In der Fallbearbeitung muss freilich immer erst die Rechtsfolge der Nichtigkeit (§ 142 Abs. 1 BGB) in Aussicht gestellt
werden.[3] Erst dann sind Anfechtungserklärung, Anfechtungsgegner und Anfechtungsgrund zu prüfen. Im Folgenden geht es nur um die Anfechtungsgründe, soweit
sie Irrtümer betreffen.

1. Inhalts- und Erklärungsirrtum

Wer bei der Abgabe einer Willenserklärung über deren Inhalt im Irrtum war oder eine 2
Erklärung dieses Inhalts überhaupt nicht abgeben wollte, kann die Erklärung anfechten, wenn anzunehmen ist, dass er sie bei Kenntnis der Sachlage und bei verständiger
Würdigung des Falles nicht abgegeben haben würde, § 119 Abs. 1 BGB. Daraus folgt
im Umkehrschluss, dass bloße **Motivirrtümer** grundsätzlich nicht zu Anfechtung
berechtigen sollen.[4]

a) Bedeutungsirrtum
Der in § 119 Abs. 1 Fall 1 BGB geregelte **Inhaltsirrtum** wird mitunter auch als Bedeu- 3
tungsirrtum bezeichnet.[5] Der Erklärende ist sich über die Bedeutung dessen, was
er erklärt, nicht im Klaren.[6] Aus der unterinstanzlichen Rechtsprechung ist der Fall
bekannt geworden, dass eine Konrektorin nicht wusste, dass ein Gros 144 Stück sind,
sondern die Bezeichnung als einen Hinweis auf die Verpackungsart verstanden hat.[7]
Es handelt sich dabei auf Grund der Inkongruenz von Wille und Erklärung um einen
typischen Inhaltsirrtum,[8] der zur Anfechtung nach § 119 Abs. 1 Fall 1 BGB berechtigt,[9]
freilich mit der Folge einer Schadensersatzpflicht aus § 122 BGB. In diesem Zusammenhang kann sich in der Fallbearbeitung auch die Frage stellen, ob die vollständige
Nichtigkeit nach § 142 Abs. 1 BGB angemessen ist oder ob sich der Erklärende nicht
nach dem Rechtsgedanken des § 139 BGB wenigstens an dem festhalten lassen muss,

1 Grundlegend *Zitelmann*, Irrtum und Rechtsgeschäft, 1879; zu Irrtümern im Vertragsrecht *Adams*, AcP
186 (1986), 453. Grundwissen zur Einordnung der Willensmängel bei *Lorenz*, JuS 2012, 490.
2 Monographisch *Brox*, Die Einschränkung der Irrtumsanfechtung, 1960.
3 Instruktiv zur Anfechtung *Leenen*, Jura 1991, 393.
4 *Medicus*, Rn. 744. Zu der kontrovers diskutierten Frage, ob § 119 Abs. 2 BGB eine Ausnahme von der
grundsätzlichen Unbeachtlichkeit des Motivirrtums darstellt.
5 Vgl. nur *Medicus*, vor Rn. 745.
6 Vgl. *Lessmann*, JuS 1969, 478, 480: „Der Erklärende weiß, was er sagt, weiß aber nicht, was er damit
sagt."
7 LG Hanau NJW 1979, 721.
8 *Medicus/Petersen* BR, Rn. 125.
9 Klausurmäßige Lösung dieses Falles bei *Singer/Müller*, Jura 1988, 485.

was er ursprünglich verstanden und gewollt hat. Denn oft reut ihn später seine Erklärung aus anderen Gründen, so dass ihm die Nichtigkeit gelegen kommt. Das Anfechtungsrecht soll aber kein „**Reurecht**" sein,[10] wie ein oft verwendeter Topos es nennt. Daher muss sich der Anfechtende an dem festhalten lassen, was er wirklich gewollt hat.[11] Streitig ist auch, ob eine ohne Erklärungsbewusstsein abgegebene Erklärung ohne weiteres nach § 118 BGB nichtig ist[12] oder erst nach fristgerechter (§ 121 BGB) Anfechtung entsprechend § 119 Abs. 1 BGB.

4   In jedem Fall hat die **Auslegung** der Erklärung Vorrang vor der Entscheidung darüber,[13] ob ein Inhaltsirrtum vorliegt.[14] Denn nur die nach Maßgabe der §§ 133, 157 BGB ausgelegte Erklärung erlaubt den Schluss darauf, dass das Gemeinte und das Erklärte auseinanderfallen. Die Auslegung geht also der Anfechtung in dem Sinne vor,[15] dass sie in der Fallbearbeitung zuerst zu prüfen ist.

b) Erklärungsirrtum

5   Der Erklärungsirrtum unterscheidet sich vom Inhaltsirrtum dadurch, dass der Erklärende zwar das richtige Erklärungszeichen verwenden wollte, doch ist ihm bei dieser Verwendung ein Fehler unterlaufen.[16] In der Regel hat er sich also vergriffen, versprochen oder verschrieben.[17] Ein Erklärungsirrtum liegt auch vor, wenn im **Internet** aufgrund eines Fehlers der für den Datentransfer verwendeten Software ein anderer als der in die Software eingegebene Kaufpreis erscheint.[18] Die unterinstanzliche Rechtsprechung wendet § 119 Abs. 1 Fall 2 BGB analog an auf den Fall, dass etwa ein Preisschild falsch abgelesen wird,[19] doch ist dies zweifelhaft.[20] Weniger wichtig als vielfach angenommen ist in der Fallbearbeitung die Unterscheidung zwischen Inhalts- und Erklärungsirrtum, da das Gesetz in § 119 Abs. 1 BGB beide gleichordnet.[21] Da viele Korrektoren indes auch und gerade an dieser Stelle auf einem exakten Gesetzeszitat bestehen, empfiehlt es sich, den Fall genau zu bezeichnen und es nicht dahinstehen zu lassen, ob ein Inhaltsirrtum (§ 119 Abs. 1 Fall 1 BGB) oder ein Erklärungsirrtum (§ 119 Abs. 1 Fall 2 BGB) vorliegt. Weitschweifige Abgrenzungen sind jedoch „bloß Zeitverschwendung".[22] Wichtiger als die Unterscheidung ist freilich die Herausstellung der gesetzgeberischen Basiswertung,[23] dass kein unbeachtlicher Motivirrtum vorliegt.[24] Wie schwer die Irrtümer zu unterscheiden sind, belegt der so genannte Unterschriftsirrtum, bei dem jemand eine Erklärung ohne nähere Prüfung unterschreibt.

---

10 Eingehend *Lobinger*, AcP 195 (1995), 274.
11 *Bork*, Rn. 354; anders nur *Spieß*, JZ 1985, 593.
12 So *Canaris*, NJW 1984, 2279; siehe auch *Singer*, JZ 1989, 1030; a.A. *Medicus/Petersen* BR, Rn. 130.
13 Allgemein dazu aus der älteren Literatur *Manigk*, Irrtum und Auslegung, 1918.
14 *Medicus*, Rn. 745.
15 Palandt/*Ellenberger*, 71. Auflage 2012, § 119 Rn. 7.
16 *Medicus*, Rn. 746.
17 OLG Oldenburg NJW 2004, 168; NJW-RR 2007, 268.
18 BGH NJW 2005, 976.
19 LG Hannover MDR 1981, 579; LG Hamburg NJW-RR 1986, 156.
20 Zutreffend *Habersack*, JuS 1992, 548.
21 *Medicus/Petersen* BR, Rn. 132.
22 *Medicus/Petersen* BR, ebenda.
23 *Wieling*, Jura 2001, 577.
24 *Medicus*, Rn. 746.

Hatte der Unterzeichnende eine unrichtige Vorstellung vom Inhalt, soll er nach § 119 Abs. 1 BGB anfechten können,[25] auch wenn er sie gar nicht gelesen hat.[26]

c) Übermittlungsirrtum

Einen Spezialfall des Erklärungsirrtums regelt § 120 BGB.[27] Danach kann eine Willens- 6 erklärung, welche durch die zur Übermittlung verwendete Person oder Anstalt unrichtig übermittelt worden ist, unter der gleichen Voraussetzung angefochten werden wie nach § 119 BGB eine irrtümlich abgegebene Willenserklärung. Da es nur um die Übermittlung einer Willenserklärung geht, ist die Person, von der das Gesetz spricht, kein Stellvertreter im Sinne des § 164 Abs. 1 BGB, der eine eigene Willenserklärung abgibt, sondern nur als Bote zu qualifizieren, der eine fremde Willenserklärung überbringt. Das Gesetz weist also dem **Erklärenden** das **Risiko der fehlerhaften Übermittlung** zu.[28]

Umstritten ist, ob § 120 BGB abweichend vom Wortlaut einschränkend auszule- 7 gen ist. Ein Teil der Lehre spricht sich für eine teleologische Reduktion des § 120 BGB aus, wenn der Bote vorsätzlich falsch übermittelt.[29] Bei absichtlicher Falschübermittlung wirkt die Erklärung nach dieser Ansicht gar nicht gegen den Auftraggeber. Die Gegenmeinung weist auch diese Realisierung des Übermittlungsrisikos dem Auftraggeber zu.[30] Die gesetzliche Regelung sei auch in diesem Fall sachgerecht, zumal der Auftraggeber die Gefahr absichtlicher Falschübermittlung besser bannen könne als der Empfänger.[31] Dem ist zuzustimmen, weil dies dem **Grundsatz von Vorteil und korrespondierendem Risiko** Rechnung trägt, dessen Ausprägung auch § 120 BGB letztlich darstellt.

d) Rechtsfolgeirrtum

Häufig irrt sich der Erklärende weniger über die Bedeutung des von ihm gebrauchten 8 Erklärungszeichens als vielmehr über die Rechtsfolgen, die das Gesetz daran knüpft. Man spricht dann von einem Rechtsfolgeirrtum.[32] Hier ist die Rückbesinnung auf den Geltungsgrund der Anfechtung wichtig, der in der Aufrechterhaltung der Privatautonomie besteht. Demgemäß sind diejenigen Irrtümer beachtlich, auf die sich die Willenserklärung bezieht, nicht aber solche, die von Rechts und Gesetzes wegen eintreten.[33] Auch wer sich über die Bedeutung des Schweigens auf ein kaufmännisches Bestätigungsschreiben irrt, kann daher nicht anfechten.[34]

---

25 BGH NJW 1995, 190, 191.

26 BGH DB 1995, 1073.

27 BGH NJW 2005, 976, 977 m.w.N.

28 Palandt/*Ellenberger*, 71. Auflage 2012, § 120 Rn. 1.

29 *Flume*, § 23 3.

30 *Marburger*, AcP 173 (1973), 137.

31 *Bork*, Rn. 1361; *Medicus*, Rn. 748.

32 Aus dem älteren Schrifttum *Henle*, Der Irrtum über die Rechtsfolgen, 1911. Oberbegriff ist der Rechtsirrtum; zu ihm *Mayer-Maly*, AcP 170 (1970), 133, 165.

33 *Medicus/Petersen* BR, Rn. 133; ähnlich *Flume*, § 23 4 d.

34 Dazu bereits im Abschnitt über das Schweigen im Handelsrecht, oben § 17.

2. Irrtum über eine verkehrswesentliche Eigenschaft

9 Als Irrtum über den Inhalt der Erklärung gilt nach § 119 Abs. 2 BGB auch der Irrtum über solche Eigenschaften der Person oder der Sache, die im Verkehr als wesentlich angesehen werden.[35] Die dogmatische Einordnung des § 119 Abs. 2 BGB ist umstritten.[36] Dabei handelt es sich nicht bloß um einen akademischen Streit, weil davon die Reichweite der Vorschrift abhängt. Ein Teil der Lehre bemisst die Bestimmung der Eigenschaft nach dem jeweiligen Rechtsgeschäft.[37] Für die Anfechtbarkeit kommt es demnach darauf an, ob sich der Vertrag bzw. das Rechtsgeschäft gerade auf die konkrete Eigenschaft der Person oder Sache bezieht.[38] Dass Person oder Sache bezüglich einer vertraglich vorausgesetzten Eigenschaft nicht dem Rechtsgeschäft entsprechen, macht nach dieser Ansicht die Beachtlichkeit des Irrtums aus.[39] Diese Auffassung führt zu einer Verengung, weil an die Stelle der Verkehrswesentlichkeit praktisch die **Vertragswesentlichkeit** tritt, trägt aber dafür dem Prinzip der Privatautonomie Rechnung.[40]

10 Die Rechtsprechung erweitert demgegenüber den Anwendungsbereich des § 119 Abs. 2 BGB durch folgende Definition: „Eigenschaften sind alle tatsächlichen und rechtlichen Verhältnisse, (…) die infolge ihrer Beschaffenheit und Dauer auf die Brauchbarkeit und den Wert von Einfluss sind."[41] Kurz gesprochen sind Eigenschaften demnach alle **wertbildenden Faktoren,** nicht aber der Wert selbst. Alter und Echtheit einer Sache sind also verkehrswesentliche Eigenschaften, sofern nicht gerade die Echtheit bei Vertragsschluss zweifelhaft war.[42] Dann ist die Anfechtung nach § 119 Abs. 2 BGB ebenso ausgeschlossen wie bei anderen spekulativen Geschäften, weil es an einem Irrtum, jedenfalls aber an der Kausalität fehlt.[43]

II. Irrtümer im Schuldrecht

11 Im Schuldrecht ist der Irrtum tatbestandlich nur vereinzelt vorausgesetzt. Für die Prüfung wichtiger sind demgegenüber Konstellationen, die sich typischerweise aus einem Irrtum ergeben. Das ist zum einen kraft Sachzusammenhangs denkbar, wie zunächst der Wegfall der Geschäftsgrundlage und außerdem die irrtümliche Begleichung einer fremden Schuld zeigt.[44] Zum anderen kann das Gesetz selbst den Zusammenhang herstellen, wie § 779 BGB für den **Vergleich** zeigt.[45]

---

35 Zur Frage der Vollmachtsanfechtung wegen Irrtums über eine verkehrswesentliche Eigenschaft *Petersen*, AcP 201 (2001), 375, 381.

36 Aus dem weit verzweigten Schrifttum etwa *Schmidt-Rimpler*, FS Lehmann, 1956, S. 213; *Flume*, Eigenschaftsirrtum und Kauf, 1948; *G. Müller*, JZ 1988, 381; *Lenel*, AcP 123 (1925), 161.

37 Insoweit grundlegend *Flume*, Eigenschaftsirrtum und Kauf, 1948.

38 *Pawlowski*, Rn. 543.

39 *Flume*, § 24 II.

40 *Medicus/Petersen* BR, Rn. 140

41 BGHZ 70, 47, 48.

42 *Medicus/Petersen* BR, Rn. 142.

43 BGHZ 16, 54.

44 Zu dieser sogleich unter 3.

45 Dazu unter 2.

1. Wegfall der Geschäftsgrundlage und Kalkulationsirrtum

Der Zusammenhang zwischen Geschäftsgrundlage (§ 313 BGB) und Irrtum zeigt sich **12**
vor allem an den Beispielen des beiderseitigen Irrtums und des Kalkulationsirrtums.[46]

a) Die in Betracht kommenden Rechtsinstitute

Wenn sich eine Partei beim Vertragsschluss über einen den Vertrag betreffenden **13**
Umstand irrt, stellt sich die Frage nach der Anfechtbarkeit des Rechtsgeschäfts.[47] Der
Vertrag ist dann anfechtbar und nach § 142 Abs. 1 BGB nichtig,[48] wenn ein **Anfech-
tungsgrund** besteht. Ein solcher kann sich aus § 119 BGB ergeben. Vergleichsweise
einfach stellt sich die Lage dar, wenn sich nur eine Partei bezüglich ihrer inneren
Erwartungen oder der äußeren Umstände des Geschäftsschlusses geirrt hat: Steht ihr
ein Anfechtungsrecht zu, hat sie bei erfolgter Anfechtung gemäß § 122 Abs. 1 BGB dem
Vertragspartner vorbehaltlich des Absatzes 2 dessen Vertrauensschaden zu ersetzen.
Schwierig wird es, wenn beide Parteien sich über diese Umstände im Unklaren sind.
Da ihre Motive zum Vertragsschluss unterschiedlich und in der Praxis häufig gegen-
sätzlich sind, ist es gerade bei übereinstimmend zugrunde gelegten Erwartungen alles
andere als einfach, die gesetzlich gewerteten Interessen im Einzelfall herauszuarbeiten.[49]

aa) Unbeachtliche und ausnahmsweise beachtliche Motivirrtümer

§ 119 Abs. 2 BGB regelt zumindest im Fall der ausdrücklich oder stillschweigend ver- **14**
einbarten Eigenschaft des Vertragsgegenstandes den Tatbestand eines **ausnahmsweise beachtlichen Motivirrtums**[50] und lässt die Anfechtung in diesem Fall zu.[51]
Auch die arglistige Täuschung (§ 123 Abs. 1 Fall 1 BGB) stellt einen zur Anfechtung
berechtigenden Motivirrtum dar. Wie bei allen Irrtümern steht der Anfechtung nicht
entgegen, dass der Getäuschte den Irrtum bei entsprechender Sorgfalt hätte erkennen
können.[52] Während der Irrende jedoch sonst zum Schadensersatz gemäß § 122 BGB
und – wegen seines Verschuldens am Irrtum – nach h.M. auch aus culpa in contrahendo verpflichtet ist,[53] kann sich der Getäuschte ungeachtet seiner Unaufmerksam-
keit oder Leichtgläubigkeit auch ohne eine solche Schadensersatzpflicht vom Vertrag
lösen, weil der Täuschende schlechterdings nicht schutzbedürftig ist.

---

46 Vgl. *Petersen*, Rn. 220.
47 Instruktiv *Coester-Waltjen*, Jura 1990, 362; 2006, 348.
48 *Leenen*, Jura 1991, 393; zustimmend *Petersen*, Liber Amicorum Leenen, 2012, S. 219.
49 Zu den methodischen Grundlagen dieser schon im Zweipersonenverhältnis und erst recht im Dreipersonenverhältnis anspruchsvollen gesetzlichen Interessenwertung *Petersen*, Von der Interessenjurisprudenz zur Wertungsjurisprudenz, 2001, S. 18 ff.
50 Im Einzelnen allerdings streitig; näher *Medicus*, Rn. 767 ff. zum Meinungsbild. Vgl. *Scherner*,
VIII. 3. d.dd).
51 *Köhler*, § 7 Rn. 18.
52 *Faust*, § 22 Rn. 2.
53 BGH NJW-RR 1990, 229, 230; AG Lahr NJW 2005, 991.

15   Darüber hinaus ist ein Motivirrtum jedoch unstreitig unbeachtlich (arg. § 119 BGB), weil dort Wille und Erklärung übereinstimmen[54] und der Erklärende lediglich im Irrtum über eigene Erwartungen und Kalkulationen ist.[55] Die damit verbundenen Risiken muss der sich nicht irrende Vertragspartner nicht teilen. Da es solche Risiken aber nur unter Lebenden gibt, ist der **Motivirrtum im Erbrech**t nach § 2078 BGB aus gutem Grund beachtlich.

bb) Der beiderseitige Eigenschaftsirrtum

16   Im Fall des Eigenschaftsirrtums ist die Rechtslage allerdings weniger klar, wenn sich beide Parteien geirrt haben: Haben sie übereinstimmend irrtümlich eine verkehrswesentliche Eigenschaft der Person oder Sache angenommen, können bei unbefangener Subsumtion des § 119 Abs. 2 BGB beide anfechten. Das kann im Einzelfall jedoch wegen der mit der Anfechtung einhergehenden Ersatzpflicht nach § 122 BGB misslich sein; der zuerst Anfechtende muss demjenigen den Vertrauensschaden ersetzen, der seinerseits anfechtungsberechtigt ist. Ein Teil der Lehre befürchtet daher, dass es mitunter zufällig sei, wer in solchen Fällen als erster anficht und ersatzpflichtig wird. Daher sollen die §§ 119 ff. BGB hier generell nicht zum Zuge kommen, womit Raum für die Regeln über die **Geschäftsgrundlage** (§ 313 BGB) sei. Die Gegenmeinung gibt zu bedenken, dass man schwerlich von Zufall sprechen könne, weil es sich nicht nur um eine eigenverantwortliche Entscheidung des (zuerst) Anfechtenden handele, sondern dieser daraus auch Vorteile ziehen könne, die er gleichsam mit der Einstandspflicht aus § 122 Abs. 1 BGB erkaufe.[56]

17   Dabei ist zunächst zu berücksichtigen, dass nicht schon das Vorliegen eines Irrtums zur Anfechtung berechtigt. Vielmehr muss nach § 119 Abs. 1 a.E. BGB hinzukommen, dass der Irrende die Erklärung bei Kenntnis der Sachlage und verständiger Würdigung des Falles nicht abgegeben haben würde, wobei diese Regelung auch für den Eigenschaftsirrtum gilt. Hieran wird es jedoch häufig fehlen, wenn der Irrtum den Irrenden nicht wirtschaftlich schlechter stellt.[57] Haben beispielsweise beide Parteien eine Kaufsache nur für versilbert gehalten, während sie in Wirklichkeit aus purem Silber bestand, so ist dies vor allem für den Käufer günstig, der nach dem Vertrag einen niedrigeren Preis bezahlen muss, als die Sache wert ist. Obwohl also auch er einem Irrtum unterlag, wird er den Vertrag nicht nur nicht anfechten wollen, sondern häufig mangels **Erheblichkeit** i.S.d. § 119 Abs. 1 a.E. BGB gar nicht anfechten können. Der Verkäufer hingegen wird daran ein Interesse haben, weil er die Sache ansonsten für einen zu geringen Preis weggeben muss. Ficht er an, so schuldet er dem Käufer Ersatz nach § 122 Abs. 1 BGB. Damit wird letztlich der Privatautonomie Rechnung getragen.[58] Dass die andere Partei dem gleichen Irrtum unterlag, kann allein nicht zu einer anderen Bewertung führen, zumal sie den Vertrag aus eigenem Entschluss gar nicht beseitigen könnte. Hierfür spricht auch, dass es in den weitaus meisten Fällen dem Verkäufer obliegt, seine Ware im Vorhinein so zu taxieren und gegebenenfalls überprüfen zu lassen, dass die Äquivalenz im Hinblick auf den Wert gewahrt ist.

---

54 *Rüthers/Stadler*, § 25 Rn. 19.
55 Grundlegend *Brox*, Die Einschränkung der Irrtumsanfechtung, 1960.
56 *Flume*, § 24, 4 S. 488.
57 RGZ 128, 116, 121; BGH NJW 1988, 2597, 2599.
58 *Medicus/Petersen* BR, Rn. 162.

Gleichwohl bleiben Fälle denkbar, in denen beide Seiten ein berechtigtes Inter- **18**
esse an der Anfechtung geltend machen können. Der BGH hat etwa dem Verkäufer
eines vermeintlich von **Duveneck** stammenden Ölgemäldes ein Anfechtungsrecht
nach § 119 Abs. 2 BGB zugestanden, obwohl das tatsächlich verkaufte Bild keinesfalls
wertvoller war.[59] Danach sei beim Verkauf eines Kunstwerkes nicht allein die wirtschaftliche Komponente, sondern auch dessen Urheberschaft wesentlich. Gerade
in den Fällen, in denen sich der Irrtum für beide Vertragsparteien nachteilig auswirkt und daher beide Seiten ein Interesse an der Beseitigung des Vertrags haben,
ist jedoch nicht auszuschließen, dass eine Anfechtung mit der Ersatzpflicht aus § 122
BGB des zuerst Anfechtenden aufgrund der Umstände untunlich ist, so dass sich
die Geschäftsgrundlagenstörung (§ 313 Abs. 2 BGB) als Ausweg anbietet. Bevor man
aber bei der Bearbeitung von Fällen schematisch auf den Wegfall bzw. das Fehlen der
Geschäftsgrundlage zusteuert, sollte man die wechselseitigen Anfechtungsmöglich-
keiten mit ihren jeweiligen Folgeansprüchen aus § 122 Abs. 1 BGB bedenken, um der
Interessenlage gerecht zu werden.

cc) Abgrenzung zur Bedingung
Nicht zuletzt im Hinblick auf die eingangs geschilderten Schwierigkeiten der Inter- **19**
essenbewertung muss man sich bei der Falllösung stets diejenigen Instrumente vergegenwärtigen, mit denen den eigenen Mindesterwartungen an den Vertragsinhalt
Rechnung getragen werden kann. Wer bestimmte Umstände, die für ihn wichtig sind,
zum Vertragsinhalt machen möchte, hat schließlich die rechtliche Möglichkeit, dies
zur Bedingung für die Wirkungen des Geschäfts zu machen. Deshalb empfiehlt es
sich, bei der Fallbearbeitung neben dem Motivirrtum und der weiter unten zu behandelnden Geschäftsgrundlagenstörung immer auch an das Vorliegen einer möglichen
Bedingung zu denken, wenn der Sachverhalt zu erkennen gibt, dass eine Partei den
Eintritt bestimmter Umstände für besonders wichtig und geschäftswesentlich erklärt
hat. Freilich darf dies nicht nur eine innere Erwartung darstellen – das ist geradezu
der klassische Fall des unbeachtlichen Motivirrtums –, sondern muss der anderen
Partei gegenüber so deutlich mitgeteilt werden, dass die von der Bedingung abhängig gemachte Wirkung nur mit dem Eintritt der Bedingung eintreten soll, wie es § 158
Abs. 1 BGB vorsieht. Zu berücksichtigen ist allerdings, dass der Vertragspartner nicht
ausdrücklich von einer „Bedingung" sprechen muss, sondern es vielmehr auf die
Interessenlage ankommt.[60] Auch wenn das Vorliegen einer Bedingung daran häufig
scheitern wird, kann man gerade in Fallgestaltungen, in denen die Enttäuschung
gemeinsam gehegter Erwartungen bzw. beiderseitiger Unkenntnis schließlich zur
Geschäftsgrundlage führen,[61] mitunter zuvor noch in der gebotenen Kürze feststellen,
dass keine Bedingung vorliegt. Das wird häufig die Auslegung nach Maßgabe der
§§ 133, 157 BGB ergeben, wenn und weil der Vertragspartner eine geäußerte Erwartung
nach dem objektiven Empfängerhorizont nicht als Bedingung auffassen musste. Hier
kommt es entscheidend auf die Umstände oder den Vertragszweck an; so kann die
unscheinbare Wendung „bei schönem Wetter" ebenso eine unverbindliche Erwartung

---

59 BGH NJW 1988, 2597, 2599.
60 Palandt/*Ellenberger*, 71. Auflage 2012, Einführung vor § 158 Rn. 3; vgl. auch BGH NJW-RR 1998, 801.
61 Instruktiv zum Ganzen *Brox/Walker*, § 20.

oder – etwa bei einer vertraglich festzulegenden Freiluftveranstaltung – eine Bedingung (= zukünftiges ungewisses Ereignis) darstellen oder eben die Geschäftsgrundlage des Vertrags ausmachen.

b) Kalkulationsirrtum und Doppelirrtum

20 In den vorliegenden Zusammenhang gehört auch der Kalkulationsirrtum, bei dem der Erklärende sich über einen Umstand irrt, auf dem seine Preiskalkulation beruht und der deshalb jedenfalls dann einen unbeachtlichen Motivirrtum darstellt, wenn die Kalkulationsgrundlage dem Vertragspartner nicht offenbart wurde (= **verdeckter Kalkulationsirrtum**).[62] Demgegenüber wird die Kalkulation beim **offenen Kalkulationsirrtum** zum Gegenstand der Vertragsverhandlungen gemacht; die Gegenleistung stellt sich hier als Ergebnis der Kalkulation dar. Entgegen der früheren Rechtsprechung, die in diesen Fällen einen nach § 119 Abs. 1 BGB beachtlichen Irrtum annahm,[63] nimmt der Bundesgerichtshof im Einklang mit der wohl überwiegenden Meinung an, dass sich in solchen Fällen Wille und Erklärung decken, so dass weder für § 119 Abs. 1 BGB noch für dessen zweiten Absatz – der Wert ist keine verkehrswesentliche Eigenschaft – Raum ist.[64] Paradigmatisch für die frühere Rechtsprechung war der einen Doppelirrtum betreffende **Rubelfall**,[65] in dem die Parteien übereinstimmend einen falschen Umrechnungskurs des Rubels im Verhältnis zur deutschen Währung annahmen.[66] Der Fall veranschaulicht nicht nur die bei der Fallbearbeitung stets zu berücksichtigende Vorrangigkeit der Auslegung[67] (insbesondere auch die Unbeachtlichkeit einer irrtümlichen Falschbezeichnung[68]), sondern auch die Nähe zur Geschäftsgrundlage, über die der Rubelfall heute vielfach gelöst wird, wenn die falsche Kalkulationsgrundlage offengelegt wurde.[69] Grundsätzlich ist es Sache des Anbieters, seine Kalkulation so auszugestalten, dass sie zutrifft und seinen Geschäftserwartungen entspricht.[70] Daher spielt es zwar keine Rolle, ob der Vertragspartner den Irrtum kannte oder kennen konnte.[71] Wird der Kalkulationsirrtum jedoch von einer Seite erkannt oder musste er sich ihr nachgerade aufdrängen, kann es trotz des Ausschlusses der Anfechtung einen Fall unzulässiger Rechtsausübung (§ 242 BGB) darstellen, wenn das Festhalten an der Vertragsdurchführung den anderen Teil regelrecht ruinieren würde.[72] Hier kann ausnahmsweise eine Pflicht zur Offenlegung bestehen, deren Verletzung dann einen Anspruch unter dem Gesichtspunkt der culpa in contrahendo aus §§ 280 Abs. 1, 311 Abs. 2 BGB nach sich zieht.[73] Das kann in seltenen Fällen sogar dazu

---

62 BGHZ 154, 276, 281; anders ausnahmsweise bei öffentlichen Ausschreibungen; dazu *Pawlowski*, JZ 1997, 741.

63 RGZ 101, 107; 149, 239.

64 BGHZ 139, 177; BGH NJW 2002, 2312.

65 RGZ 105, 407.

66 Instruktiv dazu *Pfeifer*, Jura 2005, 774.

67 BGHZ 154, 276, 282; BGH NJW 2006, 3139, 3140, dazu *Emmerich*, JuS 2006, 1021.

68 Dazu *Brox/Walker*, Rn. 133.

69 Näher *Medicus*, Rn. 757.

70 *Köhler*, § 7 Rn. 25.

71 BGHZ 139, 177, 181; dazu eingehend *Singer*, JZ 1999, 342; vgl. auch *Waas*, JuS 2001, 14.

72 BGHZ 139, 177, 181.

73 Dazu *Petersen*, Rn. 220.

führen, dass der Geschädigte so zu stellen ist, wie wenn der für ihn günstigere Vertrag zustande gekommen wäre.[74]

c) Wegfall der Geschäftsgrundlage

Nach alledem ist schließlich vom beiderseitigen Irrtum über den Erklärungsinhalt 21 i.S.d. § 119 BGB der **beiderseitige Motivirrtum** zu unterscheiden.[75] Ein einseitiger Motivirrtum ist gerade deshalb unbeachtlich, weil das Vertrauen des Erklärungsempfängers auf den Inhalt und die Gültigkeit der Erklärung geschützt werden soll. Dieser Vertrauensschutzaspekt entfällt, wenn beide Teile des Vertrags von einem unrichtigen Motiv ausgehen.[76] Solchermaßen „falsche" Voraussetzungen des geschlossenen Vertrags kann man letztlich als fehlerhafte Geschäftsgrundlage ansehen. Dabei ist im Spannungsfeld zwischen Motivirrtum und Geschäftsgrundlage jedoch zu berücksichtigen, dass das Motiv einer Seite noch nicht dadurch rechtserheblich wird, dass es der anderen Seite mitgeteilt wird: „Denn sonst stünde der Geschwätzige besser, der seine Motive auf der Zunge trägt."[77] § 313 BGB hat inzwischen nicht nur für den späteren Wegfall der Geschäftsgrundlage, sondern auch für deren anfängliches Fehlen einen adäquaten Interessenausgleich bestimmt: Haben sich Umstände, die zur Grundlage des Vertrags geworden sind, nach Vertragsschluss schwerwiegend geändert (= **reales Element** der Geschäftsgrundlage) und hätten die Parteien den Vertrag daraufhin nicht oder mit anderem Inhalt geschlossen, wenn sie diese Veränderung vorausgesehen hätten (= **hypothetisches Element**), so kann nach § 313 Abs. 1 BGB Anpassung des Vertrags verlangt werden, soweit einem Teil unter Berücksichtigung aller Umstände des Einzelfalles, insbesondere der vertraglichen oder gesetzlichen Risikoverteilung, das Festhalten am unveränderten Vertrag nicht zugemutet werden kann (= **normatives Element**). Einer Veränderung der Umstände steht es gemäß dem hier besonders wichtigen § 313 Abs. 2 BGB gleich, wenn wesentliche Vorstellungen, die zur Grundlage des Vertrags geworden sind, sich als falsch herausstellen. Diese Regelungen können letztlich als Lösungsmodell für die hier in Rede stehenden Konstellationen begriffen werden.[78] Das gilt insbesondere für den beiderseitigen Motivirrtum.

2. Irrtum über die Vergleichsgrundlage

Obwohl § 779 Abs. 1 BGB im Gesetzestext nicht ausdrücklich vom Irrtum spricht, ist 22 es die Vorschrift, die vielleicht am deutlichsten das Auseinanderfallen von Vorstellung und Wirklichkeit im Schuldrecht regelt. Nach der dortigen Legaldefinition ist ein Vergleich ein Vertrag, durch den der Streit oder die Ungewissheit der Parteien über ein Rechtsverhältnis im Wege des gegenseitigen Nachgebens beseitigt wird. Dieser ist unwirksam, wenn der nach dem Inhalt des Vertrags als feststehend zugrunde gelegte

---

74 Der Nachweis, dass bei erfolgter Aufklärung der Vertrag zu den für ihn günstigeren Konditionen zustande gekommen wäre, wird dem Geschädigten jedoch nur selten gelingen; vgl. BGH NJW 2006, 3139, 3140 f.
75 *Gottwald*, Rn. 158.
76 *Brox/Walker*, Rn. 476.
77 So treffend *Medicus*, Rn. 870.
78 Zutreffend *Brox/Walker*, Rn. 477 f.

Sachverhalt der Wirklichkeit nicht entspricht und der Streit oder die Ungewissheit bei Kenntnis der Sachlage nicht entstanden sein würde. Es handelt sich dabei um einen **gesetzlich geregelten Fall des Fehlens der Geschäftsgrundlage**.[79] Das bedeutet, dass § 313 BGB ergänzend heranzuziehen ist, wenn die Voraussetzungen des § 779 BGB nicht zur Gänze vorliegen,[80] etwa deshalb weil sich der gemeinsame Irrtum der vertragsschließenden Parteien nicht auf einen Umstand bezogen hat, der den Streit ausschließt.[81] Das kann dann der Fall sein, wenn sich eine Rechtsprechung geändert hat, deren unveränderten Bestand die Parteien übereinstimmend zugrunde gelegt haben.[82]

23   Für den vorliegenden Zusammenhang bedeutsam ist das Verhältnis des § 779 BGB zu den allgemeinen Irrtumsregelungen des § 119 BGB. Dabei geht es weniger um die grundsätzliche Frage, ob ein unwirksames Rechtsgeschäft überhaupt angefochten werden kann, mithin um die Lehre von den Doppelwirkungen im Recht. Vielmehr ist zu berücksichtigen, dass § 779 Abs. 1 BGB die allgemeinen Vorschriften über die Irrtumsanfechtung nicht verdrängt oder auch nur berührt.[83] Verspricht oder verschreibt sich eine Vertragspartei, so kann sie also nach § 119 Abs. 1 BGB anfechten; es muss dann freilich aus der Erklärung (§ 143 Abs. 1 BGB) unmissverständlich hervorgehen, dass sie gerade deswegen angefochten wird.[84] Entsprechendes gilt bei einem Irrtum über eine verkehrswesentliche Eigenschaft der Person, also des Partners des Vergleichs, der nach dem Wortlaut des § 779 Abs. 1 BGB ein schuldrechtlicher Vertrag ist. Der Irrtum darf sich jedoch nicht auf einen Umstand beziehen, der durch den Vergleich gerade erledigt werden soll;[85] in einem solchen Fall kann aber, was in der Fallbearbeitung dann zu prüfen ist, der Einwand **unzulässiger Rechtsausübung** (§ 242 BGB) entgegenstehen.[86]

3. Putativschuld im Bereicherungsrecht

24 Nur am Rande kann hier die schwierige Frage der irrtümlichen Tilgung einer fremden Schuld behandelt werden. Die Frage stellt sich, wenn jemand als vermeintlicher Schuldner (**Putativschuldner**) an den Gläubiger einer fremden Schuld zahlt. Stellt sich der Irrtum heraus, so ist zu prüfen, ob der Putativschuldner einen Anspruch aus § 812 Abs. 1 S. 1 Fall 1 BGB gegen den Gläubiger hat. Dieser hat etwas, Eigentum und Besitz am Geld, erlangt, ohne dass es einen Rechtsgrund für die Vermögensverschiebung gibt, da zwischen beiden objektiv keine Verbindlichkeit bestand. Fraglich ist, ob dies durch Leistung, also durch bewusste und zweckgerichtete Mehrung fremden Vermögens, erfolgte. Zweckgerichtet bedeutet: zur Tilgung einer – sei es auch vermeintlichen – Verbindlichkeit (**solvendi causa**).[87] Hier erlangt demnach der Inhalt

---

79 BGH NJW-RR 1994, 434.
80 BGH NJW 1984, 1746.
81 BGH JZ 1962, 361.
82 BGHZ 58, 362.
83 Palandt/*Sprau*, 71. Auflage 2012, § 779 Rn. 26.
84 BGH WM 1965, 234.
85 RGZ 162, 201.
86 OLG Hamm NJW-RR 2006, 65.
87 *Peifer*, Schuldrecht – Gesetzliche Schuldverhältnisse, 2005, § 9 Rn. 7.

der Parenthese Gewicht; für das Tatbestandsmerkmal „durch Leistung" genügt eine irrtümlich angenommene Verbindlichkeit. Der Putativschuldner kann also im Wege der Leistungskondiktion gegen den Gläubiger vorgehen. Dagegen hat der wirkliche Schuldner durch die Leistung des Putativschuldners nichts, insbesondere nicht die Befreiung von seiner Verbindlichkeit gegenüber dem Gläubiger, erlangt. Folgerichtig hat der Putativschuldner gegen ihn grundsätzlich[88] auch keinen Anspruch.[89]

III. Irrtümer im Familienrecht

Auch wenn das Familienrecht nach den Ausbildungsordnungen der meisten Bundesländer nur noch in den Grundzügen Prüfungsstoff ist, seien der Vollständigkeit halber zwei Bereiche herausgegriffen, in denen Irrtümer eine zentrale Rolle spielen, weil sie für die Systematik des Bürgerlichen Gesetzbuchs aufschlussreich sind. 25

1. Eheaufhebung wegen Irrtums

Weniger prüfungsrelevant ist ohne Zweifel § 1314 Abs. 2 Nr. 2 BGB, wonach eine Ehe 26 auch dann aufgehoben werden kann, wenn ein Ehegatte nicht gewusst hat, dass es sich um eine Eheschließung handelt. Es muss also ein Fall vorliegen, in dem einer der Ehepartner infolge eines **Tatsachen-** oder **Rechtsirrtums** nicht weiß, dass der Tatbestand einer nach deutschem gültigen Ehe vorliegt.[90] Zu denken ist an Fälle mit Auslandsberührung, in denen etwa der deutsche Partner, der zwar weiß, dass nach ausländischem Recht eine Eheschließung vorliegt, sich aber über die rechtlichen Wirkungen im Inland irrt.[91] Die Einzelheiten gehören ins Internationale Privatrecht.

2. Ausschluss der Vaterschaftsvermutung

Von praktischem Interesse ist der Ausschluss der Vaterschaftsvermutung in § 1600c 27 Abs. 2 BGB. In systematischer Hinsicht bemerkenswert ist, dass dort auf § 119 Abs. 1 BGB verwiesen wird. Danach gilt die Vaterschaftsvermutung, nach der das Kind von dem Mann abstammt, dessen Vaterschaft nach § 1592 f. BGB besteht (§ 1600c Abs. 1 BGB),[92] dann nicht, wenn der Mann, der die Vaterschaft anerkannt hat, die Vaterschaft anficht und seine Anerkennung unter einem Willensmangel nach §§ 119 Abs. 1, 123 BGB leidet. Relevant ist hier also ebenfalls der **Inhalts- und Erklärungsirrtum**, nicht jedoch, wie sich aus der eingeschränkten Verweisung auf § 119 Abs. 1 BGB ergibt, der Irrtum über eine verkehrswesentliche Eigenschaft. Ein Erklärungsirrtum kann etwa dann vorliegen, wenn die Erklärungshandlung auf die Vaterschaftsanerkennung

---

88 Zum ausnahmsweisen Verzicht auf den Bereicherungsanspruch gegen den Gläubiger und zur Möglichkeit der nachträglichen Änderung der Tilgungsbestimmung in diesem Zusammenhang BGH NJW 1986, 2700; *Medicus/Petersen* BR, Rn. 951.

89 Vgl. nur KG NJW 1985, 1714: Vertauschen der Stromzähler zwischen Mietern.

90 RGZ 103, 399; BGH FamRZ 1970, 641.

91 RG JW 1925, 1639.

92 Näher zum rechtlichen und leiblichen Vater *J. Hager*, FS D. Schwab, 2005, S. 773.

hindeutet, obwohl sie auf etwas anderes, beispielsweise die Namenserteilung nach § 1618 BGB, gerichtet war.[93]

IV. Irrtumsanfechtung im Erbrecht

28 Im Erbrecht spielen Irrtümer an verschiedenen Stellen eine Rolle. Neben dem Irrtum über den Berufungsgrund bei der Annahme der Erbschaft (§ 1949 Abs. 1 BGB) und der Anfechtung der Annahme oder Ausschlagung sowie der Versäumung der Ausschlagungsfrist ist es vor allem die Anfechtung der letztwilligen Verfügung wegen Irrtums, die im vorliegenden Zusammenhang relevant ist. Es ist aber noch aus einem anderen Grund sinnvoll, die im Bürgerlichen Recht vorkommenden Irrtümer zusammenzustellen. Denn ein wesentlicher Unterschied zwischen der Irrtumsanfechtung im Allgemeinen Teil und der erbrechtlichen Irrtumsanfechtung besteht in der **unterschiedlichen Bewertung von Motivirrtümern**. Anders als nach § 119 Abs. 1 BGB sind Motivirrtümer nach den §§ 1949 Abs. 1, 2078 f., 2281 BGB nämlich durchaus beachtlich. Der Grund für die unterschiedliche Behandlung liegt darin, dass bei Irrtümern des Erblassers deshalb großzügiger verfahren werden kann, weil dort der Vertrauensschutz keine vergleichbare Rolle spielt.[94]

1. Annahme der Erbschaft

29 Nach § 1949 Abs. 1 BGB gilt die Annahme der Erbschaft als nicht erfolgt, wenn der Erbe über den Berufungsgrund, d.h. ob er als gesetzlicher Erbe oder durch Testament berufen ist (§ 1948 BGB), im Irrtum war. Auch hier wird vom Gesetz ein bloßer Motivirrtum als wesentlich erachtet.[95] Ist der Berufungsgrund dem Erben allerdings gleichgültig, so besteht kein Grund für die gesetzliche Anordnung, so dass insoweit eine **teleologische Reduktion** des § 1949 Abs. 1 BGB vorzunehmen ist.[96] Einige verneinen in diesem Fall bereits die für den Irrtum erforderliche Kausalität.[97] Jedenfalls wäre die Berufung eines Gleichgültigen auf § 1949 Abs. 1 BGB rechtsmissbräuchlich.[98]

30 Praktisch wichtig und für die Dogmatik des Irrtumsrechts aufschlussreich ist in diesem Zusammenhang die Anfechtung der Annahme oder der Ausschlagung der Erbschaft nach §§ 1954 ff. BGB.[99] Bedeutsam ist nämlich vor allem der Irrtum bezüglich der **Überschuldung des Nachlasses**. Schon die Rechtsprechung des Reichsgerichts hat einen solchen Irrtum als nach § 119 Abs. 2 BGB wesentlich erachtet.[100] Die Rechtsprechung des Bundesgerichtshofs ist dem gefolgt.[101] Jedoch genügen Fehlvorstellun-

---

93 Palandt/*Brudermüller*, 71. Auflage 2012, § 1600c Rn. 5.
94 *Medicus*, Rn. 745.
95 *Medicus/Petersen* BR, Rn. 147.
96 *Lange/Kuchinke*, Lehrbuch des Erbrechts, 5. Auflage 2001, § 8 VII 1 d.
97 *Pohl*, AcP 177 (1977), 57, 71; *Kraiß*, BWNotZ 1992, 31.
98 Palandt/*Weidlich*, 71. Auflage 2012, § 1949 Rn. 1.
99 Die Anfechtungsvorschriften des Allgemeinen Teils werden durch die §§ 1954 ff. BGB teilweise (bis auf die Anfechtungsgründe) modifiziert.
100 RGZ 149, 235.
101 BGHZ 106, 359.

gen des Erben bezüglich etwaiger Beschwerungen oder Beschränkungen im Sinne des § 2306 BGB nicht für die Anwendung des § 119 Abs. 2 BGB.[102] In diesem Fall verbleibt ihm nur die Möglichkeit der Anfechtung der Ausschlagung nach § 2308 BGB. Hervorzuheben ist in diesem Rahmen auch noch die Möglichkeit der Anfechtung der Fristversäumung nach § 1956 BGB, die erforderlich ist, weil dem Schweigen hier gemäß § 1943 HS. 2 BGB Erklärungswert zukommt.

2. Anfechtung letztwilliger Verfügungen

Nach § 2078 Abs. 1 BGB kann eine letztwillige Verfügung angefochten werden, soweit **31** der Erblasser über den Inhalt seiner Erklärung im Irrtum war oder eine Erklärung dieses Inhalts überhaupt nicht abgeben wollte und anzunehmen ist, dass er die Erklärung bei Kenntnis der Sachlage nicht abgegeben haben würde. Das Gleiche gilt nach § 2078 Abs. 2 BGB, soweit der Erblasser zu der Verfügung durch die irrige Annahme oder Erwartung des Eintritts oder Nichteintritt eines Umstandes bestimmt worden ist. § 2281 Abs. 1 BGB verweist für den Erbvertrag auf § 2078 BGB. Auch bei letztwilligen Verfügungen ist die Auslegung vorrangig, wobei in diesem Rahmen das Verhältnis des § 133 BGB zu den erbrechtlichen Auslegungsvorschriften zu berücksichtigen ist.[103] Zu beachten ist, dass nach § 2078 BGB nicht das Testament als solches, sondern die betreffende letztwillige Verfügung, die darin enthalten ist, angefochten wird.[104] Die in § 2078 Abs. 2 BGB genannten irrigen Vorstellungen muss der Erblasser tatsächlich gehabt haben.[105] Das Vergessen einer früheren Testamentserrichtung genügt nicht.[106] Die Rechtsprechung lässt jedoch „unbewusste Vorstellungen" genügen.[107]

---

102 *Medicus/Petersen* BR, Rn. 148.
103 Dazu bereits eingehend oben im Rahmen der Auslegung letztwilliger Verfügungen.
104 BGH NJW 1985, 2025.
105 BGH NJW 1963, 246.
106 BGHZ 42, 327.
107 BGH WM 1987, 1019, 1020; näher *Olzen*, Erbrecht, 2001, Rn. 667 ff.

§ 24 Die Anfechtung wegen Täuschung und Drohung

I. Arglistige Täuschung

1 Die arglistige Täuschung kann an verschiedenen Stellen innerhalb der Fallbearbeitung relevant werden. Es genügt daher nicht, den – freilich wichtigsten und daher auch vorrangig zu behandelnden – Fall der Anfechtung im Blick zu haben.

1. Anfechtung

2 Die Anfechtung wegen arglistiger Täuschung ist gewiss dasjenige, woran man in der Fallbearbeitung zuerst denken muss. Wie immer ist von der Rechtsfolge der Nichtigkeit nach § 142 Abs. 1 BGB und nicht vom Anfechtungsgrund auszugehen. Ist der Vertrag[1] nach § 142 Abs. 1 BGB i.V.m. § 123 Abs. 1 BGB nichtig, so kommt es zum **Bereicherungsausgleich**.[2] Wer zur Abgabe einer Willenserklärung durch arglistige Täuschung bestimmt worden ist, kann die Erklärung nach § 123 Abs. 1 BGB anfechten.[3] Erforderlich sind also Täuschung, Arglist und deren Kausalität für die Willenserklärung, wie sich aus dem Wort „bestimmt" ergibt. Die Täuschung muss zudem rechtswidrig sein, was sich dem Wortlaut des § 123 Abs. 1 BGB allerdings nicht ohne weiteres entnehmen lässt.

a) Täuschung

3 Schwierigkeiten bereitet vor allem das Tatbestandsmerkmal der Täuschung. Grundsätzlich handelt es sich dabei um die Erregung eines Irrtums über Tatsachen; ausnahmsweise, nämlich wenn eine Aufklärungspflicht besteht, reicht die Aufrechterhaltung eines bestehenden Irrtums.[4] Ebenso wichtig sind diejenigen Fälle, in denen zwar keine explizite Täuschung vorliegt, wohl aber eine Pflicht zur Offenbarung bestimmter Umstände, hinsichtlich derer der Erklärende nach Treu und Glauben unter Berücksichtigung der Verkehrsanschauung eine Aufklärung redlicherweise erwarten durfte.[5] Wann dies der Fall ist, „entzieht sich der gesetzlichen Lösung", wie es in den Motiven heißt.[6] Die Rechtsprechung hat noch keine operationalisierbare Formel entwickelt, mit der sich die problematischen Fälle trennscharf lösen lassen.[7] Eine allgemeine Offenbarungspflicht besteht jedenfalls nicht; es kommt vielmehr auf die Umstände des Einzelfalles, das Gesamtverhalten der handelnden Person und die Art

---

1 § 142 BGB spricht von „Rechtsgeschäft", unklar bleibt, ob damit der Vertrag oder die Willenserklärung gemeint ist, vgl. hierzu *Leenen*, Jura 1991, 393.

2 Ob sich der Anspruch aus § 812 Abs. 1 S. 2 Fall 1 BGB ergibt, weil die Anfechtung zum späteren Wegfall des Rechtsgrundes führt, oder – wegen der Rückwirkung – aus § 812 Abs. 1 S. 1 Fall 1 BGB, ist eine wenig ergiebige Streitfrage.

3 Allgemein dazu *von Lübtow*, FS Bartholomeyczik, 1973, S. 249; zur Beweislast *Haasen*, VersR 1954, 482.

4 *Medicus*, Rn. 788.

5 Vgl. BGH NJW 1989, 763; NJW-RR 1991, 439, 440.

6 *Mugdan*, Band I, S. 467.

7 RGZ 111, 233, 234; BGH ZIP 2001, 1678, 1680.

des Geschäfts an.[8] Zunächst müssen Fragen des anderen Teils vollständig und richtig beantwortet werden.[9] Darüber hinaus müssen aber auch ungefragt solche **Tatsachen offenbart** werden, die für die Willensbildung des anderen Teils offensichtlich von ausschlaggebender Bedeutung sind.[10] So darf der Verkäufer wesentliche Mängel der Kaufsache nicht verschweigen und bei besonders schwerwiegenden Mängeln muss bereits das Vorliegen eines Verdachts mitgeteilt werden.[11] Zum Beispiel muss beim Verkauf eines Kfz auf einen schweren Unfallschaden ungefragt hingewiesen werden, auf einen Bagatellschaden nur auf Nachfrage.[12]

b) Rechtswidrigkeit

Ausweislich des Wortlauts des § 123 Abs. 1 BGB ist die Widerrechtlichkeit eigentlich 4 nur Tatbestandsmerkmal der Drohung. Bezüglich der arglistigen Täuschung ging der Gesetzgeber davon aus, dass diese ipso facto widerrechtlich ist.[13] Später hat sich jedoch gezeigt, dass es Fälle der vorsätzlichen Täuschung gibt, die nicht als rechtswidrig anzusehen sind, weil dem Erklärenden ein **„Recht zur Lüge"** zusteht.[14] Die Problematik entzündet sich vor allem am Beispiel des Einstellungsgesprächs und betrifft damit das Arbeitsrecht.[15] Die Unzulässigkeit der Frage kann sich außer aus speziellen Regelungen wie § 611a BGB, dem BZRG und dem BDSG auch aus § 242 BGB ergeben, wobei über die mittelbare Drittwirkung auch die Grundrechte Bedeutung erlangen. Dass der Arbeitgeber nicht nach der Parteizugehörigkeit fragen darf, entspricht allgemeiner Meinung.[16] Eine Frau darf nach der Rechtsprechung des Bundesarbeitsgerichts auch nicht nach einer gegebenenfalls bestehenden Schwangerschaft gefragt werden, weil dies gegen den – richtlinienkonform auszulegenden[17] – § 611a Abs. 1 S. 1 BGB verstieße.[18] Eine unwahre Antwort auf die gleichwohl gestellte Frage danach ist also keine rechtswidrige Täuschung im Sinne des § 123 Abs. 1 BGB.[19]

---

8 *Flume*, § 29 I, S. 541.

9 BGHZ 74, 383, 392.

10 BGH NJW 1971, 1795, 1799.

11 OLG Bremen DAR 1980, 373.

12 Vgl. hierzu die Rechtsprechungsübersicht bei Palandt/*Ellenberger*, 71. Auflage 2012, § 123 Rn. 7.

13 *Mugdan* Band I, S. 965.

14 BAG NZA 2003, 848; MüKo/*Armbrüster*, 6. Auflage, 2012, § 123 Rn. 18; Bamberger/Roth/*Wendtland*, 24. Edition 2012, § 123 Rn. 15.

15 Aus dem breiten Schrifttum *Braun*, MDR 2004, 64; *Degener*, Das Fragerecht des Arbeitgebers gegenüber Bewerbern, 1975; *Ehrich*, DB 2000, 421; *Hümmerich*, BB 1979, 428; *Hofmann*, ZfA 1975, 1; *Klak*, BB 1987, 1382; *Heilmann*, BB 1989, 1413; *Colneric*, BB 1986, 1573; *Meilicke*, BB 1986, 1288.

16 *Medicus*, Rn. 793.

17 § 611a BGB beruht auf der Richtlinie 76/207/EWG. Nach der Entscheidung des EuGH vom 3.2.2000 (EuGH I, Slg. I-2000, 549 = NZA 2000, 255) verbietet Art. 2 Abs. 1 und 3 dieser Richtlinie es, eine Schwangere deshalb nicht auf eine unbefristete Stelle einzustellen, weil sie für die Dauer der Schwangerschaft wegen eines auf ihren Zustand folgenden gesetzlichen Beschäftigungsverbots auf dieser Stelle von Anfang an nicht beschäftigt werden darf. Dies ist bei der Anwendung des § 611a BGB zu berücksichtigen.

18 BAG NJW 1993, 1154; NZA 2003, 848; skeptisch *Adams*, ZIP 1994, 499; *Adomeit*, JZ 1993, 846.

19 Zu der nahezu uferlosen Diskussion zu dieser Frage *Sowka*, NJA 1994, 967; *Schulte-Westenberg*, NJW 1994, 1573; *Buschbeck-Bülow*, BB 1993, 360; *Zeller*, BB 1993, 1115.

c) Arglist und Kausalität

5 Arglist liegt vor, wenn der Täuschende zumindest bedingten Vorsatz hat.[20] Arglistig handelt bereits, wer etwas ins Blaue hinein behauptet, ohne sicher zu sein, ob seine Angaben stimmen.[21] Der Handelnde muss dann zumindest offenlegen, dass seine Angaben einer zuverlässigen Beurteilungsgrundlage ermangeln, wenn er dem Vorwurf der Arglist entgehen will.[22] Gegenüber einem **omnimodo facturus**, also jemandem, der ohnedies zum Abschluss des entsprechenden Vertrags entschlossen war, begründet das Vorspiegeln weiterer Vorteile keinen Arglistvorwurf.[23] In derartigen Konstellationen wird es in aller Regel auch an der erforderlichen Kausalität fehlen. Im Übrigen genügt Mitursächlichkeit der Täuschung für den Abschluss des konkreten Geschäfts.[24] Es genügt also, dass der Getäuschte die Täuschung zwar als solche erkannt hat, sich aber über ihr konkretes Ausmaß im Unklaren war.[25]

d) Ausschluss der Arglistanfechtung

6 Die Arglistanfechtung unterliegt nur sehr eingeschränkt der privatautonomen Disposition der Parteien, was sich zwanglos aus der von § 123 BGB bezweckten Schutzrichtung ergibt: Eine Willenserklärung, die von einer arglistigen Täuschung beeinflusst ist, kann eben nicht mehr als Ausdruck freier rechtsgeschäftlicher Selbstbestimmung angesehen werden und unterliegt deshalb der Anfechtung.[26] Daher ist nach Auffassung des BGH ein im Voraus vereinbarter Ausschluss des Anfechtungsrechts aus § 123 Abs. 1 BGB zumindest grundsätzlich unwirksam.[27] Ein solcher Ausschluss des Anfechtungsrechts im Voraus sei geeignet den Schutz der freien Selbstbestimmung auszuhöhlen und verdiene insoweit nicht den Schutz der Rechtsordnung.[28] Demgegenüber werden dem Ausschluss von Anfechtungsrechten im Schrifttum auch billigenswerte Motive attestiert: Etwa die Vermeidung von Rückabwicklungsschwierigkeiten bei Unternehmenskaufverträgen oder den Schutz besonderer Bestandsinteressen bei Verträgen mit **Befriedungsfunktion**.[29]

2. Konkurrenzfragen

7 Dass man die Fälle der arglistigen Täuschung nicht isoliert betrachten, sondern im Zusammenhang mit den konkurrierenden Rechten lernen muss, belegen die schwie-

---

20 RGZ 134, 53; BGH NJW 2001, 2326, 2327.
21 BGHZ 63, 382, 386; BGH NJW 1977, 1055; 1998, 302.
22 BGH NJW 1980, 2460; 1981, 1441.
23 *Medicus*, Rn. 789.
24 RGZ 77, 314; BGHZ 2, 287, 299.
25 BGH DB 1976, 141.
26 Monografisch *M. Wolf*, Rechtsgeschäftliche Entscheidungsfreiheit und vertraglicher Interessenausgleich, 1970.
27 BGH NJW 2012, 296, 298 Tz. 27.
28 BGH NJW 2012, 296, 298 Tz. 28; 2007, 1058.
29 *Heyers*, Jura 2012, 539.

rigen Konkurrenzprobleme, die sich gerade beim Zusammentreffen mit der culpa in contrahendo sowie dem Kaufrecht stellen.[30]

a) Culpa in contrahendo und arglistige Täuschung

Im Mittelpunkt der Konkurrenzproblematik steht ein viel diskutiertes[31] Problem, das **8** in der Frage besteht, ob im Falle der arglistigen Täuschung neben der Anfechtungsmöglichkeit des § 123 Abs. 1 BGB auch ein Anspruch aus §§ 280 Abs. 1 S. 1, 311 Abs. 2 i.V.m. § 249 Abs. 1 BGB besteht, der auf Vertragsaufhebung gerichtet ist.[32] Da nämlich jede arglistige Täuschung bei Vertragsschluss tatbestandlich zugleich eine Pflichtverletzung darstellt, wäre nach dem Grundsatz der Naturalrestitution der Zustand herzustellen, der ohne das schädigende Ereignis jetzt bestehen würde (§ 249 Abs. 1 BGB). Ohne die Täuschung wäre der Vertrag aber nicht geschlossen worden. Gleichwohl ist die Anwendbarkeit des § 280 Abs. 1 S. 1 BGB problematisch, da die **Jahresfrist** des § 124 BGB durch die dreijährige Verjährungsfrist des § 195 BGB unterlaufen würde. Dass die schon bei leichter Fahrlässigkeit (§ 276 Abs. 1 BGB) mögliche Haftung aus culpa in contrahendo verjährungsmäßig besser gestellt wird als die vorsätzliches Handeln voraussetzende Anfechtung nach § 123 BGB wird z.T. als wertungswidersprüchlich angesehen.[33] Der BGH hält die Regeln der culpa in contrahendo dennoch für anwendbar, präzisiert dies jedoch wie folgt: Nur wenn unter Zugrundelegung der **Differenzhypothese** eine **Vermögenseinbuße** vorliegt, kommt ein Anspruch aus § 280 Abs. 1 S. 1 BGB wegen Pflichtverletzung neben § 123 Abs. 1 BGB in Betracht.[34] Zu beachten ist in diesem Zusammenhang dass § 311 Abs. 2 Nr. 2 BGB, der neben den Rechten und Rechtsgütern auch die Interessen des einen Teils aufzählt. Mit diesen ist insbesondere die Entscheidungsfreiheit angesprochen, die beim unerwünschten Schuldvertrag tangiert ist. Jedoch soll die soeben zitierte Rechtsprechung damit weder von Grund auf in Frage gestellt noch gesetzgeberisch festgeschrieben werden.[35] Die Nennung der Interessen in § 311 Abs. 2 Nr. 2 BGB stellt vielmehr klar, dass die culpa in contrahendo nach wie vor das einschlägige Institut für den Schutz vor dem unerwünschten Vertrag ist, ohne dabei etwas über die Richtigkeit der neuesten Rechtsprechung auszusagen.

Paradigmatisch für die vorliegende Problematik ist der Fall, dass sich die Ehefrau **9** F für ihren Mann M für einen Bankkredit verbürgt und der Sachbearbeiter der Bank der Ehefrau sagt, ihre Unterschrift sei „nur für die Akten", obwohl ihm klar ist, dass die Bank gegebenenfalls aus der Bürgschaft vorgehen wird. Die Frage ist nun, ob die Ehefrau, die im Vertrauen darauf unterschrieben hat, dass es sich um eine reine

---

30 Hier und im Folgenden *Petersen*, Rn. 93-102.

31 Siehe nur die Monographien von *S. Lorenz*, Die Lösung vom unerwünschten Vertrag, 1997; *Grigoleit*, Vorvertragliche Informationshaftung, 1997.

32 Instruktiv *Medicus*, JuS 1965, 209 ff.

33 Zum Streitstand *Medicus/Petersen* BR, Rn. 150.

34 BGH NJW 1998, 302; zustimmend *Köhler*, § 7 Rn. 65; kritisch *Grigoleit*, NJW 1999, 900; ablehnend auch *Medicus/Lorenz*, Rn. 109: Der Anspruch auf Vertragsaufhebung sei auf Naturalrestitution gerichtet, die mitnichten auf Vermögensschäden limitiert sei, zumal § 253 BGB eben nur die Geldentschädigung ausschließe.

35 *Canaris*, JZ 2001, 499, 519 mit Fußnote 182; *Grigoleit*, in: Schuldrechtsreform (hrsgg. v. Schulze und Nölke), 2001, S. 269 ff.

Formalität handelt, sich von ihrer Erklärung lösen kann. Die Bürgschaft könnte hier infolge arglistiger Täuschung (§ 123 Abs. 1 BGB) nach § 142 Abs. 1 BGB nichtig sein. S hat die F über die Bedeutung der Unterschrift getäuscht. Die erforderliche Kausalität liegt vor, weil F daraufhin unterschrieb. Die Anfechtung ist auch nicht nach § 123 Abs. 2 BGB ausgeschlossen, weil S gleichsam „im Lager" der Bank stand und somit kein Dritter im Sinne dieser Vorschrift war. Denkbar ist weiterhin ein Anspruch der F auf **Vertragsaufhebung** aus § 280 Abs. 1 S. 1 BGB. Zwischen F und B besteht ein Schuldverhältnis i.S.d. § 311 Abs. 2 BGB. Die arglistige Täuschung stellt auch eine Pflichtverletzung dar. Das Verschulden des S müsste sich die B nach § 278 S. 1 BGB zurechnen lassen. Gemäß § 249 Abs. 1 BGB könnte danach die Vertragsaufhebung verlangt werden, da F den Vertrag ohne die Täuschung nicht unterschrieben hätte. Problematisch ist allerdings, ob der Anspruch aus der Pflichtverletzung nach § 280 Abs. 1 S. 1 BGB neben § 123 Abs. 1 anwendbar ist, weil dadurch die Frist des § 124 BGB unterlaufen werden könnte, zumal die Pflichtverletzung bereits bei leichter Fahrlässigkeit einschlägig wäre und damit zudem das Vorsatzerfordernis des § 123 Abs. 1 BGB ausgehebelt werden könnte.[36] Die Frage ist umstritten: Die Rechtsprechung hält die culpa in contrahendo neben § 123 Abs. 1 BGB für anwendbar.[37] Der BGH hat dies noch einmal unter Hinweis darauf bekräftigt, dass § 123 Abs. 1 BGB die **Entschließungsfreiheit** schütze, während der Schadensersatzanspruch aus § 280 Abs. 1 S. 1 BGB das Vermögen betreffe.[38] Voraussetzung sei allerdings, dass unter Zugrundelegung der Differenzhypothese auch ein Vermögensschaden bei F entstanden sei.[39] Fraglich ist also, wie sich die Vermögenslage ohne den Vertrag entwickelt hätte. Falls sich dabei ein rechnerisches Minus in der Form ergibt, dass der Vertragsschluss für den Betroffenen wirtschaftlich nachteilig ist, liegt neben der arglistigen Täuschung zugleich eine culpa in contrahendo vor. Das ist hier zu bejahen, weil die F durch die Inanspruchnahme aus der Bürgschaft, einem für sie nachteiligen Vertrag, empfindliche Vermögensnachteile zu befürchten hat, denen kein entsprechender Vorteil gegenübersteht. Demnach liegt hier auch ein Anspruch aus § 280 Abs. 1 S. 1 BGB vor.

b) Konkurrenz mit dem Kaufrecht

10 Schwierigkeiten bereitet auch das Verhältnis der soeben behandelten vorsätzlichen Verletzung einer **vorvertraglichen Sorgfaltspflicht** zum kaufrechtlichen Anspruch aus § 437 Nr. 3 BGB.[40] Früher ist die Rechtsprechung davon ausgegangen, dass die culpa in contrahendo neben dem Anspruch aus Sachmängelgewährleistungsrecht bei arglistiger Täuschung über den Mangel möglich ist.[41] Seit der Schuldrechtsreform mehren sich indes die Stimmen derer, welche die konkurrierende Anwendung der §§ 280 Abs. 1 S. 1, 311 Abs. 2, 241 Abs. 2 BGB neben § 437 BGB auch im Falle der

---

36 So vor allem *Medicus*, JuS 1965, 209.
37 BGH WM 1982, 567; BGHZ 69, 53.
38 BGH NJW 1998, 302 (= JZ 1998, 1173 mit Anm. *Wiedemann*).
39 S.o. Fn. 36; dazu auch *Canaris*, AcP 200 (2000), 273, 314 f.; *S. Lorenz*, ZIP 1998, 1055 f.; *Grigoleit*, NJW 1999, 900 f.; *Fleischer*, AcP 200 (2000), 91 ff.
40 Siehe auch *Weiler*, ZGS 2002, 249.
41 BGH NJW 1992, 2565; 1995, 2159, 2160; KG NJW-RR 1998, 1132.

arglistigen Täuschung ablehnen.[42] Bezweifelt wird schon das Bedürfnis für einen zusätzlichen Anspruch auf Vertragsaufhebung, da dem Käufer im Falle der arglistigen Täuschung sowohl kleiner als auch großer Schadensersatz zusteht und letzterer die Rückgängigmachung des Vertrags beinhaltet.[43] Vor allem wird die Gefahr beschworen, dass mit einem zusätzlichen Anspruch auf Vertragsaufhebung der Vorrang der Nacherfüllung und die Verjährungsregel des § 438 BGB umgangen werde.[44] Demgegenüber wird teilweise ein Vorrang des Gewährleistungsrechts gegenüber der Haftung aus culpa in contrahendo generell abgelehnt und stattdessen freie Anspruchskonkurrenz angenommen.[45] Für diese Sichtweise wird geltend gemacht, dass Sach- und Rechtsmangel gleich behandelt werden und die culpa in contrahendo schon vorher neben der **Rechtsmängelhaftung** anwendbar gewesen sei.[46] Culpa in contrahendo und Gewährleistungsrecht stellten ferner unterschiedliche Haftungssysteme dar, die unterschiedliche Zwecke verfolgen und unterschiedliche Voraussetzungen haben, sodass auch die unterschiedlichen Verjährungsregelungen gerechtfertigt seien. Eine vermittelnde Ansicht hält – entsprechend der früheren Rechtsprechung – die culpa in contrahendo nur bei arglistiger Täuschung des Verkäufers über den Sachmangel neben den kaufrechtlichen Behelfen für anwendbar.[47] Hierfür wird vorgebracht, dass der Täuschende nicht schutzwürdig sei, wie sich insbesondere aus den §§ 444, 438 Abs. 3 BGB ergebe.[48] Dem ist zu folgen, zumal das hauptsächliche Gegenargument – Umgehung des Vorrangs der Nacherfüllung und der Verjährung – nicht verfängt, weil dem arglistig Getäuschten die Nacherfüllung durch den anderen Teil jedenfalls regelmäßig gar nicht zuzumuten sein wird (§ 440 S. 1, 3. Fall BGB)[49] und bei Arglist des Verkäufers auch für die kaufrechtlichen Rechtsbehelfe gemäß § 438 Abs. 3 S. 1 BGB die regelmäßige Verjährungsfrist gilt.

3. Deliktsrecht

In der Fallbearbeitung wird ein möglicher Anspruch aus § 826 BGB nicht selten über- **11** sehen. Da die arglistige Täuschung regelmäßig zugleich eine vorsätzliche sittenwidrige Schädigung darstellt, kommt – gerade auch wenn nicht angefochten oder die

---

42 Jauernig/*Stadler*, 14. Auflage 2011, § 311 Rn. 38; *Mertens*, AcP 203 (2003), 818; 830; *Schulze/Ebers*, JuS 2004, 462, 463; *Roth*, JZ 2009, 1174; *Köster*, Jura 2005, 145, 147 f.; *Weiler*, ZGS 2002, 249, 253 ff.; vgl. auch *Dauner-Lieb*, Das Neue Schuldrecht, 2002, § 3 Rn. 41.
43 Palandt/*Grüneberg*, 71. Auflage 2012, § 311 Rn. 15.
44 *Buck*, in: Das Schuldrecht, 2002, S. 179.
45 Bamberger/Roth/*Faust*, 24. Edition 2011, § 437 Rn. 190; *Häublein*, NJW 2003, 388, 391 ff.; *Barnert*, WM 2003, 416, 424 f.
46 *G. Kaiser*, Bürgerliches Recht, 11. Auflage 2007, S. 250.
47 *Derleder*, NJW 2004, 969, 975; *Huber/Faust*, Schuldrechtsmodernisierung, 2002, Kap. 14 Rn. 29.
48 *Huber/Faust*, Schuldrechtsmodernisierung, 2002, Kap. 14 Rn. 29.
49 Vgl. BGH NJW 2009, 2532 Tz. 17; 2008, 1371 Tz. 19 f.; *S. Lorenz*, NJW 2004, 26, 27; *Gutzeit* NJW 2008, 1359; *Schroeter*, AcP 207 (2007), 28, 53 f.; *Derleder/Sommer*, JZ 2007, 338; *Kulke*, ZGS 2008, 169; generell für Unzumutbarkeit bei Arglist BGH NJW 2007, 835; MüKo/*Westermann*, 6. Auflage 2012, § 440 Rn. 8; Palandt/*Weidenkaff*, 71. Auflage 2012, § 440 Rn. 8.

Jahresfrist (§ 124 BGB) versäumt wurde[50] – ein Anspruch aus § 826 BGB in Betracht.[51] Zu berücksichtigen ist jedoch, dass dann nach § 826 BGB nur das negative Interesse zu ersetzen ist.[52] Umstritten ist der Fall des vom Verkäufer arglistig getäuschten Käufers, der zwar erfolgreich angefochten, dann aber das Fahrzeug schuldhaft zerstört hat. Der Bundesgerichtshof nimmt in diesen Fällen „eine Zurechenbarkeit des Unfallschadens zu Lasten des Schädigers (Verkäufers)" mit der Begründung an, dass der Käufer es nicht ersatzlos hinnehmen müsse, wenn ihm die Sache durch Täuschung verkauft wurde.[53] Die Literatur verneint hier mehrheitlich den **Rechtswidrigkeitszusammenhang**,[54] weil das arglistige Verschweigen die Unfallgefahr nicht vergrößert hat.[55] Schließlich ist im Zusammenhang mit dem Deliktsrecht noch an einen konkurrierenden Anspruch aus § 823 Abs. 2 BGB i.V.m. § 263 StGB zu denken, weil und sofern in der arglistigen Täuschung zugleich ein Betrug liegt. Im Vergleich zum oben behandelten § 123 BGB ist zu berücksichtigen, dass dieser weiter gefasst ist als § 263 StGB,[56] weil von der zivilrechtlichen Irrtumsanfechtung die rechtsgeschäftliche Entschließungsfreiheit geschützt wird[57] und also weder Schädigungsvorsatz noch Schädigungsabsicht vorliegen muss.[58] Dementsprechend muss für § 123 BGB auch keine Bereicherungsabsicht bestehen.[59]

4. Familien- und Erbrecht

12 Am Rande sei das Familien- und Erbrecht erwähnt, in dem jeweils die Täuschung an unterschiedlichen Stellen Bedeutung erlangen kann. Die rechtliche Relevanz der Täuschung ist in den jeweiligen Fällen zwar leicht nachvollziehbar, doch hilft die Kenntnis der Vorschriften, weil man erfahrungsgemäß mit den entlegeneren Tatbeständen weniger vertraut ist.

a) Aufhebung der Ehe und Abstammung

13 Weniger wichtig dürfte in der Prüfung die Aufhebung der Ehe sein. Nach § 1314 Abs. 2 Nr. 3 BGB kann eine Ehe unter anderem dann aufgehoben werden, wenn ein Ehegatte zur Eingehung der Ehe durch arglistige Täuschung über solche Umstände bestimmt worden ist, die ihn bei Kenntnis der Sachlage und bei richtiger Würdigung des Wesens der Ehe von der Eingehung der Ehe abgehalten hätten. In der Praxis ist dies freilich der wichtigste **Aufhebungsgrund**. Nicht zu übersehen ist der zweite Halbsatz des § 1314 Abs. 2 Nr. 3 BGB. Danach kann die Ehe nicht aufgehoben werden, wenn die Täuschung

---

50 RGZ 79, 194, 197; 84, 131, 133; BGHZ 42, 37, 41; dagegen mit guten Gründen Staudinger/*Oechsler*, Neubearbeitung 2009, § 826 Rn. 149. Zum Teil wird § 853 BGB entsprechend angewendet (MüKo/*Armbrüster*, 6. Auflage 2012, § 124 Rn. 9; zur Analogie *Medicus*, Rn. 807).

51 BGH NJW 1962, 1198.

52 BGH BB 1969, 696.

53 BGH NJW 1972, 36.

54 *Lieb*, JZ 1972, 442, 443; *Huber*, JuS 1972, 439, 440; *Flume*, NJW 1977, 1777, 1779.

55 Staudinger/*Oechsler*, Neubearbeitung 2009, § 826 Rn. 102.

56 *Medicus*, Rn. 789.

57 RGZ 134, 55.

58 BGH NJW 1974, 1505, 1506.

59 BGH LM § 123 Nr. 10.

Vermögensverhältnisse betrifft oder von einem Dritten ohne Wissen des anderen Ehegatten verübt worden ist. Während der erste Grund sich von selbst versteht, ist der zweite Fall im Hinblick auf den Gleichlauf mit § 123 Abs. 2 BGB verständlich.

Die Prüfung erfolgt bei § 1314 Abs. 2 Nr. 3 BGB ähnlich wie bei § 123 Abs. 1 BGB, **14** d.h. das Verschweigen von relevanten Umständen genügt grundsätzlich nicht, sondern es muss im Einzelfall eine entsprechende Offenbarungspflicht bestehen. Ob eine solche besteht und der jeweilige Umstand auch ohne ausdrückliche Nachfrage preisgegeben werden muss, bemisst sich nicht zuletzt danach, ob und inwieweit das jeweilige Ereignis bei Eheschließung fortwirkt.[60] So muss die Frau etwa auch ohne entsprechende Nachfrage mitteilen, dass sie während der Empfängniszeit anderweitigen Geschlechtsverkehr hatte, wenn die Ehe wegen einer Schwangerschaft geschlossen wurde.[61] Hier besteht ein abstammungsrechtliches Parallelproblem: Hat die Frau den Mann arglistig darüber getäuscht, dass sie in der Empfängniszeit nur mit ihm verkehrt habe und der Mann aufgrund dessen die Vaterschaft nach §§ 1592 Nr. 2, 1594 BGB anerkannt, so kann der in Anspruch genommene Mann die Vaterschaft wegen § 1598 Abs. 1 BGB nicht nach § 123 BGB, sondern nur nach §§ 1598 ff. BGB anfechten. Wenn diese Anfechtung nicht zu der Feststellung führt, dass der Mann nicht der Kindsvater ist (vgl. § 1599 BGB), bleibt es ungeachtet der arglistigen Täuschung beim insoweit wirksamen **Anerkenntnis.**[62]

b) Erbunwürdigkeit

Erbunwürdig ist nach § 2339 Abs. 1 Nr. 3 BGB, wer den Erblasser durch arglistige Täu- **15** schung oder widerrechtlich durch Drohung bestimmt hat, eine Verfügung von Todes wegen zu errichten oder aufzuheben. Auch hier kann die Täuschung im Unterlassen liegen, wenn der Begünstigte beispielsweise den Erblasser über einen längeren Zeitraum bis zu dessen Tode im Hinblick auf seine eheliche Treue betrogen hat.[63] Jedoch wird im Schrifttum zu bedenken gegeben, dass das Verschweigen der ehelichen Untreue nicht als allgemeiner Erbunwürdigkeitsgrund angesehen werden darf, weil sie nach § 2333 BGB nicht ohne weiteres zur Pflichtteilsentziehung führt.[64] Daher soll das Verschweigen einer lange zurück liegenden Verfehlung nicht zur Erbunwürdigkeit führen.[65] Zu beachten ist § 2339 Abs. 2 BGB, wonach die Erbunwürdigkeit im Falle der Täuschung oder Drohung nicht eintritt, wenn vor dem Eintritt des Erbfalls die Verfügung, zu deren Errichtung der Erblasser bestimmt wurde, unwirksam geworden ist, oder die Verfügung, zu deren Aufhebung er bestimmt worden ist, unwirksam geworden sein würde. Das kann im Einzelfall zu einer schwierigen **Inzidentprüfung** führen.

---

60 Palandt/*Brudermüller*, 71. Auflage 2012, § 1314 Rn. 11.
61 OLG Karlsruhe NJW-RR 2000, 737.
62 *Medicus*, Rn. 812.
63 BGHZ 49, 155; dazu *Deubner*, JuS 1968, 449, *Johannsen*, WM 1972, 1047.
64 Auch nicht nach § 2335 a.F. BGB; vgl. MüKo/*Helms*, 5. Auflage 2010, § 2339 Rn. 25.
65 So *Röwer*, FamRZ 1960, 15.

II. Der Dritte bei der Arglistanfechtung

16   Die Mitwirkung Dritter wird für gewöhnlich als Problem des Schuldrechts angesehen.[66] Dritter ist jeder, der nicht Gläubiger oder Schuldner ist, also außerhalb der in § 241 BGB beschriebenen Beziehung steht. Alle damit einhergehenden Problemkonstellationen, sei es die Gesamtschuld, die Abtretung, der Vertrag zugunsten oder mit Schutzwirkung zugunsten Dritter und erst recht die **Drittschadensliquidation**, bereiten in der Fallbearbeitung Schwierigkeiten. Daher ist die Beteiligung Dritter am Schuldverhältnis ein anerkannter Schwerpunkt der Prüfungsvorbereitung gerade im Allgemeinen Schuldrecht.[67]

17   Weit weniger Beachtung ist dem Umstand geschenkt worden, dass auch im Allgemeinen Teil, insbesondere in der Rechtsgeschäftslehre, die Person des Dritten vorkommt. In einem weit verstandenen Sinne setzt jeder Stellvertretungsfall drei Personen voraus, und auch beim Vertragsschluss durch Minderjährige stehen die Eltern als gesetzliche Vertreter und somit außenstehende Dritte im Hintergrund. Indessen versteht das Gesetz die Person des Dritten gerade anders. So lautet etwa § 110 BGB:[68] „Ein von dem Minderjährigen ohne Zustimmung des gesetzlichen Vertreters geschlossener Vertrag gilt als von Anfang an wirksam, wenn der Minderjährige die vertragsmäßige Leistung mit Mitteln bewirkt, die ihm zu diesem Zweck oder zu freier Verfügung von dem Vertreter oder mit dessen Zustimmung von einem Dritten überlassen worden sind." Dritter ist also offenbar jeder andere als der Minderjährige und dessen Vertreter.

18   Den weitaus größten Stellenwert hat die Bestimmung des Dritten bei der **Anfechtung**. Im Zentrum steht hierbei die Anfechtung wegen arglistiger Täuschung, doch darf nicht übersehen werden, dass auch eine wichtige Anspruchsgrundlage auf die Person des Dritten Bezug nimmt. Dieser Fall soll daher am Anfang der Betrachtung stehen.

1. Die Schadensersatzpflicht des Anfechtenden

19   Nach § 122 Abs. 1 BGB hat, wenn eine Erklärung nach § 118 BGB nichtig ist oder auf Grund der §§ 119, 120 BGB angefochten worden ist, der Erklärende, wenn die Erklärung einem anderen gegenüber abzugeben war, diesem, andernfalls jedem Dritten den Schaden zu ersetzen, den der andere oder der Dritte dadurch erleidet, dass er auf die Gültigkeit der Erklärung vertraut, jedoch nicht über den Betrag des Interesses hinaus, welches der andere oder der Dritte an der Gültigkeit der Erklärung hat (**Vertrauensschaden**). Dabei bedeutet die Bezugnahme auf den Dritten („jedem Dritten") eine Erweiterung zu Lasten des Anfechtenden, die freilich dadurch wiederum eingeschränkt wird, dass der Dritte auf die Gültigkeit der Erklärung vertraut hat. Diese Erweiterung ist umso bemerkenswerter, als § 122 Abs. 1 BGB von der h.L. entsprechend für den Fall angewandt wird, dass der Schein einer gültigen Erklärung dadurch entsteht, dass eine vom Erklärenden zwar schon vorbereitete, aber noch nicht abgege-

---

66 Instruktiv dazu *Coester-Waltjen*, Jura 1999, 656.
67 Siehe dazu im Einzelnen *Petersen*, Rn. 369 ff.
68 Dazu *Leenen*, FamRZ 2000, 863.

bene Willenserklärung durch ein Versehen von jemand anderem abgesandt wird
(**abhandengekommene Willenserklärung**).[69]

2. Der Dritte bei § 123 Abs. 2 BGB

Das bekannteste und zugleich prüfungsrelevanteste Problem im Zusammenhang mit 20
der Mitwirkung Dritter in der Rechtsgeschäftslehre besteht darin, wie die Person des
Dritten i.S.d. § 123 Abs. 2 BGB zu bestimmen ist.[70] Hat ein Dritter eine **arglistige Täuschung** verübt, so ist eine Erklärung, die einem anderen abzugeben war, nach dieser
Vorschrift nur dann anfechtbar, wenn dieser die Täuschung kannte oder kennen
musste.

a) Klarstellungen zum Anwendungsbereich

Der Klarheit halber ist zunächst hervorzuheben, dass die damit verbundene Ein- 21
schränkung der Anfechtung ausweislich des insoweit unmissverständlichen Wortlauts nur die Anfechtung infolge arglistiger Täuschung und nicht die wegen widerrechtlicher Drohung betrifft; wer auf diese Weise – gleichviel von wem – zur Erklärung
genötigt wurde, soll also immer anfechten können.[71] Des Weiteren folgt aus dem Wortlaut („die einem anderen gegenüber abzugeben war"), dass nicht empfangsbedürftige
Willenserklärungen stets anfechtbar sind, wenn sie durch arglistige Täuschung herbeigeführt wurden. Wurde also beispielsweise jemand durch arglistige Täuschung zu
einer Auslobung (§ 657 BGB) veranlasst,[72] so kann er seine Erklärung anfechten, ganz
gleich, von welcher Seite er getäuscht wurde. Schließlich kann die Arglistanfechtung
für den Fall, dass ein Dritter i.S.d. § 123 Abs. 2 BGB täuscht, sogar im Voraus vertraglich abbedungen werden. Der BGH sieht einen solchen Arglistausschluss nur dann als
mit dem von § 123 BGB bezweckten **Schutz der freien Selbstbestimmung** als unvereinbar an,[73] wenn die Täuschung vom Geschäftspartner selbst oder von einer Person
verübt wird, die nicht Dritter i.S.d. § 123 Abs. 2 BGB ist.[74] Täuscht dagegen ein Dritter, so
hat der Anfechtungsgegner den darauf beruhenden Willensmangel gerade nicht aus
seiner Sphäre heraus veranlasst und kann sich deshalb auch auf einen Ausschluss des
Anfechtungsrechts berufen.[75]

Derartige Klarstellungen sind deshalb wichtig, weil nicht selten gerade solche 22
Fallgestaltungen vom Aufgabensteller gewählt werden, um Standardprobleme zu
meiden und die sorgfältige Lektüre des Gesetzes zu prüfen. Bedroht beispielsweise
der Vertreter den Geschäftspartner, so nehmen viele Klausurbearbeiter dies erfahrungsgemäß zum Anlass für die Erörterung, ob der Vertreter Dritter i.S.d. § 123 Abs. 2
BGB ist oder nicht. Dabei wird übersehen, dass diese Einschränkung hier von vornherein – und mit Bedacht – nicht gilt. Es empfiehlt sich daher, in einem derartigen Fall

---

69 *Canaris*, JZ 1976, 134.
70 Dazu *Windel*, AcP 199 (1999), 421; bereits früher *Immenga*, BB 1984, 5.
71 Vgl. *Medicus/Petersen* BR, Rn. 149.
72 *Medicus*, Rn. 800.
73 Dazu oben bei Rn. 6.
74 BGH NJW 2012, 296, 298 Tz. 27.
75 Zu den hier maßgeblichen Wertungen eingehend *Heyers*, Jura 2012, 539, 540.

die Wertung des Gesetzes auf der Grundlage des unmissverständlichen Wortlauts her-auszustellen. Diese besteht darin, dass die widerrechtliche Drohung eine so elemen-tare und verwerfliche Beeinträchtigung der **Willensfreiheit** darstellt, dass sich der solchermaßen Bedrohte innerhalb der Anfechtungsfrist (§ 124 BGB) immer und unab-hängig davon, wer ihn dazu bewegt hat, von seiner Erklärung lösen können muss. Man mag diesen Hinweisen entgegenhalten, dass sie selbstverständlich sind, aber ebenso selbstverständlich sollte die sorgsame Lektüre des Gesetzestextes sein. Unzu-länglichkeiten in diesem Bereich werden dem Bearbeiter deshalb schwerer nachge-tragen als die exakte Kenntnis eines Streitstandes, weil er damit Probleme schafft, wo buchstäblich keine sind.

b) Die maßgebliche Wertung

23 Aus dem Gesagten folgt zugleich die Wichtigkeit der zugrunde liegenden gesetzlichen Wertung. Das gilt sogar in besonderem Maße bei der Bestimmung des Dritten i.S.d. § 123 Abs. 2 BGB. Die Vorschrift lässt die Grundtendenz erkennen, dass die Erklärung grundsätzlich unanfechtbar sein soll, wenn die Täuschung von einem vertragsfrem-den, d.h. außenstehenden und „neutralen" Dritten verübt wurde, dessen Verhalten sich der Vertragspartner nicht zurechnen lassen muss. Der Grund für die Anfechtungs-beschränkung liegt darin, dass der Getäuschte die Folgen der Täuschung nicht auf seinen Vertragspartner „abwälzen darf".[76] Daraus erklärt sich, dass Rechtsprechung und Lehre dazu tendieren, den Begriff des Dritten bei § 123 Abs. 2 BGB eng auszulegen, weil dadurch die Anfechtungsmöglichkeit zugunsten des arglistig Getäuschten erwei-tert wird.[77] Wenn der Bundesgerichtshof die Zurechnung letztlich „nach Billigkeits-gesichtspunkten unter Berücksichtigung der Interessenlage" bemisst,[78] so ist dies unbefriedigend und wird nur geringfügig präzisiert durch den Hinweis, dass Vertrau-enspersonen des Erklärungsempfängers keine Dritten sind.[79] Ein durchaus leistungs-fähiges Kriterium, das auch in der Fallbearbeitung zugrunde gelegt werden kann, ist dagegen der **Rechtsgedanke des § 278 BGB**. Danach ist etwa der Verhandlungsge-hilfe, der ohne entsprechende Abschlussvollmacht an den Verhandlungen mitwirkt, kein Dritter.[80] Ebenso wenig Dritter ist anerkanntermaßen der Vertreter.[81] Kein Dritter ist der Täuschende, wenn er von den Interessen her auf der Seite („**im Lager**") des Erklärungsempfängers steht.[82] Anders verhält es sich jedoch im Verhältnis des Haupt-schuldners zum Bürgen. Wurde dieser von jenem arglistig getäuscht und dadurch zur Abgabe der Bürgschaftserklärung bewegt, so kann er nicht ohne weiteres gegenüber dem Gläubiger anfechten. Denn der Schuldner nimmt mit der Gestellung des Bürgen

---

76 *Gottwald*, Rn. 154.

77 Vgl. BGH NJW 1966, 2399; *Medicus*, Rn. 801.

78 BGH NJW 1978, 2144, 2145; vgl. auch BGH NJW 1979, 1593.

79 BGHZ 33, 302, 310; in diese Richtung auch *Schubert*, AcP 168 (1968), 470 ff.; *Hirsch*, Rn. 485 ff.

80 BGH NJW 1962, 2195; 1978, 2144; 1989, 2880.

81 RGZ 101, 98; BGHZ 20, 39; BGH NJW 1974, 1505; das gilt auch für den vollmachtslosen Vertreter, sofern der Vertragsschluss genehmigt wird; vgl. RGZ 76, 108; BGH WM 1979, 237; ebenso, wenn die Vollmacht überschritten wurde, RG JW 1928, 1740.

82 *Medicus*, Rn. 803.

eigene und keine Interessen des Gläubigers wahr.[83] Wenn er nämlich keinen Bürgen gewinnen kann, erhält er in aller Regel auch keinen Kredit.[84]

c) Dritter beim fremdfinanzierten Abzahlungskauf

Die Kasuistik ist kaum zu übersehen und braucht mit Selbstverständlichkeit in der 24 Klausur nicht im Einzelnen bekannt zu sein. Eine prüfungsrelevante Konstellation betrifft das fremdfinanzierte (sog. »B«-) **Geschäft**, bei dem eine Bank durch Vermittlung des Verkäufers die Finanzierung übernimmt und dem Käufer gegenüber nicht direkt in Erscheinung tritt. Hat der Verkäufer den Käufer getäuscht, so stellt sich die Frage, ob sich der Käufer durch Anfechtung nach § 123 BGB gegen den Rückzahlungsanspruch aus dem Darlehen (§ 488 Abs. 1 BGB) wehren kann. Das setzt voraus, dass der Verkäufer nicht als Dritter anzusehen ist. Wenn er bei Abschluss des Kaufvertrags, wie zumeist der Fall, schon die Antragsformulare des Darlehensvertrags mit der Bank griffbereit in der Schublade hat und dem Käufer bei der Ausfüllung zur Seite steht, befindet er sich gleichsam „im Lager" der Bank und ist mithin kein außenstehender Dritter.[85] Dann steht der Anfechtung des Darlehensvertrags § 123 Abs. 2 BGB nicht entgegen. Für den Widerruf des Darlehensvertrags und Einwendungen gegen ihn ist immer auch an den **Widerrufsdurchgriff** (§ 358 BGB) und den **Einwendungsdurchgriff** (§ 359 BGB) zu denken, auf deren Einzelheiten hier nicht eingegangen werden kann.[86]

Man kann diesen Fall zugleich als Probe für das oben zur zugrunde liegenden 25 Wertung Gesagte ansehen.[87] Der Bank obliegen beim Vertragsschluss über das Darlehen regelmäßig Aufklärungspflichten. Schaltet sie insoweit den Verkäufer ein und verletzt dieser die Pflichten schuldhaft, so muss sich die Bank sein Verhalten nach § 278 BGB zurechnen lassen[88] und haftet dem Kunden aus § 280 Abs. 1 BGB gegebenenfalls auf Vertragsaufhebung.[89] Das veranschaulicht, dass § 278 BGB auch die maßgebliche Wertung für die Bestimmung des Dritten i.S.d. § 123 Abs. 2 BGB darstellt: Der Erfüllungsgehilfe ist in aller Regel nicht Dritter.

III. Widerrechtliche Drohung

Für die widerrechtliche Drohung gilt in vielen Fällen Entsprechendes wie für die 26 arglistige Täuschung, so dass dies nicht im Einzelnen wiederholt werden muss. So verhält es sich nach § 1314 Abs. 2 Nr. 4 BGB bei der Eheaufhebung ebenso wie bei der Täuschung. Gleiches gilt nach § 2339 BGB für die Erbunwürdigkeit. Jedoch ist Vor-

---

83 Vgl. nur BGH NJW 1968, 968 (anders, aber unzutreffend, noch BGH LM § 123 Nr. 30); *Flume*, § 29, 3; *Medicus*, Rn. 803.

84 *Medicus/Petersen* BR, Rn. 149 a.E.

85 BGHZ 33, 302; 47, 224; BGH NJW 1978, 2144; BGH BB 1979, 579; ebenso *Flume*, § 29 3; *Medicus*, Rn. 802.

86 Dazu *Petersen*, Rn. 209 ff., 213 ff.; MüKo/*Habersack*, 6. Auflage 2012, §§ 358 f.

87 Unter 1.

88 *Medicus/Petersen* BR, Rn. 149.

89 Zum streitigen Konkurrenzverhältnis zwischen dieser Haftung und § 123 BGB siehe *S. Lorenz*, ZIP 1998, 1053 ff.; ausführlich *dens.*, Die Lösung vom unerwünschten Vertrag, 1997; *Canaris*, AcP 200 (2000), 273, 304 ff.; *Grigoleit*, Vorvertragliche Informationshaftung, 1997; *dens.*, NJW 1999, 900.

sicht geboten: § 123 Abs. 2 BGB gilt ausweislich des unmissverständlichen Gesetzeswortlauts nur für die arglistige Täuschung (häufiger Fehler!). Hat also ein Dritter den Erklärenden bei der Abgabe der Willenserklärung bedroht, so ist die Anfechtung stets möglich. Wer durch Drohung zu einer Willenserklärung bestimmt wurde, soll, gleichviel von wem sie ausgesprochen wurde, immer anfechten können.[90] Auch im Erbrecht gibt es eine weitergehende Besonderheit für die Anfechtung wegen Drohung: Nach § 2078 Abs. 1, 2 BGB kann eine letztwillige Verfügung angefochten werden, soweit der Erblasser zu der Verfügung widerrechtlich durch Drohung bestimmt worden ist. Folgerichtig kommt es auch hier nicht darauf an, von wem die Drohung ausging.[91]

27   Die Anfechtung wegen widerrechtlicher Drohung sei abschließend am Beispiel einer **Entscheidung des Bundesgerichtshofs** veranschaulicht, die zugleich das Zusammenwirken von Problemen des Allgemeinen Teils und des Deliktsrechts veranschaulicht und daher gerade auch aufbaumäßig von großem didaktischen Wert ist:

28   BGH WM 2005, 1235: Der Kläger hat mit dem Beklagten einen langjährigen Wartungsvertrag geschlossen, den der Beklagte aufheben wollte. Zu diesem Zweck drohte er dem Kläger mit Enthüllungen im „Traber Journal": „Dann könne der Geschäftsführer der Klägerin sich auf der Rennbahn nicht mehr sehen lassen." Der Kläger, der sich unter dieser Einschüchterung zum Abschluss eines Aufhebungsvertrags bereit fand, verlangt nach dessen Anfechtung als Schadensersatz den entgangenen Gewinn.

29   Als **Anspruchsgrundlage** kommt neben der Verletzung des Wartungsvertrags insbesondere § 823 Abs. 2 BGB i.V.m. § 253 StGB[92] sowie § 826 BGB in Betracht. Alle diese Anspruchsgrundlagen setzen allerdings die Rechtswidrigkeit des Handelns des Beklagten voraus. Daran fehlt es jedoch, wenn der zwischen Kläger und Beklagtem geschlossene Aufhebungsvertrag wirksam war. Der Vertrag könnte nach § 142 Abs. 1 BGB unwirksam sein. Voraussetzung dafür ist, dass der Kläger widerrechtlich durch Drohung zum Vertragsschluss bestimmt wurde. Hier hat der Beklagte dem Kläger unstreitig gedroht. Fraglich ist indes, ob die Drohung widerrechtlich war. Die Widerrechtlichkeit der Drohung kann sich entweder aus dem angedrohten Mittel oder dem damit erstrebten Zweck, oder schließlich aus der **Zweck-Mittel-Relation**, d.h. der Inadäquanz von Zweck und Mittel, ergeben.[93] Anerkanntermaßen erlaubt ist es, sich der Mittel zu bedienen, welche die Rechtsordnung dem Betroffenen zu Seite stellt.[94] Das gilt selbst dann, wenn das geltend gemachte Recht nicht besteht, der Anspruchsteller dies aber gutgläubig angenommen hat.[95] Ebenso wenig begegnet es vor dem Hintergrund der Zweck-Mittel-Relation Bedenken, wenn jemand einen anderen unter Einnahme eines vertretbaren Rechtsstandpunktes zur Abgabe einer Willenserklärung anhalten will.[96] Zu prüfen bleibt, wie sich diese Prämissen auf den vorliegenden Fall auswirken. Das bemisst sich danach, ob die Information der Presse durch den Beklagten durch seine grundgesetzlich garantierte **Meinungsfreiheit** (Art. 5 Abs. 1 S. 1 GG) gedeckt wäre. Die Meinungsfreiheit des Beklagten ist freilich gegen das Persönlichkeitsrecht des Klägers abzuwägen, da sie ihre Grenze in den Vorschriften der allgemei-

---

90 *Medicus/Petersen* BR, Rn. 149.
91 Palandt/*Weidlich*, 71. Auflage 2012, § 2078 Rn. 8.
92 Zum Verhältnis des § 253 StGB zu § 123 BGB *E. Beling*, AcP 125/126 (1926), 263.
93 BGH WM 2005, 1235, 1237.
94 BGH WM 1972, 946; *Flume*, § 28 2 b, S. 535.
95 BGH NJW 1997, 1980; BAG NJW 1999, 2059.
96 BGHZ 2, 287, 296; 25, 217, 219; BGH NJW 1970, 775.

nen Gesetze und im Recht der persönlichen Ehre findet.[97] Dabei darf die Presse wahre Tatsachen veröffentlichen, mögen diese auch einen privaten Rechtsstreit betreffen.[98] Dann muss jedoch in gleichem Umfang auch die Drohung erlaubt sein, die Presse insoweit zu informieren, sofern nicht die Diffamierung des Betroffenen im Vordergrund steht.[99] Da der Beklagte hier als Gewerbetreibender und nicht als Privatperson angegriffen wurde, hat der Bundesgerichtshof auch die Drohung mit der Presseveröffentlichung für grundsätzlich zulässig gehalten.[100]

Schließlich könnte die Drohung im Hinblick auf die angesprochene Zweck-Mittel- **30** Relation rechtswidrig sein. Danach kann eine Drohung auch dann rechtswidrig sein, wenn zwar für sich betrachtet weder der Zweck der Drohung noch das dazu angewandte Mittel rechtswidrig sind, die Kombination von Zweck und Mittel aber dem **Anstandsgefühl aller billig und gerecht Denkenden** oder Grundsatz von Treu und Glauben widerspricht.[101] Die Drohung mit der Presseveröffentlichung ähnelt insoweit der Drohung mit einer Strafanzeige, die nach allgemeiner Ansicht als angemessen angesehen wird, wenn der Täter durch den Verletzten zur Schadenswiedergutmachung veranlasst werden soll.[102] Da der Bundesgerichtshof diese beiden Fallgestaltungen gleichstellt und vorliegend keine Inadäquanz im Hinblick auf die Zweck-Mittel-Relation erkennen konnte, hat der Senat die Drohung nicht als widerrechtlich eingestuft.[103] Damit war der Aufhebungsvertrag wirksam. Das bedeutet wiederum, dass es an der für die Annahme des deliktsrechtlichen Anspruchs erforderlichen Rechtswidrigkeit fehlt. Der Kläger hat somit keinen Anspruch gegen den Beklagten. Der Fall illustriert, dass gerade das unscheinbare Tatbestandsmerkmal „widerrechtlich" in der Fallbearbeitung eine wichtige Einbruchstelle für eine umfangreiche Inzidentprüfung sein kann.

---

97 Näher *J. Hager*, AcP 196 (1996), 168.
98 BVerfGE 71, 206, 219.
99 Staudinger/*J. Hager*, 13. Bearbeitung 1999, § 823 Rn. C 64.
100 BGH WM 2005, 1235, 1240.
101 Vgl. nur BGH NJW 1982, 2301.
102 BGHZ 25, 217, 220.
103 BGH WM 2005, 1235, 1240.

§ 25 Die Form des Rechtsgeschäfts

I. Subsumtion bei Formvorschriften

1 Zu beginnen ist in zweierlei Hinsicht mit der Vorschrift des § 125 BGB.[1] Zum einen unterscheidet sie in ihren beiden Sätzen zwischen der gesetzlichen und der durch Rechtsgeschäft vereinbarten Form, so dass sich schon daraus eine wichtige Weichenstellung ergibt. Zum andern regelt sie die Rechtsfolge eines Formverstoßes. Das kann für die Fallbearbeitung nicht oft und deutlich genug hervorgehoben werden.[2] Denn damit gehört sie in den Obersatz. Demgegenüber ist selbst in Examensarbeiten im Obersatz immer wieder zu lesen, dass „der Vertrag nach § 311b Abs. 1 S. 1 nichtig" oder „die Bürgschaft gemäß § 766 S. 1 BGB nichtig" sein könnten. Die **Nichtigkeitsrechtsfolge** ergibt sich jedoch allein aus **§ 125 BGB**. Innerhalb dessen ist es, was nicht minder häufig ungenau zitiert wird, zumeist der S. 1 des § 125 BGB einschlägig. Danach ist ein Rechtsgeschäft, welches der durch Gesetz vorgeschriebenen Form ermangelt, nichtig. Die beispielhaft genannten §§ 311b Abs. 1 Satz 1, 766 S. 1 BGB sind erst in diesem Rahmen zu prüfen, weil sie Fälle regeln, in denen das Gesetz eine bestimmte Form vorschreibt.[3] Daraus lässt sich zugleich der Grundsatz ableiten, dass überall dort, wo keine besondere Form vorgeschrieben ist, **Formfreiheit** herrscht.[4]

II. Der Zweck der Formvorschriften

2 Nicht jede Formvorschrift erfüllt denselben Zweck. Je nach den Besonderheiten des jeweiligen Rechtsgeschäfts lassen sich unterschiedliche Zwecksetzungen unterscheiden. Dennoch gibt es eine Reihe übergeordneter Zweckgesichtspunkte, wie vor allem den Übereilungsschutz.

1. Übereilungsschutz

3 Wer sich für eine fremde Schuld verbürgt, soll sich des Risikos, das er damit eingeht, bewusst sein. Deshalb bestimmt § 766 S. 1 BGB, dass für die Gültigkeit des Bürgschaftsvertrags die schriftliche Erteilung der Bürgschaftserklärung erforderlich ist. Daraus erklärt sich auch der Dispens für **Kaufleute** in **§ 350 HGB**, von denen der Gesetzgeber annimmt, dass sie eher wissen, welche Reichweite ihre Erklärung hat. Ebenfalls wegen seines Risikos schreibt das Gesetz in den §§ 780 Satz 1, 781 S. 1 BGB vor, dass Schuldversprechen und Schuldanerkenntnis nur bei schriftlicher Erteilung des Versprechens bzw. der Anerkennenserklärung wirksam sind. Eine Erleichterung

---

1 Aus dem älteren Schrifttum zur Form des Vertrags *Reichel*, AcP 104 (1909), 1; *K. Heldrich*, AcP 147 (1941), 89 ff.
2 In manchen Bundesländern werden sogenannte Themenklausuren gestellt; vgl. dazu *Medicus/Petersen* GW, Rn. 7. Das Thema „Formfreiheit und Formvorschriften im Bürgerlichen Recht" könnte durchaus Gegenstand einer anspruchsvollen Themenklausur sein.
3 Siehe als Beispiel aus der jüngeren Rechtsprechung BGH NJW-RR 2002, 1527.
4 *Medicus/Petersen* BR, Rn. 609.

gilt nach § 350 HGB auch hier für Kaufleute. Noch strenger ist das Gesetz beim Wechsel (vgl. Art. 2 Abs. 1 WG), weil dieser noch gefährlicher für den Aussteller ist. Aus diesem Rangverhältnis erklärt sich, dass ein formunwirksamer Wechsel gegebenenfalls nach § 140 BGB umgedeutet werden kann in ein Schuldanerkenntnis, sofern die dafür erforderliche Form gewahrt ist.[5]

2. Klarstellungsfunktion und Heilungsmöglichkeit

Darüber hinaus kommt bestimmten Formvorschriften eine Klarstellungsfunktion zu. **4** So bezweckt die Erforderlichkeit notarieller Beurkundung des Schenkungsversprechens nach § 518 Abs. 1 S. 1 BGB abgesehen vom Schutz vor übereilten und unüberlegten Zuwendungen auch noch die nach außen manifeste Dokumentation der Ernstlichkeit des Schenkungsversprechens.[6] Zum Ausweis der Schenkungsteuer ist sie dagegen ungeeignet, wie sich aus der **Heilungsmöglichkeit** des § 518 Abs. 2 BGB ergibt.[7] Überhaupt ist es eine Besonderheit vieler Formvorschriften, dass ihr Mangel bei Erfüllung der Verbindlichkeit (vgl. § 766 S. 3 BGB) bzw. Bewirkung der versprochenen Leistung – so § 518 Abs. 2 BGB mit noch deutlicherer Anlehnung an den Wortlaut des § 362 Abs. 1 BGB – geheilt wird. Der Wortlaut des § 311b Abs. 1 S. 2 BGB verdient Beachtung, weil danach ein ohne Beachtung dieser Form geschlossener Vertrag seinem ganzen Inhalt nach gültig *wird*, wenn die Auflassung und die Eintragung in das Grundbuch erfolgen. Die Heilung wirkt also nicht zurück, so dass etwa eine vorher eingetragene **Auflassungsvormerkung** wirkungslos bleibt.[8] Über seinen Wortlaut hinaus wird § 311b Abs. 1 BGB auf sogenannte zusammengesetzte Verträge angewendet, die eine rechtliche Einheit bilden. Eine solche liegt dann vor, wenn ein an sich formloses Geschäft mit einem formbedürftigen in der Weise verbunden sind, dass beide Vereinbarungen nach dem Willen der Parteien miteinander stehen und fallen sollen.[9] Dann kann es der Zweck der Formvorschrift gebieten, dass auch der nicht formbedürftige Teil notariell beurkundet wird.[10] Umgekehrt sieht das Gesetz oft die Form nur für die Erklärung des Verpflichteten vor, so dass etwa nur die Erklärung des Schenkers, nicht aber die des Beschenkten der Schriftform gem. § 518 Abs. 1 S. 1 BGB bedarf.

3. Öffentliche Interessen

Erwähnung verdient auch die Formvorschrift des § 925 Abs. 1 S. 1 BGB, wonach die **5** nach § 873 Abs. 1 BGB an sich formlos wirksame Einigung für den Fall der Übertragung des Eigentums an einem Grundstück bei gleichzeitiger Anwesenheit vor einer zuständigen Stelle, also etwa einem Notar (§ 925 Abs. 1 S. 2 BGB), erklärt werden muss. Neben der damit einhergehenden sachkundigen Beratung als Ausprägung des Übereilungsschutzes sind es hier auch öffentliche Interessen, denen durch das Formerfordernis

---

5 BGHZ 124, 263; zu diesem Fall eingehend unten § 30 bei der Umdeutung mit klausurmäßiger Lösung.
6 Palandt/*Weidenkaff*, 71. Auflage 2012, § 518 Rn. 1a.
7 *Medicus*, Rn. 615.
8 BGHZ 59, 269.
9 BGH NJW 1993, 3196.
10 *Petersen*, Rn. 62 ff. mit klausurmäßiger Falllösung.

entsprochen werden soll. Überhaupt zeichnet sich das **Immobiliarsachenrecht** durch eine besondere **Formstrenge** aus, wie beispielsweise § 1154 BGB lehrt, der für die an sich formlos wirksame Forderungsabtretung (vgl. § 398 S. 2 BGB) die Erteilung der Abtretungserklärung in schriftlicher Form verlangt, wenn zur Sicherung der Forderung eine Hypothek bestellt wurde. Die danach erforderliche schriftliche Form präzisiert das Gesetz in § 126 BGB, wonach die Urkunde von dem Aussteller eigenhändig durch Namensunterschrift oder mittels notariell beglaubigten Handzeichens unterzeichnet werden muss. Ersetzt werden kann die schriftliche Form nach § 126 Abs. 3 BGB durch die notarielle Beurkundung.

4. Formstrenge im Erbrecht

6 Noch strenger ist das Gesetz im Erbrecht, weil sich Unklarheiten nach dem Tod des Erblassers nicht mehr verlässlich klären lassen. So ist das **Testament** gemäß § 2247 Abs. 1 BGB durch eine eigenhändig geschriebene und unterschriebene Erklärung zu errichten. Diese Form bietet am ehesten Gewähr dafür, dass das Testament seinem ganzen Inhalt nach vom Willen des Erblassers gedeckt ist. Dementsprechend ist ein Wille des Erblassers, der im Testament nicht wenigstens angedeutet ist, nach h.M. unbeachtlich und somit nach § 125 S. 1 BGB nichtig.[11] Gerade im Zusammenhang mit Testamenten begegnet im Übrigen der eingangs gebrandmarkte Fehler, dass die Nichtigkeit des Testaments nur mit dem Verstoß gegen § 2247 Abs. 1 BGB begründet wird, ohne dass die Rechtsfolgenanordnung des § 125 S. 1 BGB mit zitiert wird, was möglicherweise daran liegt, dass die Vorschriften äußerlich so weit von einander entfernt stehen.

III. Vereinbarte Formgebote

7 Mit der beispielhaften Darlegung der Zwecksetzung ist bereits der häufigste und ausbildungsrelevanteste Fall des § 125 S. 1 BGB beschrieben, der von der durch Gesetz vorgeschriebenen Form handelt. Wie gesehen, geht es dabei nicht zuletzt um Auslegungsprobleme, von denen weiter unten noch näher die Rede sein wird.[12] Daneben besteht die Möglichkeit der Parteien, Formgebote privatautonom zu vereinbaren. Eine solche **Schriftformklausel** hat insbesondere Beweissicherungsfunktion.[13] Diesen Fall betrifft § 125 S. 2 BGB, wonach der Mangel der durch Rechtsgeschäft vereinbarten Form (vgl. aber § 127 Abs. 2 BGB) im Zweifel gleichfalls die Nichtigkeit zur Folge hat.[14] Die Zweifelsregelung trägt gleichfalls dem Grundsatz der Privatautonomie Rechnung, da die Parteien es in der Hand haben, etwas anderes zu vereinbaren.

---

11 Zu der sogenannten „Andeutungstheorie" BGHZ 80, 242.
12 Unter Rn. 10 und Rn. 15.
13 Dazu *Kötz*, JZ 1967, 288; *Medicus/Petersen* BR, Rn. 187a.
14 Dazu *Böhm*, AcP 179 (1979), 425 ff. Fallbeispiel bei *Förster*, Rn. 301, 314.

1. Nachträgliche Aufhebung von Formvereinbarungen

Daran knüpft sich ein schwieriges Folgeproblem: Wenn die Parteien die Rechtsfolge **8** frei bestimmen können, so müssen sie auch imstande sein, die Formvereinbarung nachträglich aufzuheben. Die Frage ist dann, ob und inwieweit die **Aufhebungsvereinbarung** formbedürftig ist.[15] Grundsätzlich wird angenommen, dass sie formlos möglich ist.[16] Selbst wenn eine besondere Aufhebungsvereinbarung fehlt, ist die Rechtsprechung großzügig.[17] Es kann demnach genügen, dass die Parteien „die Maßgeblichkeit der mündlichen Vereinbarung übereinstimmend gewollt haben".[18] Das Reichsgericht hatte es für hinreichend gehalten, „dass für ihre (sc. der Parteien) vertraglichen Beziehungen neben dem Urkundeninhalt auch eine bestimmte mündliche Abrede maßgeblich sein soll".[19]

2. Ausnahme im Handelsrecht

Eine Ausnahme macht der Bundesgerichtshof jedoch unter Berufung auf § 350 HGB **9** für den Fall, dass Kaufleute individualvertraglich vereinbaren, dass das Schriftformerfordernis nur im Wege einer schriftlichen Erklärung abgeändert werden könne.[20] Diese Entscheidung wird von Seiten des Schrifttums zum Teil als richtungsweisend angesehen, und zwar über den konkreten Fall hinaus nicht nur für das Handelsrecht, sondern auch im Bürgerlichen Recht.[21] In der Tat werden Formvereinbarungen weithin gegenstandslos, wenn eine jede Formklausel im Streitfall – und erst dann kommt sie schließlich zur Geltung – als möglicherweise abbedungen angesehen wird.[22] Neben dem Prinzip der Privatautonomie, auf das zu Recht aufmerksam gemacht wird,[23] ist es ein Gebot der Rechtssicherheit, derartigen **Schriftformklauseln** auch im Bürgerlichen Recht die Geltung nicht zu versagen, weil sie gerade Klarheit schaffen sollen.

---

15 Davon zu unterscheiden ist die Frage, wie eine Klausel des Inhalts zu würdigen ist, dass die schriftliche Bestätigung einer Vereinbarung, die mit einem Vertreter abgeschlossen wurde, vorbehalten bleibt. Darin ist in der Regel eine Beschränkung der Vertretungsmacht zu sehen; ausnahmsweise kann dann aber auch eine bloß mündliche Bestätigung des Vertretergeschäfts den Vertretenen binden; vgl. *Medicus/Petersen* BR, Rn. 187b.
16 *Flume*, § 15 III 2; *Medicus*, Rn. 641; *ders./Petersen* BR, Rn. 187a.
17 BGH NJW 1965, 293; BGH JZ 1967, 287; BGHZ 49, 364.
18 BGH NJW 1962, 1908.
19 RGZ 95, 175.
20 BGHZ 66, 378.
21 *Medicus*, Rn. 641, 643; *ders./Petersen* BR, Rn. 187a.
22 Freilich muss die Partei, die sich auf eine formlose Änderung der Vereinbarung beruft, dies darlegen und gegebenenfalls beweisen (*Medicus*, Rn. 643), doch wird dies in der Fallbearbeitung regelmäßig nicht von Betreff sein, wenn und weil ein unstreitiger Sachverhalt ausgegeben wird.
23 *Medicus*, Rn. 643.

IV. Formerfordernisse im Internet

10 Eine der größten – weniger rechtsdogmatischen, als vielmehr pragmatischen – Herausforderungen stellt das Formproblem im Internet dar.[24] Die Manipulierbarkeit und Verfälschbarkeit **elektronischer Willenserklärungen** muss in erträgliche Bahnen gelenkt werden, damit das Internet Rechtssicherheit[25] und in letzter Konsequenz auch Rechtsfrieden gewährleisten kann. Dafür waren Neuregelungen unerlässlich.[26]

1. Neuregelungen im Allgemeinen Teil

11 In den Allgemeinen Teil wurde daraufhin ein neuer § 126 Abs. 3 eingefügt, der die „**elektronische Form**" als Ersatz für die Schriftform anerkennt und diese ersetzt, sofern die Beteiligten die elektronische Form ausdrücklich oder konkludent billigen und daher mit dem Zugang einer elektronischen Willenserklärung rechnen müssen.[27] Die elektronische Form ist als Äquivalent zur Schriftform gedacht.[28] Zur Erfüllung der elektronischen Form muss der Aussteller nach dem neuen § 126a BGB seinen Namen hinzufügen und das elektronische Dokument mit einer sogenannten qualifizierten elektronischen Signatur versehen.[29]

12 Neben der elektronischen Form gibt es nun auch die **Textform** (§ 126b BGB), die geringeren Anforderungen unterliegt. Unter Textform versteht man die Fixierung einer Erklärung in lesbar zu machenden Zeichen.[30] Die Einhaltung der Textform ist klausurrelevant insbesondere für den Verbraucherwiderruf in § 355 Abs. 1 S. 2 BGB vorgesehen. Ob und inwieweit die Textform in anderen Bereichen auch ohne ausdrückliche gesetzliche Anordnung in Betracht kommt, wenn sich im Wege der Auslegung ergibt, dass weder die strenge Schriftform noch die elektronische Form vorgeschrieben ist, wird die weitere Diskussion zeigen.[31]

2. Das Signaturgesetz

13 Die elektronische Signatur ist im gleichfalls erlassenen Signaturgesetz näher geregelt und bedeutet, dass die Signatur auf einem zum Zeitpunkt ihrer Erzeugung gültigen „**qualifizierten Zertifikat**" beruht und mit einer „**sicheren Signaturerstellungseinheit**" erzeugt wird, wie es § 2 Nr. 3 des Signaturgesetzes verlangt. Sichere Signaturerstellungseinheiten sind nach § 2 Nr. 10 des Signaturgesetzes Software- und Hardwareeinheiten zur Speicherung des jeweiligen Signaturschlüssels. Der Grundgedanke besteht darin, dass Zertifizierungsdienstanbieter durch das Angebot qualifizierter

---

24 Dazu *Fringuelli/Wallhäuser*, CR 1999, 93.
25 Zur Rechtssicherheit im elektronischen Geschäftsverkehr *Schröter*, WM 2000, 2134.
26 Zu ihnen *Nowak*, MMR 2001, 841; *Noack*, DStR 2001, 1893; *Tettenborn*, CR 2000, 686; *Vehslage*, DB 2000, 1801.
27 Vgl. BT-Drs. 14/4987 S. 15 sowie 14/5561 S. 19.
28 *Noack*, in: Das Neue Schuldrecht, Dauner-Lieb/Heidel/Lepa/Ring (Hrsg.), 2002, S. 441, 443.
29 Vgl. auch *Hähnchen*, NJW 2001, 2831; *Geis*, MMR 2000, 667.
30 *Noack*, in: Das Neue Schuldrecht, 2002; Rn. 45.
31 Dafür *Noack*, in: Das Neue Schuldrecht, 2002, Rn. 49.

Signaturverfahren eine erhöhte Sicherheit der Übermittlung verbürgen, weil sie ihrerseits strengen Vorgaben des Signaturgesetzes entsprechen müssen (vgl. § 4 Abs. 1 SigG). Auf die Einzelheiten dieses schwierigen technischen Verfahrens und seiner näheren Vorgaben kann hier nicht eingegangen werden.[32]

3. Folgerungen für den Vertragsschluss

Für den Vertragsschluss bedeutet dies, dass die Vertragsparteien jeweils ein gleich- **14** lautendes elektronisches Dokument mit einer solchen qualifizierten elektronischen Signatur versehen.[33] Es ist vernünftig, dass der Gesetzgeber nur das zivilrechtlich Unumgängliche in das BGB aufgenommen hat[34] und die Formvorschriften nicht mit technischen Details überlastet, sondern die allfällige Begriffsbestimmung dem Signaturgesetz überantwortet hat.[35] Allerdings ist die elektronische Form in zentralen Bereichen, wie etwa der Bürgschaft oder dem abstrakten Schuldanerkenntnis, nach wie vor ausgeschlossen. Das ist verständlich, weil diese überaus riskanten und in ihren Haftungsfolgen weitreichenden Rechtsgeschäfte im Hinblick auf eine Manipulierbarkeit besonders heikel sind und ihr Ausschluss folgerichtig eher hinnehmbar ist als die geringsten Zweifel beim Kursieren entsprechender verfälschter Erklärungen im Rechtsverkehr.[36]

V. Korrekturen bei Nichtbeachtung der gesetzlichen Form

Anders als im Falle vereinbarter Formgebote sind die gesetzlichen in der Weise zwin- **15** gend. Rechtstechnisch folgt dies daraus, dass § 125 S. 1 BGB als Einwendung vom Richter von Amts wegen zu beachten ist.[37] Dennoch gibt es Fälle, in denen die Nichtigkeitsfolge bei Missachtung der gesetzlichen Form als zu hart empfunden wird.[38] Hier haben sich drei Fallgruppen herauskristallisiert, in denen andere Behelfe diskutiert werden.[39]

---

32 Zu ihnen *Roßnagel*, NJW 2001, 1817, 1819 f.; *ders.*, MMR 2001, 201, 202.

33 Näher *Scheffler/Dressel*, CR 2000, 379.

34 Zur Signaturregelung im Rechtsvergleich die gleichnamige Monographie von *Miedbrodt*, 2000.

35 Zu diesbezüglichen Zweifelsfragen *Hoeren*, in: Schulze/Schulte-Nölke (Hrsg.), Die Schuldrechtsreform vor dem Hintergrund des Gemeinschaftsrechts, 2001.

36 *Noack* macht (in: Das Neue Schulrecht, 2002, Rn. 17) darauf aufmerksam, dass beim sorglosen Umgang mit der digitalen Signiertechnik eine Haftung wegen Verletzung von vertraglichen Nebenpflichten (vgl. § 241 Abs. 2 BGB) gegenüber dem Erklärungsempfänger in Betracht kommt.

37 Vgl. BGH DB 1969, 301; a.A. *Baur*, FS Bötticher, 1969, S. 1 ff.

38 Vgl. auch *Westerhoff*, AcP 184 (1984), 341; *Köbl*, DNotZ 1983, 207.

39 Allgemein zum Problem der Aufrechterhaltung formnichtiger Schuldverträge *W. Lorenz*, AcP 156 (1957), 381.

1. Fahrlässige Nichtbeachtung

16 Die Fälle fahrlässiger Nichtbeachtung der Form beziehen sich in der Praxis zumeist auf die nach § 311b Abs. 1 S. 1 BGB erforderliche **notarielle Beurkundung**. Diese unterbleibt nicht selten durch ein Versehen, weil sie von den Parteien nicht für vordringlich gehalten wird. Kommt es dann zum Streit, entdeckt der Verkäufer, dass ihn die Berufung auf die Formnichtigkeit von lästigen Gegenansprüchen befreien kann.[40] Der Gang der Rechtsprechung zu dieser Frage ist nicht ganz gerade verlaufen.[41]

a) Die Entwicklung der Rechtsprechung

17 Zunächst hatte das Reichsgericht die Berufung auf Treu und Glauben gegenüber den Formvorschriften mit der Begründung für unmaßgeblich erklärt, dass diese Vorschriften damit ihre Bedeutung verlieren würden.[42] Eine Zeitlang hat die Rechtsprechung dann pauschal mit § 242 BGB gearbeitet und eine Berufung auf die Formnichtigkeit für treuwidrig erklärt und somit den Vertrag ungeachtet des Formmangels für wirksam gehalten.[43] Der Bundesgerichtshof hat demgegenüber eine differenziertere Linie verfolgt und § 125 S. 1 BGB wieder stärker in den Mittelpunkt gestellt. Von der darin angeordneten Nichtigkeitsfolge könne nur abgewichen werden, wenn „es nach den Beziehungen der Beteiligten und nach den gesamten Umständen mit Treu und Glauben unvereinbar wäre,[44] vertragliche Vereinbarungen wegen Formmangels unausgeführt zu lassen."[45] Davon könne jedoch nur dann ausgegangen werden, wenn das Ergebnis **„schlechthin untragbar"** sei.[46] Dafür genüge es jedoch nicht, dass derjenige, der sich darauf beruft, den Mangel der Form in fahrlässiger Weise oder Unkenntnis selbst veranlasst habe.[47] Ist der Vertrag unter diesen Voraussetzungen unwirksam, so sind nach der Rechtsprechung nicht nur Erfüllungsansprüche ausgeschlossen, sondern auch solche auf Schadensersatz statt der Leistung.[48]

b) Bevorzugung der culpa in contrahendo im Schrifttum

18 Das Schrifttum geht demgegenüber teilweise davon aus, dass der Vertrag in den Fällen versehentlicher Nichtbeachtung der Form stets unwirksam sei.[49] Diejenige Partei, welche den Formmangel zu verantworten habe, schulde der anderen Schadensersatz

---

40 Paradigmatisch BGH NJW 1965, 812,

41 Siehe dazu im einzelnen *Häsemeyer*, Die gesetzliche Form der Rechtsgeschäfte, 1971, S. 36 ff.; instruktiv *ders.*, JuS 1980, 1 ff.

42 Vgl. RGZ 52, 1, 5.

43 Vgl. RG Gruchot 52, 1044; RGZ 153, 59; RG JW 1938, 1023 (allerdings beide aus der Zeit des Nationalsozialismus; RGZ 153, 59 argumentiert sogar mit dem „allgemeinen Volksempfinden").

44 Zum Zusammenhang von Formnichtigkeit und Treu und Glauben siehe *Gernhuber*, FS Schmidt-Rimpler, 1957, S. 157.

45 BGH NJW 1965, 812.

46 Vgl. BGH JZ 1971, 459; BGH NJW 1975, 43, 44; die Wendung geht zurück auf OGHZ 1, 217 und hat sich seither etabliert.

47 BGH NJW 1977, 2072, 2073.

48 BGH ZIP 1988, 89, 90; dort noch Schadensersatz wegen Nichterfüllung.

49 Zur bereicherungsrechtlichen Abwicklung formnichtiger Grundstückskaufverträge instruktiv *Singer*, WM 1983, 254.

unter dem Gesichtspunkt der culpa in contrahendo (§§ 280 Abs. 1 S. 1, 311 Abs. 2 BGB).[50] Zu ersetzen ist danach freilich nur das negative Interesse,[51] weil die Zuerkennung des positiven Interesses zu einem **Kontrahierungszwang** führen könne, der lediglich aus dem Eintritt in Vertragsverhandlungen nicht zu legitimieren sei.[52] Bedenklich an diesem Ergebnis stimmt freilich, dass das negative Interesse nicht zwangsläufig unterhalb des positiven liegt.[53] Abgesehen davon ist nicht unbedingt einzusehen, aus welchem Grund der sonach verpflichteten Partei einseitig die Sorge um die Formeinhaltung aufgebürdet wird.[54] Vielmehr liegt in Fällen fahrlässiger Nichtbeachtung von Formvorschriften beidseitiges Verschulden nahe; die begünstigte Partei müsste sich dieses dann gem. § 254 Abs. 1 BGB entgegenhalten lassen.

2. Vorsätzliche Nichtbeachtung

Einfacher verhält es sich in den Fällen vorsätzlicher Nichtbeachtung der gesetzlichen Form.[55] So lag es etwa in dem berühmten „**Edelmannfall**" des Reichsgerichts.[56] Dort hatte sich der Gläubiger auf das Edelmannswort seines Schuldners verlassen und daher von der nach § 311b Abs. 1 S. 1 BGB erforderlichen notariellen Beurkundung abgesehen. Das Reichsgericht hat dem Gläubiger den Erfüllungsanspruch zu Recht verweigert. Das hat im Schrifttum Beifall gefunden: Die Rechtsordnung hilft demjenigen nicht, der auf sie weniger vertraut als auf ein vorgebliches „Edelmannswort".[57]   19

Obwohl der Bundesgerichtshof sich dieser Linie zunächst angeschlossen hat,[58] ging die Tendenz der Rechtsprechung zunehmend dahin, über § 242 BGB Abhilfe zu schaffen. So hat der BGH in einem dem Edelmannfall ganz ähnlichen Sachverhalt, in dem sich jemand auf seine „**kaufmännische Ehrbarkeit**" berief, Erfüllungsansprüche gegen diesen gewährt.[59] Hierbei mochte noch eine Rolle gespielt haben, dass der Vertragspartner vermittels seiner wirtschaftlich stärkeren Stellung die Wahrung der Form verhindert hatte.[60] Insofern bleibt in derartigen Fällen Raum für Differenzierungen.[61] Grundsätzlich sollte man es aber in den Fällen, in denen beiden Seiten der Formverstoß bewusst ist, dabei belassen,[62] dass demjenigen Erfüllungsansprüche   20

---

50 *Larenz*, FS Ballerstedt, 1975, S. 397, 405; *Flume*, § 15 III 4 c, dd.

51 Soweit demgegenüber eine auf Gesetz beruhende Erfüllungshaftung im Schrifttum erwogen wird, werden die für Rechtsgeschäfte geltenden Formvorschriften zum Teil nur entsprechend angewendet; vgl. im Einzelnen *Canaris*, Die Vertrauenshaftung im deutschen Privatrecht, 1971, S. 276 ff., 289 ff., 412, 465 ff.; hiergegen *Medicus/Petersen* BR, Rn. 185 a.E.

52 *Medicus*, FS Hermann Lange, 1992, S. 539.

53 Vgl. *Medicus*, JuS 1965, 214, 215; *W. Lorenz*, JuS 1966, 429.

54 *Medicus/Petersen* BR, Rn. 185.

55 Dazu *Battes*, JZ 1969, 683.

56 RGZ 117, 121.

57 *Flume*, § 15 III 4 c, bb; *Medicus/Petersen* BR, Rn. 181.

58 Vgl. BGHZ 45, 375, 379, wonach demjenigen der Rechtsfolgewille fehlt, der einer Formvorschrift wissentlich nicht nachkommt, und somit auch keine Erfüllung beanspruchen kann.

59 BGHZ 48, 396.

60 Vgl. dazu *Larenz*, Lehrbuch des Schuldrecht I, Allgemeiner Teil, 14. Auflage 1987, § 10 III, S. 147 f.

61 Vgl. nur *Canaris*, Die Vertrauenshaftung im deutschen Privatrecht, S. 352 ff.

62 Deutlicher noch *Medicus*, Rn. 632: ausnahmslos nichtig.

versagt werden, der fremde Beteuerungen oder einen obskuren Ehrenkodex über die gesetzliche Form stellt.[63]

3. Arglistige Täuschung

21 Anders liegen die Dinge freilich, wenn die gesetzliche Form nur deshalb nicht eingehalten wird, weil der Vertragspartner bezüglich der Formbedürftigkeit arglistig getäuscht wurde und die Form deshalb nicht eingehalten wurde. Zwar steht dem Getäuschten dann unter verschiedenen Gesichtspunkten ein Schadensersatzanspruch zu: ein quasi-vertraglicher Anspruch ergibt sich in diesem Fall unproblematisch aus §§ 280 Abs. 1 S. 1, 311 Abs. 2 BGB; daneben bestehen deliktische Ansprüche aus § 826 BGB und unter den Voraussetzungen des § 263 StGB auch aus § 823 Abs. 2 BGB. Da aber nach § 249 Abs. 1 BGB derjenige Zustand herzustellen wäre, der ohne die Täuschung bestehen würde, wird das Ergebnis allenthalben für korrekturbedürftig gehalten.[64] Damit der Getäuschte mehr als seinen Vertrauensschaden verlangen kann, wird das Ergebnis über § 242 BGB korrigiert. Der Getäuschte soll wählen können zwischen der Nichtigkeit des Vertrags – mit der Folge, dass er den Vertrauensschaden ersetzt bekommt – und dessen Wirksamkeit; dann freilich muss er auch die Gegenleistung erbringen.[65] Das Wahlrecht muss er entsprechend § 124 BGB binnen Jahresfrist ausüben.[66] Dogmatisch lässt sich dies als **Vertrauenshaftung kraft Gesetzes** verorten.[67]

---

63 Ablehnend auch *Reinicke*, NJW 1968, 39; vgl. auch *dens.*, Rechtsfolgen formnichtiger Rechtsgeschäfte, 1969.
64 *Medicus*, Rn. 631.
65 *Flume*, § 15 III 4c, cc.
66 *Medicus/Petersen* BR, Rn. 182.
67 *Canaris*, Die Vertrauenshaftung im deutschen Privatrecht, 1971, S. 276 ff.

§ 26 Gesetzliches Verbot und Rechtsgeschäft

Nach § 134 BGB ist ein Rechtsgeschäft, das gegen ein gesetzliches Verbot verstößt, **1** nichtig, wenn sich nicht aus dem Gesetz ein anderes ergibt. Gesetzliches Verbot und Rechtsgeschäft[1] stehen damit in einem unmittelbaren sachlichen Zusammenhang, so dass es sich bei der vorliegenden Problematik auch um eine zentrale Frage der Rechtsgeschäftslehre handelt. Als solche berührt sie unweigerlich auch den Grundsatz der Privatautonomie als systemtragendes Prinzip des Allgemeinen Teils. Denn wenn es den Parteien in den von § 134 BGB erfassten Fällen nicht möglich ist, einen von ihnen gewollten rechtlichen Erfolg herbeizuführen, so stellt sich dies für sie als **Einschränkung der Privatautonomie** dar.

I. Typische Fehler in der Fallbearbeitung

Zugleich handelt es sich bei diesem Thema um eine in der Fallbearbeitung außeror- **2** dentlich wichtige Problematik, da es sich bei § 134 BGB zum einen um einen potentiellen Nichtigkeitsgrund handelt und von seiner Einschlägigkeit im Prüfungsfall regelmäßig der gesamte Fortgang des Falles abhängt, weil je nach dem ein wirksamer oder eben nichtiger Vertrag vorliegen kann. Daher betrifft § 134 BGB nicht selten eine **zentrale Weichenstellung der Klausur** oder Hausarbeit, so dass schon aus diesem Grund eine sorgfältige Prüfung erwartet wird. Zum anderen werfen gesetzliche Verbote Auslegungsfragen auf, deren Beantwortung oftmals über die argumentative Qualität der Prüfung entscheidet. Demgemäß sind es vor allem zwei grundsätzliche Fehler, die einem in Prüfungsarbeiten, in denen § 134 BGB eine Rolle spielt, begegnen. Der erste besteht darin, dass die Vorschrift überhaupt nicht gesehen und folglich auch nicht geprüft wird. Das ist ersichtlich die gravierendste Unzulänglichkeit, gegen die man nur etwas unternehmen kann, wenn man sich vor Augen hält, dass § 134 BGB häufig gleichsam „zwischen" bestimmten Nichtigkeitsgründen, wie z.B. §§ 142 i.V.m. 123 einerseits und 138 BGB andererseits steht, die oft leichter ins Blickfeld geraten. Dabei wird § 134 BGB tendenziell häufiger geprüft, weil oft weniger interessiert, ob die Kandidaten bestimmte Fallgruppe zu § 138 Abs. 1 BGB auswendig gelernt haben, als vielmehr die Fähigkeit zu entscheiden, ob ein Gesetz gegen das verstoßen wird, auch Verbotsgesetz i.S.d. § 134 BGB ist. Dies leitet über zum zweiten typischen Fehler im Bereich des § 134 BGB, der darin besteht, dass eine einschlägige Rechtsvorschrift ohne weiteres oder vermittels eines unbeholfenen Hinweises auf die herrschende Meinung als Verbotsgesetz klassifiziert wird. Dieser Fehler kann sich, so paradox es klingt, noch verhängnisvoller auswirken als das völlige Übersehen des § 134 BGB, weil und sofern die Leistung des Bearbeiters im Einzelfall darin besteht, zu erkennen und zu ermitteln, dass es sich bei der in Betracht kommenden Vorschrift gerade *nicht* um ein Verbotsgesetz handelt. In diesem Fall wird nämlich die oben angesprochene Weichenstellung der Prüfungsarbeit verfehlt und so womöglich ungleich größerer Schaden angerichtet.

---

[1] So lautet auch die grundlegende Schrift von *Canaris*, 1983, auf dessen Thesen später noch näher einzugehen ist.

3   Aus dem Gesagten erhellt, dass es für den richtigen Umgang mit § 134 BGB gerade nicht darauf ankommen kann, möglichst auswendig zu wissen, welche Vorschriften Verbotsgesetze sind und welche nicht. So sehr es nämlich helfen kann, dies von einigen besonders häufig vorkommenden Regelungen zu wissen, so wenig taugt es als allgemeines Rezept. Mitunter kommen im Prüfungsfall nämlich ausgesprochen exzentrische Vorschriften als Verbotsgesetze in Betracht, von denen schlechterdings nicht erwartet werden kann, dass der Kandidat im Einzelfall weiß, ob sie Verbotsgesetzcharakter haben oder nicht. Die Entscheidung über die Nichtigkeitsfolge ergibt sich im Übrigen nicht immer aus zwingenden Gründen.[2] Das zeigt umso mehr, dass eine an **teleologischen Argumenten** orientierte Vorgehensweise geeignet ist, das Niveau einer Prüfungsarbeit entscheidend zu heben.

4   Es kann sogar passieren, dass eine derartige Vorschrift einem Gesetz entstammt, das gar nicht zu den zugelassenen Hilfsmitteln gehört und daher auf dem Aufgabentext gesondert abgedruckt werden muss. Das ist ein schwerwiegendes **Indiz** dafür, dass § 134 BGB zumindest in Erwägung gezogen werden muss und so der erstgenannte Fehler vermieden wird. Es ist zugleich aber ein elementares Gebot, die abgedruckte Vorschrift nun nicht kritiklos anzuwenden und den zweiten Fehler zu begehen, sondern im Wege der Auslegung zu ermitteln, ob es sich wirklich um ein Verbotsgesetz handelt. Ein Beispiel stellt § 14 HeimG dar, wonach Heimbedienstete keine Zuwendungen von Heimbewohnern, insbesondere durch letztwillige Verfügungen annehmen dürfen.[3] Ist diese Vorschrift im Aufgabentext, so kann vom Bearbeiter erwartet werden, dass er sich Gedanken darüber macht, warum dieses Verbot besteht. Die Auslegung ergibt hier, dass sich Heimbewohner keine zusätzlichen Vergünstigungen vom Pflegepersonal erkaufen können sollen, weil diese bereits mit dem Pflegeentgelt abgegolten sind.[4] Desweiteren soll verhindert werden, dass Heimbewohner die Heimbediensteten testamentarisch bedenken, weil damit Abhängigkeiten geschaffen und ausgenutzt werden könnten. Die mit § 14 HeimG einhergehende Einschränkung der Privatautonomie und **Testierfreiheit** der Heimbewohner schützt diese somit letztlich auch selbst.[5] Die Auslegung unbekannter Vorschriften sollte sich daher nicht zuletzt an den Auswirkungen auf die Privatautonomie orientieren. Nach welchen Kriterien dies im Einzelnen zu geschehen hat, soll im Folgenden behandelt werden.

II. Auslegung der Verbotsnorm

5   Als Gesetz kommt jede inländische[6] Rechtsnorm (vgl. Art. 2 EGBGB)[7] in Betracht, ohne Rücksicht darauf, ob es sich um ein Gesetz im formellen Sinne handelt, so dass auch Satzungen und Verordnungen Verbotsgesetze sein können.[8] Es kann sogar genügen, dass das Verbot im Gesetz deutlich zum Ausdruck kommt, auch wenn dem Wortlaut

---

2 *Medicus*, Rn. 657, mit der Folgerung, dass dann auch den Gerichten nichts anderes übrig bleibt, als diese Frage weitgehend „rechtsschöpferisch" zu entscheiden.
3 Zu ihm bereits oben § 1 bei den Einschränkungen der Testierfreiheit.
4 Vgl. BGHZ 110, 235, 240.
5 *Petersen*, DNotZ 2000, 739.
6 Zu ausländischen Verbotsgesetzen *Medicus*, Rn. 658.
7 Zum Gesetzesbegriff in § 134 BGB *Beater*, AcP 197 (1997), 505.
8 Vgl. nur *Brox/Walker*, Rn. 321.

nach kein Verbot vorzuliegen scheint.[9] Damit steht freilich noch nicht fest, dass es sich um ein gesetzliches Verbot handelt. Es hängt also nicht von der Diktion des Gesetzes ab, ob ein gesetzliches Verbot i.S.d. § 134 BGB vorliegt.[10] Dies ergibt sich vielmehr im Wege der Auslegung, so dass es entscheidend auf den **Sinn und Zweck der jeweiligen Vorschrift** ankommt.[11] So ist die gesetzliche Formulierung „darf nicht" für die Auslegung nicht weiterführend.[12] Verlangt das Gesetz von einer Partei, dass sie ein bestimmtes Verhalten nicht tun *soll*, so deutet dies auf eine bloße Ordnungsvorschrift hin, deren Missachtung nicht zur Unwirksamkeit nach § 134 BGB führt,[13] weil Ordnungsvorschriften typischerweise nicht den Inhalt[14] des Rechtsgeschäfts missbilligen.[15] Das aber ist für die Auslegung entscheidend.[16]

1. Straftatbestände

Strafvorschriften stellen daher im Zweifel Verbotsgesetze i.S.d. § 134 BGB dar.[17] Obgleich   6
für die Nichtigkeit nach § 134 BGB an sich der objektive Verstoß ausreicht und es auf ein Verschulden der Parteien nicht ankommt,[18] ist beim Verstoß gegen Strafvorschriften grundsätzlich auch die Verwirklichung des subjektiven Tatbestands erforderlich,[19] soweit nicht der Schutzzweck der verletzten Norm im Einzelfall etwas anderes gebietet.[20] Ein typischer Straftatbestand, der zugleich ein gesetzliches Verbot darstellt, ist die Hehlerei gemäß § 259 StGB.[21] Beim Zusammentreffen von verlängertem Eigentumsvorbehalt und Sicherungszession[22] hat die Rechtsprechung eine mögliche Unterschlagung (§ 246 StGB) als Verbotsgesetz angesehen.[23] Im Spannungsfeld mit dem **Zwangsvollstreckungsrecht** kann die Vereitelung der Zwangsvollstreckung nach § 288 StGB Bedeutung erlangen. Auch wenn die danach strafbare Vollstreckungsvereitelung nur den Schuldner mit Strafe bedroht, sollen Schenkungsvereinbarungen, deren Zweck darin besteht, die Zwangsvollstreckung zu vereiteln, nach § 134 BGB nichtig sein.[24] Diese Ansicht verdient indes keine Zustimmung, weil der Gesetzesverstoß hier nicht auf den Inhalt des Rechtsgeschäfts durchschlägt, so dass die Schenkung ungeach-

---

9 BGHZ 51, 262; in diesem Fall ist die Auslegung sogar besonders wichtig.
10 Palandt/*Ellenberger*, 71. Auflage 2012, § 134 Rn. 7.
11 BGHZ 71, 361; 85, 43; 88, 242; BGH NJW 1992, 2558.
12 BGH NJW 1992, 2022.
13 BayObLG 1981, 2197.
14 Auf den Inhalt des Rechtsgeschäfts stellt schon *Larenz* (Allgemeiner Teil des deutschen Bürgerlichen Rechts, 7. Auflage 1989, § 22 II) ab; skeptisch *Canaris*, Gesetzliches Verbot und Rechtsgeschäft, 1983, S. 13.
15 BGHZ 53, 157; 75, 368; BGH NJW 1968, 2286.
16 *Flume*, § 17, 1.
17 BGHZ 115, 125.
18 BGHZ 37, 366; 116, 276; 122, 122.
19 BGHZ 132, 318.
20 BGHZ 115, 130 nimmt dies für die Verletzung der Schweigepflicht an, die mithin objektiv ausreicht.
21 *Brox/Walker*, Rn. 321.
22 Dazu *Medicus/Petersen* BR, Rn. 525 ff.
23 BGHZ 30, 149.
24 OLG Schleswig, Schleswig-Holsteinische Anzeigen 1957, 96.

tet des darin liegenden Gesetzesverstoßes als wirksam anzusehen ist.[25] Betrug und Erpressung (§§ 263, 253 StGB) wären zwar ebenfalls taugliche Verbotsgesetze i.S.d. § 134 BGB, da die Vornahme solcher Rechtsgeschäfte von der Rechtsordnung überhaupt missbilligt wird. Allerdings stellt sich hier die Frage, ob insoweit nicht § 123 BGB als lex specialis vorrangig ist und somit derartige Geschäfte lediglich anfechtbar sind, weil der Betroffene danach die Möglichkeit hat, das Geschäft gleichwohl gelten zu lassen, wenn es ihm günstig erscheint.[26]

7   Differenzierter verhält es sich bei der **Steuerhinterziehung** gemäß § 370 AO.[27] Ein Vertrag, mit dem eine Steuerhinterziehung verbunden ist, ist nur dann nach § 134 BGB nichtig, wenn die Steuerhinterziehung den Hauptzweck des Geschäfts bildet.[28] Nur dann wird der Inhalt und Zweck des Rechtsgeschäfts so von der Rechtsordnung missbilligt, dass seine Wirksamkeit nicht in Betracht kommt. Handelt es sich dagegen nur um eine wirtschaftliche Nebenfolge, die den Beteiligten durchaus willkommen ist, so reicht dies nicht aus für die Anwendung des § 134 BGB,[29] da dieser nur die Vornahme von Rechtsgeschäften mit einem verbotswidrigen Zweck sanktionieren,[30] nicht aber generell einen bestimmten – sei es auch von der Rechtsordnung missbilligten – wirtschaftlichen Erfolg verhindern will.[31] Gerade die Steuerhinterziehung wird in der Fallbearbeitung häufig zu undifferenziert beurteilt und pauschal dem Verdikt der Nichtigkeit nach § 134 BGB unterstellt. Daher muss man sich bei der Auslegung des § 134 BGB immer vor Augen halten, dass sich das gesetzliche Verbot gerade gegen die *Vornahme* des betreffenden Rechtsgeschäfts richten muss.

2. Schwarzarbeit

8   Verstöße gegen das Schwarzarbeitsgesetz[32] stellen einen häufigen Prüfungsschwerpunkt dar, weil sich damit werkvertragsrechtliche bzw. allgemein schuldrechtliche Fragen verbinden lassen[33] und nicht selten schwierige **bereicherungsrechtliche**

---

25 Zutreffend *Canaris*, Gesetzliches Verbot und Rechtsgeschäft, 1983, S. 27.

26 So *Larenz*, Allgemeiner Teil des deutschen Bürgerlichen Rechts, 7. Auflage 1989, § 22 II; ihm folgend *Canaris*, Gesetzliches Verbot und Rechtsgeschäft, S. 38, der darüber hinaus der Meinung ist, dass „Verstöße gegen gesetzliche Verbote, die den anderen Teil in der Freiheit seiner Willensbildung bei Vertragsschluss schützen sollen, zu schwebender Unwirksamkeit des betreffenden Rechtsgeschäfts führen, auch wenn das Verbot sich nur gegen die äußeren Umstände des Vertragsschlusses richtet". Ebenso zu § 138 *Wolf/Neuner*, § 46 Rn. 5.

27 Dazu bereits oben § 10 Rn. 35.

28 BGHZ 14, 30, 31; BGH NJW 1983, 1844; BGH ZIP 2001, 202.

29 Inkonsequent ist es freilich, wenn der Bundesgerichtshof (BGH LM Nr. 57 zu § 134 BGB) beim Kauf ohne Rechnung Nichtigkeit nach § 134 BGB annimmt; dagegen *Canaris*, Gesetzliches Verbot und Rechtsgeschäft, S. 50.

30 BGH NJW 1983, 2873.

31 Instruktives Fallbeispiel *Gottwald*, Rn. 129.

32 Genauer: Gesetz zur Bekämpfung der Schwarzarbeit und illegalen Beschäftigung von 2004, zuletzt in der Fassung vom 21.7.2012, BGBl. I 1566. Siehe hierzu *Möller*, StW 2006, 215; *Moosburger*, ZfZ 2004, 407; *Kossens*, BB-Special 2004, Nr. 2, S. 2; *Buchner*, GewArch 2004, 393.

33 Beispielsfall dazu bei *Petersen*, Rn. 39 ff.

Rückabwicklungsprobleme entstehen.[34] Das Verbot der Schwarzarbeit hat ungeachtet seiner Bußgeldandrohung nicht lediglich den Charakter einer Ordnungsvorschrift, sondern soll auch und gerade den zivilrechtlichen Erfolg der Schwarzarbeit verhindern.[35] Seinem Schutzzweck nach soll nicht nur das „ehrliche" Handwerk vor Preisunterbietungen durch Schwarzarbeiter geschützt werden, sondern auch der Staat vor Steuerausfällen bewahrt werden. Auch die **Sozialversicherungsträger** würden geschädigt. Zudem könnte der Schuldner andernfalls verpflichtet sein, eine verbotene, nämlich sogar bußgeldbewehrte Handlung, vorzunehmen. Aus diesen Erwägungen ergibt sich, dass das Schwarzarbeitsgesetz gerade die Vornahme des Rechtsgeschäfts verhindern soll und somit ein Verbotsgesetz i.S.d. § 134 BGB darstellt.

Zu berücksichtigen ist allerdings, dass dieser Verstoß nicht notwendigerweise 9 beide Parteien des Rechtsgeschäfts betrifft, weil ein Auftraggeber, der nicht weiß, dass der von ihm beauftragte Handwerker entgegen § 1 SchwarzArbG nicht in die **Handwerksrolle** eingetragen ist, selbst nicht gegen das Gesetz verstößt. Das bedeutet, dass das von den Parteien vereinbarte Rechtsgeschäft nur dann nach § 134 BGB nichtig ist, wenn Auftraggeber und Handwerker gegen das Gesetz verstoßen haben.[36] Bei einem nur einseitigen Verstoß liegt nach Ansicht der Rechtsprechung[37] keine Nichtigkeit nach § 134 BGB vor,[38] wenn nicht der Auftraggeber den Verstoß gegen das Schwarzarbeitsgesetz kennt und ihn zu seinem Vorteil ausnutzt.[39] Aus dieser Schieflage ergeben sich mannigfaltige Schwierigkeiten.[40]

III. Das Verhältnis zum Bereicherungsrecht

Mit der Erörterung der Schwarzarbeit ist eine Frage aufgeworfen, die weite, bis ins 10 Bereicherungsrecht reichende Kreise zieht. Die Rede ist von § 817 BGB. War nämlich der Zweck einer Leistung in der Art bestimmt, dass der Empfänger durch die Annahme gegen ein gesetzliches Verbot verstoßen hat, so ist der Empfänger zur Herausgabe verpflichtet. Zu beachten ist, dass ein Gesetzesverstoß allein durch den Empfänger nicht für § 134 BGB ausreicht, so dass etwa bei der **Schutzgelderpressung** das Grundgeschäft gültig ist.[41] Das bedeutet für den Fall geleisteter Schwarzarbeit, dass der Schwarzarbeiter, der bei einem beiderseitigen Verstoß gegen das Schwarzarbeitsgesetz das vereinbarte Entgelt, hilfsweise Wertersatz, verlangt, grundsätzlich einen Bereicherungsanspruch gegen den Auftraggeber aus § 817 S. 1 BGB bzw. § 812 Abs. 1 S. 1 Fall 1 BGB hat. Die Rückforderung ist freilich nach § 817 S. 2 BGB ausgeschlossen,

---

34 Zu ihnen sogleich ausführlich unter III. Siehe zu den zivilrechtlichen Folgen eines Verstoßes gegen das Schwarzarbeitsgesetz die gleichnamigen Arbeiten von *Helf*, 1986 sowie *Fricke*, 2005.
35 Allgemein zu Schwarzarbeitsverträgen *Köhler*, JZ 1990, 466; *Sonnenschein*, JZ 1976, 497.
36 BGHZ 85, 44; 111, 308; Palandt/*Ellenberger*, 71. Auflage 2012, § 134 Rn. 22.
37 BGHZ 89, 372; BGH NJW 1985, 2404.
38 *Canaris*, Gesetzliches Verbot und Rechtsgeschäft, S. 23 f., ist der Auffassung, dass bei einem einseitigen inhaltlichen Verstoß grundsätzlich Nichtigkeit anzunehmen ist.
39 BGHZ 89, 372; NJW 1985, 2404; NJW-RR 2002, 557; OLG Düsseldorf NJW-RR 2005, 852; a.A. *Köhler*, JZ 1990, 467.
40 Monographisch zum ganzen *Metzger*, Nichtigkeit und Wirksamkeit von Geschäften der Schattenwirtschaft, 1996.
41 *Medicus/Petersen* BR, Rn. 694.

wenn dem Leistenden gleichfalls ein solcher Verstoß zur Last fällt. Das würde an sich bedeuten, dass der Schwarzarbeiter, der bereits geleistet hat, leer ausgehen würde und nicht einmal Wertersatz (§ 818 Abs. 2 BGB) für seine Tätigkeit verlangen könnte. Dies wird zum Teil in der Tat angenommen.[42] Die generalpräventive Wirkung des Schwarzarbeitergesetzes im Zusammenspiel mit § 134 BGB dürfe nicht dadurch verloren gehen, dass der Schwarzarbeiter im Wege des Bereicherungsausgleichs zu seinem Geld komme; wer sich dem Schutzzweck des Schwarzarbeitsgesetzes auf eigene Faust entziehe, verdiene keinen Schutz.[43] Im Übrigen beruhe die Präventionswirkung des § 134 BGB nicht zuletzt darauf, dass Vereinbarungen, die gegen ein gesetzliches Verbot verstoßen, keine geeignete Vertrauensgrundlage darstellen.[44]

11   Der Bundesgerichtshof hat diese Konsequenz indes für unbillig gehalten und § 817 S. 2 BGB durch § 242 BGB eingeschränkt.[45] Es sei nicht einzusehen, dass das Risiko der Schwarzarbeit nur den Unternehmer treffe und der Auftraggeber, der die Schwarzarbeit häufig genug anregt,[46] eine Leistung erhält, ohne die Gegenleistung zu schulden. Der Bundesgerichtshof hat dem Schwarzarbeiter daher einen Anspruch aus §§ 812 Abs. 1 S. 1 Fall 1, 817 S. 1 BGB zugesprochen. Dieser Anspruch ist auf Ersatz des objektiven Wertes der geleisteten Arbeit gerichtet, § 818 Abs. 2 BGB. Im Rahmen dessen hat der BGH allerdings einen durch **Risikoabschlag** verringerten Betrag zugrunde gelegt.[47] Das lässt sich damit begründen, dass der Auftraggeber infolge der Nichtigkeit des Vertrags über die Schwarzarbeit nach § 134 BGB auch keine werkvertraglichen Mängelansprüche (§§ 634 ff. BGB) gegen den Schwarzarbeiter hat und die geleistete Arbeit aus diesem Grund weniger wert ist.

IV. Die halbseitige Teilnichtigkeit

12 Nicht immer trifft beide an einem Rechtsgeschäft Beteiligten gleichermaßen der Vorwurf, gegen ein gesetzliches Verbot verstoßen zu haben. Gerade bei Verstößen gegen das Schwarzarbeitergesetz kann es, wie gesehen, vorkommen, dass nur eine Partei bewusst dagegen verstoßen hat, während die andere davon ausging, es mit einem redlichen Rechtsgenossen zu tun zu haben. Dann kann die Nichtigkeitsrechtsfolge des § 134 BGB für den Redlichen zu unangemessenen Konsequenzen führen, weil der Vertrag, auf den er gebaut hat, fehlt.

13   Für die Lösung derartiger Interessenkonflikte ist von Seiten des Schrifttums die Rechtsfigur der sogenannten halbseitigen Teilnichtigkeit herausgearbeitet worden.[48] In Anlehnung an den **Rechtsgedanken des § 139 BGB** soll nicht der Vertrag als ganzer nichtig sein, sondern nur soweit die ungünstigen Rechtsfolgen denjenigen treffen, der

---

42 Vgl. nur aus der Rechtsprechung OLG Köln NJW-RR 1990, 251.

43 *Tiedtke*, BB 1990, 2308; *ders.*, NJW 1983, 713

44 *Medicus*, Rn. 651; gegen den BGH auch *Fenn*, ZIP 1983, 466; *Köhler*, JR 1983, 106.

45 BGH NJW 1990, 2542; dazu *Kern*, JuS 1993, 193.

46 Gegen den hinsichtlich der Schwarzarbeit gutgläubigen Auftraggeber besteht allerdings kein Bereicherungsanspruch; LG Mainz NJW-RR 1998, 48.

47 BGHZ aaO., S. 2542.

48 *Canaris*, Gesetzliches Verbot und Rechtsgeschäft, 1983, S. 30 ff. Wichtig zum Ganzen auch *J. Hager*, Gesetzes- und sittenkonforme Auslegung und Aufrechterhaltung von Rechtsgeschäften, 1983; *ders.*, JuS 1984, 264 zur gesetzeskonformen Aufrechterhaltung übermäßiger Vertragspflichten.

gegen das gesetzliche Verbot verstoßen hat. Zugunsten desjenigen, der davon nichts wusste, soll der Vertrag wirksam bleiben. Das bedeutet, dass dem geschützten Teil die vertraglichen Ansprüche erhalten bleiben und er selbst nur aus ungerechtfertigter Bereicherung haftet.[49] Begründet wird dieser auf den ersten Blick überraschende Weg[50] mit dem Wortlaut des § 134 BGB a.E., wonach das Rechtsgeschäft nichtig ist, „wenn sich nicht aus dem Gesetz ein anderes ergibt". Aus dem Gesetz, so folgert *Canaris*, der diese Ansicht begründet hat, kann jedoch auch bedeuten aus dem Zweck des Gesetzes.[51] Dieser kann jedoch durchaus dahin zielen, dass nicht das Rechtsgeschäft als ganzes nichtig ist, sondern nur soweit dies demjenigen zugute kommen würde, der den Gesetzesverstoß begeht.

Gegen diesen Standpunkt kann nicht pauschal eingewendet werden, die Rechtsfigur der halbseitigen Teilnichtigkeit sei dem geltenden Recht fremd[52] und bedeute eine nicht hinnehmbare Asymmetrie in der Rechtsgeschäftslehre.[53] Denn es zeichnet diese Lehre geradezu aus, dass sie über den Weg des Bereicherungsrechts, insbesondere im Hinblick auf **§ 817 BGB** zu billigen Ergebnissen führt.[54] Vor allem spricht etwas für sie, das sich für die Dogmatik des § 134 BGB als strukturprägender Gesichtspunkt erwiesen hat, nämlich die teleologische Fundierung. Immerhin ist die aufgezeigte Wortlautanbindung nichts anderes als ein teleologisches Argument. Eine andere Frage ist, ob es in der Fallbearbeitung unter allen Umständen ratsam ist, sich dieser Lehre anzuschließen, zumal die Rechtsprechung bisher noch keine Anstalten gemacht hat, § 134 BGB in dieser Weise auszulegen. — 14

---

49 *Canaris*, Gesetzliches Verbot und Rechtsgeschäft, 1983, S. 31 f.

50 *H. Roth*, JZ 1989, 418, 419, spricht von einer „kühnen Konstruktion".

51 *Canaris*, FS Steindorff, 1990, S. 519, 530.

52 So *Bork*, Rn. 113 Fußnote 33.

53 *Canaris* selbst konzediert „ein eigentümliches Mischgebilde aus Vertrags- und Bereicherungsansprüchen" (Gesetzliches Verbot und Rechtsgeschäft, 1983, S. 31).

54 Vgl. *Canaris*, Gesetzliches Verbot und Rechtsgeschäft, 1983, S. 32 f., sowie *dens.*, FS Steindorff, 1990, S. 519, 530 ff. (dort auch gegen die zwischenzeitlich erhobene Kritik) wonach die Lehre von der halbseitigen Teilnichtigkeit die „Präventivfunktion der §§ 134, 817 S. 2 BGB voll zum Tragen bringt".

§ 27 Der Verstoß gegen die guten Sitten

I. § 138 Abs. 1 BGB in der Prüfung

1 Nach § 138 Abs. 1 BGB ist ein Rechtsgeschäft nichtig, das gegen die guten Sitten verstößt. Die Judikatur zum Begriff der guten Sitten und zum Verstoß dagegen ist nahezu unüberschaubar. Niemand kann und wird in der Staats- oder gar in der Zwischenprüfung eine dezidierte Kenntnis aller in Betracht kommender Fallkonstellationen erwarten. Das wäre auch gar nicht sinnvoll. Vielmehr geht es darum, Grundsätzliches zu § 138 BGB[1] zu kennen, die Vorschrift in das System der Rechtsgeschäftslehre einordnen[2] und einige Hauptfälle und Fallgruppen zuordnen zu können.[3]

1. Verhältnis zu anderen Unwirksamkeitsgründen

2 Was den erstgenannten Aspekt betrifft, so ist vor allem das Verhältnis zu anderen möglichen Unwirksamkeitsgründen zu beachten. Hier ist zunächst § 134 BGB zu nennen. Verstöße gegen ein gesetzliches Verbot unterfallen also, selbst wenn man die jeweiligen Handlungen im Einzelfall auch für sittenwidrig halten könnte, schon einmal nicht § 138 BGB. Entsprechendes gilt für den Fall der arglistigen Täuschung als wichtigsten Fall der unzulässigen Einflussnahme auf die **Entscheidungsfreiheit**.[4] Denn eine arglistige Täuschung erfüllt für sich betrachtet durchaus dem Tatbestand des § 138 BGB. § 123 BGB ist insoweit aber die speziellere Vorschrift und in der Fallbearbeitung daher auch vorrangig zu prüfen. Man macht sich dies am besten klar, wenn man sich die Funktion des § 138 BGB vergegenwärtigt: Es soll verhindert werden, „dass Rechtsgeschäfte in den Dienst des Unsittlichen gestellt werden."[5]

2. Die Formel der Rechtsprechung

3 Damit stellt sich die Frage, wann ein Rechtsgeschäft gegen die guten Sitten verstößt. Hier hat sich eine Formel eingebürgert, die – so allgemein und nichts sagend sie ist – bekannt sein sollte, weil sie in der Rechtsprechung seit jeher eine beherrschende Rolle spielt.[6] Sittenwidrigkeit i.S.d. § 138 BGB soll danach vorliegen, wenn das Geschäft gegen „das **Anstandsgefühl aller billig und gerecht Denkenden**" verstößt.[7] Die Formel zeigt bereits, wie problematisch es ist, die guten Sitten zum Maßstab des

---

1 So der gleich lautende Beitrag von *Larenz*, JurJb 7 (1966) 98; desgleichen *Lindacher*, AcP 173 (1973), 124.

2 Vgl. *T. Bezzenberger*, AcP 196 (1996), 395; *Eckert*, AcP 199 (1999), 337.

3 Instruktiv *H. Honsell*, JA 1986, 573.

4 Lesenswert dazu *St. Lorenz*, NJW 1997, 2578.

5 Treffend *Medicus*, Rn. 680.

6 So bereits RGZ 48, 114, 124; in nationalsozialistischer Pervertierung später RGZ 150, 1, 2 (Gleichsetzung mit dem „gesunden Volksempfinden" und der „nationalsozialistischen Weltanschauung").

7 Vgl. dazu *Arzt*, Die Ansicht aller billig und gerecht Denkenden, 1962; *Haberstumpf*, Das Anstandsgefühl aller billig und gerecht Denkenden in der Rechtsprechung des BGH, 1976; *Sack*, NJW 1985, 761.

Rechts zu erheben.[8] Ihre Ausfüllung und Anwendung auf den jeweiligen Fall bereitet wegen ihrer Unbestimmtheit und vermeintlichen Bestimmtheit, die in Wahrheit doch das Unbestimmteste, nämlich das Gefühl, zum Maßstab nimmt, beträchtliche Probleme. Insofern sollte man sich auch in der Fallbearbeitung haltlosem Moralisieren enthalten. Es kommt in der Regel eher darauf an, den Entscheidungsfall einer etablierten Fallgruppe zu § 138 BGB zuzuordnen.

II. Wichtige Fallgruppen

Daher sollen im Folgenden einige Konstellationen herausgegriffen werden, die para- **4** digmatisch veranschaulichen, wann Rechtsprechung und Lehre § 138 Abs. 1 BGB heranziehen. Für einige dieser Fallgestaltungen haben sich anerkannte Begriffe herausgebildet, wie etwa die **Kollusion**, also das einverständliche Zusammenwirken zweier zu Lasten eines Dritten. In einem solchen Fall ist im Übrigen nicht nur die Vereinbarung über die Kollusion,[9] sondern auch das infolge dessen abgeschlossene Geschäft nach § 138 BGB nichtig.[10] Daneben sind vor allem folgende Gesichtspunkte prüfungsrelevant.

1. Bürgschaften naher Angehöriger

Zu den meistdiskutierten Fragenkreisen im Zusammenhang mit der Sittenwidrigkeit **5** nach § 138 BGB gehören die Bürgschaften naher Angehöriger.[11] Banken verlangen von ihren Kreditkunden nicht selten **Personalsicherheiten** in Gestalt von Bürgschaften ihrer Ehegatten oder sogar ihrer Kinder. Auch wenn diese in aller Regel absehbar nicht in der Lage sein werden, die Bürgenschuld zu begleichen, soll damit zumindest die Gefahr gebannt werden, dass der Hauptschuldner sein Vermögen auf die Ehefrau überträgt. Seit langem wird daher darüber gestritten, unter welchen Voraussetzungen eine derartige Bürgschaft sittenwidrig ist.

a) Störungen der Vertragsparität

Dabei ist im Ausgangspunkt herauszustellen, dass eine Bürgschaft nicht schon **6** deshalb sittenwidrig ist, weil die Verpflichtung die Leistungsfähigkeit des Schuldners übersteigt.[12] Dafür spricht, dass die Bürgschaft für weite Verkehrskreise das einzige in Betracht kommende Kreditsicherungsmittel ist; könnten sich die Banken nicht mehr auf die Wirksamkeit verlassen, so würden sie den Betroffenen womöglich keinen

---

8 Dazu *Mayer-Maly*, JuS 1986, 596; vgl. auch *dens.*, AcP 194 (1994), 105; JZ 1981, 801; sowie seine Schrift über das Bewusstsein der Sittenwidrigkeit, 1971.
9 Vgl. *Medicus*, Rn. 966.
10 BGH NJW 1989, 26.
11 Dazu *Homann/Maas*, JuS 2011, 774
12 BGH NJW 1989, 1665; 1995, 592; 1996, 1274.

Kredit mehr geben – die grundsätzliche Unwirksamkeit würde dann dem Grundsatz der Privatautonomie zuwiderlaufen.[13]

7   Das Bundesverfassungsgericht hat jedoch den Bürgschaften vermögensloser Familienangehöriger Grenzen gesetzt.[14] Wenn die Vertragsparität empfindlich gestört ist, etwa weil sich gerade erst volljährig gewordene Kinder des Hauptschuldners verbürgt haben und dadurch ihr ganzes Leben mit der Bürgschaftsverbindlichkeit belastet wären, kann die Bürgschaft wegen Verstoßes gegen § 138 BGB nichtig sein.[15] In diese Richtung hat sich auch die Rechtsprechung des Bundesgerichtshofs weiter entwickelt.[16] Sittenwidrigkeit kommt demnach dann in Betracht, wenn die Bürgschaft den Bürgen nicht nur überfordert, sondern er sich auch – etwa aufgrund familiärer Nähe – in einer Art Zwangssituation befindet und er aus dem Geschäft, für das er sich verbürgt, keinen unmittelbaren wirtschaftlichen Nutzen zieht.[17] Grundsätzlich muss also zusätzlich zur Überforderung eine unerträgliche **Ungleichgewichtslage** zwischen den Vertragsparteien geschaffen worden sein, damit Sittenwidrigkeit anzunehmen ist.[18] Ausnahmsweise kommt aber auch ohne Einwirkungen auf die Entscheidungsfreiheit des Bürgen Nichtigkeit in Betracht. Das ist nach der Rechtsprechung dann der Fall, wenn ein krasses Missverhältnis zwischen der Leistungsfähigkeit des Bürgen und dem vertraglichen Haftungsumfang besteht. Ein solches Missverhältnis ist anzunehmen, wenn der Bürge in absehbarer Zeit nicht einmal die Zinsen der Hauptschuld wird tilgen können.[19]

8   Dogmatisch lässt sich das mit der Fallgruppe des **Institutionsmissbrauchs** begründen.[20] Der institutionelle Sinn der Bürgschaft liegt darin, eine werthaltige Sicherheit zu schaffen; wird die Bürgschaftsverbindlichkeit dagegen allein deshalb begründet, weil Vermögensverschiebungen zu Lasten des Gläubigers verhindert werden sollen und kann sie wegen der aussichtslosen Vermögenssituation des Bürgen keinen anderen Sinn haben, so wird der Sinn der Bürgschaft letztlich pervertiert.

b) Folgefragen in der Fallbearbeitung

9 In der Fallbearbeitung ist in diesem Zusammenhang immer noch an folgende Gesichtspunkte zu denken. Noch vor der Erörterung des § 138 BGB kann man in der gebotenen Kürze eine **Analogie zu § 311b Abs. 2 BGB** ansprechen.[21] Das entspricht zumindest einer – abzulehnenden – oberinstanzlichen Rechtsprechung, die derar-

---

13 *Medicus*, ZIP 1989, 817; in dieselbe Richtung *H. P. Westermann*, JZ 1989, 1276; *Eckert*, WM 1990, 85; a.A. *Reinicke/Tiedtke*, ZIP 1989, 613; *Wochner*, BB 1989, 1354; *Honsell*, JZ 1989, 495.

14 BVerfG NJW 1994, 36, 38.

15 Zustimmend *Gernhuber*, JZ 1995, 1086; *M. Frank*, JuS 1996, 389; vgl. auch *Albers-Frenzel*, Die Mithaftung naher Angehöriger für Kredite des Hauptschuldners, 1996.

16 BGHZ 120, 272; 125, 206; BGH NJW 1997, 52; zu diesen Urteilen *Grün*, NJW 1994, 2935; *Groeschke*, BB 1994, 725; *Pape*, ZIP 1994, 520.

17 *Medicus*, Rn. 706d; siehe auch *dens.*, Schriftenreihe der bankrechtlichen Vereinigung, Band 3, 1993, S. 87 ff.

18 *Gottwald*, Rn. 136.

19 BGH JZ 2001, 1036.

20 Vgl. *Larenz/Canaris*, § 60 II 3 b; grundlegend zum Institutionsmissbrauch und zum Verständnis des § 138 Abs. 1 BGB als Ausdruck eines objektiven Ordnungsprinzips *Esser*, JZ 1968, 281; 529; *ders.*, ZHR 135, 330.

21 Klausurbeispiel bei *Petersen*, Rn. 221 ff.

tige Bürgschaften wie Verfügungen über das gesamte künftige Vermögen oder einen Teil dessen behandelte.[22] Hat der Sachebearbeiter der Bank bewusst wahrheitswidrig gesagt, die Unterschrift des Bürgen sei „nur für die Akten" bestimmt, so kommt auch die Prüfung des § 123 BGB – der Angestellter wäre kein Dritter i.S.d. § 123 Abs. 2 BGB – in Betracht,[23] der nach dem oben Gesagten § 138 BGB verdrängen würde. Sagt der Angestellte dies ohne Täuschungsvorsatz, so kann man am erforderlichen Willen zur rechtsgeschäftlichen Bindung zweifeln.[24]

Schließlich können sich familien- und arbeitsrechtliche Folgefragen stellen. Interessant wird es etwa, wenn sich die Bürgin vom Hauptschuldner scheiden lässt. Der Bundesgerichtshof hat es in derartigen Fällen für möglich gehalten, dass durch die Scheidung die **Geschäftsgrundlage für die Bürgschaftsverpflichtung** entfallen sein kann (§ 313 BGB).[25] Dem ist zu widersprechen, weil die Ehescheidung in den Risikobereich des Bürgen fällt und es außerdem einen im Hinblick auf Art. 6 GG bedenklichen unfreiwilligen Scheidungsanreiz bieten kann, wenn man sich durch eine „Flucht in die Scheidung" der Bürgschaftsverpflichtung entledigen könnte.[26] Auch Bürgschaftsverpflichtungen, die Arbeitnehmer zur Sicherung des Fortbestands ihres Arbeitsplatzes auf Veranlassung des Arbeitgebers eingehen, sind sittenwidrig, weil damit das Betriebsrisiko des Arbeitgebers auf seine Angestellten abgewälzt wird. **10**

2. Globalzession

Ein Rechtsgeschäft kann auch deshalb sittenwidrig sein, weil es Interessen Dritter in anstößiger Weise missachtet.[27] Paradigmatisch ist der Fall, dass sich eine Bank von ihrem Darlehensnehmer alle Forderungen gegen dessen Kunden abtreten lässt. Eine solche Globalzession ist deshalb bedenklich, weil der Kreditkunde seinerseits nur unter Vereinbarung eines verlängerten Eigentumsvorbehalts beliefert wird, mithin die Forderungen aus dem Weiterverkauf bereits im Voraus abgetreten hat. Damit wird der Darlehensnehmer faktisch **zum Vertragsbruch verleitet** bzw. veranlasst, den Lieferanten die Globalzession zu verschweigen. Das stellt sowohl eine Knebelung des Schuldners[28] als auch eine Gefährdung konkurrierender Gläubiger dar und ist daher nach Ansicht der Rechtsprechung in doppelter Hinsicht sittenwidrig. Die Abtretung sämtlicher Forderungen in der dargestellten Weise ist daher auf dinglicher Ebene (!) nach § 138 Abs. 1 BGB nichtig, so dass auch das Verfügungsgeschäft unwirksam ist.[29] **11**

Vermieden werden kann die Nichtigkeit dementsprechend nur durch eine dingliche Teilverzichtsklausel,[30] durch welche die den Lieferanten vorbehaltenen Forderun- **12**

---

22 Ausführlich zu dieser früheren Rechtsprechung des OLG Stuttgart *Medicus*, ZIP 1989, 817.

23 Fallbeispiel bei *Petersen*, 95 ff.

24 *Medicus*, Rn. 706e.

25 BGHZ 128, 230; 132, 328.

26 *Petersen*, FamRZ 1998, 1215 ff.

27 *Bork*, Rn. 1189, spricht insoweit von „dritt- oder gemeinschaftswidrigen Rechtsgeschäften".

28 Nur insoweit zustimmend *Medicus*, Rn. 699.

29 *Bork*, Rn. 1200.

30 Eine nur schuldrechtlich wirkende Verpflichtung der Bank zur Freigabe genügt der Rechtsprechung nicht; vgl. BGHZ 72, 308.

gen von der Abtretung ausgenommen sein müssen.[31] Im Schrifttum ist diese Rechtsprechung freilich auf vielfältige Kritik gestoßen.[32] Insbesondere die damit einhergehende Schlechterstellung des **Geldkreditgebers** gegenüber dem **Warenkreditgeber** wird in Frage gestellt,[33] da man ebenso gut fragen könne, weshalb nicht umgekehrt die Lieferanten zu erforschen hätten, ob und gegebenenfalls welche Globalzessionen die Kunden getätigt haben.[34]

3. Letztwillige Verfügungen

13 Auch im Erbrecht spielt § 138 Abs. 1 BGB eine wichtige Rolle, weil auch letztwillige Verfügungen Rechtsgeschäfte sind, die nach § 138 Abs. 1 BGB nichtig sein können.[35] Es geht insofern vor allem um § 138 Abs. 1 BGB als mögliche Schranke der Testierfreiheit.[36] Das bekannteste Beispiel stellt das Geliebten- oder – drastischer formuliert – „**Mätressentestament**" dar, in dem der Erblasser seine Geliebte allein um der Aufrechterhaltung der geschlechtlichen Beziehung willen bedenkt („Hergabe für Hingabe").[37] Erfolgt die Zuwendung jedoch aus anderen Gründen, wie zum Beispiel aus Dankbarkeit oder zu Versorgungszwecken, so ist sie grundsätzlich wirksam.[38] Der Ehebruch macht das Testament also nicht ohne weiteres sittenwidrig.[39]

III. Wucher

14 Nichtig ist nach § 138 Abs. 2 BGB insbesondere ein Rechtsgeschäft, durch das jemand unter Ausbeutung einer Zwangslage, der Unerfahrenheit, des Mangels an Urteilsvermögen oder der erheblichen Willensschwäche eines anderen sich oder einem Dritten für eine Leistung Vermögensvorteile versprechen oder gewähren lässt, die in einem **auffälligen Missverhältnis** zu der Leistung stehen.[40] Der damit bezeichnete Wucher bildet an sich einen gesetzlich geregelten Spezialfall der anerkannten Fallgruppe unangemessener Benachteiligung.[41]

---

31 BGHZ 32, 361, 366; 55, 34, 36; 98, 303, 314; BGH NJW 1999, 940; 1995, 1668, 1669.

32 Siehe nur *Canaris*, ZIP 1996, 1109 ff., 1577 ff.; *dens.*, ZIP 1997, 813 ff.; vgl. auch bereits *dens.*, NJW 1981, 249.

33 Näher *Medicus*, Rn. 699; *ders./Petersen* BR, Rn. 527 f.

34 Vgl. *Picker*, JuS 1988, 375, 378.

35 Siehe zum maßgeblichen Zeitpunkt in diesem Zusammenhang *Schmoeckel*, AcP 197 (1997), 1 ff.

36 Vgl. *Thielmann*, Sittenwidrige Verfügungen von Todes wegen, 1971; dazu *Lindacher*, AcP 175 (1975), 257; *Smid*, NJW 1990, 409; *Simshäuser*, Zur Sittenwidrigkeit der Geliebten-Testamente, 1971.

37 Vgl. *Bork*, Rn. 1192; dazu bereits oben unter § 1

38 BGHZ 53, 369, 375; 77, 55, 59; 112, 259, 262.

39 *Flume*, § 18, 5.

40 Monographisch aus dem früheren Schrifttum *Blodig*, Der Wucher und seine Gesetzgebung, 1892; *Roquette*, Wucher im Zivilrecht, insbesondere Mietwucher, 1929; später *Rühle*, Das Wucherverbot – effektiver Schutz des Verbrauchers vor überhöhten Preisen?, 1978.

41 *Bork*, Rn. 1193.

1. Systematik

Dabei ist im Ausgangspunkt zu beachten, dass sich § 138 Abs. 2 BGB nur auf synallag- **15** matische Verträge bezieht;[42] nur bei ihnen kann es nämlich zu einem Missverhältnis von Leistung und Gegenleistung kommen, so dass § 138 Abs. 2 BGB etwa bei der Bürgschaft nicht anwendbar ist.[43] Das wird häufig übersehen.[44] Allerdings lässt sich aus der Existenz des § 138 Abs. 2 BGB in systematischer Hinsicht folgern, dass allein das Vorliegen eines auffälligen Missverhältnisses zwischen Leistung und Gegenleistung im Austauschvertrag noch nicht für das Sittenwidrigkeitsurteil im Sinne des § 138 Abs. 1 BGB ausreicht,[45] da der zweite Absatz ansonsten überflüssig wäre.[46] Bei der Prüfung, ob ein Rechtsgeschäft wegen eines auffälligen Missverhältnisses von Leistung und Gegenleistung nach § 138 Abs. 1 BGB nichtig ist, sind mit anderen Worten stets alle **Umstände des Einzelfalls** genau zu berücksichtigen. So etwa Vereinbarungen, mit denen die Parteien die im Ursprungsvertrag vereinbarten Hauptleistungen nachträglich geändert haben.[47] Die Rechtsprechung schließt bisweilen bereits von einem besonders groben Missverhältnis auf eine verwerfliche Gesinnung des Begünstigten mit der Folge, dass ein darauf gegründeter Vertrag nach § 138 Abs. 1 BGB sittenwidrig sein kann.[48]

2. Kompensierbarkeit der Merkmale?

Zu beachten ist, dass § 138 Abs. 2 BGB neben dem auffälligen Missverhältnis noch **16** voraussetzt, dass das übermäßige Versprechen unter Ausbeutung der Zwangslage, der Unerfahrenheit, des Mangels an Urteilsvermögen oder der erheblichen Willensschwäche erlangt wurde. Das ist jeweils genau zu prüfen. Vereinzelt hat die Rechtsprechung die beiden Merkmale in der Weise für bedingt kompensierbar gehalten, dass der Mangel dieses zweiten Merkmals nicht ins Gewicht falle, wenn dafür das auffällige Missverhältnis gleichsam übererfüllt wird.[49] Diesem so genannten „**Sandhaufentheorem**", das wohl nur in gleichsam „vorwissenschaftlicher Bildersprache"[50] ein Judizieren nach den Regeln des von *Walter Wilburg* begründeten[51] beweglichen Systems meint,[52] hat der Bundesgerichtshof schließlich mit Recht eine Absage erteilt.[53]

---

42 BGH NJW 1982, 2767.

43 BGHZ 106, 271; BGH NJW 1989, 831; 1991, 1952.

44 Fallbeispiel bei *Petersen*, Rn. 221 ff.

45 Zu den zivil- und wirtschaftsrechtlichen Instrumenten gegen überhöhte Preise *von Olshausen*, ZHR 146, 259; vgl. auch *dens.*, ZIP 1983, 539. Zur regelmäßig zu verneinenden Sittenwidrigkeit bei Internetauktionen BGH NJW 2012, 2723 m. Anm. *Schwab*, JuS 2012, 839; *Eickelmann*, Jura 2011, 451.

46 *Bork*, Rn. 1193.

47 BGH NJW 2012, 1570.

48 BGHZ 125, 218, 227; BGH NJW 1992, 899, 900; 1996, 1204; 1999, 3113; 2000, 1254.

49 OLG Stuttgart NJW 1979, 2409.

50 So treffend *Canaris*, ZIP 1980, 709, 714.

51 Grundlegend *Wilburg*, Die Entwicklung eines beweglichen Systems im Bürgerlichen Recht, 1950.

52 Dazu *Petersen*, Unternehmenssteuerrecht und bewegliches System, 1999, S. 10 ff.

53 BGHZ 80, 153, 159.

§ 28 Bedingung und Befristung

I. Bedingung

1. Dogmatische Einordnung

1 Wird ein Rechtsgeschäft unter einer **aufschiebenden Bedingung** vorgenommen, so tritt die von der Bedingung abhängig gemachte Wirkung nach § 158 Abs. 1 BGB mit dem Eintritt der Bedingung ein. Die Bedingung ist ein künftiges, ungewisses Ereignis.[1] Aus der Formulierung des § 158 Abs. 1 BGB lässt sich ersehen, dass das Gesetz in den Kategorien von Tatbestand, Wirksamkeit und Wirkung des Rechtsgeschäfts denkt.[2] Das unter einer Bedingung vorgenommene Rechtsgeschäft ist, wenn keine Wirksamkeitshindernisse bestehen, von Anfang an wirksam.[3] Die von der Bedingung abhängig gemachte Rechtsfolge tritt jedoch erst mit Bedingungseintritt ein. Umgekehrt endigt gemäß § 158 Abs. 2 BGB die Wirkung des Rechtsgeschäfts mit dem Eintritt der Bedingung, wenn das Rechtsgeschäft unter einer auflösenden Bedingung vorgenommen wird; dann nämlich tritt nach Halbsatz 2 mit diesem Zeitpunkt der frühere Rechtszustand wieder ein. Der Unterschied zwischen aufschiebender und auflösender Bedingung besteht also darin, dass die aufschiebende Bedingung nach § 158 Abs. 1 BGB die Wirkung von ihrem Eintritt abhängig macht (**Suspensivbedingung**), während es bei der auflösenden Bedingung gemäß § 158 Abs. 2 BGB darum geht, ob die Wirkung des Rechtsgeschäfts endigt (**Resolutivbedingung**).[4] Die §§ 158 ff. BGB sind damit Ausfluss der Privatautonomie, indem sie den Parteien die Möglichkeit eröffnen, den Grundsatz der Gleichzeitigkeit von der Vornahme des Rechtsgeschäfts und des Eintritts der beabsichtigten Rechtswirkungen zu überwinden.[5]

2 Das einprägsamste Beispiel für die **auflösende Bedingung** stammt von *Medicus*:[6] Setzt die Erbtante ihren Neffen nur unter der Bedingung zum Erben ein, dass dieser nicht mehr raucht, und gewöhnt sich der Neffe daraufhin das Rauchen ab, so fällt ihm die Erbschaft sofort zu; wird er jedoch rückfällig, endigt mit dem Eintritt der (Resolutiv-) Bedingung die Wirkung des Rechtsgeschäfts, d.h. der Neffe verliert die Erbschaft wieder. Wie das Beispiel nahelegt, begegnet die auflösende Bedingung in der Fallbearbeitung viel seltener als die aufschiebende. Das liegt vor allem am **Eigentumsvorbehalt**, der zugleich den wichtigsten Anwendungsfall der aufschiebenden Bedingung darstellt.[7] Hat sich der Verkäufer einer beweglichen Sache das Eigentum bis zur Zahlung des Kaufpreises vorbehalten, so ist nach der Auslegungsregel des § 449 Abs. 1 BGB im Zweifel anzunehmen, dass das Eigentum unter der aufschiebenden Bedingung vollständiger Kaufpreiszahlung übertragen wird. Die Legaldefinition

---

1 Zur sog „Potestativbedingung", bei der die Entscheidung eines am Rechtsgeschäft Beteiligten zur Bedingung gemacht wird und daher mangels Ungewissheit für diesen keine echte Bedingung vorliegt, vgl. das Examens-Beispiel bei *Medicus/Petersen* BR, Rn. 281.

2 *Leenen*, FS Canaris 2007, S. 699, 702 ff.; *ders.*, JuS 2008, 577, 578.

3 Zur Wirksamkeit der Bedingung selbst *Köhler*, § 14 Rn. 19.

4 Eingehend zur dogmatischen Einordnung *Schiemann*, Pendenz und Rückwirkung der Bedingung 1973; dazu *Kupisch*, AcP 177 (1977), 85; siehe auch *Eichenhofer*, AcP 185 (1985), 162.

5 *Blomeyer*, Studien zur Bedingungslehre, 1938, Teil I S. 1; *Martens*, JuS 2010, 481, 482.

6 *Medicus*, Rn. 827.

7 *Brox/Walker*, Rn. 488. Instruktiv *Lorenz*, JuS 2011, 199.

des Eigentumsvorbehalts setzt mithin das Vorliegen einer aufschiebenden Bedingung im Sinne des § 158 Abs. 1 BGB voraus. Allerdings ist hierfür das Trennungsprinzip zu beachten:[8] Nicht der Kaufvertrag, sondern nur der dingliche Vertrag über die Eigentumsverschaffung nach § 929 S. 1 BGB steht ausweislich des unmissverständlichen Wortlauts des § 449 Abs. 1 BGB unter der aufschiebenden Bedingung; der Kaufvertrag ist unbedingt wirksam.

2. Der Schutz der Anwartschaft beim bedingten Rechtserwerb

Die klausurrelevanteste Vorschrift des Bedingungsrechts, die daher im Folgenden auch im Mittelpunkt stehen soll, enthält § 161 BGB. Zwar stellt die vorangehende Regelung des § 160 BGB eine Anspruchsgrundlage dar und scheint daher nicht minder wichtig zu sein;[9] doch kommt sie gleichwohl vergleichsweise selten vor, so dass auf oben verwiesen werden kann.[10]   **3**

a) Unwirksamkeit von Verfügungen während der Schwebezeit
Für den Eigentumsvorbehalt kommt es dagegen vor allem auf § 161 BGB an. Hat jemand   **4**
unter einer aufschiebenden Bedingung über einen Gegenstand verfügt, so ist nach dessen erstem Absatz und Satz im Falle des Eintritts der Bedingung jede weitere Verfügung, die er während der Schwebezeit über den Gegenstand trifft, insoweit unwirksam, als sie die von der Bedingung abhängige Wirkung vereiteln oder beeinträchtigen würde. Hat der Verkäufer also unter Eigentumsvorbehalt verkauft und die Sache vor der vollständigen Kaufpreiszahlung durch den Käufer an einen Dritten weiterveräußert, so ist diese Verfügung dem Käufer gegenüber unwirksam, sobald er die letzte Rate entrichtet hat.[11] Bis zur vollständigen Kaufpreiszahlung kann der Eigentümer die Sache weiterveräußern, selbst wenn sie dem Vorbehaltskäufer bereits übergeben wurde. Der Dritte kann dann nach §§ 929, 930, 868 BGB bzw. §§ 929, 931 BGB Eigentum erwerben, da der Verkäufer bis zum Bedingungseintritt Eigentümer bleibt und damit als Berechtigter verfügt. Der Dritte verliert sein Eigentum jedoch in dem Moment, in dem der Vorbehaltskäufer die letzte Rate an den Verkäufer zahlt und dadurch seinerseits Eigentümer wird. Sein **Anwartschaftsrecht** erstarkt zum Vollrecht. Der Eigentumsvorbehalt wirkt sich insofern für den Dritten wie eine auflösende Bedingung aus.[12]

b) Gutgläubiger Erwerb
Die Schwierigkeit besteht jedoch darin, dass nach § 161 Abs. 3 BGB die Vorschriften   **5**
zugunsten derjenigen, welche Rechte von einem **Nichtberechtigten** herleiten, entsprechende Anwendung finden. Damit ist vor allem auf die Gutglaubensvorschriften

---

8 Vgl. auch *Faust*, § 7 Rn. 2.
9 Instruktiv zu möglichen konkurrierenden Ansprüchen *Rüthers/Stadler*, § 20 Rn. 19 mit Fußnote 10. Hintergründig zu § 160 auch *Meier*, RabelsZ 76 (2012), 732.
10 § 8 II 3.
11 Instruktiv *Habersack/Schürnbrand*, JuS 2002, 833.
12 *Medicus/Petersen* BR, Rn. 462.

der §§ 932 ff. BGB verwiesen, die wegen der noch fortbestehenden Eigentümerstellung des Veräußerers allerdings nicht unmittelbar gelten. Wenn § 161 Abs. 3 BGB die „entsprechende" Anwendung anordnet, so liegt dem die Überlegung zugrunde, dass nach §§ 932 ff. BGB der Dritte sogar vom Nichtberechtigten gutgläubig erwerben kann. Nichts anderes aber muss gelten, wenn der Verfügende sogar noch Eigentümer der Sache ist, mag er sein Eigentum mit Bedingungseintritt auch verlieren.[13] Die Gutgläubigkeit des Erwerbers muss sich folglich darauf beziehen, dass die Berechtigung des Veräußerers *unbedingt* sei.[14] Der gutgläubige Dritte erwirbt dann endgültiges und nicht bloß „auflösend bedingtes" Eigentum.[15]

aa) Erwerb nach §§ 930, 933 BGB

6 Allerdings ist diese Möglichkeit solange für den Erstkäufer ungefährlich, wie er als Vorbehaltskäufer Besitz an der Sache hat. Das gilt zunächst im Falle einer zwischenzeitlichen Übereignung des Vorbehaltverkäufers an den Dritten nach §§ 929, 930, 868 BGB. Aufgrund des Eigentumsvorbehalts ist der Verkäufer zwar nur mittelbarer Besitzer.[16] Er kann mit dem Dritten aber gleichwohl ein **Besitzkonstitut** vereinbaren, wodurch der Dritte mittelbarer Eigenbesitzer zweiter Stufe und der Verkäufer mittelbarer Fremdbesitzer erster Stufe wird.[17] In diesem Fall kommt ein gutgläubiger Erwerb des Dritten über § 161 Abs. 3 BGB nur entsprechend § 933 BGB in Betracht. Der Dritte erlangt regelmäßig aber keinen unmittelbaren Besitz, der aus gutem Grund – der Besitz bzw. die **Besitzverschaffungsmacht** ist Rechtsscheinträger[18] – unerlässliche Voraussetzung des gutgläubigen Erwerbs nach § 933 BGB ist. Zu einem gutgläubigen Erwerb kommt es hingegen, wenn der Verkäufer nach Verfügung an den Dritten die Sache zeitweilig vom Vorbehaltskäufer zurückbekommt und an den Dritten weitergibt.[19]

bb) Erwerb nach §§ 931, 934 BGB

7 Komplizierter verhält es sich, wie stets im Geltungsbereich dieser Regelung, bei § 934 BGB.[20] Typischerweise wird der Vorbehaltsverkäufer die Sache nicht durch Besitzkonstitut, sondern nach §§ 929, 931 BGB durch Abtretung seines rücktrittsbedingten Herausgabeanspruchs (§ 449 Abs. 2 BGB)[21] an den Dritten übertragen. Der Gutglaubenserwerb während der Schwebezeit kann sich dann nur nach §§ 161 Abs. 3, 934 Fall 1 analog BGB richten, da der Vorbehaltsverkäufer als mittelbarer Eigenbesitzer angesehen wird.[22] Der gutgläubige Erwerb „unbedingten" Eigentums wäre danach möglich,

---

13 „Erst-Recht-Schluss", vgl. *Zeranski*, AcP 203 (2003), 693, 696.

14 *Medicus*, Rn. 843 bezeichnet das als gutgläubigen Erwerb vom „Noch-Berechtigten".

15 *Medicus/Petersen* BR, Rn. 462.

16 *Döring*, NJW 1996, 1443, 1444 m.w.N.; a.A. *Raiser*, Dingliche Anwartschaften, 1961, S. 70 ff.

17 Ausführlich *Zeranski*, AcP 203 (2003), 693, 700 ff.

18 Zum Besitz als Rechtsscheinträger *Medicus*, Jura 2001, 294; zur Besitzverschaffungsmacht *J. Hager*, Verkehrsschutz durch redlichen Erwerb, 1990, insbesondere S. 234 ff.

19 *Gottwald*, Rn. 129.

20 Vgl. nur *Petersen*, Von der Interessenjurisprudenz zur Wertungsjurisprudenz, 2001, S. 88 ff.

21 Zum Rücktrittsrecht ausführlich *Habersack/Schürnbrand*, JuS 2002, 833, 834 ff.

22 Oben Fn. 17 f.

ohne dass der Dritte unmittelbarer Besitzer der Sache werden muss, da § 934 Fall 1 BGB die bloße **Abtretung des Herausgabeanspruchs** genügen lässt.

Diese Konsequenz erscheint indes zweifelhaft, weil der Vorbehaltskäufer dem **8** gutgläubigen Erwerb des Dritten schutzlos ausgeliefert wäre, obwohl er die Sache in unmittelbarem Besitz hat. Dementsprechend verneint die ganz überwiegende Ansicht auch einen gutgläubigen Erwerb des Dritten. Grundlage für eine abweichende Beurteilung ist § 936 Abs. 3 BGB: Ist eine veräußerte Sache mit dem Recht eines Dritten belastet, erlischt dieses Recht zwar mit dem Erwerb des Eigentums (§ 936 Abs. 1 BGB); steht jedoch im Falle des § 931 BGB das Recht dem dritten Besitzer zu, so erlischt es auch dem gutgläubigen Erwerber gegenüber nicht. So bleibt etwa das akzessorische **Pfandrecht** ungeachtet der Veräußerung der Sache nach §§ 929, 931 BGB an einen Gutgläubigen gemäß § 936 Abs. 3 BGB grundsätzlich bestehen und lastet weiter auf der Sache, weil das Pfandrecht einem „dritten Besitzer" zusteht, d.h. weil der Pfandgläubiger unmittelbarer Besitzer ist. Da aber die Anwartschaft des Vorbehaltskäufers diesem zumindest eine ähnliche Rechtsposition gewährt wie dem „dritten Besitzer" im Sinne des § 936 Abs. 3 BGB, muss diese Vorschrift zugunsten des Vorbehaltskäufers zumindest entsprechend gelten.[23] Ihr lässt sich der Gedanke entnehmen, dass der gutgläubige Erwerber der Sache besitzrechtlich näher rücken muss als der wahre Berechtigte, um diesen aus seiner Rechtsposition zu verdrängen.[24] Das ist indes aus Sicht des Erwerbers bei einer Übereignung nach §§ 931, 934 Fall 1 BGB nicht der Fall, da der Vorbehaltskäufer als Inhaber des **Anwartschaftsrechts** regelmäßig unmittelbarer Besitzer ist. Ungeachtet des § 161 Abs. 3 BGB bewirkt die zwischenzeitliche Veräußerung der Sache durch den Verkäufer an den Zweitkäufer gemäß § 931 BGB demnach nicht, dass die Anwartschaft des Vorbehaltskäufers erlischt. Auch insoweit hilft § 161 Abs. 3 BGB dem Zweitkäufer also nur dann, wenn der Vorbehaltskäufer die Sache zwischenzeitlich an den Verkäufer zurückgegeben hat, etwa um sie nachbessern zu lassen (§ 439 Abs. 1 BGB).[25]

c) Ergänzender Schutz des Vorbehaltskäufers

Die Anwartschaft des Vorbehaltskäufers kann aber noch in anderer Hinsicht gefähr- **9** det sein. Zum einen fragt sich, wie sein Schutz bis zum Bedingungseintritt über § 161 Abs. 1 S. 1 BGB hinaus sachenrechtlich vervollständigt wird. Zum anderen ist zu klären, ob und wie er gegen eine treuwidrige Bedingungsvereitelung gesichert ist.

aa) Sukzessionsschutz

Der Käufer, der eine Sache unter Eigentumsvorbehalt kauft, hat dem Verkäufer **10** gegenüber ein Recht zum Besitz. Einem Herausgabeverlangen des Verkäufers kann der Käufer dies nach § 986 Abs. 1 S. 1 BGB entgegenhalten. Verkauft und übereignet nun aber der Verkäufer die Sache während des Schwebezustands unter Abtretung des Herausgabeanspruchs nach § 931 BGB an einen Zweitkäufer weiter, so stellt sich die Frage, wie der Käufer gegen dessen Herausgabeanspruch geschützt ist. Denn wegen

---

23 *Döring*, NJW 1996, 1443. Mit guten Gründen sieht *Zeranski*, AcP 203 (2003), 693, 697 ff. in § 161 Abs. 3 BGB allein einen Verweis auf § 936 BGB.
24 *Zeranski*, JuS 2002, 340, 342.
25 *Medicus/Petersen* BR, Rn. 462.

§ 161 Abs. 1 BGB kann der Zweitkäufer zumindest während der Schwebezeit Eigentümer werden; der Vorbehaltskäufer muss daher gegen dessen Herausgabeanspruch geschützt werden. Der Sache nach geht es hierbei um den allfälligen Sukzessionsschutz, also den **Schutz vor einem Rechtsnachfolger**.[26] Hier hilft § 986 Abs. 2 BGB, wonach der Besitzer einer Sache, die nach § 931 BGB durch Abtretung des Anspruchs auf Herausgabe veräußert worden ist, dem neuen Eigentümer die Einwendungen entgegensetzen kann, die ihm gegen den abgetretenen Anspruch zustehen.

bb) Treuwidrige Bedingungsvereitelung und Annahmeverzug

11 Die zweite Frage betrifft die treuwidrige Bedingungsvereitelung. Sie ist in § 162 BGB normiert und weist einen elementaren Gerechtigkeitsgehalt auf: Wird der Eintritt der Bedingung von der Partei, zu deren Nachteil er gereichen würde, wider Treu und Glauben verhindert, so gilt die Bedingung nach **§ 162 Abs. 1 BGB** als eingetreten. Wird umgekehrt der Eintritt der Bedingung von der Partei, zu deren Vorteil er gereicht, wider Treu und Glauben herbeigeführt, so gilt der Eintritt nach § 162 Abs. 2 BGB als nicht erfolgt. Diese Bestimmungen werden in vielen Fällen entsprechend herangezogen.[27] In der für die Fallbearbeitung wichtigsten Konstellation des **Vorbehaltskaufs** ist vor einer entsprechenden Anwendung jedoch Vorsicht angezeigt: Dort besteht die Bedingung ja in der Erfüllung einer Verpflichtung. Der Vorbehaltsverkäufer kann also den Bedingungseintritt – Eigentumserwerb des Vorbehaltskäufers durch vollständige Kaufpreiszahlung – nur dadurch vereiteln, dass er die ihm angebotene letzte Kaufpreisrate nicht annimmt. Das aber ist letztlich ein Problem des Annahmeverzugs, für dessen Lösung das Gesetz in den §§ 372, 378 BGB die Möglichkeit eröffnet, dass der Käufer den Restkaufpreis unter Verzicht auf sein Rücknahmerecht hinterlegt. Daher bedarf es im Falle des Annahmeverzugs des Verkäufers auch dann der Regelung des § 162 Abs. 1 BGB entgegen der Rechtsprechung nicht,[28] wenn der Verkäufer das angebotene Geld treuwidrig nicht entgegen nimmt.[29]

II. Befristung

In der Praxis nicht minder wichtig, wenngleich in der Klausur eher seltener anzutreffen, ist die Befristung des Rechtsgeschäfts.

1. Abgrenzung

12 Um eine Befristung handelt es sich, wenn für die Wirkung des Rechtsgeschäfts ein Anfangs- oder Endtermin bestimmt wurde. Im Gegensatz zur Bedingung sind die Wirkungen des Rechtsgeschäfts hier also an ein künftiges *gewisses* Ereignis (**Termin**)

---

26 *Petersen*, Rn. 10 ff.

27 Siehe nur die Dissertation von *Ganns*, Die analoge Anwendung des § 162 BGB, 1983; zu einem speziellen Fall auch *Petersen*, FamRZ 1998, 1213.

28 BGHZ 75, 221, 228.

29 *Medicus/Petersen* BR, Rn. 464.

geknüpft, wenngleich der genaue Zeitpunkt des Termins keinesfalls feststehen muss.[30] Wie auch bei der Bedingung wird in diesem Zusammenhang zwischen aufschiebenden und auflösenden Befristungen unterschieden.

Im Einzelfall kann die Abgrenzung zwischen Bedingung und Befristung schwierig sein.[31] Ob der Eintritt des in Aussicht genommenen Ereignisses gewiss oder ungewiss ist, bestimmt sich nach h.M. aus der subjektiven Sicht der Parteien und ist dementsprechend durch Auslegung der jeweiligen Vereinbarung zu ermitteln.[32] Denkbar sind in diesem Zusammenhang auch Fälle, in denen Bedingung und Befristung miteinander verbunden sind, beispielsweise dass die an eine Bedingung geknüpfte Rechtsfolge spätestens zu einem bestimmten Termin eintreten soll.[33]   **13**

Abzugrenzen ist zudem zwischen einer aufschiebend befristeten und einer **betagten Forderung**. Während die befristete Forderung erst in der Zukunft entsteht, ist die betagte Forderung bereits entstanden, ihre Fälligkeit jedoch hinausgeschoben. Für sie gilt § 163 BGB nicht.[34] Unterschiede ergeben sich hier insbesondere bei der Rückforderung des vorzeitig Geleisteten: Während die bei einer betagten Forderung vor Fälligkeit erbrachte Leistung (vgl. § 271 Abs. 2 BGB) wegen § 813 Abs. 2 BGB nicht zurückgefordert werden kann, steht diese Vorschrift nach h.M. der Rückforderung der vorzeitigen Leistung auf eine aufschiebend befristete Forderung nicht entgegen.[35]   **14**

2. Schutz des Berechtigten

Nach § 163 BGB finden auf die Befristung die für die Bedingung geltenden Regelungen der §§ 158, 160, 161 BGB entsprechende Anwendung. Vor allem der durch eine aufschiebende Befristung Berechtigte erfährt also schon vor Eintritt des **Anfangstermins** in gleicher Weise Schutz wie etwa der Vorbehaltskäufer.[36]   **15**

---

30 *Medicus*, Rn. 844 nennt das Beispiel des Todes eines Menschen.
31 Beispielsfälle bei *Martens,* JuS 2010, 481 ff.
32 Palandt/*Ellenberger,* 71. Auflage 2012, § 163 Rn. 1; MüKo/*Westermann,* 6. Auflage 2012, § 163 Rn. 2; vgl. zur Abgrenzung auch *Hromadka,* NJW 1994, 911 f.
33 Vgl. MüKo/*Westermann,* 6. Auflage 2012, § 163 Rn. 2.
34 *Martens,* JuS 2010, 481, 485.
35 *Medicus*, Rn. 844.
36 *Medicus*, Rn. 844.

§ 29 Die Teilnichtigkeit

I. Privatautonomie und Parteiwille

1 Ist ein Teil eines Rechtsgeschäfts nichtig, so ist nach § 139 BGB das ganze Rechtsgeschäft nichtig, wenn nicht anzunehmen ist, dass es auch ohne den nichtigen Teil vorgenommen sein würde.[1] Die Vorschrift stellt daher eine Vermutung zugunsten der Gesamtnichtigkeit auf. Diese lapidar anmutende Regelung birgt vielfältige Schwierigkeiten.[2]

1. Maßstab

2 So ist schon der Maßstab für die einfach klingende Bedingung („wenn nicht anzunehmen ist, dass es auch ohne den nichtigen Teil vorgenommen sein würde") nicht leicht zu bestimmen. Denn es bleibt unklar, von wessen Warte aus dies „anzunehmen ist". Ebenso naheliegend wie unbefriedigend wäre es, den entscheidenden Richter zum Maßstab zu nehmen. Dessen Möglichkeit zur Eigenwertung ist einerseits unumgänglich,[3] andererseits aber vor dem Hintergrund der Privatautonomie der Vertragsparteien bedenklich, weil den Beteiligten damit von dritter Seite aus die Geltung einer letztlich in dieser Form ungewollten Regelung aufoktroyiert werden könnte.[4] Aus diesem Grund sollte man sich auch nicht auf den – ohnehin schwer einnehmbaren – Standpunkt eines „vernünftigen Dritten" stellen wollen.[5] Einprägsam ist in diesem Zusammenhang die Formulierung der älteren **Rechtsprechung**, der sich die neuere der Sache nach angeschlossen hat,[6] wonach der „vernünftige Mann (...) das Geringere nimmt, wenn er das Größere nicht erreichen kann".[7] Hierbei werden von der Rechtsprechung die Grundsätze **ergänzender Vertragsauslegung** herangezogen, so dass gefragt wird, was die Parteien in Erwägung der Teilnichtigkeit geregelt haben würden.[8] Letztlich handelt es sich um eine Frage der „Wertung",[9] doch sind entsprechend dem zur Umdeutung (§ 140 BGB)[10] anerkannten hypothetischen

---

1 Aus dem reichhaltigen Schrifttum vor allem *Canaris*, FS Steindorff, 1990, S. 519; *J. Hager*, Gesetzes- und sittenkonforme Auslegung und Aufrechterhaltung von Rechtsgeschäften, 1983; *ders.*, JuS 1985, 264; *R. Zimmermann*, Richterliches Moderationsrecht oder Teilnichtigkeit, 1979; dazu *G. Hager*, AcP 181 (1981), 447; ferner *Deubner*, JuS 1996, 106; *Mayer-Maly*, FS Gschnitzer, 1969, S. 265; *Sandrock*, AcP 159 (1960/61), 481; *P. Ulmer*, FS Steindorff, 1990, S. 799; *Meilicke-Weyde*, DB 1994, 821; aus dem älteren Schrifttum *Oertmann*, ZHR 101 (1935), 119.

2 Besonders anspruchsvoll BGHZ 50, 45 unter Berufung auf *Wolff/Raiser*, Sachenrecht, 10. Bearbeitung 1957, § 69 A. 18; dazu *Medicus/Petersen* BR, Rn. 560.

3 *Petersen*, Von der Interessenjurisprudenz zur Wertungsjurisprudenz, 2001, S. 49.

4 *Medicus*, Rn. 508.

5 *Mayer-Maly*, FS Flume, 1978, S. 621.

6 BGHZ 146, 37, 47, zuvor BGH ZIP 1983, 276.

7 RG *Warneyer*, Die Rechtsprechung des RG, 1908, Nr. 352.

8 BGH NJW 1996, 2088.

9 *Flume*, § 32, 5 S. 580.

10 Dazu unten § 30.

bzw. mutmaßlichen Parteiwillen vorrangig die Parteiinteressen, und zwar beider Parteien,[11] zu berücksichtigen.

2. Abdingbarkeit und Subsidiarität

Aus dem gerade für § 139 BGB geltenden Prinzip der Privatautonomie folgt, dass **3** § 139 BGB als **dispositives Recht** abdingbar ist.[12] Das wird in der Praxis so häufig gemacht, dass schon die Frage nach der Sinnhaftigkeit und Sachgerechtigkeit der in § 139 BGB enthaltenen Vermutung aufgeworfen wurde.[13] Durch **salvatorische Klauseln** kann vereinbart werden,[14] dass für den Fall der Teilnichtigkeit der davon unberührte Rest des Rechtsgeschäfts gelten soll.[15] Erhaltungsklauseln bestimmen, dass das betreffende Rechtsgeschäft ohne die unwirksame Regelung wirksam sein soll.[16] Darüber hinaus findet sich häufig die Verpflichtung, die unwirksame Bestimmung durch eine ihr wirtschaftlich möglichst nahe kommende gültige Vereinbarung zu ersetzen (**Ersetzungsklausel**).[17] Dessen ungeachtet muss hier auf die soeben dargestellte Weise der Parteiwille ermittelt werden. Eine salvatorische Klausel bewirkt insoweit lediglich eine Umkehr der in § 139 BGB aufgestellten Vermutung, weshalb die Vertragsauslegung gleichwohl zu dem Ergebnis führen kann, dass die Aufrechterhaltung des verbleibenden Rechtsgeschäfts nicht mehr dem Parteiwillen entspricht.[18] In diesem Fall trägt allerdings entgegen § 139 BGB derjenige die Darlegungs- und Beweislast, der sich auf die Gesamtunwirksamkeit beruft.[19]

Zum Teil regeln einige Vorschriften die Teilnichtigkeit abweichend vom Grund- **4** satz des § 139 BGB. Das betrifft etwa § 265 BGB zur Unmöglichkeit bei der **Wahlschuld** oder § 2085 BGB bei Unwirksamkeit einer von mehreren Verfügungen in einem Testament. Nicht zuletzt § 306 Abs. 1 BGB stellt bei einer unzulässigen Klausel in **Allgemeinen Geschäftsbedingungen** klar, dass der Vertrag im Übrigen wirksam bleibt. Gegenüber diesen spezielleren Regelungen tritt § 139 BGB subsidiär zurück.

Aber auch ohne ausdrückliche Anordnung kann sich aus Sinn und Zweck der **5** zur Teilnichtigkeit führenden Vorschrift ergeben, dass der von der Nichtigkeit unberührte Teil des Rechtsgeschäfts unabhängig davon wirksam bleibt, ob die Parteien dieses Geschäft in Kenntnis der Teilnichtigkeit geschlossen hätten. Daran ist etwa dann zu denken, wenn eine Verbotsnorm eine Vertragspartei vor nachteiligen Klauseln schützen soll, die Gesamtnichtigkeit des Geschäfts jedoch gerade das Gegenteil bewirken würde. So ist dem Mieter mit der Nichtigkeit des Mietvertrags offensichtlich nicht geholfen, wenn eine zwingende gesetzliche **Mieterschutzvorschrift** zu

---

11 RGZ 99, 55.
12 BGH NJW 1977, 40.
13 *H. H. Seiler*, FS Kaser, 1976, S. 127, 147.
14 Beispiel aus der Notarpraxis bei *Medicus*, Rn. 510.
15 Dazu *H. Westermann*, FS Möhring, 1975, S. 135; *Michalski*, NZG 1998, 7.
16 *Böhme*, Erhaltungsklauseln, 2000.
17 Zu beiden Arten der salvatorischen Klauseln BGH NJW 2005, 2225, 2226.
18 BGH NJW 1996, 773, 774.
19 BGH ZIP 2003, 126; BGH NJW-RR 2005, 1534; BGH NJW 2007, 3202.

seinen Lasten abbedungen wurde.[20] Vergleichbares gilt bei Regelungen zum Schutz des Arbeitnehmers oder bei verbraucherschützenden Normen.[21]

6   Greifen keine vorrangigen Vorschriften und ist § 139 BGB nicht abbedungen worden, so bleibt es bei der gesetzlichen Regelung der Nichtigkeit des Rechtsgeschäfts im Ganzen und gegenüber jedermann, soweit kein anderslautender **Parteiwille** anzunehmen ist.[22] Damit sind zugleich die Rechtsfolgen des § 139 BGB dargestellt, mit deren Berücksichtigung bei der Bearbeitung von Fällen zu beginnen ist.

II. Voraussetzungen

7   Auch der gesetzliche Tatbestand – die Nichtigkeit eines Teils des Rechtsgeschäfts – ist scheinbar klar, bei näherem Zusehen allerdings nicht minder problematisch. Zunächst ist für die Anwendung des § 139 BGB unerheblich, auf welchen Gründen die Teilnichtigkeit beruht.[23] Sie kann sich etwa aus einer nachträglichen **Teilanfechtung** ergeben.[24] Auf den teilweisen Widerruf oder den Teilrücktritt findet die Vorschrift grundsätzlich entsprechende Anwendung.[25] Darüber hinaus erfasst die Vorschrift alle Arten der Unwirksamkeit, also beispielsweise auch schwebend unwirksame Verträge.[26] Entgegen dem ersten Anschein enthält § 139 BGB neben der teilweisen Nichtigkeit zwei weitere Voraussetzungen:[27] das Vorliegen eines einzigen Rechtsgeschäfts und dessen Teilbarkeit („ein Teil").

1. Geschäftseinheit

8   Die erste Voraussetzung besteht darin, dass ein einziges Rechtsgeschäft vorliegt, wie der Wortlaut („eines") nahelegt. In diesem Zusammenhang können auch mehrere, an sich selbständige Rechtsgeschäfte der Regelung des § 139 BGB unterfallen. Dafür muss es sich um ein Rechtsgeschäft im Sinne einer aus mehreren Geschäften zusammengesetzten Geschäftseinheit handeln.[28] Hierfür kommt es auf den Einheitlichkeitswillen der Vertragsparteien an.[29] Das aus anderem Zusammenhang in der Fallbearbeitung geläufige Kriterium[30] stellt die Wendung der Rechtsprechung dar, wonach die anscheinend getrennt zu beurteilenden Vereinbarungen nach dem durch Auslegung (§§ 133, 157 BGB) zu ermittelnden Willen der Parteien **miteinander stehen und fallen**

20 Bamberger/Roth/*Wendtland*, 24. Edition 2012, § 139 Rn. 6.
21 MüKo/*Busche*, 6. Auflage 2012 § 139 Rn. 11, 14; BAG NJW 1982, 461, 462.
22 Palandt/*Ellenberger*, 71. Auflage 2012, § 139 Rn. 16 f.
23 BGH NJW 1986, 1988, 1990; 1970, 1414, 1415.
24 BGH NJW 1969, 1759 f.
25 BGH NJW 1976, 1931, 1932.
26 BGH NJW 1974, 2233, 2234.
27 *Medicus*, Rn. 501 ff.; 505 f.
28 *Köhler*, § 15 Rn. 5.
29 Palandt/*Ellenberger*, 71. Auflage 2012, § 139 Rn. 5.
30 Näher *Petersen*, Rn. 63, 148.

sollen.[31] In diesem Rahmen ist die Einheit des Zustandekommens zu berücksichtigen, sofern nicht ein entgegen gesetzter Parteiwille zu erkennen ist.[32] Das einheitlich Abgesprochene oder schriftlich Fixierte ist in der Regel auch ein einziges Rechtsgeschäft,[33] selbst wenn die Vertragstypen sich unterscheiden, wie es beispielsweise beim Verkauf eines Grundstücks mit anschließender Baubetreuung durch den Verkäufer der Fall ist.[34] Ein weiteres Kriterium für die Einheitlichkeit ist die enge wirtschaftliche Verflechtung.[35] Uneinheitlich beurteilt wird die Konstellation, in der die betreffenden Geschäfte zwischen unterschiedlichen Personen zustande gekommen sind, wie dies beim **fremdfinanzierten Kauf** vorkommt. Obwohl Kaufvertrag und Darlehensvertrag verschiedene Geschäfte darstellen, ist eine Geschäftseinheit hier nach der Rechtsprechung nicht von vornherein ausgeschlossen.[36] Doch sind in einem solchen Fall – insbesondere im Rahmen der Fallbearbeitung[37] – die Durchgriffstatbestände der §§ 358 f. BGB vorrangig zu berücksichtigen.[38]

2. Teilbarkeit

Des Weiteren muss das Rechtsgeschäft überhaupt teilbar sein, das heißt es muss   9 bei Abtrennung des nichtigen Geschäfts ein selbständiges Rechtsgeschäft bestehen können.[39] So liegt es etwa, wenn mehrere Personen einen Vertrag mit einem anderen geschlossen haben, den auch eine von ihnen allein mit dem anderen schließen könnte.[40] Hingegen fehlt es an einer Teilbarkeit, wenn beim Abschluss eines Vertrags nur der Antrag oder die Annahmeerklärung nichtig sind, da die verbleibende wirksame Erklärung kein eigenständiges Rechtsgeschäft darstellt. Man muss also prüfen, ob auch jeder Teil für sich wirksam sein könnte.[41] Andernfalls stellt sich die Frage der Teil- oder Gesamtnichtigkeit von vornherein nicht; das Geschäft ist bei Unteilbarkeit als Ganzes nichtig.[42]

Hier kommt es in der Fallbearbeitung nicht selten zu einem Zusammentreffen mit   10 dem Unwirksamkeitsgrund des § 138 BGB. Dabei bereitet die Anwendung des § 139 BGB insbesondere im Zusammenhang mit der **quantitativen Teilnichtigkeit** sittenwidriger Vereinbarungen Schwierigkeiten. Von quantitativer Teilbarkeit spricht man, wenn sich das Rechtsgeschäft bzw. die vereinbarten Leistungen zeitlich, räumlich oder auch umfangmäßig aufteilen lassen.[43] In solchen Fällen ist Teilbarkeit nur dann anzuneh-

---

31 BGH NJW-RR 2007, 395; ständige Rechtsprechung seit BGHZ 50, 13. Anschaulich in vier Fallgruppen dargestellt bei *Hirsch*, Rn. 787 f.
32 *Medicus*, Rn. 501.
33 BGHZ 54, 71, 72.
34 BGH NJW 1976, 1931.
35 *Brox/Walker*, Rn. 354.
36 BGH BB 1990, 733, 734; a.A. *Flume*, § 32, 2a S. 572.
37 *Petersen*, Rn. 208 ff.
38 *Medicus*, Rn. 502.
39 BGH NJW 1962, 913.
40 *Medicus*, Rn. 506.
41 *Rüthers/Stadler*, § 27 Rn. 4.
42 BGH NJW 1999, 351; *Keim*, 1999, 2866, 2867 f.
43 BGH NJW 1989, 834; 2009, 1135, 1136.

men, wenn der sittenwidrige Teil des Vertrags eindeutig abgrenzbar ist, davon abgesehen aber Zustandekommen und Inhalt des Vertrags ohne weiteres möglich sind.[44] Das ist nicht der Fall, wenn die Wirksamkeit an der übermäßigen Höhe eines Teils der vereinbarten Leistungen scheitert, weil dann in das **Äquivalenzverhältnis** eingegriffen würde,[45] dessen Wahrung allein den Vertragsparteien und nicht dem Richter obliegt.[46] **Quantitative Teilbarkei**t kann auch dann vorliegen, wenn eine Vertragsklausel nichtig ist, die Parteien an ihrer Stelle jedoch eine auf das zulässige Maß beschränkte und damit wirksame Klausel vereinbart hätten. Nach Sinn und Zweck des § 139 BGB, dem tatsächlichen oder hypothetischen Parteiwillen möglichst weitgehend Rechnung zu tragen, kann die Vorschrift entsprechend auch auf solche Fälle anzuwenden sein.[47] Bei Allgemeinen Geschäftsbedingungen wird eine Beschränkung des Klauselinhalts auf einen noch zulässigen Inhalt im Wege der geltungserhaltenden Reduktion allerdings weitgehend abgelehnt, weil der Verwendung unzulässiger Klauseln andernfalls jedes Risiko genommen würde.[48] Aber auch bei Individualvereinbarungen wird man regelmäßig zur Gesamtnichtigkeit der Abrede kommen. Vor allem dann, wenn mehrere Möglichkeiten zur Ersetzung der nichtigen Vereinbarung denkbar sind und sich nicht ermitteln lässt, welche von ihnen die Parteien gewählt hätten, kommt eine Beschränkung der Vereinbarung entsprechend § 139 BGB auf das noch zulässige Maß nicht in Betracht, selbst wenn sich hierdurch ein vernünftiger Interessenausgleich erreichen ließe. Eine **Aufspaltung** in einen wirksamen und einen unwirksamen Teil erfordert daher über allgemeine Billigkeitserwägungen hinausgehende Anhaltspunkte für einen dahingehenden Parteiwillen. Gerade bei sittenwidrigen Rechtsgeschäften darf sich der Richter nicht zum Vertragsgestalter aufschwingen, da der verbots- oder sittenwidrig Handelnde über § 139 BGB schlimmstenfalls das bekäme, was als interessengerecht angesehen werden kann.[49] Damit aber verlöre das Risiko der gesetzlich angeordneten Nichtigkeitsfolge erheblich an Gewicht.[50]

11   Einen Unterfall der quantitativen Teilbarkeit bildet die **zeitliche Teilbarkeit**.[51] Sie kommt insbesondere bei Dauerschuldverhältnissen in Betracht, wo etwa eine überlange und aus diesem Grunde unzulässige Vertragslaufzeit bei entsprechendem Parteiwillen auf das zulässige Maß beschränkt werden kann.[52]

---

44 BGH NJW 1962, 913.
45 BGHZ 68, 207.
46 BGHZ 107, 351, 358; a.A. *G. Roth*, ZHR 153 (1989), 423.
47 BGH NJW 1989, 834, 835 f.
48 BGH NJW 1982, 2309, 2310.
49 BGH NJW 2009, 1135, 1136 f.
50 Dazu BGH NJW 2001, 815, 817.
51 RGZ 82, 124; BGH NJW 1972, 1459; 1992, 2145; BGH ZIP 1987, 1083.
52 BGH NJW 1997, 3089; 1974, 2089, 2090.

§ 30 Die Umdeutung

I. Bedeutung für die Fallbearbeitung

1

Die Umdeutung nach § 140 BGB setzt dreierlei voraus: ein nichtiges Rechtsgeschäft, ein wirksames Ersatzgeschäft und den darauf gerichteten hypothetischen Parteiwillen. Für die Examensvorbereitung verdeutlicht man sich die Umdeutung am besten an einem anspruchsvollen Fall. Die im Folgenden zu besprechende Entscheidung[1] verdient es in mehrfacher Hinsicht, als für Ausbildungszwecke besondere Entscheidung bezeichnet zu werden. Vordergründig scheint es um ein wechselrechtliches Spezialproblem zu gehen. Bei näherem Hinsehen wirft die Entscheidung aber bürgerlich-rechtliche Grundlagenfragen auf: Mit der Umdeutung (vgl. § 140 BGB) ist ein zentrales Problem des Allgemeinen Teils des BGB angesprochen. Hinzu kommt, wie der Fall sogleich zeigen wird, noch eine schwierige Abgrenzungsfrage zur Bedingung, die ja ebenfalls dem Allgemeinen Teil zugehört. Daneben wirft das Urteil Fragen zum **abstrakten Schuldanerkenntnis** (§ 780 BGB) und alternativen Sicherungsmöglichkeiten auf, die gerade im Hinblick auf ihre Rangfolge bezüglich des Sicherungsinteresses der Beteiligten schwierige und klausurrelevante Abgrenzungsfragen stellen.

II. Besprechungsfall

Dem vorliegenden Fall ist zunächst nicht anzusehen, dass sein zentrales Problem in bürgerlichrechtliche Fragen übergeht. Es geht nämlich um die Nichtigkeit eines Wechselakzepts, wobei der Nichtigkeitsgrund keineswegs leicht zu sehen ist.

2

Der Entscheidung lag folgender Sachverhalt zugrunde: Die Klägerin hatte der Beklagten 4500 Satelliten-Receiver verkauft und nahm nun die Beklagte aus drei bei Fälligkeit nicht bezahlten Wechseln über 132.500,– DM, 175.000,– DM und 525.000,– DM in Anspruch. Unter den Unterschriften der Annahmeerklärungen befinden sich quer geschriebene maschinenschriftliche Zusätze, und zwar auf dem Wechsel über 132.500,– DM: „Für Lieferung ST-V 7700 Sat-Receiver 1000 pcs a 175,– DM", auf dem Wechsel über 175.000,– DM: „Für Lieferung ST-V-ADS 7700 Sat-Receiver 3000 pcs a 175,– DM", auf dem Wechsel über 525.000,– DM: „Für Lieferung ST-V 7700 Sat-Receiver inkl. Stereo Prozessor 500 pcs a 265,– DM". Die Beklagte ist der Ansicht, ihre Annahmeerklärungen seien wegen dieser Zusätze nicht unbedingt und sollten nur für den Fall gelten, dass vereinbarungsgemäß geliefert werde.

1. Die Entscheidung des BGH

Der Bundesgerichtshof hat sich sogleich[2] mit diesem letztgenannten Einwand auseinandergesetzt und die wechselmäßige Verpflichtung unter diesem Gesichtspunkt abgelehnt.[3] Es könne nämlich nicht ausgeschlossen werden, dass die Annahme-

---

1 BGHZ 124, 263.
2 Zum Vorgehen in der Fallbearbeitung siehe unten IV.
3 BGHZ 124, 263, 265.

erklärung der Beklagten entgegen Art. 26 WG unter einer Bedingung erklärt und somit unwirksam sei. Die gebotene Auslegung der Wechselerklärung müsse sich an Umständen orientieren, die einem am Begebungsvertrag unbeteiligten Dritten mutmaßlich bekannt sind und von ihm ohne weiteres erkannt werden können.[4] Unter Zugrundelegung dessen sei der mit dem Wort „für" eingeleitete Zusatz nicht als auf das Grundgeschäft verweisende unschädliche **Deckungsklausel**, sondern als konditionale Verknüpfung auszulegen. Soweit diesbezüglich unbehebbare Zweifel bestünden, sei nach dem Grundsatz der Wechselstrenge von einer Bedingung auszugehen.[5] Auch eine Einstandspflicht nach Art. 26 Abs. 2 S. 2 WG bestehe entgegen einer älteren Ansicht,[6] aber in Einklang mit der nunmehr h.L.[7] nicht. Ausdrücklich prüft der Bundesgerichtshof zwar Art. 26 Abs. 2 S. 2 WG nur in direkter Anwendung, doch ergibt sich aus dem Zusammenhang, dass auch eine entsprechende Anwendung nicht in Betracht kommen soll.[8]

4   Das Gericht geht sodann noch der Frage nach, ob die Beklagte mit der Berufung auf das Vorliegen einer **bedingten Annahmeerklärung** gegen § 242 BGB verstößt und verneint dies.[9] Anknüpfungspunkt ist die Überlegung, dass sich die Beklagte möglicherweise in treuwidriger Weise widersprüchlich verhält, wenn sie auf den Wechseln Zusätze anbringt, aus denen sich die Nichtigkeit ergibt.

5   Bei unbefangener Betrachtung kann man sich fragen, ob nicht statt des allgemeinen § 242 BGB angesichts des Zusammenhangs mit der Bedingung § 162 BGB die einschlägige Vorschrift darstellt. Nach dessen Abs. 2 gilt der Bedingungseintritt nicht als erfolgt, wenn der Eintritt der Bedingung von der Partei, zu deren Vorteil er gereicht, wider Treu und Glauben herbeigeführt wird. Die Frage kann indes dahinstehen, da die engen tatbestandlichen Voraussetzungen, unter denen die nach beiden Vorschriften erforderliche Treuwidrigkeit bejaht wird, nicht vorlagen, weil dazu hätte nachgewiesen werden müssen, dass die zugrundeliegenden Lieferungen ordnungsgemäß erbracht, aber noch nicht bezahlt waren.[10] Das war hier jedoch nicht mit den Mitteln des **Urkundenprozesses** bewiesen worden.[11]

6   Gleichwohl sollte dem Einwand unzulässiger Rechtsausübung in wechselrechtlichen Fällen immer dann besondere Aufmerksamkeit geschenkt werden, wenn der **Grundsatz der formellen Wechselstrenge,** nach dem „ein Wechsel aus sich heraus für jedermann ohne weiteres verständlich und eindeutig sein muss",[12] einschlägig ist,

---

4 St. Rspr.; vgl. BGHZ 21, 155, 161; 64, 11, 14; BGH WM 1976, 1244, 1245.

5 BGHZ 124, 263, 266.

6 So noch *Rehfeldt*, Wertpapierrecht, bis zur 9. Auflage (anders dann aber *Zöllner*, Wertpapierrecht, 14. Auflage 1987, § 13 III 4c); *Hueck*, Recht der Wertpapiere, 11. Auflage 1977, S. 62 (anders danach aber *Hueck/Canaris*, Recht der Wertpapiere, 12. Auflage 1986, § 7 IV 3, S. 79); *Knur/Hammerschlag*, Kommentar zum Wechselgesetz, 1949, Art. 26 Anm. 1; *Quassowski/Albrecht*, Wechselgesetz, 1934, Art. 26 Rn. 5.

7 Außer den in der vorigen Fußnote in Klammern Genannten *Richardi*, Wertpapierrecht, 1987, § 19 III 2; *Brox/Henssler*, Handelsrecht mit Grundzügen des Wertpapierrechts, 21. Auflage 2011, Rn. 559.

8 Zu den Gründen im Einzelnen unter III. 2. in der Lösungsskizze.

9 BGHZ 124, 263, 267.

10 Vgl. BGHZ 62, 286, 292; diese Entscheidung zitiert der BGH in diesem Zusammenhang.

11 BGHZ 124, 263, 267.

12 BGHZ 53, 14; 21, 162.

weil auf diese Weise „die Rigorismen der Wechselstrenge mit Hilfe von § 242 BGB teilweise korrigiert werden"[13] können.

Der Rest der Entscheidung ist dem Hauptproblem gewidmet, nämlich der Frage, 7 ob sich das nichtige Wechselakzept in ein abstraktes Schuldanerkenntnis umdeuten lässt. Dies soll im Folgenden etwas näher untersucht werden.

2. Die Einordnung des Hauptproblems

Die Entscheidung ist deshalb bemerkenswert, weil der BGH seine Rechtsprechung 8 zu der umstrittenen Frage geändert hat, ob sich ein nichtiger Wechsel in ein abstraktes Schuldanerkenntnis umdeuten lässt. Vor dieser Entscheidung hat er dies im Anschluss an die Rechtsprechung des Reichsgerichts[14] mit der Begründung abgelehnt, dass sich die Verpflichtung des Akzeptanten aus der Sonderbestimmung des Art. 28 WG ergebe, die einen rechtswirksamen Wechsel voraussetze und nicht durch die bloße Namensunterschrift in eine andere **abstrakte Verbindlichkeit** umgedeutet werden könne.[15] Diese formale Begründung ohne eigenständigen materiellrechtlichen Gehalt hat weder im wertpapierrechtlichen[16] noch im bürgerlichrechtlichen[17] Schrifttum Gefolgschaft gefunden.

Im Rahmen der Problemfokussierung ist jedoch scharf zu unterscheiden: Die bis- 9 herige Diskussion entzündete sich an der Frage, ob ein formnichtiger Wechsel in ein abstraktes Schuldanerkenntnis umgedeutet werden kann. Im vorliegenden Fall geht es jedoch um eine anders gelagerte oder zumindest auf einer anderen Ebene anzusiedelnde Frage: Hier war der Wechsel selbst nämlich formgültig, d.h. er entsprach den in Art. 1 WG aufgestellten Vorgaben.[18] Dies festzustellen, ist regelmäßig der erste Schritt einer wechselrechtlichen Klausur, da die meisten **wechselrechtlichen Anspruchsgrundlagen** (Art. 28, 9, 15 WG) einen formgültigen Wechsel voraussetzen. Dies war hier, wie gesagt, der Fall. Insbesondere enthielt der Wechsel auch eine unbedingte Anweisung, eine bestimmte Geldsumme zu zahlen, wie dies Art. 1 Nr. 2 WG verlangt. Lediglich die Annahme (vgl. Art. 21 ff. WG) war bedingt und verstieß damit gegen Art. 26 Abs. 1 Hs. 1 WG. Somit stellt sich zwar strukturell dasselbe Problem wie bei einer gegen Art. 1 Nr. 2 WG verstoßenden bedingten Anweisung, weil beides die Nichtigkeit zur Folge hat und aus dem Wechsel kein Anspruch aus Art. 28 WG herge-

---

13 *Hueck/Canaris*, Recht der Wertpapiere, 12. Auflage 1986, § 6 VI Ib; vgl. auch unter 2b; § 13 I 2.

14 RG JW 1930, 1376; RGZ 136, 207, 210.

15 BGH, WM 1955, 1324. Siehe nunmehr auch BGH NJW 2001, 1855, zur Umdeutung eines formrichtigen Schecks.

16 *Staub/Stranz*, Wechselgesetz, 1934, Art. 2 Rn. 22; *Baumbach/Hefermehl*, Wechselgesetz und Scheckgesetz, 23. Auflage 2008, Art. 2 Rn. 11; *Hueck/Canaris*, Recht der Wertpapiere, 12. Auflage 1986, § 6 IV 4a; § 7 IV 3; *Liesecke*, WM 1971, 294, 297.

17 RGRK-*Steffen*, 12. Auflage 1978, § 780 Rn. 22; MüKo/*Habersack*, 5. Auflage 2009, § 780 Rn. 27; *Reinicke*, Rechtsfolgen formwidrig abgeschlossener Verträge, 1969, S. 93; Liesecke, WM 1971, 294, 297.

18 Der Bundesgerichtshof (BGHZ 124, 263, 269) formuliert vielsagend: „Die Klagewechsel sind im Übrigen (?!) anders als in den früher entschiedenen Fällen formgültig, lediglich (?!) die wechselrechtliche Akzeptverpflichtungen sind nichtig." – Gleichwohl dürfte sich die Entscheidung auch auf einen formnichtigen Wechsel verallgemeinern lassen, da kein Grund ersichtlich ist, beides unterschiedlich zu behandeln.

leitet werden kann. In der Fallbearbeitung wiegt dieser Unterschied jedoch schwer, da der Bearbeiter – anders als der BGH – nicht einfach bei der bedingten Annahme nach Art. 26 WG einsetzen kann, sondern zuvor die anderen Tatbestandsmerkmale des Art. 28 WG, insbesondere also das Vorliegen eines formgültigen Wechsels abhandeln muss. Damit sind bereits die aufbautechnischen Tücken dieser Entscheidung angesprochen, die im Folgenden noch näher beleuchtet werden sollen.

III. Die Entscheidung in der Fallbearbeitung

10 Bevor nämlich die bisherigen Ausführungen zumindest in Form einer Lösungsskizze klausurmäßig dargestellt werden, sei auf die maßgebliche Anspruchsgrundlage sowie auf ein Aufbauproblem aufmerksam gemacht, für das die wechselrechtliche Einkleidung nur einen Anwendungsfall darstellt, das sich aber auch in bürgerlichrechtlichen Fällen mit möglicher Umdeutung nach § 140 BGB stellt.

1. Die Anspruchsgrundlage

11 Dabei muss zunächst ein Wort zur richtigen Anspruchsgrundlage gesagt werden. Die rechtliche Würdigung durch den Bundesgerichtshof setzt nämlich mit den lapidaren Worten ein: „Wechselmäßige Verpflichtungen des Beklagten sind nicht entstanden." Im Gutachten muss demgegenüber eine Anspruchsgrundlage in Betracht gezogen werden, welcher der Sachverhalt im Folgenden subsumiert wird. Als solche kommt hier nur **Art. 28 Abs. 1 WG** in Frage, der zugleich die wichtigste wechselrechtliche Anspruchsgrundlage darstellt.[19] Bei aller Zurückhaltung gegenüber auswendig gelernten Prüfungsschemata muss eingeräumt werden, dass der eher farblose Wortlaut des Art. 28 Abs. 1 WG den Blick auf die einzelnen Voraussetzungen dieser Anspruchsgrundlage nicht ohne weiteres freigibt. Als Erstes sollte in einer wechselrechtlichen Klausur das Vorliegen eines formgültigen Wechsels nach Maßgabe der Art. 1 und 2 WG geprüft werden. Sodann ist zu fragen, ob derjenige, der aus dem Papier vorgeht, als Inhaber sachlich legitimiert ist. Die materielle Berechtigung entscheidet darüber, ob der **Anspruchsteller Wechselgläubiger** ist. Sachlich berechtigt ist der Eigentümer des Wechsels, da nur ihm die in der Wechselurkunde verbrieften Forderungen zustehen („Das Recht aus dem Papier folgt dem Recht am Papier").[20] Schließlich ist zu prüfen, ob eine Wechselverpflichtung des Anspruchsgegners, hier also des Beklagten, besteht. Im Fall des Art. 28 Abs. 1 WG wird diese durch Akzept (vgl. den Wortlaut: „durch die Annahme") begründet. Das Akzept wird durch entsprechenden Skripturakt erteilt (vgl. auch Art. 25 Abs. 1 S. 3 WG). Hinzukommen muss ein wirksamer Begebungsvertrag bzw. der zurechenbar veranlasste Rechtsschein[21] eines solchen.

---

19 Von klausurrelevanter Bedeutung sind weiterhin insbesondere Art. 9 und 15 für den Rückgriff sowie Art. 32 WG für die Wechselbürgschaft. Zu beachten ist, dass Art. 69 WG entgegen seinem zumindest missverständlichen Wortlaut keine Anspruchsgrundlage darstellt.

20 Vgl. nur *Sedatis*, Einführung in das Wertpapierrecht, 1988, Rn. 41.

21 Letzteres ist Inhalt der sogenannten „Rechtsscheintheorie"; dazu eingehend *Canaris*, Die Vertrauenshaftung im deutschen Privatrecht, 1971, S. 234 ff.; 468 f.; *ders.*, JuS 1971, 443 ff.; *Hueck/Canaris*, Recht der Wertpapiere, 12. Auflage 1986, § 3 II; 9 vor I und I 2; 24 II 2.

Abschließend muss sich der Bearbeiter die Frage vorlegen, ob dem Wechselverpflichteten Einwendungen zu Gebote stehen. Da im vorliegenden Fall ein unwirksames Akzept erteilt wurde und der Anspruch aus Art. 28 Abs. 1 WG bereits aus diesem Grund scheitert, stellt sich diese Frage nicht mehr.

2. Gutachtliche Vorüberlegungen zur Umdeutung

Aber auch den weiteren Verlauf der Argumentation des Bundesgerichtshofs kann man 12 sich in der Fallbearbeitung zumindest darstellungsmäßig nicht ohne weiteres zum Vorbild nehmen. Der Bearbeiter kann nämlich auch in der Behandlung der Umdeutung schwerlich dem Weg des Bundesgerichtshofs folgen. Dieser hatte, zur Erinnerung, die Feststellung des **nichtigen, weil bedingten, Wechselakzepts** sogleich in die Folgefrage der Umdeutung in ein abstraktes Schuldanerkenntnis münden lassen. Im Gutachten hätte dies jedoch zur Folge, dass als Anspruchsgrundlage Art. 28 WG genannt, der Anspruch letztlich aber aus §§ 780, 781 BGB hergeleitet würde. Dies ist jedoch nicht bruchlos möglich. Deshalb sollte die Prüfung des Art. 28 WG mit der Feststellung beendet werden, dass das Wechselakzept nichtig und der Anspruch somit nicht aus Art. 28 WG folgen kann. Bevor dann der letztlich durchgreifende Anspruch aus §§ 780, 781 BGB erörtert wird, sollte ein Anspruch aus Art. 26 Abs. 2 S. 2 WG geprüft werden, weil dies, wie auch die Systematik der Art. 21 ff. WG illustriert, eine Folgefrage des bedingten Wechselakzepts darstellt. Erst dann ist ein Anspruch aus §§ 780, 781 BGB i.V.m. § 140 BGB abzuhandeln, wobei nach der Feststellung eines nichtigen Rechtsgeschäfts unter dem Prüfungspunkt des wirksamen Ersatzgeschäfts das abstrakte Schuldanerkenntnis thematisiert werden kann.[22]

Generell ist zu berücksichtigen, dass nicht nur das abstrakte Schuldanerkenntnis 13 als Ersatzgeschäft in Betracht kommt. Zu denken ist immer auch an eine **kaufmännische Anweisung i.S.d. § 363 HGB**, die allerdings voraussetzt, dass der Bezogene Kaufmann ist. Das konnte im vorliegenden Fall nicht ohne weiteres angenommen werden.[23] Vorstellbar ist ferner die Umdeutung in eine **bürgerlichrechtliche Anweisung i.S.d. §§ 783 ff. BGB**, doch setzt diese die Mitwirkung von drei verschiedenen Personen voraus und scheidet daher im vorliegenden Fall ebenfalls aus. Liegen die Voraussetzungen beider Institute vor, so ist die kaufmännische Anweisung vorrangig zu prüfen, weil sie dem Wechsel näher steht und gegebenenfalls die bürgerlichrechtliche Anweisung verdrängt.[24]

IV. Lösungsskizze

Abschließend sollen die bisherigen Überlegungen in eine Form gebracht werden, in 14 der sie auch in der Fallbearbeitung Bestand haben könnten, wenn die Entscheidung als Klausur oder Hausarbeit ausgegeben würde. Dabei geht es weniger um die Präsentation einer Musterlösung, als vielmehr um das allgemeine Problem, wie anhand

---

22 Allgemein und instruktiv zur Umdeutung: *Medicus*, Rn. 516 ff.
23 Der BGH hat sich vorliegend überhaupt nicht mit alternativen Ersatzgeschäften auseinander gesetzt.
24 *Hueck/Canaris*, Recht der Wertpapiere, 12. Auflage 1986, § 6 V 4a.

zentraler Entscheidungen sinnvoll gelernt werden kann. Schließlich muss man sich in der Fallbearbeitung – anders als der Bundesgerichtshof – über jeden einzelnen Prüfungspunkt Rechenschaft ablegen. Dementsprechend geht es eher darum, ein Gespür dafür zu vermitteln, welche Voraussetzungen im Wechselrecht kurz angesprochen werden müssen, aber auch rasch abgehandelt werden können und an welchen Stellen eine vertiefende argumentative Auseinandersetzung angezeigt ist.

1. Anspruch aus Art. 28 WG

Der Klägerin könnte ein Anspruch aus Art. 28 Abs. 1 WG zustehen.

15   a) Voraussetzung dafür ist zunächst ein formgültiger Wechsel. Dies scheint im Hinblick auf Art. 1 Nr. 2 WG zweifelhaft, weil die Formulierung „für Lieferung" auf dem Wechsel auf eine unzulässige Bedingung hindeuten könnte. Jedoch verlangt Art. 1 Nr. 2 WG nur eine unbedingte Anweisung, wohingegen sich der genannte Zusatz unter den Unterschriften der Annahmeerklärungen befindet und mithin nicht die Formgültigkeit der Wechselurkunde, sondern nur die Annahmeerklärung betrifft, sodass an dieser Stelle dahinstehen kann, ob es sich bei dem Zusatz um eine Bedingung handelt. Ein formgültiger Wechsel liegt demnach vor.

16   b) Der Kläger ist als Eigentümer dieses Wechsels auch sachlich legitimiert, vgl. Art. 16 Abs. 1 WG.

17   c) Der Anspruch aus Art. 28 Abs. 1 WG setzt weiterhin ein wirksames Akzept voraus. Die Beklagte hat den Wechsel angenommen; fraglich ist jedoch ob diese Annahmeerklärung auch wirksam ist. Die Annahmeerklärung ist nach Art. 26 Abs. 1 Hs. 1 WG nichtig, wenn sie unter einer Bedingung erfolgt. Es fragt sich also, ob die quer geschriebene Formulierung „für die Lieferung". eine Bedingung darstellt oder lediglich eine unschädliche Deckungsklausel vorliegt. Eine Bedingung ist ein zukünftiges ungewisses Ereignis. Dies scheint hier nicht der Fall zu sein, zumal die Lieferung nicht als künftiges Ereignis anvisiert ist. Indessen ist die Abhängigkeit vom Grundgeschäft damit nicht ausgeschlossen. Der Zusatz kann ebenso gut in der Weise aufgefasst werden, als wolle sich der Akzeptant in wechselrechtlich unzulässiger Weise im Hinblick auf die Einhaltung der aus dem Grundgeschäft resultierenden Pflichten absichern. Da sich diese Zweifel angesichts der inhaltlich farblosen, aber doppeldeutigen Formulierung nicht beheben lassen, ist nach dem Grundsatz der das Wechselrecht beherrschenden Wechselstrenge davon auszugehen, dass eine unzulässige Bedingung i.S.d. Art. 26 Abs. 1 HS. 1 WG vorliegt und das Akzept somit unwirksam ist. Damit liegen die Voraussetzungen des Art. 28 Abs. 1 WG nicht vor.

18   d) Die Berufung darauf könnte dem Beklagten aber nach § 242 BGB versagt sein. Das würde jedoch voraussetzen, dass er den Zusatz treuwidrig, d.h. gerade in der Absicht angebracht hätte, die Zahlung später zu verweigern. Davon kann jedoch nicht ausgegangen werden, da diesbezüglich keine weiteren Umstände ersichtlich sind. Es bleibt demnach dabei, dass die Voraussetzungen des Art. 28 Abs. 1 WG nicht vorliegen.

2. Anspruch aus Art. 26 Abs. 2 S. 2 WG

19 a) Möglicherweise hat die Klägerin als Folge des bedingten Wechselakzepts einen Anspruch aus Art. 26 Abs. 2 S. 2 WG. Dieser eröffnet zwar die Möglichkeit, dass der

Annehmende beim bedingten Akzept nach dem Inhalt seiner Annahmeerklärung haftet. Indessen bezieht sich Art. 26 Abs. 2 S. 2 WG nur auf dessen ersten Satz, wie sich aus dem Wortlaut („irgendeine andere Abweichung") ergibt. Damit ist aber eine andere Abweichung als die Bedingung gemeint, von der Art. 26 Abs. 1 WG spricht. Ein Anspruch aus Art. 26 Abs. 2 S. 2 WG besteht demnach auch nicht.

b) Eine analoge Anwendung des § 26 Abs. 2 S. 2 WG ist abzulehnen, weil sie mit 20 dem Wesen der Wechselverbindlichkeit, die in der Skripturrechtlichkeit des Wechsels besteht und verlangt, dass sich alle Voraussetzungen der wechselrechtlichen Haftung aus dem Papier ergeben.[25]

3. Anspruch aus §§ 780, 781 BGB

Die Klägerin hat einen Anspruch aus §§ 780, 781 BGB,[26] wenn sich das formnichtige 21 Wechselakzept nach § 140 BGB in ein **abstraktes Schuldanerkenntnis** umdeuten lässt. Voraussetzung für die Umdeutung ist ein nichtiges Rechtsgeschäft, ein wirksames Ersatzgeschäft sowie ein darauf gerichteter hypothetischer Parteiwille.

a) Das formnichtige Wechselakzept ist ein nichtiges Rechtsgeschäft. Fraglich 22 ist, ob das abstrakte Schuldanerkenntnis als wirksames Ersatzgeschäft in Betracht kommt. Ebenso wie der Wechsel ist das Schuldanerkenntnis unabhängig vom Grundgeschäft. Davon abgesehen unterliegt das abstrakte Schuldanerkenntnis nicht vergleichbar rigiden Bestimmungen wie den wechselrechtlichen Art. 1 ff., 25 ff. WG. Insbesondere ist es nicht in gleicher Weise bedingungsfeindlich,[27] sodass das abstrakte Schuldanerkenntnis ein taugliches Ersatzgeschäft für den Wechsel darstellt. Der für die Begründung des abstrakten Schuldversprechens erforderliche Vertrag ist zwischen den Beteiligten nach Maßgabe der §§ 145 ff. BGB zustande gekommen: Die Klägerin hat als Ausstellerin und Nehmerin zugleich ein Angebot abgegeben, das die Beklagte durch die Hinnahme der mit den Zusätzen versehenen Akzepte angenommen hat.[28] Der Vertrag über ein abstraktes Schuldanerkenntnis ist auch wirksam, weil die **Schriftform** der §§ 780, 781 BGB eingehalten ist.[29]

b) Zu fragen bleibt, ob sich ein darauf gerichteter **mutmaßlicher Parteiwille** 23 feststellen lässt. Das kann hier angenommen werden, weil das abstrakte Schuldanerkenntnis die Klägerin immerhin besser stellt, als wenn sie gar nichts in Händen hielte, was die unweigerliche Folge der versagten Umdeutung wäre. Das nichtige Wechselakzept lässt sich mithin in ein abstraktes Schuldanerkenntnis umdeuten, so dass ein Anspruch aus §§ 780, 781 BGB besteht.

---

25 *Hueck/Canaris*, Recht der Wertpapiere, 12. Auflage 1986, § 7 IV 3.

26 Beide Vorschriften können zusammen als einheitliche Anspruchsgrundlage für das Vorgehen aus einem abstrakten Schuldanerkenntnis zitiert werden.

27 BGH, WM 1967, 824, 825; 1977, 1025, 1027; *Hueck/Canaris*, Recht der Wertpapiere, 12. Auflage 1986, § 7 IV 3.

28 Die Vorinstanz hatte das Vorliegen eines abstrakten Schuldanerkenntnisses mangels Vertrag abgelehnt; der BGH ist dem mit der im Text gegebenen Begründung entgegengetreten; vgl. BGHZ 124, 263, 269.

29 Unter Kaufleuten ist immer auch an § 350 HGB zu denken.

§ 31 Die Bestätigung des nichtigen und anfechtbaren Rechtsgeschäfts

I. Bestätigung des nichtigen Rechtsgeschäfts

1 Wird ein nichtiges Rechtsgeschäft von demjenigen, welcher es vorgenommen hat, bestätigt, so ist die Bestätigung nach § 141 Abs. 1 BGB als erneute Vornahme zu beurteilen.[1] Dem liegt zunächst die Prämisse zugrunde, dass ein nichtiges Rechtsgeschäft auch bei späterem Wegfall des Nichtigkeitsgrundes nichtig bleibt.[2] Mithin genügt es auch nicht, wenn die Parteien einen Nichtigkeitsgrund bewusst beseitigen. Vielmehr müssen sie das Geschäft nach § 141 BGB bestätigen, wenn sie es nicht insgesamt neu abschließen wollen.[3] Die Erleichterung des § 141 BGB besteht also darin, dass es nicht der **Neuvornahme** bedarf, um die Wirksamkeit des Rechtsgeschäfts zu ermöglichen, wenn der Bestätigende dies will.[4] Die Bestätigung richtet sich also auf die Herbeiführung der Folgen.[5]

1. Begriff und Verhältnis zur Genehmigung

2 Die Bestätigung kann mit der Genehmigung in der Weise konkurrieren, dass sowohl das eine wie das andere in Betracht kommt, wenn etwa **Verpflichtungs- und Verfügungsgeschäft** eines in der Geschäftsfähigkeit Beschränkten in zeitlichem Abstand voneinander vorgenommen werden. Wird der Minderjährige inzwischen volljährig, so kann die von ihm jetzt vorgenommene Verfügung nach dem Mechanismus der §§ 107 ff. BGB zum einen eine Genehmigung im Sinne des § 108 Abs. 3 BGB darstellen.[6] Zum anderen kann sie aber auch, da das Verpflichtungsgeschäft nach § 105 Abs. 1 BGB nichtig ist, als Bestätigung (§ 141 BGB) der zunächst unwirksamen Verpflichtung anzusehen sein.[7] Der Unterschied zwischen Genehmigung und Bestätigung besteht darin, dass der Genehmigende ein nicht von ihm selbst abgeschlossenes Rechtsgeschäft in Geltung setzt, wohingegen von Bestätigung gesprochen wird, wenn das Rechtsgeschäft von ihm selbst abgeschlossen wurde.[8] Obwohl es sich genau so im Fall des § 108 Abs. 3 BGB verhält, spricht das Gesetz dort von Genehmigung.

3 Handelt es sich hierbei noch um eine terminologische Frage, so kommt die Bestätigung ernstlich in Betracht, wenn ein Geschäftsunfähiger handelt. Denn dessen Willenserklärung ist nach § 105 Abs. 1 BGB ohne weiteres nichtig, so dass hier auch nichts genehmigt werden kann. Ist im Sachverhalt gleichwohl von einer „Genehmigung" oder einem darauf hindeutenden Verhalten die Rede, so kann allenfalls eine Bestätigung vorliegen, nämlich insbesondere dann, wenn der Betreuer selbst der

---

1 Monographisch *M. Müller*, Die Bestätigung nichtiger Rechtsgeschäfte, 1989.
2 *Kohte*, JuS 1984, 511.
3 BGH NJW 2012, 1570.
4 Prütting/Wegen/Weinreich/*Ahrens*, 7. Auflage 2012, § 141 Rn. 1.
5 BGH NJW 1999, 3705.
6 Zu diesen beiden Möglichkeiten *Graba*, Bestätigung und Genehmigung von Rechtsgeschäften, 1967.
7 *Medicus*, Rn. 532.
8 *Medicus*, Rn. 529.

Meinung war, dass das Geschäft unwirksam gewesen sei.[9] Denn diese **Wirksamkeitszweifel** gehören zum **Erklärungstatbestand** der Bestätigung.[10] Die Bestätigung würde dann gemäß § 141 BGB als Neuvornahme gelten. Das Beispiel zeigt zugleich, warum die Bestätigung in der Fallbearbeitung so häufig übersehen wird; wohl nicht zuletzt deshalb, weil sich der Blick gewohnheitsmäßig auf die bekanntere gesetzliche Abfolge richtet. Einstweilen bleibt also festzuhalten, dass die Möglichkeit der Bestätigung im konkreten Fall überhaupt erkannt werden muss; ob sie dann tatsächlich vorliegt, ist eine andere Frage, auf die sogleich einzugehen ist.

2. Bestätigung, erneute Vornahme und Wirksamkeitshindernisse

Wenn die Bestätigung nach § 141 Abs. 1 BGB als erneute Vornahme gilt, so bedeutet **4** dies zugleich, dass etwa bestehende Wirksamkeitshindernisse jetzt beseitigt sein müssen. Hier kann sich etwa die Frage stellen, ob die die Sittenwidrigkeit (§ 138 BGB) begründenden Umstände noch fortbestehen[11] oder die Drohung (§ 123 Abs. 1 BGB) zwischenzeitlich entfallen ist.[12] Praktisch besonders wichtig ist hier vor allem die **Formbedürftigkeit** nach § 311b Abs. 1 BGB, weil andernfalls § 125 BGB entgegensteht.[13]

Die Bestätigung selbst muss unmissverständlich sein, kann aber auch durch **5** schlüssiges Handeln erfolgen. In der Fallbearbeitung liegt die Bearbeiterleistung nicht selten darin, die mögliche Bestätigung in einer tatsächlichen oder rechtlichen Handlung auszumachen. So kann etwa die Verfügung über den Vertragsgegenstand als Bestätigung anzusehen sein,[14] es sei denn sie war unabhängig von der Wirksamkeit des Vertrags veranlasst.[15] Bisweilen kann in der schlichten **Annahme der Gegenleistung**[16] oder **Weiterbenutzung** der Sache eine Bestätigung liegen.[17] In allen diesen Fällen kann man an die Anwendung des § 141 BGB zumindest denken, muss aber immer noch im Einzelfall prüfen, ob ein hinreichender Bestätigungswille vorliegt. Nicht ausreichend für die Annahme einer Bestätigung ist nach der Rechtsprechung jedoch die Erklärung des Rücktritts oder die Geltendmachung von Mängelansprüchen.[18]

3. Bestätigung eines nichtigen Vertrags

Wird ein nichtiger Vertrag von den Parteien bestätigt, so sind diese nach § 141 Abs. 2 **6** BGB im Zweifel verpflichtet, einander zu gewähren, was sie haben würden, wenn der Vertrag von Anfang an gültig gewesen wäre. Das ist vor allem für **Zinsen** und **Nutzun-**

---

9 *Armbrüster*, Nr. 73.
10 BGH ZIP 1990, 314; *Medicus*, Rn. 531.
11 *Armbrüster*, Nr. 452. Vgl. aktuell BGH NJW 2012, 1570, m. Anm. *Schwab*, JuS 2012, 1027.
12 BAG AP § 123 BGB Nr. 16.
13 Instruktiv *Köhler*, PdW, Nr. 85.
14 RG JW 1911, 359.
15 RG JW 1910, 574.
16 RG Seuffert Archiv 62 Nr. 51.
17 BGH NJW 1971, 1795.
18 BGHZ 110, 222; BGH NJW 1958, 177.

gen wichtig, wenn zum Beispiel bei einem nichtigen Kaufvertrag der Kaufpreis schon gezahlt bzw. die Kaufsache bereits überlassen wurde. Mit der Bestätigung schuldet der Verkäufer weder Verzinsung des schon erhaltenen Kaufpreises nach § 818 Abs. 1 BGB noch muss der Käufer die Nutzungen (§ 100 BGB) ab Übergabe (vgl. § 446 S. 2 BGB) ersetzen.[19]

II. Die Bestätigung des anfechtbaren Rechtsgeschäfts

7 Nach § 144 Abs. 1 BGB ist die Anfechtung ausgeschlossen, wenn das anfechtbare – also noch nicht angefochtene, denn dann ist eine Bestätigung nach § 141 BGB möglich[20] – Rechtsgeschäft von dem Anfechtungsberechtigten bestätigt wird. Die Bestätigung bedarf gemäß § 144 Abs. 2 BGB nicht der für das Rechtsgeschäft bestimmten Form. Aus dieser **Formfreiheit** folgt, dass das Verhalten eindeutig den Willen zum Ausdruck bringt,[21] an dem Rechtsgeschäft in Kenntnis der Anfechtbarkeit festzuhalten.[22] Die Bestätigung bedeutet hier also einen Verzicht auf das Anfechtungsrecht[23] und ist im Anschluss an dieses zu prüfen.[24]

1. Konkludente Bestätigung durch Vertragserfüllung?

8 Speziell bei der arglistigen Täuschung, die ja nicht unverzüglich (§ 121 BGB), sondern binnen Jahresfrist erklärt werden muss (§ 124 BGB), kann sich die Frage stellen, ob allein die weitere Vertragserfüllung während dieser Frist für einen Bestätigungswillen spricht. Grundsätzlich kann die Bestätigung auch durch schlüssiges Handeln erfolgen.[25] Eine Bestätigung allein durch Vertragserfüllung ist bei der Anfechtung wegen arglistiger Täuschung jedoch zu verneinen, weil der Anfechtungsberechtigte diese **Frist ausschöpfen** können muss.[26] An die Möglichkeit des § 144 BGB ist in der Fallbearbeitung immer zu denken, wenn der arglistig Getäuschte die Jahresfrist weitgehend ausschöpft, doch dürfte eine Bestätigung nur ganz selten anzunehmen sein.

---

19 *Medicus*, Rn. 533.
20 BGH NJW 1971, 1800; *Medicus*, Rn. 534.
21 BGHZ 110, 222; BGH NJW-RR 1992, 779.
22 BGHZ 129, 377; zumindest muss mit der Anfechtbarkeit gerechnet worden sein.
23 Palandt/*Ellenberger*, 71. Auflage 2012, § 144 Rn. 1; demgegenüber trennt *Flume*, § 31 sub 7, S. 568 f.; skeptisch *Medicus*, Rn. 534.
24 Dazu *Köhler*, PdW, S. 125.
25 BGH NJW 1958, 177.
26 *Armbrüster*, Nr. 454.

2. Zugangsbedürftigkeit

Uneinheitlich wird beurteilt, ob die Bestätigungserklärung zugangsbedürftig ist. Die 9
Rechtsprechung[27] und wohl überwiegende Ansicht[28] halten sie nicht für zugangsbedürftig. Das ist jedoch für den Gegner des Anfechtungsberechtigten mit erheblicher **Rechtsunsicherheit** verbunden und daher abzulehnen. Das bedeutet zugleich, dass der Anfechtungsberechtigte an seine Bestätigung erst dann gebunden ist, wenn er sie dem Anfechtungsgegner gegenüber erklärt hat.[29]

---

27 RGZ 68, 398.
28 Palandt/*Ellenberger*, 71. Auflage 2012, § 144 Rn. 2; Prütting/Wegen/Weinreich/*Ahrens*, 7. Auflage 2012, § 144 Rn. 1.
29 *Medicus*, Rn. 534.

§ 32 Doppelwirkungen im Recht

I. Die Entdeckung der Doppelwirkungen im Recht

1 Selten hat ein zivilrechtlicher Festschriftsbeitrag eine so durchschlagende Wirkung gehabt wie jener *Theodor Kipps* „Über Doppelwirkungen im Recht, insbesondere über die Konkurrenz von Nichtigkeit und Anfechtung" aus dem Jahre 1911.[1] Hans Dölle hat die diesem Festschriftsaufsatz zugrunde liegende Einsicht als „echte Entdeckung" gefeiert.[2] Es ist so gesehen bedauerlich, dass ein Band über „Zivilrechtliche Entdecker", der erklärtermaßen von Dölles Beitrag inspiriert ist,[3] gerade die Entdeckung der Doppelwirkungen nicht näher berücksichtigt. Aber nicht nur deshalb soll die Leistung Kipps hier in Erinnerung gerufen werden. Vielmehr handelt es sich bei den Doppelwirkungen um eine **Grundkonstellation der Rechtsgeschäftslehre**, die man sich vergegenwärtigen muss, wenn man nicht erst in der Prüfung die unliebsame Entdeckung machen möchte, dass ihr ein konstruktives Problem zugrunde liegt, das zwar wertungsmäßig lösbar ist, aber den unvoreingenommenen Rechtsanwender ins Straucheln bringen kann.[4]

II. Nichtigkeit und Anfechtbarkeit

2 Das Problem liegt, vereinfacht gesagt, im Zusammentreffen mehrerer Nichtigkeitsgründe, wobei es sich vor allem bei der Konkurrenz von Nichtigkeit und Anfechtbarkeit stellt. Es lässt sich in der einfachen, aber nichtsdestoweniger doppelbödigen Frage zusammenfassen, ob ein nichtiges Rechtsgeschäft überhaupt angefochten werden kann, da doch die Rechtsfolge der Anfechtung nach § 142 Abs. 1 BGB gleichfalls die Nichtigkeit ist. Ist aber ein Rechtsgeschäft bereits nichtig, so scheint es **begrifflich** ausgeschlossen, dieses gleichsam nochmals zu vernichten.[5]

1. Doppelwirkungen im Zwei- und Dreipersonenverhältnis

3 Wäre die Reichweite dieses Problems auf die einfache Zweipersonenbeziehung beschränkt, so würde sich die praktische Relevanz des Problems allerdings in Grenzen halten. Hier kann die Doppelwirkungslehre nur dann bedeutsam werden, wenn die Anfechtung des bereits zuvor angefochtenen oder aus sonstigen Gründen

---

1 *Kipp*, FS v. Martitz, 1911, S. 211.
2 *Dölle*, Verhandlungen des 42. Deutschen Juristentages, 1958, B, S. 1 ff.
3 Vgl. *Hoeren* (Hg.), Zivilrechtliche Entdecker, 2001, S. 5 ff.
4 *Hasse*, JuS 1997 L 1, 3; *Schmelz*, JA 2006, 21, 22; *Würdinger*, JuS 2011, 769; *Forschner*, JA 2011, 579; *Herbert*, JR 2010, 299; *Skamel*, ZGS 2010, 106; *Ludwig*, ZGS 2010, 490.
5 Das konstruktive Problem lässt sich im Übrigen lösen, wenn man mit *Leenen* (vor § 8 Rn. 2 und passim) strikt zwischen Tatbestand und Wirksamkeit trennt. Nach dessen Ansatz bleibt der Tatbestand eines Rechtsgeschäftes stets erhalten; er kann sich dann unter mehreren Gesichtspunkten als unwirksam bzw. nichtig erweisen; vgl. *Leenen*, § 9 Rn. 273; siehe dazu auch *Petersen*, Liber Amicorum Leenen, 2012, S. 219 ff. sowie weiter unten noch.

nichtigen Rechtsgeschäfts für den Anfechtenden Vorteile mit sich bringt.[6] Dies ist zum einen dann der Fall, wenn sich der zweite Anfechtungsgrund im **Prozess** leichter beweisen lässt als der erste oder als ein anderer Nichtigkeitsgrund. Für die Fallbearbeitung wichtiger dürften die Fälle sein, in denen der zweite Anfechtungsgrund für den Anfechtenden günstigere Voraussetzungen mit sich bringt, so vor allem, wenn ein Rechtsgeschäft nach § 119 BGB oder § 120 BGB angefochten wurde und sich nachträglich herausstellt, dass der Erklärende arglistig getäuscht wurde und daher auch eine Anfechtung nach § 123 BGB möglich ist.[7] Die erneute Anfechtung nach § 123 BGB hat für den Anfechtenden einerseits den Vorteil der längeren Anfechtungsfrist (§ 124 BGB statt § 121 BGB) und darüber hinaus trifft ihn nicht die **Schadensersatzpflicht** gem. § 122 Abs. 1 BGB.[8] Insofern ist aber zu beachten, dass sich das Problem der Doppelwirkung bei Versäumung der Anfechtungsfrist gem. § 121 BGB eigentlich gar nicht stellt, weil dann die erste Anfechtung nicht zur Nichtigkeit führen konnte. Auch zur Vermeidung der Schadensersatzpflicht gem. § 122 Abs. 1 BGB bedarf der Anfechtende der Doppelwirkungslehre in der Regel nicht, da diese bei einer arglistigen Täuschung des Anfechtungsgegners bereits gemäß § 122 Abs. 2 BGB ausgeschlossen ist.

Bliebe die Relevanz des Problems auf die **Zweipersonenverhältnisse** beschränkt, **4** würde man daher schwerlich von einer juristischen Entdeckung, sondern allenfalls einer klärungsbedürftigen Auffälligkeit sprechen. Dabei muss man sich jedoch vergegenwärtigen, dass zu Beginn des vorigen Jahrhunderts die Ansicht überwog, dass ein nichtiges Rechtsgeschäft schon deshalb nicht angefochten werden könne, weil infolge der Nichtigkeit keine Rechtswirkungen eintreten, die dann überhaupt noch im Wege der Anfechtung beseitigt werden könnten.[9] Diese vordem herrschende Meinung entspricht also dem eingangs Gesagten,[10] das sich wiederum als Resultat schlichter Gesetzesanwendung darstellt.

Kipp musste also, um die Brisanz dieses Problems aufzuzeigen, eine Konstella- **5** tion freilegen, die das herrschende Axiom der Unanfechtbarkeit in Frage stellt und deutlich macht, dass eine andere Sicht wertungsmäßig geboten sein kann.[11] Sein Verdienst besteht nicht zuletzt darin, die im Zweipersonenverhältnis vorderhand triviale Frage auf ein **Dreipersonenverhältnis** erstreckt zu haben, das die Notwendigkeit der Anfechtbarkeit ins Bewusstsein brachte. Denn die Mitwirkung eines Dritten veranschaulicht, dass anderweitige Interessen ins Spiel kommen, die gefährdet sein können, wenn man es bei dem Hinweis auf die begriffliche Unmöglichkeit der Anfechtung bewenden lassen will. Zugleich erweist sich die Betroffenheit eines Dritten stets als prüfungsrelevant, weil sich die jeweiligen Rechtsfragen vom Schwierigkeitsgrad her gleichsam potenzieren.

---

6 Vgl. hierzu *Flume*, § 36 I 6; *Bork*, Rn. 929.

7 Bsp.: Der Käufer ficht den Kaufvertrag über ein Gemälde gemäß § 119 Abs. 2 BGB an, weil er sich über die Person des Malers geirrt hat. Später stellt sich heraus, dass ihn der Verkäufer hierüber arglistig getäuscht hat.

8 *Flume*, § 36 I 6; *Bork*, Rn. 929.

9 *Leonhard*, DJZ 1905, 20; *Riezler*, Seuff. Bl. 1909, 189.

10 Soeben unter Rn. 2.

11 Entsprechendes hat *Canaris*, FS Steffen, 1995, S. 85, bezogen auf die Frage, ob die Forderung als sonstiges Recht im Sinne des § 823 Abs. 1 BGB anzusehen ist, geleistet; vgl. dazu mit klausurmäßiger Lösung *Petersen*, Rn. 2 ff.

2. Die problematische Konstellation

6 Auch wenn die praktische Bedeutung des Problems überschaubar ist und der Bundesgerichtshof, soweit ersichtlich, nur einmal mit dieser Frage befasst war,[12] begegnen gerade in Prüfungsfällen häufig Konstellationen, in denen die Doppelwirkung eine Rolle spielt. Am bekanntesten ist diejenige, die Kipp selbst zu bedenken gegeben hat:[13] Der beschränkt Geschäftsfähige A übereignet ohne die erforderliche Zustimmung seines gesetzlichen Vertreters dem B, der den A arglistig täuscht, eine Sache. B übereignet die Sache weiter an C, der zwar von der arglistigen Täuschung weiß, aber den Mangel der Geschäftsfähigkeit des A nicht kennt.

7   A kann von C Herausgabe der Sache aus § 985 BGB verlangen, wenn er nach wie vor Eigentümer ist. Durch die Übereignung an B hat er das Eigentum wegen § 108 Abs. 1 BGB nicht verloren. Die nach § 929 S. 1 BGB erforderliche Einigung über den Eigentumsübergang ist (zumindest schwebend) unwirksam. Zu prüfen bleibt, ob A das Eigentum durch die Übereignung des B an C verloren hat. Da C aufgrund der Nichtigkeit der Übereignung im Verhältnis A – B nicht vom Berechtigten erwerben konnte, kommt nur noch ein gutgläubiger Erwerb nach §§ 929 S. 1, 932 Abs. 1 S. 1 BGB in Betracht. Fraglich ist, ob C gutgläubig ist, § 932 Abs. 2 BGB. Im Hinblick auf die mangelnde Geschäftsfähigkeit des A war C gutgläubig. Problematisch ist jedoch die Anfechtbarkeit der Übereignung des A an B wegen dessen arglistiger Täuschung nach § 123 Abs. 1 BGB. Insoweit ist C als Erwerber gemäß § 932 Abs. 2 BGB nicht in gutem Glauben, wenn ihm bekannt oder infolge grober Fahrlässigkeit unbekannt ist, dass die Sache nicht dem Veräußerer gehört. Nach **§ 142 Abs. 2 BGB** wird, wer die **Anfechtbarkeit kannte** oder kennen musste, im Falle der Anfechtung, so behandelt, wie wenn er die Nichtigkeit des Rechtsgeschäfts gekannt hätte oder hätte kennen müssen. Allerdings gilt dies ausweislich des soeben zitierten Wortlauts nur „wenn die Anfechtung erfolgt". Gerade das scheint aber fraglich, wenn man davon ausgeht, dass ein bereits anderweitig – hier infolge der mangelnden Geschäftsfähigkeit – nichtiges Rechtsgeschäft gar nicht mehr angefochten werden kann. Würde man hier also die Anfechtung aus logischen oder begrifflichen Gründen für ausgeschlossen halten,[14] so käme man über diese Klippe nicht hinweg und könnte den „rettenden" § 142 BGB nicht anwenden. Das würde jedoch, wie Kipp zu bedenken gegeben hat, auf einen schweren Wertungswiderspruch hinauslaufen, weil der Erwerber C dann besser stünde, als wenn er der ursprüngliche Veräußerer voll geschäftsfähig wäre. Denn dann wäre zugunsten des Berechtigten ohne weiteres Raum für die Anwendung des § 142 Abs. 2 BGB. Die Lehre von den Doppelwirkungen möchte also gerade diesen **Wertungswiderspruch** vermeiden. Danach kann C die Sache nicht gutgläubig erwerben, so dass dem A ein Herausgabeanspruch aus § 985 BGB zusteht.

---

[12] BGH JZ 1955, 500; dazu *Medicus*, Rn. 730. Aus der älteren Rechtsprechung der Instanzgerichte ist zu nennen OLG Hamburg MDR 1966, 49; OLG München NJW 1953, 424; dazu *Oellers*, AcP 169 (1969), 67, 77; OLG Colmar Recht 1903, Nr. 608; LG Wuppertal JW 1933, 1548.

[13] *Kipp*, FS v. Martitz, 1911, S. 211, 224 f.

[14] So in der Tat *Ernst Wolf*, Allgemeiner Teil des bürgerlichen Rechts, 3. Auflage 1982, S. 474.

3. Teleologische Auslegung

Allerdings ist gerade in jüngerer Zeit in Zweifel gezogen, ob sich ein sachgerechtes **8** Ergebnis nur über die Lehre von der Doppelwirkung herleiten lässt.[15] So ist zu bedenken gegeben worden, dass man die **Gutgläubigkeit** im Sinne des § 932 Abs. 2 BGB i.V.m. § 142 Abs. 2 BGB bereits dann verneinen kann, wenn der Erwerber im Hinblick auf *einen* in Betracht kommenden Grund bösgläubig ist, wie dies hier C schon wegen der Kenntnis der Täuschung war.[16] Diese Begründung lässt sich auch teleologisch dadurch stützen, dass § 142 Abs. 2 BGB auf den Fall zugeschnitten ist, dass lediglich *ein* Anfechtungsgrund vorliegt, das Rechtsgeschäft im Übrigen aber wirksam ist.[17] Selbst wenn C zu Unrecht annimmt, dass der Ersterwerber den beschränkt Geschäftsfähigen getäuscht habe – und somit die Lehre von der Doppelwirkung nicht zum Zug kommt –,[18] gelangt man über diese am Sinn und Zweck des § 142 Abs. 2 BGB orientierte Auslegung zu dem Ergebnis, dass C nicht gutgläubig erwerben kann. Allerdings spricht dies nicht entscheidend gegen die Lehre von den Doppelwirkungen.[19]

III. Die Doppelwirkungen im Spiegel der Methodenlehre

Es ist bisher noch nicht hinreichend gewürdigt worden, wie buchstäblich epochal **9** die Entdeckung der Doppelwirkungen durch Kipp aus heutiger Sicht ist, zumal wenn man berücksichtigt, dass sie aus dem Jahre 1911 datiert. Man kann dies erst dann ermessen, wenn man den Übergang von der Begriffs- zur Interessenjurisprudenz und sodann den Wechsel von der Interessenjurisprudenz zur Wertungsjurisprudenz in Rechnung stellt.[20] Dann sieht man, wie weit Kipp seiner Zeit voraus war. Denn das Axiom der Unanfechtbarkeit eines nichtigen Rechtsgeschäft stellt sich, bei Licht betrachtet, als ein typisches Verdikt der **Begriffs-** bzw. **Konstruktionsjurisprudenz** dar. Es scheint eben begrifflich unmöglich, ein nichtiges Rechtsgeschäft anzufechten. Der Begriff der Nichtigkeit wird verabsolutiert, indem man danach entscheidet, ob aus ihm erneut Rechtswirkungen gefolgert werden können. Die Beschränktheit dieses Ansatzes hat Kipp dadurch offenbar gemacht, dass er den Blick darauf lenkte, dass die Rechtssprache mitunter bildlich verfährt, indem sie etwa davon ausgeht, dass ein Anspruch „erlischt" oder ein Recht „untergeht":[21] „Es begegnet uns noch zu oft, die körperweltliche Auffassung von Rechten und Rechtswirkungen für mehr als ein Bild, für eine Wahrheit zu nehmen und daraus Schlussfolgerungen zu ziehen, die der inneren Berechtigung entbehren und sich vermeiden lassen, wenn man von jener körperlichen Auffassung sich lossagt."[22]

Jenseits dieser rechtstheoretischen Einsicht ist jedoch bemerkenswert, dass Kipp **10** nicht nur im Vorgriff auf die von Philipp Heck begründete **Interessenjurisprudenz**

---

15 *Oellers*, AcP 169 (1969), 67; *Hasse*, JuS 1997 L 1.

16 Dagegen *Bork*, Rn. 928, mit dem Hinweis, dass sich diese Lösung zu weit vom Gesetz entferne.

17 *Medicus*, Rn. 729.

18 Abwandlung von *Oellers*, AcP 169 (1969), 67, 70 f.

19 *Flume*, Rechtsakt und Rechtsverhältnis, 1990, S. 12; *Medicus*, Rn. 729 a.E.; a.A. *Oellers*, aaO., S. 66.

20 *M. Herbert*, JZ 2011, 503 ff. („Realistische versus normative Sicht").

21 Vgl. *Dölle*, Verhandlungen des 42. Deutschen Juristentages, 1958, B, S. 1, 17.

22 *Kipp*, FS v. Martitz, 1911, S. 211, 212.

die maßgeblichen Interessen gewichtet, wie vor allem der von ihm gefundene Schulfall zeigt. Vielmehr hat er seine bis heute gültige Lösung auf eine Weise begründet, die gerade für die **Wertungsjurisprudenz,** welche die Interessenjurisprudenz abgelöst hat, bezeichnend ist.[23] Diese erweist sich nämlich gerade beim Hinzutreten Dritter, wie in unserem Schulfall, als erheblich leistungsfähiger, weil sie die maßgeblichen gesetzlichen Wertungen in den Mittelpunkt stellt.[24] Das veranschaulicht der Beispielsfall in besonderer Weise. Würde man die Anfechtung eines nichtigen Rechtsgeschäfts für unmöglich halten, so käme die Wertung des § 142 Abs. 2 BGB nicht zur Geltung, die doch einen evidenten **Gerechtigkeitsgehalt** aufweist: „Es wäre geradezu grotesk, wenn die Vindikation des schutzbedürftigen Eigentümers daran scheitern sollte, dass er einen Rechtsbehelf (die Anfechtung) deswegen nicht verwenden kann, weil er bereits einen weitergehenden Rechtsbehelf (die Nichtigkeitsfolge) erhalten hat!"[25]

11 Jedoch hat sich zugleich gezeigt, dass man den Begriff der Doppelwirkung nicht verabsolutieren sollte[26] – das würde gleichermaßen auf eine begriffsjuristische Verengung hinauslaufen –, weil sich **wertungsmäßig** folgerichtige Ergebnisse auch im Wege sachgerechter Gesetzesauslegung ergeben, was im Übrigen ohnehin kein Widerspruch, sondern im Gegenteil eher die Bestätigung jeder wertungsjuristischen Betrachtung ist.

IV. Doppelwirkungen in der Prüfung

12 Über diese rechtstheoretischen und methodologischen Feinheiten darf nicht vergessen werden, dass es sich, wie der Beispielfall lehrt, um eine prüfungsrelevante Konstellation handelt, welche nicht zuletzt die Frage aufwirft, wie der Problematik in der **Fallbearbeitung** beizukommen ist.

13 Angesichts der weitgehenden Übereinstimmung, die seit langem über die Zulässigkeit der Anfechtung herrscht, empfiehlt es sich nicht, daraus einen ausführlich zu referierenden **Meinungsstreit** zu machen. Zwar hat sich unmittelbar nach Erscheinen des Aufsatzes von Kipp kein Geringerer als von Tuhr gegen die Anfechtbarkeit eines bereits angefochtenen Rechtsgeschäfts ausgesprochen.[27] In der Folge hat sich jedoch immer mehr die Einsicht Bahn gebrochen,[28] dass die Anfechtung wertungsmäßig aus den genannten Gründen möglich sein muss.[29] Nur ganz ausnahmsweise

---

23 *Flume*, Rechtsakt und Rechtsverhältnis, 1990, S. 13, macht überdies darauf aufmerksam, dass die Lehre Kipps „die modernrechtliche, auf die Rechtsverhältnisse bezogenem Denken entsprechende These" darstellt.
24 Näher *Petersen*, Von der Interessenjurisprudenz zur Wertungsjurisprudenz, 2001, passim.
25 *Dölle*, Verhandlungen des 42. Deutschen Juristentages, 1958, B, S. 1, 18.
26 Zu verschiedenen denkbaren Anwendungsfällen der Doppelwirkung *M. Herbert*, JZ 2011, 503, 507 ff.
27 Vgl. *von Tuhr*, Der allgemeine Teil des Deutschen Bürgerlichen Rechts, Band II/1, 1914, S. 299 f. Er behilft sich anders: „Denn beide Anfechtungen wirken auf denselben Moment (Entstehung des Rechtsgeschäfts) zurück, und es steht in der Wahl des Anfechtungsberechtigten, welches der beiden konkurrierenden Anfechtungsrechte er zur Geltung bringen will." *Flume* (Rechtsakt und Rechtsverhältnis, 1990, S. 12) nennt diesen Ausweg „geradezu ‚listig' – wenn man dies gegenüber v. Tuhr sagen darf".
28 Siehe etwa *Pawlowski*, Rechtsgeschäftliche Folgen nichtiger Willenserklärungen, 1966, S. 102 ff.; *Oellers*, AcP 169 (1969), 67.
29 Aus dem älteren Schrifttum *Peter*, AcP 132 (1930), 1; *Hubernagel*, AcP 137 (1933), 205; *Enneccerus/ Nipperdey*, § 203 III 7.

wird dies kategorisch abgelehnt,[30] allenfalls für begrifflich unscharf gehalten.[31] Daher kann es nunmehr grundsätzlich bei dem Hinweis bewenden, dass ein nichtiges Rechtsgeschäft nach der Lehre von den Doppelwirkungen im Recht angefochten werden kann. Das ist zwar streng genommen kein Argument, kann aber gerade in unproblematischen Zweipersonenbeziehungen ausreichen, weil eine weitergehende Erörterung störend und kleinteilig wirken kann. Geht es jedoch um gerade jene Konstellation, in der sich das Problem in aller Schärfe stellt, mithin um den allfälligen **Drittschutz**, so sollte man die konstruktiven Lösungsmöglichkeiten zumindest kurz aufzeigen und sodann die wertungsmäßige Folgerichtigkeit des gefundenen Ergebnisses erklären. Das hat zudem den Vorteil, dass die – oft übersehene – Vorschrift des § 142 Abs. 2 BGB nicht nur erkannt und angewendet wird, sondern das systematisch anspruchsvolle Zusammenspiel zwischen Allgemeinem Teil und Gutglaubenserwerb nach außen sichtbar gemacht wird.

Allerdings ist zu berücksichtigen, dass der Ersteller des Falles in den seltensten **14** Fällen nur wegen der Lehre von den Doppelwirkungen mehrere Nichtigkeitsgründe hintereinander geschaltet hat. Dies bildet dann zwar eine konstruktive Hürde, ist aber zumeist nicht der eigentliche Grund. Dieser besteht in aller Regel zum einen eher darin, zusätzlichen Prüfungsstoff zu schaffen, indem ein zusätzlicher Schwerpunkt im Allgemeinen Teil bereitet wird. Zum anderen geschieht dies gerade in Fällen, in denen es auf das Abstraktions- und Trennungsprinzip ankommt, deswegen, weil der Ersteller durch verschiedene Nichtigkeitsgründe sicher gehen möchte, dass ein bestimmtes **Verfügungsgeschäft** in jedem Fall nichtig ist. Das begegnet gerade dann häufig, wenn beim vorangehenden Nichtigkeitsgrund eine Alternativlösung möglich war, nach der das Verfügungsgeschäft wirksam wäre.

In der **mündlichen Prüfung** schließlich kann es mitunter darauf ankommen, **15** die Lehre von den Doppelwirkungen mit ihrem Entdecker zu identifizieren. An dieser Stelle kann der vom Prüfer gestellte Fall gerade dazu einladen, die Lehre im Einzelnen darzustellen und womöglich auch methodologisch einzuordnen.[32] Nicht selten schätzen Prüfer derartige Exkurse, um etwa beim Repetitor erlernten Textbausteinen auf den Grund zu gehen und auf diese Weise zu ermitteln, ob sich hinter ihnen ein weitergehendes dogmatisches und historisches Verständnis offenbart. Dazu ist die Lehre von den Doppelwirkungen im Recht in besonderer Weise angetan.

V. Doppelwirkungen in der jüngeren Rechtsprechung

Die Einsicht *Kipps* hat an Aktualität bis heute nichts eingebüßt, wie ein bemerkens- **16** werter Fall aus der jüngsten Rechtsprechung des BGH[33] zeigt:

Käufer *K* bestellte infolge eines Werbeanrufs des Verkäufers *V* einen Pkw-Innen- **17** spiegel mit einer unter anderem für Deutschland codierten **Radarwarnfunktion** zum Preis von 1.000,– Euro zuzüglich Versandkosten. Auf dem per Fax gesendeten Bestellschein findet sich der Hinweis: „Ich wurde darüber belehrt, dass die Geräte

---

30 *Ernst Wolf*, Allgemeiner Teil des bürgerlichen Rechts, 3. Auflage 1982, S. 474.
31 *Larenz*, Allgemeiner Teil des deutschen Bürgerlichen Rechts, 7. Auflage 1989, § 20 IV b, S. 406 Fn. 135: „Problem der fälschlich sog. Doppelwirkung".
32 Dazu soeben unter III.
33 BGHZ 183, 235 = JZ 2010, 313 m. Anm. *Petersen*; vgl. *Coester-Waltjen*, JuraKartei 6/10.

verboten sind und die Gerichte den Kauf von Radarwarngeräten zudem als sittenwidrig betrachten." Nach Lieferung sandte K das Gerät zurück und begehrt Rückzahlung des Kaufpreises.

18   Nach im Ergebnis zutreffender Ansicht des BGH ist ein Anspruch des K aus §§ 346 Abs. 1, 355, 357 Abs. 1 S. 1, 312 b, 312d BGB auf Rückzahlung des Kaufpreises zu bejahen. Anders als in der oben erörterten Grundkonstellation, in der eine Nichtigkeitsnorm mit der ex tunc wirkenden Anfechtung (§ 142 Abs. 1 BGB) aufeinander trifft, geht es hier um die Frage, ob der wegen **beiderseitiger Sittenwidrigkeit** bereits nichtige Fernabsatzvertrag noch mit ex nunc Wirkung widerrufen werden kann. Ein struktureller Unterschied ergibt sich in beiden Konstellationen nicht: Wiederum ist es allenfalls begrifflich generell ausgeschlossen, dass ein nichtiges Rechtsgeschäft noch widerrufen werden kann. In der Sache geht es vielmehr darum, ob die einander gewährten Leistungen infolge des Widerrufs nach dem **Rückabwicklungsregime** der §§ 355, 357, 346 BGB, oder wegen der Nichtigkeit nach dem der §§ 812 ff. BGB rückabzuwickeln sind.[34] Für ein mögliches Vorrangverhältnis des Bereicherungsrechts wird teilweise mit dem Schutzzweck der zu Grunde liegenden Nichtigkeitsvorschrift argumentiert. Diese sei daraufhin zu untersuchen, ob sie auf einer vergleichbaren Fehlerquelle wie das jeweilige **Widerrufsrecht** beruht.[35] Nur wenn dies der Fall sei, stünden die Rückabwicklungsregime nicht im Widerspruch zueinander, sodass ein Widerruf unbedenklich sei. Andernfalls gebühre den bereicherungsrechtlichen Wertungen der Vorrang.

19   Entscheidendere Bedeutung kommt jedoch den §§ 814, 817 S. 2 BGB zu. Diese sind auf Kondiktionsansprüche beschränkt und gelten richtigerweise nicht für die Rückabwicklung nach den §§ 346 ff. BGB – wobei auf die im Schrifttum noch nicht abschließend geklärten Fragen hingewiesen sein soll, ob **rücktrittsrechtliche Wertungen** auf die bereicherungsrechtliche Rückabwicklung übertragen werden können,[36] und ob umgekehrt bereicherungsrechtliche Wertungen auf das Rücktrittsfolgenrecht Auswirkungen haben.[37] K hatte jedenfalls auf Grund des Bestellformulars Kenntnis von der Nichtschuld i.S.d. § 814 BGB bzw. von der Sittenwidrigkeit i.S.d. § 817 S. 2 BGB, sodass eine Rückforderung nach Bereicherungsrecht ausgeschlossen ist. Zu bedenken ist nun, dass die genannten Vorschriften als besondere Ausprägung des in § 242 BGB verankerten Verbots widersprüchlichen Verhaltens (**venire contra factum proprium**) zu verstehen sind. Im Rahmen des § 355 Abs. 1 S. 1 BGB erlauben die verbraucherschützendem Widerrufsrechte (hier: §§ 312b, 312d BGB) jedoch, sich einseitig und ohne weitergehenden Grund sogar vom wirksamen Vertrag zu lösen. Dies lässt sich in die Dogmatik des BGB als ein „erlaubtes widersprüchliches Verhalten" einbetten, sodass die strengen Anforderungen der §§ 814, 817 S. 2 BGB gegenüber den §§ 355, 357,

---

34 So im Ansatz auch *S. Lorenz*, GS Wolf, 2011, S. 77, 80; 85 ff., der im Weiteren freilich auf Grund des ausgetauschten Rückabwicklungsregimes am Grundsatz der Doppelwirkungen als maßgeblichen Lösungsansatz zweifelt; ihm zustimmend *Möller*, NJW 2010, 612; ebenso bereits *C. Schreiber*, AcP 211 (2011), 35, 47.
35 *S. Lorenz*, GS Wolf, 2011, S. 77, 85 ff.
36 *Kohler*, JZ 2002, 685 ff.; *Grunewald*, FS Hadding, 2004, S. 33 ff.; *Bockholdt*, AcP 206 (2006), 769; *Fest*, Der Einfluss rücktrittsrechtlicher Wertungen auf die bereicherungsrechtliche Rückabwicklung nichtiger Verträge, 2006; *Konzen*, FS Canaris, 2007, Band 1, S. 605; *H. Roth*, FS Canaris, 2007, Band 1, S. 1131.
37 Siehe dazu auch *Thier*, FS Heldrich, 2005, S. 439.

346 BGB zurückstehen müssen.[38] Mit dem Widerrufsrecht ist dem Verbraucher mithin ein spezifischer Schutz vor Unbesonnenheit unabhängig von der Sitten- oder Gesetzeswidrigkeit des Geschäfts eingeräumt.[39]

Im konstruktiven Aufbau der Klausur ist noch darauf hinzuweisen, dass der 20 Wortlaut des § 355 Abs. 1 S. 1 BGB von der „Willenserklärung" spricht, an die der Verbraucher nicht mehr gebunden sei. Auf den ersten Blick scheint es daher, als könne man das Ergebnis gerade mit der Formulierung des § 355 Abs. 1 BGB begründen: Es geht eben, so könnte man versucht sein zu argumentieren, um des Verbrauchers „auf den Abschluss des Vertrags *gerichtete* Willenserklärung". Dass dieser aus anderen Gründen nichtig ist, spielte demnach keine Rolle. Doch wäre eine solche Sichtweise wenig mehr als wohlfeile Begriffs- und Konstruktionsjurisprudenz. Denn sie ließe die gegebenenfalls zu berücksichtigende **Wertung des Nichtigkeitsgrundes** unter einem terminologischen Vorwand außer Betracht und wäre somit wertungsmäßig nicht hinreichend fundiert.[40] Den richtigen Weg weist demgegenüber die streng durchgehaltene Unterscheidung zwischen Zustandekommen und Wirksamkeit des Vertrags:[41] Die Widerruflichkeit betrifft ungeachtet der missverständlichen Formulierung des § 355 BGB nicht die einzelne Willenserklärung und damit nicht das Zustandekommen des Vertrags, sondern steht vielmehr unberührt neben der Unwirksamkeit nach §§ 134, 138 BGB.[42] Nach zutreffender systematischer (vgl. § 1366 Abs. 2 S. 1 BGB) und teleologischer Auslegung ist es nämlich der Vertrag selbst, der – hier trotz Nichtigkeit wegen der eben gefundenen Wertungen – widerrufen wird.[43] An dieser Stelle sei daran erinnert, dass vorzugswürdiger Ansicht nach der Vertrag und nicht eine einzelne Willenserklärung angefochten wird.[44]

---

38 Insoweit erweisen sich die Ausführungen des BGH zu § 242 BGB nicht, wie von *Möller*, NJW 2010, 612 vermutet, als bloßer „Rettungsanker".

39 *Coester-Waltjen*, JuraKartei 6/10.

40 Näher *Petersen*, Von der Interessenjurisprudenz zur Wertungsjurisprudenz, 2001, S. 12 ff. und passim.

41 *Leenen*, AcP 188 (1988), S. 381.

42 *Leenen*, FS Canaris, 2007, Band 1, S. 699, 720 f.; der vorstehende Absatz wurde zuerst publiziert im Liber Amicorum Leenen, 2012, S. 219, 222 f.

43 Hierzu näher *Petersen*, JZ 2010, 315, 316; a.A. *C. Schreiber*, AcP 211 (2011), 35, 43 ff.

44 *Leenen*, Jura 1991, 393; *ders.*, Jura 2007, 721, 723, mit Nachweisen zur Gegenansicht.

§ 33 Unmittelbare und mittelbare Stellvertretung

1 Nach § 164 Abs. 1 BGB wirkt eine Willenserklärung, die jemand innerhalb der ihm zustehenden Vertretungsmacht im Namen des Vertretenen abgibt, *unmittelbar* für und gegen den Vertretenen. In Anlehnung an den Gesetzeswortlaut soll daher im Folgenden auch von unmittelbarer bzw. mittelbarer und nicht von „**direkter**" bzw. „**indirekter**" Stellvertretung die Rede sein, wie dies im Schrifttum gleichbedeutend zum Teil unternommen wird. Die unmittelbare Stellvertretung beherrscht, wie § 164 Abs. 1 BGB zeigt, das Bürgerliche Recht, wohingegen die mittelbare Stellvertretung ihre **wichtigsten Anwendungsfälle im Handelsrecht** hat. Das darf jedoch nicht darüber hinwegtäuschen, dass auch im Bürgerlichen Recht Fälle mittelbarer Stellvertretung denkbar sind oder – genauer gesagt – bestimmte Konstellationen im Recht der Schuldverhältnisse zur mittelbaren Stellvertretung führen können. Paradigmatisch ist insoweit der **Auftrag** gemäß § 662 BGB, bei dem der Beauftragte einem Dritten gegenüber im eigenen Namen auftreten kann.[1] Der Beauftragte wird dann als mittelbarer Vertreter selbst Partner des Dritten. Kauft er von ihm eine Sache, so kommt der Kaufvertrag zwischen ihm und dem Dritten zustande und wirkt auch nur zwischen diesen beiden. Liefert der Dritte die Sache, so wird der Beauftragte Eigentümer. Der Beauftragte hat freilich im Innenverhältnis das Erlangte nach § 667 BGB an den Auftraggeber herauszugeben. Er ist aus dem Auftragsverhältnis schuldrechtlich verpflichtet, die Sache dem Auftraggeber zu übereignen. Umgekehrt kann er vom Auftraggeber nach § 670 BGB Aufwendungsersatz, also den Ersatz etwaiger Unkosten, verlangen. Desgleichen hat der Auftraggeber, an den die Sache weiter zu übereignen ist, dem Beauftragten den Kaufpreis zu zahlen.[2]

2 Das Beispiel illustriert zugleich, dass die Unterscheidung zwischen unmittelbarer und mittelbarer Stellvertretung nicht isoliert gelernt werden darf, sondern dass man sich zum richtigen Verständnis immer auch die zwischen den Parteien bestehende **dingliche Rechtslage** vergegenwärtigen muss. Allgemeiner Teil, Schuld- und Sachenrecht treffen also bei der unmittelbaren und mittelbaren Stellvertretung aufeinander und veranschaulichen die eingangs beschworene Gefahr von Grundlagenfehlern. In komplexeren Fällen mittelbarer Stellvertretung erhöht sich die Schwierigkeit noch durch handelsrechtliche Formen mittelbarer Stellvertretung, die daher im zweiten Abschnitt mit behandelt werden. Zuvor sind jedoch die Grundlinien der unmittelbaren Stellvertretung darzustellen.[3]

I. Unmittelbare Stellvertretung

3 Ausgangspunkt der Behandlung der unmittelbaren Stellvertretung ist der bereits eingangs angesprochene § 164 Abs. 1 BGB, da das Bürgerliche Recht vorbehaltlich der soeben behandelten Ausnahme des Auftrags vom Grundsatz der unmittelbaren

---

1 Instruktiv dazu *Coester-Waltjen*, Jura 2001, 567.
2 Vgl. *Medicus*, Rn. 883.
3 Neben der Unmittelbarkeit der Stellvertretung stellt die Offenkundigkeit ein maßgebliches Prinzip des Bürgerlichen Rechts dar; instruktiv zu ihr *Schreiber*, Jura 1998, 606; zum Verhältnis von Offenkundigkeitsgrundsatz zur (un-)mittelbaren Stellvertretung *K. Schmidt*, JuS 1987, 425; siehe dazu auch noch unten II. 1. a.E.

Stellvertretung beherrscht wird. Dabei muss freilich sogleich einschränkend gesagt werden, dass der Auftrag nicht zwangsläufig zur mittelbaren Stellvertretung führt. Oft liegt nämlich auch der Vollmachtserteilung ein Auftragsverhältnis zugrunde. Ist der Vollmachtgeber dann zugleich Auftraggeber, so wirkt der vom Bevollmächtigten geschlossene Vertrag zwischen Auftraggeber, der zugleich Vollmachtsgeber ist, und Drittem. Soweit es um den **Primäranspruch** des Dritten gegen den Vollmachtgeber geht, braucht das zwischen ihm und dem Bevollmächtigten bestehende Auftragsverhältnis nicht erwähnt zu werden. Hat der Dritte dagegen die Sache schon an den Bevollmächtigten geliefert, so kommt es auf das Innenverhältnis zwischen Vollmachtgeber (=Auftraggeber) und Bevollmächtigtem an. Dieser schuldet jenem dann die Verschaffung des unmittelbaren Besitzes aus § 667 BGB und kann im Gegenzug nach § 670 BGB Ersatz seiner Auslagen vom Auftrag- und Vollmachtgeber verlangen.[4] Diese Variante des obigen Beispiels veranschaulicht, dass die Trennung zwischen **Innen- und Außenverhältnis** – wie überall im Recht der Stellvertretung – von ausschlaggebender Bedeutung ist.[5]

1. Repräsentation des Vertretenen durch den Vertreter

Zur dogmatischen Begründung der Stellvertretung stehen sich vor allem zwei Theo- 4 rien gegenüber, die Geschäftsherrntheorie und die Repräsentationstheorie. Die von *Savigny* begründete und verfochtene **Geschäftsherrntheorie** blendet den Willen des Vertreters aus, indem sie davon ausgeht, dass allein der Vertretene das Vertretergeschäft im Rechtssinne wolle.[6] Demgegenüber besagt die von seinem Schüler *Brinz*[7] begründete und namentlich von *Windscheid*[8] vertretene **Repräsentationstheorie**,[9] dass niemand anderes als der Vertreter den rechtsgeschäftlichen Willen bildet und nur er die Rechtsfolgen der namens des Vertretenen abgegebenen Willenserklärung auf diesen überleitet, so dass der Vertreter den Vertretenen repräsentiert.[10]

Eine dritte Ansicht schließlich, die sich unter dem Begriff „**Vermittlungstheo- 5 rie**" Anhänger verschafft hat,[11] geht davon aus, dass weder der Vertreter allein noch der Vertretene handelt, sondern dass sie „beide juristisch wahrhaft handeln und beide Erzeuger des Rechtsgeschäfts sind."[12] Diese Ansicht erweist sich jedoch als nicht hinreichend leistungsfähig,[13] weil sie die gesetzliche Vertretung nicht dogmatisch

---

4 *Medicus*, Rn. 884.

5 Skeptisch *Schwark*, JuS 1980, 777.

6 *Von Savigny*, Das Obligationenrecht als Theil des heutigen Römischen Rechts, 1853, Band II, § 57, S. 59.

7 In: Lehrbuch der Pandekten, Band 4, 2. Auflage 1892, §§ 577, 581 (S. 333, 360 ff.); der Begriff Repräsentationstheorie wurde jedoch erst in der Folge verwendet.

8 *Windscheid*, Lehrbuch des Pandektenrechts, Band 1, 5. Auflage 1879, § 73, S. 193.

9 Zu ihr – auch in rechtsvergleichender Hinsicht – *Müller-Freienfels*, Die Vertretung beim Rechtsgeschäft, 1955, S. 12 ff., 33 ff., 401 ff.

10 *Rosenberg*, Stellvertretung im Prozeß, 1905, S. 112 f.

11 Etwa *Dernburg*, Pandekten, Band 1, 3. Auflage 1892, § 117; in diese Richtung auch die Motive; vgl. *Mugdan*, Band 1, S. 477.

12 *Mitteis*, Die Lehre von der Stellvertretung nach römischen Recht mit Berücksichtigung des österreichischen Rechts, 1885, S. 110.

13 Es hat sich daher nicht als richtig erwiesen, was *Crome*, System des BGB – Allgemeiner Teil, 1900, § 103 Anm. 21, über sie gesagt hat: „Ihr gehört die Zukunft."

begründen kann.[14] Beim Verein etwa stößt sie an ihre Grenzen, weil dieser als juristische Person (vgl. § 21 BGB) selbst nicht handlungsfähig ist, sondern nur durch seine Organe handeln kann. Darüber hinaus lässt die Vermittlungstheorie außer Betracht, dass die Handlung eines falsus procurator ungeachtet ihrer möglichen Unwirksamkeit einen rechtsgeschäftlichen Tatbestand darstellt.[15]

6   Aber auch die Geschäftsherrntheorie hat sich nicht durchgesetzt. Sie scheint zwar dem Grundsatz der **Privatautonomie** am genauesten zu entsprechen, weil sie konsequent auf den Willen des Vertretenen als des letztlich Verpflichteten abstellt. Sie widerspricht jedoch den Tatsachen, weil sich nicht leugnen lässt, dass allein der Vertreter tätig wird.[16] Herrschend ist heute allein die Repräsentationstheorie, die daher auch im Folgenden zugrunde gelegt werden soll.[17]

2. Konsequenzen für die Fallbearbeitung

7   Auf den ersten Blick scheint es bei den vorgestellten Theorien lediglich um referiertes Gedankengut des 19. Jahrhunderts zu gehen, das allenfalls von rechtsgeschichtlichem Interesse, jedoch ohne jede Relevanz für die Fallbearbeitung ist. Indes ist das richtige Verständnis der Grundlagen hier, wie überall, Voraussetzung für die korrekte Terminologie, auf die in der Fallbearbeitung besonderer Wert gelegt wird.

a) Folgerungen aus der Repräsentation

8   So lässt sich aus der Repräsentationstheorie erklären, dass der Vertreter die Willenserklärung abgibt und mithin den Vertrag schließt (vgl. auch den Wortlaut des § 179 Abs. 1 BGB). Die Wirkungen des Vertrags sollen indes den Vertretenen treffen, sodass der Vertrag zwischen Vertretenem und Drittem zustande kommt,[18] und schließlich zwischen Vertretenem und Drittem wirkt, wie § 164 Abs. 1 BGB unmissverständlich sagt. Entsprechend der herkömmlichen Trennung zwischen Tatbestand und Wirksamkeit betreffen Abschluss und Zustandekommen des Vertrags die **Tatbestandsebene**,[19] während das Bestehen oder Nichtbestehen von Vertretungsmacht im konkreten Fall eine Frage der Wirksamkeit des Vertrags ist, weil sich danach bemisst, ob die Rechtswirkungen zugunsten und zu Lasten des Vertretenen eintreten.[20] Zustande kommt der Vertrag zwischen Vertretenem und Drittem, wenn ein Vertreter eine eigene Willenser-

---

14 *Beuthien*, FS Medicus, 1999, S. 1, 3 Fußnote 4.

15 Zutreffend *Bork*, Rn. 1296.

16 *Flume*, § 42 3, S. 753, der selbst im Übrigen die Trennung des rechtsgeschäftlichen Handelns und der Regelung des Rechtsgeschäfts als Ergebnis dessen für den maßgeblichen Begründungsaspekt hält.

17 Nur *Beuthien* bekennt sich, soweit ersichtlich, in neuerer Zeit (FS Medicus, 1999, S. 1 ff.) noch zur Geschäftsherrntheorie. Für ihn ist der Stellvertreter Erklärungsmittler des Vertretenen mit der Folge, dass „jede Stellvertretung die Vertretung des Geschäftsherrn im Willen einschließt" (*Beuthien*, aaO., S. 23).

18 *Leenen*, § 4 Rn. 87; § 9 Rn. 66.

19 Vgl. *Flume*, § 43 3: „Das Rechtsgeschäft als abgeschlossener Tatbestand ist (...) eine Regelung des Vertretenen und nicht des Vertreters."

20 Instruktiv *Häublein*, Jura 2007, 728.

klärung abgibt (und nicht lediglich eine fremde überbringt: dann Botenschaft[21]) und wenn er dies entsprechend dem Offenkundigkeitsgrundsatz im Namen des Vertretenen tut.[22]

b) Der Blick auf die dingliche Ebene

Nicht unmittelbar mit den Folgen der Repräsentation, wohl aber mit der eingangs[23] **9** in Erinnerung gerufenen Trennung von Verpflichtung und Verfügung, hängt ein Gesichtspunkt zusammen, der hier gleichwohl Beachtung verdient. Verpflichtet nämlich der Vertreter den Vertretenen wirksam und erfüllt der Dritte sogleich durch Übereignung an den Vertreter, so kann der Vertreter auch die nach § 929 S. 2 BGB erforderliche Einigung im Namen des Vertretenen erklären, die mithin unmittelbar für und gegen diesen wirkt. Dagegen ist eine Stellvertretung bei der nach § 929 S. 1 BGB gleichfalls erforderlichen Übergabe nicht möglich, da diese einen Realakt darstellt. Hier ist jedoch an die Möglichkeit des § 855 BGB zu denken, so dass der Vertreter die Sache als Besitzdiener entgegennehmen kann. Besitzer ist dann nur der Vertretene. Eine andere Möglichkeit besteht darin, dass zwischen den Beteiligten ein **Besitzmittlungsverhältnis** i.S.d. § 868 BGB vereinbart wird, vermöge dessen der Vertreter dem Vertretenen den Besitz vermittelt. Ein solches Besitzmittlungsverhältnis kann sich etwa aus einem zwischen Vertreter und Vertretenem bestehenden Geschäftsbesorgungsvertrag gemäß § 675 BGB ergeben.[24] Schließlich ist an die Möglichkeit des § 854 Abs. 2 BGB zu erinnern, die ausnahmsweise die Stellvertretung beim Besitzerwerb ermöglicht, weil die Einigung im Sinne dieser Vorschrift ein Rechtsgeschäft ist und es hier folglich nicht um einen Realakt handelt.[25]

3. Die mehrstufige Vertretung

Die besondere Brisanz der Repräsentation des Vertretenen durch den Vertreter zeigt **10** sich bei der mehrstufigen Vertretung. Paradigmatisch ist die Erteilung der **Untervollmacht** durch einen Hauptvertreter. Hier stellt sich die Frage, wen der Untervertreter vertritt: den Hauptvertreter oder den Vertretenen selbst.[26]

Der Bundesgerichtshof geht davon aus, dass der Hauptvertreter einen Untervertreter „in zweifacher Form" bevollmächtigen kann.[27] Einmal kann er den Unterbevollmächtigten zu seinem eigenen Vertreter, also zum „Vertreter des Vertreters"[28] machen.[29] Zweitens sei es möglich, dass der Untervertreter unmittelbar für den Vertretenen selbst handeln solle. Die rechtlichen Wirkungen der Handlung des Unterbevollmäch-

---

21 Zur Abgrenzung *Giesen/Hegermann*, Jura 1991, 357, 360.

22 *Leenen*, AcP 188 (1988), 381, 382; *ders.*, § 4 Rn. 68; zum Offenkundigkeitsprinzip sogleich unter § 35.

23 Vor I.

24 *Leipold*, § 22 Rn. 5.

25 *Flume*, § 43 I 1.

26 Eingehend zur Untervollmacht unten § 39.

27 BGHZ 32, 250, 253 (dazu *Mertens*, JuS 1961, 315); BGHZ 68, 391, 394; vgl. auch schon RGZ 108, 405, 407.

28 Kritisch insoweit *Siebenhaar*, AcP 162 (1963), 354.

29 BGHZ 32, 250, 253.

tigten gingen in diesem Fall „gleichsam durch den Hauptbevollmächtigten hindurch und träfen sodann den Geschäftsherrn."[30] Man kann insofern von einer **mittelbaren** und **unmittelbaren Untervollmacht** sprechen.[31] Dabei soll die mittelbare Untervollmacht, die der Vertreter dem Unterbevollmächtigten erteilt, auch dann wirksam bleiben, wenn der Hauptvertreter keine vom Vertretenen abgeleitete Vertretungsmacht besitzt.[32]

12   Diese Unterscheidung, die der von der Rechtsprechung kreierten „**Durchgangstheorie**"[33] zugrunde liegt, stößt im Schrifttum seit jeher auf Kritik.[34] Sie widerspreche elementaren stellvertretungsrechtlichen Grundsätzen, da allein der Vertretene Zurechnungssubjekt sei.[35] Mit Recht bezeichnet *Flume* die Annahme, dass die Rechtswirkungen durch den Hauptvertreter hindurch gingen, als „Mystizismus".[36] Hier zeigt sich besonders deutlich, dass auch der Untervertreter nur den Vertretenen repräsentiert und jede andere Konstruktion mit elementaren Grundlehren des Vertretungsrechts bricht.

4. Die Verpflichtungsermächtigung

13   Im Zusammenhang mit der Unterscheidung von unmittelbarer und mittelbarer Stellvertretung wird immer wieder der schillernde Begriff der **Verpflichtungsermächtigung** ins Feld geführt. Darunter versteht man die Befugnis, einen anderen durch ein Handeln im eigenen Namen – also gerade nicht in fremdem Namen, wie es § 164 Abs. 1 BGB vorsieht – zu verpflichten. Eine solche Ermächtigung ist dem geltenden Recht fremd.[37] Zum einen besteht dafür kein anerkennenswertes Bedürfnis, weil der Geschäftsherr ebenso gut einem Vertreter Vollmacht erteilen kann. Zum anderen zeigt die vorliegende Problematik gerade, dass die Unterscheidung zwischen unmittelbarer und mittelbarer Stellvertretung, die ein tragendes Prinzip des deutschen Vertretungsrechts darstellt, unterlaufen würde.[38]

II. Mittelbare Stellvertretung

14   Bei der mittelbaren Stellvertretung werden im Gegensatz zur behandelten unmittelbaren Vertretung keine Rechtsfolgen zwischen Geschäftsherrn (wenn man ihn über-

---

30 BGHZ 68, 391, 394.
31 So *Gernhuber*, JZ 1960, 605; vgl. bereits *Fülster*, Die rechtliche Natur der Untervollmacht, 1928, S. 64.
32 Ablehnend *Mertens*, JuS 1961, 315, 316: „Die Annahme einer mittelbaren Unterbevollmächtigung hat keine juristische Daseinsberechtigung".
33 Vgl. *Medicus*, Rn. 951.
34 So bereits *von Tuhr*, Der Allgemeine Teil des Deutschen Bürgerlichen Rechts, Band II/2, 1918, S. 411 Fn. 231; Harder, AcP 170 (1970), 295.
35 *Gerlach*, Die Untervollmacht, 1967, S. 196.
36 In: Allgemeiner Teil, Band 2, § 49 5, S. 837.
37 *Medicus/Petersen* BR, Rn. 29.
38 *Giesen/Hegermann*, Jura 1991, 357, 362.

haupt so nennen will[39]) und Drittem begründet.[40] Die mittelbare Stellvertretung ist, wie bereits eingangs erwähnt, typisch für das **Handelsrecht**.[41] Neben weniger wichtigen Instituten für die Fallbearbeitung ist die Kommission die bedeutsamste und durchaus prüfungsrelevante Ausprägung der mittelbaren Stellvertretung, die daher hier allein behandelt werden soll.

1. Die Kommission als Musterbeispiel mittelbarer Stellvertretung

Die Kommission gilt als „Musterbeispiel mittelbarer Stellvertretung"[42] und sei daher 15
als erstes behandelt. Kommissionär ist nach dem Gesetz, wer es gewerbsmäßig übernimmt, Waren oder Wertpapiere eines anderen, nämlich des sogenannten **Kommittenten**, im eigenen Namen zu verkaufen, § 383 Abs. 1 HGB. Sieht man von der Veräußerung von Wertpapieren als zwar praktisch äußerst wichtigen,[43] in der Fallbearbeitung aber eher nachrangigen Anwendungsfall ab, so begegnet die Kommission dort etwa im Kunst- und Antiquitätenhandel sowie im Gebrauchtwarenhandel.

2. Rechtsbeziehungen bei der Kommission

Der Kommissionär wird im eigenen Namen für fremde Rechnung tätig, selbst wenn 16
er im Einzelfall durchblicken lässt, dass er nicht auf eigene Rechnung tätig wird. Das bedeutet, dass er selbst zwar berechtigt und verpflichtet wird, die Folgen seines rechtsgeschäftlichen Handelns jedoch den Kommittenten treffen sollen, der sein Auftraggeber ist. Zum besseren Verständnis der verschiedenen Rechtsbeziehungen unterscheidet man zwischen dem Kommissionsgeschäft, dem Ausführungsgeschäft und dem Abwicklungsgeschäft. Das **Kommissionsgeschäft** besteht zwischen dem Kommissionär und dem Kommittenten und stellt einen Geschäftsbesorgungsvertrag (§ 675 Abs. 1 BGB) dar, das **Ausführungsgeschäft** besteht zwischen dem Kommissionär und dem Dritten und das **Abwicklungsgeschäft** transferiert das Geschäftsergebnis aus dem Ausführungsgeschäft vom Kommissionär auf den Kommittenten.[44]

Man muss sich vor allem hinsichtlich des Ausführungsgeschäfts die Zuständig- 17
keitsordnung zwischen Kommissionär und Kommittent vergegenwärtigen. Da der **Kommissionär** im eigenen Namen handelt, wird auch nur er Gläubiger und Schuldner des Dritten. Indem er andererseits für fremde Rechnung tätig wird, kann es zu Problemen kommen, die auch in der Fallbearbeitung nicht selten zu lösen sind. Daher empfiehlt sich es wie oben bei der unmittelbaren Stellvertretung, zunächst die dingliche Rechtslage zu betrachten. Als Partei des **Ausführungsgeschäfts** erlangt der Kommissionär, an den der Dritte eine Sache veräußert, das Eigentum an dieser Sache. Das gilt sogar dann, wenn der Kommissionär den Dritten angewiesen hat, das Kom-

---

39 *Leipold*, § 22 Rn. 7, setzt den Vertretenen in Anführungsstriche.
40 RGZ 58, 273.
41 Zu den Prinzipien der mittelbaren Stellvertretung *G. Hager*, AcP 180 (1980), 239.
42 *Canaris* HR, § 30 Rn. 6.
43 Man denke an die Effektenkommission; zu ihr *Canaris*, Bankvertragsrecht, 2. Auflage 1981, Rn. 1810 ff.
44 *Canaris* HR, § 30 Rn. 4.

missionsgut nicht an ihn selbst, sondern sogleich an den Kommittenten zu senden („Geheißerwerb").[45] In dieser Anweisung liegt nämlich keine dingliche Einigung zwischen dem Drittem und dem Kommittenten.[46] Soll der Kommittent das Eigentum erlangen, so geht das grundsätzlich nicht ohne eine Weiterübereignung durch den Kommissionär an ihn nach §§ 929 ff. BGB. Der Kommissionär kann das Kommissionsgut also entweder nach § 929 S. 1 BGB durch Einigung und Übergabe an den Kommittenten weiterübereignen oder die gekaufte Sache nach § 930 BGB übereignen. In diesem Fall bedarf es freilich eines **Besitzkonstituts**. Das können die Beteiligten schon beim Abschluss des Kommissionsvertrags vorwegnehmen (antizipiertes Besitzkonstitut). Möglich ist aber auch, dass der Kommissionär allein die erforderliche Einigung und den Abschluss des Besitzkonstituts vornimmt. Dem scheint zwar § 181 BGB entgegenzustehen, weil der Kommissionär auf beiden Seiten steht. Jedoch ist das Insichgeschäft gestattet, weil und sofern es in Erfüllung einer Verbindlichkeit besteht. Eine solche Verbindlichkeit begründet § 384 Abs. 2 HGB, wonach der Kommissionär dem Kommittenten u.a. dasjenige herauszugeben hat, was er aus der Geschäftsbesorgung erlangt hat. Diese Verbindlichkeit kann und muss der Kommissionär erfüllen; tut er das, so steht § 181 BGB nicht entgegen.[47] Allerdings muss der mittelbare Stellvertreter dies nach außen kenntlich machen. Er muss also seine Vollmacht und seinen Vertretungswillen nach außen manifestieren. Das kann er etwa durch die Kennzeichnung der übereigneten Ware oder eine entsprechende **Ausführungsanzeige** machen.[48]

18 Die praktische – und wiederum auch für die Fallbearbeitung relevante – Konsequenz dieses Auseinanderfallens von wirtschaftlicher Zuordnung und dinglicher Rechtslage erweist sich, wie so oft, im **Insolvenzfall**. Wird nämlich der Kommissionär zahlungsunfähig und das Insolvenzverfahren über sein Vermögen eröffnet, so ist der Erwerb des Kommissionsguts für den Kommittenten äußerst gefährdet. Denn wenn sich die dingliche Einigung zwischen Kommissionär und Drittem vollzieht, so erwirbt der Kommittent kein dingliches Recht, vermöge dessen er die Aussonderung nach § 47 S. 1 InsO beanspruchen kann. Selbst das soeben behandelte antizipierte Besitzkonstitut hilft ihm nicht, weil es auch dabei zumindest für eine „juristische Sekunde" zu einem **Durchgangserwerb** des Kommissionärs kommt. Das aber kann genügen, um die Sache dem Zugriff anderer Gläubiger zu überantworten.[49]

19 Im Schrifttum ist diskutiert worden, ob man dem Kommittenten in diesen Fall mit der Figur des „Geschäfts für den, den es angeht" helfen kann. Die Grenzen dieses Instituts zieht jedoch sein anerkannter Anwendungsbereich, nämlich die Bargeschäfte des täglichen Lebens. Nur hier ist eine Ausnahme vom Offenkundigkeitsprinzip begründet, weil es dem Bäcker etwa gleichgültig sein kann, wer sein Vertragspartner ist und an wen er übereignet, wenn der Geld- und Warenaustausch sogleich stattfindet. Das kann jedoch bei der Kommission mitnichten ohne weiteres angenommen

---

45 BGH NJW 1973, 141; 1982, 2371, 2372.
46 *Canaris* HR, § 30 Rn. 66.
47 *Canaris* HR, § 30 Rn. 67.
48 RGZ 140, 223, 229; entgegen dieser Entscheidung bedarf es jedoch einer solchen Anzeige bei der antizipierten Übereignung nicht (*Serick*, Eigentumsvorbehalt und Sicherungsübereignung, Band 2, 1965, § 20 II 2 b), wohl aber eines irgendwie gearteten Anhaltspunktes, der nach außen kenntlich macht, dass die Parteien ein antizipiertes Besitzkonstitut wollten; vgl. *Canaris* HR, § 30 Rn. 67.
49 *Canaris* HR, § 30 Rn. 68.

werden.[50] Der allfällige **Sukzessionsschutz**, um den es hierbei geht, kann also nicht über das Geschäft, für den, den es angeht, gewährleistet werden.[51] Zugleich zeigt dies auf neue, dass die stellvertretenden Grundprinzipien, als deren vornehmlichste das Offenkundigkeitsprinzip und die Unterscheidung zwischen unmittelbarer und mittelbarer Stellvertretung fungieren, bei der praktischen Falllösung durchaus konkret zur Geltung kommen.

---

50 Näher *Canaris*, FS Flume, Band 1, 1978, S. 371, 418 f., 424 f.
51 Zum Sukzessionsschutz *Petersen*, Jura 2012, 279.

§ 34 Stellvertretung und Botenschaft

I. Bote und Vertreter

1 Nach § 164 Abs. 1 S. 1 BGB wirkt eine Willenserklärung, die jemand innerhalb der ihm zustehenden Vertretungsmacht im Namen des Vertretenen abgibt, unmittelbar für und gegen den Vertretenen.[1] Dieser „Jemand" ist der Vertreter, auch wenn er in § 164 Abs. 1 BGB nicht als solcher bezeichnet und nur in § 164 Abs. 3 BGB bei der **Empfangsvertretung** („dessen Vertreter") erwähnt wird.

1. Prüfungsreihenfolge und die Bedeutung des § 165 BGB

2 Der Wortlaut des § 164 Abs. 1 S. 1 BGB („eine Willenserklärung") scheint dafür zu sprechen, die Abgrenzung zwischen Boten und Stellvertreter im Rahmen dieser Vorschrift zu erörtern. Von der Rechtsfolge her betrachtet, stellt sich die Frage der Abgrenzung zwischen Boten und Stellvertreter jedoch bereits vorher,[2] sofern der Sachverhalt überhaupt Hinweise darauf enthält, dass dies zweifelhaft sein könnte. Denn wenn sich ergibt, dass der Handelnde nur Bote war, hat lediglich der Geschäftsherr eine eigene Willenserklärung abgegeben, so dass die Voraussetzungen der Stellvertretung gar nicht mehr vorliegen können und der angesprochene § 164 Abs. 1 S. 1 BGB gleichsam in der Luft hängt. Ergibt jedoch die Auslegung nach dem **Empfängerhorizont** ersichtlich, dass ein Vertreter und kein Bote gehandelt hat, dann ist es – wie zumeist – unschädlich, wenn dies gleich im Tatbestand des § 164 Abs. 1 S. 1 BGB geprüft wird.

3 Systematisch lässt sich der Unterschied zwischen Boten und Stellvertreter am Beispiel des § 165 BGB erklären,[3] wonach die Wirksamkeit einer von oder gegenüber einem Vertreter abgegebene Willenserklärung nicht dadurch beeinträchtigt wird, dass der Vertreter in der Geschäftsfähigkeit beschränkt ist.[4] Wer nicht einmal beschränkt geschäftsfähig ist, soll gar keinen rechtlich anzuerkennenden Willen bilden können.[5] Für den Boten bedarf es einer derartigen Beschränkung von vornherein nicht, weil er nur eine fremde Willenserklärung übermittelt, so dass § 165 BGB für ihn weder direkt noch analog gilt:[6] „Und ist das Kindlein noch so klein, so kann es doch schon Bote sein."[7]

---

1 Hierzu *Schwerdtner*, Jura 1979, 51; 107; *Giesen/Hegermann*, Jura 1991, 357.
2 *Faust*, § 24 Rn. 4.
3 Grundsätzliche Bedenken dagegen bei *Canaris*, JZ 1988, 494.
4 Instruktiv *Chiusi*, Jura 2005, 532.
5 *Ostheim*, AcP 169 (1969), 193.
6 *Medicus*, Rn. 886. Ausnahmsweise kommt eine teleologische Reduktion bei der Überlassung geringfügiger Mittel an den Geschäftsunfähigen in Betracht; dazu *Medicus*, Rn. 887.
7 *Köhler*, § 11 Rn. 16.

2. Abgrenzung

Man kann § 164 Abs. 1 S. 1 BGB sinngemäß dahingehend ergänzen, dass die Abgabe **4**
einer *eigenen* Willenserklärung des Vertreters erforderlich ist. Damit ist zugleich der
Unterschied zur **Botenschaft** beschrieben, bei der eine *fremde* Willenserklärung übermittelt wird.[8] Die Abgrenzung zwischen Boten und Stellvertreter erfolgt wegen des
stellvertretungsrechtlichen Offenkundigkeitsprinzips danach, wie der Betreffende aus
Sicht des Geschäftspartners im **Außenverhältnis** erkennbar auftritt.[9] Hierfür können
ebenso wie bei der Auslegung alle Umstände herangezogen werden, insbesondere die
individuelle Befähigung oder die soziale Abhängigkeit des Auftretenden im Verhältnis
zum Geschäftsherrn.[10] Ob die Mittelsperson erkennbar einen eigenen Entscheidungsspielraum hat, ist ein wesentliches Indiz für die Stellvertretung.[11] Allerdings zeigt die
in § 166 Abs. 2 BGB vorausgesetzte Möglichkeit der Weisungsgebundenheit des Vertreters, dass die Stellvertretung einen solchen Entscheidungsspielraum nicht zwingend
voraussetzt (sog. „Vertreter mit beschränkter Marschroute").[12]

a) Eigenmächtiger Rollentausch

Mitunter benimmt sich der Bote wie ein Stellvertreter. Das ist unproblematisch, wenn **5**
er wenigstens der Sache nach das erklärt, was er erklären sollte; dann wirkt die Erklärung für und gegen den Auftraggeber. Handelt er dagegen auch in der Sache eigenmächtig, so gelten die §§ 177 ff. BGB, weil der andere Teil ihn für einen Vertreter ohne
Vertretungsmacht halten konnte.[13] Im umgekehrten Fall, also wenn der Vertreter wie
ein Bote auftritt, ist dies unschädlich, sofern die Erklärung des vermeintlichen Boten
innerhalb der ihm eingeräumten Vertretungsmacht liegt. Andernfalls gelten jedoch
nicht die §§ 177 ff. BGB,[14] weil aus Sicht des Geschäftspartners eben kein Vertreter
ohne Vertretungsmacht, sondern eine **Bote ohne Botenmacht** handelte. Für diesen
gelten andere Regeln, von denen unten noch die Rede sein wird.

b) Formbedürftige Rechtsgeschäfte

Entscheidungserheblich ist die Abgrenzung zwischen Stellvertreter und Boten vor **6**
allem bei formbedürftigen Rechtsgeschäften. Denn im Falle der Botenschaft muss die
Erklärung des Geschäftsherrn formgerecht abgegeben worden sein, während bei der
Vertretung die Willenserklärung des Vertreters der gesetzlichen Form entsprechen
muss.[15] So ist bei der **Auflassung**, also der zur Übertragung des Eigentums an einem
Grundstück nach § 873 BGB erforderlichen Einigung des Veräußerers und des Erwer-

---

8 *Medicus/Petersen* GW, Rn. 59.
9 Statt vieler BGHZ 12, 327, 334; *Faust*, Rn. 3; anders vor allem *G. Hueck*, AcP 152 (1952), 432 ff. –
Abgrenzung nach der Absprache zwischen Geschäftsherrn und Mittelsperson (Innenverhältnis).
10 *Brox/Walker*, Rn. 518.
11 *Faust*, Rn. 3.
12 Zum Begriff. *E. Ulmer*, SJZ 1948, 137, 140.
13 *Medicus/Petersen* BR, Rn. 78.
14 *Medicus/Petersen* BR, Rn. 79.
15 Instruktiv *Köhler*, § 11 Rn. 17.

bers, Vertretung möglich.[16] Zwar verlangt § 925 Abs. 1 S. 1 BGB die „gleichzeitige Anwesenheit beider Teile" vor der zuständigen Stelle. Im Vergleich mit dem Wortlaut von § 1311 S. 1 BGB („persönlich *und* bei gleichzeitiger Anwesenheit") folgt daraus jedoch nicht, dass die Auflassung ein höchstpersönliches Rechtsgeschäft ist. **Botenschaft** genügt dagegen nicht, weil es dann am Merkmal der gleichzeitigen Anwesenheit fehlt: der Geschäftsherr ist nicht anwesend, da der Bote nur eine fremde Erklärung übermittelt.[17]

II. Übermittlungsfehler des Boten

7 **Übermittlungsfehler** können zum einen dadurch entstehen, dass verspätet oder gar nicht übermittelt wird, zum anderen durch schlichte Falschübermittlung.

1. Verspätete oder unterlassene Übermittlung

8 Der Extremfall besteht darin, dass der Bote die Übermittlung vergisst oder aus einem anderen Grund unterlässt. Hier ist zwischen Erklärungs- und Empfangsboten zu unterscheiden, weil dies für den Zugang Folgen hat:[18] Versäumt der Empfangsbote die Übermittlung, so geht die Erklärung dem anderen Teil in dem Zeitpunkt zu, in dem mit der Weiterleitung zu rechnen war, und zwar selbst dann, wenn der Geschäftsherr sie nicht zur Kenntnis nimmt bzw. nicht zur Kenntnis nehmen kann. Das Versäumnis liegt in seiner **Risikosphäre**.[19] Dagegen fehlt bei einem Erklärungsboten der Zugang, wenn der Bote die Erklärung nicht übermittelt. Die Willenserklärung wird also nicht wirksam.[20] Das **Übermittlungsrisiko** trägt hier der Erklärende. Übermittelt der Erklärungsbote zwar richtig, aber verspätet, so ist die Willenserklärung wirksam und der Vertrag kommt gegebenenfalls zustande.[21] Bei einer verspäteten Annahmeerklärung gelten aber die §§ 149 f. BGB.

2. Der Bote ohne Botenmacht

9 Nach § 120 BGB kann eine Willenserklärung, die durch die zur Übermittlung verwendete Person oder Einrichtung unrichtig übermittelt worden ist,[22] unter der gleichen Voraussetzung angefochten werden wie nach § 119 BGB eine irrtümlich abgegebene Erklärung.[23] Die Vorschrift gilt nur für den Erklärungsboten und nicht für den Emp-

---

16 Palandt/*Bassenge*, 71. Auflage 2012, § 925 Rn. 5.
17 *Brox/Walker*, Rn. 518.
18 Abgabe und Zugang von Willenserklärungen unter Einschaltung von Hilfspersonen behandelt *Joussen*, Jura 2003, 577; zum Verfälschungsrisiko durch Boten auch *Leenen*, § 6 Rn. 43 ff.
19 *Medicus/Petersen* GW, Rn. 61.
20 Zur Wirksamkeit der Willenserklärung oben § 10.
21 *Medicus/Petersen* GW, Rn. 60.
22 Vgl. dazu auch *Kiehnle*, VersR 2008, 1606, 1609.
23 Zum Irrtum im Bürgerlichen Recht oben § 23.

fangsboten.[24] Uneinheitlich beurteilt wird, ob § 120 BGB den Fall erfasst, dass der Bote die Erklärung wissentlich falsch übermittelt. Obwohl der Wortlaut ohne weiteres dafür spricht, schränkt eine im Schrifttum vertretene Auffassung § 120 BGB dahingehend ein, dass die Rechtsfolge nur dann eintreten soll, wenn der Bote wenigstens seiner Vorstellung nach richtig übermittelt.[25] Konsequenterweise müsste nach dieser Auffassung der Bote ohne Botenmacht bei **absichtlicher Falschübermittlung** entsprechend § 179 Abs. 1 BGB haften.[26] Derjenige, der den Boten beauftragt hat, haftet gegebenenfalls entsprechend § 122 BGB.[27] Auch die Rechtsprechung lässt § 120 BGB in diesem Fall außer Betracht.[28] Die Gegenansicht verweist darauf, dass das Übermittlungsrisiko den Auftraggeber treffe, der somit auch die Gefahr der vorsätzlichen Falschübermittlung geschaffen habe.[29] Der Bundesgerichtshof hält § 120 BGB auch dann für unanwendbar, wenn entweder gar kein Auftrag des Boten vorliegt – keine „zur Übermittlung verwendete Person" – oder ein Auftrag zwar ursprünglich bestand, dann aber noch vor der Übermittlung widerrufen wurde.[30]

---

24 *Medicus/Petersen* BR, Rn. 81.
25 *Flume*, § 23, 3; *Brox/Walker*, Rn. 415; *Leipold*, § 18 Rn. 48.
26 OLG Oldenburg NJW 1978, 951.
27 *Schack*, Rn. 228.
28 BGH BB 1963, 204.
29 *Marburger*, AcP 173 (1973), 137; *Medicus/Petersen* BR, Rn. 80 mit Fn 3; *Bork*, Rn. 1361. Nach *Leenen*, § 14 Rn. 62 f., ist aber der Fall auszunehmen, dass ein Dritter eigenmächtig behauptet, eine fremde Willenserklärung zu überbringen, da eine Veranlassung eines Hintermannes hier gerade ausscheidet.
30 BGH ZEV 2008, 392.

§ 35 Das Offenkundigkeitsprinzip bei der Stellvertretung

I. Grundsatz

1. Gesetzeszweck

1 Eine Willenserklärung, die jemand innerhalb der ihm zustehenden Vertretungsmacht **im Namen des Vertretenen** abgibt, wirkt nach § 164 Abs. 1 S. 1 BGB für und gegen den Vertretenen.[1] Dass die Willenserklärung im Namen des Vertretenen abgegeben wird, ist somit die zentrale Voraussetzung des § 164 Abs. 1 BGB,[2] die in der Fallbearbeitung stets zumindest kurz angesprochen werden sollte. Mit dem Offenkundigkeitsprinzip wird der Dritte geschützt, der Gewissheit über die Person seines Vertragspartners erlangen muss,[3] zumal er nicht selten gerade auf dessen Zahlungsfähigkeit vertraut.[4] Im Bürgerlichen Recht dominiert also nach dem Wortlaut und Gesetzeszweck die offene und unmittelbare Stellvertretung,[5] während im Handelsrecht auch mittelbare Stellvertretung möglich ist.[6]

2. Umstände, insbesondere unternehmensbezogenes Geschäft

2 Es macht keinen Unterschied, ob die Erklärung ausdrücklich („i. V." bzw. „ppa.", d.h. per procura) im Namen des Vertretenen erfolgt oder ob die Umstände ergeben, dass sie in dessen Namen erfolgen soll, § 164 Abs. 1 S. 2 BGB. Das ist im Wege der Auslegung (§§ 133, 157 BGB) zu ermitteln,[7] wobei die beiderseitige Interessenlage in Rechnung zu stellen ist.[8] Unterschreibt jemand etwa neben dem Firmenstempel, so ergeben die Umstände, dass für die Firma gehandelt wurde.[9] Dagegen reicht es nicht aus, nur eine fremde Kontonummer auf einem Scheck anzugeben.[10] Der Vertretene braucht allerdings bei Vornahme des Vertretergeschäfts noch nicht festzustehen. Möglich ist sogar die spätere Benennung des Vertretenen, wenn dieser nur **bestimmbar** ist.[11] Behauptet der Handelnde, in fremdem Namen gehandelt zu haben, so trägt er nach dem Rechtsgedanken des sogleich zu besprechenden § 164 Abs. 2 BGB dafür die Darlegungs- und Beweislast.[12] Die Norm enthält eine gesetzliche Auslegungsregel, wonach im Zweifel ein Eigengeschäft des Handelnden vorliegt.

---

1 Instruktiv zur Offenkundigkeit und Vertretungsmacht im Vertretungsrecht *Schreiber*, Jura 1998, 606. Weiterführend zum Aufbau vertretungsrechtlicher Fälle *Häublein*, Jura 2007, 728.
2 Näher *Einsele*, JZ 1990, 1005.
3 *Brox/Walker*, Rn. 524; *Leenen*, § 4 Rn. 88.
4 *K. Schmidt*, JuS 1987, 425, 426.
5 *Schack*, Rn. 470.
6 Zum Unterschied zwischen unmittelbarer und mittelbarer Vertretung soeben § 33.
7 Dazu oben § 11.
8 *Köhler*, § 11 Rn. 19.
9 BGHZ 64, 11.
10 BGHZ 65, 218; BGH DB 1981, 2069.
11 BGH NJW 1989, 164, 166: „es genügt, dass die nachträgliche Bestimmung dem Vertreter überlassen oder vereinbarungsgemäß aufgrund sonstiger Umstände erfolgen soll."
12 BGH NJW 1986, 1675.

Der klassische Fall des § 164 Abs. 1 S. 2 BGB ist das so genannte **unternehmens-** 3
bezogene Geschäft.[13] Es handelt sich dabei um Geschäfte mit dem Inhaber eines
Gewerbebetriebs. Hier dominiert der Wille, mit ihm abzuschließen, selbst wenn eine
ersichtlich falsche Vorstellung über seine Person oder Identität besteht.[14] Ist die
Unternehmensbezogenheit jedoch zweifelhaft, kommt § 164 Abs. 2 BGB zur Anwendung.[15] Der Handelnde muss dann daneben mit einer Rechtsscheinhaftung rechnen,
wenn er den Eindruck erweckt, selbst Firmeninhaber zu sein.[16] Das kann bei einer
fortwährenden Weglassung des GmbH-Zusatzes anzunehmen sein.[17]

3. Ausschluss der Anfechtung nach § 164 Abs. 2 BGB

Eine wirkungsvolle Sanktion der Missachtung des Offenkundigkeitsprinzips ergibt 4
sich aus § 164 Abs. 2 BGB mit seiner gewundenen, aber nichtsdestoweniger bestimmten Formulierung: „Tritt der Wille, in fremdem Namen zu handeln, nicht erkennbar
hervor, so kommt der Mangel des Willens, im eigenen Namen zu handeln, nicht in
Betracht." Man erfasst den Regelungsgedanken dieser Bestimmung am besten, wenn
man sich vergegenwärtigt, was ohne sie gelten würde.[18] Da der Vertreter die Vertretung nicht offengelegt hat, würden die Wirkungen des abgeschlossenen Geschäfts
ihn selbst treffen. Das folgt freilich schon aus § 164 Abs. 1 S. 1 BGB.[19] Dann könnte
er wegen Inhalts- bzw. Erklärungsirrtums nach § 119 Abs. 1 BGB anfechten, um sich
von den Folgen der ihm zurechenbaren Erklärung nach § 142 Abs. 1 BGB zu lösen. Die
Rechtsfolge des **§ 164 Abs. 2 BGB** („so kommt der Mangel des Willens, im eigenen
Namen zu handeln, nicht in Betracht") **versagt** ihm die **Anfechtungsmöglichkeit**
mit dem Ausweg der vergleichsweise geringen Haftung nach § 122 Abs. 1 BGB.[20] Wer
also nicht **erkennbar** in fremdem Namen handelt, schuldet wegen § 164 Abs. 2 BGB
selbst Erfüllung.

II. Ausnahmen

Von diesem Grundsatz gibt es zwei wichtige Ausnahmen, die in der Fallbearbeitung 5
nicht selten begegnen. Diese beiden Ausnahmen berühren das Sachenrecht und die
Grundzüge des Familienrechts und sind deshalb besonders prüfungsrelevant.

---

13 *Armbrüster*, Nr 523.
14 So bereits RGZ 30, 77; 67, 148; aus der Rechtsprechung des BGH dann etwa BGHZ 66, 216, 219.
15 BGH NJW-RR 1995, 991.
16 BGH BB 1990, 653, 655.
17 BGH NJW 1990, 2678, 2679; 1991, 2627; dazu *Canaris*, NJW 1991, 2628.
18 *Medicus*, Rn. 919.
19 *Medicus/Petersen* BR, Rn. 87.
20 A.A. *Neuner*, AcP 193 (1993), 15.

1. Geschäft für den, den es angeht

6 Eine erste Ausnahme bezeichnet in einer sprachlich unschönen Weise das gleichwohl so genannte „Geschäft für den, den es angeht". Sein Anwendungsbereich ist das schuldrechtliche **Bargeschäft des täglichen Lebens**, bei dem der Vertragspartner nicht an der Person des anderen Teils interessiert ist: Da sofort bezahlt wird, ist der oben besprochene Schutzzweck nicht berührt, weil die Zahlungsfähigkeit des Kunden keine Rolle spielt. Für die schuldrechtliche Verpflichtung kann es dem Kontrahenten gleichgültig sein,[21] wer sein Vertragspartner ist, es sei denn, dass es bei der Geltendmachung von Mängelrechten (§§ 437 ff. BGB) zu Problemen kommt.[22] Praktisch ist dies freilich selten der Fall, weil bei Reklamationen („Umtausch") in der Regel derjenige für berechtigt gehalten wird, der den Kassenzettel mit der Ware vorzeigt.[23]

7 Anders verhält es sich auf der dinglichen Ebene. Hier geht es um die Frage, ob es zu einem **Durchgangserwerb** des Handelnden oder einem **Direkterwerb** des Hintermannes kommt, für den gehandelt wird. Das „Geschäft für den, den es angeht" kann dann für die Einigung (§ 929 S. 1 BGB) mit dem damit einverstandenen Hintermann herangezogen werden,[24] zu der freilich noch dessen Besitz kommen muss, sei es durch ein Besitzmittlungsverhältnis oder dadurch, dass der Handelnde Besitzdiener ist.[25] Das ist deswegen wichtig, weil das zwischenzeitige (sei es auch nur für eine „juristische Sekunde" bestehende) Eigentum beim Durchgangserwerb beispielsweise von einem Vermieterpfandrecht eines Dritten nach § 562 BGB erfasst werden kann.[26] Der Bundesgerichtshof geht nicht nur bei Bargeschäften des täglichen Lebens, sondern sogar beim Kreditkauf unter Eigentumsvorbehalt[27] von einem Direkterwerb desjenigen aus, für den der Handelnde erwirbt.[28]

2. Geschäfte zur angemessenen Deckung des Lebensbedarfs der Familie

8 Auch wenn es sich in § 1357 BGB nicht um Vertretungsrecht im eigentlichen Sinne handelt, sollte man diese überaus prüfungsrelevante Vorschrift im Zusammenhang mit dem Stellvertretungsrecht vertiefen, weil sich hier exemplarisch zeigt, wie die Grundzüge des Familienrechts in die Systematik des Allgemeinen Teils hineinwirken.[29] Dort stellt sich übrigens die soeben behandelte Frage des **dinglichen Erwerbs** in gleicher Weise und ist entsprechend zu beantworten: Der Bundesgerichtshof wendet die Regeln des Geschäfts für den, den es angeht an, verneint aber eine auto-

---

21 Das ist freilich zugleich die Voraussetzung; vgl. BGHZ 154, 276, 279; *Leenen*, § 4 Rn. 94.

22 *Brox/Walker*, Rn. 527.

23 *Medicus*, Rn. 920.

24 OLG Düsseldorf NJW 1992, 1706.

25 *Medicus/Petersen*, BR, Rn. 90; zu den angesprochenen Figuren des Besitzrechts *Petersen*, Jura 2002, 160 und 255.

26 *Medicus*, Rn. 921.

27 BGHZ 114, 74, 80.

28 BGHZ 154, 276, 279.

29 *Petersen*, Die mündliche Prüfung im ersten juristischen Staatsexamen, 2. Auflage 2012, S. 92 ff. zu ähnlichen Fällen.

matische dingliche Wirkung.[30] Bei der Anschaffung von **Hausrat** ist jedoch in der Regel gemeinschaftlicher Eigentumserwerb gewollt.[31]

Nach § 1357 Abs. 1 S. 1 BGB ist jeder Ehegatte berechtigt, Geschäfte zur angemes- **9** senen Deckung des Lebensbedarfs der Familie mit Wirkung auch für den anderen Ehegatten zu besorgen. Es geht typischerweise um alltägliche Geschäfte, wie den Einkauf von Lebensmitteln, bestimmte Einrichtungsgegenstände und überhaupt Haushaltsgeschäfte sowie kleinerer Kreditgeschäfte[32] oder den Abschluss des **Telefondienstvertrags** in der gemeinschaftlichen Ehewohnung.[33] Nicht entscheidend ist, ob das jeweilige Rechtsgeschäft wirklich nötig war.[34] Durch solche Geschäfte werden gemäß § 1357 Abs. 1 S. 2 BGB beide Ehegatten berechtigt und verpflichtet (§§ 427, 421 BGB),[35] es sei denn, dass sich aus den Umständen etwas anderes ergibt. Im Gegensatz zu § 164 Abs. 1 S. 2 BGB muss hier also offenkundig werden, dass die Fremdwirkung ausnahmsweise nicht gewollt ist.[36] Nach der Rechtsprechung des Bundesgerichtshofs genügt es dafür nicht, dass der Ehegatte als Vertreter des anderen handelt.[37] § 1357 BGB setzt voraus, dass die Wirkungen nicht nur den mitverpflichteten Ehegatten treffen („auch"). Dass der Handelnde selbst verpflichtet wird, versteht sich von selbst. Der Gläubiger erhält also, selbst wenn er nichts von der Ehe weiß, einen **weiteren Schuldner**.[38] Gegebenenfalls widerrufsberechtigt ist nach überwiegender Auffassung nur derjenige Ehepartner, der das Schuldverhältnis begründet hat.[39] Der andere ist **akzessorisch mitverpflichtet**.[40] Das zeigt wiederum, dass es sich nicht um einen Fall der Stellvertretung,[41] sondern ein familienrechtliches Institut sui generis handelt.[42]

III. Verwandte Figuren ohne Stellvertretung

Nicht mit dem stellvertretungsrechtlichen Handeln in fremdem Namen zu verwech- **10** seln ist das Handeln unter fremdem Namen und das Handeln unter falscher Namensangabe.[43] Anders als im Falle der Stellvertretung, bei der ersichtlich für einen anderen gehandelt wird, gibt sich der Handelnde hier selbst für einen anderen aus.

---

30 BGHZ 114, 74; dazu *Brötel*, Jura 1992, 470.

31 *Leipold*, FS Gernhuber, 1993, S. 695.

32 *Lüke*, AcP 178 (1978), 21.

33 BGH NJW 2004, 1539; dazu *Brudermüller*, NJW 2004, 2265.

34 RGZ 101, 399.

35 § 425 BGB gilt nicht; vgl. *Medicus/Petersen* BR, Rn. 88; vgl. auch *dies.* GW, Rn. 310.

36 *Medicus/Petersen* BR, Rn. 88.

37 BGHZ 94, 1, 4; skeptisch *Holzhauer*, JZ 1985, 684.

38 BVerfG NJW 1990, 175 erhebt dagegen keine verfassungsrechtlichen Bedenken.

39 *Gernhuber/Coester-Waltjen*, Lehrbuch des Familienrechts, 6. Auflage 2010, § 19 Rn. 53; *Medicus/Petersen* BR, Rn. 88; a.A. Palandt/*Brudermüller*, 71. Auflage 2012, § 1357 Rn. 11.

40 *Schanbacher*, NJW 1994, 2335.

41 *Medicus/Petersen* BR, Rn. 88.

42 *Gernhuber/Coester-Waltjen*, Lehrbuch des Familienrechts, 6. Auflage 2010, § 19 Rn. 39 ff.

43 Allgemein zu Verpflichtungsgeschäften „unter" fremdem Namen *Larenz*, FS H. Lehmann, 1956 S. 234. Aktuell *Hauck*, JuS 2011, 967.

1. Handeln unter fremdem Namen

11 Paradigmatisch für das Handeln unter fremdem Namen ist der vom Bundesgerichtshof entschiedene Fall,[44] dass der mit Vollmacht Ausgestattete nicht als Vertreter des Vertretenen unterschrieben hat, sondern gleich mit dem Namen des Vertretenen unterzeichnet.[45] In dieser Konstellation wird das Vertretungsrecht nach der Rechtsprechung zumindest entsprechend angewendet.[46] Man kann die §§ 164 ff. BGB aber wohl auch direkt anwenden.[47] Besteht, wie im Beispielsfall, Vertretungsmacht, so ist also der Vollmachtgeber berechtigt und verpflichtet; andernfalls kann er das Geschäft nach § 177 Abs. 1 BGB genehmigen. Unterlässt er dies, haftet der Vertreter als **falsus procurator** nach § 179 Abs. 1 BGB.[48] Das Handeln unter fremdem Namen hat im Computer-Zeitalter an Bedeutung gewonnen.[49] Bestellt jemand Waren oder Dienstleistungen unter einer **fremden Computer-Kennung**, etwa einem anderen Mitgliedsnamen bei einer Internet-Auktion,[50] so kann der Empfänger nicht ersehen, ob er es mit dem Anschlussinhaber, einem Vertreter mit (dann: § 164 BGB) oder ohne Vertretungsmacht zu tun hat. Fehlt rechtsgeschäftlich erteilte Vertretungsmacht, kommen zwar Duldungs- oder Anscheinsvollmacht in Betracht, die jedoch nach der Rechtsprechung des Bundesgerichtshofs nicht unbedingt vorliegen, wenn Angehörige über das Internet Bestellungen aufgeben.[51] Bei Rechtsgeschäften im Internet ist daher immer auch an eine **Rechtsscheinhaftung** entsprechend § 172 BGB zu denken.[52]

2. Handeln unter falscher Namensangabe

12 Vergleichsweise einfach verhält es sich beim Handeln unter falscher Namensangabe.[53] Hier verwendet der Handelnde einen falschen Namen, der seine **Identifizierung** erschwert, ohne dass es für den Vertragspartner entscheidend darauf ankommt. Daher wird auch nicht der Träger des Namens verpflichtet, den es zumeist auch entweder gar nicht oder namensmäßig so oft gibt, dass eine Identifizierung nicht möglich ist. Vielmehr wird der Handelnde selbst verpflichtet und berechtigt, ohne dass der namentlich Genannte etwa nach § 177 Abs. 1 BGB genehmigen und so in den Genuss der Rechtswirkungen kommen könnte.[54] Dass beim Handeln unter fremder Namensangabe bei Licht besehen kein stellvertretungsrechtliches Problem berührt ist, sieht man daran, dass es sich um ein Zweipersonenverhältnis handelt.[55] Der Handelnde möchte regelmäßig lediglich unerkannt bleiben.

---

44 BGHZ 45, 193. Zur neuen Entscheidung BGH NJW 2011, 2421 ausführlich sogleich.
45 Dazu *Lieb*, JuS 1967, 106; *Flume*, § 44 IV; siehe auch *Bork*, Rn. 1410.
46 BGHZ 45, 193; aus der früheren Rechtsprechung RGZ 145, 87.
47 *Medicus/Petersen* BR, Rn. 82.
48 *Medicus*, Rn. 908.
49 Lehrreicher Klausurfall bei *Verse/Gaschler*, Jura 2009, 213.
50 *Köhler*, § 11 Rn. 23; instruktiv auch *ders*. PdW, Fall 123.
51 BGH NJW 2006, 1971; dazu *Lobinger*, JZ 2006, 1073.
52 Grundlegend *Oechsler*, AcP 208 (2008), 565.
53 Aus dem früheren Schrifttum *E. Letzgus*, AcP 137 (1933), 327.
54 *Medicus/Petersen* BR, Rn. 83.
55 *Schreiber*, Jura 1998, 606.

3. Übungsfall

In der aktuellen Rechtsprechung hatte der BGH sich mit der eben angesprochenen 13 Nutzung eines **eBay-Mitgliedskontos** durch Dritte zu befassen:[56]

a) Sachverhalt

Die V unterhielt beim Internetauktionshaus eBay ein passwortgeschütztes Konto, 14 unter dem ihr Ehemann E ohne ihr Wissen eine Gaststätteneinrichtung mit einem Eingangsgebot von 1,– Euro zum Verkauf anbot. Neun Tage vor Auktionsende gab K ein Gebot von 1.000,– Euro ab. Einen Tag später wurde die Auktion vorzeitig durch die Rücknahme des Angebots beendet, wobei K der Höchstbietende war. In den Allgemeinen Geschäftsbedingungen von eBay, denen jedes registrierte Mitglied zustimmen muss, heißt es: „Mitglieder haften grundsätzlich für sämtliche Aktivitäten, die unter Verwendung ihres Mitgliedskontos vorgenommen werden." K macht nach vergeblicher Leistungsaufforderung Schadensersatzansprüche in Höhe von 32.000,– Euro geltend, was dem Zeitwert der Gegenstände abzüglich des gebotenen Kaufpreises von 1.000,– Euro entspricht.

b) Lösungshinweise

Kernpunkt der vorliegenden Entscheidung ist die Frage, wann dem Inhaber eines 15 **unbefugt von einem Dritten genutzten eBay-Kontos** dessen Erklärungen zugerechnet werden können. Ein Schadensersatzanspruch des K gegen V könnte sich aus §§ 433 Abs. 1, 280 Abs. 1, 3, 281 Abs. 1 BGB ergeben. Dazu müsste ein Kaufvertrag zwischen K und V zustande gekommen sein. Der Abschluss des Kaufvertrags über eBay richtet sich nach den §§ 145 ff. BGB.[57]

I. Zurechnung des Angebots analog §§ 164 ff. BGB
1. Fraglich ist zunächst, ob E für sich oder für V handelte. Es ist nicht ausgeschlos- 16 sen, dass bei einem Handeln unter anderem Namen der Handelnde selbst berechtigt und verpflichtet wird, wenn aus der Sicht des Vertragspartners ein Eigengeschäft des Handelnden vorliegt und er keiner Fehlvorstellung über die Identität des Handelnden unterliegt. Vorliegend hat jedoch E seinen Willen, im eigenen Namen zu handeln, nicht hinreichend zum Ausdruck gebracht. Da er das Konto der V und deren Mitgliedsnamen nutzte, handelte es sich aus der Sicht Dritter um ein Angebot der V. Dass E in dem Angebot seine E-Mail-Adresse und seine Handynummer angab, erlaubt keinen Schluss darauf, dass er auch im eigenen Namen handeln wollte. Bei diesen Angaben handelte es sich lediglich um Kontaktdaten, die aus objektiver Sicht keinen Rückschluss auf die Person des Verkäufers zulassen. Hierfür sind vielmehr die auf eBay gespeicherten Angaben zur Person des Kontoinhabers maßgebend. Mithin handelte E unter fremdem Namen.
2. Weiter ist fraglich, ob das Handeln des E für und gegen V wirkt. Auf das Handeln 17 des E unter fremdem Namen finden die Vorschriften über die Stellvertretung analoge

---

56 BGHZ 189, 346 = NJW 2011, 2421. Dazu *Faust*, § 26 Rn. 41 f.
57 Dazu ausführlich oben § 12 Rn. 31 ff.

Anwendung.[58] Die Willenserklärung des E würde V binden, wenn sie mit Vertretungsmacht abgegeben wurde (§ 164 Abs. 1 BGB analog), V sie nachträglich genehmigt hat (§ 177 Abs. 1 BGB analog) oder wenn eine Anscheins- oder Duldungsvollmacht vorlag. V hat E weder im Vorhinein bevollmächtigt, noch dessen Erklärung nachträglich genehmigt. Eine Zurechnung der Erklärung analog § 164 Abs. 1 bzw. § 177 Abs. 1 BGB scheidet daher aus.

18   **3.** Es könnten jedoch die Grundsätze der **Duldungsvollmacht** Anwendung finden. Das setzt voraus, dass ein anderer unter Duldung des Namensinhabers für diesen auftritt und der Vertragspartner das Dulden nach Treu und Glauben in der Weise versteht und verstehen durfte, dass der Handelnde hierzu berechtigt ist. Vorliegend handelte E unter der Identität der V, sodass hinsichtlich des Duldens auf ihr Verhalten abzustellen ist. V hat jedoch das Verhalten des E nicht geduldet, da sie ihre eBay-Zugangsdaten nicht offengelegt und von deren Nutzung durch E keine Kenntnis hatte. Stattdessen nutzte E eine Ortsabwesenheit der V, um ohne ihr Wissen mittels der ihm zufällig bekannt gewordenen Zugangsdaten den Verkauf der Einrichtung zu betreiben.

19   **4.** Fraglich ist weiter, ob die Erklärung V nach den Grundsätzen der **Anscheinsvollmacht** zugerechnet werden kann. Das ist beim Handeln unter fremdem Namen der Fall, wenn der Namensinhaber von dem Handeln des Dritten unter seinem Namen nichts weiß, er es jedoch bei pflichtgemäßer Sorgfalt hätte bemerken und verhindern können und wenn der Vertragspartner davon ausgehen durfte, dass der Namensinhaber handle. Dies setzt in der Regel ein Handeln von einer gewissen Dauer und Häufigkeit voraus. Vorliegend ist abermals auf das Verhalten der V als Namensträgerin abzustellen. Bei Anwendung pflichtgemäßer Sorgfalt wäre es der V nicht möglich gewesen zu erkennen, dass E in ihrer Abwesenheit ihre Nutzerdaten missbräuchlich verwendet. Hiermit musste sie redlicherweise auch nicht rechnen. Nach dem BGH fehlt es bei der einmaligen Nutzung der Daten aus Sicht des K zudem an einem hinreichenden Vertrauenstatbestand.

II. Zurechnung wegen unsorgfältiger Verwahrung

20   Eine Zurechnung ergibt sich auch nicht aus der unsorgfältigen Verwahrung der Kontodaten durch V. Dieser im gewerblichen Rechtsschutz für die **deliktische Haftung** ausreichende Zurechnungstatbestand unter Ehegatten ist nicht auf rechtsgeschäftliche Erklärungen unter unbefugter Nutzung eines Mitgliedskontos übertragbar. Eine Einstandspflicht wäre nur gerechtfertigt, wenn die Interessen des Geschäftspartners schutzwürdiger wären als die Belange des Inhabers des Mitgliedskontos. Dies folgt nicht bereits aus der Einrichtung eines passwortgeschützten Mitgliedskontos und der Verpflichtung zur Geheimhaltung der Zugangsdaten gegenüber eBay. Das Risiko der fehlenden Handlungsmacht wird in §§ 164, 177, 179 BGB dem Vertragspartner und nicht dem scheinbar Vertretenen zugewiesen. Ein Abweichen hiervon ist nicht schon deshalb geboten, weil der Vertretene bzw. hier der Namensinhaber das Handeln des Dritten bei pflichtgemäßer Sorgfalt hätte erkennen können. Zusätzlich ist erforderlich, dass der potentielle Vertragspartner von der Kenntnis und Billigung des Verhaltens durch den Namensinhaber ausgehen durfte. Ein solcher Vertrauenstatbestand liegt nicht bereits in der Einrichtung des Mitgliedskontos mit Identifikationsfunktion und wurde somit nicht von V geschaffen.

---

58 Mit diesem Ansatz in einem ähnlichen Internetauktions-Fall auch *Oechsler*, Jura 2012, 581, 582. Zu dieser Entscheidung auch *Faust*, JuS 2011, 1027; *Stadler*, JA 2011, 627; *Linardatos*, Jura 2012, 53.

III. Haftung aus AGB

Eine Haftung der V folgt schließlich nicht aus den AGB von eBay, wonach Mitglieder 21 für „sämtliche Aktivitäten" unter Verwendung ihres Mitgliedskontos haften. Dieser Vereinbarung zwischen eBay und dem Nutzer kommt **keine unmittelbare Wirkung** im Verhältnis der Nutzer untereinander zu. Eine weitergehende Haftung verstieße gegen § 307 Abs. 1 S. 1 BGB.

V kann die Erklärung des E unter keinem rechtlichen Gesichtspunkt zugerechnet 22 werden, sodass zwischen K und V kein Kaufvertrag zustande gekommen ist und K folglich auch kein Schadensersatzanspruch zusteht.

§ 36 Bestand und Umfang der Vertretungsmacht

1 Im Mittelpunkt stellvertretungsrechtlicher Fälle steht regelmäßig die Frage nach Bestand und Umfang der Vertretungsmacht. Da der Prüfungspunkt der Vertretungsmacht in der Fallbearbeitung auf eben diese Weise abzuhandeln ist, soll diese Einteilung auch dem folgenden Beitrag zugrunde gelegt werden. Zur Prüfung der Vertretungsmacht kommt man indes erst, wenn zuvor festgestellt wurde, dass ein Vertreter als solcher einen Vertrag mit einem Dritten geschlossen hat und dabei im Namen des Vertretenen aufgetreten ist. Dann kommt der Vertrag zwischen dem Vertretenen und dem Dritten zustande.[1] Ob er für und gegen den Vertretenen wirkt, ist eine Frage der Vertretungsmacht, die mithin die Ebene der Wirksamkeit des Vertrags betrifft.[2] Das ergibt sich aus § 164 Abs. 1 BGB, der voraussetzt, dass der Vertreter eine eigene Willenserklärung (**Abgrenzung zum Boten**,[3] der eine fremde überbringt) in fremdem Namen innerhalb der ihm zustehenden Vertretungsmacht abgibt. Obwohl es nach der gesetzlichen Aufzählung der Tatbestandsvoraussetzungen so aussieht, als sei die Vertretungsmacht zuerst zu prüfen, empfiehlt es sich, zunächst die Einhaltung des Offenkundigkeitsprinzips (= in fremdem Namen) bei der einzelnen Willenserklärung anzusprechen. Erst dann fragt sich bei der Prüfung der Wirksamkeit des Rechtsgeschäfts, ob überhaupt Vertretungsmacht besteht (I) und gegebenenfalls mit welchem Umfang (II).

I. Bestand der Vertretungsmacht

2 Vertretungsmacht kann sich aus Rechtsgeschäft, Gesetz oder Rechtsschein ergeben. In dieser Reihenfolge wird der Bestand der Vertretungsmacht auch in der Fallbearbeitung zweckmäßigerweise geprüft. Bevor dies auch hier im Einzelnen unternommen wird, ist einem – gerade in Anfangssemestern, aber vereinzelt auch unter Fortgeschrittenen – verbreiteten Missverständnis entgegenzuwirken. Mitunter finden sich in Übungsarbeiten bei der Erörterung der Vertretungsmacht Sätze der Art: „A und B haben einen Auftrag nach § 662 BGB vereinbart" oder: „A hat den B beauftragt, die Sache zu kaufen" etc. Dies gibt Anlass, einmal mehr die zentrale **Trennung von Vollmacht und Grundgeschäft** zu betonen. Nach dem Abstraktionsprinzip sind nämlich Vertretungsmacht und zugrundeliegendes Grundgeschäft zu unterscheiden.[4] Letzteres kann zwar durchaus in einem Auftrag bestehen, weshalb die genannten Sätze für sich betrachtet nicht unzutreffend sind. Sie sind jedoch in der stellvertretungsrechtlichen Prüfung auch nicht zielführend, weil der Bestand der Vertretungsmacht völlig unabhängig vom zugrunde liegenden Grundgeschäft ist, mag dieses in einem Auftrag, einem Geschäftsbesorgungsvertrag oder sogar in einem **Gesellschaftsvertrag** beste-

---

1 *Leenen*, AcP 188 (1988), 381, 392; *ders.*, § 4 Rn. 68.
2 *Leenen*, § 4 Rn. 75 ff.; § 9 Rn. 73; vgl. auch *Häublein*, Jura 2007, 728.
3 Vgl. nur *Giesen/Hegermann*, Jura 1991, 357, 358; dazu oben § 34.
4 Eine gewisse Durchbrechung erfährt das Abstraktionsprinzip freilich in § 168 S. 1 BGB, wonach sich das Erlöschen der Vollmacht nach dem ihrer Erteilung zugrunde liegenden Rechtsverhältnis bestimmt; vgl. *Schreiber*, Jura 1998, 606, 608; näher *Medicus*, Rn. 949. Zur Abstraktheit der Vollmacht ausführlich sogleich § 37.

hen.[5] Aus diesem Grund sind Ausführungen zum Auftrag etc. im Rahmen der Prüfung des § 164 BGB überflüssig und mithin falsch.

1. Rechtsgeschäftlich erteilte Vertretungsmacht

Nach der Legaldefinition des § 166 Abs. 2 S. 1 BGB heißt die rechtsgeschäftlich erteilte 3 Vertretungsmacht Vollmacht. Die **Erteilung der Vollmacht** erfolgt durch einseitige empfangsbedürftige Willenserklärung, die keiner Annahme oder Zustimmung seitens des Bevollmächtigten bedarf.[6] Dieser kann die einseitig erteilte Vollmacht allerdings entsprechend § 333 BGB zurückweisen. Die Vollmacht kann auch bedingt erteilt werden, wie dies etwa bei der sogenannten Vorsorgevollmacht der Fall ist,[7] bei der jemand eine andere Person nach § 167 BGB bevollmächtigt, für den Vollmachtgeber Erklärungen abzugeben, falls dieser selbst infolge des Verlusts der Geschäftsfähigkeit nicht mehr in der Lage ist.[8]

Die Vollmacht erweitert den Spielraum des Vertretenen. Umgekehrt kann sich 4 der Vertretene aber schuldrechtlich auch zur Unterlassung eigener Geschäfte im Bereich der Vollmacht verpflichten, wie sich aus dem Rechtsgedanken des § 137 S. 2 BGB ergibt.[9] Aus dessen erstem Satz ergibt sich freilich die Einschränkung, dass eine sogenannte **verdrängende Vollmacht**, mit welcher die eigene Zuständigkeit des Vollmachtgebers völlig ausgeschlossen wird, unzulässig ist.[10]

a) Arten der Vollmacht nach Bürgerlichem Recht

Man unterscheidet im Wesentlichen drei Arten der Vollmacht. Die **Innenvollmacht** 5 ist in § 167 Abs. 1 Fall 1 BGB geregelt und wird gegenüber dem Bevollmächtigten erklärt. Demgegenüber erfolgt die **Außenvollmacht** durch zugangsbedürftige Willenserklärung gegenüber dem Dritten, § 167 Abs. 1 Fall 2 BGB. Schließlich begegnet in der Praxis nicht selten eine Kombination beider Ausprägungen, indem der Dritte davon in Kenntnis gesetzt wird, dass der Vertragspartner einen anderen bevollmächtigt habe, wie dies § 171 BGB voraussetzt.

Neben diesen gesetzlich geregelten Arten gibt es noch die **Untervollmacht**, bei 6 welcher der Unterbevollmächtigte den Vertretenen und nicht den Hauptvertreter vertritt.[11] Keine eigenständige Art der Vollmacht ist die postmortale Vollmacht[12] bzw. die Vollmacht über den Tod hinaus.[13] Dabei ist wichtig, dass nach dem Tod dessen, der die Vollmacht erteilt hatte, der Erbe in die Rechtsstellung des Erblassers einrückt und

---

5 Das Beispiel der Untervollmacht (zu ihr sogleich unter Rn. 6) zeigt sogar, dass der Vertretungsmacht nicht notwendigerweise ein Rechtsverhältnis zwischen Vertreter und Vertretenem zugrunde liegen muss; vgl. BGH NJW 1981, 1727, 1728.

6 MüKo/*Schramm*, 6. Auflage 2012, § 167 Rn. 4; *Leenen*, § 13 Rn. 1 ff.

7 *Bühler*, BWNotZ 1999, 25, 26.

8 Einzelheiten bei *von Sachsen-Gessaphe*, ZZP 113 (2000), 25 ff.

9 *Medicus*, Rn. 936.

10 *Pawlowski*, Rn. 765; einschränkend aber *Gernhuber*, JZ 1995, 381.

11 Dazu unten § 39.

12 Näher dazu *Seif*, AcP 200 (2000), 192 ff.

13 Dazu unten § 42.

es mithin nur auf ihn und seine Interessen und nicht mehr auf eine vom Erblasser aus-
gegebene Marschroute ankommt.[14] Soweit die Rechtsprechung demgegenüber meint,
dass Vollmachten über den Tod hinaus ihrem Zweck nach gerade davon ausgehen,
dass sie unabhängig vom Willen der Erben sein sollen,[15] verdient das keine Gefolgschaft. Eine Fortwirkung der Interessen des Erblassers, wie sie die Rechtsprechung
annimmt,[16] kann leicht zu einer „Herrschaft der Toten über die Lebenden" führen.[17]
Die Einzelheiten hierzu gehören ins Erbrecht.

b) Handels- und gesellschaftsrechtliche Besonderheiten

7   Wie eingangs erwähnt, geben stellvertretungsrechtliche Fälle dem Aufgabensteller
die Gelegenheit, handels- und gesellschaftsrechtliches Grundwissen mit zu prüfen.
Daher muss man die folgenden Institute stets im Blick haben, wenn die vertretungs-
rechtliche Zurechnung von Willenserklärungen im Raum steht. Dabei ist zu beachten,
dass auch die Prüfung handelsrechtlicher Besonderheiten der Stellvertretung stets
von der bürgerlich-rechtlichen Grundnorm des § 164 BGB ausgeht; die **handelsrechtlichen Besonderheiten** betreffen dann regelmäßig die Vertretungsmacht.[18]

8   Unter den handelsrechtlichen Tatbeständen der Vertretungsmacht[19] ist vor allem
die **Prokura** von Bedeutung.[20] Die Prokura ist eine spezifisch handelsrechtliche Vollmacht, die in den §§ 48 ff. HGB näher geregelt ist. Sie ist keine gesetzliche, sondern
eine rechtsgeschäftlich erteilte Vertretungsmacht. Die Besonderheiten der Prokura
bestehen weniger in ihrem Bestand als vielmehr in ihrem – gesetzlich bestimmten –
Umfang. Daher sollen die Einzelheiten auch erst dort behandelt werden.[21]

9   Weniger offen zu Tage liegen die deshalb leicht übersehene **Handlungs**- und
Ladenvollmacht. Diese Ausprägungen der Stellvertretung sollen hier nur kursorisch
behandelt werden, weil sie weiter unten noch vertieft werden. Die Handlungsvollmacht ist in der Fallbearbeitung nach der Prokura zu prüfen.[22] Sie ermächtigt nach
§ 54 Abs. 1 HGB zur Vornahme von Geschäften, die zu einem Handelsgewerbe gewöhn-
licherweise gehören. Sie ist nicht in das Handelsregister eintragungsfähig. Sie ist „im
Grunde eine normale Vollmacht i.S.d. § 167 BGB"[23] und braucht hier daher nicht weiter
vertieft zu werden.[24] Das Vertrauen in die Vertretungsmacht von Ladenangestellten
schützt § 56 HGB, wonach der Angestellte für die gewöhnlichen Verkäufe und Empfangnahmen als ermächtigt gilt.[25] Eine Vertretungsmacht für Ankäufe gewährt § 56

---

14 *Medicus/Petersen* BR, Rn. 399.
15 BGH NJW 1995, 953; die frühere Rechtsprechung hatte die Interessen der Erben und Pflichtteilsbe-
rechtigten dagegen besser berücksichtigt; vgl. BGH NJW 1974, 2319; BGHZ 87, 19; 99, 97.
16 Vgl. weiterhin BGHZ 127, 239, 245; BGH FamRZ 1985, 693.
17 *Medicus/Petersen* BR, Rn. 399.
18 *Drexl/Mentzel*, Jura 2002, 289.
19 Instruktiv zu den handelsrechtlichen Besonderheiten der Stellvertretung der gleichnamige
Aufsatz von *Drexl/Mentzel*, Jura 2002, 289.
20 Dazu eingehend unten § 43.
21 Unten Rn. 26 ff.
22 *Drexl/Mentzel*, Jura 2002, 289, 295.
23 So *Canaris* HR, § 13 Rn. 1.
24 Zum – wichtigen – Umfang freilich noch unten II. 1.
25 Klausurbeispiel dazu bei *Petersen*, Rn. 75 f.

HGB dagegen ausweislich des eindeutigen Wortlauts nicht.[26] Uneinheitlich wird beurteilt, ob § 56 HGB auch dann eingreift, wenn das Geschäft nicht im Laden, sondern in einem Büroraum abgeschlossen wird.[27]

2. Gesetzlich begründete Vertretungsmacht

Vertretungsmacht kann nicht nur rechtsgeschäftlich begründet werden, sondern sich 10 auch aus dem Gesetz bzw. aus Organschaft ergeben. Die wichtigsten Beispiele sind die Vertretungsverhältnisse beim Verein und vor allem die Vertretung der Kinder durch ihre Eltern. Die gesetzliche Vertretungsmacht endet durch das Entfallen ihrer Voraussetzungen, in dem also etwa die Amtszeit des Vereinsvorstandes endet oder das Kind volljährig wird.[28]

a) Vertretungsmacht kraft Organschaft

Die Organschaft ist an sich ein Sonderfall der gesetzlichen Stellvertretung.[29] Gesetzli- 11 che Vertretungsmacht kann also auch durch Organschaft begründet werden.[30] So hat etwa der Vorstand eines Vereins, resp. einer Stiftung (vgl. § 86 BGB) nach § 26 Abs. 2 Hs. 2 BGB gesetzliche Vertretungsmacht für den Verein. Ob beim mehrgliedrigen Vorstand **Gesamt-** oder **Mehrheitsvertretung** gilt, ist umstritten, braucht hier aber nicht weiter behandelt zu werden.[31]

Teilweise wird gesagt, die organschaftliche Vertretungsmacht stehe gleichsam 12 zwischen der rechtsgeschäftlich erteilten und der gesetzlich begründeten Vertretungsmacht.[32] Zu nennen sind hier die Vertretungsregelungen über die **Gesellschaft bürgerlichen Rechts**[33] (§ 714 BGB) und die **offene Handelsgesellschaft** bzw. **Kommanditgesellschaft** (§§ 125, 161 Abs. 2 HGB). § 714 BGB enthält einen solchen Fall der organschaftlichen Vertretungsmacht[34] und ordnet einen grundsätzlichen Gleichlauf von Geschäftsführungsbefugnis und Vertretungsmacht an. Das darf freilich nicht zu dem Missverständnis führen, dass beide identisch seien; vielmehr betrifft die Geschäftsführungsbefugnis das Innenverhältnis und ist somit strikt zu trennen von der Vertretungsmacht, die das Außenverhältnis berührt.[35]

---

26 BGH NJW 1988, 2109.

27 Dafür GroßKomm-HGB/*Joost*, 5. Auflage 2008, § 56 Rn. 24; *K. Schmidt* HR, § 16 V 3 c); KG JW 1924, 1181.

28 *Medicus/Petersen* GW, Rn. 67.

29 *Medicus*, Rn. 926.

30 Die exakte Klassifizierung begegnet Schwierigkeiten; *Medicus/Petersen* GW, Rn. 64.

31 Dazu unten beim Vereinsrecht, § 58 Rn. 3.

32 *Bork*, Rn. 1433.

33 Zu den vertretungsrechtlichen Fragen der Gesellschaft bürgerlichen Rechts mit beschränkter Haftung (GbR m.b.H.) siehe *Petersen/Rothenfußer*, GmbHR 2000, 757 ff.; *dies.*, GmbHR 2000, 801 ff.

34 Vgl. Erman/*H. P. Westermann*, 13. Auflage 2011, § 714 Rn. 4. Die dogmatische Einordnung ist freilich streitig; so sieht *Fikentscher*, Schuldrecht, 9. Auflage 1997, Rn. 982, noch in § 714 BGB lediglich einen Anwendungsfall der §§ 164 ff. BGB – anders dagegen *Fikentscher/Heinemann* in der 10. Auflage 2006, Rn. 1326 (organschaftliche Vertretungsmacht).

35 Näher und weiterführend zur Geschäftsführung und Vertretungsmacht in der Gesellschaft bürgerlichen Rechts *Schreiber*, Jura 2001, 346 ff.

b) Eltern-Kind

13 Der wichtigste Fall der gesetzlich begründeten Vertretungsmacht besteht in der **elterlichen Sorge** (§ 1626 Abs. 1 BGB), die nach § 1629 Abs. 1 S. 1 BGB die Vertretung des Kindes umfasst. Beide Vorschriften werden zweckmäßigerweise zusammen zitiert. Zu berücksichtigen ist, dass die Eltern das Kind nach § 1626 Abs. 1 Hs. 2 BGB gemeinschaftlich vertreten. Das bedeutet, dass die Eltern nur gemeinsam vertretungsberechtigt sind. Das schließt jedoch nicht aus, dass ein Elternteil allein handelt, wenn nur nach außen erkennbar ist, dass er auch für den anderen Elternteil mit handelt. Der handelnde Elternteil vertritt dann den anderen.[36] Aber auch abgesehen von der Möglichkeit der **Übertragung von Vertretungsbefugnissen** können die Eltern einander in Sorgerechtsangelegenheiten bevollmächtigen. Das ist insbesondere dann von Bedeutung, wenn ein Elternteil allein sorgeberechtigt ist.[37]

14 Umstritten ist, ob auch andere Personen, denen die Sorge für das Kind vorübergehend anvertraut ist (Beispiel: Großeltern) gesetzliche Vertretungsmacht haben, wenn sie **Notgeschäftsführer** i.S.d. §§ 678 f. BGB sind. Die unterinstanzliche Rechtsprechung,[38] die auch im Schrifttum Befürworter[39] gefunden hat, steht dem nicht von vornherein ablehnend gegenüber. Ein Teil der Lehre[40] lehnt dies ab, weil die §§ 678 f., 683 BGB nur das Innenverhältnis zwischen Geschäftsherrn und Geschäftsführer regeln, wohingegen es bei der Vertretungsmacht um die Befugnisse des Geschäftsführers nach außen geht.[41] Wenn man in derartigen Fällen nicht im Wege der Auslegung zu einer – sei es auch konkludent erteilten – Vollmacht kommt, sprechen die besseren Gründe gegen die Annahme gesetzlicher Vertretungsmacht, weil andernfalls die maßgebliche Trennung von Innen- und Außenverhältnis ohne Not durchbrochen werden könnte. Entgegen einem weit verbreiteten Missverständnis[42] begründet das Bestehen der **ehelichen Lebensgemeinschaft** jedenfalls keine gesetzliche Vertretungsmacht oder Vollmacht und nicht einmal den Rechtsschein einer Bevollmächtigung eines Ehegatten durch einen anderen.[43]

3. Rechtsscheintatbestände

15 Vertretungsmacht kann sich schließlich durch zurechenbar veranlassten Rechtsschein ergeben. In diesem Zusammenhang sind Duldungs- und Anscheinsvollmacht zu nennen. Während die Duldungsvollmacht keine wesentlichen Schwierigkeiten bereitet und in Schrifttum und Lehre weitgehend unbestritten ist, wird über die Legitimation der Anscheinsvollmacht heftig gestritten. Für beide Ausprägungen gilt indes, dass nur der **redliche Dritte** geschützt wird.

---

36 Palandt/*Diederichsen*, 71. Auflage 2012, § 1629 Rn. 10.
37 Vgl. *Gernhuber/Coester-Waltjen*, Lehrbuch des Familienrechts, 4. Auflage 1994, § 61 IV 5.
38 LG Saarbrücken NJW 1971, 1894.
39 Vgl. Soergel/*Leptien*, BGB, 13. Auflage 1999, § 177 Rn. 8.
40 Staudinger/*Schilken*, Neubearbeitung 2009, § 177 Rn. 17.
41 Instruktiv zu dieser Frage *Schreiber*, Jura 1998, 606, 608.
42 Die Praxis arbeitet nicht selten mit der tatsächlichen Vollmacht unter Ehegatten; vgl. *Gehrlein*, VersR 1995, 268, 269.
43 BGH NJW 1994, 1649; BFH FamRZ 1975, 579; vgl. auch *Pauly/Legleitner*, Jura 1995, 193.

a) Duldungsvollmacht

Eine Duldungsvollmacht liegt vor, wenn der Vertretene weiß, dass ein anderer, **16** ohne von ihm bevollmächtigt zu sein, für ihn auftritt, dies jedoch duldet und nichts dagegen unternimmt. Die Duldungsvollmacht wird von der Rechtsprechung[44] im Einklang mit der h.L. der ausdrücklich erteilten **Vollmacht gleichgestellt** und vermittelt somit wie diese Vertretungsmacht.[45] Im Schrifttum wird allerdings verschiedentlich zu bedenken gegeben, dass die Duldungsvollmacht in Wahrheit eine Vollmachtserteilung nach außen durch konkludentes Verhalten sei.[46] Sie wird daher mitunter für entbehrlich gehalten.[47]

b) Anscheinsvollmacht

aa) Voraussetzungen

Prüfungsrelevanter als die Duldungsvollmacht ist die Anscheinsvollmacht. Eine **17** Anscheinsvollmacht liegt vor, wenn der Vertretene den Vertreter nicht bevollmächtigt hat und auch nicht weiß, dass dieser ihn vertritt, dies aber bei Anwendung der im Verkehr erforderlichen Sorgfalt hätte erkennen können. Die Rechtsprechung verlangt dabei **wiederholtes bzw. mehrmaliges Auftreten** des Anscheinsbevollmächtigten,[48] wobei freilich die wiederholte Verwendung des Firmenstempels oder der Geschäftspapiere ausreicht.[49] Das Erfordernis des mehrmaligen Auftretens wird zwar im Schrifttum mitunter nicht eigens erwähnt, doch sollte es in der Fallbearbeitung berücksichtigt werden; es ist im Sachverhalt regelmäßig ein wichtiges Indiz dafür, dass die Anscheinsvollmacht geprüft werden soll. Jedenfalls erforderlich ist, dass der Rechtsschein der Bevollmächtigung zum Zeitpunkt des vollmachtlosen Auftretens noch bestanden hat und für das Handeln des anderen Teils ursächlich geworden ist.[50] Schließlich muss der andere Teil **gutgläubig** gewesen sein, was sich **entsprechend § 173 BGB** bemisst. Der Geschäftspartner wird also nicht geschützt, wenn er den Mangel der Vertretungsmacht auch nur fahrlässig nicht kannte, d.h. wenn er ihn hätte erkennen können oder kennen musste (vgl. § 122 Abs. 2 BGB).[51] Schließlich ist zu berücksichtigen, dass die Grundsätze über die Anscheinsvollmacht nach der Rechtsprechung für ungewöhnliche Geschäfte oder solche, die eine gründliche Vorbereitung erfordern,[52] in aller Regel nicht gelten.[53]

---

44 BGH NJW 1966, 1915.
45 Zur Möglichkeit der Duldungsprokura siehe *Canaris* HR, § 14 Rn. 14.
46 *Flume*, § 49 3, 4; *Medicus/Petersen* BR, Rn. 100 f.; *Brehm*, Rn. 466.
47 Vgl. *Schreiber*, Jura 1998, 606, 608. Skeptisch auch *Hirsch*, Rn. 1017.
48 Siehe dazu oben den Übungsfall nach BGH NJW 2011, 2421. Weiterhin BGH NJW 1956, 1673; 1998, 1854; BGH NJW-RR 1990, 404; BGH VersR 1992, 989, 990; aus der Literatur etwa *Brehm*, Rn. 467.
49 BGH NJW 1956, 1673, 1674.
50 BGH NJW 1962, 1003; BGH LM zu § 167 Nr. 13.
51 BGH NJW 1982, 1513; 1991, 1225, 1226.
52 Vgl. BGH NJW 1958, 2061.
53 Besondere Umstände können jedoch eine andere Beurteilung ergeben; vgl. BGH NJW 1981, 1729.

bb) Rechtsfolgen im Bürgerlichen Recht und im Handelsrecht

18 Die eigentlichen Schwierigkeiten der Anscheinsvollmacht liegen auf der Rechtsfolgenseite. Während die Rechtsprechung die Anscheinsvollmacht ebenso behandelt wie die Duldungsvollmacht und sie mithin als vollgültige Vertretungsmacht wertet,[54] bestreiten maßgebliche Stimmen[55] im Schrifttum, dass die Anscheinsvollmacht im bürgerlichen Recht ausreicht, die Wirkungen der Stellvertretung zu erzeugen. Sie weisen daraufhin, dass nur die Duldungsvollmacht einer Vollmachtserteilung durch konkludentes Verhalten gleichsteht und mithin auch wie eine **(Außen-) Vollmacht** behandelt werden kann. Dagegen ist bei der Anscheinsvollmacht letztlich das leicht fahrlässig unterlassene Einschreiten Zurechnungsgrund. Da aber in der Rechtsgeschäftslehre nur Willenserklärungen zu einem **Primäranspruch auf Erfüllung** führen und das Schweigen allein grundsätzlich nicht geeignet ist, diese Rechtsfolge herbeizuführen, könne es sich auch bei der Anscheinsvollmacht letztlich nicht anders verhalten, bei welcher der angeblich Verpflichtete gleichfalls nicht reagiere. Dass er bei Beachtung der im Verkehr erforderlichen Sorgfalt gegen den Vertreter eingeschritten wäre und sich insoweit leicht[56] fahrlässig verhält (vgl. § 276 Abs. 2 BGB), sei für den Primäranspruch unerheblich und könne allenfalls zu einem auf Schadensersatz gerichteten Sekundäranspruch aus §§ 280 Abs. 1, 311 Abs. 2 BGB unter dem Gesichtspunkt der **culpa in contrahendo** führen. Der Vertretene kann dabei im Rahmen dessen für das Verhalten des eigenmächtigen Vertreters nach § 278 BGB einzustehen haben.[57]

19 Anders entscheiden diejenigen, welche die Anscheinsvollmacht im Bürgerlichen Recht ablehnen, freilich im Handelsrecht,[58] weil an Kaufleute im Interesse der **Flexibilität des Handelsverkehrs** grundsätzlich höhere Anforderungen gestellt werden können und das Schweigen dort auch als Zurechnungsgrund in Betracht kommt, wie sich etwa aus § 362 HGB ergibt. Das bedeutet, dass im Handelsrecht die Anscheinsvollmacht Vertretungsmacht vermittelt und dort auch von den Vertretern der ablehnenden Ansicht ebenso entschieden wird, wie von der Rechtsprechung im bürgerlichen Recht.

cc) Abschließende Betrachtung

20 Der Auffassung der Lehre ist zu folgen, weil sie eine kategoriale Unterscheidung vollzieht, die auch in der Fallbearbeitung von elementarer Bedeutung ist.[59] Es geht um die Kategorien der Verschuldensunabhängigkeit des Primäranspruchs und die verschuldensabhängige Haftung auf Schadensersatz (**Sekundäranspruch**). Diese Trennung zwischen Primär- und Sekundäranspruch gehört zu den großen Verständnishürden

---

54 Vgl. nur BGH NJW 1981, 1727, 1728; BGH LM Nr. 17 zu § 167 BGB; allerdings kommt auch der BGH teilweise zu ähnlichen Ergebnissen wie die Vertreter im Schrifttum; vgl. auch BGHZ 65, 13. Näher *Scherner*, XI. 5.

55 So vor allem *Flume*, § 49 3 f.; *Medicus/Petersen* BR, Rn. 101; *Canaris*, Die Vertrauenshaftung im deutschen Privatrecht, 1971, S. 48 ff.

56 *Hübner*, Allgemeiner Teil des BGB, 2. Auflage 1996, Rn. 1289, wendet die Vertretungsfolgen nur bei grober Fahrlässigkeit an, doch ist die grobe Fahrlässigkeit eine der Rechtsgeschäftslehre fremde Kategorie.

57 Vgl. *Medicus/Petersen* BR, Rn. 100.

58 Grundlegend *Canaris*, Die Vertrauenshaftung im deutschen Privatrecht, 1971, S. 191 ff.

59 Vgl. auch *Petersen*, Rn. 80.

in den Anfangssemestern. Sie wird zusätzlich verstellt, wenn – wie von der Rechtsprechung bei der Anscheinsvollmacht der Sache nach unternommen – in systemwidriger Weise ein Verschuldensmoment in den Primäranspruch Eingang findet.

Es versteht sich von selbst, dass man in der Fallbearbeitung im Einklang mit der 21 Rechtsprechung die Anscheinsvollmacht als vollgültige Vertretungsmacht behandeln kann; das ist im Einzelfall sogar durchaus geboten, wenn die Folgeprobleme des Falles ersichtlich darauf aufbauen. Folgt man dagegen der Auffassung des Schrifttums, so ist die Prüfung des Primäranspruchs abzubrechen, weil eine Zurechung des Handelns des Vertreters nach § 164 Abs. 1 S. 1 BGB ausscheidet. Zu prüfen ist dann freilich ein auf Ersatz des **Vertrauensschadens** gerichteter Sekundäranspruch aus §§ 280 Abs. 1, 311 Abs. 2 BGB, wobei das Verhalten des Vertreters bzw. „Anscheinsbevollmächtigten" dem Geschäftsherrn gegebenenfalls nach § 278 BGB zuzurechnen ist. Dieser erfasst umfangmäßig allerdings nicht das positive, sondern nur das negative Interesse, weil der Primäranspruch gerade nicht besteht. Am Rande sei erwähnt, dass sich hier einmal mehr zeigt, dass sich eine dogmatisch widerspruchsfreie Erkenntnis auch im Gutachtenaufbau reibungslos darstellen lässt.

II. Umfang

Erst wenn feststeht, dass im konkreten Fall Vertretungsmacht bestand, stellt sich die 22 Frage des Umfangs. Noch zum Bestand gehört damit etwa die umstrittene Frage, ob die Vollmacht nicht wirksam angefochten ist und somit aus diesem Grunde die Vertretungswirkungen womöglich nicht eintreten. Dies kann nur bei der noch nicht ausgeübten Vollmacht im Wege des **Widerrufs** nach **§ 168 S. 2 BGB** geschehen. Hat der Vertreter dagegen schon mit dem Dritten einen Vertrag geschlossen, die Vollmacht also betätigt, so ist sehr streitig, ob die Anfechtung noch möglich ist und wem gegenüber sie zu erklären ist.[60] Die Anscheinsvollmacht kann nach richtiger Ansicht nicht angefochten werden, weil der gesetzte Rechtschein nicht rückwirkend beseitigt werden kann. Der Umfang der Anscheinsvollmacht bemisst sich nach dem jeweils geschaffenen Vertrauenstatbestand.[61]

Bezüglich des Umfangs der Vertretungsmacht ist im übrigen zu unterscheiden 23 zwischen den Fällen der Begrenzung des Umfangs im Wege der Auslegung und solchen, in denen das Gesetz einen bestimmten Umfang festgelegt hat.

1. Bestimmung des Umfangs durch Auslegung und Typisierung

Das BGB enthält mit Bedacht keine Regelung über den Umfang der Vollmacht.[62] Liegt 24 keine der gesetzlich vorgeschriebenen umfangmäßigen Begrenzungen vor, so ist der Umfang der jeweiligen Vertretungsmacht im Wege der Auslegung zu ermitteln. Entscheidend ist also, wie der Erklärungsempfänger das Verhalten des Vollmachtgebers

---

60 Eingehend *Petersen*, AcP 201 (2001), 375 ff.; dazu bereits oben bei den Anspruchsgrundlagen des Allgemeinen Teils zu § 122.

61 Palandt/*Ellenberger*, 71. Auflage 2012, § 172 Rn. 16.

62 *Enneccerus/Nipperdey*, § 185 I.

nach Maßgabe der §§ 133, 157 BGB verstehen und werten durfte.[63] So kann also trotz der Verwendung der Überschrift „Generalvollmacht" die Auslegung ergeben, dass nur eine beschränkte Vertretungsmacht gewollt ist.[64] Für die Auslegung sind vor allem die **Begleitumstände**, der Zweck der Bevollmächtigung, aber auch das zugrunde liegende Rechtsgeschäft zu berücksichtigen.[65]

25   Dabei sind folgende typische Ausprägungen zu unterscheiden. Eine **Spezialvollmacht** liegt vor, wenn der Vertreter nur zur Durchführung eines ganz bestimmten Rechtsgeschäfts bevollmächtigt wird, also etwa einen ganz bestimmten Gegenstand kaufen oder verkaufen soll. Weiter reicht die **Gattungsvollmacht**, die für eine bestimmte Art von Geschäften gilt, deren Anknüpfungspunkt entweder eine wiederkehrende Geschäftsart (Beispiel: Inkassogeschäfte) oder eine bestimmte Funktion (Beispiel: Kellner) ist.[66] Die **Generalvollmacht** schließlich berechtigt zu allen Geschäften bei denen eine Vertretung zulässig ist.

2. Gesetzlich begrenzte Vertretungsmacht

26 Paradigmatisch für die rechtsgeschäftlich erteilte Vertretungsmacht mit gesetzlich begrenztem Umfang ist die bereits angesprochene Prokura. Es ist geradezu die Besonderheit der Prokura, dass sie aus Gründen des **Verkehrsschutzes** umfangmäßig beschränkt ist, aber in dem gesetzlich festgelegten Umfang eben auch besteht.[67] Das stellt § 50 Abs. 1 HGB klar, wonach der Umfang der Prokura Dritten gegenüber nicht beschränkt werden kann. Soweit § 52 Abs. 2 HGB Beschränkungen nennt, betreffen diese nur das Innenverhältnis und wirken nicht nach außen. Der Prokurist haftet also möglicherweise seinem Geschäftsherrn auf Schadensersatz; nach außen hin ist seine Erklärung indes wirksam und bindet den Geschäftsherrn.[68]

27   Der Umfang der Prokura bemisst sich nach den §§ 49 f. HGB. Der Prokurist darf nach § 49 Abs. 2 HGB grundsätzlich keine Grundstücke veräußern oder belasten und sich auch nicht dazu verpflichten, weil andernfalls auf Erfüllung geklagt und der Schutzzweck des § 49 Abs. 2 HGB ausgehöhlt werden könnte.[69] § 49 Abs. 2 HGB ist exakt zu lesen: Der Erwerb von Grundstücken ist dem Prokuristen möglich, selbst dann übrigens, wenn für den Restkaufpreis eine Hypothek oder Grundschuld bestellt, das erworbene Grundstück also belastet wird.[70] Es handelt sich dann nämlich um eine bloße Erwerbsmodalität, die nicht anders behandelt werden kann, als wäre das Grundstück bereits mit einer Belastung gekauft worden.[71] Über die ausdrücklichen Beschränkungen des Umfangs hinaus ist der Prokurist auch nicht zu sogenannten **Grundlagengeschäften** befugt, die den Bestand des Betriebs selbst verändern.[72]

---

63 Palandt/*Ellenberger*, 71. Auflage 2012, § 167 Rn. 5.
64 RGRK-*Steffen*, BGB, Band 1, 12. Auflage 1982, § 167 Rn. 23.
65 BGH NJW 1988, 3012.
66 *Giesen/Hegermann*, Jura 1991, 357, 362.
67 *Drexl/Mentzel*, Jura 2002, 289.
68 *Hopt/Mössle*, Handels- und Gesellschaftsrecht, Band 1, 2. Auflage 1999, Rn. 348.
69 *Canaris* HR, § 12 Rn. 17.
70 MüKo-HGB/*Krebs*, 3. Auflage 2010, § 49 Rn. 48.
71 *Drexl/Mentzel*, Jura 2002, 289, 290.
72 *K. Schmidt* HR, S. 465 f.

Ähnlich wie bei der Prokura regelt § 126 HGB den Umfang der Vertretungsmacht 28
für die oHG und KG (vgl. § 161 Abs. 2 HGB). Nach § 126 HGB erstreckt sich die Vertretungsmacht der Gesellschaft auf alle gerichtlichen und außergerichtlichen Geschäfte
und Rechtshandlungen einschließlich der Veräußerung und Belastung von Grundstücken sowie außerdem der Erteilung und des Widerrufs der Prokura. Besonders wichtig
ist die Maßgabe des § 126 Abs. 2 BGB, wonach eine Beschränkung des Umfangs der
Vertretungsmacht **Dritten** gegenüber unwirksam ist. Ebenso wie in § 50 Abs. 1 HGB
wird damit der Verkehrsschutz in den Vordergrund gestellt.

Auch in den Fällen der §§ 54 ff. HGB ist der Umfang der Vertretungsmacht gesetz- 29
lich bestimmt. Zu unterscheiden sind die General-, Art- und Spezialhandlungsvollmacht.[73] Die wichtigste Beschränkung findet sich in § 54 Abs. 3 HGB, wonach dem
Kaufmann die Berufung auf ein Fehlen der Vertretungsmacht nur gestattet ist, wenn
der Dritte die Beschränkung kannte oder kennen musste. Entsprechend § 54 Abs. 3
HGB beschränkt die h.L. auch den Schutz des § 56 HGB auf **redliche Geschäftspartner**.[74] Ist also etwa in einem Kaufhaus der Verkauf von Schmuckstücken einer besonderen Kasse zugewiesen, so schließt dies den Schein der Ermächtigung zur Annahme
von Zahlungen einer anderen Kasse aus. Die Zahlung an eine anderswo tätige Ver-
kaufsperson desselben Kaufhauses hat dann keine befreiende Wirkung.[75]

Schließlich ist bei der **gesetzlich begrenzten Vertretungsmacht** noch § 181 30
BGB zu nennen. Dieser betrifft jedoch weniger den Umfang der Vertretungsmacht als
vielmehr die Grenzen der Vertretungsmacht überhaupt. Aus diesem Grund bedarf die
Vorschrift im vorliegenden Zusammenhang keiner näheren Behandlung.[76]

3. Missbrauch der Vertretungsmacht

Die Lehre vom Missbrauch der Vertretungsmacht knüpft an die zuletzt genannten 31
Fälle an, in denen das Gesetz den Umfang im Interesse des Verkehrsschutzes fixiert.
Man muss sich nämlich im Ausgangspunkt vergegenwärtigen, dass damit das **rechtliche Können** im Außenverhältnis zum Geschäftspartner unter Umständen weit über
das **rechtliche Dürfen** im Innenverhältnis zum Geschäftsherrn hinausreichen kann.
Wird dies zum Schutz des redlichen Rechtsverkehrs in Kauf genommen, so bedarf es
gleichwohl eines Korrektivs, das auch die schutzwürdigen Interessen des Vertretenen
berücksichtigt. In Extremfällen, in denen Vertreter und Dritter mit Schädigungsabsicht
gegen den Geschäftsherrn zusammenwirken, gewährleistet dies die bei § 138 BGB ein-
zuordnende Rechtsfigur der **Kollusion**.[77] Verkauft also der Prokurist Firmeneigentum
an seine Geliebte,[78] was er kraft seiner Prokura rechtlich zwar kann, aber ersichtlich
nicht darf, so ist das Rechtsgeschäft ohne weiteres nach § 138 BGB nichtig. Weiß der
Geschäftspartner positiv, dass der Vertreter seine Vertretungsmacht überschreitet, so

---

73 Näher *Drexl/Mentzel*, Jura 2002, 289, 296.
74 *Medicus/Petersen* BR, Rn. 109.
75 Vgl. *Canaris*, Die Vertrauenshaftung im deutschen Privatrecht, 1971, S. 190.
76 Siehe insoweit *Giesen/Hegermann*, Jura 1991, 357, 269.
77 Dazu *Köhler*, § 11 Rn. 63.
78 Vgl. BGH NJW 1989, 26, 27.

ist er nicht schutzwürdig; in solchen Fällen wird häufig ein Fall der Kollusion, also des arglistigen Zusammenwirkens zweier zu Lasten eines Dritten, vorliegen.[79]

a) Der Standpunkt der Rechtsprechung

32 Schwierigkeiten bereiten demgegenüber die weniger extrem gelagerten Fälle. Bei ihrer Lösung muss man sich die gesetzliche Grundwertung vor Augen halten, dass der Handelnde gerade in gesetzlich festgelegtem Umfang Vertretungsmacht hat und diese lediglich missbraucht. Das Gesetz weist damit grundsätzlich dem Vertretenen das Risiko des Missbrauchs der Vertretungsmacht zu.[80] Etwas anderes kann sich allerdings dann ergeben, wenn der Dritte den Missbrauch der Vertretungsmacht ohne weiteres hätte erkennen können und womöglich regelrecht die Augen davor verschlossen hat. Demzufolge versagt die Rechtsprechung dem Dritten den Schutz, wenn sich ihm geradezu aufdrängen musste, dass der Prokurist sein rechtliches Dürfen im Innenverhältnis überschreitet und so zum Nachteil des Vertretenen handelt.[81] Die Rechtsprechung stellt insoweit auf die Offenkundigkeit des pflichtwidrigen Verhaltens bzw. auf die „massive Verdachtsmomente voraussetzende objektive **Evidenz**" ab.[82] Trifft den Vertretenen eine Mitverantwortung beim Missbrauch der Vertretungsmacht, etwa dadurch, dass der Prokurist nicht hinreichend beaufsichtigt worden ist, so gelangt die Rechtsprechung über § 254 BGB zu einer Teilung des Anspruchs.[83]

b) Kritik des Schrifttums

33 Im Schrifttum wird dem Missbrauch der Vertretungsmacht stattdessen mit der analogen Anwendung der §§ 177 ff. BGB begegnet.[84] Die unmittelbare Anwendung der §§ 177 ff. BGB verbietet sich, weil ja an sich Vertretungsmacht besteht, wohingegen die genannten Vorschriften das Fehlen von Vertretungsmacht voraussetzen.[85] Die wohl h.L. stellt – insoweit im Einklang mit der Rechtsprechung – auf das Kriterium der Evidenz ab und verzichtet auf das Erfordernis des bewussten Missbrauchs der Vertretungsmacht, weil die Schutzbedürftigkeit des Dritten nicht von der Willensrichtung des Vertreters abhängt.[86] Die dogmatische Herleitung der analogen Anwendung der §§ 177 ff. BGB ist freilich uneinheitlich. Teilweise wird eine teleologische Reduktion des § 50 Abs. 1 HGB befürwortet.[87] Vorzugswürdig erscheint die Annahme eines **Einwendungsdurchgriffs kraft Rechtsmissbrauch**[88] (§ 242 BGB), weil es sich beim Missbrauch der Vertretungsmacht letztlich um einen Unterfall des rechtsmissbräuchlichen Verhaltens handelt.[89]

---

79 Vgl. auch *Drexl/Mentzel*, Jura 2002, 289, 293, allgemein *Medicus/Petersen* BR, Rn. 116.
80 BGH WM 1968, 841 f.
81 BGH WM 1976, 658 f.
82 BGH NJW 1994, 2082 f.
83 RGZ 145, 311, 316; BGHZ 50, 112, 114; 64, 79, 85.
84 *Canaris* HR, § 12 Rn. 41; *K. Schmidt* HR, S. 475 f.; *Drexl/Mentzel*, Jura 2002, 289, 293.
85 *Giesen/Hegermann*, Jura 1991, 357, 369.
86 *Medicus*, Rn. 968.
87 *Prölss*, JuS 1985, 577; *Flume*, § 45 II 3.
88 Zu dieser Figur näher *Canaris*, ZHR 151 (1987), 517, 520 f.
89 *Canaris* HR, § 12 Rn. 40; *Drexl/Mentzel*, Jura 2002, 289, 293.

Auch die entsprechende Anwendung des § 254 BGB wird von Seiten des Schrift- **34**
tums aus gutem Grund angegriffen. So ist die Anwendung des § 254 BGB von vornherein ungeeignet, weil sie im Rahmen des hier einschlägigen Primäranspruchs
keinen tauglichen Anknüpfungspunkt vorfindet, da dieser erst gar nicht entsteht.[90]
Ein **Primäranspruch** entsteht oder er entsteht nicht; teilbar nach Maßgabe des § 254
BGB ist er jedenfalls nicht.[91] Strukturell handelt es sich um ähnliche dogmatische
Bedenken, wie sie gegen die Rechtsprechung zur Anscheinsvollmacht im bürgerlichen Recht geltend gemacht worden sind, weil hier wie dort gilt, dass (Mit-) Verschul-
denselemente beim Primäranspruch nichts zu suchen haben. Auf keinen Fall hat sich
der Vertretene das Verschulden des Vertreters über § 278 BGB zurechnen zu lassen,
weil damit die erarbeiteten Grundsätze über den Missbrauch der Vertretungsmacht
sogleich wieder unterlaufen würden.[92] Demgemäß ist der Weg, den die Rechtsprechung eingeschlagen hat, in der Fallbearbeitung auch nur schwer gangbar, wenn man
dogmatisch folgerichtig arbeiten will.[93] Aus diesem Grund bewahrheitet sich auch an
dieser Stelle der Grundsatz, dass sich dogmatisch fragwürdige Annahmen schwerlich
im **Gutachtenaufbau** darstellen lassen.

---

90 *Drexl/Mentzel*, Jura 2002, 289, 293.
91 *K. Schmidt* HR, S. 476.
92 Darauf weist *Canaris* HR, § 12 Rn. 43, ausdrücklich hin.
93 Vgl. bereits oben Rn. 20 zur Anscheinsvollmacht; instruktiv aus Sicht der Fallbearbeitung zum
Missbrauch der Vertretungsmacht *Drexl/Mentzel*, Jura 2002, 289, 293.

§ 37 Die Abstraktheit der Vollmacht

I. Einleitung

1 Der Bundesgerichtshof nimmt seit dem Jahre 2000 in ständiger Rechtsprechung an, dass **Geschäftsbesorgungsverträge**, in deren Rahmen der Geschäftsführer als Stellvertreter des Geschäftsherrn den Erwerb eines Anlageobjekts – eines Grundstücks oder eines Anteils an einem Immobilienfonds – umfassend ins Werk setzen soll, wegen Verstoßes gegen § 134 BGB nichtig sind, wenn dem Geschäftsführer die nach Art. 1 § 1 RBerG erforderliche Genehmigung zur Besorgung fremder Rechtsangelegenheiten fehlte. Vor der grundlegenden Entscheidung des IX. Zivilsenat,[1] der sich der für das Bankrecht zuständige XI.,[2] der für das Gesellschaftsrecht zuständige II.[3] und der für das Insolvenzrecht zuständige IV. Zivilsenat rasch anschlossen,[4] hatte es in der höchst- und oberinstanzlichen Rechtsprechung keine Bedenken gegen derartige Vertragskonstruktionen gegeben.[5] Dementsprechend weit hatte sich das Geschäftsmodell während des steuerlich subventionierten Baubooms seit der Wiedervereinigung verbreitet, nicht zuletzt weil es den Anlegern die Mühe abnahm, sich persönlich um den Abschluss der vielfältigen mit dem Erwerb verbundenen Verträge zu kümmern, die in vielen Beteiligungs- und Anlagemodellen ohnehin nicht individuell verhandelbar waren.[6] Betraf die Grundsatzentscheidung des IX. Zivilsenats noch einen Notarhaftungsfall (**§ 19 BNotO – eigene Anspruchsgrundlage**), wurden die späteren Gerichtsverfahren durchweg von enttäuschten Anlegern betrieben, die in der Nichtigkeit des Geschäftsbesorgungsvertrags einen tragfähigen Ansatzpunkt sahen, um sich von der mit Verlusten verbundenen Vermögensanlage und insbesondere von den in ihrem Namen geschlossenen Darlehensverträgen zu lösen.

2 Im Zentrum dieser Gerichtverfahren standen deshalb zwei Fragen: *Erstens* war zu klären, ob mit dem Geschäftsbesorgungsvertrag zugleich auch die erteilte Vollmacht nichtig war. Dagegen schien auf den ersten Blick der Grundsatz von der Abstraktheit der Vollmacht vom zugrunde liegenden Rechtsgeschäft zu sprechen. Nahm man gleichwohl die Nichtigkeit der Vollmacht an, war *zweitens* zu klären, ob die Darlehensverträge trotzdem gemäß § 164 Abs. 1 S. 1 BGB für und gegen den Anleger wirkten. Als Anknüpfungspunkt hierfür kamen vor allem **Rechtsschein-** und **Vertrauensschutzgesichtspunkte** in Betracht, die den Schutz der gutgläubig auf die Wirksamkeit der Vollmacht vertrauenden Banken in den Blick nahmen.

3 Die grundlegenden Fragen dieser Problematik sind so tief in der Systematik der Rechtsgeschäftslehre verankert, dass eine dogmatische Aufarbeitung nicht nur für das juristische Grundverständnis, sondern auch und gerade für die Fallbearbeitung förderlich ist. Denn es geht letztlich um prinzipielle Probleme des Allgemeinen Teils des BGB, die ungeachtet ihrer Schwierigkeit vergleichsweise leicht in Klausuren und Hausarbeiten gestellt werden können. Auch die Ablösung des RBerG durch das RDG

---

1 BGHZ 145, 265.
2 BGH NJW 2001, 3774.
3 BGH NJW 2003, 1252.
4 BGHZ 154, 283.
5 *Rehberg*, BB 2011, 453, 454 mit Hinweis auf OLG München WM 2000, 130, 132.
6 Vgl. nur BT-Drs. 16/3655, S. 46.

zum 1. Juli 2008 hat an der Aktualität der Problematik nichts geändert; sie führte vielmehr zu einer weiteren Anreicherung durch ein zusätzliches Auslegungsproblem, von dem vorweg die Rede sein soll.

II. Die problematische Konstellation

Die vom Bundesgerichtshof entschiedenen Fälle ähneln einander, weil gleichartige 4 über die Jahre praktizierte Sachverhalte in Rede standen, die sich lediglich in der Art und Organisation der jeweiligen **Anlageobjekte** unterschieden (Erwerb von Immobilien im Bauträger- oder Bauherrenmodell; Erwerb von Anteilen an offenen oder geschlossen **Immobilienfonds**). Etwas holzschnittartig lassen sich die Sachverhalte wie folgt charakterisieren: Im Rahmen des Erwerbs einer Eigentumswohnung schloss der Anleger mit einem Mittelsmann nicht nur einen Geschäftsbesorgungsvertrag,[7] sondern erteilte ihm zugleich eine umfassende Vollmacht zur Vornahme aller Maßnahmen und Rechtshandlungen sowie zur Abgabe und Entgegennahme aller zum Eigentumserwerb erforderlichen Willenserklärungen.[8] In diesem Rahmen nahm der Vertreter für den Erwerber u.a. Kredite bei einer Bank auf. Nachdem sich herausgestellt hatte, dass die erworbene Eigentumswohnung nicht die versprochenen Gewinne abwarf, sondern im Gegenteil mit erheblichen Verlusten verbunden war, drang der Anleger auf eine Rückabwicklung der Kapitalanlage. Meist aber waren die eingeschalteten Anlagevermittler und Mittelsmänner nicht mehr greifbar oder vermögenslos, häufig handelte es sich um eine GmbH, die längst liquidiert war. Erfolgversprechend erschien deshalb lediglich ein Vorgehen gegen die Bank, die das Finanzierungsdarlehen ausgereicht hatte. Das führte im Ergebnis häufig dazu, dass der Anleger die Rückzahlung des ausgereichten Darlehens verweigerte.

1. Die Nichtigkeit des Geschäftsbesorgungsvertrags nach § 134 BGB

Dabei stützte er sich auf die in der Rechtsprechung des Bundesgerichtshofs seit dem 5 Jahre 2000 anerkannte Nichtigkeit des zwischen dem Vertreter und dem Vertretenen bestehenden Geschäftsbesorgungsvertrags wegen Verstoßes gegen das **Rechtsberatungsgesetz** (Art. 1 § 1 Abs. 1 RBerG).[9] Obwohl sich die übrigen Zivilsenate der grundlegenden Entscheidung des IX. Zivilsenats rasch anschlossen, ohne das gefundene Ergebnis in Zweifel zu ziehen, erfuhr die Rechtsprechung aus der Literatur teils erhebliche Kritik. Der IX. Zivilsenat hatte ausgeführt, dass es sich bei den vom Vertreter zu besorgenden Geschäften (Abschluss der Kauf-, Finanzierungs- und Mietgarantieverträge, die dingliche Belastung des Eigentums und die Geschäfte zur Bildung der Wohnungseigentümergemeinschaft) nicht mehr nur um einfache Hilfstätigkeiten

---

7 Zuweilen war auch statt von einem Geschäftsbesorgungsvertrag von einem „Treuhandvertrag" die Rede und der Vertreter wurde dementsprechend „Treuhänder" genannt, vgl. BGHZ 145, 265, 273. Aus Gründen der Vereinfachung soll hier auf derartige, meist nur sprachliche Differenzierungen verzichtet werden.

8 Vgl. nur BGH NJW 2003, 2088.

9 Nachweise s.o.; grundlegend zum gesetzlichen Verbot und Rechtsgeschäft die gleichnamige Monografie von *Canaris*, 1983.

handle, sondern sich in rechtlicher Hinsicht mannigfaltiger Beratungsbedarf ergeben könne, den ein juristischer Laie nicht befriedigen könne.[10] Hiergegen wurde vor allem eingewandt, dass der Vertreter bei vielen Anlageformen überhaupt keinen Einfluss mehr auf den Inhalt der abzuschließenden Verträge habe, weil der Anbieter die Vertragsmodalitäten einseitig und für sämtliche Anleger einheitlich vorgebe. Der Anleger könne sich nur für oder gegen die konkrete Geldanlage entscheiden; sei seine Anlageentscheidung gefallen, werde der Vertreter lediglich noch als bloße Hilfsperson beim Vertragsschluss tätig.[11]

6   Dieser Kritik wollte sich der Gesetzgeber bei der Erarbeitung des **Rechtsdienstleistungsgesetzes** (RDG) nicht entziehen. So sah der Regierungsentwurf des § 2 Abs. 1 RDG die Erlaubnispflichtigkeit einer Rechtsdienstleistung nur dann vor, wenn die Tätigkeit eine „besondere rechtliche Prüfung des Einzelfalls" erforderte. In der Gesetzbegründung stellte die Bundesregierung ausdrücklich klar, dass das RDG in den hier untersuchten „Treuhandfällen" nur noch zur Anwendung gelangen solle, wenn der Anleger beim Abschluss des Geschäftsbesorgungsvertrages erkennbar zum Ausdruck bringe, dass er nicht lediglich die Durchführung des Vertrages durch den Treuhänder, sondern eine besondere rechtliche Prüfung, Beratung und Betreuung wünsche.[12] Bei Beteiligungs- und Anlagemodellen, bei denen angesichts der durch Musterverträge fest vorgegebenen Erklärungen und Vertragsklauseln eine individuelle Erledigung vom Rechtsangelegenheiten für den Anleger überhaupt nicht in Rede stehe, handle es sich nicht um eine solche Rechtsdienstleistung.[13] In der endgültigen Fassung des § 2 Abs. 1 RDG wurde indessen das Wort „besondere" gestrichen, so dass nunmehr jede Tätigkeit erfasst ist, sobald sie eine „rechtliche Prüfung des Einzelfalls" erfordert.[14] Ob diese Streichung dazu geführt hat, dass auch die Passagen der Regierungsbegründung über die „Treuhandfälle" gegenstandslos geworden sind, ist im Schrifttum umstritten. Zum Teil wird einer ungeschmälerten Fortgeltung der Rechtsprechung zum RBerG das Wort geredet, weil derartige Geschäftsbesorgungsverträge immer auch einen zumindest **objektiven Beratungsbedarf** des Anlegers mit sich brächten.[15] Die Gegenauffassung geht davon aus, dass die spätere Änderung des Gesetzestextes die Entwurfsbegründung der Bundesregierung unberührt lasse und § 2 Abs. 1 RDG nur dann erfüllt sei, wenn der Anleger nicht nur die Durchführung des Vertrages, sondern daneben auch eine gesonderte rechtliche Beratung wünsche.[16] Für die Richtigkeit dieser Auffassung spricht vor allem die Rechtsprechung des Bundesverfassungsgerichts und des für die Rechtsberatung zuständigen **I. Zivilsenats des Bundesgerichtshof**s, wonach das RBerG vor dem Hintergrund der verfassungsrechtlich verbürgten Berufsfreiheit nur dann eingreife, wenn eine substanzielle Rechtsberatung und -prüfung geschuldet sei.[17] Daran fehlt es bei bloßem Vertreterhandeln,

---

10 BGHZ 145, 265, 271.

11 *Rehberg*, BB 2011, 453, 454 f. m.w.N.

12 BT-Drs. 16/3655, S. 46.

13 BT-Drs. 16/3655, S. 46.

14 BT-Drs. 16/6634, S. 51.

15 *Römermann*, NJW 2008, 1249, 1251; *Krenzler*, RDG, 2010, § 2 Rn. 34 ff., insb. Rn. 36.

16 *Kleine-Cosack*, BB 2007, 2637, 2639; *vom Stein*, AnwBl 2008, 385, 386; *Henssler/Deckenbrock*, DB 2008, 41, 42; *Lettl*, WM 2008, 2233.

17 BVerfG NJW 1998, 3481, 3482; BGH NJW 1998, 3563, 3564; 2003, 3046, 3047 f.

selbst wenn es auf die Verwirklichung und Gestaltung fremder Rechte gerichtet ist.[18] Mit Blick auf Art. 12 GG kann für das RDG nichts anderes gelten.[19] Jedenfalls aber dann, wenn auch eine konkrete rechtliche Beratung geschuldet ist, bleibt es bei der Nichtigkeit des Geschäftsbesorgungsvertrages nach § 134 BGB, weil es sich bei §§ 2, 3 RDG ebenso um Verbotsgesetze handelt wie schon bei Art. 1 § 1 RBerG.[20]

2. Nichtigkeit der Vollmacht

Freilich war mit der bloßen Feststellung, dass der Geschäftsbesorgungsvertrag wegen 7 Verstoßes gegen ein gesetzliches Verbot gemäß § 134 BGB nichtig war, im Hinblick auf die angegriffenen Darlehensverträge noch nicht viel gewonnen. Im Mittelpunkt des Interesses steht daher die Folgerung, die der Bundesgerichtshof aus dem Verstoß gegen das Rechtsberatungsgesetz zieht. Im Ergebnis inzwischen einhellig, wenngleich in der Begründung zunächst noch differierend,[21] nehmen die Senate nämlich an, dass die Nichtigkeit des zugrundeliegenden Geschäftsbesorgungsvertrags auch die Vollmacht des Vertreters erfasst, so dass der aufgrund dieser Vollmacht geschlossene Kreditvertrag mit der Bank nicht für und gegen den Erwerber wirkt (vgl. § 164 Abs. 1 S. 1 BGB). Der **Treuhänder** wird so – vorbehaltlich weitergehender Vertrauensschutzgesichtspunkte – zum falsus procurator (§ 179 BGB).

Die entscheidende Frage besteht darin, auf welcher dogmatischen Grundlage 8 und mit welcher Legitimation demzufolge davon ausgegangen wird, dass auch die Vollmacht nichtig ist. Bei näherer Betrachtung besteht diesbezüglich Uneinigkeit in Rechtsprechung und Schrifttum. In der Fallbearbeitung ist es wichtig, diesen Punkt exakt herauszuarbeiten, weil ansonsten nur zu leicht der Eindruck entstehen kann, dass dem Bearbeiter die grundsätzliche Trennung von Vollmacht und Grundgeschäft nicht geläufig ist.

a) Unwirksamkeit der Vollmacht nach § 134 BGB

Der III. Zivilsenat hat den Weg zu einer Rechtsprechung geebnet,[22] die später von dem 9 für das Bankrecht zuständigen XI. Senat aufgegriffen wurde.[23] Danach ist die Vollmacht bei einem Verstoß gegen § 1 RBerG ohne weiteres nach § 134 BGB nichtig.[24] Der **Schutzzweck des Rechtsberatungsgesetzes**, der vor allen nachteiligen wirtschaftlichen und rechtlichen Folgen schützen solle, gebiete eine universelle Nichtigkeit aller damit zusammenhängenden Rechtsgeschäfte. Dass die Vollmachtserteilung ein einseitiges Rechtsgeschäft darstellte, stehe nicht entgegen, weil „die Bevollmächtigung in Fällen der vorliegenden Art fester Bestandteil der von dem Rechtsberater einseitig vorgegebenen Vertragsbedingungen ist und darüber hinaus nicht frei widerrufen

---

18 BVerfG NJW 2004, 672.
19 Ebenso *Rehberg*, BB 2011, 453, 458; *Henssler/Deckenbrock*, DB 2008, 41, 42.
20 Vgl. BGH NJW 2012, 1005 Tz. 6; *Hund*, DStR 2008, 1208, 1210.
21 Dazu sogleich im Text.
22 BGH NJW 2002, 66, 67.
23 Noch vorsichtig zunächst BGH NJW 2002, 2325; dezidiert dann aber BGH NJW 2003, 2088, 2089.
24 Im Schrifttum ebenso *Reiter/Methner*, VuR 2001, 193, 196 ff.

werden kann".[25] Die Unterscheidung in einseitige und mehrseitige Rechtsgeschäfte dürfe daher den Schutzzweck der Norm nicht beiseitelassen.

10   Allerdings besteht damit die Gefahr, dass sich der Käufer ex post, nämlich nachdem er etwa festgestellt hat, dass ihm das Immobiliengeschäft aus ganz anderen Gründen, etwa weil er seine finanzielle Leistungsfähigkeit und -willigkeit überschätzt hat, missliebig wird, daher von diesem mit dem willkommenen Vorwand der **unzulässigen Rechtsberatung** lösen will, die in diesem Kausalverhältnis gar keine Rolle gespielt hat. Derartige Schutzzweckerweiterungen können indes nur zu leicht dazu führen, dass die Banken mit Einwänden aus einer Drittrechtsbeziehung belastet werden. Hierbei ist aber zu berücksichtigen, dass die Unwirksamkeit des Geschäftsbesorgungsvertrages, wie auch der Bundesgerichtshof vereinzelt deutlich gemacht hat,[26] grundsätzlich nicht unmittelbar den zwischen den Parteien geschlossenen Kreditvertrag betrifft, da dieser nicht auf die Verwirklichung eines gesetzlichen Tatbestandes in Gestalt einer ungenehmigten Besorgung fremder Rechtsangelegenheiten gerichtet ist.[27]

b) Unwirksamkeit nach § 139 BGB

11 Freilich hatte der Bundesgerichtshof das Verhältnis von Geschäftsbesorgungsvertrag und darauf beruhender Vollmacht in seiner früheren Rechtsprechung noch anders gesehen, indem er lediglich auf die Figur des einheitlichen Rechtsgeschäfts i.S.d. § 139 BGB zurückgriff.[28] Danach führte der Verstoß gegen das Rechtsberatungsgesetz als solcher noch nicht zur Nichtigkeit der Vollmacht, sondern erst dann, wenn das Grundgeschäft und die Vollmacht nach dem Willen der Parteien zu einem **einheitlichen Rechtsgeschäft** i.S.d. § 139 BGB verbunden waren. Diese Meinung, die auch in Teilen der Literatur favorisiert wird,[29] hält den Unterschied zwischen einseitigem (= Vollmacht) und mehrseitigem Rechtsgeschäft (= Geschäftsbesorgungsvertrag) für maßgeblich und geht davon aus, „dass sich das Verbot des RBerG nur gegen den Rechtsberater richte und mithin nicht zur Nichtigkeit der Vollmacht führen könne, die als einseitiges Rechtsgeschäft durch den Vertragspartner des Rechtsberaters erteilt werde."[30] Ob das Grundgeschäft und die Vollmacht überhaupt ein einheitliches Rechtsgeschäft i. S. v. § 139 BGB sein können, wird zwar uneinheitlich gesehen, jedenfalls für die **Innenvollmacht** aber weithin bejaht.[31]

12   Zwischen der Teilnichtigkeit und dem Verstoß gegen ein gesetzliches Verbot besteht in der Sache zwar ein dogmatischer Zusammenhang.[32] Jedoch erscheinen die

---

25 BGH NJW 2003, 2088, 2089.

26 BGH NJW 2001, 3774, 3775.

27 *Peters/Gröpper*, WM 2001, 2199, 2202.

28 So insbesondere noch der XI. Zivilsenat in BGH NJW 2001, 3774, 3775 mit Verweis auf BGHZ 102, 60, 62 und BGHZ 110, 363, 369.

29 *Ganter*, WM 2001, 195; *Sommer*, NotBZ 2001, 28, 29; *Edelmann*, DB 2001, 687, 688.

30 BGH NJW 2003, 2088, 2089.

31 *Flume*, § 32, 2 a, S. 572; *Beuthien*, 50 Jahre Bundesgerichtshof, Festgabe aus der Wissenschaft, Band I (Hg. Canaris und Heldrich), 2000, S. 88, 94; MüKo/*Schramm*, 6. Auflage 2012, § 164 Rn. 99, 101.

32 Zur gesetzeskonformen Auslegung von Rechtsgeschäften als Folge der Teilnichtigerklärung wegen Verstoßes gegen ein gesetzliches Verbot siehe *J. Hager*, Gesetzes- und sittenkonforme Auslegung und Aufrechterhaltung von Rechtsgeschäften, 1983, S. 63 ff.

am Schutzzweck der Norm orientierten Überlegungen der Rechtsprechung zu § 134 BGB zumindest eher als Ergebnis **teleologischer Gesetzesanwendung**, obwohl auch sie dem prinzipiellen Einwand ausgesetzt sind, dass sie, wie noch näher zu zeigen sein wird, die Abstraktheit der Vollmacht durchbrechen, die einen ganz eigentümlichen Verkehrsschutz bezweckt und bewirkt.[33]

III. Die Auswirkungen der Nichtigkeit auf die Vollmachtserteilung

Es ist aufschlussreich, dass der Bundesgerichtshof selbst davon spricht,[34] dass die Nichtigkeit des Geschäftsbesorgungsvertrags gemäß § 139 BGB auf die Vollmacht „durchschlägt".[35] Diese auf den ersten Blick umgangssprachliche Wendung ist von zwei unterschiedlichen, aber nicht unverwandten Problemen her bekannt. 13

1. Das „Durchschlagen" in bisher bekannten Konstellationen

Der Topos des „Durchschlagens" ist aus der Dogmatik zum Allgemeinen Teil wohl bekannt. Er begegnet vor allem in zwei Konstellationen bzw. Problembereichen. 14

a) Abstraktionsprinzip

Zunächst und vor allem ist der Begriff des Durchschlagens im Zusammenhang mit Durchbrechungen des Abstraktionsprinzips, etwa infolge von Fehleridentität, geläufig. Bestimmte Fehler des Kausalgeschäfts, wie z.B. die arglistige Täuschung, sollen auch auf der dinglichen Ebene Berücksichtigung finden und das dingliche Rechtsgeschäft vernichten.[36] Für den vorliegenden Zusammenhang bedeutsam ist im Übrigen, dass einer der möglichen Anwendungsfälle der **Fehleridentität** gerade im Zusammenhang mit Verstößen gegen § 134 BGB diskutiert wird. Dort wird sie in Betracht gezogen, wenn die Verpflichtung in gleicher Weise verboten ist wie die Verfügung.[37] Das scheint mutatis mutandis zumindest der oben referierten Ansicht des III. Zivilsenats zu entsprechen.[38] Freilich kann von einem „Durchschlagen" dann kaum die Rede sein, weil beide Rechtsgeschäfte jeweils für sich betrachtet und gerade nicht in Abhängigkeit vom jeweils anderen nichtig sind. 15

Jedoch darf auch hier schon der wesentliche Unterschied nicht übersehen werden: Während eine solche gesetzliche Missbilligung im Hinblick auf das **Verfügungsgeschäft** durchaus vorstellbar ist, ist sie bezogen auf die Vollmachtserteilung 16

---

33 Der praktische Unterschied zwischen der Anwendung des § 134 BGB und der des § 139 BGB dürfte vor allem darin bestehen, dass der Bevollmächtigte bei § 139 BGB im Einzelfall die Wirksamkeit der Vollmacht nachweisen kann.

34 Eine Ausnahme macht etwa OLG Karlsruhe, WM 2003, 1223, für prozessuale Willenserklärungen „wegen des übergeordneten Interesses der Rechtsordnung an der Beständigkeit von Prozesshandlungen"; anders freilich auch insoweit BGH WM 2003, 914.

35 Zuletzt BGH WM 2003, 918, 919.

36 Näher zum Ganzen *Grigoleit*, AcP 199 (1999), 379, 416 ff.

37 *Medicus*, Rn. 236.

38 Siehe oben unter Rn. 9.

weniger leicht mit Händen zu greifen. Derartige Durchbrechungen stellen zudem, was auch für den vorliegenden Zusammenhang bedeutsam ist, das Abstraktionsprinzip partiell in Frage, weil schuldrechtliches und dingliches Geschäft im Grundsatz streng voneinander zu trennen ist und die Nichtigkeit des ersteren die Wirksamkeit des Weiteren grundsätzlich unberührt lässt. Zu berücksichtigen ist allerdings die auch im Zusammenhang mit dem Abstraktionsprinzip erörterte Lehre von der **Geschäftseinheit**, die bei § 139 BGB angesiedelt wird.[39]

b) Anfechtung der ausgeübten Innenvollmacht

17 Daneben hat sich der Begriff des Durchschlagens im Zusammenhang mit dem Problem der Anfechtung einer ausgeübten Innenvollmacht etabliert,[40] weil eine Ansicht im Schrifttum das vom – infolge der Anfechtung (vgl. § 142 Abs. 1 BGB) – vollmachtlosen Vertreter (§ 179 BGB) abgeschlossene Geschäft gleichfalls für anfechtbar hält, wenn der zur Erteilung der Vollmacht führende Mangel auf das Vertretergeschäft „ungebrochen durchschlägt".[41] Der Zusammenhang zur vorliegenden Frage ist ersichtlich, weil es auch hier in der Regel um Problemgestaltungen geht, denen eine Innenvollmacht zugrunde liegt. Doch handelt es sich hier eher um eine singuläre interpretatorische Ansicht als um eine zwingende gesetzliche Wertung.[42]

2. Die Abstraktheit der Vollmacht vom zugrundeliegenden Rechtsverhältnis

18 Die Vollmacht ist grundsätzlich vom zugrundeliegenden Rechtsverhältnis losgelöst.[43] Sie ist in dem Sinne abstrakt, dass Mängel des die Erteilung der Vollmacht betreffenden Grundgeschäfts die Vollmacht selbst grundsätzlich nicht betreffen. Zwar erlischt die Vollmacht nach § 168 BGB mit dem **Kausalverhältnis**,[44] doch hat das Gesetz diesen Zusammenhang mit Bedacht nicht für die Entstehung der Vollmacht geregelt.[45] Das Merkwürdige an sämtlichen zitierten Urteilen des Bundesgerichtshofs besteht darin, dass keiner der genannten Senate diesen anspricht.[46] Auch ein Bundesrichter, der diese Diskussion maßgeblich mit geprägt hat, vermerkt nur lapidar, dass sich der Bundesgerichtshof „zu der umstrittenen Frage, ob die (Innen-) Vollmacht gegenüber dem Grundgeschäft abstrakt ist, bisher nicht abschließend geäußert hat."[47]

---

39 Vgl. *Grigoleit*, AcP 199 (1999), 379, 405 ff.

40 Dazu oben § 8 Rn. 31; § 18 Rn. 10.

41 So *Eujen/Frank*, JZ 1973, 232, 236 f.

42 Vgl. auch *Petersen*, AcP 201 (2001), 375, 380 ff.

43 Vgl. *Diederichsen*, Rn. 296; a.A. *Beuthien*, 50 Jahre Bundesgerichtshof, Festgabe aus der Wissenschaft, Band I (Hg. Canaris und Heldrich), 2000, S. 88 ff. mit gewichtigen Argumenten.

44 *Flume*, § 50 1, S. 841 spricht insofern von einem „eigenartigen Abhängigkeitsverhältnis".

45 *Von Tuhr*, Der Allgemeine Teil des Deutschen Bürgerlichen Rechts, Band II/2, 1918, § 85 II, S. 386.

46 Der Bundesgerichtshof führt zwar die grundlegende Monographie von *Müller-Freienfels* (Die Vertretung beim Rechtsgeschäft, 1955) wegen einer differenzierenden Haltung bezüglich einseitiger und mehrseitiger Rechtsgeschäfte an (BGH WM 2003, 918, 920 sowie 1064, 1065, jeweils mit Verweis *auf Müller-Freienfels*, aaO., S. 243 ff.), berücksichtigt jedoch die diese Untersuchung gleichsam durchziehende Grundwertung der Abstraktheit der Vollmacht (vgl. *Müller-Freienfels*, aaO., S. 2 ff.) nicht ausdrücklich.

47 *Ganter*, WM 2001, 195.

a) Der Geltungsgrund der Abstraktheit

Der entscheidende Gesichtspunkt für den vorliegenden Zusammenhang besteht 19
darin, dass die vom Gesetz vorausgesetzte Abstraktion der Vollmacht[48] vom Grundgeschäft kein bloßer Selbstzweck ist, sondern Ausdruck einer fundamentalen gesetzlichen Wertung ist, die gleichwohl nur selten klar ausgesprochen wird.[49] Diese besteht
letztlich im Verkehrsschutz.[50] Der Vertragspartner soll auf den **Bestand der Vollmacht** ungeachtet etwaiger Mängel des zur Bevollmächtigung führenden Grundgeschäfts vertrauen dürfen.[51] Das bedeutet für unseren Fall, dass die Bank grundsätzlich auf den Bestand der Vollmacht vertrauen darf, ohne sich Gedanken darüber
machen zu müssen, dass das der Vollmacht zugrunde liegende Rechtsgeschäft, d.h.
der Geschäftsbesorgungsvertrag des Treuhänders mit dem Vertretenen, womöglich
wegen § 134 BGB nichtig ist.

b) Relativierung bezüglich der Innenvollmacht

Allerdings wird auch im Schrifttum bei der Innenvollmacht davon ausgegangen, dass 20
bei Vereinbarungen, die das zugrundeliegende Rechtsgeschäft betreffen und wegen
eines Verstoßes gegen ein Verbotsgesetz nichtig sind, in der Regel auch die interne
Vollmachtserteilung nichtig sei.[52] Aus der Abstraktheit der Vollmacht werden also
nicht immer die im Extremfall denkbaren materiell-rechtlichen Konsequenzen gezogen.[53] Das ist insofern folgerichtig, als auch beim Abstraktionsprinzip im Schuld- und
Sachenrecht, wie gesehen, davon ausgegangen wird, dass in Fällen der Fehleridentität trotz Abstraktion beide Rechtsgeschäfte nichtig sind. Gerade bei der hier einschlägigen Innenvollmacht ist das auch konsequent. Denn der Vollmachtgeber hat
die Bevollmächtigung nicht nach außen manifestiert; wenn nur der Bevollmächtigte
von ihr weiß, ist es folgerichtig, **Mängel des Grundverhältnisses**, die bei der Bevollmächtigung fortwirken, für beachtlich zu halten.

IV. Verkehrsschutz durch Abstraktion bzw. Vertrauensschutz nach den §§ 172 f. BGB?

Damit stellt sich die Frage, welche Folgen es hat, wenn von dem Grundsatz der Abs- 21
traktheit der Vollmacht eine Ausnahme gemacht wird, weil derselbe Fehler auf der

---

48 Grundlegend *Laband*, ZHR 10 (1866), 185, 203 ff. Dazu *Beuthien*, 50 Jahre Bundesgerichtshof, Festgabe aus der Wissenschaft, Band I (Hg. Canaris und Heldrich), 2000, S. 81, 82 ff., der darauf hinweist
(S. 84), dass *Laband* selbst nicht von der Abstraktheit gesprochen hat. *Beuthien* verneint im Übrigen
im Ergebnis (a.a.O., S. 109) die von ihm gestellte Frage, ob im Stellvertretungsrecht ein Abstraktionsprinzip gilt.
49 Bei *von Tuhr* heißt es treffend, wenngleich an sehr versteckter Stelle (Allgemeiner Teil, 1918, § 85 II,
S. 386 Fn. 54): „Mit dem Erlöschen der Vollmacht muss der Dritte immer rechnen, nicht aber mit dem
viel selteneren Fall, dass die Vollmacht auf einem ungültigen Rechtsverhältnis beruht."
50 MüKo/*Schramm*, 6. Auflage 2012, § 164 Rn. 102.
51 Ablehnend insoweit *Frotz*, Verkehrsschutz im Vertretungsrecht, 1972, S. 330, der einen „verkehrs-
bezogenen Kundgabeakt" vermisst und die Interessen des Dritten daher nicht für schutzwürdig hält.
52 *Flume*, § 50 2, S. 842; *Medicus*, Rn. 949.
53 Vgl. nur MüKo/*Schramm*, 6. Auflage 2012, § 164 Rn. 97, 101 f.

Ebene der Vollmachtserteilung wie auch des Grundgeschäfts wirkt. Diese Herausforderung stellte sich auch dem Bundesgerichtshof in den hier behandelten Entscheidungen. Denn wenn auch die Vollmacht wegen Verstoßes gegen § 134 BGB nichtig ist, so fragt sich, wie der allfällige Verkehrsschutz zu bewerkstelligen ist. Immerhin sind die Banken von einer wirksamen Vollmachtserteilung ausgegangen und wussten womöglich nichts von dem Verstoß des ihnen fremden **Treuhänders** gegen das Rechtsberatungsgesetz.

1. Der Sinn der Abstraktheit der Vollmacht

22 Es ist im Ausgangspunkt von entscheidender Bedeutung nochmals zu betonen, dass die Abstraktheit der Vollmacht im geltenden Recht keinen Selbstzweck darstellt, um also gleichsam die Abstraktionshöhe des Bürgerlichen Rechts nicht nur aufrechtzuerhalten, sondern gerade auch im Allgemeinen Teil um ihrer selbst willen fortzudenken. Wäre das der Fall, so wären Durchbrechungen der Abstraktion gerade dort vergleichsweise leicht zu legitimieren, wo die Abstraktion keine weitergehenden Zwecke verfolgt. In diese Richtung geht unausgesprochen die hier erörterte Rechtsprechung des Bundesgerichtshofs. Demgegenüber ist mit Nachdruck darauf zu verweisen, dass die Abstraktheit der Vollmacht nicht nur ihren guten Sinn hat, sondern eine zentrale gesetzliche Leitidee repräsentiert und ihr zur Durchsetzung verhilft.[54] Denn in vergleichbarer Weise wie das **Abstraktionsprinzip** im Verhältnis von schuldrechtlichem und dinglichem Rechtsgeschäft in einem engen Kausal- und Verweisungszusammenhang zum gutgläubigen Erwerb und dem damit bezweckten Verkehrsschutz steht,[55] wird durch die Abstraktheit der Vollmacht ein ganz eigenständiger Verkehrs- und **Interessenschutz** verwirklicht.

2. Verkehrsschutz bei Fehleridentität

23 Im Schrifttum zu dieser Frage ist darauf aufmerksam gemacht worden, dass die §§ 171–173 BGB einen hinreichenden Verkehrs- und Vertrauensschutz zugunsten der Banken entfalten.[56] Der Bundesgerichtshof wendet zugunsten der Dritten, hier der

---

54 Sehr deutlich *Enneccerus/Nipperdey*, § 184 III 2 a, S. 1137: „Wäre die Vollmachtserteilung wirklich von dem zugrunde liegenden Rechtsverhältnis abhängig, so hätte es der Einführung von schärfer ausgeprägten Schutzbestimmungen für gutgläubige Dritte bedurft, denen eine Beurteilung des zwischen Vollmachtgeber und Bevollmächtigtem bestehenden Innenverhältnisses nicht möglich ist. Die bestehenden Schutzbestimmungen sind eindeutig auf den Fall des Erlöschens der Vollmacht zugeschnitten. Daraus ergibt sich, dass der Fall des gültigen Entstehens nicht mitgetroffen werden sollte und auch nicht lediglich übersehen worden ist. An der abstrakten Natur der Vollmachterteilung ist daher festzuhalten." (beachte auch die Replik auf Planck in Fußnote 45 aaO.).

55 Grundlegend dazu *J. Hager*, Verkehrsschutz durch redlichen Erwerb, 1990, passim.

56 *Ganter*, WM 2001, 195; vgl. auch *Peters/Gröpper*, WM 2001, 2199, 2203. Bereits im früheren Schrifttum wurde jedoch vorgebracht, dass die Abstraktheit der Vollmacht möglicherweise einen zu weit reichenden Ersatz für die Rechtsscheinvollmacht bedeute (so *v. Seeler*, ArchBürgR 28 (1906), 1, 13 f.; dazu näher *Beuthien*, 50 Jahre Bundesgerichtshof, Festgabe aus der Wissenschaft, Band I (Hg. Canaris und Heldrich), 2000, S. 81, 88f).

Banken, konsequenterweise auch die Regeln über die **Duldungs- und Anscheinsvollmacht** an.[57] Bei der Duldungsvollmacht weiß der Vertretene, dass der Vertreter für ihn auftritt, obwohl er tatsächlich keine Vollmacht hat. Bei der Anscheinsvollmacht weiß er dies zwar nicht positiv, hätte es aber bei Beachtung der verkehrserforderlichen Sorgfalt erkennen können. Insgesamt handelt es hierbei sich um Anwendungsfälle des allgemeinen Rechtsgrundsatzes, „dass derjenige, der gegenüber einem Drittem zurechenbar den Rechtsschein einer Bevollmächtigung eines anderen setzt, sich so behandeln lassen muss, als habe er dem anderen wirksam Vollmacht erteilt".[58] Soweit nicht gesetzgeberische Wertungen entgegenstehen, gilt dieser Rechtsgrundsatz ohne Rücksicht darauf, aus welchen Gründen sich die Bevollmächtigung eines anderen als nichtig erweist, weil nur so dem Schutz des Rechtsverkehrs, den die allgemeine Rechtsscheinhaftung bezweckt, ausreichend Rechnung getragen werden kann.[59] Für den Verstoß gegen das RBerG geht der **XI. Zivilsenat** des Bundesgerichtshofs in ständiger Rechtsprechung davon aus, dass der Schutz des redlichen Rechtsverkehrs Vorrang habe vor dem Schutz des Betroffenen vor unsachgemäßer rechtlicher Beratung und deren Folgen. Denn das Verbot unerlaubter Rechtsberatung richte sich allein gegen den Vertragspartner des Geschäftsbesorgungsvertrages, also den „Vertreter", nicht aber gegen den Vertragspartner des Darlehensvertrages.[60]

Die betroffenen Fälle zeichnen sich freilich gerade dadurch aus, dass der Vertreter 24 typischerweise eine **Vollmachtsurkunde** erhalten und diese der Bank bei Abschluss des Darlehensvertrags auch vorgelegt hatte, so dass der Vertreter gemäß §§ 172 Abs. 1, 171 Abs. 1 BGB trotz der Nichtigkeit der Vollmacht zur Vertretung befugt war. Denn vor der grundlegenden Entscheidung des IX. Zivilsenats vom 28.9.2000 musste niemand, also auch nicht die Banken von der Nichtigkeit der Vollmacht ausgehen, vgl. §§ 172 Abs. 2, 173 BGB.[61] Etwas anderes galt nur, wenn die Vollmachtsurkunde überhaupt nicht oder erst verspätet vorgelegt worden war, wobei der Bundesgerichtshof auch **Durchschriften als Originalurkunden** ansieht[62] und für den Zeitpunkt der Urkundenvorlage nicht auf die Unterzeichnung, sondern erst auf den Zugang der Annahmeerklärung abstellt.[63] Der Verstoß gegen das RBerG und die damit verbundene Nichtigkeit der Vollmacht blieb für den Anleger im Verhältnis zur Bank folglich meist ohne Auswirkung.

---

57 BGH NJW 2003, 2091, 2092.

58 BGH NJW 2003, 2091, 2092 mit Verweis auf BGHZ 102, 60, 64.

59 BGH NJW 2003, 2091, 2092 mit Verweis auf BGHZ 144, 223, 230.

60 Ausf. BGH NJW 2003, 2091, 2092. Dagegen hatte für den Fall des kreditfinanzierten Beitritts zu einem geschlossenen Immobilienfonds zunächst noch der II. Zivilsenat opponiert (BGHZ 159, 294). Dessen Erwägungen wollte sich der XI. Zivilsenat freilich nicht anschließen (BGHZ 161, 15). Es kam jedoch nicht zur Anrufung des Großen Senats für Zivilsachen nach § 132 II GVG (vgl. BGHZ 161, 15, 29). Vielmehr übernahm der XI. Zivilsenat einen Teil des Zuständigkeit des II. Senats (Pressemitteilung des BGH vom 25.4.2006) und gab in nunmehr eigener Zuständigkeit die vormalige Linie des II. Zivilsenats auf (BGHZ 167, 223). Zum Ganzen überspitzt *Derleder*, NZM 2006, 449.

61 BGHZ 145, 265, 275 verneinte eine schuldhafte Amtspflichtverletzung des beurkundenden Notars; vgl. im Folgenden auch BGHZ 161, 15, 31); BGH NJW 2005, 668, 669; nach der Entscheidung vom 28.9.2000 wurde das Geschäftsmodell in der Praxis aufgegeben, weil BGHZ 145, 265 die Haftungsrisiken für die beteiligten Notare offengelegt hatte.

62 BGH NJW 2006, 1957 Tz. 23.

63 BGH NJW-RR 2012, 622 Tz. 22 ff.

Gleiches gilt grundsätzlich auch im Verhältnis zum Veräußerer des Anlageobjekts. Nach den bisherigen Ausführungen versteht sich das von selbst, wenn der Veräußerer dem Anleger und dem Anlagevermittler als gutgläubiger Dritter gegenüberstand. Dann greifen zu Gunsten des Veräußerers ebenfalls §§ 171, 172 BGB. Anders verhält es sich, wenn der Anleger nicht einen Dritten, sondern den Veräußerer selbst im Rahmen eines Geschäftsbesorgungsvertrags unter Befreiung von dem Verbot des Selbstkontrahierens (§ 181 BGB) bevollmächtigt hatte. Denn im Falle des Selbstkontrahierens entfaltet der Gutglaubensschutz der §§ 171, 172 BGB keine Wirkung, weil es an der Beteiligung eines gutgläubigen Dritten fehlt. Der Bundesgerichtshof hat jedoch klargestellt, dass eine Rückabwicklung der Anlage auf Verlangen des Veräußerers ausscheidet, wenn das Geschäft schon seit vielen Jahren vollzogen ist und der Anleger das Anlageobjekt auch behalten will.[64] Denn das Verbot der unerlaubten Rechtsberatung soll allein den Anleger schützen, so dass sich der Veräußerer nach Treu und Glauben (§ 242 BGB) nicht auf die Nichtigkeit der Vollmacht berufen und den Anleger auch nicht zur Genehmigung nach § 177 Abs. 2 S. 2 BGB auffordern kann. Fordert er ihn gleichwohl auf, führt das Schweigen des Anlegers entgegen § 177 Abs. 2 S. 2 BGB nicht zur Fiktion der Genehmigungsverweigerung.

V. Zusammenfassung

25 Zusammenfassend lässt sich sagen, dass die Abstraktheit der Vollmacht kein Selbstzweck ist, sondern dem Verkehrsschutz dient. Eine Ausnahme von diesem Grundsatz kommt bei Fehleridentität in Betracht. Der Schutz des Rechtsverkehrs wird in diesen Fällen insbesondere über die Grundsätze der Duldungs- und Anscheinsvollmacht bzw. allgemein über die §§ 170 ff. BGB verwirklicht. Allerdings muss sich die Rechtsprechung im Ergebnis den Einwand gefallen lassen, dass sie mit der Durchbrechung der Abstraktheit letztlich ein **anderes Verkehrsschutzsystem** an die Stelle des gesetzlich geregelten gesetzt hat.

---

64 BGH NJW 2012, 3424.

§ 38 Vertretung ohne Vertretungsmacht

I. Gesetzliche Regelung und Normstruktur

Eine Willenserklärung, die jemand innerhalb der ihm zustehenden **Vertretungs-** **macht** im Namen des Vertretenen abgibt, wirkt gemäß § 164 Abs. 1 S. 1 BGB für und gegen den Vertretenen. Schließt jemand dagegen ohne Vertretungsmacht im Namen eines anderen einen Vertrag ab, so hängt die Wirksamkeit des Vertrags für und gegen den Vertretenen nach § 177 Abs. 1 BGB von dessen Genehmigung ab. Der Vertretene kann dem Vertrag daher noch im Nachhinein zur Wirksamkeit verhelfen. Bei einseitigen Rechtsgeschäften hat er diese Möglichkeit regelmäßig nicht, hier ist eine Vertretung ohne Vertretungsmacht gemäß § 180 S. 1 BGB grundsätzlich unzulässig.

1. Einordnung in die Rechtsgeschäftslehre

Der Regelungsmechanismus ist in den Vorschriften der §§ 177 ff. BGB derselbe wie im Minderjährigenrecht nach §§ 108 f., 111 BGB, weil die zu regelnden Fragen strukturell dieselben sind,[1] wie die Gesetzesverfasser vorhergesehen haben.[2] Damit gewinnen im Übrigen historisch-systematische Argumente in diesem Bereich einen besonderen Stellenwert.[3] Es ist zudem systematisch schlüssig zu erklären, dass die jeweilige Ausgangsvorschrift – § 107 BGB bzw. § 164 BGB – von einer Willenserklärung spricht, während die jeweiligen Folgevorschriften den Abschluss eines Vertrags voraussetzen: Weder § 107 BGB noch § 164 Abs. 1 BGB enthalten eine Rechtsfolgeanordnung darüber, ob eine Willenserklärung ohne Einwilligung des gesetzlichen Vertreters bzw. ohne Vertretungsmacht wirksam oder unwirksam ist.[4] Vielmehr folgt aus § 177 BGB – vergleichbar mit § 108 BGB im Minderjährigenrecht –, dass auch ein ohne Vertretungsmacht geschlossener Vertrag **zustande kommen** kann, die zum Vertragsschluss führende Willenserklärung des Vertreters also ungeachtet der fehlenden Vertretungsmacht *wirksam* ist.[5] Der Vertragsschluss belastet den Vertretenen auch noch nicht und räumt ihm im Gegenteil sogar privatautonom die Möglichkeit ein, den Vertrag gelten zu lassen.[6] Erst die **Wirksamkeit des Vertrags** für und gegen den Vertretenen hängt dann nach dem unmissverständlichen Wortlaut des § 177 Abs. 1 BGB von dessen Genehmigung ab.[7] Die Vornahme einseitiger Rechtsgeschäfte hingegen ist – vergleichbar mit § 111 BGB – gemäß § 180 S. 1 BGB ohne entsprechende Vertretungsmacht grundsätzlich unzulässig, weshalb in diesen Fällen eine Genehmigung vorbehaltlich § 180 S. 2 und 3 BGB nicht in Betracht kommt. Dementsprechend ist der überwiegend zu findende **Aufbau der Fallprüfung**, wonach bereits bei der Willenserklärung des Vertreters alle Voraussetzungen wirksamer Stellvertretung einschließlich des Vorlie-

1 *Enneccerus/Nipperdey*, § 143 Fußnote 3.
2 Motive Band I S. 131; *Mugdan* Band I S. 424.
3 Allgemein dazu *Canaris*, FS Medicus, 1999 S. 25.
4 *Leenen*, FS Canaris, 2007, Band 1, S. 699, 708, 711 mit Fußnote 55; *ders.*, Jura 2007, 721, 724, 726.
5 *Häublein*, Jura 2007, 728; *Leenen*, Jura 2007, 721, 726; ders. § 4 Rn. 75 ff.; § 9 Rn. 66 ff. (mit Schaubild).
6 *Leenen*, AcP 188 (1988), 381 ff.
7 Instruktiv *Leenen*, Jura 2007, 721, 726, mit Aufbauvorschlag für die Fallbearbeitung.

gens von Vertretungsmacht angesprochen werden, zumindest nicht zwingend. Vielmehr wirkt sich das Fehlen der Vertretungsmacht allein und ausschließlich auf die Wirksamkeit des Vertrags bzw. des einseitigen Rechtsgeschäfts aus.

2. Genehmigung

3 Fordert der andere Teil den Vertretenen zur Erklärung über die Genehmigung auf, wofür auch eine ergebnisoffen formulierte Aufforderung genügt,[8] dann kann die Erklärung gemäß § 177 Abs. 2 S. 1 BGB und nicht anders als nach der Parallelvorschrift des § 108 Abs. 2 S. 1 BGB nur ihm gegenüber erfolgen.[9] Eine vor der Aufforderung dem Vertreter gegenüber erklärte Genehmigung oder Verweigerung der Genehmigung wird nach Halbsatz 2 unwirksam.

a) Formlosigkeit und Formbedürftigkeit

4 Die Genehmigung entfaltet gemäß § 184 Abs. 2 BGB Rückwirkung und soll nach der Rechtsprechung gemäß § 182 Abs. 2 BGB selbst dann formlos möglich sein, wenn die Vollmacht selbst formbedürftig gewesen wäre.[10] Hier stellt sich dasselbe Problem wie bei der Formfreiheit der Vollmacht.[11] Deshalb plädiert ein Teil der Lehre mit guten Gründen dafür, dass wenigstens dann, wenn eine entsprechende Vollmacht **ausnahmsweise (vgl. § 167 Abs. 2 BGB) formbedürftig** wäre, für die Genehmigung nichts anderes gilt.[12] Angesichts der Bindungswirkung der Genehmigung, die sie von der Vollmacht unterscheidet, ist die von der Rechtsprechung zugrunde gelegte Formlosigkeit nämlich vor dem Hintergrund des Schutzzwecks der Formvorschriften zweifelhaft,[13] wenn und weil das Vertretergeschäft bereits ohne Widerrufsmöglichkeit abgeschlossen ist.[14] Deshalb muss die Genehmigung eines **Grundstückskaufvertrags** richtigerweise der Form des § 311b Abs. 1 BGB entsprechen.[15]

5 Davon zu unterscheiden, aber stets zu beachten sind Mängel des genehmigten Rechtsgeschäfts selbst. Da die Genehmigung nur über die fehlende Vertretungsmacht hinweghilft, vermag sie andere Mängel des Rechtsgeschäfts nicht zu heilen.[16]

---

8 BGH NJW 2000, 3128, 3129.
9 Zugang und Zugangsbedürftigkeit der notariell beurkundeten Genehmigung behandelt *Tiedtke*, BB 1989, 924.
10 BGH NJW 1994, 1344; BGH JZ 1995, 97.
11 Dazu *Petersen*, Rn. 62.
12 *Köhler*, § 11 Rn. 66.
13 *Einsele*, DNotZ 1996, 835.
14 *Medicus*, Rn. 976.
15 *Flume*, § 54, 6b. Dazu auch *Petersen*, Rn. 62.
16 *Brox/Walker*, Rn. 595.

b) Stillschweigende Genehmigung

Die Genehmigung muss nicht ausdrücklich erfolgen, sondern kann konkludent – grundsätzlich aber nicht durch schlichtes Schweigen[17] – erfolgen, wenn nur der Genehmigende diese Deutung seines Verhaltens unter Beachtung der ihm obliegenden Sorgfalt erkennen konnte.[18] Die Formel des Bundesgerichtshofs, wonach für die stillschweigende Genehmigung erforderlich ist, „dass sich der Genehmigende der schwebenden Unwirksamkeit des Vertrags bewusst ist oder mit einer solchen Möglichkeit rechnet",[19] kann allerdings – ähnlich wie bei der Bestätigung im Sinne des § 141 BGB – zu Zweifelsfragen führen. Bejaht beispielsweise der Vertretene die Frage des Geschäftspartners, ob es mit den von seinem Vertreter abgeschlossenen Geschäften seine Richtigkeit habe, so hat dies nach den allgemeinen **Auslegungsgrundsätzen** (§§ 133, 157 BGB) den Sinn, den der Fragende ihm beimisst; hat der Vertreter in diesem Fall außer denjenigen Geschäften, die dem Vertretenen bekannt waren, mit dem Dritten noch andere hinter dem Rücken des Vertretenen abgeschlossen, gelten diese aus (objektiver) Sicht des Fragenden als genehmigt. Der Vertretene muss dann diese Geschäfte – nicht anderes als beim Parallelproblem des fehlenden Erklärungsbewusstseins, das letztlich auch hier *sedes materiae* ist[20] – fristgerecht anfechten.[21] Bis zur Genehmigung des Vertrags ist der andere Teil gemäß § 178 S. 1 BGB zum **formfreien Widerruf** berechtigt,[22] es sei denn, dass er den Mangel bei dem Abschluss des Vertrags gekannt hat.[23] Der Widerruf kann auch dem Vertreter gegenüber erklärt werden, § 178 S. 2 BGB. Die Inanspruchnahme des Vertreters aus § 179 Abs. 1 BGB kann als konkludenter Widerruf zu werten sein.[24]

6

II. Haftung des Vertreters ohne Vertretungsmacht

Die neben § 122 BGB wichtigste Anspruchsgrundlage des Allgemeinen Teils stellt § 179 BGB dar. Wer als Vertreter einen Vertrag ohne Vertretungsmacht geschlossen hat (**falsus procurator**), ist nach dessen erstem Absatz dem anderen Teil nach dessen Wahl zur Erfüllung oder zum Schadensersatz verpflichtet, wenn der Vertretene die Genehmigung verweigert.

7

Hat der Vertreter im Namen eines nicht vorhandenen Rechtsträgers gehandelt, existiert der angeblich Vertretene also nicht und ist mithin sowohl das Bestehen von Vertretungsmacht als auch die Möglichkeit einer nachträglichen Genehmigung

8

---

17 Ausnahme, wenn eine Äußerung nach Treu und Glauben erforderlich gewesen wäre; vgl. nur BGHZ 1, 353, oder beim Schweigen auf ein kaufmännisches Bestätigungsschreiben.

18 BGHZ 109, 171, 177; BGH NJW 2002, 2325; 2005, 1488, 1490.

19 BGHZ 47, 341, 351; BGH DB 1976, 1573, 1574.

20 *Köhler*, § 11 Rn. 66.

21 *Medicus*, Rn. 977; dass der Vertrag und nicht die einzelne Willenserklärung angefochten wird, zeigt *Leenen*, Jura 1991, 393; zustimmend *Petersen*, Liber Amicorum Leenen, 2012, S. 219, 220.

22 Vgl. BGH ZIP 1201 zur Formfreiheit.

23 Zu den zeitlichen Grenzen *Jauernig*, FS Niederländer, 1991, S. 285. vgl. BGH NJW 1973, 798 zur entsprechenden Anwendung des § 178 S. 1 BGB beim Vertragsschluss mit einer erst in der Entstehung begriffenen, aber noch nicht eingetragenen Kapitalgesellschaft.

24 BGH NJW 1988, 1199, 1200.

grundsätzlich[25] ausgeschlossen, findet § 179 BGB nach h.M. entsprechende Anwendung.[26] Aufgrund der Ausgestaltung der Vorschrift als Garantiehaftung kommt es hierfür nicht darauf an, ob der Vertreter ohne Vertretungsmacht Kenntnis von der **fehlenden Existenz des Rechtsträgers** hatte; er haftet dann aber analog § 179 Abs. 2 BGB nur auf Ersatz des Vertrauensschadens.[27]

1. Erfüllung oder Schadensersatz

9 Der Dritte kann also nach § 179 Abs. 1 BGB vom Vertreter ohne Rücksicht auf dessen Verschulden wahlweise Erfüllung oder Schadensersatz verlangen, so dass ein Wahlschuldverhältnis nach den §§ 263 ff. BGB besteht.[28] Beim Schadensersatz, der auf das positive Interesse gerichtet ist (arg. § 179 Abs. 2 BGB), kann er die von ihm versprochene Leistung behalten und verlangen, dass ihm der Wertunterschied entsprechend der **Differenztheorie** ausgeglichen wird.[29] Schwieriger ist die Einordnung des ebenfalls möglichen Erfüllungsverlangens. Der Vertreter soll im Rahmen des § 179 BGB verschuldensunabhängig in Form einer gesetzlichen **Garantiehaftung** dafür einstehen,[30] dass er Vertrauen in Anspruch genommen und enttäuscht hat.[31] Daher wird auch das Erfüllungsverlangen gemäß § 179 Abs. 1 BGB von einem Teil der Lehre als Schadensersatzanspruch qualifiziert,[32] obwohl der Erfüllungsanspruch grundsätzlich gerade keinen Schadensersatzanspruch darstellt.[33] Jedenfalls aber wird der Vertreter nicht Vertragspartei des ursprünglich geschlossenen Vertrags; vielmehr entsteht ein insoweit identisches Schuldverhältnis kraft Gesetzes zwischen ihm und dem Dritten.[34] Wählt der Dritte Erfüllung, so kann der Vertreter nicht seinerseits ohne weiteres auf Erfüllung klagen, sondern muss ausharren, bis der Dritte von ihm Erfüllung verlangt.[35] Seinen **Gegenleistungsanspruch** muss der Vertreter bei seiner Leistung an den Dritten dann einredeweise (§ 320 BGB) geltend machen.[36] Leistet der Dritte dann mangelhaft, so hat der Vertreter dieselben Mängelgewährleistungsrechte, die auch der Vertretene gehabt hätte, wenn der Vertrag für und gegen ihn gewirkt hätte.[37]

---

25 Zur berücksichtigen ist allerdings, dass der „vertretene" Rechtsträger – etwa bei einer noch zu gründenden Gesellschaft – im Nachhinein noch zur Entstehung gelangen kann, weshalb eine nachträgliche Genehmigung analog § 177 BGB nicht generell ausgeschlossen ist, vgl. BGH NJW 1973, 798.

26 BGHZ 63, 45, 48 f.; 91, 148, 152; 105, 283, 285; *Fehrenbach*, NJW 2009, 2173. Nach BGH NJW 2012, 2871 greift die Rechtsscheinhaftung analog § 179 BGB zum Beispiel auch dann ein, wenn für eine Unternehmergesellschaft (haftungsbeschränkt) mit dem unrichtigen Rechtsformzusatz „GmbH" gehandelt wird.

27 BGHZ 105, 283, 285; BGH NJW 2009, 215 f.

28 RGZ 154, 58, 62.

29 *Medicus*, Rn. 988.

30 Palandt/*Ellenberger*, 71. Auflage 2012, § 179 Rn. 1.

31 BGHZ 39, 51; 73, 269; BGH NJW 2009, 215, 216; grundlegend zum Ganzen *Canaris*, Die Vertrauenshaftung im deutschen Privatrecht, 1971.

32 *Prölss*, JuS 1986, 169, 171 („Quasi-Naturalrestitution").

33 *Flume*, § 47 3b.

34 *Brox/Walker*, Rn. 602. Eine damit vergleichbare Rechtsfolge ergibt sich nach der Rechtsprechung im Übrigen bei § 566 BGB, vgl. BGH NJW 2000, 2346.

35 *Medicus*, Rn. 986.

36 *Flume*, § 47 3b.

37 *Faust*, § 27 Rn. 12 mit Beispiel.

Der Dritte soll also aus dem Fehlen der Vertretungsmacht keinen Vorteil erlangen. Deshalb soll er nach überwiegend vertretener Auffassung nur das verlangen können, was auch der Vertretene leisten könnte, der Vertreter daher etwa keine Erfüllung schulden, wenn der Vertretene den Vertrag insolvenzbedingt nicht hätte erfüllen können.[38] Damit verdoppelt sich jedoch für den Dritten das Insolvenzrisiko, weil nicht nur der Vertreter, sondern auch der Vertretene zahlungsunfähig sein kann.[39]

2. Beschränkung und Ausschluss der Haftung

Hat der Vertreter den Mangel der Vertretungsmacht nicht gekannt, so ist er nach **10** § 179 Abs. 2 BGB nur zum Ersatz desjenigen Schadens verpflichtet, welchen der andere Teil dadurch erleidet, dass er auf die Vertretungsmacht vertraut; anders als nach § 122 Abs. 2 BGB ist das Kennenmüssen der Kenntnis nicht gleichgestellt. Wenn der andere Teil den Mangel der Vertretungsmacht kannte oder kennen musste (§ 122 Abs. 2 BGB), haftet der Vertreter nicht, § 179 Abs. 3 S. 1 BGB.[40] S. 2 dehnt den Schutz auf den beschränkt geschäftsfähigen Vertreter (§ 165 BGB) aus. Die Zustimmung des gesetzlichen Vertreters, welche zur Haftung auch des beschränkt Geschäftsfähigen führt, muss sich lediglich auf das Handeln des minderjährigen Vertreters als solches beziehen, ohne dass es darauf ankommt, ob der gesetzliche Vertreter vom Fehlen der Vertretungsmacht etwas wusste.[41] Zu weit geht jedoch die Ansicht, wonach darüber hinaus die Haftung abgelehnt wird, „wenn das Fehlen der Vertretungsmacht außerhalb jeder **Erkenntnis- und Beurteilungsmöglichkeit des Vertreters** lag".[42] Eine derartige teleologische Reduktion des § 179 Abs. 1 BGB ist unangebracht, weil dieses Risiko eher der Sphäre des Vertreters als der des Dritten zuzuordnen ist.[43] Dementsprechend kann der Vertreter die Haftung auch nicht einfach dadurch ausschließen, dass er den Dritten die Tatsachen wissen lässt, aus denen sich seine vermeintliche Vertretungsmacht ergibt. Überhaupt sind **Nachforschungen des Dritten i**m Hinblick auf die Vertretungsmacht nur dann angezeigt, wenn wegen der besonderen Umstände des Einzelfalles Anlass dazu besteht.[44]

III. Fallbeispiel aus der Klausurpraxis

Den Abschluss der Beiträge über die Vertretungsmacht soll ein praktisches Beispiel **11** aus einer Examensklausur bilden. Dort verpflichteten die beiden Vorstandsmitglieder eines Sportvereins, der laut Satzung amateurmäßig betrieben wurde, namens des Vereins einen Profi, der ein entsprechend hohes Entgelt für seine Leistung beanspruchte. Ein vertraglicher Anspruch gegen den Verein scheiterte an der Vertretungsmacht: Der Vertrag, den die Vorstandsmitglieder im Namen des Vereins (vgl. § 164

---

38 OLG Hamm MDR 1993, 515; *Flume*, § 47 3b.

39 *Hilger*, NJW 1986, 2237; skeptisch daher auch *Medicus*, Rn. 987.

40 Dazu BGH NJW 2009, 215.

41 *Köhler*, § 11 Rn. 72; a.A. *van Venrooy*, AcP 181 (1981), 220.

42 *Flume*, § 47 3c; a.A. *Köhler*, § 11 Rn. 70.

43 *Medicus*, Rn. 994.

44 BGH NJW 2000, 1407, 1408.

Abs. 1 S. 2 BGB) geschlossen hatten, wirkte nicht für und gegen den Verein, weil die erforderliche Vertretungsmacht fehlte. Zwar hat der Vorstand nach § 26 Abs. 1 S. 2 Hs. 2 BGB die Stellung eines gesetzlichen Vertreters, so dass dem Grunde nach Vertretungsmacht bestand. Hier wird jedoch die wichtige Unterscheidung zwischen Bestand und Umfang der Vertretungsmacht bedeutsam: An sich ist die Vertretungsmacht des Vorstands grundsätzlich unbeschränkt, weshalb sie allenfalls solche Geschäfte nicht umfasst, die bei objektiver Betrachtung auch für einen Dritten ganz außerhalb des Vereinszwecks liegen. Der Umfang der Vertretungsmacht des Vorstands kann jedoch durch die Satzung mit Wirkung gegen Dritte beschränkt werden, § 26 Abs. 1 S. 3 BGB. Wird der Verein laut Satzung als Amateurverein betrieben, ergibt die Auslegung, dass sich die Vertretungsmacht angesichts des den gewöhnlichen Etat erheblich überschreitenden Entgelts nicht auf die Verpflichtung des Profis erstreckte. Allerdings ist die satzungsmäßige Beschränkung der Vertretungsmacht des Vorstands auch im Vereinsregister einzutragen;[45] andernfalls käme dem verpflichteten Profi die in § 64 BGB bzw. § 68 BGB in Verbindung mit § 70 BGB zum Ausdruck kommende **negative Publizität** des Vereinsregisters auch dann zugute, wenn er das Vereinsregister nicht eingesehen hat. Der Vorstand hatte somit den Umfang seiner Vertretungsmacht überschritten. Mangels Vertretungsmacht haftet der Verein selbst nicht. Es kommt demnach nur eine gesamtschuldnerische Haftung der beiden Vorstandsmitglieder aus § 179 Abs. 1 BGB auf Erfüllung, das heißt Zahlung des vertraglich versprochenen Entgelts, in Betracht. Beide hatten den Vertrag als Vertreter ohne Vertretungsmacht im Namen des Vereins geschlossen.[46] Die Vertreter konnten sich auch nicht auf § 179 Abs. 2 BGB berufen, weil sie den in der satzungsmäßigen Beschränkung zum Ausdruck kommenden amateurmäßigen Zuschnitt des **Vereinszwecks** kannten. Ebenso wenig half ihnen § 179 Abs. 3 BGB: Dass sich die Begrenzung des Umfangs der Vertretungsmacht aus dem Vereinsregister ergab, begründet kein Kennenmüssen (vgl. § 122 Abs. 2 BGB), da **niemand verpflichtet ist, das Register einzusehen**. In der genannten Examensklausur kamen noch Gegenrechte, insbesondere eine Anfechtungsmöglichkeit, in Betracht, die hier im Einzelnen nicht interessieren. Von prinzipieller Bedeutung ist jedoch, dass solche Einwendungen auch vom falsus procurator erhoben werden können, so dass hier etwa die Vorstandsmitglieder bei Vorliegen eines Anfechtungsgrundes dem Dritten gegenüber anfechten könnten. Denn dieser soll nach § 179 Abs. 1 BGB nicht besser stehen, als er gegenüber dem Verein stünde, dessen etwaige Gegenrechte er sich gleichfalls entgegenhalten lassen müsste. Hieran zeigt sich sogar in besonders deutlicher Weise die Normstruktur des § 179 Abs. 1 BGB.

---

45 Sogar dann, wenn sie, wie hier, dem Gesetz (§ 26 BGB) entspricht; *Schwarz*, NZG 2002, 1033.
46 Im konkreten Fall hatte der überstimmte Kassenwart gegen die Verpflichtung protestiert, so dass man davon ausgehen konnte, dass auch keine Genehmigung i.S.d. § 177 Abs. 1 BGB vorlag.

§ 39 Die Haftung bei der Untervollmacht

Die Untervollmacht wurde bereits verschiedentlich vorausgesetzt bzw. kurz darge- 1
stellt, aber noch nicht näher im Hinblick auf die Haftungsfragen behandelt.[1] Von
besonderer **Bedeutung für die Prüfung** sind, wie gesehen, die nicht im Gesetz normierten Arten der Vollmacht, wie die Duldungs- und Anscheinsvollmacht[2] oder die
postmortale Vollmacht.[3] Gerade deshalb kommt auch die im Folgenden näher zu
betrachtende Ausprägung ins Blickfeld, die als ebenfalls gesetzlich nicht ausdrücklich geregelte Form der Vertretung ein gewisses Schattendasein führt. Die folgenden
Ausführungen richten sich explizit an **Examenssemester**; bis einschließlich der Vorgerücktenübung dürfte dasjenige als parater Wissensstoff hinreichen, was in der bisherigen Darstellung zur Untervollmacht gesagt wurde. Allerdings begegnen die Haftungsfragen bei der Untervollmacht auch nicht selten in der **Anfängerhausarbeit.**

Die Untervollmacht ist dogmatisch von großem Interesse, zumal naturgemäß 2
mehrere Personen beteiligt sind: der Vertretene als **Prinzipal**, der Haupt- und Untervertreter sowie der **Dritte**, mit dem als Außenstehendem kontrahiert wird. Dabei
geht es weniger um die Frage, ob die Erteilung der Untervollmacht überhaupt zulässig ist.[4] Das ist durch Auslegung zu ermitteln.[5] Regelmäßig, insbesondere bei der
Generalvollmacht, d.h. etwa bei der Prokura und der Handlungsvollmacht, ist die
Untervertretung gestattet.[6] Dagegen überwiegt bei der **Spezialvollmacht** zumeist
das Interesse des Prinzipals, dass für ihn der von ihm Bevollmächtigte selbst handelt,
auf dessen besondere Sachkunde oder persönliche Eignung er vertraut.[7]

Problematisch ist angesichts der mindestens vier mitwirkenden Personen viel- 3
mehr, wer wem woraus haftet, wenn sich später herausstellt, dass die Haupt- oder
Untervollmacht nicht bestanden hat. Bevor dieser schwierigen Frage ausführlich
nachgegangen wird, soll allerdings zum besseren Verständnis die **Grundkonstellation der Untervollmach**t nochmals dargestellt und dogmatisch eingeordnet werden.

---

1 Der Begriff „Unterbevollmächtigung" findet sich – soweit ersichtlich – erstmals explizit bei *Planck/
Flad*, BGB, 4. Auflage 1913, Anmerkung 8 zu § 167. Ansonsten ist im älteren Schrifttum regelmäßig von
„Substitution" die Rede; vgl. *Killy*, Substitution beim Auftrag, 1914; *Lehnerdt*, Substitution und Gene-
ralsubstitution im Prozeß, 1918; *Götz*, Die Substitution im bürgerlichen Recht und im Prozeß, 1923.
2 Hierzu *Schreiber*, Jura 1997, 104, 105.
3 Dazu *Medicus/Petersen* BR, Rn. 399; *Canaris*, Bankvertragsrecht, 3. Auflage 1988; Band 1, Rn. 206 ff.
4 Für die Fallbearbeitung bemerkenswert ist insoweit der Hinweis von *Diederichsen*, JuS 1968, 169,
172 (skeptisch aber *Harder*, AcP 170 (1970), 295), dass ein zur Untervollmacht befugter Generalvertreter
dem Untervertreter nicht die Befugnis zum Selbstkontrahieren nach § 181 BGB erteilen kann, weil die
Generalvollmacht ihrerseits nicht ohne weiteres die Vornahme von Geschäften mit sich selbst gestattet. Einer Genehmigung durch den Hauptvertreter entsprechend § 177 BGB stehe § 181 BGB entgegen,
der insoweit teleologisch zu reduzieren sei. Allgemein zur Rolle des § 181 BGB bei der Untervertretung
U. Hübner, Interessenkonflikt und Vertretungsmacht, 1977, S. 175 ff.
5 *Köhler*, § 18 Rn. 46.
6 *Flume*, § 49 5.
7 *Hupka*, Die Vollmacht, 1900, S. 351.

I. Unterscheidung oder Einheitlichkeit der Untervollmacht?

4 Bei der mehrstufigen Vertretung besitzt der **Hauptvertreter** gesetzliche oder rechtsgeschäftlich erteilte (vgl. § 166 Abs. 2 S. 1 BGB) Vertretungsmacht. Bevollmächtigt der Hauptvertreter einen Untervertreter, so stellt sich die Frage, wen der Untervertreter vertritt: den Hauptvertreter oder den Prinzipal.

1. Der Standpunkt der Rechtsprechung

5 Der BGH[8] geht davon aus, dass der Hauptvertreter „in zweifacher Art"[9] Untervollmacht erteilen kann: Er könne den Unterbevollmächtigten zu seinem eigenen Vertreter machen, womit er „Vertreter des Vertreters"[10] sei. Das sei „rein logisch gesehen denkbar".[11] Möglich sei aber auch, dass der Untervertreter unmittelbar für den Prinzipal handeln soll.[12] Die rechtlichen Wirkungen der Handlung des Unterbevollmächtigten gingen in diesem Fall „gleichsam durch den Hauptbevollmächtigten hindurch und träfen sodann den Geschäftsherrn".[13]

6 Man kann insofern, wie bereits weiter oben dargestellt, von einer mittelbaren und einer unmittelbaren Untervollmacht[14] sprechen,[15] auf der die Untervertretung beruhen kann.[16] Dabei soll die mittelbare Untervollmacht,[17] die der Vertreter dem Unterbevollmächtigten erteilt, auch dann wirksam bleiben,[18] wenn der Hauptvertreter **keine vom Prinzipal abgeleitete Vertretungsmacht** besitzt.[19]

---

8 BGHZ 32, 250, 253; 68, 391, 394; ähnlich zuvor schon RGZ 106, 108.
9 BGHZ 32, 250, 253; hierzu *Mertens*, JuS 1961, 315.
10 So der – freilich mit einem Fragezeichen versehene – Titel des Aufsatzes von *Siebenhaar*, AcP 162 (1963), 354, der die Unrichtigkeit dieser Anschauung anhand der Lehre von *Müller-Freienfels* (Die Vertretung beim Rechtsgeschäft, 1955) zu illustrieren sucht.
11 BGHZ 32, 250, 253.
12 BGH, a.a.O. S. 253 f.
13 BGHZ 68, 391, 394.
14 Diese Unterscheidung wird erstmals monographisch ausgearbeitet von *Fülster*, Die rechtliche Natur der Untervollmacht, 1928, S. 64.
15 So *Gemhuber*, JZ 1960, 603, 605, der auf die „vermittelnde Instanz für den Wirkungseintritt" abstellt.
16 Innerhalb des Schrifttums geht die Unterscheidung zurück auf *Enneccerus*, Lehrbuch des Bürgerlichen Rechts, 11. Bearbeitung 1926, Band I, § 172, 2 b (später *Enneccerus/Nipperdey*, § 185 II 2).
17 Scharf ablehnend *Mertens*, JuS 1961, 315, 317: „Die Annahme einer mittelbaren Unterbevollmächtigung hat keine juristische Daseinsberechtigung."
18 Die Annahme von *Schnorr von Carolsfeld*, Anmerkung zu BAG AP Nr. 1 zu § 179, wonach die Untervollmacht „gewissermaßen das Rechtsgeschäft in den Bereich des angeblichen Vertreters" trägt, ist vage.
19 Nach *Mertens*, JuS 1961, 315, 316, „der dogmatische Kernpunkt" der Entscheidung BGHZ 32, 250 ff.

2. Kritik im Schrifttum

Diese Unterscheidung, die der von der Rechtsprechung kreierten „**Durchgangs-** 7 **theorie**"[20] zugrunde liegt, stößt im Schrifttum seit jeher[21] auf Kritik.[22] Sie widerspreche elementaren stellvertretungsrechtlichen Grundsätzen,[23] da allein der **Prinzipal Zurechnungssubjekt** sei.[24] *Flume* bezeichnet die Annahme, dass die Rechtswirkungen durch den Hauptvertreter hindurchgingen, als „Mystizismus".[25]

Der Sinn der Durchgangsrechtsprechung dürfte darin bestehen, einen Anknüp- 8 fungspunkt für die Haftung aus § 179 BGB in der Person des Hauptvertreters zu schaffen. Indessen ist die Notwendigkeit dieser zwar denkbaren, aber dogmatisch nicht ohne weiteres begründbaren Unterscheidung auch unter dem Gesichtspunkt der Haftung zweifelhaft. Dieser bereits von *Flume*[26] herausgearbeitete Befund soll im Folgenden auf der Grundlage des grundsätzlichen Haftungsproblems näher ausgeführt werden.

II. Das Haftungsproblem

Für die Haftungsfrage ist im Ausgangspunkt festzustellen, dass der Untervertreter 9 unstreitig haftet, wenn sein Handeln nicht von der Untervollmacht gedeckt ist.[27] Fehlt diese also, so haftet der Unterbevollmächtigte nach § 179 BGB, weil er als **(Unter-)Vertreter ohne Vertretungsmacht** gehandelt hat.

Sehr streitig ist dagegen, ob und gegebenenfalls unter welchen Voraussetzungen 10 ein **Mangel der Vertretungsmacht des Hauptvertreters** zur Haftung des Untervertreters führt. Ein Blick auf das hierzu vertretene Meinungsspektrum zeigt allerdings, dass sich Rechtsprechung und h.L. trotz unterschiedlicher dogmatischer Ausrichtung[28] im Ergebnis nahezu einig sind. Daher sollen zunächst die davon unterschiedlichen Ansichten dargestellt und kritisch beleuchtet werden und sodann die von Rechtsprechung und h.L. entwickelte Differenzierung herausgearbeitet werden.

---

20 So paraphrasiert *Medicus*, Rn. 950, die Vorstellung der Rechtsprechung, dass die Wirkungen durch den Hauptvertreter hindurchgehen sollen.

21 Schon *v. Tuhr*, Der Allgemeine Teil des Deutschen Bürgerlichen Rechts, Band II/2, 1918, S. 411 Fn. 231, hielt sie „für unvereinbar mit den Grundsätzen des Vertretungsrechts".

22 Außer *v. Tuhr* z.B. noch *Flume*, § 49 5; *Medicus*, Rn. 950; *Harder*, AcP 170 (1970), 295; *Schüle*, BWNotZ 1984, 156.

23 *Siebenhaar*, AcP 162 (1963), 354, 369 ff.

24 *Gerlach*, Die Untervollmacht, 1967, S. 106, der von Unter- und „Nebenvollmacht" spricht (passim), diese Unterscheidung aber folgerichtig ablehnt.

25 *Flume*, § 49 5.

26 In: AT, § 49 5, S. 838.

27 BGHZ 68, 391, 398.

28 Dazu bereits oben Rn. 5 und Rn. 7.

1. Abweichende Meinungen

Im Schrifttum nehmen einige[29] stets eine Haftung des Untervertreters an.

a) Die generelle Haftung des Unterbevollmächtigten

11 Teilweise soll der Untervertreter in jedem Fall auch für die fehlende Vertretungsmacht des Hauptvertreters haften.[30] Die Wirksamkeit der Vertretungsmacht nachzuprüfen, sei Sache des Vertreters, der schließlich auch dann hafte, wenn der Vollmachtgeber unerkannt geisteskrank ist.[31] Jeder Vertreter handele auf eigenes Risiko, „wenn er nicht Bedenken an der Wirksamkeit seiner Vertretungsmacht **kundtut**. Zweifelt der Vertreter nicht, so besteht erst recht für den Dritten keine Veranlassung, die Wirksamkeit der Vertretungsmacht in Frage zu stellen."[32]

12   In dieselbe Richtung wird teilweise geltend gemacht, dass die Wirksamkeit der Untervertretungsmacht, für deren Bestehen der Unterbevollmächtigte unstreitig hafte, vom Bestand der Hauptvertretungsmacht abhänge.[33] Damit habe das Gesetz das Risiko defizitärer Vollmachtsverhältnisse dem Stellvertreter – und damit auch dem Unterbevollmächtigten zugewiesen, nicht aber dem Dritten. Danach haften also Haupt- und Untervertreter nebeneinander als **Gesamtschuldner**.[34]

b) Stellungnahme

13 Dem ist nicht beizutreten. Beiden Auffassungen liegt die Vorstellung einer gesetzlich statuierten **Risikoverteilung** zugrunde, die in dieser Form letztlich nicht zutreffend ist. So ist die Annahme, dass der Untervertreter gegebenenfalls Zweifel an der abgeleiteten Vertretungsmacht dem Dritten gegenüber artikulieren könne, hypertroph und der darauf gegründete Erst-recht-Schluss folglich ebenso angreifbar. Im Übrigen wird niemand mit einem Untervertreter einen Vertrag schließen, der selbst nicht an seine Vertretungsmacht glaubt. Zu pauschal ist auch die Hypothese, dass derjenige, der im Rechtsverkehr als Vertreter auftritt, stets auf eigenes Risiko handele.

14   Zwar verdient der Gedanke der Risikotragung im Grundsatz Beifall und wird auch weiter unten[35] aufgegriffen und näher ausgeführt werden. Indessen gehen die genannten Ansichten von einer zu einseitigen und zu sehr auf den Dritten Bezug nehmenden Risikoverteilung aus. Auch wenn ein solcher Verkehrsschutz durchaus seine Berechtigung hat, wird damit der **Mehrstufigkeit** als der eigentlichen Besonderheit nicht hinreichend Rechnung getragen. Dieses Verständnis läuft nämlich auf eine **Risikoabwälzung auf den Untervertreter** als das gleichsam „schwächste Glied" in der Kette hinaus, mag auch der Hauptvertreter nebenher haften.

---

29 *Leipold* § 26 Rn. 27; *Scherner*, BGB – Allgemeiner Teil, 1994, S. 274.
30 *Gerlach*, Die Untervollmacht, 1967, S. 78 ff.
31 *Gerlach*, Die Untervollmacht, 1967, S. 81 m.w.N.
32 *Gerlach*, Die Untervollmacht, 1967, S. 81 unter Hinweis auf Prot. I S, 163 f.
33 *Soergel/Schultze-v. Lassaulx*, 11. Auflage 1978, § 167 Rn. 59; anders aber *Soergel/Leptien* in der 13. Auflage 1999, § 167 Rn. 60.
34 Ebenso *Gerlach*, Die Untervollmacht, 1967, S. 82.
35 Unter III.

Damit wird ungenügend berücksichtigt, dass die Haftung des Untervertreters 15
hier aus einem Mangel der Vertretungsmacht innerhalb eines ihm fremden Personenverhältnisses, nämlich dem des Hauptvertreters zum Prinzipal, resultiert und seine
Haftung somit nicht einfach mit Verkehrsschutzgesichtspunkten begründet werden
kann, sondern einer weitergehenden Rechtfertigung bedarf. Eine solche kann auch
nicht in der geltend gemachten Abhängigkeit der Untervollmacht von der Hauptvertretungsmacht gesehen werden. Denn die Abhängigkeit sagt nichts über die **interne
Risikozuweisung** aus. Zwar ist die Untervollmacht in ihrem Bestand von der Hauptvollmacht abhängig. Daraus folgt aber noch nichts über die Haftung des Untervertreters. Eine derartige Ableitung ist nur im Grundfall des § 179 BGB möglich, erweist
sich aber im Fall der Mehrstufigkeit als vordergründig, weil sie nur bedeutet, dass der
Dritte einen Anspruch aus § 179 BGB haben kann, nicht aber gegen wen.

Dagegen lässt sich auch nicht einwenden, dass Haupt- und Untervertreter 16
Gesamtschuldner seien und somit durch den **Binnenregress** (§ 426 BGB) unbillige
Ergebnisse vermieden werden könnten. Zum einen verbleibt dem zuerst in Anspruch
Genommenen das Risiko, mit seinem Regressanspruch auszufallen. Zum zweiten
wird das Gläubigerinteresse häufig nur in Höhe des Vertrauensschadens identisch
sein, wenn und weil dem Untervertreter die Haftungsmilderung des § 179 Abs. 2 BGB
zu Gute kommt. Vor allem aber besteht kein Grund, dem Dritten stets zwei (Gesamt-)
Schuldner zuzubilligen, worauf die Ansicht hinausläuft. Das würde zu einer unverdienten **Gläubigerprivilegierung** führen. Denn wenn der Dritte von der Mehrstufigkeit der Vertretung überhaupt nichts weiß, ist nicht ersichtlich, warum er einen
weiteren Schuldner erhält, den er nicht hätte, wenn seine Vorstellung von der Stellvertretung zuträfe.

2. Die Unterscheidung der Rechtsprechung und h.L.

Mit der zuletzt genannten Überlegung ist ein Gesichtspunkt ins Feld geführt, der die 17
Diskussion um die Haftung maßgeblich geprägt hat und als Unterscheidungskriterium von der Rechtsprechung[36] und h.L.[37] aufgegriffen wurde. Danach wird nämlich
darauf abgestellt, ob der Untervertreter die Mehrstufigkeit der Stellvertretung **offengelegt** hat oder ob er ohne weiteres als Vertreter des Prinzipals aufgetreten ist und
dem Dritten die Existenz des Hauptvertreters verschwiegen hat. Wenn der Untervertreter die mehrstufige Vertretung offengelegt hat, soll er nicht aus § 179 BGB haften.

Zur Begründung wird angeführt, dass bei offengelegter Untervertretung letztlich 18
der Hauptvertreter das Vertrauen in die Bevollmächtigung in Anspruch nehme. Zwar
sei es vorhanden der Untervertreter, der Vertretungsmacht beanspruche, doch gehe
dieses Vertrauen – für den Dritten ersichtlich – auf die Veranlassung des Hauptvertreters zurück.[38] Im Übrigen sei der Untervertreter schutzwürdig, weil sein Vertrauen
in die Hauptvollmacht enttäuscht worden sei.[39] Es entspreche daher dem „Rechtsgefühl", die entstandenen Vertrauenswirkungen vom Untervertreter auf den nunmehr

---

36 BGHZ 32, 250, 253; 68, 391.
37 *Flume*, § 49 5, S. 838; *Medicus*, Rn. 996.
38 *Larenz*, AT, § 32 II, S. 169; *Mertens*, JuS 1961, 315, 317.
39 Ähnlich Jauernig/*Jauernig*, 14. Auflage 2011, § 179 Rn. 3: Haftung des Untervertreters trotz Offenlegung wäre „für den Untervertreter zu hart, für den Geschäftsgegner zu günstig".

haftenden Hauptvertreter abzuwälzen.[40] Die h.L. entnimmt die Unterscheidung danach, ob der Untervertreter nur im Namen des Prinzipals oder zusätzlich unter Hinweis auf den Hauptvertreter gehandelt hat, also dem **Vertrauensschutzprinzip**.[41]

III. Eigene Überlegungen

19 Die bisherigen Begründungsversuche greifen in einem wesentlichen Punkt zu kurz. Auch wenn es im Ergebnis nicht zu beanstanden ist, dass die Rechtsprechung und h.L. auf die genaue Kenntlichmachung der Vertretungsverhältnisse abstellen, ist damit noch keine unter teleologischen Gesichtspunkten zufriedenstellende Begründung gegeben. Klärungsbedürftig bleibt nämlich letztlich, woraus sich gerade die Offenlegung der Untervertretung als Entscheidungskriterium ergibt. Immerhin gebietet das stellvertretungsrechtliche Offenkundigkeitsprinzip[42] im Fall der Untervertretung lediglich, dass der Untervertreter im Namen des Vertretenen und nicht des Hauptbevollmächtigten auftritt. Wenn der Untervertreter demgegenüber seiner Haftung aus § 179 BGB nur entgehen kann, indem er zusätzlich auch die Untervertretung darlegt, ist damit mehr gefordert.

20 Denkbar wäre ·es, hier von einer sogenannten „**Klarstellungsobliegenheit**" auszugehen.[43] Dem läge die Vorstellung zu Grunde, dass die Obliegenheit das geeignete dogmatische Instrument zur Begründung eines Rechtsnachteils bei Nichtbeachtung ist.[44] Indessen fehlt es auch zur Annahme einer Obliegenheit an einer tragfähigen Grundlage. Eine derartige Pflicht gegen sich selbst, die einen Rechtsverlust bewirken kann, bedürfte ihrerseits einer entsprechenden Rechtfertigung.

1. Die Verteilung des Insolvenzrisikos als maßgebliche Wertung

21 Der Vertrauensgedanke ist durchaus ein zutreffender Gerechtigkeitsaspekt. Allerdings bedarf die Argumentation noch der Vertiefung und Unterstützung durch konkrete Wertungskriterien.[45] Es kann nämlich nicht ausreichen, dass Vertrauen in Anspruch genommen wird, wo·rauf die h. L überwiegend abstellt. Fraglich ist weiterhin, ob dieses Vertrauen auch schutzwürdig ist. Das Vertrauenskriterium ist als solches nicht aussagekräftig genug. Gewiss vertraut der Dritte im Fall der Offenlegung nicht nur auf die Untervollmacht, sondern auch auf das Bestehen der Vertretungsmacht des Hauptvertreters. Aber der gute Glaube an die Vertretungsmacht ist an sich nur bei der Duldungs- und Anscheinsvollmacht sowie bei § 56 HGB ausnahmsweise geschützt.[46] Es fehlt gewissermaßen an einer unter Gerechtigkeitsgesichtspunkten ausgesuchten Kategorie, in die der Vertrauensgedanke eingeordnet werden kann und welche die

---

40 So *Bühler*, MDR 1987, 985, 986.
41 So ausdrücklich *Diederichsen*, Rn. 304.
42 Hierzu eingehend *K. Schmidt*, JuS 1987, 425 und oben § 35.
43 Vgl. *Hanau*, AcP 165 (1965), 220, 239 f.
44 Grundlegend *R. Schmidt*, Die Obliegenheiten, 1953.
45 Ähnlich *Canaris*, 1. FS Larenz, 1973, S. 801, 802, für den Bereicherungsausgleich im Dreipersonenverhältnis.
46 *Medicus/Petersen* BR, Rn. 567.

Schutzwürdigkeit des Vertrauens teleologisch fundiert. Als solche kommt nach der hier nun näher darzulegenden Ansicht die angemessene Verteilung des Insolvenzrisikos in Betracht, die in der bisherigen Diskussion eher stiefmütterlich[47] beachtet wurde. Entscheidet sich der Untervertreter dafür, die Vertretungsverhältnisse nicht offenzulegen, so trägt er das **Insolvenzrisiko des Hauptvertreters.**[48] Sein Rückgriffsanspruch gegen den Hauptvertreter[49] ist nämlich im Insolvenzfall zu Recht gefährdet.[50] Er hat in diesem Fall nicht mehr unternommen, als nach dem Offenkundigkeitsprinzip erforderlich ist. Damit hat der Dritte aber neben dem Vertretenen auch nur den Untervertreter zur Kenntnis nehmen können. Dass der Mangel der Vertretungsmacht nicht im Verhältnis zum Hauptvertreter, sondern in dessen Verhältnis zum Prinzipal liegt, steht der Haftung des Untervertreters nicht entgegen, weil der Dritte diesen Gesichtspunkt erst recht nicht kennen konnte. Das Vertrauen des Dritten in die Vollständigkeit der ihm gegenüber gemachten Angaben ist deshalb schutzwürdig.

Durch die Offenlegung der Vertretungsverhältnisse kann der Unterbevollmächtigte allerdings das **Insolvenzrisiko auf den Hauptvertreter verlagern.**[51] Das ist sachgerecht, weil der Dritte nunmehr trotz Kenntnis eines zwischengeschalteten Vertreters mit dem Untervertreter kontrahiert und damit in Kauf nimmt, dass in einem weiteren Vertretungsverhältnis Mängel bestehen können. Wenn er gleichwohl den Vertrag mit dem Untervertreter abschließt, trifft ihn das Insolvenzrisiko dessen, auf den ihn der Untervertreter ausdrücklich – und gewissermaßen als weiteren „Unsicherheitsfaktor" – aufmerksam gemacht hat. Umgekehrt entspricht es der gerechten Risikoverteilung, dass der Untervertreter auf diesem Wege eine rechtliche Möglichkeit hat, das Insolvenzrisiko zu verlagern, da er ansonsten schutzlos gegenüber Mängeln aus einem ihm fremden Rechtsverhältnis wäre. Denn die Mängel der Vertretungsmacht resultieren stets nur aus dem Verhältnis des Prinzipals zum Hauptbevollmächtigten – und damit aus der Sicht des Untervertreters *ex iure tertii* –, da andernfalls (nämlich bei mangelhafter Untervollmacht) ohnehin nur der Untervertreter aus § 179 BGB haftet.

22

2. Die genaue Haftungsgrundlage

Fraglich bleibt, woraus der Hauptvertreter dem Dritten im Falle offengelegter Vertretungsverhältnisse haftet. Zweifelhaft ist, ob mit der h.L. § 179 BGB unmittelbar eine Aussage darüber entnommen werden kann. Immerhin setzt die Vorschrift voraus, dass der Haftende „als Vertreter einen Vertrag geschlossen hat". Der Hauptvertreter selbst ist aber im Hintergrund geblieben und hat gerade nicht gehandelt. Um dies zu überbrücken, ist gesagt worden, der Vertreter habe durch die Unterbevollmächti-

23

---

47 So erörtert *Bühler*, MDR 1987, 985, 987 Fn. 35, „die (wichtige) Problematik des diesbezüglichen Insolvenzrisikos ... aus Platzgründen nicht".
48 *Brox/Walker*, Rn. 548 a.E.
49 Zur denkbaren Anspruchsgrundlage unten Rn. 29 ff.
50 *Brox/Walker*, Rn. 548, machen zutreffend darauf aufmerksam, dass bei einer Haftungsfreistellung des Untervertreters der Dritte ungerechtfertigt das Insolvenzrisiko tragen würde.
51 Das ist nicht mit einer – grundsätzlich möglichen – stillschweigenden Abbedingung der Haftung zu verwechseln, da eine solche nicht ohne weiteres angenommen werden kann. Es geht vielmehr um die dogmatische Erklärung der Risikoverteilung.

gung am Vertragsschluss „mitgewirkt".[52] Mit dem Wortlaut ist dies indessen schwerlich zu vereinbaren, so dass eher eine analoge Anwendung des § 179 BGB in Frage kommt.[53] Diese ist allerdings auch berechtigt, weil der Hauptvertreter den Vertragsschluss **zumindest veranlasst** hat[54] und – wie soeben[55] gesehen – auch unter teleologischen Gesichtspunkten das Risiko für eine fehlgeschlagene Bevollmächtigung zu tragen hat, zumal der Mangel der Vertretungsmacht aus einem Verhältnis resultiert, auf das nur er selbst und nicht der Untervertreter Einfluss hat.

3. Haftung des Hauptvertreters aus §§ 280 Abs. 1, 311 Abs. 2, Abs. 3 BGB?

24 Zu fragen bleibt, ob darüber hinaus ein konkurrierender Anspruch des Dritten gegen den Hauptvertreter aus den §§ 280 Abs. 1, 311 Abs. 2 und 3 BGB (**culpa in contrahendo**) in Betracht kommt. Die Haftung aus § 280 Abs. 1 BGB trifft grundsätzlich allein die Vertragspartner, zwischen denen die für das vorvertragliche Schuldverhältnis charakteristische Sonderverbindung besteht, § 311 Abs. 2 BGB. Jedoch macht das Gesetz dort eine Ausnahme, wo der Dritte für das Zustandekommen des Vertrags eine entscheidende Rolle spielt, § 311 Abs. 3 S. 2 BGB. Ob das für die Person des Hauptvertreters bei der mehrstufigen Vertretung angenommen werden kann, erscheint indessen zweifelhaft.

25 Die Rechtsprechung[56] hat eine Eigenhaftung des Vertreters aus c.i.c. zwar zugelassen, wenn dieser besonderes Vertrauen in Anspruch nimmt und dadurch die Vertragsverhandlungen maßgeblich gesteuert hat.[57] Das bedeutet, dass der Vertreter selbst haften soll, wenn das in Anspruch genommene Vertrauen ausnahmsweise gerade dem Vertreter gilt.[58]

26 Das mag auf den ersten Blick auch für den Hauptvertreter zutreffen. Schließlich beansprucht der Untervertreter bei der offengelegten Untervollmacht auch das Vertrauen, auf die Veranlassung des Hauptvertreters hin zu handeln. Im Übrigen hat der Hauptvertreter auch die Vertragsverhandlungen durch die Untervertretung **gesteuert**, da ihm diese Befugnis zusteht, wie bereits eingangs[59] festgestellt wurde.

27 Indessen verfolgt der Hauptvertreter kein unmittelbares eigenes Interesse, sodass letztlich keine Vertreterhaftung aus c.i.c. vorliegt. Das zeigt sich vor allem daran – und deshalb hat wohl der Gedanke im bisherigen Schrifttum keine Rolle gespielt –, dass der Hauptvertreter selbst auch bei offengelegter Untervertretung gar nicht in Erscheinung tritt. Die bloße Mitteilung der Mehrstufigkeit dürfte den verhältnismäßig

---

52 So *Flume*, § 49 5.

53 Ebenso *Gerlach*, Die Untervollmacht, 1967, S. 82, der allerdings – wie oben unter II. berichtet – stets auch den Unterbevollmächtigten als falsus procurator haften lassen will.

54 *Larenz*, Allgemeiner Teil des deutschen Bürgerlichen Rechts, 7. Auflage 1989, § 32 II, S. 619, macht zu Recht darauf aufmerksam, dass das entgegengebrachte Vertrauen auf die Veranlassung zurückgeht.

55 Unter 1 a.E.

56 So schon RGZ 120, 249.

57 BGHZ 14, 318; 88, 68; BGH NJW 1990, 1907; aus der Literatur grundlegend *Ballerstedt*, AcP 151 (1951), 501.

58 *Eike Schmidt*, AcP 170 (1970), 502, 517. Die Anforderungen, welche die Rechtsprechung bei der Eigenhaftung des Vertreters stellt, sind streng; vgl. BGH NJW-RR 1991, 1242; 1992, 605.

59 Oben vor I.

strengen Anforderungen, welche die Rechtsprechung an die Eigenhaftung .des Vertreters stellt, nicht standhalten, so dass für einen **Anspruch aus c.i.c. neben § 179 BGB** direkt oder analog **kein Raum** ist.

Zugleich illustriert diese Überlegung aber auch, dass das bloße Abstellen auf die 28 Inanspruchnahme von Vertrauen dort farblos bleibt, wo dieses Vertrauen nicht durch weitere rechtliche Wertungen wie insbesondere die Verteilung des Insolvenzrisikos dogmatisch fundiert ist.

IV. Hinweise für die Fallbearbeitung

In der Hausarbeit oder Klausur[60] ist im Zusammenhang mit Haftungsfragen bei der 29 Untervollmacht zunächst zu fragen,[61] ob der Mangel der Vertretungsmacht das Verhältnis zwischen Prinzipal und Hauptvertreter oder dasjenige zwischen Haupt- und Untervertreter betrifft. Im letzteren Fall haftet der Untervertreter unproblematisch und unzweifelhaft aus § 179 BGB, ohne dass sich die oben erörterten Probleme überhaupt stellen. Steht dagegen fest, dass die Vertretungsmacht des Hauptvertreters aus irgendeinem Grund nicht bestand, so ist für die Haftung des Untervertreters aus § 179 BGB weiter zu fragen, ob dieser die mehrstufige Stellvertretung dem Dritten gegenüber offengelegt hat. Hat er das nicht getan, so haftet er nach h.M. und Rechtsprechung nach § 179 BGB, wobei allerdings auf § 179 Abs. 2 BGB zu achten ist. Im Verhältnis zum Hauptvertreter ist, falls danach gefragt ist, sodann ein **Freistellungsanspruch** des Untervertreters zu prüfen.

1. Die Anspruchsgrundlage für den Binnenregress

Fraglich ist allerdings, woraus sich dieser genau ergibt. Aus § 257 BGB lässt sich kein 30 Anspruch herleiten; diese Vorschrift setzt vielmehr einen anderweitig begründeten Anspruch voraus. Zu denken ist an § 670 BGB. Entsprechend dieser Vorschrift sind nicht nur **Aufwendungen**, also freiwillige Vermögensopfer, sondern analog § 110 HGB[62] auch unfreiwillige Vermögensopfer, also (Haftungs-)Schäden zu ersetzen.[63] Das gilt jedenfalls dann, wenn sich das **spezifische Tätigkeitsrisiko**[64] realisiert. Dieses besteht aber für den Untervertreter regelmäßig gerade darin, dass er wegen der unzureichenden Hauptvollmacht als falsus procurator[65] erscheint und daher aus § 179 BGB haftet. Dieser Weg erweist sich im Übrigen auch als teleologisch konsistent. Denn wenn dem Untervertreter bei verdeckter Mehrstufigkeit im Verhältnis zum Dritten das Insolvenzrisiko zugewiesen ist,[66] so ist es nur gerecht, ihm beim Binnenregress ent-

---

60 Hierzu für die Untervollmacht etwa *Diederichsen/Wagner*, S. 34.

61 Instruktiv insoweit *Musielak*, Rn. 828.

62 Hierzu *Genius*, AcP 173 (1973), 481 ff.

63 *Medicus/Petersen* BR, Rn. 428.

64 *Canaris*, RdA 1966, 41, 49, hat dieses Kriterium für die gefahrgeneigte Arbeit fruchtbar gemacht.

65 *Hupka*, Die Haftung des Vertreters ohne Vertretungsmacht, 1903, S. 161 Fn. 1, spricht insoweit präziser vom „falsus substitutus".

66 Hierzu oben Rn. 21.

sprechend § 670 BGB einen verschuldensunabhängigen Anspruch gegen den Hauptvertreter kraft tätigkeitsspezifischer Risikoübernahme zuzubilligen.

31   Daneben ist der Anspruch aus § 280 Abs. 1 BGB anzusprechen. Die Besonderheit besteht jedoch darin, dass hier nicht der Auftraggeber (der Hauptvertreter), sondern der Auftragnehmer (Untervertreter) als Berechtigter in Frage kommt. Die Pflichtverletzung könnte in der ungenügenden Absicherung im Hinblick auf die eigene Vertretungsmacht des Hauptvertreters liegen. Es ließe sich etwa argumentieren, dass den Hauptvertreter gegenüber dem Untervertreter eine dahingehende **Obhutspflicht** trifft, damit der Unterbevollmächtigte keiner Haftung infolge mangelhafter Hauptbevollmächtigung ausgesetzt ist. Das hängt aber von den Umständen des Einzelfalles ab. Auch müsste dem Hauptvertreter wenigstens Fahrlässigkeit (§ 276 Abs. 1 BGB) bezüglich der mangelhaften Absicherung seiner Vertretungsmacht zur Last fallen. Ein Anspruch aus § 280 Abs. 1 BGB ist dem Untervertreter nach alledem keineswegs sicher.

32   Liegt er gleichwohl vor, so besteht zwischen dem Anspruch aus § 280 Abs. 1 und dem aus § 670 BGB analog Anspruchskonkurrenz, zumal beide Ansprüche unterschiedliche Voraussetzungen, insbesondere bezüglich des Verschuldens, haben. Im Gegensatz zum Anspruch aus § 280 Abs. 1 BGB haftet der Hauptvertreter dem Untervertreter also verschuldensunabhängig, wenngleich risikobezogen, entsprechend § 670 BGB.

2. Der Anspruch des Dritten gegen den Hauptvertreter

33   Damit nicht zu verwechseln ist der Anspruch, den der Dritte im Außenverhältnis gegen den Hauptvertreter bei offengelegter Mehrstufigkeit der Vertretung hat. Schwierigkeiten kann in diesem Fall die wortlautgetreue Subsumtion bereiten, weil § 179 Abs. 1 BGB von dem Erfordernis der Offenlegung der mehrstufigen Vertretung nichts weiß, sondern nur voraussetzt, dass der „Vertreter einen Vertrag geschlossen hat, sofern er nicht seine Vertretungsmacht nachweist". Man kann die Erörterung der Offenlegung kaum an diesem letzten Wort („**nachweist**") festmachen. Vielmehr ist einfach zu konstatieren, dass in diesem Rahmen von der Rechtsprechung und h.L. gefordert wird, dass der Untervertreter, um der Haftung zu entgehen, den Dritten auch auf die mehrstufige Stellvertretung aufmerksam macht.

34   Hat er dies getan, so kommt nur ein Anspruch aus § 179 BGB (direkt[67] oder analog[68]) in Betracht. Zwar hat der Hauptvertreter nicht selbst einen Vertrag mit dem Dritten geschlossen, wie es § 179 BGB verlangt. Doch hat er immerhin durch die Unterbevollmächtigung am Vertragsschluss mitgewirkt. Zumindest lässt sich argumentieren, dass der Hauptvertreter „durch den Untervertreter als Vertreter ohne Vertretungsmacht gehandelt hat".[69] In diesem Rahmen ist schließlich auf die Ansicht der Rechtsprechung einzugehen, wonach „die Wirkungen gleichsam gemäß den beiden Vollmachtsverhältnissen durch den (Haupt-)Vertreter hindurchgehen",[70] sodass auch dieser taugliches **Haftungssubjekt** ist.

---

[67] So die h.L.
[68] Hierzu oben III. 2. a.E.
[69] So *Pawlowski*, Rn. 749.
[70] BGHZ 32, 254.

Dagegen hängt die Lösung dieses wohl klausurrelevantesten Problems zur Unter- 35
vollmacht nicht von der Klassifizierung der (angeblich) zwei verschiedenen Arten der
Untervollmacht ab. Ob also der Unterbevollmächtigte Vertreter des Prinzipals oder
des Hauptvertreters ist,[71] braucht in der Fallbearbeitung regelmäßig nicht entschieden zu werden, da die Haftungsfolgen gleich sind bzw. von anderen Fragen – insbesondere der Offenlegung der mehrstufigen Vertretung – abhängen.

---

71 Dazu ausführlich oben I.

§ 40 Insichgeschäfte

I. Ratio legis des § 181 BGB

1 Nach § 181 BGB kann ein Vertreter ein Rechtsgeschäft, soweit ihm nicht ein anderes gestattet ist, im Namen des Vertretenen mit sich im eigenen Namen (Selbstkontrahieren) oder als Vertreter eines Dritten (Mehrfachvertretung) nicht vornehmen, es sei denn, dass das Rechtsgeschäft ausschließlich in der Erfüllung einer Verbindlichkeit besteht.[1] Vor allem bei der gesetzlich eingeräumten Vertretungsmacht, also etwa derjenigen der Eltern für ihr Kind gemäß §§ 1626 Abs. 1, 1629 Abs. 1 BGB oder der des Geschäftsführers einer GmbH gemäß § 35 Abs. 1 GmbHG,[2] besteht die Möglichkeit, dass der Vertreter als solcher mit sich selbst im eigenen Namen kontrahiert. Auch wenn ein solches Geschäft nach außen sichtbar sein muss, scheint es doch so, als spiele es sich „sozusagen im Gehirn des Vertreters ab".[3] Man spricht daher von Insichgeschäften. Entscheidend ist jedoch weniger der Begriff, als vielmehr die darin zum Ausdruck kommende Befürchtung von **Interessenkollisionen**.[4] Der Vertretene soll beim Selbstkontrahieren davor geschützt werden, dass die Eigeninteressen des Vertreters die Oberhand gewinnen. Im Falle der Mehrfachvertretung soll § 181 BGB dagegen verhindern, dass einer der Vertretenen vom Vertreter bevorzugt bzw. benachteiligt wird.[5] Haben also die Eltern mehrere minderjährige Kinder, die sie gesetzlich vertreten, können sie nicht ohne weiteres Vermögen des einen auf ein anderes übertragen.[6] Dogmatisch geht es in § 181 BGB, der deshalb auch am Schluss der Regelungen über die Stellvertretung steht, um die Begrenzung der Vertretungsmacht.[7] Jedoch statuiert § 181 BGB entgegen seinem Wortlaut **kein pauschales Vertretungsverbot**, sondern es entfällt für das konkrete Geschäft nur die Vertretungsmacht mit der Folge, dass die §§ 177 ff. BGB anwendbar sind und somit die Möglichkeit der Genehmigung besteht.[8]

II. Ausnahmen

2 Seinem Wortlaut nach enthält § 181 BGB zwei Ausnahmen. Zum einen kann dem Vertreter das Selbstkontrahieren gestattet sein. Zum anderen ist es zulässig, wenn das Rechtsgeschäft ausschließlich in der Erfüllung einer Verbindlichkeit besteht.

---

1 Siehe zu den Grenzen der Zulässigkeit von Insichgeschäften bereits *U. Hübner*, Jura 1981, 288.

2 Siehe etwa zum Verbot von Insichgeschäften im GmbH-Recht *Altmeppen*, NJW 1995, 1182; *Wilhelm*, JZ 1976, 674; speziell im GmbH-Konzern *Bachmann*, ZIP 1999, 85; *Winkler*, DNotZ 1970, 476; *Bernstein/Schulze-von Lasaulx*, ZGR 1976, 33; *R. Fischer*, FS Hauß, 1978, S. 61. Gesellschaftsrechtliche Praxisfragen zu § 181 behandelt *Blasche*, Jura 2011, 359.

3 So plastisch *Medicus*, Rn. 954.

4 Vgl. nur RGZ 103, 417, 418; *Flume*, § 48 1 und 3; MüKo/*Schramm*, 6. Auflage 2012, § 181 Rn. 1.

5 *Gottwald*, Rn. 197.

6 Beispiel nach *Medicus*, Rn. 956.

7 *Medicus/Petersen* BR, Rn. 111.

8 Vgl. nur *Faust*, § 28 Rn. 31.

1. Gestattung des Selbstkontrahierens

Die ausdrückliche Gestattung des Selbstkontrahierens bereitet im Bürgerlichen Recht **3** vergleichsweise wenige Schwierigkeiten. So ist eine rechtsgeschäftliche – etwa mit einer Vollmacht verbundene – Befreiung durchaus möglich. Im besonders prüfungsrelevanten Verhältnis von Eltern und Kind ist für diese Zwecke jedoch die Bestellung eines **Ergänzungspflegers** nach § 1909 Abs. 1 S. 1 BGB erforderlich.[9] Praktisch bedeutsam ist eine Befreiung von der Einschränkung des § 181 BGB auch im Gesellschaftsrecht; vor allem im GmbH-Recht begegnet sie nicht selten.[10] Zu berücksichtigen ist in diesem Zusammenhang § 35 Abs. 3 S. 1 GmbHG: Befinden sich alle Geschäftsanteile der Gesellschaft in der Hand eines Gesellschafters oder daneben in der Hand der Gesellschaft und ist er zugleich deren alleiniger Geschäftsführer, so ist auf seine Rechtsgeschäfte mit der Gesellschaft § 181 BGB anzuwenden. Allerdings ist das Geschäft auch dort von Anfang an wirksam, wenn der Geschäftsführer vom Verbot des Selbstkontrahierens befreit ist.[11]

2. Erfüllung einer Verbindlichkeit

Wichtiger noch ist die zweite Ausnahme. Voraussetzung dafür ist, dass das Rechts- **4** geschäft ausschließlich in der Erfüllung einer Verbindlichkeit besteht. Im Verhältnis der Eltern zu ihrem minderjährigen Kind kommen Verbindlichkeiten aus Vertrag oder Gesetz in Betracht. Gesetzliche Verbindlichkeiten können etwa aus der **Unterhaltspflicht** (vgl. §§ 1601 ff. BGB)[12] oder aus einem **Aufwendungsersatzanspruch** gemäß **§ 1648 BGB** resultieren.[13] Prüfungsrelevanter sind aber rechtsgeschäftlich begründete Verbindlichkeiten. Derartige Verpflichtungen können sich aus jedem beliebigen Schuldvertrag ergeben. Besondere Bedeutung aber kommt in diesem Zusammenhang dem Schenkungsvertrag (§§ 516 ff. BGB) zu. Aufbautechnisch folgt daraus die Notwendigkeit einer Inzidentprüfung: Im Rahmen der Prüfung des § 181 HS. 2 BGB („es sei denn") sind dann Zustandekommen und Wirksamkeit des betreffenden Vertrags zu erörtern.

III. Teleologische Reduktion des § 181 BGB

Die konsequente Durchführung des zuletzt Gesagten in der Fallbearbeitung kann frei- **5** lich zu Problemen führen, die den Anwendungsbereich des § 181 BGB als fragwürdig erscheinen lassen können.[14]

---

9 *Medicus*, Rn. 957.
10 Näher *Altmeppen*, NJW 1995, 1182.
11 Im Einzelnen dazu *Lutter/Hommelhoff*, GmbHG, 16. Auflage 2004, § 35 Rn. 21 ff.
12 *Medicus*, Rn. 958.
13 Zu ihm oben § 22 Rn. 6.
14 Näher zur teleologischen Korrektur des § 181 BGB *Blomeyer*, AcP 172 (1972), 1; zum Gesellschaftsrecht *Göggerle*, Die teleologische Reduktion des § 181 BGB unter besonderer Berücksichtigung der Einmann-GmbH mit identischem Gesellschafter-Geschäftsführer, 1974.

1. Rechtlich vorteilhafte bzw. neutrale Geschäfte

6 Legte man die Vorschrift nämlich streng nach ihrem Wortlaut aus, so würden praktisch alle Schenkungen der Eltern zugunsten ihres minderjährigen Kindes scheitern. Denn weder kommt eine Gestattung durch den Vertretenen beim gesetzlichen Vertreter in Frage noch besteht das Rechtsgeschäft ausschließlich in der Erfüllung einer Verbindlichkeit des Vertreters.[15] Um den Eltern gleichwohl den Abschluss des **Schenkungsvertrags** und die Übereignung der geschenkten Sache zu ermöglichen, hat die Rechtsprechung in Anlehnung an die zu § 107 BGB bekannten Grundsätze der lediglich rechtlich vorteilhaften bzw. neutralen Geschäfte § 181 BGB in diesen Fällen für unanwendbar erklärt.[16] Methodologisch betrachtet handelt es sich dabei um einen klassischen Fall der teleologischen Reduktion.[17] Die Meinung, dass § 181 BGB eine strikt auszulegende formale Ordnungsvorschrift sei,[18] hat sich daher aus gutem Grund nicht durchgesetzt.[19] Überspitzt gesagt „gälte ohne diese Einschränkung des Anwendungsbereichs des § 181 BGB der Satz: ‚Keine Weihnachtsfeier ohne Ergänzungspfleger!'".[20]

2. Dinglich nachteilhaftes Rechtsgeschäft

7 Bereits eingangs wurde darauf verwiesen, dass die folgerichtige Anwendung des § 181 BGB nicht zuletzt deshalb Probleme bereitet, weil sie einen sorgsamen Umgang mit dem Trennungs- und Abstraktionsprinzip erfordert.[21] Das wird vor allem dann deutlich, wenn man sich die **verschachtelte Prüfung** vergegenwärtigt, die § 181 BGB selbst bei einfach gelagerten Sachverhalten erfordert.

8   Beispiel: Die Eltern wollen dem beschränkt geschäftsfähigen M ein mit einem vermieteten Haus bebautes Grundstück schenken, das mit einer Hypothek belastet ist. Vor dem Notar schließen die Eltern mit dem M einen formwirksamen Schenkungsvertrag. Zugleich erklären beide Parteien die Auflassung. Ist diese wirksam?

9   Die auf Grundstücksübereignung gerichtete dingliche Willenserklärung (Auflassung, § 925 BGB) des M bedarf zu ihrer Wirksamkeit der Einwilligung des gesetzlichen Vertreters, wenn sie nicht lediglich rechtlich vorteilhaft oder wenigstens neutral für den Minderjährigen ist. Insofern kommt es nicht auf einen wirtschaftlichen Gewinn an, sondern ob das Rechtsgeschäft für den Minderjährigen irgendeinen *rechtlichen*

---

15 *Larenz*, Methodenlehre der Rechtswissenschaft, 6. Auflage 1991, S. 392.

16 BGHZ 59, 236; 94, 332.

17 Grundlegend *Larenz*, in der ersten Auflage seiner Methodenlehre der Rechtswissenschaft; siehe jetzt 6. Auflage 1991, S. 392 f.

18 So noch *Böhmer*, Grundlagen der bürgerlichen Rechtsordnung, Band II/2, 1952, S. 48 ff., 66. Neuerdings wieder *Pawlowski*, Rn. 794.

19 Zu weit geht es deshalb auch, wenn im Schrifttum mitunter gefordert wird, dass für die Anwendung des § 181 BGB über den Wortlaut hinaus eine Interessenkollision erforderlich sei (in diese Richtung *Brox/Walker*, Rn. 544). Eine Interessenkollision mag typischerweise, muss aber nicht notwendigerweise vorliegen; zutreffend *Bork*, Rn. 1592.

20 *Faust*, Rn. 37.

21 Dazu unten § 46.

Nachteil mit sich bringt.[22] Die **Hypothek** begründet keinen rechtlichen Nachteil, da sie nicht zu einer persönlichen Haftung des Minderjährigen führt (vgl. § 1147 BGB).[23] Anders verhält es sich jedoch mit dem **Mietvertrag**, in welchen der Minderjährige gemäß § 566 BGB eintritt und welcher zu einer Verpflichtung des Minderjährigen führt.[24] Die Auflassungserklärung ist somit rechtlich nachteilhaft für den Minderjährigen, so dass dieser nach § 107 BGB der Einwilligung seines gesetzlichen Vertreters, also gemäß §§ 1626 Abs. 1, 1629 Abs. 1 BGB der Eltern, bedarf. Diese ist hier zwar stillschweigend erteilt. Allerdings könnten die Eltern gemäß §§ 1629 Abs. 2, 1795 Abs. 2 BGB nach 181 BGB von der Vertretung ausgeschlossen sein, da die Eltern in das Rechtsgeschäft des M mit ihnen einwilligen und somit gleichsam auf beiden Seiten des Rechtsgeschäfts stehen, weshalb ebenfalls ein Insichgeschäft vorliegt.

Möglicherweise wurde jedoch das Rechtsgeschäft (**Auflassung**) gemäß § 181 HS. 2 **10** BGB ausschließlich zur Befreiung von einer Verbindlichkeit vorgenommen. Dazu müsste ein wirksamer Grundstücksschenkungsvertrag existieren. Eine diesbezügliche Einigung liegt vor; auch die Form (§§ 311b Abs. 1, 518 Abs. 1 BGB) wurde eingehalten. Fraglich ist wiederum, ob die Willenserklärung des beschränkt geschäftsfähigen M, gerichtet auf Abschluss eines Schenkungsvertrags, wirksam ist. Im Gegensatz zur Auflassung ist die Schenkung lediglich rechtlich vorteilhaft, erfolgt doch der Eintritt in die aus dem Mietvertrag erwachsenden Pflichten nach § 566 BGB entgegen seines Wortlautes erst mit dem Eigentümerwechsel (**Abstraktionsprinzip**).[25] Die Willenserklärung des M ist damit gemäß § 107 BGB rechtlich wirksam. Bei unbefangener Gesetzesanwendung ist die Einwilligung der Eltern in die Auflassungserklärung des M, da letztere nur der Erfüllung des Schenkungsvertrags dient, gemäß § 181 HS. 2 BGB wirksam.[26]

Gleichwohl begegnet dieses Ergebnis Bedenken. Denn die Vollziehung der **11** Schenkung führt letztlich für den Minderjährigen ungeachtet ihrer – bei isolierter Betrachtung – rechtlichen Vorteilhaftigkeit zu schuldrechtlichen Verpflichtungen aus dem Mietvertrag, in welche der Erwerber nach § 566 BGB eintritt. Dies würde zu einer Aushöhlung des Minderjährigenschutzes führen, die vom Gesetz nicht gewollt sein kann. Die ältere Rechtsprechung stellte daher in solchen Fällen eine **Gesamtbetrachtung** von schuldrechtlichem und dinglichem Geschäft an,[27] was auf eine Durchbrechung des Abstraktionsprinzips hinauslief. Dies wurde schon derzeit von einem Teil der Lehre für bedenklich und unnötig gehalten, denn das Problem sei zutreffender über eine teleologische Reduktion des § 181 HS. 2 BGB zu lösen, der nur auf lediglich rechtlich vorteilhafte Erfüllungsgeschäfte anwendbar sein soll.[28] Der Unterschied zur Gesamtbetrachtungslehre besteht darin, dass das schuldrechtliche Verpflichtungsgeschäft von der Unwirksamkeit unberührt bleibt.[29] Dem hatte sich der BGH zunächst

---

22 *Medicus*, Rn. 560.

23 Vgl. BGH NJW 2005, 415, 417; *Röthel/Krackhardt*, Jura 2006, 161; *Medicus/Petersen* BR, Rn. 172

24 Vgl. nur BGH NJW 2005, 1430, 1431.

25 BGH NJW 1962, 1908; ZMR 1989, 57; *Schön*, JZ 2001, 119; *Weitemeyer*, FS Blank, 2006, S. 445.

26 Siehe zur Klausurtechnik an dieser Stelle *Faust*, Rn. 41.

27 BGHZ 78, 28, 34; BayObLG NJW 1998, 3574; dazu schon oben § 21 sub. II 2.

28 *Feller*, DNotZ 1989, 66, 75 ff.; *Jauernig*, JuS 1982, 576; *Kern*, JA 1990, 284; *Lorenz*, LMK 2005, 25/26; *Preuß*, JuS 2006, 305, 309; *Röthel/Krackhardt*, Jura 2006, 161, 163 f.; *Ultsch*, Jura 1998, 524, 528.

29 Bedenken dagegen wegen § 304 BGB bei *Menzel/Führ*, JA 2005, 859, 863.

nur der Sache nach angeschlossen.[30] Nunmehr ist der BGH gänzlich von der früheren Sichtweise abgerückt und hat die **Gesamtbetrachtungslehre ausdrücklich aufgegeben**.[31] Es kommt also nun auch nach dem BGH allein auf eine isolierte Betrachtung des dinglichen Rechtsgeschäfts an: Müsste bei diesem der Minderjährige über die Erfüllung der Verbindlichkeit hinaus rechtliche Nachteile hinnehmen, so soll die in § 181 Hs. 2 BGB festgelegte Ausnahme gerade nicht anzuwenden sein. Im Beispielsfall greift demgemäß § 181 HS. 2 BGB nicht ein, so dass die Einwilligung der Eltern in die Auflassung der gemäß §§ 1629 Abs. 2, 1795 Abs. 2, 181 BGB (schwebend) unwirksam ist und zu ihrer Wirksamkeit der Genehmigung eines Ergänzungspflegers (§ 1909 Abs. 1 S. 1 BGB) bedarf.[32]

12 Zu beachten ist in diesem Zusammenhang noch, dass es einer Einschränkung des § 181 HS. 2 BGB nur bedarf, sofern das dingliche Geschäft einen rechtlichen Nachteil zeitigt, das zugrunde liegende Verpflichtungsgeschäft bei strenger Anwendung des Abstraktionsprinzips lediglich rechtlich vorteilhaft ist. Im gleichsam umgekehrten Fall, in dem das dingliche Rechtsgeschäft lediglich rechtlich vorteilhaft, jedoch das zugrunde liegende Verpflichtungsgeschäft (zum Beispiel wegen eines **Rücktrittsvorbehalts** des Schenkers) rechtlich nachteilig für den Minderjährigen ist, bedarf es keiner Ausnahme von der gesetzlichen Regelung, da es mangels Anwendbarkeit des § 181 HS. 2 BGB nicht zu einer Umgehung des von § 107 BGB intendierten Schutzes kommen kann.[33] Das Verpflichtungsgeschäft ist in diesem Fall unwirksam, das dingliche Geschäft ist dagegen wirksam, jedoch nach § 812 Abs. 1 S. 1 BGB rückabzuwickeln.

IV. Erweiternde Auslegung bei Interessenkollision?

13 Von den zuletzt behandelten Fragen der teleologischen Reduktion ist die gleichsam umgekehrte Problematik[34] der erweiternden Auslegung des § 181 BGB auf Konstellationen der Interessenkollision ohne Personenidentität zu unterscheiden.[35] Paradigmatisch für diese Fallgruppe ist eine Entscheidung des Reichsgerichts.[36] Dort hatte die Mutter ihrem Sohn **Generalvollmacht** erteilt. Dieser übernimmt im Namen seiner Mutter eine Bürgschaft, und zwar bei seinem eigenen Gläubiger. Zu entscheiden war, ob der Gläubiger gegen die Mutter des Schuldners einen Anspruch aus Bürgschaftsvertrag gemäß § 765 Abs. 1 BGB hat. Eine Verpflichtung der Mutter kann gemäß § 164 Abs. 1 S. 1 BGB zustande gekommen sein. Der Sohn hat eine eigene Willenserklärung in fremdem Namen abgegeben. Fraglich ist, ob er dies innerhalb der ihm zustehenden Vertretungsmacht getan hat. Dem Sohn war von der Mutter eine Generalvollmacht erteilt worden, die grundsätzlich auch das vorliegende Geschäft umfasst. Die Frage

---

30 BGH NJW 2005, 1430, 1431; dazu *Menzel/Führ*, JA 2005, 859, 863. In NJW 2005, 415, 416 f. hat der BGH den Streit um die Gesamtbetrachtungslehre noch ausdrücklich offen gelassen.

31 BGH NJW 2010, 3643 m. Anm. *Medicus*, JZ 2011, 159 f.

32 Str. für den Fall der Mehrfachvertretung, vgl. MüKo/*Schramm*, 6. Auflage 2012, § 181 Rn. 42.

33 BGH NJW 2005, 415, 416 f.; vgl. dazu *Staudinger*, Jura 2005, 547; *Röthel/Krackhardt*, Jura 2006, 161.

34 *Diederichsen/Wagner*, S. 186 Fn. 101; Klausurbeispiel bei *Paschke*, JuS 1985, 792.

35 Zum umgekehrten Fall der Personenidentität ohne Interessenkollision *Medicus/Petersen* BR, Rn. 115.

36 RGZ 71, 219.

war nur, ob die Vertretungsmacht, wie die Mutter meinte, durch § 181 BGB begrenzt war. Allerdings liegen dessen tatbestandliche Voraussetzungen hier nicht vor, weil nicht dieselbe Person auf beiden Seiten des Rechtsgeschäfts stand. Allenfalls könnte sich aus dem Rechtsgedanken des § 181 BGB etwas anderes ergeben, weil hier unleugbar ein Interessenkonflikt des Vertreters, der mit seinem eigenen Gläubiger in Verbindung trat, bestand. Dann müsste § 181 BGB sich jedoch gegen alle denkbaren Interessenkollisionen richten. Das wird indes von der Rechtsprechung und herrschenden Lehre als zu weitgehend erachtet.[37] In der Tat kann in derartigen Fällen wohl am besten die von der Rechtsprechung entwickelte Fallgruppe des **Missbrauchs der Vertretungsmacht** weiterhelfen. Ob deren Voraussetzungen hier vorliegen, ist nach dem Sachverhalt zweifelhaft, da nicht ersichtlich ist, ob der Gläubiger den Missbrauch kannte oder es sich ihm regelrecht aufdrängen musste, dass der Sohn die ihm eingeräumte Vertretungsmacht missbrauchte.

---

37 *Flume*, § 48, 5; *Medicus*, Rn. 963; *ders./Petersen* BR, Rn. 114.

§ 41 Die Wissenszurechnung

I. Der Anwendungsbereich des § 166 BGB

1 Im Bürgerlichen Gesetzbuch wird § 166 BGB überwiegend als zentrale Regelung der Wissenszurechnung angesehen, die deshalb regelmäßig auch bei der Fallbearbeitung heranzuziehen ist.[1] Bereits an dieser Stelle ist auf einen häufigen Fehler hinzuweisen: Gerade im Rahmen der Anwendung des § 166 BGB wird nämlich nicht selten unzureichend oder gar nicht subsumiert. Das führt dann dazu, dass in Fällen, in denen § 166 BGB ohne weiteres unmittelbar anwendbar ist,[2] einer analogen Anwendung oder einer pauschalen Heranziehung des Rechtsgedankens das Wort geredet wird.

1. Maßgeblichkeit der Person des Vertreters

2 Soweit die rechtlichen Folgen einer Willenserklärung durch Willensmängel oder durch die Kenntnis oder das Kennenmüssen (vgl. § 122 Abs. 2 BGB) gewisser Umstände beeinflusst werden, kommt nach § 166 Abs. 1 BGB nicht die Person des Vertretenen, sondern die des Vertreters in Betracht. Irrt oder vertippt sich etwa der Vertreter bei Abgabe einer Willenserklärung, so soll dem Vertretenen das Anfechtungsrecht des § 119 Abs. 1 BGB nicht deshalb verwehrt werden, weil er selbst keinem Irrtum erlegen ist. Immerhin treffen ihn die Folgen der Erklärung. Für die Anwendung der Norm ist es dabei grundsätzlich unerheblich, ob dem Vertreter Vertretungsmacht erteilt ist, oder nicht.[3] Etwas anderes kann nach Ansicht des BGH nur aus bestimmten **Wertungsgesichtspunkten** gelten; so etwa, wenn die vom Vertretenen erteilte Vollmacht gerade deshalb nichtig ist weil ihre Erteilung gegen ein den Geschäftspartner schützendes Gesetz verstößt. Dann sei § 166 BGB gerade nicht anwendbar, weil dessen Anwendung dem Zweck des Schutzgesetzes zuwider laufe.[4]

3 Die Wissenszurechnung betrifft alle Fälle der unmittelbaren Stellvertretung;[5] neben der gemäß §§ 177 Abs. 1, 184 Abs. 1 BGB genehmigten Vertretung ohne Vertretungsmacht,[6] auch das erlaubte Insichgeschäft nach § 181 BGB,[7] die Untervollmacht[8] und die gesetzliche Vertretungsmacht.[9] Besteht Gesamtvertretungs-

---

1 Grundlegend *Schilken*, Die Wissenszurechnung im Zivilrecht, 1983; *Richardi*, AcP 169 (1969), 385; siehe auch *Flume*, AcP 197 (1997), 441; *Koller*, JZ 1998, 75; *Boecken*, Rn. 435. Dagegen aber *Prölls*, Liber Amicorum Leenen, 2012, S. 228, 234 ff. und *Leenen*, § 4 Rn. 84 f., die 166 (Abs. 1) BGB nicht als Grundsatznorm zivilrechtlicher Wissenszurechnung verstehen.

2 Fallbeispiele bei *Leenen*, § 4 Rn. 81 und 83.

3 BGHZ 117, 104, 107; *Leenen*, § 4 Rn. 86.

4 BGH NJW 2007, 1584, 1587. Zum Ausschluss der Wissenszurechnung bei Missbrauch der Vertretungsmacht speziell im Versicherungsrecht BGH NJW-RR 2008, 977.

5 Nicht jedoch der mittelbaren Stellvertretung (vgl. Prütting/Wegen/Weinreich/*Frensch*, 7. Auflage 2012, § 166 Rn. 2).

6 BGH NJW 2000, 2272, 2273; lehrreich dazu *Prölss*, JuS 1985, 577; *ders.*, JuS 1986, 109.

7 BGHZ 94, 232, 237; BGH NJW 2000, 2272, 2273.

8 BGH NJW 1984, 1953, 1954.

9 BGHZ 38, 65, 66.

macht, müssen nicht alle Vertreter die Umstände kennen, sondern eine Zurechnung erfolgt bereits, wenn bei einem der Vertreter Kenntnis oder Kennenmüssen vorliegen.[10] Eine **Wissenszusammenrechnung** mehrerer rechtsgeschäftlicher Vertreter einer Einzelperson kommt dagegen nicht ohne weiteres in Betracht.[11]

Prüfungsrelevant sind alle diejenigen Tatbestände, die Kenntnis oder Kennen- **4** müssen voraussetzen. Innerhalb der Rechtsgeschäftslehre kann die Zurechnung der Kenntnis des Vertreters nach § 166 Abs. 1 BGB zum einen wichtig sein für die Kenntnis der Umstände, welche die Sittenwidrigkeit gemäß § 138 BGB begründen.[12] Daneben sind insoweit die §§ 116, 117 BGB überaus prüfungsrelevant, weil § 166 BGB sowohl bei der Kenntnis des geheimen Vorbehalts (§ 116 S. 2 BGB) als auch beim Einverständnis mit dem Scheingeschäft im Sinne des § 117 Abs. 1 BGB Bedeutung erlangen kann.[13] Ferner wird dem Vertretenen die Kenntnis oder fahrlässige Unkenntnis des Vertreters über die **Anfechtbarkeit eines Rechtsgeschäfts gemäß § 142 Abs. 2 BGB** zugerechnet. Da nach § 199 Abs. 1 BGB der Beginn der regelmäßigen **Verjährungsfrist** die Kenntnis oder grob fahrlässige Unkenntnis des Gläubigers von den den Anspruch begründenden Umständen und der Person des Schuldners voraussetzt, kommt auch hier die Anwendung des § 166 Abs. 1 BGB in Betracht.[14]

Aber auch **außerhalb des Allgemeinen Teils** ist § 166 BGB immer zu berücksich- **5** tigen, wenn es um die Zurechnung etwaiger Kenntnis oder Arglist geht,[15] wie etwa im Rahmen der §§ 405 ff. BGB in Bezug auf die Kenntnis vom Nichtbestehen der Forderung (§ 405 BGB) oder der Kenntnis von der Abtretung (§§ 406, 407 BGB). Schließlich gilt § 166 Abs. 1 BGB neben den die Kenntnis bzw. Arglist voraussetzenden kaufrechtlichen Vorschriften der §§ 442 Abs. 1 S. 1 BGB,[16] 444 BGB[17] auch für die bereicherungsrechtlichen Tatbestände, die Kenntnis (§ 814 BGB)[18] oder bösen Glauben (§ 819 Abs. 1 BGB) voraussetzen,[19] sowie für die Regeln über den gutgläubigen Erwerb,[20] also etwa die §§ 932 ff., 892 BGB, § 366 HGB.

2. Keine Berufung auf Unkenntnis des Vertreters

Hat im Falle einer durch Rechtsgeschäft erteilten Vertretungsmacht der Vertreter **6** nach bestimmten Weisungen des Vollmachtgebers gehandelt,[21] so kann sich dieser

---

10 BGH NJW-RR 1990, 1332.
11 Prütting/Wegen/Weinreich/*Frensch*, 7. Auflage 2012, § 166 Rn. 18 f.; zu Ausnahmen, etwa bei einem eingeschalteten Makler, BGH NJW-RR 2004, 1196, 1197.
12 BGH NJW 1992, 899, 900.
13 Vgl. BGH NJW 1999, 2882. Siehe auch BGHZ 144, 331; dort kam allerdings mangels Vertretung nur eine entsprechende Anwendung des § 166 BGB in Betracht, die jedoch letztlich ebenfalls vom Gericht abgelehnt wurde, da der „Scheingeschäftswille" nicht zugerechnet wird; ablehnend *Goldschmidt*, ZIP 2005, 1305, 1313.
14 Vgl. zuletzt BGH NJW 2007, 1584; 2008, 2427.
15 Zur Zurechnung arglistigen Vertreterhandelns *Paulus*, FS Michaelis, 1972, S. 215.
16 BGH NJW 2000, 1405, 1406.
17 BGH NJW 2004, 1196, 1197.
18 BGH NJW 1999, 1024, 1025.
19 BGH NJW 2001, 360, 361.
20 BGHZ 135, 202, 205; BGH WM 2000, 1539, 1541; instruktiv *Köhler*, § 11 Rn. 49.
21 Näher dazu *Neumann-Duesberg*, JR 1950, 332.

in Ansehung solcher Umstände, die er selbst kannte, gemäß § 166 Abs. 2 BGB nicht auf die Unkenntnis des Vertreters berufen. Die Vorschrift beschränkt die Regel des Absatzes 1, damit ein **bösgläubiger Prinzipal**[22] nicht einfach einen gutgläubigen Vertreter **vorschieben** kann.[23] Nach der Rechtsprechung reicht es für das Tatbestandsmerkmal der Weisung aus, dass der Vertretene in Kenntnis des Geschäfts, das vorgenommen werden soll, trotz konkreter Möglichkeit nicht eingreift.[24] In gleicher Weise genügt die Genehmigung des durch einen vollmachtlosen Vertreter geschlossenen Geschäfts.[25] Die Fälle der gesetzlichen Vertretungsmacht werden ausweislich des Wortlauts nicht von § 166 Abs. 2 BGB erfasst, weil ein gesetzlich Vertretener seinem Vertreter keine Weisungen erteilen kann.[26]

7   Obwohl § 166 Abs. 2 BGB anders als § 166 Abs. 1 BGB die Willensmängel nicht aufführt, ist von der Rechtsprechung und weiten Teilen des Schrifttums anerkannt,[27] dass die Vorschrift darauf analoge Anwendung finden muss,[28] damit es vor allem in Fällen arglistiger Täuschung nicht zu **Wertungswidersprüchen** kommt.[29] Der Vertretene kann daher das Vertretergeschäft nach § 123 BGB anfechten, wenn der Vertragspartner ihn aufgrund arglistiger Täuschung zu der Weisung bestimmt hat.[30]

II. Erweiterungen der Wissenszurechnung

8   Die bisherigen Ausführungen haben zunächst Fallgestaltungen abgesteckt, bei denen im Vertretergeschäft ein Wissensvorsprung bestehen kann und bei welchen der Klausurbearbeiter an § 166 BGB denken sollte. Das ist so freilich etwas undifferenziert, da man nicht übersehen darf, dass § 166 Abs. 1 BGB systematisch innerhalb der Rechtsgeschäftslehre im Vertretungsrecht geregelt ist und daher zunächst nur für denjenigen Vertreter gelten könnte, der durch Abgabe einer Willenserklärung ein Rechtsgeschäft zustande bringen möchte. Es stellt sich mithin die Frage, ob und gegebenenfalls wie weit über den unmittelbaren Anwendungsbereich des § 166 BGB hinaus ein weiter gezogener Anwendungsbereich geboten erscheinen kann. Das hängt zunächst damit zusammen, dass derjenige, der etwas Rechtserhebliches weiß,[31] nicht notwendigerweise Vertreter im Sinne des § 164 BGB sein muss,[32] sondern als bloßer **Wissensvertreter** eingesetzt sein kann,[33] wie es in der Verwaltung nicht selten der Fall ist.[34] Als

---

22 Nach *Beuthien*, NJW 1999, 3585 schadet Bösgläubigkeit stets; a.A. Prütting/Wegen/Weinreich/*Frensch*, 7. Auflage 2012 § 166 Rn. 7.

23 *Köhler*, § 11 Rn. 50; siehe auch *dens.* PdW, Fall 131.

24 BGHZ 50, 364, 368; teilnahmsloses Schweigen genügt nach OLG Braunschweig OLGZ 75, 441, 444 nicht.

25 BGH BB 1965, 435.

26 Bamberger/Roth/*Valenthin*, 24. Edition 2011, § 166 Rn. 24.

27 Skeptisch aber *Bork*, Rn. 1656.

28 *Medicus*, Rn. 899.

29 BGHZ 51, 141 ff.; instruktiv dazu *Medicus*, Rn. 902.

30 BGH NJW 2000, 2268, 2269.

31 Zur Frage, ob eine Kontovollmacht für die Wissenszurechnung ausreicht, siehe *Wilhelm*, AcP 183 (1983), 1.

32 Vgl. auch *Schultz*, NJW 1990, 477, zur Vertretung im Wissen.

33 Grundlegend zur Wissensvertretung *Richardi*, AcP 169 (1969), 385; *Medicus*, Rn. 904d.

34 BGHZ 134, 343.

Wissensvertreter gilt jede Person, die – ohne zwingend Vertreter im Sinne des § 164 BGB zu sein – mit der eigenverantwortlichen Erledigung bestimmter Angelegenheiten betraut ist und im Rechtsverkehr für den Geschäftsherrn handelt.[35]

Im **Schrifttum** wird § 166 Abs. 1 BGB teilweise auf seinen unmittelbaren Anwen- 9 dungsbereich beschränkt und an dessen engen Wortlaut erinnert, der – wie darge-stellt – unmittelbar nur den Fall regelt, dass der Vertreter einen eigenen Willen bildet und eine eigene Willenserklärung abgibt. Fehlt es an der Abgabe einer eigenen Wil-lenserklärung des Vertreters, so verneint diese Ansicht konsequenterweise auch die Anwendung des § 166 Abs. 1 BGB, dem ein gesetzlich geregelter Grundsatz einer all-gemeinen Wissenszurechnung nicht entnommen werden könne.[36] Nichts anderes folge aus der Regelung des § 166 Abs. 2 BGB, bei dem der Gesetzgeber die Zurechnung fremden Wissens angeordnet hat; allerdings vom Vertretenen auf den Vertreter, also gerade in umgekehrter Richtung.[37] Folgt man diesem vom Gesetzeswortlaut her folge-richtig begründeten Ansatz, so stößt man indes bei der Fallbearbeitung auf die Schwie-rigkeit, auch sonst im BGB keine geeignete Norm für eine umfassende Wissenszurech-nung zu finden. Insbesondere bietet § 278 BGB, bei dem es für die haftungsrechtliche Verantwortlichkeit um die Zurechnung fremden Verhaltens geht, keine befriedigen-dere Anknüpfungsmöglichkeit. Was der handelnde Vordermann weiß, kann zwar für die haftungsrechtliche Beurteilung seines Verhaltens entscheidend sein, sagt aber nichts über die Möglichkeit einer **isolierten Wissenszurechnung** aus.[38]

In der **Klausurbearbeitung** kann man daher ungeachtet der soeben skizzier- 10 ten Schwierigkeiten gleichsam *faute de mieux* § 166 Abs. 1 heranziehen, damit sich der Hintermann in einer arbeitsteilig organisierten Gesellschaft nicht hinter seiner eigenen Unkenntnis verbergen kann, wenn und soweit er zur Arbeitsentlastung die ihm obliegenden Aufgaben verteilt und dafür Dritte einsetzt.[39] Vor dem Hintergrund dieser Wertung[40] zieht die überwiegende Auffassung in Rechtsprechung und Litera-tur § 166 Abs. 1 BGB umfassend entsprechend für die Zurechnung fremden Wissens heran,[41] freilich nur, soweit der Wissensvertreter das Wissen nicht rein privat erlangt hat.[42]

---

35 Palandt/*Ellenberger*, 71. Auflage 2012, § 166 Rn. 6 ff. vgl. auch BGH NJW 2008, 2427, 2428.
36 *Leenen*, § 4 Rn. 84; *Prölls*, Liber Amicorum Leenen, 2012, S. 229, 234; *Wilhelm*, AcP 183 (1983), 1, 19; monografisch *Baum*, Die Wissenszurechnung, 1999, S. 94 ff.; *Bruns*, Voraussetzungen und Auswirkun-gen der Zurechnung von Wissen und Willenserklärungen im allgemeinen Privatrecht und im Privatver-sicherungsrecht, 2007, S. 134 ff.
37 *Leenen*, § 4 Rn. 82 und 84.
38 Ausführlich zum Vorstehenden *Prölls*, Liber Amicorum Leenen, 2012, S. 229, 231 ff. m.w.N.
39 BGHZ 83, 293, 296 f.; 102, 316, 320; BGH NJW 2007, 217, 220; 2008, 2427, 2428.
40 Schwierig ist es freilich, bei einer so weitgefassten Wertung deren Grenzen zu bestimmen, wie *Leenen*, § 4 Rn. 86 in einem anschaulichen Beispiel verdeutlicht.
41 BGHZ 55, 307, 311; 83, 293, 296; 106, 163, 167; 109, 330; 117, 104, 106; BGH NJW 1996, 1205 ; OLG Düsseldorf NJW-RR 2006, 1260; *Medicus*, Rn. 900; *Boecken*, Rn. 612.
42 OLG Koblenz VersR 2001, 45.

1. Wissensspaltung und Wissenszusammenrechnung

11 Gerade die Beispiele von Organisationen und Behörden veranschaulichen, dass schon der Begriff des Wissens schillernd ist. Für die Reichweite der Wissenszurechnung ist fraglich, ob das gesamte Wissen zurechenbar ist, das **typischerweise aktenmäßig festgehalten** wird.[43] Gerade im Computerzeitalter steht dahinter die weiter gehende Frage, ob man alles im Rechtssinne wissen muss, was in den Medien gespeichert ist. Ein solches „Wissen" wäre ersichtlich gleichsam fiktiv und niemandem zuzumuten.[44] Die Rechtsprechung stellt daher darauf ab,[45] ob es einen konkreten Anlass gibt, die jeweiligen Informationen zu speichern und abzurufen.[46]

12 Im Übrigen stellt sich in diesem Zusammenhang die Frage, ob angesichts der vielfältigen Erscheinungsformen der Speichermedien und der Unterscheidung zwischen Wissen und Information in diesen Fällen überhaupt sinnvollerweise von Wissenszurechnung gesprochen werden kann oder ob es nicht vielmehr um **Informationszurechnung** geht.[47] Allerdings hat sich der Begriff der Wissenszurechnung seit langem etabliert,[48] so dass man ihn nicht ohne Not aufgeben sollte, zumal dann das Risiko besteht, dass die ohnehin schon überaus komplexe Problematik vollends aus den Fugen gerät.

13 Ein Dritter soll nicht dadurch besser oder schlechter stehen, dass er mit einer arbeitsteiligen Organisation kontrahiert. Das ist das so genannte Gleichstellungsargument der Rechtsprechung.[49] Arbeitsteilige Organisationen haben also für eine **ordnungsgemäße Wissensorganisation** innerhalb der eigenen Reihen zu sorgen.[50]

2. Juristische Personen

14 Besonders umstritten ist das Problem der Wissenszurechnung bei juristischen Personen,[51] das hier nur am Rande behandelt werden kann.[52] Das Schrifttum ist nahezu unüberschaubar.[53] Auch für juristische Personen gilt im Ansatzpunkt die

---

43 Näher *Medicus*, Karlsruher Forum, 1994, S. 4 ff.

44 *Medicus*, Rn. 904b.

45 BGHZ 117, 202, 205; 123, 224; 132, 30, 39; BGH ZIP 1994, 1851.

46 Skeptisch *Dauner-Lieb*, FS Kraft, 1998, S. 43; Staudinger-*Schilken*, Neubearbeitung 2009, § 166 Rn. 6.

47 Zu einer Parallelproblematik *Petersen*, Medienrecht und Informationsrecht. Eine Standortbestimmung am Beispiel des Kartellrechts, 2005.

48 Siehe nur *Oldenbourg*, Die Wissenzurechnung, 1934.

49 BGHZ 135, 202, 205.

50 *Bork*, Rn. 1671.

51 Zur Frage, ob Wissenszurechnungen auch bei Personengesellschaften in Betracht kommt *Reischl*, JuS 1997, 783.

52 Nicht behandelt werden können die Einzelheiten, welche die Rechtsprechung im Privatversicherungsrecht entwickelt hat, insbesondere die sog. „Auge-und-Ohr-Rechtsprechung" (BGH NJW-RR 2000, 316, 317); zur Wissenszurechnung im Versicherungsunternehmen *Meyer-Reim/Testorff*, VersR 1994, 1137; zu den rechtsformspezifischen Besonderheiten dieser Materie *Petersen*, Versicherungsunternehmensrecht, 2003.

53 *Buck*, Wissen und juristische Person, 2001; *Schüler*, Die Wissenszurechnung im Konzern, 2000; *Römmer-Kollmann*, Wissenszurechnung innerhalb juristischer Personen, 1998; *Bott*, Wissenszurech-

Vorschrift des § 166 Abs. 1 BGB, wobei auf die **vertretungsberechtigten Organe** (Vorstand oder Geschäftsführer) abzustellen ist. Aufgrund der bei der juristischen Person bestehenden „organisierten Wissensaufspaltung"[54] muss sie sich das Wissen eines Organmitglieds aber auch dann zurechnen lassen, wenn dieses am konkreten Rechtsgeschäft gar nicht beteiligt war, sofern das Unterlassen der Wissensweitergabe vom Wissenden an den Handelnden eine **Organisationspflicht** der Gesellschaft verletzt.[55] Das soeben schon angesprochene „typischerweise aktenmäßig festgehaltene Wissen" muss also in der juristischen Person einige Zeit, abhängig von der Bedeutung der jeweiligen Information, aufbewahrt und darf nicht sogleich wieder gelöscht werden.[56] Das Unternehmen hat mithin eine Informationsspeicherungspflicht.[57] Eine Wissenszurechnung findet selbst in Bezug auf solche Organmitglieder statt, die ausgeschieden oder gestorben sind.[58] Schließlich muss sich die juristische Person über § 166 Abs. 1 BGB hinaus das Wissen ihrer sonstigen **Repräsentanten** zurechnen lassen.[59] Das Wissen der Gesellschafter wird der Gesellschaft dagegen im Regelfall nicht zugerechnet, wenn diese am Rechtsgeschäft nicht beteiligt waren und auch nicht in sonstiger Weise, etwa durch Gesellschafterbeschluss, auf das Handeln des nach außen in Erscheinung tretenden Geschäftsführers Einfluss genommen haben.[60]

---

nung bei Organisationen, 2000; *Waltermann*, AcP 192 (1992), 181; *Altmeppen*, BB 1999, 749; *Grunewald*, FS Bausch, 1993, S. 301; *Drexl*, ZHR 161 (1997), 491; *Baumann*, ZGR 1973, 284; *Ellers*, GmbHR 2004, 934; zur Wissenszurechnung bei verbundenen Unternehmen *Grigoleit*, LM § 166 BGB Nr. 43.

54 BGH ZIP 2004, 452, 455; BGH NJW 2005, 893.

55 Jauernig/*Jauernig* 14. Auflage 2011, § 166 Rn. 2; BGHZ 140, 61; BGH NJW 2001, 360.

56 BGH NJW 1995, 2159; 1996, 1205.

57 *Köhler*, § 11 Rn. 54.

58 BGHZ 109, 327, 331; BGH NJW 1995, 2159, 2160.

59 *Ellers*, GmbHR 2004, 934.

60 *Ellers*, GmbHR 2004, 935.

§ 42 Die Vollmacht über den Tod hinaus

I. Transmortale Vollmacht

1 Nach § 168 S. 1 BGB bestimmt sich das Erlöschen der Vollmacht nach dem ihrer Erteilung zugrunde liegenden Rechtsverhältnis. Sie ist auch bei Fortbestehen dieses Rechtsverhältnisses grundsätzlich jederzeit frei widerruflich, § 168 S. 2 BGB.

1. Vollmacht und Grundverhältnis

2 Die Vollmacht ist abstrakt vom zugrunde liegenden Rechtsverhältnis.[1] Dieses ist häufig ein Geschäftsbesorgungsvertrag i.S.d. § 675 BGB, der insbesondere auf § 672 BGB verweist. Nach dieser Auslegungsregel erlischt der Auftrag bzw. der Geschäftsbesorgungsvertrag im Zweifel nicht durch den Tod des Auftraggebers. Wenn sich nun nach § 168 S. 1 BGB das Erlöschen der Vollmacht nach dem ihrer Erteilung zugrunde liegenden Rechtsverhältnis – also etwa dem Geschäftsbesorgungsvertrag – bestimmt, bedeutet dies, dass § 672 BGB ungeachtet der grundsätzlichen Abstraktheit der Vollmacht auch für diese gilt und die Vollmacht damit nach dem Tod des Vollmachtgebers zur rechtsgeschäftlichen Vertretung der Erben berechtigt.[2] Innerhalb der durch die Vertretungsmacht und die §§ 138, 242 BGB gezogenen Grenzen kann der Bevollmächtigte dann ohne Zustimmung der Erben Rechtsgeschäfte abschließen.[3] Die Erben können die Vollmacht zwar **widerrufen**, jedoch nur mit **ex-nunc-Wirkung** (§ 168 S. 2 BGB). Die Auslegungsregel des § 672 i.V.m. § 168 BGB bestimmt also ein Überdauern der Vollmachtswirkung, wenn der Vertretene vor seinem Tod nichts anderes verfügt hat. Bleibt die Vollmacht nach dem ausdrücklichen Willen des Erblassers oder wegen Fehlens einer entgegenstehenden Anordnung über den Erbfall hinaus bestehen, so spricht man von einer transmortalen Vollmacht.[4]

2. Dogmatische Einordnung

3 In allen diesen Fällen muss man sich von vornherein vergegenwärtigen, dass die Vollmacht vom Erblasser erteilt worden ist und daher bis zum Widerruf des oder der Erben der Umfang der rechtsgeschäftlich begründeten Vertretungsmacht, das heißt der Vollmacht (§ 166 Abs. 2 S. 1 BGB), durch den Willen des Erblassers bestimmt wurde.[5] Die Schwierigkeit besteht jedoch darin, dass mit dem Tod des Erblassers die **Erben** nach § 1922 BGB vollumfänglich in seine Rechtsposition eintreten und damit nunmehr die **Vertretenen** sind. Deshalb sind sie auch zum Widerruf der Vollmacht berechtigt;

---

[1] Grundlegend *Laband*, ZHR 10 (1866), 183; a.A. *Beuthien*, Gilt im Stellvertretungsrecht ein Abstraktionsprinzip?, in: Festgabe 50 Jahre Bundesgerichtshof, 2000, Band I, S. 81.

[2] Palandt/*Sprau*, 71. Auflage 2012, § 672 Rn. 1.

[3] BGH NJW 1969, 1245.

[4] *Muscheler*, JZ 2009, 1075; dort auch zu den unterschiedlichen Arten der Erfüllungs-, Zuwendungs- und Verwaltungsvollmacht.

[5] BGHZ 127, 239.

üben sie diesen jedoch nicht aus, so bleibt es einstweilen bei der durch die Vollmacht des Erblassers geschaffenen Rechtslage. Der Umfang der Vertretungsmacht, auf den es in stellvertretungsrechtlichen Fällen stets ankommt, bemisst sich daher nach dem Willen des Erblassers,[6] der nicht mit dem Willen und den Interessen des oder der Erben übereinzustimmen braucht.[7]

Der dogmatische Anknüpfungspunkt für die berechtigten Interessen des oder der 4 Erben ergibt sich häufig erst unter dem Gesichtspunkt des Missbrauchs der Vertretungsmacht.[8] Vor allem kommt die Figur des evidenten Vollmachtsmissbrauchs in Betracht,[9] der jedoch objektiv gegeben sein muss und voraussetzt, dass sich dem Vertragspartner der Missbrauch geradezu aufdrängt.[10] Allein der Umstand, dass vom Bevollmächtigten über **Nachlassgegenstände** verfügt wird und er einen Nutzen daraus zieht, begründet jedoch noch keinen evidenten Missbrauch der Vertretungsmacht. Nicht einmal die Überweisung des ganzen Guthabens eines Kontos aufgrund einer vor dem Tod erteilten Kontovollmacht soll einen solchen Missbrauch darstellen.[11] Dieser Fall wird uns sogleich näher beschäftigen.

3. Die neueste Rechtsprechung

Wenn zu einer klassischen Problematik, wie der vorliegenden, eine aktuelle Entschei- 5 dung des Bundesgerichtshofs ergeht, ist dies für die Examensvorbereitung regelmäßig von besonderer Bedeutung. Im zu entscheidenden Fall waren die Parteien uneins über den Umfang einer transmortalen Vollmacht.[12] Der Erblasser hatte vor seinem Tod seiner Ehefrau eine **Kontovollmacht** erteilt. Nach dem Wortlaut der Vollmachtsurkunde, welche die Bank bereitgestellt hatte, galt die Vollmacht über den Tod des Kontoinhabers hinaus und sollte der Ehefrau das Recht zur „unbeschränkten Verfügung über das Konto" einräumen. Nach dem Tod ihres Mannes schrieb die Ehefrau das Konto auf ihren Namen um. Der Sohn und Alleinerbe[13] des Verstorbenen versuchte erfolglos, Auszahlungen zu erwirken. Nach Widerruf der Vollmacht verlangte er von der Bank Auszahlung des Guthabens von 4.000 Euro, welches das Konto zum Todeszeitpunkt des Vaters aufwies.

Nach dem Tod seines Vaters ist der Sohn als Erbe nach § 1922 BGB Gesamtrechts- 6 nachfolger geworden und hat damit auch den Auszahlungsanspruch gegen die Bank aus §§ 700, 488 BGB erworben. Dem könnte jedoch der Gläubigerwechsel in Folge der durch die Ehefrau bewirkten Umschreibung des Kontos entgegenstehen. Die Frage ist aber, ob die Umschreibung des Kontos vom Umfang der transmortalen Vollmacht gedeckt ist. Der Bundesgerichtshof hat zur Beantwortung dessen die Vollmacht im

---

6 BGH NJW 1969, 1247; vgl. auch BGH NJW 1995, 953.
7 BGH FamRZ 1985, 693.
8 *Muscheler*, JZ 2009, 1075.
9 *Medicus/Petersen* BR, Rn. 399 sowie 116.
10 BGH NJW 1994, 2082.
11 BGH NJW 1995, 250.
12 BGHZ 180, 191; dazu *Diehn*, DNotZ 2009, 625; *Muscheler*, JZ 2009, 1075; *Petersen*, JK 09/09 BGB §§ 167, 675.
13 In der Klausur ist zu bedenken, dass auch die Ehefrau nach § 1931 Abs. 1 S. 1 BGB (Mit-)Erbin sein könnte. Dies war in der vorliegenden Entscheidung nicht der Fall.

Hinblick auf ihren Umfang und ihre Reichweite nach Maßgabe der §§ 133, 157 BGB ausgelegt. Die Vollmacht zur „unbeschränkten Verfügung über das Konto" berechtigt den Bevollmächtigten in erster Linie zur Verfügung über das Guthaben. Die Umschreibung des Kontos betrifft jedoch nicht allein die **Guthabenforderung,** sondern zugleich den Status des Kontoinhabers als Partei des Girovertrags. Vor dem Erbfall gehört die Aufhebung oder sonstige Änderung der vertraglichen Rechtsstellung des Kontoinhabers nicht mehr zu den üblichen Geschäften, die eine „umfassende Kontovollmacht" mit sich bringt. Die Vollmacht soll den Zugriff auf das Konto ermöglichen, sie dient jedoch grundsätzlich nicht der Abwicklung des Girovertrags. Für die Zeit nach dem Erbfall kann – ohne weitergehende Anhaltspunkte – nichts anderes gelten. Die Vollmacht besteht zwar über den Tod hinaus, ihr Umfang ändert sich durch den Erbfall jedoch nicht. Dass die Vollmacht ausnahmsweise zu einem weitergehenden Eingriff in die Vertragsstellung berechtigt, muss der Vollmachtgeber daher hinreichend klar zum Ausdruck bringen. Daran fehlte es.[14]

7   Ausnahmsweise könnte bei einer transmortalen Vollmacht unter Ehegatten etwas anderes gelten. Das wird von einem Teil der Rechtsprechung mit der Begründung angenommen, dass die transmortale Vollmacht gerade den Zweck habe, den überlebenden Ehegatten finanziell abzusichern;[15] angesichts der **Widerrufsmöglichkeit durch den Erben** müsse der Überlebende daher in der Lage sein, das Konto umzuschreiben. Immerhin könne der überlebende Ehegatte ebenso gut das Guthaben zu seinen Gunsten ganz abheben,[16] da dies ohne weiteres vom Umfang der erteilten Vollmacht gedeckt sei.[17]

8   Der Bundesgerichtshof ist dem jedoch in der vorliegenden Entscheidung entgegengetreten.[18] Für den Zweck der finanziellen Absicherung des überlebenden Ehegatten gebe es effiziente erbrechtliche Instrumente, wie die Erbeinsetzung, ein Vermächtnis oder eine Schenkung von Todes wegen. Gegen eine finanzielle Absicherung durch Einräumung einer bloßen Kontovollmacht argumentiert er zudem mit Blick auf das in aller Regel zugrunde liegende Auftragsverhältnis: Der Erbe könne nicht nur die Vollmacht widerrufen, sondern dem Bevollmächtigten nach § 665 BGB auch **Weisungen erteilen**; daraus folge zugleich, dass der Bevollmächtigte alles zu unterlassen habe, was den berechtigten Interessen des Erben entgegenstehe. Das lässt sich nur so deuten, dass der Bevollmächtigte von der Vollmacht – selbst wenn sie eine bestimmte Verfügung (etwa die Abhebung des gesamten Guthabens) deckt – im Innenverhältnis zum Erben gleichwohl keinen Gebrauch machen darf, wenn er sich dadurch in Widerspruch zu den berechtigten Interessen des Erben setzt. Solange ein relevanter Missbrauch der Vertretungsmacht fehlt, wäre das Vertretergeschäft im Außenverhältnis zwar wirksam, der Vertreter würde dem Erben jedoch wegen Pflichtverletzung im zugrunde liegenden Rechtsverhältnis und ggf. aus Bereicherungsrecht auf Ersatz

---

14 Ebenso *Schulze* LMK 2009, 284354; a.A. *Muscheler* JZ 2009, 1075, 1076, unter Hinweis auf den Wortlaut der Vollmacht.

15 Zur Frage, ob unter Ehegatten vom Fortbestand einer Vollmacht ausgegangen werden kann, *Canaris* Bankvertragsrecht, 3. Auflage 1988, Rn. 206.

16 Vgl. auch BayObLG FamRZ 2000, 1539.

17 OLG Hamm WM 1995, 152, 153; zustimmend Schramm in: Bankrechts-Handbuch (Hg. *Schimansky/ Bunte/Lwowski*), 3. Auflage 2007, § 32 Rn. 48; *Vortmann* EWiR § 133 BGB 2/95/223.

18 Ebenso Palandt/*Ellenberger*, 71. Auflage 2012, § 167 Rn. 9.

haften.[19] Eine finanzielle Absicherung des überlebenden Ehegatten lässt sich daher durch Erteilung einer transmortalen Vollmacht selbst dann kaum erreichen, wenn die Verfügung an sich von der Vollmacht gedeckt wäre. Für eine erweiternde Auslegung der Vollmacht sieht der Bundesgerichtshof daher kein Bedürfnis. Schließlich wendet er sich gegen das nahe liegende Argument, dass eine Umschreibung des Kontos auf sich selbst letztlich denselben wirtschaftlichen Erfolg habe wie die – im Außenverhältnis zulässige[20] – Überweisung des gesamten Guthabens an den Bevollmächtigten. Anders als die Abhebung oder Überweisung verdränge die Umschreibung des Kontos den Rechtsinhaber respektive dessen Erben aus dem bankvertragsrechtlichen Rechtsverhältnis. Die Umschreibung ist im Verhältnis zur vollständigen Abhebung mithin kein Minus, sondern ein Aliud.[21] Daher hätte die Kontoumschreibung der Zustimmung bzw. Genehmigung des Erben bedurft, ohne die sie nach § 177 Abs. 1 BGB unwirksam war. Die Guthabenforderung des Erben war daher durch die Umschreibung nicht erloschen.

II. Postmortale Vollmacht

Von der transmortalen Vollmacht ist die postmortale zu unterscheiden.[22] Die Differenzierung ist nicht zuletzt deswegen von Bedeutung, weil das Spannungsfeld mit den erbrechtlichen Instituten bei der postmortalen Vollmacht in besonderer Weise berührt ist.   9

1. Entstehungszeitpunkt

Während die transmortale Vollmacht bereits zu Lebzeiten des Erblassers nicht nur erteilt, sondern nach seinem Willen auch schon ausgeübt wird und sein Ableben überdauert, besteht der Sinn der postmortalen Vollmacht darin, dass die Wirkung erst mit dem Tod des Vollmachtgebers einsetzt. Hier bewährt sich im Übrigen die Unterscheidung zwischen Tatbestand, Wirksamkeit und Wirkung: Der Tatbestand einer solchen rechtsgeschäftlich begründeten Vertretungsmacht (§ 166 Abs. 2 S. 1 BGB) liegt schon zu Lebzeiten des Erblassers vor; sie ist auch wirksam. Doch setzen die **Wirkungen** erst mit dem Tod ein. Strukturell ähnlich liegt es beim Testament: Es liegt tatbestandlich vor, wenn es durch den Erblasser errichtet ist, es ist wirksam, wenn es insbesondere die gesetzliche Form des § 2247 BGB einhält, aber die Wirkungen entstehen erst mit dem Tod des Testators.[23]   10

---

19 Zum bereicherungsrechtlichen Rückgriff *Werkmüller*, ZEV 2009, 308.
20 BGH NJW 1995, 250.
21 *Werkmüller*, ZEV 2009, 308.
22 Zu ihr *Seif*, AcP 200 (2000), 192.
23 *Leenen*, FS Canaris, Band I, 2007, S. 699, 703; *ders.*, JuS 2008, 577, 578.

2. Widerspruch zu den erbrechtlichen Instituten

11 Da die postmortale Vollmacht erst mit dem Tod des Erblassers zu wirken beginnt, ist hier der mögliche Widerspruch zu den Instituten des Erbrechts von größerer Tragweite als bei der transmortalen Vollmacht. Denn für Verfügungen, die erst nach dem Tod des Erblassers Wirkungen zeitigen sollen, sieht das Erbrecht eben die letztwilligen Verfügungen vor; diese sollen nicht durch das Stellvertretungsrecht unterlaufen werden.[24] Dabei ist – insbesondere bei der Fallbearbeitung – zu berücksichtigen, dass eine Vollmacht, die den Voraussetzungen des § 2247 BGB entspricht, ein **Testament** darstellen kann.[25] Daraus kann man umgekehrt folgern, dass eine postmortale Vollmacht, die den Interessen des Erben zuwiderläuft, nur dann anerkennungswürdig ist, wenn sie den **Formerfordernissen** des § 2247 BGB entspricht. Wer für den Fall seines Todes Verfügungen treffen will, soll dies unter Beachtung der speziell erbrechtlichen Institute bzw. in den verlangten Formen tun müssen, damit die berechtigten Interessen der Erben gewahrt bleiben.[26]

---

24 *Werkmüller*, ZEV 2001, 97.
25 *Grziwotz*, FamRZ 2009, 1055, 1056.
26 *Medicus/Petersen* BR, Rn. 399 m.w.N.

§ 43 Die Prokura

I. Bestand

Die handelsrechtlichen Besonderheiten der Stellvertretung[1] bieten eine effektive **1**
Möglichkeit für Klausurersteller, den Allgemeinen Teil des BGB mit dem Handelsrecht prüfungsmäßig zu verbinden und auf diese Weise den so genannten „Pflichtfachstoff" mit den „Nebengebieten" zu verzahnen. Das zeigt sich beispielhaft an der
Prokura. Sie ist eine **rechtsgeschäftlich erteilte Vertretungsmacht mit gesetzlich
beschränktem Umfang.** Hieran kann man die für das Vertretungsrecht typische und
auch in der Fallbearbeitung hilfreiche und notwendige Trennung zwischen Bestand
und Umfang ersehen. Die Prokura besteht als Vollmacht (§ 166 Abs. 2 S. 1 BGB), doch
ist der Umfang im Unterschied zur bürgerlichrechtlichen Vollmacht zwingend vorge-
geben, um den besonderen Verkehrsschutzbedürfnissen des Handelsverkehrs Rechnung zu tragen.[2] Sie ist eine Art formalisierter Vertrauensschutz.[3]

1. Erteilung

Die Prokura kann nach § 48 Abs. 1 HGB nur von dem Inhaber des Handelsgeschäfts **2**
oder – freilich unter der Voraussetzung der vormundschaftsgerichtlichen Genehmigung nach §§ 1822 Nr. 11, 1643 BGB – seinem gesetzlichen Vertreter und nur mittels
ausdrücklicher Erklärung erteilt werden. Daher scheidet die Erteilung eine Unterprokura durch den Prokuristen nach § 48 Abs. 1 HGB aus. Eine nichtige **Unterprokura**
kann aber nach § 140 BGB gegebenenfalls in eine Generalhandlungsvollmacht umgedeutet werden.[4]

a) Einzelprokura

Der Prokurist muss eine natürliche Person sein.[5] Nicht geregelt ist, wem gegenüber **3**
die Prokura erteilt wird; in den weitaus meisten Fällen ist dies der Prokurist selbst,
doch kann es auch ein Dritter sein.[6] Der Bundesgerichtshof folgert aus dem Begriff
„Inhaber" im Sinne des § 48 Abs. 1 HGB, dass an einen Miterben keine Prokura erteilt
werden könne, würde er doch „als Vertreter und damit als Prokurist nur für einen
Teil der Miterben tätig werden, die als solche nicht allein die Inhaber sind."[7] Doch
schießt dies über das Ziel des § 48 Abs. 1 HGB hinaus, der den Prinzipal nur davor

---

1 Zu ihnen *Th. Honsell*, JA 1984, 17; *Drexl/Mentzel*, Jura 2002, 289 ff.; 375 ff.
2 *Canaris* HR, § 12 Rn. 1.
3 *H. Hübner*, FS Klingmüller, 1974, S. 173.
4 *Canaris* HR, § 13 Rn. 16.
5 Anders nur *Walchshöfer*, RPfleger 1975, 382.
6 *Canaris* HR, § 12 Rn. 5; a.A. *Th. Honsell*, JA 1984, 17, 18.
7 BGHZ 30, 391, 397.

bewahren soll, dass ein anderer als er selbst – der Inhaber – die Prokura erteilt.[8] Deshalb spricht letztlich nichts gegen die Möglichkeit der **Miterbenprokura**.[9]

4   Dabei muss nicht ausdrücklich von einer Prokura die Rede sein, wenn nur hinreichend deutlich wird, dass eine Vertretungsmacht mit eben diesem Umfang erteilt werden soll. Eine stillschweigende Prokuraerteilung kommt daher nicht in Betracht, weil dies ersichtlich § 48 Abs. 1 HGB widerspricht. Somit kann auch die bloße Duldung, also das Gewährenlassen durch den Geschäftsherrn, nicht einer Prokuraerteilung gleichgestellt werden. Dessen ungeachtet besteht die Möglichkeit einer (graduell schwächeren) **Duldungsprokura**,[10] die zwar dann keine erteilte Vollmacht im Sinne des § 167 Abs. 1 BGB darstellt, sondern eine Scheinvollmacht begründet.[11] Der gutgläubige Dritte, dem gegenüber der Rechtsschein kraft Duldung geschaffen wurde, ist dann nach Rechtsscheingrundsätzen so zu stellen, als ob eine Prokura erteilt worden wäre.[12]

b) Gesamtprokura

5   Nach § 48 Abs. 2 HGB kann die Erteilung der Prokura an mehrere Personen gemeinschaftlich erfolgen.[13] Das ist eine nach § 53 Abs. 1 S. 2 HGB **eintragungspflichtige Tatsache** im Sinne des **§ 15 Abs. 1 HGB**. Die Gesamtprokura führt zur Gesamtvertretungsmacht. Für die Gesamtprokura sollte man sich die Wertung der §§ 125 Abs. 2 S. 3 HGB, 26 Abs. 2 BGB, 78 Abs. 2 S. 2 AktG, 35 Abs. 2 S. 3 GmbHG, 25 Abs. 1 S. 3 GenG und ihrer weiteren Absätze vergegenwärtigen, aus denen sich zahlreiche dogmatische Zweifelsfragen beantworten lassen. So ergibt sich daraus, dass es entsprechend diesen Vorschriften für die Zurechnung der Bösgläubigkeit und den Zugang von Willenserklärungen ausreicht, wenn die Voraussetzungen in der Person eines der mit Gesamtprokura ausgestatteten Vertreter vorliegen.[14]

2. Erlöschen und Widerruf

6   Die Prokura ist nach § 52 Abs. 1 HGB jederzeit frei und unabdingbar widerruflich,[15] auch wenn das zugrunde liegende Rechtsverhältnis selbst unkündbar ist. Selbst wenn der Widerruf in Sonderfällen vertraglich ausgeschlossen ist, kann die Prokura aus wichtigem Grund widerrufen werden. Ohne einen solchen wichtigen Grund ist der Widerruf nicht wirksam, wenngleich der Bundesgerichtshof in diesem Fall nur ein obligatorisch wirkendes Recht auf erneute Erteilung der Prokura für gegeben hält.[16] Nach § 168 BGB erlischt die Prokura grundsätzlich mit dem zugrunde liegen-

---

8 *Canaris* HR, § 9 Rn. 29.
9 *Hüffer*, ZGR 1986, 631, 632, *Beuthien*, FS Fischer, 1979, S. 1.
10 A.A. *Th. Honsell*, JA 1984, 17, 18.
11 *Canaris* HR, § 14 Rn. 14; § 12 Rn. 4.
12 *Drexl/Mentzel*, Jura 2002, 375, 377.
13 Näher dazu *Beuthien/Müller*, DB 1995, 461; *Köhl*, NZG 2005, 197; *Reinert*, Unechte Gesamtvertretung und unechte Gesamtprokura im Recht der Aktiengesellschaft, 1990.
14 *Canaris* HR, § 12 Rn. 23.
15 *Drexl/Mentzel*, Jura 2002, 289, 291.
16 BGHZ 17, 392, 395.

den Rechtsverhältnis. Jedoch erlischt sie gemäß § 52 Abs. 3 HGB nicht mit dem Tod des **Inhabers des Handelsgeschäfts**. Dagegen erlischt sie mit dem Tod des Prokuristen, zumal da sie nicht übertragbar ist, wie § 52 Abs. 2 HGB vorgibt.

II. Umfang

Der Umfang der Prokura bemisst sich nach § 49 Abs. 1 HGB: Sie ermächtigt zu allen 7 Arten von gerichtlichen und außergerichtlichen Geschäften und Rechtshandlungen, die der Betrieb eines Handelsgewerbes mit sich bringt, sofern es sich nicht lediglich um Privatgeschäfte des Prokuristen handelt.[17]

1. Reichweite

Ausgenommen sind ferner die so genannten Grundlagengeschäfte, die gerade nicht 8 zum „Betrieb" eines Handelsgewerbes zählen. Der Prokurist kann also nicht einfach die **Handelsniederlassung** verlegen oder den Unternehmensgegenstand ändern. Ist der anmeldungspflichtige Akt selbst von der Befugnis nach § 48 Abs. 1 HGB gedeckt, dann kann der Prokurist auch Anmeldungen zum Handelsregister vornehmen.[18] Zur Veräußerung und Belastung von Grundstücken ist der Prokurist nach § 49 Abs. 2 HGB nur ermächtigt, wenn ihm diese Befugnis besonders erteilt ist. Hier ist genaue Lektüre des Gesetzestextes gefordert. Denn der Erwerb eines Grundstückes ist nicht genannt. Daraus wird gefolgert, dass der Prokurist die mit dem Grundstückserwerb zusammen-hängenden Geschäfte wie die Bestellung eines **Grundpfandrechts** vornehmen darf; das ergibt sich aus einer teleologischen Reduktion des § 49 Abs. 2 HGB. Umgekehrt folgt aus einer **teleologischen Extension** dieser Vorschrift, also einer Erweiterung über den Wortlaut hinaus, dass der Prokurist ohne besondere Befugnis auch die zur Veräußerung und Belastung von Grundstücken nötigen Verpflichtungsgeschäfte nicht abschließen darf, weil die andere Seite den Inhaber des Handelsgeschäfts ansonsten auf Erfüllung in Anspruch nehmen könnte.[19]

2. Beschränkungen des Umfangs

Eine Beschränkung des Umfangs der Prokura ist Dritten gegenüber nach § 50 Abs. 1 9 HGB unwirksam. Dies gilt insbesondere für die Beschränkung, dass die Prokura nur für bestimmte Geschäfte oder gewisse Arten von Geschäften oder nur unter gewissen Umständen oder für eine gewisse Zeit oder an einzelnen Orten ausgeübt werden soll, § 50 Abs. 2 HGB. Eine Beschränkung der Prokura auf den Betrieb einer von mehreren **Niederlassungen** des Geschäftsinhabers ist Dritten gegenüber nach § 50 Abs. 3 S. 1 HGB nur wirksam, wenn die Niederlassungen unter verschiedenen Firmen betrieben werden. Eine Verschiedenheit der Firmen in diesem Sinne wird auch dadurch begrün-

---

17 Zur Prokura in der Liquidation und Insolvenz der Handelsgesellschaften *K. Schmidt*, BB 1989, 229.
18 BGHZ 116, 190, 194; näher *Joost*, ZIP 1992, 463.
19 *Canaris* HR, § 12 Rn. 17.

det, dass für eine **Zweigniederlassung** der Firma ein Zusatz beigefügt wird, der sie als Firma der Zweigniederlassung bezeichnet (§ 50 Abs. 3 S. 2 HGB).

10   Die zentrale Vorschrift des § 50 Abs. 1 HGB ist insofern unumgänglich, als der Prokurist grundsätzlich auch nicht an die Zustimmung oder Mitwirkung eines Anderen, insbesondere des Geschäftsherrn selbst, gebunden werden kann.[20] Denn nach dem Sinn und Zweck des von § 50 Abs. 1 HGB intendierten Verkehrsschutzes sollen nicht nur inhaltliche,[21] sondern auch personelle Beschränkungen ausscheiden.[22] Jedoch gelten auch hier gewisse Ausnahmen, wie die oben bereits erwähnte Form der Gesamtprokura zeigt.[23] Wichtig ist, dass eine Zuwiderhandlung gegen § 50 Abs. 1 HGB in Gestalt eines angeordneten Mitwirkungserfordernisses nicht zur Unwirksamkeit der Prokura führt: Mag das vom Prokuristen vorgenommene Rechtsgeschäft auch im Innenverhältnis pflichtwidrig sein, weil er sich über sein **rechtliches Dürfen** hinweggesetzt hat, so ist es doch im Außenverhältnis grundsätzlich wirksam.

3. Missbrauch der Prokura

11 Diese zentrale Unterscheidung zwischen dem beschränkten Dürfen im Innenverhältnis und dem weiter reichenden Können im Außenverhältnis bringt es mit sich, dass die Problematik des Missbrauchs der Prokura bei der Fallbearbeitung mit zu berücksichtigen ist. Im Ausgangspunk unstreitig ist dabei, dass der Dritte keine Rechte aus dem Geschäft mit dem Prokuristen herleiten kann, wenn dieser vorsätzlich zum Nachteil des Inhabers des Handelsgeschäfts gehandelt hat[24] und der Dritte dies entweder wusste oder es sich ihm **regelrecht aufdrängen musste**.[25] Letzteres ist dann der Fall, wenn der Dritte insoweit grob fahrlässig in Unkenntnis vom Missbrauch war bzw. der Prokuramissbrauch aus seiner Sicht evident sein musste.[26] Schwierigkeiten bereitet die Konstellation, dass der Prokurist zwar beim Vertragsschluss mit einem Dritten gegen interne Weisungen verstößt, dies aber für den Prinzipal nicht nachteilig ist. Es geht somit um die Frage, wann das Merkmal der Nachteiligkeit des Vertretergeschäfts entbehrlich ist und ob die reine Pflichtwidrigkeit des Prokuristen ausreicht.[27] Richtigerweise kann sich in einem solchen Fall der Dritte, der um die Pflichtwidrigkeit des Vertreterhandelns weiß, nicht auf die bestehende Vertretungsmacht berufen, wenn er nicht davon ausgehen kann, dass der Vertretene das vom Prokuristen abgeschlossene Geschäft nachträglich billigen werde.[28] Damit wird dem durch § 50 Abs. 1 HGB bezweckten Verkehrsschutz hinreichend Rechnung getragen, zumal solche Geschäfte, in denen der Prokurist interne Weisungen missachtet den hauptsächlichen Anwendungsbereich darstellen, in dem sich die Abstraktheit und Unbeschränkbarkeit der

---

20 BayObLG DB 1997, 2427.
21 Skeptisch *Bärwaldt/Hadding*, NJW 1998, 1103, 1104.
22 *Beuthien*, FS Kim, 1995, S. 127, 130.
23 Zu weiteren Ausnahmen siehe *Canaris* HR, § 12 Rn. 20 ff.
24 Das wird bisweilen für verzichtbar gehalten (etwa von *Flume*, § 45 II 3), ist aber unerlässlich (*R. Fischer*, FS Schilling, 1973, S. 3, 17 ff.).
25 BGH WM 1976, 658, 659.
26 Siehe auch *Prölss*, JuS 1985, 577, 579. In der Fallbearbeitung *Lettl* Fälle HR, Fall 8.
27 Dazu *Michalski*, GmbHR 1991, 349, 354.
28 *Canaris* HR, § 12 Rn. 38.; a.A. *K. Schmidt* HR, § 16 III 4b bb vor aaa.

Prokura zu bewähren hat.[29] Scheitert das vom Vertreter abgeschlossene Geschäft am Missbrauch der Prokura, so ist es analog § 177 BGB schwebend unwirksam.[30] Versagt der Geschäftsherr in diesem Fall die Genehmigung, so kann sich die Frage stellen, wie sich sein etwaiges Mitverschulden auswirkt, wenn er den Prokuristen nicht hinreichend überwacht hat. § 254 BGB, den die Rechtsprechung anwendet,[31] passt eigentlich nicht, weil es nicht um einen Schadensersatzanspruch geht, sondern einen Fall **schwebender Unwirksamkeit**.[32] Dogmatisch sauberer ist es daher, bei der Fallbearbeitung einen Gegenanspruch des Dritten aus §§ 280 Abs. 1, 311 Abs. 2, 241 Abs. 2 BGB zu erörtern.[33]

---

29 *Canaris* HR, ebenda.
30 Zum Missbrauch der Vertretungsmacht *Prölss*, JuS 1985, 577.
31 BGHZ 50, 112, 114; 64, 79, 85; ebenso bereits RGZ 145, 311, 316.
32 *H. Hübner*, FS Klingmüller, 1974, S. 173, 182 f.; *Heckelmann*, JZ 1970, 62.
33 *Canaris* HR, § 12 Rn. 42.

§ 44 Scheinvollmachten im Handelsrecht

I. Die Ladenvollmacht

1 Nicht zuletzt wegen der alltäglichen Regelungssituation lässt sich die Rechtsstellung des Angestellten in einem Laden oder Warenlager leicht in einen Klausurfall einbauen:[1] Wer in einem Laden oder in einem offenen Warenlager angestellt ist, gilt nach § 56 HGB als ermächtigt zu Verkäufen und Empfangnahmen, die in einem derartigen Laden oder Warenlager gewöhnlich geschehen.[2] Selbst wenn es im Wortlaut des § 56 HGB nur unvollkommen zum Ausdruck kommt, gilt die Vorschrift nach ihrem systematischen Zusammenhang nur für Kaufleute als Ladeninhaber, findet allerdings auf **Kleingewerbetreibende** nach h.M. **analoge Anwendung**.[3]

1. Rechtsgeschäftslehre versus Rechtsscheinhaftung

2 Auch wenn der umgangssprachliche Begriff der „Ladenvollmacht" den Sachverhalt etwas plakativ und – wegen des gleichfalls genannten Warenlagers – unvollständig zum Ausdruck bringt, hat er sich doch so weit eingebürgert, dass er auch hier verwendet werden soll. Die Hauptsache ist, dass aus diesem dem Gesetz selbst fremden Begriff keine begriffsjuristischen Verkürzungen hergeleitet werden. Wichtiger als diese terminologische Spitzfindigkeit ist jedoch die dogmatische Einordnung des § 56 HGB. Zwar scheint der Wortlaut („gilt") für eine Fiktion zu sprechen.[4] Diese Charakterisierung erweist sich jedoch als wenig weiterführend und aussagekräftig. Die Frage ist vielmehr, ob § 56 HGB allein mit den Mitteln der Rechtsgeschäftslehre zu erklären ist[5] oder ob man die Vorschrift nicht von Grund auf anders verstehen muss.[6] Auf den ersten Blick sieht es zwar so aus, als handele es sich um eine klassische Vollmacht, also eine rechtsgeschäftlich erteilte Vertretungsmacht (vgl. §§ 166 Abs. 2, 167 Abs. 1 BGB), welche die besondere Ermächtigung des Ladenangestellten begründet. In der Tat wäre zumindest die Annahme einer ausdrücklich oder **konkludent erteilten Innenvollmacht** durchaus denkbar, während eine Außenvollmacht wohl schon deswegen ausscheidet, weil es insoweit bereits am objektiven Tatbestand eines Rechtsgeschäfts fehlt.[7] Aber auch das Verständnis der Ladenvollmacht als erteilter Innenvollmacht (§ 167 Abs. 1 BGB) ist wenigstens in den – besonders prüfungsrelevanten – Fällen schwerlich begründbar, in denen der Angestellte gerade weiß, dass er keine Vollmacht hat.[8] In einem Warenlager „angestellt" ist der Laden- bzw. **Lagerangestellte**, wenn er dort mit Wissen und Wollen des Geschäftsherrn tätig ist.[9] Gesetz-

---

1 Klausurbeispiel bei *Petersen*, Rn. 74 ff.
2 Überblick bei *Medicus/Petersen* BR, Rn. 109.
3 *Lettl* HR, § 6 Rn. 98; *Canaris* HR, § 14 Rn. 10; *K. Schmidt* HR, § 16 V 3 a.
4 Zur gleichfalls in Betracht kommenden Möglichkeit einer Vermutung BGH NJW 1975, 2191.
5 *Flume*, § 49 unter 3.
6 *Canaris*, Die Vertrauenshaftung im deutschen Privatrecht, 1971, S. 189: Scheinvollmacht kraft Einräumung einer Stellung.
7 *Canaris* HR, § 14 Rn. 2.
8 Zu weiteren Deutungsversuchen MüKo-HGB/*Krebs*, 3. Auflage 2010, § 56 HGB Rn. 3 ff.
9 BGH NJW 1975, 2191.

lich geregelt und daher von § 56 HGB erfasst sind nur die Fälle des Verkaufs und der Empfangnahme, nicht aber des Ankaufs. Die analoge Anwendung scheidet mangels Verkehrstypizität aus,[10] da ein Ankauf durch den Ladenangestellten vergleichsweise selten ist.[11] Allerdings bezieht sich der Begriff des Verkaufs nicht allein auf Kaufverträge i.S.d. § 433 BGB, sondern kann im Einzelfall auch andere Rechtsgeschäfte wie etwa Werkverträge erfassen.[12] Darüber hinaus deckt die Vorschrift die mit dem Verkauf einhergehenden Rechtshandlungen ab, also beispielsweise die Übereignung der verkauften Ware.[13]

2. Dogmatische Einordnung

Für die richtige dogmatische Einordnung der Vorschrift des § 56 HGB muss man 3 die bemerkenswerte Rechtsfolge ins Visier nehmen, die in einer Erfüllungshaftung besteht, also nicht lediglich einer Haftung auf das negative Interesse. Daher kommt man entgegen einigen im Schrifttum vertretenen Interpretationen auch mit einer der culpa in contrahendo verwandten Einstandspflicht kraft Sonderverbindung[14] ebenso wenig weiter wie mit der Annahme einer Obliegenheitsverletzung.[15] Es bleibt daher nur die Einordnung des § 56 HGB in die **Rechtsscheinhaftung**, die seit jeher im Schrifttum favorisiert wird[16] und auch heute noch herrschend ist.[17] Die Anstellung im Laden oder Warenlager, von der § 56 HGB spricht, schafft den Scheintatbestand einer vorausgegangenen Erteilung einer Innenvollmacht,[18] und mag sie auch im Einzelfall nicht vorliegen, so ist sie doch verkehrstypisch.[19]

3. Analoge Anwendung der §§ 54 Abs. 3 HGB, 173 BGB

Entsprechend dieser dogmatischen Einordnung als Rechtsscheinhaftung hat man 4 die Voraussetzung der Gutgläubigkeit in den Tatbestand des § 56 HGB hineinzulesen. Hierfür bieten sich zwei positiv-rechtliche Anknüpfungspunkte an: Zum Einen ist dies § 54 Abs. 3 HGB, wonach ein Dritter sonstige Beschränkungen der Handlungs- respektive Ladenvollmacht nur dann gegen sich gelten zu lassen braucht, wenn er sie kannte

---

10 *Canaris* HR, § 14 Rn. 8.

11 BGH NJW 1988, 2109, 2110.

12 *Lettl* HR, § 6 Rn. 106. Offen gelassen von BGH NJW 1988, 2109.

13 MüKo-HGB/*Krebs*, 3. Auflage 2010, § 56 HGB Rn. 26; vgl auch BGH NJW 1988, 2109.

14 *Frotz*, Verkehrsschutz im Vertretungsrecht, 1972, S. 397.

15 In diese Richtung *R. Schmidt*, Die Obliegenheiten, 1953, S. 123 ff.; *Fabricius*, JuS 1966, 55.

16 *Oertmann*, ZHR 95 (1930), 443, 483; *v. Seeler*, ArchBürgR 28 (1906), 1, 47; *Demelius*, AcP 153 (1954), 1, 32; *H. Westermann*, JuS 1963, 1, 5.

17 *Altmeppen*, Disponibilität des Rechtsscheins, 1993, S. 175; *Kindl*, Rechtsscheintatbestände und ihre rückwirkende Beseitigung, 1999, S. 221; *Drexl/Mentzel*, Jura 2002, 375.

18 *Canaris*, Die Vertrauenshaftung im deutschen Privatrecht, 1971, S. 190.

19 *Hupka*, Die Vollmacht, 1900, S. 124; siehe auch *Borsch*, GmbHR 2004, 1376, zu englischsprachigen Titeln („Vice President"), die ebenfalls einen entsprechenden Rechtsschein begründen können, sofern mit der jeweiligen Position typischerweise eine Vollmacht einhergeht.

oder kennen musste.[20] Zum Andern und zusätzlich kann man das **Erfordernis der Gutgläubigkeit** auch § 173 BGB entnehmen,[21] nach dem die Vorschriften der §§ 170, 171 Abs. 2, 172 Abs. 2 BGB – also ebenfalls zentrale Regelungen der Rechtsscheinhaftung[22] – keine Anwendung finden, wenn der Dritte das Erlöschen der Vertretungsmacht bei der Vornahme des Rechtsgeschäfts kennt oder kennen muss. Die Vorschrift des § 56 HGB schützt in diesem Zusammenhang – abweichend zu § 54 Abs. 1 HGB – nicht nur das Vertrauen des Dritten in den Umfang der Vertretungsmacht, sondern auch in deren Erteilung.[23]

II. Die Handlungsvollmacht

5   Die Handlungsvollmacht ist zwar als solche keine echte Scheinvollmacht, sondern eine gewöhnliche rechtsgeschäftliche Vollmacht, soll jedoch hier aus Gründen des Sachzusammenhangs – nicht zuletzt im Hinblick auf den gemeinsamen Gutglaubensschutz nach § 54 Abs. 3 HGB, von dem bereits die Rede war – mitbehandelt werden, zumal sie sich dogmatisch gleichfalls als **Scheinvollmacht** kraft Einräumung einer Stellung einordnen lässt und so ebenfalls zur Rechtsscheinhaftung gehört.[24]

1. Vermutung bezüglich des Umfangs und Gutglaubensschutz

6   Ist jemand ohne Erteilung der Prokura zum Betrieb eines Handelsgewerbes (**Generalhandlungsvollmacht**) oder zur Vornahme einer bestimmten zu einem Handelsgewerbe gehörenden Art von Geschäften (Arthandlungsvollmacht) oder zur Vornahme einzelner zu einem Handelsgewerbes göriger Geschäfte (**Spezialhandlungsvollmacht**) ermächtigt, so erstreckt sich die Vollmacht, die das Gesetz als Handlungsvollmacht legaldefiniert, nach § 54 Abs. 1 HGB auf alle Geschäfte und Rechtshandlungen, die der Betrieb eines derartigen Handelsgewerbes oder die Vornahme derartiger Geschäfte gewöhnlich mit sich bringt.[25] Der Schutzzweck lässt sich dem unscheinbaren Wort „gewöhnlich" entnehmen: Es handelt sich um eine Vermutung bezüglich des Umfangs einer solchen Handlungsvollmacht, wobei der Gutglaubensschutz sich auf das Gewöhnliche bezieht.[26] Bereits der „Entwurf eines Handelsgesetzbuchs nebst Denkschrift" aus dem Jahre 1896 hat dies dahingehend zusammengefasst, dass „jeder Dritte bei der Prüfung des Umfangs der Vollmacht von dem Gewöhnlichen ausgehen darf und besondere Beschränkungen nur dann gegen sich gelten zu lassen braucht,

---

20 *Manigk*, FS E. Heymann, 1931, Band 2, S. 590, 618 f.; *Krause*, Schweigen im Rechtsverkehr. Beiträge zur Lehre vom Bestätigungsschreiben, von der Vollmacht und von der Verwirkung, 1933, S. 155; *J. v. Gierke/Sandrock*, Handels- und Wirtschaftsrecht, 9. Auflage 1975, § 23 VIII 2d.
21 *K. Schmidt* HR, § 16 V 3 f; a.A. *Th. Honsell*, JA 1984, 17, 23.
22 *Canaris*, Die Vertrauenshaftung im deutschen Privatrecht, 1971, S. 134 ff. (unmittelbarer Anwendungsbereich), S. 139 f. (analoger Anwendungsbereich), 140 f. (das den Vorschriften zugrundeliegende Prinzip).
23 *Lettl* HR, § 6 Rn. 96.
24 *Canaris* HR, § 13 Rn. 11
25 Speziell zur Generalhandlungsvollmacht *Joussen*, WM 1994, 273.
26 *Bork*, JA 1990, 249, 251.

wenn er sie kannte oder kennen musste".[27] Schon hieran lässt sich ersehen, was oben vorangestellt wurde, nämlich dass es sich bei der Handlungsvollmacht um eine normale Vollmacht im Sinne des § 167 Abs. 1 BGB handelt, deren einzige Besonderheit darin besteht, dass der Umfang vom Gesetz vermutet wird. Bei der Fallbearbeitung erweist sich somit auch hier die Unterscheidung zwischen Bestand und Umfang der Vertretungsmacht als wesentlich. Denn der Bestand der Handlungsvollmacht wird nicht vermutet, sondern nur ihr Umfang.[28]

2. Anwendungsbereich

Während die Spezialhandlungsvollmacht zumeist projektbezogen ist, begegnet die 7 Arthandlungsvollmacht typischerweise bei abteilungsbezogenen Positionen innerhalb eines Instituts. Eine **Arthandlungsvollmacht** hat in der Regel etwa der **Zweigstellenleiter** einer Bank oder der Leiter der Finanzabteilung, wobei sich das Maß des Gewöhnlichen im Sinne des § 54 Abs. 1 HGB nicht nur aus der Art und Größe des Unternehmens ergibt,[29] sondern auch nach der Eigenart des jeweiligen Geschäfts richtet.[30]

III. Willensmängel bei Scheinvollmachten und Drittschutz

Über die Handlungsvollmacht und die Vollmacht des Ladenangestellten hinaus 8 stellen sich zwei prinzipielle Fragen im Zusammenhang mit der handelsrechtlichen Scheinvollmacht. Zum Einen fragt sich, wie das Verhältnis zwischen dem Anspruch auf Grund der Scheinvollmacht und dem damit einhergehenden Anspruch aus § 179 Abs. 1 BGB ist. Zum Anderen ist zu erörtern, ob und unter welchen Voraussetzungen Scheinvollmachten angefochten werden können.

1. Scheinvollmacht und Haftung des falsus procurator

Was zunächst die erste Frage betrifft, so geht der Bundesgerichtshof davon aus, dass 9 der Dritte, der mit einem Scheinbevollmächtigten kontrahiert hat, nur einen Anspruch gegen den Geschäftsherrn hat und nicht wahlweise gegen den vollmachtlosen Vertreter aus § 179 Abs. 1 BGB vorgehen kann.[31] Für diese Sichtweise wird ins Feld geführt, dass auch die Rechtsscheinvollmacht eine wirksame Vertretung begründet.[32] In der Tat kann zweifelhaft sein, zu Lasten des Geschäftsherrn von einer vertretungsrechtlichen Bindung auszugehen, dem Dritten andererseits aber unter der Annahme der gegenteiligen Rechtslage mit dem Scheinbevollmächtigten einen alternativen Schuld-

---

27 Entwurf eines Handelsgesetzbuchs nebst Denkschrift, 1896, S 25.
28 *Canaris* HR, § 13 Rn. 4.
29 BGH DB 1978, 2118, 2119; BGH WM 2003, 749, 750.
30 Aus der reichsgerichtlichen Rechtsprechung etwa RGZ 52, 89, 90; RG JW 1904, 475, 476; RG LZ 1911, 211.
31 BGHZ 86, 273; zustimmend *K. Schmidt*, FS Gernhuber, 1993, S. 435, 449.
32 *Köhler*, § 11 Rn. 72.

ner zu verschaffen.[33] Andererseits sollen die Grundsätze über die Scheinvollmacht den Dritten gerade schützen; sie sollten daher zu seinen Gunsten **disponibel** sein.[34] Es ist kein Grund ersichtlich, den Vertreter vor dem Anspruch des Dritten aus § 179 BGB, mit dem er als falsus procurator rechnen muss, zu bewahren.[35] Die besseren Gründe sprechen daher dafür, dem Dritten die Wahl zu lassen, ob er den Geschäftsherrn in Anspruch nehmen will oder die wahre Rechtslage gelten lassen möchte.[36]

2. Anfechtbarkeit der Scheinvollmacht

10 Bei unbefangener Betrachtung sieht es so aus, als seien Scheinvollmachten unanfechtbar, zumal da es an einer anfechtbaren Willenserklärung fehlt. Jedoch gibt es keinen Grund, den Geschäftsherrn anders zu stellen, als wenn er den Vertreter tatsächlich bevollmächtigt hätte.[37] Die Anfechtungsvorschriften gelten daher entsprechend für die Scheinvollmacht.[38] Allerdings darf durch den zur Anfechtung berechtigenden Mangel nicht lediglich das **Innenverhältnis** zwischen Geschäftsherrn und Scheinvertreter betroffen, sondern es muss gleichzeitig das den Scheintatbestand begründende Verhalten des Geschäftsherrn im **Außenverhältnis** berührt sein.[39]

---

33 Vgl. BGH NJW 1973, 1691, 1694.

34 *Altmeppen*, Disponibilität des Rechtsscheins, 1993, S. 131 ff.; *Chiusi*, AcP 202 (2002), 494, 511.

35 *Canaris*, Die Vertrauenshaftung im deutschen Privatrecht, 1971, S. 520 f.

36 *Prölss*, JuS 1985, 577, 579; *Drexl/Mentzel*, Jura 2002, 375, 378; *Pawlowski*, JZ 1996, 125, 131.

37 Zur Vollmachtsanfechtung auch *Stüsser*, Die Anfechtung der Vollmacht nach bürgerlichem Recht und Handelsrecht, 1986; *Petersen*, AcP 201 (2001), 375.

38 *Medicus*, Rn. 947.

39 *Canaris* HR, § 14 Rn. 24.

§ 45 Handelsrechtlicher Verkehrsschutz

I. Negative Publizität

Eine in das Handelsregister einzutragende Tatsache kann nach § 15 Abs. 1 HGB, **1** solange sie nicht eingetragen und bekannt gemacht ist, von demjenigen, in dessen Angelegenheiten sie einzutragen war, einem Dritten nicht entgegengesetzt werden, es sei denn, dass sie diesem bekannt war.

1. Regelungszweck

So trügerisch einfach sich dies liest, so schwierig kann es bei der Fallbearbeitung **2** werden, wenn man sich nicht im Ausgangspunkt mit dem Zweck der Regelung beschäftigt hat. Das Handelsregister soll den **handelsrechtlichen Verkehrsschutz** gewährleisten.[1] Der Handelsverkehr ist angesichts der unter Kaufleuten typischerweise bestehenden Interessenlage in besonderer Weise den Grundsätzen der **Reibungslosigkeit, Schnelligkeit, Leichtigkeit und Verkehrssicherheit** verpflichtet, so dass auch § 15 Abs. 1 HGB im Hinblick auf diese Gesichtspunkte besser verstanden werden kann: Rechtsklarheit und damit Rechtssicherheit wird im Interesse der Kaufleute dadurch erzeugt, dass an die Stelle der mitunter schwer aufzuklärenden wahren, d.h. dem materiellen Recht entsprechenden, Rechtslage eine Registerlage, also eine ausweislich des Registers bestehende Rechtslage tritt. Indem diese im durch den gesetzlich bestimmten Umfang maßgeblich ist, schafft das Gesetz den Verhaltensanreiz, dass derjenige sich möglichst schnell um die Eintragung der betreffenden Tatsache bemüht, in dessen Angelegenheiten sie einzutragen ist, § 15 Abs. 1 HGB.[2] Negative Publizität bedeutet – ebenso wie im Fall des strukturell vergleichbaren § 68 BGB –, dass man **auf das Schweigen des Handelsregisters** und, anders als beim Grundbuch nach § 892 BGB,[3] nicht auf sein „Reden" **vertrauen** kann, weil § 15 Abs. 1 HGB diejenigen Fälle erfasst, in denen eine erforderliche Eintragung unterbleibt.[4] Wann eine Eintragung erforderlich ist, bestimmen im Handelsrecht die §§ 29, 31, 34, 53, 106 f., 143, 144 Abs. 2, 148, 157, 175 HGB, wobei § 29 HGB (Kaufmannseigenschaft) –, § 53 HGB (Prokuraerteilung) und § 106 HGB (Mitgliedschaft in einer offenen Handelsgesellschaft) wohl die für die Fallbearbeitung wichtigsten Tatbestände sein dürften.

---

1 *Canaris*, Die Vertrauenshaftung im deutschen Privatrecht, 1971, S. 151.

2 *Leenen*, Die Funktionsbedingungen von Verkehrssystemen in der Dogmatik des Privatrechts, in: Rechtsdogmatik und Vernunft, Symposium zum 80. Geburtstag von Franz Wieacker (1990), S. 108, 120; siehe auch *Pahl*, Haftungsrechtliche Folgen versäumter Handelsregistereintragungen und Bekanntmachungen, 1987, S. 116 ff.

3 *Medicus*, Jura 2001, 294.

4 *Canaris* HR, § 5 Rn. 4.

2. Fehlende Voreintragung

3 Schwierigkeiten bereitet der Fall, dass zunächst eine eintragungspflichtige Tatsache nicht eingetragen wird, dann aber der gleichfalls eintragungspflichtige actus contrarius unterbleibt. Auf den ersten Blick erscheint es, als neutralisierten sich diese beiden Umstände gleichsam, so dass der Geschäftspartner sich im Hinblick auf den nicht eingetragenen actus contrarius nicht auf § 15 Abs. 1 HGB berufen könnte: Wenn beispielsweise ein Kaufmann einem Prokuristen Prokura erteilt hat, diese aber widerruft, bevor er die Prokuraerteilung zur Eintragung ins Handelsregister angemeldet hat, scheint alles beim Alten zu sein, ohne dass der Kaufmann für Rechtsgeschäfte haften müsste, die der zwischenzeitliche Prokurist während des eintragungswidrigen Zeitraums abgeschlossen hat. Dennoch nimmt eine starke Strömung im Schrifttum im Einklang mit der Rechtsprechung an, dass der Eintragungspflichtige sich die **Prokuraerteilung** wegen des nicht eingetragenen Widerrufs (§ 15 Abs. 1 HGB) entgegenhalten lassen muss.[5] Für die Anwendung des § 15 Abs. 1 HGB ist daher unerheblich, ob die Prokuraerteilung ihrerseits aus dem Handelsregister ersichtlich war. Dafür scheint der Wortlaut des § 15 Abs. 1 HGB zu sprechen, der nichts davon weiß, dass die Vorschrift bei fehlender Voreintragung nicht zum Zuge kommt. Schließlich kann der Geschäftspartner, der den Kaufmann aus dem Rechtsgeschäft mit dem Prokuristen in Anspruch nimmt, auch ohne Einsichtnahme ins Handelsregister von der Prokuraerteilung gehört haben, so dass er nicht konkret auf die Registereintragung vertraut haben muss. Es ist jedoch fraglich, ob § 15 Abs. 1 HGB ein bloß „**abstraktes Vertrauen**" überhaupt schützt,[6] zumal der Geschäftspartner im Falle der fehlenden Voreintragung nicht einmal ‚abstrakt' im Wege der Registereinsicht von der Rechtslage Kenntnis nehmen konnte.[7] Es ist daher mit guten Gründen in Abrede gestellt worden, dass § 15 Abs. 1 HGB auch beim Erlöschen und bei der Änderung nicht eingetragener, aber eintragungspflichtiger Rechtsverhältnisse gilt.[8] Besonders gravierend wirken sich diese Bedenken dann aus, wenn die Erteilung der Prokura noch am selben Tag widerrufen wurde;[9] dann kann im Regelfall niemand auf irgendetwas abstrakt oder konkret vertraut haben. Eine vermittelnde Ansicht versucht den unbilligen Härten einer strengen Anwendung des § 15 Abs. 1 HGB bei fehlender Voreintragung dadurch zu entgehen, dass die Vorschrift im Wege einer teleologischen Reduktion außer Betracht bleiben soll, sofern die an sich **voreintragungspflichtige Tatsache** nicht nach außen bekannt gemacht wurde.[10] Diese Ansicht kann sich in der Fallbearbeitung insofern als praktisch erweisen, als sich bei ihrer Zugrundelegung der Wortlaut, die wertungsmäßigen Grenzen und gegebenenfalls eine aufgrund dessen gebotene teleologische Reduktion des § 15 Abs. 1 HGB veranschaulichen lassen.

---

5 BGHZ 55, 267, 272; 116, 37, 44; *Kreutz*, Jura 1982, 639.
6 Für diese Möglichkeit *K. Schmidt*, Handelsrecht, § 14 II 2b; kritisch *Axer*, Abstrakte Kausalität – ein Grundsatz des Handelsrechts?, 1986.
7 *Schilken*, AcP 187 (1987), 1, 8.
8 In diese Richtung zuerst der gleichlautende Aufsatz von *A. Hueck*, AcP 119 (1920), 350; ebenso *Frotz*, Verkehrsschutz im Vertretungsrecht, 1972, S. 182 ff.
9 *Canaris* HR, § 5 Rn. 12.
10 *John*, ZHR 140 (1976), 241; instruktiv *J. Hager*, Jura 1992, 57, 60.

3. Wahre und scheinbare Rechtslage

Einigkeit besteht im Ausgangspunkt darüber, dass der Dritte zwischen der wahren **4** Rechtslage und der scheinbaren, die sich nach § 15 Abs. 1 HGB ergibt, wählen kann.[11] Damit ist jedoch noch nicht gesagt, dass er innerhalb der Geltendmachung eines Anspruchs insoweit auch einzelne Elemente kombinieren kann, die für ihn ein günstiges Gesamtbild ergeben. Jedenfalls bestreitet ein Teil der Lehre die Möglichkeit des Dritten, sich für die Begründung einer Anspruchsberechtigung in einer Hinsicht, also beispielsweise im Rahmen der Vertretungsmacht, auf die wahre Rechtslage zu berufen, und in einer anderen Hinsicht, etwa bei der Gesellschafterstellung, auf die scheinbare Rechtslage nach § 15 Abs. 1 HGB zurückzuziehen. Der Dritte müsse sich entscheiden, ob er in jeder Hinsicht die wahre oder die scheinbare Rechtslage gelten lassen wolle – alles andere laufe darauf hinaus, dass er sich gleichsam „die Rosinen herauspicke"[12] und sich damit widersprüchlich im Sinne des § 242 BGB verhalte. Der Bundesgerichtshof hat dessen ungeachtet eine Kombination von Elementen der wahren Rechtslage und der Scheinrechtslage zugelassen. Dafür spreche der Wortlaut und der Sinn und Zweck des § 15 Abs. 1 HGB, der nur zugunsten des Dritten, nicht aber zugunsten desjenigen Anwendung findet, der seine Ein- bzw. Austragungspflicht verletzt hat.[13] Im Rahmen der Fallbearbeitung sollte man sich nicht mit dem Schlagwort vorwissenschaftlicher Bildersprache („**Rosinentheorie**") begnügen, sondern versuchen die wertungsmäßigen Grundlagen herauszuarbeiten. Insbesondere der unter Kaufleuten zentrale Verkehrsschutz streitet im Sinne der Rechtsprechung für die wortlautgetreue Anwendung des § 15 Abs. 1 HGB.[14]

II. Positive Publizität

Nach § 15 Abs. 3 HGB kann sich ein Dritter dann, wenn eine ins Handelsregister einzu- **5** tragende Tatsache unrichtig bekannt gemacht ist, gegenüber demjenigen, in dessen Angelegenheiten die Tatsache einzutragen war, auf die bekannt gemachte Tatsache berufen, es sei denn, dass er die Unrichtigkeit kannte. Diese so genannte positive Publizität – hier kann der Dritte dem „Reden" des Registers trauen – ist neueren Datums[15] und in der Fallbearbeitung weit weniger häufig anzutreffen als die negative, weshalb es hier mit einer kurzen Erwähnung bewenden kann. Am ehesten kann man sich in Übungsfällen – wenngleich weniger in der Praxis – den Fall vorstellen, dass jemand böswillig und vermittels einer Unterschriftsfälschung eine Person zur Eintragung ins Handelsregister anmeldet, die mithaften soll, obwohl sie in Wahrheit nichts mit dem Unternehmen zu tun hat. Ein solcher **Zurechenbarkeitsmangel** darf

---

11 Instruktiv zum Ganzen *K. Schmidt*, JuS 1977, 209 („Sein-Schein-Handelsregister").

12 Begriffsprägend wohl *John*, ZHR 140 (1976), 241, 254; ebenso *Altmeppen*, Disponibilität des Rechtsscheins, 1993, S. 164 ff.; *M. Reinicke*, JZ 1985, 273; *Tiedtke*, DB 1987, 245 f.; *Canaris* HR, § 5 Rn. 26; klausurmäßig eingekleidet oben § 2 Rn. 22 ff.

13 BGHZ 65, 309; zustimmend *von Olshausen*, AcP189 (1989), 223, 240 f. *K. Schmidt*, Handelsrecht, § 14 II 4b; *J. Hager*, Jura 1992, 57, 62 f.

14 *Leenen*, Die Funktionsbedingungen von Verkehrssystemen in der Dogmatik des Privatrechts, in: Rechtsdogmatik und Vernunft, Symposium zum 80. Geburtstag von Franz Wieacker (1990), S. 108, 122 f.

15 Dazu *Beuthien*, NJW 1970, 2283; *Beyerle*, BB 1971, 1482.

schon nach vordergründigem Judiz nicht zu einer Verpflichtung des arglosen Einge-tragenen führen. Wenn man hier stattdessen das reine Rechtsscheinprinzip für maß-geblich hält,[16] gelangt man zu einem rechtsethisch unhaltbaren Ergebnis. Man muss daher auf das **Risiko**- bzw. **Veranlassungsprinzip**[17] abstellen. Das lässt sich auch mit dem Wortlaut des § 15 Abs. 3 HGB begründen, weil die Tatsache hier eben nicht „in dessen Angelegenheiten einzutragen war":[18] Einzutragen ist nämlich nur etwas in dessen Angelegenheiten, der auch einen entsprechenden Antrag gestellt hat. Denn wer einen solchen Antrag gestellt hat, soll ihn auch auf seine Richtigkeit kontrollie-ren müssen – es sei denn, und das könnte bei der Fallbearbeitung Gegenstand einer Abwandlung sein, er ist beschränkt geschäftsfähig; dann ist kein Raum für einen Ver-kehrsschutz nach § 15 Abs. 3 HGB.[19]

---

16 In diese Richtung *Hofmann,* JA 1980, 270.
17 *Bürck,* AcP 171 (1971), 328, 339; *Beuthien,* FS Reinhart, 1972, S. 199, 200; *Sandberger,* JA 1973, 215, 218.
18 *Canaris* HR,§ 5 Rn. 52.
19 *Medicus/Petersen* BR, Rn. 107.

Dritter Teil: Verpflichtungs- und Verfügungsgeschäfte

§ 46 Das Abstraktionsprinzip

Die besondere Schwierigkeit, die das Abstraktionsprinzip in der Fallbearbeitung **1**
bereitet, rührt nicht zuletzt daher, dass es nicht ausreicht, den Inhalt dieses Prinzips
losgelöst vom konkreten Fall zu kennen, sondern dass es entscheidend auf die rei-
bungslose Anwendung ankommt. Das gilt zwar auch sonst im Zivilrecht, führt jedoch
gerade im Umgang mit dem Abstraktionsprinzip nicht selten zu einem drastischen
Auseinanderfallen und damit zu Widersprüchlichkeiten im Gutachten. So begegnet es
nicht selten, dass sich an einer heiklen Stelle, die der Bearbeiter durchaus als solche
erkannt haben mag, der Satz findet: „Nach dem Abstraktionsprinzip sind Verpflich-
tungs- und Verfügungsgeschäft streng voneinander zu trennen." Das ist, wie sogleich
zu zeigen sein wird, nicht ganz richtig, hat doch der Verfasser damit nur das **Trennungsprinzip** beschrieben. Nicht selten folgt auf einen solchen Satz ein Verstoß
gegen das Abstraktionsprinzip. Daher soll zunächst der Unterschied zwischen Tren-
nungs- und Abstraktionsprinzip dargestellt werden.[1]

I. Trennungs- und Abstraktionsprinzip

Die Begriffe Trennungs- und Abstraktionsprinzip werden häufig nicht hinreichend **2**
deutlich unterschieden oder pauschal gleichgesetzt.[2] Am einfachsten macht man
es sich, wenn man davon ausgeht, dass das Trennungsprinzip zunächst nur besagt,
dass das Bürgerliche Recht zwischen Verpflichtung und Verfügung unterscheidet.[3]
Die Verfügung über Sachen und Rechte erfolgt demnach durch ein eigenständiges
Rechtsgeschäft,[4] so dass das Verfügungsgeschäft im Rechtssinne eigenständig existiert.[5] Das Abstraktionsprinzip geht demgegenüber noch darüber hinaus: Die Verfügung kann wirksam sein, obwohl das zugrundeliegende Verpflichtungsgeschäft
unwirksam ist.[6] Das Abstraktionsprinzip ist so gesehen die **vollendete Durchführung des Trennungsprinzips.**[7]

---

1 Monographisch zum Abstraktionsprinzip *Stadler*, Gestaltungsfreiheit und Verkehrsschutz durch
Abstraktion, 1996; lehrreich *Schreiber/Kreutz*, Jura 1989, 617; auch *Strack*, Jura 2011, 5.
2 Vgl. dazu die mannigfachen Nachweise bei *Jauernig*, JuS 1994, 721.
3 *Wolf/Neuner*, § 29 Rn. 23; näher zur Unterscheidung von Verpflichtung und Verfügung *Petersen*,
Rn. 22 f.; beide Typen anschaulich dargestellt bei *Schwab/Löhnig*, Rn. 419 ff. (Kapitel 2).
4 Treffend *Habersack*, Sachenrecht, 7. Auflage 2012, Rn. 28: „Die Trennung zwischen Verpflichtungs-
und Verfügungsgeschäft ist keineswegs so lebensfremd, wie es auf den ersten, durch das Bild vom
Zeitungs- oder Brötchenkauf geprägten Blick erscheinen mag."
5 *Grigoleit*, AcP 199 (1999), 379, 380.
6 Vgl. *Mugdan*, Band 1, S. 422: „Die Parteien mögen bei einem dinglichen Vertrage verschiedene
Rechtsgründe vorausgesetzt haben oder der von ihnen vorausgesetzte Rechtsgrund mag nicht vorhanden oder ungültig sein, die Wirksamkeit des dinglichen Vertrags wird dadurch nicht ausgeschlossen."
7 *Larenz*, Schuldrecht II/1, 13. Auflage 1986, § 39 II d; es geht zurück auf *Savigny*; vgl. dazu *Felgentrae-
ger*, Friedrich Carl von Savignys Einfluß auf die Übereignungslehre, 1927.

1. Abstraktionsprinzip, Bereicherungsrecht und Insolvenzrecht

3 Wenn das Verfügungsgeschäft trotz Unwirksamkeit des Verpflichtungsgeschäfts wirksam sein kann,[8] so ist damit zugleich die Frage nach dem Ausgleich der damit einhergehenden Vermögensverschiebungen aufgeworfen. Verkauft und übereignet A eine Sache an B aufgrund eines wegen Dissenses nichtigen Kaufvertrags, so wird B gleichwohl Eigentümer. A hat also keinen **Vindikationsanspruch** (§ 985 BGB) gegen B. Ihm könnte jedoch ein **Kondiktionsanspruch** gemäß § 812 Abs. 1 S. 1 Fall 1 BGB zustehen. B hat etwas, nämlich Eigentum und Besitz an der Sache, erlangt. Dies geschah auch durch Leistung, also zweckgerichtete bewusste Mehrung fremden Vermögens. Da der zugrunde liegende Kaufvertrag nichtig war, fehlt es auch an einem rechtlichen Grund für die Vermögensverschiebung, so dass B dem A die Sache nach §§ 812 Abs. 1 S. 1 Fall 1, 818 Abs. 1 BGB zurück zu übereignen hat. Das einfache Beispiel veranschaulicht eine wichtige Funktion des Bereicherungsrechts und zeigt zugleich, dass es einen tieferen Zusammenhang zwischen Bereicherungsrecht und Abstraktionsprinzip gibt.[9] Insbesondere dann, wenn die beabsichtigte Tilgung einer bestehenden oder nur angenommenen Verbindlichkeit misslungen ist, greift die Leistungskondiktion als Folge des Abstraktionsprinzips ein.[10] Das Bereicherungsrecht schöpft nicht zuletzt diejenigen Vermögensvorteile ab, die im Vermögen des einen infolge des Abstraktionsprinzips ohne Rechtsgrund verblieben sind.

4   Die praktische Bedeutung des Abstraktionsprinzips erweist sich dann, wenn eine der Parteien zwischenzeitlich zahlungsunfähig geworden und das **Insolvenzverfahren** über ihr Vermögen eröffnet worden ist. Ist nämlich in unserem soeben gebildeten Beispiel der Käufer nach der Lieferung der Sache in Insolvenz gefallen, so hat der Verkäufer kein **Aussonderungsrecht** an der Sache nach § 47 InsO. Denn mit der Übereignung an den Käufer gehört sie ihm nicht mehr, sondern dem Masseschuldner. Das bedeutet, dass die Kaufsache in die Masse fällt und damit neben dem Verkäufer allen anderen Insolvenzgläubigern zugute kommen soll. Der Verkäufer erhält stattdessen nur eine mit der **Insolvenzquote** zu befriedigende Geldforderung.[11] Die Behandlung im Insolvenzfall stellt mithin die eigentliche Probe des Abstraktionsprinzips dar, weil die anderen Fälle weitgehend mit dem Korrektiv des Bereicherungsrechts auf dasselbe Ergebnis hinauslaufen.[12]

---

8 Für die Betrachtung des Verfügungsgeschäfts kommt es dabei nur auf den sog. verfügungsrechtlichen bzw. sachenrechtlichen „Minimalkonsens" an, d.h. die Einigung über den Verfügungsgegenstand, die Verfügungswirkungen und die daran beteiligten Parteien, nicht aber die zugrundeliegende Kausalabrede (Merksatz: „Dies hier von mir zu dir"); vgl. *Pawlowski*, Rn. 590, 592; *Grigoleit*, AcP 199 (1999), 379, 381 Fußnote 2; zur damit angesprochenen inhaltlichen Abstraktheit der Verfügung auch *Jahr*, AcP 168 (1968), 9, 15.

9 Zu den im Einzelnen hochkomplizierten Zusammenhängen beim Bereicherungsausgleich im Mehrpersonenverhältnis *Canaris*, 1. FS Larenz, 1973, S. 799 ff.

10 *Medicus/Petersen* GW, Rn. 379.

11 *Medicus*, Rn. 227.

12 Vgl. auch *Grigoleit*, AcP 199 (1999), 379, 385 f.

2. Der Vorbehaltskauf als Paradigma des Trennungsprinzips

Besondere Schwierigkeiten bereitet erfahrungsgemäß die dogmatische Struktur des 5
Kaufs unter **Eigentumsvorbehalt** gemäß § 449 Abs. 1 BGB, dessen richtiges Verständnis zugleich eine Probe für das Trennungsprinzip darstellt.[13] Denn dieses ermöglicht es den Parteien, die Rechtsfolgen von Verpflichtung und Verfügung an jeweils unterschiedliche Bedingungen zu knüpfen.[14] Der Kauf unter Eigentumsvorbehalt veranschaulicht dies: Während der Kaufvertrag als Verpflichtungsgeschäft sofort und unbedingt abgeschlossen wird, steht die Übereignung unter der aufschiebenden Bedingung (§ 158 Abs. 1 BGB) der vollständigen Kaufpreiszahlung. Rechtsordnungen, die – wie etwa das französische Recht[15] – das Trennungs- und Abstraktionsprinzip nicht kennen, aber gleichfalls die wirtschaftliche Notwendigkeit des Vorbehaltskaufs sehen, haben beträchtliche konstruktive Schwierigkeiten, dies dogmatisch zu begründen. Im deutschen Recht liegt die Verständnisschwierigkeit eher darin, die vom Gesetz getroffene Unterscheidung zu verinnerlichen und konsequent durchzuhalten. So verbietet sich etwa die gelegentlich anzutreffende Formulierung, dass beim Vorbehaltskauf „der Kaufvertrag unter der aufschiebenden Bedingung der vollständigen Kaufpreiszahlung zustande kommt." Das ist schlicht falsch: Der Kaufvertrag kommt, wie gesagt, sofort und ohne jede Bedingung zustande; lediglich der Eigentumsübergang steht unter der besagten Bedingung.

II. Grenzen des Abstraktionsprinzips

1. Die Unwirksamkeit des Verfügungsgeschäfts

Problematisch vor dem Hintergrund des Abstraktionsprinzips ist, unter welchen 6
Umständen auch die Unwirksamkeit des Verfügungsgeschäfts angenommen werden kann. Häufig betreffen die Gründe der Unwirksamkeit eines Rechtsgeschäfts nämlich nur die schuldrechtliche Ebene. Etwas anderes gilt jedoch im Falle sogenannter **Fehleridentität**, d.h. wenn der Unwirksamkeitsgrund bezüglich Verpflichtung und Verfügung derselbe ist.[16] Das ist in der Fallbearbeitung vor allem im Hinblick auf die Anfechtung von Interesse.[17]

a) Fehleridentität

Bei der Fehleridentität wird die Wirkung des Abstraktionsprinzips relativiert,[18] weil 7
der Mangel im Verpflichtungsgeschäft gewissermaßen auf die Ebene des Verfügungsgeschäfts „durchschlägt". Genauer ist es freilich, sie als Wirksamkeitsgrenze des Abstraktionsprinzips bezeichnen, weil dieses eben nicht die Wirksamkeit des Ver-

---

13 Siehe dazu *Medicus/Petersen* GW, Rn. 36.
14 *Medicus*, Rn. 223.
15 Vgl. nur *von Caemmerer*, RabelsZ 12 (1938/39), 675.
16 Instruktiv dazu *Haferkamp*, Jura 1998, 511; *Grundmann*, JA 1985, 80; siehe auch *Habersack*, Sachenrecht, 7. Auflage 2012, Rn. 31.
17 Zur Anfechtungserklärung in den Fällen der Fehleridentität *Grigoleit*, AcP 199 (1999), 379, 416 f.
18 *Wolf/Neuner*, § 29 Rn. 69.

fügungsgeschäfts um jeden Preis erstrebt; die Wirksamkeit der Verfügung soll lediglich nicht an der Unwirksamkeit der Verpflichtung scheitern.[19] Ein besonders häufig vorkommender Fall der Fehleridentität liegt bei der **Geschäftsunfähigkeit** vor. Sie betrifft in aller Regel die Verpflichtung und die Verfügung gleichermaßen, sofern der Handelnde nicht inzwischen volljährig oder wieder geschäftsfähig geworden ist.[20] Daneben gibt es aber noch einige andere Unwirksamkeitsgründe innerhalb der Rechtsgeschäftslehre, bei denen Fehleridentität in Betracht kommt.

8   So sind etwa auch bei den §§ 134, 138 BGB Fälle von Fehleridentität durchaus denkbar. Beim Verstoß gegen ein Verbotsgesetz dürfte entscheidend sein, welches Geschäft nach dem Zweck des Gesetzes missbilligt wird.[21] Ist allerdings die Verpflichtung ebenso verboten wie die Verfügung, so kommt Fehleridentität bei § 134 BGB durchaus in Betracht.[22] Im Falle der Sittenwidrigkeit ist zu bedenken, dass die Verfügung vielfach als „**sittlich neutral**" erachtet wird.[23] Etwas anderes gilt nach der Rechtsprechung dann, wenn der Verstoß gegen die guten Sitten gerade im Verfügungsgeschäft zum Ausdruck kommt.[24] Im Schrifttum wurde dagegen zu bedenken gegeben, dass dies zu Unsicherheiten führen könne und man daher das Verfügungsgeschäft nur dann für unwirksam halten solle, wenn dadurch einer sittenwidrigen Schädigung Dritter entgegengewirkt werden kann.[25]

b) Geschäftseinheit

9   Die zweite Frage betrifft, wie eingangs angedeutet, die Fallgestaltung, dass zwar nur das Verpflichtungsgeschäft anfechtbar ist, die Anfechtbarkeit aber ausnahmsweise gleichwohl auf die Wirksamkeit des Verfügungsgeschäfts rückwirkt. Hier ist vor allem an die sog. **Geschäftseinheit** zu denken.[26] Die zentrale Vorschrift in diesem Zusammenhang ist § 139 BGB.[27] Voraussetzung ist freilich ein sog. Einheitswille, d. h. der von den Parteivorstellungen getragene Wille, dass beide Vereinbarungen miteinander stehen und fallen sollen.[28] Indes verfährt die Rechtsprechung mit der Annahme einer Geschäftseinheit i.S.d. § 139 BGB unter Hinweis auf das Abstraktionsprinzip außerordentlich zurückhaltend.[29] Das Schrifttum ist tendenziell noch ablehnender dagegen

---

19 *Medicus*, Rn. 231.

20 *Medicus*, Rn. 232, mit dem Hinweis, dass sich die Verfügung des geschäftsfähig gewordenen als Genehmigung i.S.d. § 108 Abs. 3 BGB oder sogar als Bestätigung nach § 141 BGB darstellen kann.

21 Allgemein zum gesetzlichen Verbot und Rechtsgeschäft die gleichnamige Monographie von *Canaris* (1983).

22 *Wolf/Neuner*, § 29 Rn. 73 mit beispielhaftem Verweis auf § 29 BtMG; *Medicus*, Rn. 236.

23 *R. Zimmermann*, JR 1985, 48.

24 RGZ 145, 152, 154; BGH NJW 1985, 3006, 3007.

25 *Medicus*, Rn. 712 mit Beispielen.

26 Des weiteren kommt der Fall der Verfügung unter der Bedingung der Wirksamkeit des Verpflichtungsgeschäfts in Betracht; vgl. *Grigoleit*, AcP 199 (1999), 379, 408 ff.

27 Siehe auch *Habersack*, Sachenrecht, 7. Auflage 2012, Rn. 34.

28 BGHZ 112, 288, 293; *Eisenhardt*, JZ 1991, 271, 273 m.w.N. Im Schrifttum wird ein objektiver Sinnzusammenhang für ausreichend erachtet; vgl. *Flume*, § 32 unter 2 a.

29 BGH NJW 1979, 1495, 1496; 1988, 2364; BGH NJW-RR 1989, 519; 1992, 593, 594; ähnlich *Peters*, Jura 1986, 449, 457, der „kräftige zusätzliche Anhaltspunkte" verlangt.

eingestellt.[30] Insgesamt verdient die Figur der Geschäftseinheit in diesem Bereich keine Zustimmung, weil sie das Trennungsprinzip missachtet.[31] Dementsprechend sollte man auch in der Fallbearbeitung äußerste Vorsicht walten lassen, um sich nicht dem Vorwurf auszusetzen, das Trennungsprinzip zu gering zu achten oder gar nicht hinlänglich zu kennen.

2. Abstraktion und Willensmängel

Zu den meistdiskutierten Fragen im Rahmen der Anwendungskonsequenzen des Abstraktionsprinzips gehört diejenige nach den Auswirkungen etwaiger Willensmängel. Dabei ist zu unterscheiden zwischen den Fällen, in denen das Verfügungsgeschäft angefochten werden soll und denjenigen Konstellationen, in welchen zwar nur das Verpflichtungsgeschäft und nicht das Verfügungsgeschäft anfechtbar ist, die Anfechtung des ersteren aber Auswirkungen auf das Verfügungsgeschäft hat. Was zunächst die Anfechtung des Verfügungsgeschäfts wegen **arglistiger Täuschung** oder **widerrechtlicher Drohung** betrifft, so liegen die Dinge vergleichsweise einfach. Hier liegt regelmäßig Fehleridentität im soeben dargestellten Sinne vor.[32] Eine Täuschung auf der Ebene des Kausalgeschäfts betrifft ebenso wie eine Drohung in aller Regel auch das **Verfügungsgeschäft**, so dass auch dieses nach § 123 Abs. 1 BGB anfechtbar ist.[33] · 10

a) Die Anfechtung wegen Eigenschaftsirrtums

Die schwierigste Frage im Zusammenhang mit der Anfechtung des Verfügungsgeschäfts besteht darin, ob auch ein Eigenschaftsirrtum nach § 119 Abs. 2 BGB die dingliche Ebene berührt. Das Reichsgericht nahm dies für den Fall an, dass beide Geschäfte in einem Willensakt zusammenfallen.[34] Im Schrifttum sind die Meinungen geteilt. Während einige die Anfechtbarkeit des Verfügungsgeschäfts ohne weiteres annehmen,[35] lehnen andere die Anfechtung des Verfügungsgeschäfts schlechthin ab.[36] Eine vermittelnde Auffassung hält die Anfechtung des Verfügungsgeschäfts für möglich, sofern dadurch keine Interessen redlicher Dritter berührt werden.[37] Gegen die Anfechtbarkeit des Verfügungsgeschäfts nach § 119 Abs. 2 BGB spricht, dass Eigenschaften der beteiligten Personen bzw. solche des Gegenstandes, über den verfügt · 11

---

30 *Jauernig*, JuS 1994, 721, 724; *Schlüter*, JuS 1969, 10, 11; *Stadler*, Gestaltungsfreiheit und Verkehrsschutz durch Abstraktion, 1996, S. 94 f.; *Schäfer*, Das Abstraktionsprinzip im Vergleich, 1992, S. 89 ff.

31 *Medicus*, Rn. 241; *Bork*, Rn. 488.

32 Zur Fehleridentität als Ansatzpunkt der Vollmachtsanfechtung *Petersen*, AcP 201 (2001), 375, 380.

33 RGZ 69, 13, 16; 70, 55, 57; BGHZ 58, 257, 258; BGH DB 1966, 818; *Hübner*, Allgemeiner Teil des BGB, 2. Auflage 1996, Rn. 651; skeptisch *Carstens*, JW 1904, 134 f.; *Roth*, ZVglRWiss 92 (1993), 371, 380.

34 RGZ 66, 385, 390; großzügiger noch RG Warneyer 5/1912, 1, 3.

35 *Enneccerus/Nipperdey*, § 169 II; *Flume*, § 24 2 b; *Wieling*, Sachenrecht, 5. Auflage 2007, S. 12; *Grundmann*, JA 1985, 80, 83; *Singer*, Selbstbestimmung und Verkehrsschutz im Recht der Willenserklärungen, 1995, S. 50.

36 So bereits *Schloßmann*, Der Irrtum über wesentliche Eigenschaften der Person und der Sache nach dem BGB, 1903, S. 16 ff.; *Stadler*, Gestaltungsfreiheit und Verkehrsschutz durch Abstraktion, 1996, S. 178.

37 *Lindemann*, Die Durchbrechungen des Abstraktionsprinzips durch die höchstrichterliche Rechtsprechung seit 1900, 1989, S. 48 ff.

wird, im Hinblick auf die **Verfügungserklärung** kaum je verkehrswesentlich sein dürften.[38]

b) Hinweise für die Fallbearbeitung

12 Bezüglich der Anfechtung des Verfügungsgeschäfts nach § 119 Abs. 2 BGB sollte man sich in klausurtaktischer Hinsicht eines klarmachen: Wenn sich diese Frage nicht ausnahmsweise ganz am Ende des Falles stellt und somit von der konkreten Streitentscheidung nichts Wesentliches mehr abhängt, ist zu bedenken, dass es – wie immer bei der Beantwortung von streitigen Rechtsfragen – weniger auf die konkrete Lösung als vielmehr auf die Folgerichtigkeit des Gutachtens ankommt. Nicht selten wird es dabei so liegen, dass der Aufgabensteller zwei Anfechtungsgründe „hintereinander schaltet", um zu gewährleisten, dass der weitere gedankliche Verlauf des Falles einheitlich ist. So wird häufig zuerst eine Anfechtung des Verfügungsgeschäfts nach § 119 Abs. 2 BGB zu prüfen sein und sodann noch eine arglistige Täuschung vorliegen. Da diese, wie gesehen, in aller Regel die schuldrechtliche wie die dingliche Ebene berührt, kommt es dann auf die **Streitentscheidung** zu § 119 Abs. 2 BGB nicht an. Gleichwohl empfiehlt es sich in dieser Konstellation diese Problematik zuerst zu erörtern und sich auch zur einen oder anderen Meinung zu bekennen. Zwar könnte man die Frage dann streng genommen dahinstehen lassen, weil und sofern nach §§ 123 Abs. 1, 142 Abs. 1 BGB auch das Verfügungsgeschäft vernichtet wird. Doch zeigt sich die Qualität der Bearbeitung nicht unbedingt daran, wie der Bearbeiter schwierigen Fragen aus dem Weg geht, sondern wie sie konkret entschieden werden.

III. Verkehrsschutz durch Abstraktion

13 Zu den wesentlichen, wenngleich oft übersehenen Anliegen des Abstraktionsprinzips gehört die Gewährleistung eines hinreichenden Verkehrsschutzes.[39] Ist nämlich das Verpflichtungsgeschäft nicht nur getrennt vom Verfügungsgeschäft zu beurteilen, sondern kann dieses wirksam sein, obwohl jenes nichtig ist, so stellt sich die Frage, welche Folgerungen diese rechtliche Grundentscheidung für Dritte und damit insbesondere den Rechtsverkehr hat. Müssen sie sich um etwaige Mängel des **Kausalgeschäfts** bezüglich ihres **Rechtsvorgängers** kümmern oder werden sie in ihrem Vertrauen darauf, dass dieser wirksam erworben hat, geschützt? Das Bürgerliche Recht hat sich in dieser Frage in konsequenter Durchführung des Abstraktionsprinzips für den Schutz des Rechtsverkehrs entschieden. Das zeigt sich gleichsam bei der Abstraktheit der Vollmacht.

---

38 *Grigoleit*, AcP 199 (1999), 379, 396-403.

39 Eingehend dazu *Stadler*, Gestaltungsfreiheit und Verkehrsschutz durch Abstraktion, 1996, passim.

1. Dritterwerb des Verfügungsgegenstandes

Das Abstraktionsprinzip hat grundsätzlich[40] zur Folge, dass der Erwerber ungeachtet 14
des unwirksamen Kausalgeschäfts als Berechtigter verfügt und ein Dritter den Verfügungsgegenstand seinerseits selbst dann erwerben kann, wenn er um die Unwirksamkeit des Verpflichtungsgeschäfts im Verhältnis des ursprünglichen Veräußerers zum Ersterwerber wusste.[41] Damit trägt das Abstraktionsprinzip dem Grundsatz der **Relativität der Schuldverhältnisse** Rechnung,[42] dessen auch für den vorliegenden Zusammenhang wesentliche Aussage darin besteht, dass die Einzelheiten der obligatorischen Rechtsbeziehungen zwischen Veräußerer und Ersterwerber nur diese beiden etwas angehen und dem Dritterwerber nicht entgegengehalten werden können.[43]

Den bereits oben[44] angesprochenen Zusammenhang zwischen Abstraktionsprinzip und Bereicherungsrecht verdeutlicht § 822 BGB: Nur wenn der Erwerber den Verfügungsgegenstand an einen Dritten verschenkt, kommt unter den Voraussetzungen des § 822 BGB ein Bereicherungsanspruch gegen den Dritten in Betracht. Der **unentgeltliche Erwerb** ist – ebenso wie im Fall des § 816 Abs. 1 S. 2 BGB – weniger schutzwürdig, weil der Erwerber keine Gegenleistung erbringt. 15

2. Der Rückerwerb des Nichtberechtigten als Paradigma

Wenn soeben der Verkehrsschutz als maßgebliches Regelungsziel des Abstraktionsprinzips hervorgehoben wurde, so erhebt sich sogleich die Frage nach dem Gutglaubenserwerb, ist doch dessen maßgeblicher Zweck gleichfalls der **Schutz des Rechtsverkehrs**.[45] Im Unterschied zum gutgläubigen Erwerb geht der durch das Abstraktionsprinzip bewirkte Schutz indes noch einen entscheidenden Schritt weiter. Denn die Vorschriften über den gutgläubigen Erwerb schützen nur den redlichen Dritten (vgl. §§ 932 Abs. 2, 892 Abs. 1 S. 1 BGB), wohingegen das Abstraktionsprinzip im Rahmen seiner Reichweite jeden Dritten schützt. Das Abstraktionsprinzip führt demnach zu einem vergleichsweise stärkeren Schutz.[46] Der Zusammenhang zwischen Abstraktionsprinzip und Gutglaubenserwerb zeigt sich paradigmatisch anhand einer schwierig zu behandelnden Grundkonstellation, die in verschiedenen Ausprägungen 16

---

40 Ausnahmen werden nur in „krassen Ausnahmefällen" (*Grigoleit*, AcP 199 (1999), 379, 383) zugelassen, etwa wenn der Dritte mit dem Erwerber kollusiv zusammenwirkt; dann kommt ein Anspruch des Berechtigten aus § 826 BGB in Betracht; vgl. *Stadler*, Gestaltungsfreiheit und Verkehrsschutz durch Abstraktion, 1996, S. 379 f.; *Lindemann*, Die Durchbrechungen des Abstraktionsprinzips durch die höchstrichterliche Rechtsprechung seit 1900, 1989, S. 20 ff.

41 Das wird rechtspolitisch seit jeher in Frage gestellt und kritisiert; vgl. nur *Heck*, Das abstrakte dingliche Rechtsgeschäft, 1937, S. 20 ff.; *May*, Die Möglichkeit der Beseitigung des Abstraktionsprinzips bei Verfügungsgeschäften des Fahrnisrechts, 1952, S. 37 ff.; *Wiegand*, AcP 190 (1990), 112, 123; siehe zur Verteidigung der gesetzlichen Konzeption aber *von Tuhr*, Der Allgemeine Teil des Deutschen Bürgerlichen Rechts, Band II 2, 1918, S. 110 f.; *Flume*, § 12 III 3, S. 176; *J. Hager*, Verkehrsschutz durch redlichen Erwerb, 1990, S. 216; *Peters*, Jura 1986, 449, 457; *Grigoleit*, AcP 199 (1999), 379, 382.

42 Allgemein zum Grundsatz der Relativität und seinen Ausnahmen *Petersen*, Rn. 1 ff.

43 *Larenz/Canaris*, § 78 IV 1 a; *Grigoleit*, AcP 199 (1999), 379, 385.

44 Unter I 1.

45 Grundlegend *J. Hager*, Verkehrsschutz durch redlichen Erwerb, 1990.

46 *Grigoleit*, AcP 199 (1999), 379, 382 f.

begegnen kann und von beträchtlicher Prüfungsrelevanz ist. Die Problematik ist unter dem Schlagwort des Rückerwerbs des Nichtberechtigten in die Literatur eingegangen.

17   Allen Fällen des Rückerwerbs des Nichtberechtigten ist gemein, dass der Nichtberechtigte eine Sache veräußert und die Sache – aus welchen Gründen auch immer – wieder an ihn zurückübereignet wird. Unumstritten ist im Ausgangspunkt, dass der Nichtberechtigte Eigentümer der Sache wird, wenn der Rückerwerb auf einem selbständigen Rechtsgeschäft beruht. Eine erste Ausnahme wird aber für den Fall gemacht, dass die Rückübereignung von vornherein abgesprochen war, um den Nichtberechtigten zum Eigentümer zu machen. Das ähnelt dem bereits oben in anderem Zusammenhang angesprochenen Fall der **Kollusion**. In diesem Fall soll das Eigentum automatisch an den ursprünglichen Eigentümer zurückfallen.

a) Die Ausnahmen der h.L.

18 Die h.L.[47] nimmt noch in anderen Konstellationen einen Rückerwerb des Eigentümers an.[48] Besonders häufig und prüfungsrelevant sind diejenigen Fälle, in denen die Rückübereignung vom Erwerber geschuldet ist, weil das schuldrechtliche Geschäft von vornherein – etwa wegen Anfechtung (vgl. § 142 Abs. 1 BGB) – nichtig war.[49] Entsprechendes kann sich auch durch einen **Rücktritt** ergeben (vgl. §§ 437 Nr. 2 Fall 1, 440 BGB bzw. §§ 634 Nr. 3 Fall 1, 636 BGB jeweils i.V.m. § 323 BGB). Dann ergibt sich aus Bereicherungsrecht bzw. Rückgewährschuldverhältnis eine Pflicht zur Rückübertragung des Eigentums. Dieses soll dann ohne weiteres an den ursprünglichen Eigentümer zurückfallen. Eine dritte Konstellation des Rückerwerbs des Nichtberechtigten liegt schließlich dann vor, wenn die Übereignung nur vorläufiger Natur war. Es wird häufig übersehen, dass dies etwa bei der **Sicherungsübereignung** der Fall ist: Übereignet der Nichtberechtigte eine Sache zur Sicherheit an einen Dritten, etwa eine Bank, so hat diese das Sicherungsgut zurückzuübereignen, wenn der Kredit, für den die Sache zur Sicherheit übereignet wurde, zurückgezahlt ist.[50] Der Eigentumserwerb der Bank war dann nur vorläufiger Natur. Aus diesem Grund geht die h.L. davon aus, dass auch in diesem Fall das Eigentum wieder auf den ursprünglichen Eigentümer zurückspringt.[51]

b) Die Betonung des Abstraktionsprinzips durch die Mindermeinung

19 Fragt man sich nach dem Zusammenhang dieses Problems mit dem hier behandelten Gegenstand, so stößt man auf das zentrale Argument der Mindermeinung: das Abstraktionsprinzip.[52] Der h.M. wird nämlich nicht nur entgegengehalten, dass sich

---

47 Die Rechtsprechung tendiert in dieser Frage zur Aufrechterhaltung des Abstraktionsprinzips. Vgl. zu einer ähnlich gelagerten Frage bei der Erbringung einer Sacheinlage an ein (Vor-) GmbH BGH WM 2003, 25, 27; dazu *Petersen*, JK 5/03, GmbHG § 5.

48 So bereits *Planck/Brodmann*, Kommentar zum BGB, 5. Auflage 1933, § 932 Anm. 4; *Baur/Stürner*, Sachenrecht, 18. Auflage 2009, § 52 Rn. 34; *Lopau*, JuS 1971, 233; *Tiedtke*, Jura 1983, 460, 473.

49 Anders liegt es freilich, wenn auch die dingliche Einigung von der Anfechtung erfasst ist (siehe dazu oben II); dann fällt das Eigentum automatisch an den ursprünglich Berechtigten zurück.

50 *Medicus/Petersen* GW, Rn. 381. Zu Grundfragen *Lorenz*, JuS 2011, 493.

51 Palandt/*Bassenge*, 71. Auflage 2012, § 932 Rn. 17.

52 RGRK-*Pikart*, 12. Auflage 1986, § 932 Anm. 34 ff.; *Wiegand*, JuS 1971, 62, 67.

das Zurückfallen des Eigentums auf den ursprünglich Berechtigten konstruktiv nicht begründen lasse. Weder § 139 BGB[53] noch die – ohnehin nur für Bargeschäfte des täglichen Lebens einschlägige – Rechtsfigur des **„Geschäfts für den, den es angeht"**, erweise sich als tragfähig. Vor allem aber werde das Abstraktionsprinzip aufgeweicht und damit missachtet. Daher müsse es bei der strikten Anwendung dieses Prinzips und somit bei dem Ergebnis bleiben, dass der Nichtberechtigte in allen Fällen Eigentümer wird. Dieses Ergebnis sei auch nicht so ungerecht, wie es auf den ersten Blick erscheine. Die Mindermeinung verweist den früheren Eigentümer insoweit auf seine Ansprüche gegen den nunmehrigen Eigentümer, der als Nichtberechtigter verfügt hat. Er wird in aller Regel Ansprüche aus §§ 280, 241 Abs. 2 BGB gegen ihn haben. Zudem ergebe sich aus §§ 823, 826 BGB i.V.m. § 249 BGB sowie möglicherweise aus § 812 BGB nicht selten ein Anspruch auf Rückübereignung.[54] Dieser Ansicht ist beizupflichten. Eine Korrektur des Gesetzes aus Billigkeitserwägungen ist nicht veranlasst.[55]

VI. Das Abstraktionsprinzip in der Fallbearbeitung

Bei der Erörterung der dinglichen Ebene unterlaufen Verstöße gegen das Abstraktionsprinzip besonders häufig.[56] Dabei handelt es sich nicht selten um graduelle Unrichtigkeiten und Unschärfen. **20**

1. Typische Fehler

Ein klarer Verstoß ist natürlich die Formulierung: „A wurde durch den Kaufvertrag **21** Eigentümer der Sache." Daran ist schlechthin nichts zu retten. Mitunter findet sich im Rahmen der Prüfung der dinglichen Einigung auch ein Satz des Inhalts: „Fraglich ist, ob zwischen A und B ein Kaufvertrag zustande gekommen ist." Oder gar: „Fraglich ist, ob der zwischen A und B geschlossene Kaufvertrag wirksam ist." Letzteres ist gleichfalls ein glatter Verstoß gegen das Abstraktionsprinzip, weil dies im Rahmen der **Prüfung der dinglichen Einigung** grundsätzlich nicht fraglich sein kann. Denn selbst wenn der Kaufvertrag unwirksam ist, kann die Übereignung gleichwohl wirksam sein. Das ist gerade die zentrale Aussage und Anwendungskonsequenz des Abstraktionsprinzips. Daraus folgt zugleich, dass auch die erstgenannte Formulierung unrichtig ist, weil es bei der dinglichen Einigung überhaupt nicht auf den zugrundeliegenden Kaufvertrag ankommt. Gelegentlich liest man an dieser Stelle auch den schlichten Satz „A und B haben einen Kaufvertrag geschlossen." Wenn sich der Bearbeiter dann nicht sofort eines besseren besinnt („Indessen kommt es darauf wegen des Abstraktionsprinzips nicht an."), liegt der Verstoß bereits in der Luft. Zumindest verraten derartige Formulierungen gravierende Unsicherheiten im Umgang mit dem Abstraktionsprinzip und sind daher schon deshalb geeignet, die Arbeit zu gefährden.

---

53 Dazu bereits oben II 1 b.
54 *Wiegand*, JuS 1971, 62.
55 Zutreffend *Habersack*, Sachenrecht, 7. Auflage 2012, Rn. 165 („für den behaupteten unmittelbaren Rückfall des Eigentums an den vormals Berechtigten gibt es, sieht man von einer entsprechenden Forderung des Rechtsgefühls ab, keine tragfähige Begründung").
56 Instruktiv insoweit auch *Schreiber/Kreutz*, Jura 1989, 617, 619.

Bestenfalls sind derartige Rekurse überflüssig – und somit streng genommen falsch, weil nicht zielführend.

2. Praktische Ratschläge

22 Man tut daher gut daran, im Rahmen der Prüfung des dinglichen Rechtsgeschäfts kein Wort zum schuldrechtlichen Kausalgeschäft zu verlieren. Schon die Niederschrift des bloßen Wortes Kaufvertrag auf dieser Ebene sollte einen nachdenklich stimmen. Natürlich ist es nicht unrichtig zu sagen, man sei „kaufweise" Eigentümer geworden. Aber schon eine vorderhand kleine Änderung illustriert, wie dünn das Eis ist, auf dem man sich bewegt. Denn die Umformulierung „durch Kauf" führt zum eingangs aufgezählten **Grundlagenfehler,** weil sie insinuiert, dass man erst durch den Kaufvertrag und nicht lediglich durch die Übereignung das Eigentum erworben habe.[57] Im Übrigen lässt sich das insoweit gefährliche Wort vom Kaufvertrag auf dieser Ebene auch ganz leicht umgehen, wenn man sich nur auf den Wortlaut des Gesetzes verlässt. Die §§ 929 ff. BGB sprechen nämlich ganz bewusst von der Veräußerung. Das sollte man auch in der Fallbearbeitung machen.

---

57 Vgl. *Medicus/Petersen* GW, Rn. 36.

§ 47 Veräußerungs- und Verfügungsverbote

I. Veräußerungsverbote

Das Gesetz spricht in den §§ 135 f. BGB zwar von Veräußerungsverboten, doch ist dies 1
insofern weit zu verstehen, als anerkannt ist, dass man die dort bezeichneten Veräußerungsverbote auf alle Verfügungsverbote bezieht, wenngleich der Begriff der
Veräußerung streng genommen nur einen Unterfall der Verfügung darstellt.[1] Der in
der Überschrift der vorliegenden Darstellung scheinbare Gegensatz zwischen Veräu-
ßerungs- und Verfügungsverboten besteht also nicht; die Formulierung des Gesetzes
wird hier vor allem deshalb zugrunde gelegt, um die Problematik der §§ 135 f. BGB
einerseits und des § 137 BGB andererseits darzustellen, die auch in der **Fallbearbeitung** nicht in einem Kausal- und Verweisungszusammenhang zueinander stehen. Die
Veräußerungsverbote unterscheidet das Gesetz danach, ob sie gesetzlicher Art sind
(§ 135 BGB)[2] oder von einem Gericht bzw. einer anderen Behörde erlassen worden sind
(§ 136 BGB).[3] Dabei verweist § 136 BGB im Wesentlichen auf § 135 BGB.

1. Gesetzliches Veräußerungsverbot

Verstößt die Verfügung über einen Gegenstand gegen ein gesetzliches Veräußerungs- 2
verbot, das nur den Schutz bestimmter Personen bezweckt, so ist sie nach § 135 Abs. 1
S. 1 BGB nur diesen Personen gegenüber unwirksam,[4] allen anderen gegenüber
jedoch wirksam. Es handelt sich also um einen Fall der **relativen Unwirksamkeit**,[5]
die Examenskandidaten zumindest von der **Vormerkung**[6] her (vgl. § 883 Abs. 2 BGB)
geläufig ist.[7] Anerkanntermaßen hat § 135 BGB innerhalb des BGB[8] praktisch keinen
Anwendungsbereich,[9] weil die relativen Verfügungsverbote der §§ 1124, 1126, 1128,
1130 BGB eigene Rechtsfolgenanordnungen enthalten, so dass neben ihnen kein
Raum für die Anwendung des § 135 BGB ist.[10] Die Bedeutung des § 135 BGB ergibt sich
somit – auch in der Fallbearbeitung – vor allem über die Verweisung in § 136 BGB.[11]
Daher konzentriert sich die Darstellung im Folgenden auch darauf.

---

1 *Medicus*, Rn. 664.
2 Instruktiv *Bülow*, JuS 1994, 1.
3 Zur Bedeutung im Immobiliarsachenrecht siehe *Foerste*, Grenzen der Durchsetzung von Verfügungsbeschränkungen und Erwerbsverboten im Grundstücksrecht, 1986.
4 Monographisch dazu aus dem früheren Schrifttum *Raape*, Das gesetzliche Veräußerungsverbot des
BGB, 1908.
5 *Köhler*, § 15 Rn. 37; monographisch *Beer*, Die relative Unwirksamkeit, 1975.
6 Mit der Vormerkung kann ein schuldrechtlicher Anspruch auf dingliche Rechtsänderung gesichert
werden.
7 *Habersack*, Sachenrecht, 7. Auflage 2012, Rn. 342 ff.; *Petersen*, Rn. 17 ff., dort auch zur Verweisungsvorschrift des § 1098 Abs. 2 BGB beim dinglichen Vorkaufrecht.
8 Außerhalb des BGB allerdings im Versicherungsrecht (§ 108 Abs. 1 VVG); vgl. MüKo/*Armbrüster*,
6. Auflage 2012, § 135 Rn. 29.
9 *Flume*, § 17 unter 6 c, S. 355; *Giesen*, Jura 1990, 169, 171.
10 Vgl. *Bülow*, JuS 1994, 1, 2; *Schreiber*, Jura 2008, 262.
11 *Medicus*, Rn. 671.

2. Behördliches Veräußerungsverbot

3 Ein Veräußerungsverbot, das von einem Gericht oder einer anderen Behörde innerhalb ihrer Zuständigkeit erlassen wird, steht gemäß § 136 BGB einem gesetzlichen Veräußerungsverbot der im § 135 BGB bezeichneten Art gleich.[12] Die Wirkungsweise des § 136 BGB i.V.m. § 135 BGB veranschaulicht der Fall, dass der Gerichtsvollzieher eine Sache des Schuldners pfändet, die dieser anschließend ungeachtet der erfolgten Pfändung an einen gutgläubigen Dritten veräußert.[13] Ein Anspruch des Gläubigers gegen den Dritten auf Herausgabe an den Gerichtsvollzieher[14] kann sich aus §§ 985, 1227 BGB i.V.m. § 804 ZPO ergeben, da das **Pfändungspfandrecht**, das der Gläubiger durch die Pfändung erworben hat (§ 804 Abs. 1 ZPO) gemäß § 804 Abs. 2 ZPO einem vertraglich begründeten Pfandrecht (§ 1204 BGB) gleichsteht. Der Herausgabeanspruch wegen Beeinträchtigung des Pfändungspfandrechts besteht jedoch dann nicht, wenn dieses nach § 936 Abs. 1 BGB erloschen ist. Ist eine veräußerte Sache mit dem Recht eines Dritten, hier also dem Pfändungspfandrecht, belastet, so erlischt das Recht mit dem Erwerb des Eigentums (§ 936 Abs. 1 BGB). Es fragt sich also, ob der Dritte Eigentümer geworden ist. Das setzt voraus, dass die Veräußerung der Sache an ihn durch den Schuldner wirksam war. Die Veräußerung könnte hier nach § 136 BGB i.V.m. § 135 Abs. 1 BGB relativ, nämlich gegenüber dem Gläubiger, unwirksam sein. Bei der Beschlagnahme handelt es sich um ein behördliches Veräußerungsverbot, das nach § 136 BGB einem gesetzlichen gemäß § 135 Abs. 1 BGB gleichsteht. Es bezweckt auch den Schutz bestimmter Personen (§ 135 Abs. 1 S. 1 BGB),[15] nämlich den des Gläubigers.[16] Mithin ist die Verfügung diesem gegenüber unwirksam. Etwas anderes könnte sich indes aus der Verweisung des § 135 Abs. 2 BGB auf die §§ 932 ff. BGB ergeben.[17] Im Hinblick auf die **Pfändung** war der Dritte gutgläubig. Dass der Schuldner die Sache aufgrund des Verfügungsverbotes als Nichtberechtigter an den Dritten veräußert hat, kann durch den guten Glauben des Dritten überwunden werden. Damit ist die Veräußerung nach §§ 135 Abs. 2, 932 Abs. 2 BGB wirksam, so dass der Dritte Eigentum an der Sache erlangt hat, das nach § 936 Abs. 1 BGB lastenfrei ist.

II. Das rechtsgeschäftliche Verfügungsverbot

4 § 137 S. 1 BGB zählt gewiss zu den anspruchsvollsten, aber eben auch systemprägenden Vorschriften des Bürgerlichen Rechts.[18] Danach kann die Befugnis zur Verfügung über ein veräußerliches Recht nicht durch Rechtsgeschäft ausgeschlossen oder beschränkt werden.[19] Die Einordnung dieser Vorschrift wird noch schwieriger, weil nach § 137 S. 2 BGB die Wirksamkeit einer Verpflichtung, über ein solches Recht nicht zu verfügen, durch diese Vorschrift nicht berührt wird. Die schuldrechtliche Vereinba-

---

12 *Schreiber*, Jura 2008, 262.

13 Vgl. auch *Köhler* PdW, Nr. 78; *Armbrüster*, Nr. 358.

14 Vgl. dazu Thomas/*Putzo*, ZPO, 32. Auflage 2011, § 804 Rn. 6.

15 Zur Unterscheidung *Gerhardt*, FS Flume, 1978, S. 527.

16 Vgl. Palandt/*Ellenberger*, 71. Auflage 2012, § 136 Rn. 4.

17 Siehe dazu auch *Medicus/Petersen* GW, Rn. 244.

18 Zur praktischen Bedeutung *Pikalo*, DNotZ 1972, 644.

19 Monographisch dazu *Chr. Berger*, Rechtsgeschäftliche Verfügungsbeschränkungen, 1998.

rung ist demnach wirksam, ihr kommt jedoch keine „dingliche" Wirkung im Außenverhältnis gegenüber Dritten zu. Sie hat lediglich im **Innenverhältnis** zwischen den Parteien des Rechtsgeschäfts verpflichtende Wirkung.[20] Man spricht deshalb von einem gewissen „Gegeneinander der beiden Sätze des § 137 BGB",[21] das die dogmatische Einordnung gerade des ersten Satzes erschwert.[22]

1. Dogmatische Einordnung

Zunächst dient § 137 S. 1 BGB der Verlässlichkeit des Rechtsverkehrs in der Weise, dass 5 der Erwerber eines veräußerlichen Rechts darauf vertrauen kann, dass der Veräußerlichkeit kein rechtsgeschäftlicher Ausschluss entgegensteht.[23] Es geht also letztlich um Orientierungssicherheit[24] und die Gewährleistung der **Verkehrsfähigkeit** von Gegenständen.[25] Dementsprechend dient § 137 S. 1 BGB nach der Rechtsprechung und herrschenden Lehre der Verhinderung einer Erstarrung des Güterverkehrs[26] und betont den numerus clausus der Sachenrechte.[27] Zugleich wird dadurch die **Funktionsfähigkeit der Zwangsvollstreckung** gesichert.[28]

2. Folgerungen

Die praktischen Folgerungen zeigen sich etwa im examensrelevanten Bereich 6 des Stellvertretungsrechts. Die von § 137 S. 1 BGB zumindest auch – sei es nur als Reflex[29] – intendierte Aufrechterhaltung der Verfügungsfreiheit in Verbindung mit dem Zweck, keine **res extra commercium,** also keine Sache außerhalb des handelbaren Rechtsverkehrs, zu schaffen, führt dazu, dass man dem Grundsatz des § 137 S. 1 BGB auch das Verbot einer verdrängenden Vollmacht entnimmt.[30] Darunter versteht man den selbst auferlegten Ausschluss der Zuständigkeit des Vollmachtgebers,[31] der sich gleichsam selbst entmündigt.[32] Damit fielen Rechtsinhaberschaft und die dazugehörige Verfügungsbefugnis auseinander, was mit der von § 137 S. 1 BGB bezweckten Rechtssicherheit unvereinbar wäre.[33]

Die Möglichkeit schuldrechtlicher Verfügungsverbote im Sinne des § 137 S. 2 BGB 7 gewinnt vor dem Hintergrund der dargestellten Rigorosität des § 137 S. 1 BGB prakti-

---

20 *Schreiber*, Jura 2008, 263.
21 *Medicus*, Rn. 678.
22 Grundlegend dazu *Liebs*, AcP 175 (1975), 1.
23 *Bork*, Rn. 1147.
24 *Medicus*, Rn. 678.
25 *Armbrüster*, Nr. 359.
26 BGHZ 56, 275, 279; BayObLG NJW 1978, 700, 701.
27 *Thiele*, Die Zustimmung in der Lehre vom Rechtsgeschäft, 1966, S. 195; *Liebs* AcP 175 (1975), 1; *Canaris*, FS Flume I, 1978, S. 371, 420.
28 BGHZ 134, 186; *Medicus*, Rn. 678.
29 In diese Richtung BGH NJW 1997, 862.
30 *Flume*, § 53 unter 6.
31 Zu möglichen Konsequenzen im Urheberrecht *Petersen*, FS Bub, 2007, S. 405 ff.
32 *Medicus*, Rn. 936; tendenziell einschränkend *Gernhuber*, JZ 1995, 381.
33 *Schreiber*, Jura 2008, 263.

sche Bedeutung, wobei freilich immer zu berücksichtigen ist, dass schuldrechtliche oder rechtsgeschäftliche Konstruktionen, etwa auflösende Bedingungen, daraufhin zu überprüfen sind, ob sie nicht auf eine Umgehung des § 137 S. 1 BGB hinauslaufen.[34] Daran ist insbesondere dann zu denken, wenn durch privatautonome Regelungen unter allen Umständen erreicht werden soll, dass bestimmte Gegenstände, etwa Erbstücke oder der Familienschmuck, in der Familie bleiben,[35] weil gerade in der Vermeidung von so genannten **Fideikommissen** einer der historischen Beweggründe des § 137 BGB lag.[36] Allerdings sind bestimmte Verbindlichkeiten, wie zum Beispiel Verträge, durch die sich jemand verpflichtet, eine Verfügung von Todes wegen zu errichten oder nicht zu errichten, aus anderen Gründen, hier etwa nach § 2302 BGB,[37] nichtig, so dass in diesen Fällen auch § 137 S. 2 BGB nicht hilft.[38]

8 Ebenso gilt bei der Vereinbarung eines rechtsgeschäftlichen Verfügungsverbotes für eine Forderung nicht § 137 S. 1 BGB, sondern § 399 S. 2 BGB. Dessen dogmatische Einordnung ist umstritten,[39] dieser Streit ist jedoch ohne praktische Relevanz. Denn letztlich besteht Einigkeit darüber, dass gemäß § 399 S. 2 BGB bei Forderungen ein vertraglich vereinbartes Verbot der Abtretung (**pactum de non cedendo**) gegenüber jedermann wirksam ist. Eine trotz eines Abtretungsverbotes vorgenommene Forderungszession ist damit absolut unwirksam.

---

34 Näher MüKo/*Armbrüster*, 6. Auflage 2012, § 137 Rn. 15 m.w.N.
35 Instruktiv *Köhler*, PdW, Nr. 79.
36 Vgl. nur *von Bar/Striewe*, Zeitschrift für neuere Rechtsgeschichte 1981, 184.
37 Zu ihm *Petersen*, Rn. 68.
38 *Armbrüster*, Nr. 359, unter Verweis auf § 1136 BGB als weiteren Fall.
39 Nach RGZ 136, 395, 399 ist § 399 S. 2 BGB eine systematische Ausnahme zu § 137 S. 1 BGB. Die andere Ansicht, so auch der BGH in BGHZ 19, 355, 359; 70, 299, 303, nimmt an, dass es sich bei § 399 S. 2 BGB um eine gesetzlich zugelassene Inhaltsbestimmung handelt; siehe auch MüKo/*Armbrüster*, 6. Auflage 2012, § 137 Rn. 20.

§ 48 Rechtsgeschäftliche Abtretungsverbote im Handelsrecht

Ist die Abtretung einer Geldforderung durch Vereinbarung mit dem Schuldner gemäß 1
§ 399 BGB ausgeschlossen und ist das Rechtsgeschäft, das diese Forderung begründet
hat, für beide Teile ein **Handelsgeschäft**,[1] so ist die Abtretung nach § 354a S. 1 HGB
gleichwohl wirksam.[2] S. 3 stellt klar, dass abweichende Vereinbarungen unwirksam
sind.[3]

I. Wirksamkeit der Abtretung trotz Zessionsverbot

Nach § 399 BGB, auf dessen zweiten Fall die hier im Mittelpunkt stehende Vorschrift 2
des § 354a HGB Bezug nimmt, kann eine Forderung nicht abgetreten werden, wenn die
Abtretung durch Vereinbarung mit dem Schuldner ausgeschlossen ist.

1. Gesetzeszweck

Um den Sinn und Zweck des § 354a HGB zu erfassen, muss man sich zunächst über die 3
Rechtsfolgen einer gleichwohl erfolgten Zession im Klaren sein. Die Frage ist nämlich,
ob eine solche Abtretung relativ, also nur gegenüber dem Schuldner, oder absolut, d.h.
gegenüber jedermann, unwirksam ist. Die Rechtsprechung nimmt absolute Unwirksamkeit an.[4] Abtretungsverbote wirken also im Unterschied zu den übrigen rechtsgeschäftlichen Verfügungsverboten, für die § 137 S. 1 BGB gilt, dinglich.[5] Dadurch hat
der Forderungsinhaber wenig Spielraum, sich die Forderung wirtschaftlich zu Nutze
zu machen. Insbesondere würde ihm weitgehend die Möglichkeit genommen, einen
verlängerten Eigentumsvorbehalt zu vereinbaren,[6] weil dabei typischerweise die
Vorausabtretung der Forderungen des Vorbehaltskäufers gegenüber seinen Kunden
verlangt wird und einkaufende Unternehmen in aller Regel ein rechtsgeschäftliches
Abtretungsverbot mit ihren Kunden vereinbart haben.[7] Ohne § 354a HGB würde also
der Refinanzierungsspielraum mittelständischer Unternehmen empfindlich verrin-

---

1 Die beiden anderen Fälle spielen in der Prüfung praktisch keine Rolle.
2 Überblick über die Probleme bei *Petersen*, Rn. 401.
3 Im Schrifttum wird die Möglichkeit diskutiert, dass der Schuldner gleichwohl mit dem Zessionar
vereinbaren können soll, dass die Leistung an den Zedenten keine befreiende Wirkung habe; dafür
Saar, ZIP 1999, 988, 993; vgl. auch *J. Hager*, GS Helm, 2001, S. 697, 703; Koller/Roth/Morck/*Roth*, HGB,
4. Auflage 2003, § 354a Rn. 4; dagegen OLG Köln NJW-RR 2001, 539, 541; *Bette*, WM 1994, 1909, 1920.
4 BGHZ 112, 387, 389; skeptisch *E. Wagner*, Vertragliche Abtretungsverbote im System zivilrechtlicher Verfügungshindernisse, 1994, S. 228 ff., 316 ff.; a.A. *Canaris*, FS Serick, 1992, S. 9, 13 ff.; gegen ihn
Bülow, NJW 1993, 901, 902.
5 *Wiedemann/Fleischer*, Handelsrecht (PdW), 7. Auflage 2001, S. 258.
6 Speziell zum gutgläubigen Erwerb trotz Abtretungsverbots in AGB *K. Schmidt*, NJW 1999, 400.
7 Baumbach/Hopt/*Hopt*, Handelsgesetzbuch, 35. Auflage 2012, § 354a Rn. 1.

gert.[8] Man kann hier also die handelsrechtliche Merkwürdigkeit beobachten, dass ausnahmsweise Kaufleute in besonderer Weise geschützt werden.[9]

2. Rechtsfolgen

4   Die Rechtsfolgen des § 354a S. 1 HGB lassen sich am besten am Beispiel des bereits erwähnten verlängerten Eigentumsvorbehalts erfassen, da dieser nicht nur den hauptsächlichen Anwendungsfall in der Praxis markiert, sondern auch im Examen immer wieder geprüft wird. Liefert also ein Verkäufer an einen Kaufmann Waren unter Eigentumsvorbehalt und veräußert dieser sie an einen anderen **Kaufmann** unter Vereinbarung eines Abtretungsverbots (§ 399 Fall 2 BGB) weiter, so stellt sich die Frage, ob dieser andere Kaufmann Eigentümer geworden ist. Wegen § 354a S. 1 HGB wirkt sich das vertragliche Abtretungsverbot nicht aus; die Abtretung ist also wirksam. Dementsprechend hat der Vorbehaltskäufer als Berechtigter verfügt (§§ 929 S. 1, 185 Abs. 1 BGB). Folglich konnte der Kaufmann, an den der Käufer die Waren veräußert hat, Eigentümer werden.

5   Hätte dagegen kein beiderseitiges Handelsgeschäft (vgl. § 343 HGB) vorgelegen, so wäre das Abtretungsverbot wirksam gewesen. Dann fehlt jedoch zugleich die **Ermächtigung der Weiterveräußerung**, so dass der Vorbehaltskäufer als Nichtberechtigter verfügt. Ein gutgläubiger Erwerb (§§ 932 i.V.m. § 366 HGB) scheitert in diesen Fällen typischerweise daran, dass der Erwerber bösgläubig ist, weil die Vereinbarung eines Abtretungsverbots zeigt, dass mit einem verlängerten Eigentumsvorbehalt gerechnet wird.[10] Demzufolge würde der Erwerber außerhalb des Anwendungsbereichs des § 354a HGB nicht Eigentümer werden.

II. Die Rechtsstellung des Schuldners

6   Der Schuldner kann mit befreiender Wirkung an den bisherigen Gläubiger leisten, § 354a S. 2 HGB. Er hat also ein **Wahlrecht**, so dass er entweder an den bisherigen Gläubiger, also in der Abtretungsterminologie den Zedenten, oder an den Zessionar zahlen kann. Entscheidet er sich für eine Leistung an den Zedenten, so schuldet dieser gegenüber dem Zessionar Herausgabe des Erlangten nach § 816 Abs. 2 BGB,[11] weil nunmehr der Zessionar nach § 354a S. 1 HGB als Berechtigter anzusehen ist.[12]

---

8 Zur – durchaus diskutierten – Alternative der Streichung des § 399 Alt. 2 BGB *Drobnig*, Empfehlen sich gesetzliche Maßnahmen zur Reform der Mobiliarsicherheiten?: Gutachten F für den 51. Deutschen Juristentag, in: Verhandlungen des 51. Deutschen Juristentages, Band 1 (1976), S. 80, 98; *Saar*, ZIP 1999, 988, 989; Zum Grundsatz der Privatautonomie in diesem Zusammenhang *Baukelmann*, FS Brandner, 1996, S. 185, 186; *Lüke*, JuS 1992, 114, 115.

9 *Canaris* HR, § 26 Rn. 17; kritisch *ders.*, ebenda Rn. 33 ff. mit der Forderung der analogen Anwendung des § 354a HGB auf Freiberufler und Kleingewerbetreibende; zustimmend *Derleder*, BB 1999, 1561, 1562; *Treber*, AcP 199 (1999), 525, 546; vgl. auch *E. Wagner*, WM 1996 Sonderbeilage Nr. 1 S. 1, 8.

10 Vgl. BGH NJW 1999, 425; *K. Schmidt*, NJW 1999, 400.

11 An § 816 Abs. 2 BGB als Ausgleichsnorm ist bei derartigen Vermögensverschiebungen – ebenso wie auch beim strukturell ähnlichen § 407 BGB – immer zu denken; vgl. *Petersen*, Rn. 3 ff.

12 *Canaris* HR, § 26 Rn. 23.

Dies gilt jedoch regelmäßig nicht, wenn zwischen Zedent und Zessionar ein verlängerter Eigentumsvorbehalt vereinbart ist, da der Zedent dann zumeist zur Einziehung der Forderung ermächtigt ist.[13] Der Vorbehaltsverkäufer hat in diesen Fällen lediglich einen Anspruch auf Restkaufpreis.[14]

1. Leistung

S. 2 ermöglicht dem Schuldner, mit befreiender Wirkung an den bisherigen Gläubiger zu leisten.[15] Damit ist nicht nur die Erfüllung durch Geldzahlung gemeint. Vielmehr sind davon auch **Erfüllungssurrogate** erfasst.[16] Der Schuldner kann also etwa auch mit einer Forderung gegen den Zedenten mit befreiender Wirkung (§ 389 BGB) aufrechnen.[17] Entsprechendes gilt nach herrschender,[18] wenngleich bestrittener[19] Ansicht für sonstige Rechtsgeschäfte über die Forderung, also etwa einen Erlass. Da dies nämlich nach § 407 Abs. 1 BGB sowie den Parallelbestimmungen der §§ 893, 2367 BGB[20] anerkanntermaßen möglich ist, darf im Fall des § 354a HGB, der den Schuldner besser stellen soll als § 407 BGB, nicht anders entschieden werden.[21]   **7**

2. Rechtsmissbrauchseinwand

Nach seinem insoweit eindeutigen Wortlaut, der anders als § 407 BGB, keinen Vorbehalt bezüglich der Kenntnis des Schuldners von der Abtretung vorsieht,[22] hat der Schuldner das Wahlrecht auch dann, wenn er um die Zession weiß. Gleichwohl besteht weitgehende Einigkeit darüber, dass er das Wahlrecht nicht in rechtsmissbräuchlicher Weise ausüben darf.[23] Auch wenn also der Schuldner grundsätzlich an den Altgläubiger zahlen kann und dieser dann dem Neugläubiger gegenüber aus § 816 Abs. 2 BGB verpflichtet ist, sind Ausnahmen vorstellbar, wenn der Zessionar durch die Wahlrechtsausübung willkürlich mit dem damit verbundenen „**Weiterleitungs-**   **8**

---

13 OLG Hamburg ZIP 1983, 46; Palandt/*Sprau*, 71. Auflage 2012, § 816 Rn. 18.

14 Vgl. nur *Medicus*, Rn. 1009.

15 *J. Hager*, GS Helm, 2001, S. 697, 712 ff., sieht in § 354a S. 2 HGB sowie in dem strukturell vergleichbaren § 25 Abs. 1 S. 2 HGB gesetzlich angeordnete Fälle der Einziehungsermächtigung.

16 Zu ihnen *Petersen*, Rn. 111 ff.

17 *Canaris* HR, § 26 Rn. 27.

18 *Saar*, ZIP 1999, 988, 992; *E. Wagner*, WM 1994, 2093, 2099 f.; *ders.*, WM 1996, Sonderbeilage Nr. 1 S. 1, 14 f.

19 Vgl. *K. Schmidt*, FS Schimansky, 1999, S. 503, 512; *Bette*, WM 1994, 1909, 1918; *Derleder*, BB 1999, 1561, 1562; siehe auch *Bruns*, WM 2000, 505, 509; *Henseler*, BB 1995, 5, 7 f.

20 Zu dieser Trias, die man sich zweckmäßigerweise im Zusammenhang vergegenwärtigt und zu der aus dem Deliktsrecht noch § 851 BGB hinzu zu zählen ist, *Petersen*, Rn. 412.

21 *Canaris* HR, § 26 Rn. 27 mit dem präzisierenden Hinweis, dass beim unentgeltlichen Erlass ein Anspruch des Zessionar gegen den Schuldner aus § 816 Abs. 1 S. 2 BGB besteht; ebenso *J. Hager*, GS Helm, 2001, S. 697, 703.

22 Eingehend zum Verhältnis zu § 407 BGB *J. Hager*, GS Helm, 2001, S. 697, 705 ff.

23 Vgl. nur *Saar*, ZIP 1999, 988, 994; *Wellenhofer-Klein*, Zulieferverträge im Privat- und Wirtschaftsrecht, 1999, S. 222, 223.

risiko" belastet wird, weil etwa der Anspruch schwer zu realisieren ist.[24] Uneinheitlich beurteilt wird die Frage, ob der Wunsch des Schuldners, die Solvenz des Altgläubigers durch Zahlung an ihn zu verbessern, um auf diese Weise die Geschäftsverbindung zu intensivieren, als berechtigtes Interesse anzusehen ist.[25] Richtigerweise wird man dies als schutzwürdiges Eigeninteresse zu qualifizieren haben, das keine Züge willkürlicher Zuteilung aufweist.[26] Dagegen ist dem Schuldner nach Offenlegung eines verlängerten Eigentumsvorbehalts die Zahlung an den Zedenten nach § 242 BGB verwehrt,[27] wenn und weil er dem Vorbehaltsverkäufer damit den Schutz des § 354a S. 1 HGB entzieht, ohne dass dies durch ein anerkennungswürdiges Interesse des Zahlenden legitimierbar wäre.[28]

---

24 *Canaris* HR, § 26 Rn. 25.
25 Dagegen *K. Schmidt*, FS Schimansky, 1999, S. 503, 513 f. ; dafür *Saar*, ZIP 1999, 988, 994; *E. Wagner*, WM 1996, Sonderbeilage Nr. 1, S. 1, 12.
26 *Canaris* HR, § 26 Rn. 25.
27 *K. Schmidt*, NJW 1999, 400, 401; im Schrifttum wird dies teilweise (vgl. *Derleder*, BB 1999, 1561, 1565) mit einer teleologischen Reduktion des § 354a S. 2 HGB zu begründen versucht.
28 *Canaris* HR, § 26 Rn. 26.

§ 49 Die Verfügung eines Nichtberechtigten

I. Verfügung mit Einwilligung des Berechtigten

Nach § 185 Abs. 1 BGB ist eine Verfügung, die ein Nichtberechtigter über einen Gegen- 1
stand trifft, wirksam, wenn sie mit Einwilligung, also vorheriger Zustimmung (§ 183
S. 1 BGB), erfolgt. Verfügung ist jedes Rechtsgeschäft,[1] das unmittelbar auf ein bestehendes Recht einwirkt, sei es durch Aufhebung, Übertragung, Belastung oder sonstige Inhaltsänderung.[2] Die teleologische Legitimation des § 185 Abs. 1 BGB wurzelt
letztlich im **Prinzip der Selbstbestimmung**.[3] Die Verfügung soll also nur dann
wirksam werden können, wenn eine entsprechende Rechtsmacht besteht. Besondere
Bedeutung erlangt § 185 BGB im Schuldrecht bei der Erfüllung. Obwohl die Erfüllung
keine Verfügung – auch nicht über die Forderung – darstellt, findet § 185 BGB aufgrund der Verweisung des § 362 Abs. 2 BGB gleichwohl Anwendung, wenn an einen
Dritten zum Zwecke der Erfüllung geleistet wird. Die Leistung an einen Nichtgläubiger
hat demnach **Erfüllungswirkung**, wenn sie von einer Einwilligung oder Genehmigung gedeckt ist.[4]

II. Spätere Wirksamkeit

§ 185 Abs. 2 S. 1 BGB regelt drei Fälle, in denen die Verfügung eines Nichtberechtig- 2
ten wirksam wird, die unterschiedlicher kaum sein könnten. Deshalb ist die sorgfältige Zitierweise hier besonders wichtig. Nach § 185 Abs. 2 S. 1 BGB wird die Verfügung
wirksam, wenn sie der Berechtigte genehmigt (erster Fall) oder wenn der Verfügende
den Gegenstand erwirbt (zweiter Fall) oder wenn er von dem Berechtigten beerbt
wird und dieser für die Nachlassverbindlichkeiten unbeschränkt haftet (dritter Fall).
Während der erste Fall des § 185 Abs. 2 S. 1 BGB wie § 185 Abs. 1 BGB auf dem Prinzip
der Selbstbestimmung beruht, liegt der teleologische Grund der späteren Wirksamkeit im zweiten und dritten Fall[5] im Wegfall des Hinderungsgrundes, der so genannten
Konvaleszenz.[6]

1. Genehmigung

Der vergleichsweise einfachste und zugleich prüfungsrelevanteste Fall ist der, dass 3
der Berechtigte die Verfügung genehmigt. Bis dahin ist die Verfügung eines Nicht-

---

1 Nach BGH LM § 185 Nr. 7 ist auch die Zustimmung zu einer Verfügung als solche anzusehen.
2 BGHZ 1, 294, 304; 75, 221, 226; 101, 24.
3 Grundlegend dazu *Singer*, Selbstbestimmung und Verkehrsschutz im Recht der Willenserklärungen, 1995.
4 *Medicus/Petersen* GW, Rn. 132.
5 Der Grund liegt darin, dass die Universalsukzession beim Erbfall auf das Gesetz bzw. bei letztwilligen Verfügungen auf den Willen des unberechtigt Verfügenden zurückgeht; vgl. *Habersack*, JZ 1991, 70.
6 MüKo/*Bayreuther*, 6. Auflage 2012, § 185 Rn. 1. Allgemein dazu *Gehrmann*, Das Problem der Konvaleszenz, 1963.

berechtigten schwebend unwirksam und somit heilbar, jedoch nicht schlechthin unwirksam. Vielmehr gelten die §§ 182 ff.[7] Stiehlt beispielsweise jemand ein fremdes Bild und veräußert es,[8] kann der Berechtigte die unwirksame Verfügung des Diebes – gutgläubiger Erwerb scheidet wegen § 935 Abs. 1 BGB aus – nach §§ 185 Abs. 2 S. 1 Fall 1, 184 Abs. 1 BGB ex nunc („wird") genehmigen und den **Veräußerungserlös** gemäß § 816 Abs. 1 S. 1 BGB von dem Dieb heraus verlangen. Das Beispiel illustriert zugleich den systematischen Zusammenhang der §§ 185 Abs. 2 S. 1, 816 Abs. 1 S. 1 BGB sowie die besondere Bedeutung des § 935 Abs. 1 BGB. Der Verfügende wird nämlich mit der Genehmigung nicht etwa nachträglich zum Berechtigten. Lediglich zum Zweck der Bereicherungsherausgabe, die dem Berechtigten möglich sein soll, ordnet das Gesetz die Wirksamkeit an. Möglich ist auch die Erteilung der Genehmigung Zug um Zug gegen die Herausgabe.[9]

4   Schwierigkeiten bereitet der Fall, dass die veräußerte Sache zwischenzeitlich verarbeitet worden ist. Ungeachtet des damit einhergehenden Eigentumsverlusts nach § 950 BGB geht der Bundesgerichtshof[10] im Einklang mit der wohl herrschenden Lehre davon aus, dass der Berechtigte analog § 185 Abs. 2 S. 1 Fall 1 BGB zumindest dann noch genehmigen kann, wenn sich das Eigentum in einem bereicherungsrechtlichen **Rechtsfortwirkungsanspruch** gegen den neuen Eigentümer (vgl. §§ 946 ff., 951, 812 Abs. 1 S. 1 2. Fall BGB) fortsetzt.[11] Danach kann der Genehmigende vom unberechtigt Verfügenden den Erlös herausverlangen. Damit ist zwar der Bereicherungsanspruch gegen den neuen Eigentümer ausgeschlossen, aber mit diesem konnte der Genehmigende gemäß § 818 Abs. 2 BGB ohnehin nur den Wert der verlorenen Sache herausverlangen.

2. Konvaleszenz

5 Schwierig sind die beiden anderen Fälle des § 185 Abs. 2 S. 1 BGB zu verstehen, auf welche auch § 185 Abs. 2 S. 2 BGB Bezug nimmt. Danach wird die Verfügung wirksam, wenn der Verfügende den Gegenstand erwirbt oder wenn er von dem Berechtigten beerbt wird und dieser für die **Nachlassverbindlichkeiten** unbeschränkt haftet. In diesen beiden Fällen wird nach § 185 Abs. 2 S. 2 BGB, der im Übrigen das **Prioritätsprinzip** zum Ausdruck bringt,[12] nur die frühere Verfügung wirksam, wenn über den Gegenstand mehrere miteinander nicht in Einklang stehende Verfügungen getroffen worden sind.

a) Nachträglicher Rechtserwerb
6 Die Verfügung wird dann wirksam, wenn der unberechtigt Verfügende den Gegenstand erwirbt, § 185 Abs. 2 S. 1 Fall 2 BGB. Mit dem Erwerb des Gegenstandes avanciert er zum neuen Berechtigten. In seiner Person **vereinen sich Verpflichtung und**

---

7 *Medicus*, Rn. 1031.
8 Vgl. *Gottwald*, Rn. 219.
9 *Medicus/Petersen* GW, Rn. 396.
10 In diese Richtung bereits BGHZ 56, 131.
11 *Medicus*, Rn. 1028 f.
12 MüKo/*Bayreuther*, 6. Auflage 2012, § 185 Rn. 60.

Berechtigung. Damit könnte er quasi seine frühere unberechtigte Verfügung selbst genehmigen. Im Unterschied zu § 108 Abs. 3 BGB, bei dem der volljährig Gewordene noch einmal überlegen können soll, ob er das Geschäft gelten lassen möchte, tritt die Wirksamkeit im Falle des § 185 Abs. 2 S. 1 Fall 2 BGB aber ohne weiteres ein, weil kein Grund ersichtlich ist, warum der Verfügende, der etwa den Berechtigten beerbt hat, an die selbst getroffene Verfügung nicht gebunden sein soll.[13]

b) Beerbung durch den Berechtigten

Besonders anspruchsvoll ist § 185 Abs. 2 S. 1 Fall 3 BGB, weil er die bereits eingangs **7** angedeutete Schnittstelle mit dem Erbrecht betrifft.[14] Der Grund für das Wirksamwerden im Falle des § 185 Abs. 2 S. 1 Fall 3 BGB erschließt sich nicht ohne weiteres. Man muss sich vergegenwärtigen, dass sich auch in diesem Fall Recht und Pflicht in der Person des Erben vereinigen.[15] Durch die unbeschränkte und unbeschränkbare (§§ 1993 f. BGB) **Erbenhaftung** besteht hier also ein entsprechendes **Haftungssurrogat.** Man spricht daher von einer „Heilung kraft Haftung, nicht kraft Erwerbs".[16] Deshalb reicht es auch aus, wenn der Berechtigte lediglich Miterbe wird, sofern er nur unbeschränkt für die Nachlassverbindlichkeiten haftet.[17]

Umstritten ist, ob § 185 Abs. 2 S. 1 Fall 3 BGB auf die Verfügung eines **Vertreters 8 ohne Vertretungsmacht** entsprechend anwendbar ist. Die wohl h.M. lehnt dies mit dem Argument ab, dass der andere Teil insbesondere durch den Erfüllungsanspruch aus § 179 Abs. 1 BGB hinreichend geschützt sei.[18] Die besseren Gründe sprechen aber für die Mindermeinung, die § 185 Abs. 2 S. 1 Fall 3 BGB zumindest dann entsprechend anwendet, wenn der Erwerber aus teleologischen Gründen schutzwürdig und die Interessen ist des Erben nicht beeinträchtigt werden.[19]

III. Ansprüche gegen den Nichtberechtigten bei Verfügung über ein fremdes dingliches Recht

Immer wieder begegnet in der Fallbearbeitung die Konstellation, dass ein Nichtbe- **9** rechtigter über ein fremdes dingliches Recht verfügt.[20] Dies tritt nicht immer gleichermaßen offen zutage. Bisweilen besteht eine beträchtliche Herausforderung im Erkennen, dass sich eine komplizierte rechtliche Gestaltung dahingehend zusammenfassen lässt, dass über ein fremdes dingliches Recht verfügt worden ist.[21] Tückischerweise stellt sich diese Frage häufig erst gegen Ende der **Klausur,** wenn sich aus dem zuvor Geprüften ergibt, dass jemand als Nichtberechtigter verfügt hat und anschließend zu

---

13 *Medicus*, Rn. 1031.
14 Eingehend zur Erbenhaftung und Konvaleszenz *Habersack*, JZ 1991, 70.
15 BGH LM § 2113 BGB Nr. 1 = § 185 Nr. 1; *Hagen*, AcP 167 (1967), 481, 496; *Habersack*, JZ 1991, 70, 71.
16 So einprägsam *Flume*, § 58 S. 916.
17 *Medicus*, Rn. 1032.
18 RG HHR 1934, Nr. 1276; BayObLG NJW 1956, 1279, 1280.
19 *Habersack*, JZ 1991, 70, 72 ff.
20 Speziell für den Fall, dass ein Minderjähriger über eine fremde Sache verfügt *Petersen*, Die mündliche Prüfung im juristischen Staatsexamen, 2. Auflage 2012, 5. Prüfungsgespräch.
21 Instruktiv *Knütel*, JuS 1989, 208, 212.

prüfen ist, welche Ansprüche der Berechtigte gegen ihn hat. Häufig wird dann nur noch § 816 Abs. 1 S. 1 BGB erörtert, der – wie oben gesehen – in der Tat in besonderer Weise auf § 185 BGB zugeschnitten ist. Nach dem Grundsatz der **Anspruchskonkurrenz** sind jedoch auch alle anderen in Betracht kommenden Anspruchsgrundlagen anzusprechen. Wenn man sich einmal klar gemacht hat, dass das Gesetz der Verfügung über ein fremdes dingliches Recht in mehrfacher Weise begegnet, um einen effektiven Rechtsschutz zugunsten des Berechtigten zu erreichen, kann man die nachfolgenden Anspruchsgrundlagen auch in Zeitnot noch vollständig abhandeln.

1. Vindikation und Surrogat: § 985 BGB i.V.m. § 285 BGB

10 Zunächst kann in derartigen Fällen die Frage angesprochen werden, ob der Berechtigte dasjenige, was der Nichtberechtigte durch die Verfügung erwirtschaftet hat, nicht nach § 985 i.V.m. § 285 BGB herauszugeben hat. § 985 BGB allein führt nicht zum Ziel, weil der in Anspruch genommene nicht mehr im Besitz der Sache ist, wie es die Vorschrift verlangt.[22] Konstruktiv könnte allerdings der Erlös als **stellvertretendes commodum** i.S.d. § 285 BGB anzusehen sein. Indes ist überaus zweifelhaft, ob § 285 BGB als Vorschrift des Allgemeinen Schuldrechts auf den „dinglichen" Anspruch aus § 985 BGB überhaupt anwendbar ist.[23] Die herrschende Meinung lehnt dies seit jeher ab.[24] Dafür spricht, dass das Gesetz in den Folgevorschriften über die Vindikation nur punktuell die Anordnung von Vorschriften aus dem Allgemeinen Teil anordnet, z.B. in § 990 Abs. 2 BGB für den Verzug oder in § 997 Abs. 1 S. 2 BGB bezüglich des **Wegnahmerechts** (§ 258 BGB).[25] Das legt den Umkehrschluss nahe, dass alle anderen Vorschriften des Allgemeinen Schuldrechts, insbesondere § 285 BGB, nicht auf den Herausgabeanspruch des § 985 BGB anwendbar sein sollen.[26] Entscheidend ist letztlich, dass der Eigentümer, der sein Eigentum behielte und vom aktuellen Besitzer die Herausgabe verlangen könnte, doppelt privilegiert wäre, wenn er zusätzlich den Erlös vom früheren Besitzer bekäme. Zudem würde auch der gutgläubige Veräußerer den Erlös schulden und wäre zusätzlich der Mängelhaftung gegenüber seinem Käufer aus §§ 437 ff. BGB ausgesetzt,[27] womit die **Opfergrenze** des § 985 BGB überschritten wäre.[28]

---

22 Geht es um ein Pfandrecht, ist zusätzlich § 1227 BGB zu zitieren.

23 Vgl. *Medicus/Petersen* BR, Rn. 447 ff.

24 Westermann-*Gursky*, Sachenrecht, 7. Auflage 1998, § 31 VI 3 b.

25 Vgl. auch *Petersen*, Rn. 319.

26 Zu der Frage, ob § 281 auf den Vindikationsanspruch anwendbar ist mit der Folge, dass der Eigentümer seinen Anspruch aus § 985 gegen einen Dritten, der im Besitz der Sache ist, über § 281 einseitig in einen Anspruch auf Schadensersatz statt der Leistung umwandeln kann, vgl. *Gursky*, Jura 2004, 433 (ablehnend).

27 Wobei es sich um einen Rechtsmangel gemäß § 435 BGB handelt.

28 *Medicus/Petersen* BR, Rn. 599.

2. Eigentümer-Besitzer-Verhältnis: §§ 989, 990 BGB

Ernsthaft zu prüfen ist hingegen bei der Verfügung über ein fremdes dingliches Recht 11
ein Schadensersatzanspruch gemäß §§ 989, 990 BGB. Diese passen auch funktional,
weil der Veräußerungserlös letztlich ein **Eigentumssurrogat** darstellt.[29] Sofern der
Verfügende dem Berechtigten durch die Verfügung das Eigentum entzogen hat und
dabei bösgläubig war (vgl. §§ 990, 932 Abs. 2 BGB), ist er ihm zum Schadensersatz verpflichtet. Allerdings ist das Anspruchsbegehren immer daraufhin zu untersuchen, ob
der Berechtigte tatsächlich Schadensersatz möchte oder nicht vielmehr den Erlös, der
im Einzelfall höher sein kann. Die §§ 989, 990 BGB sind jedenfalls nur auf Schadensersatz (§§ 249 ff. BGB) gerichtet.

3. Angemaßte Eigengeschäftsführung: §§ 687 Abs. 2, 681 S. 2, 667 BGB

Die Herausgabe des Erlöses kann der Berechtigte aber aus angemaßter Eigenge- 12
schäftsführung gemäß §§ 687 Abs. 2 S. 1, 681 S. 2, 667 BGB verlangen, wenn der Verfügende ein fremdes Geschäft als eigenes behandelt hat, obwohl er wusste, dass er dazu
nicht berechtigt war. In Betracht kommt über die Verweisung in § 687 Abs. 2 S. 1 BGB
freilich auch ein Anspruch auf Schadensersatz gemäß § 678 BGB. Die vergleichsweise
weitreichenden Rechtsfolgen – Schadensersatz bzw. **Erlösherausgabe** – erklären
sich aus den engen tatbestandlichen Voraussetzungen. Im Unterschied zu §§ 989, 990
BGB wird hier positive Kenntnis und nicht lediglich fahrlässige Unkenntnis (vgl. § 932
Abs. 2 BGB) von der Nichtberechtigung verlangt.

4. Bereicherungsausgleich: § 816 Abs. 1 S. 1 BGB

Die zentrale Ausgleichsvorschrift, die auf die Verfügung eines Nichtberechtigten zuge- 13
schnitten ist, stellt wie bereits eingangs gesehen § 816 Abs. 1 S. 1 BGB dar. Es handelt
sich dabei letztlich um einen **Rechtsfortwirkungsanspruch**. Mitunter veräußert der
Nichtberechtigte den Gegenstand jedoch über Wert. Dann stellt sich die Frage, ob der
erzielte Veräußerungserlös oder der tatsächliche Wert herauszugeben ist. Der Wortlaut
spricht vorderhand dafür, den erzielten Erlös als „das durch die Verfügung Erlangte"
anzusehen. So verfährt der Bundesgerichtshof.[30] Eine starke Strömung im Schrifttum
spricht sich demgegenüber für Wertersatz aus.[31] Auch sie nimmt den Wortlaut des
§ 816 Abs. 1 S. 1 BGB für sich in Anspruch, indem sie ihn gleichsam unter die Lupe
nimmt: Erlangt hat der Veräußerer durch die Verfügung demnach nicht mehr und
nicht weniger als die Befreiung von der gegen ihn gerichteten Verbindlichkeit, also
etwa seiner Kaufpreisschuld. Diese kann nur ihrem Wert nach herausgegeben werden
(§ 818 Abs. 2 BGB), für den wiederum nur der Wert des Gegenstandes maßgeblich sein
könne, „auf dessen Leistung die Verbindlichkeit gerichtet war."[32] Sind der Wert und

---

29 *Jochem*, MDR 1975, 177.
30 BGHZ 29, 157.
31 *Larenz/Canaris*, § 72 I 2a.; *Schlechtriem*, Schuldrecht Besonderer Teil, 6. Auflage 2003, Rn. 804.
32 *Medicus/Petersen* BR, Rn. 723; skeptisch *Larenz/Canaris*, § 72 I 2. Zum Anspruch auf Herausgabe des
Erlangten im Überblick instruktiv *Röthel*, Jura 2012, 844.

der erzielte Erlös gleich hoch oder lässt der Sachverhalt nichts erkennen, was auf eine Divergenz hindeutet, ist es auch nicht ratsam, den soeben skizzierten Streit in aller Ausführlichkeit darzustellen. Allenfalls kann man sich den Hinweis gestatten, dass der Streit, ob ein etwaiger **Mehrerlös** nach § 816 Abs. 1 S. 1 BGB zu erstatten ist, dahinstehen kann.

IV. Die Verfügung eines Nichtberechtigten in der Anwaltsklausur

14 Wird der Gegenstand an mehrere Personen der Reihe nach weiterveräußert, kann sich der Berechtigte nach herrschender Meinung aussuchen, wessen Veräußerung er genehmigt.[33] Diese Möglichkeit kann für die in der Ausbildung zunehmend wichtiger werdenden **Anwaltsklausuren** von Bedeutung sein, wie folgendes Beispiel zeigt:

Der nicht mehr auffindbare N veräußert ein gestohlenes Auto (Wert: 3.000,– Euro) an den gutgläubigen G für 3.500,– Euro. Dieser verkauft den Wagen zum gleichen Preis an den insolvent gewordenen I, der ihn seinerseits für 4.000,– Euro an K weiterverkauft hat.

15 Zielt die Aufgabenstellung auf die Frage, welchen Rat der Anwalt dem Berechtigten erteilen wird, kann im Ausgangspunkt herausgearbeitet werden, dass nach der Rechtsprechung nicht nur der Wert, sondern auch der erzielte Gewinn herausverlangt werden kann. Bei diesem Aufgabentyp kommt es insbesondere darauf an, die dem Mandanten günstige Rechtsansicht – hier also **Veräußerungserlös** und nicht lediglich Wertersatz – zugrundezulegen.[34]

16 In einem zweiten Schritt ist sodann zu ermitteln, wessen Verfügung der Berechtigte konkret genehmigen sollte, wenn ihm an dem Mehrerlös liegt. Hier hat I zwar den höchsten Erlös erzielt; er ist jedoch insolvent, so dass es unzweckmäßig wäre, seine Verfügung zu genehmigen. Da N und G den zweithöchsten Erlös erzielt haben, Ersterer aber unauffindbar ist, wird der Berechtigte die Verfügung des G nach § 185 Abs. 2 S. 1 BGB genehmigen.

---

33 *Medicus/Petersen* BR, Rn. 598.
34 *Mürbe/Geiger/Wenz*, Die Anwaltsklausur in der Assessorprüfung, 4. Auflage 2000, S. 10 ff.

§ 50 Der gute Glaube an die Verfügungsmacht im Handelsrecht

§ 366 HGB, von dem hier die Rede ist, kann nur im Zusammenhang mit den bürgerlich- **1** rechtlichen Vorschriften des Gutglaubenserwerbs verstanden werden. Nach § 932 Abs. 1 BGB wird der gutgläubige Erwerber durch eine nach § 929 BGB erfolgte Veräußerung auch dann Eigentümer, wenn die Sache nicht dem Veräußerer gehört. § 932 BGB schützt also nur den guten Glauben an das Eigentum des Veräußerers. § 366 Abs. 1 HGB geht noch einen entscheidenden Schritt weiter, indem dort nicht nur der gute Glaube an das Eigentum, sondern an die **Verfügungsbefugnis** des Veräußerers geschützt ist: Veräußert ein Kaufmann im Betriebe seines Handelsgewerbes eine ihm nicht gehörige bewegliche Sache, so finden die Vorschriften des Bürgerlichen Gesetzbuchs zugunsten derjenigen, welche Rechte von einem Nichtberechtigten herleiten – also die §§ 929, 932 BGB –, auch dann Anwendung, wenn der gute Glaube des Erwerbers die Befugnis des Veräußerers, über die Sache zu verfügen, betrifft. § 366 HGB ergänzt also den Gutglaubensschutz nach § 932 BGB.[1]

I. Verkehrsschutz und Rechtsscheingrundlage

Wie das gesamte Gutglaubensrecht, so ist auch § 366 HGB von der gesetzgeberischen **2** Absicht des Verkehrsschutzes durchdrungen.[2] Damit treten der maßgebliche Rechtsscheinträger und die Rechtsscheingrundlage überhaupt ins Blickfeld. Diese Prämisse erleichtert das Auffinden der ratio legis des § 366 HGB im Verhältnis zu den §§ 932 ff. BGB. Während diese den Besitz, oder präziser noch: die **Besitzverschaffungsmacht**,[3] zur Grundlage des Rechtsscheins machen, ist es im Handelsrecht und damit bei § 366 HGB die Kaufmannseigenschaft, also die Stellung des Veräußerers im Handelsverkehr.[4] Damit wird dem Umstand Rechnung getragen, dass der Handelsverkehr insgesamt auf eine Erleichterung des Warenumsatzes gerichtet ist, so dass es unzweckmäßig und hinderlich wäre, nur dann den gutgläubigen Erwerb zu ermöglichen, wenn sich der gute Glaube allein auf das Eigentum des Veräußerers bezieht. Denn bei vielen typischen Handelsgeschäften, wie z.B. der **Kommission**, weiß der redliche Dritte, dass der Veräußerer, also etwa der Kommissionär, nicht Eigentümer der Sache ist, während er sehr wohl davon ausgehen kann, dass der Veräußerer typischerweise verfügungsbefugt ist.[5] Der Verkaufskommissionär verfügt nämlich im eigenen Namen über eine fremde Sache.[6] Dem Erwerber ist zwar bekannt, dass der Veräußerer kein dingliches Recht an der verkauften Sache hat; er meint aber, der Kommittent habe

---

1 BGH WM 1959, 533, 534.
2 Grundlegend dazu *J. Hager*, Verkehrsschutz durch redlichen Erwerb, 1990; siehe auch *Tiedtke*, Gutgläubiger Erwerb im bürgerlichen Recht, im Handels- und Wertpapierrecht sowie in der Zwangsvollstreckung, 1985; *dens.*, Jura 1983, 460.
3 Zutreffend *J. Hager*, a.a.O., S. 239 ff.; vgl. *Medicus/Petersen* BR, Rn. 543 Fn. 139.
4 *Wiegand*, JuS 1974, 545, 548.
5 *Canaris* HR, § 27 Rn. 2.
6 Bis zur Veräußerung an den Dritten bleibt der Kommittent grundsätzlich Eigentümer; Staudinger/ *Wiegand*, Neubearbeitung 2011, § 929 Rn. 108.

der Verfügung zugestimmt.[7] Ist dies jedoch nicht der Fall, so wird der gute Glaube des Erwerbers an die Verfügungsbefugnis des **Verkaufskommissionärs** geschützt und er kann von diesem das Eigentum an der Sache erwerben.

3   Das zeigt sich beispielsweise dann, wenn jemand eine fremde Sache von einem Kommissionär erwirbt. Da ein solcher typischerweise über fremde Sachen, nämlich solche des **Kommittenten**, verfügt, scheitert ein gutgläubiger Erwerb nach § 932 BGB in aller Regel daran, dass der Erwerber nicht gutgläubig im Hinblick auf die Eigentümerstellung des Kommissionärs sein wird, vgl. § 932 Abs. 2 BGB. Dagegen darf er auf die Verfügungsbefugnis des Kommissionärs normalerweise durchaus vertrauen; fehlt sie in Ermangelung einer entsprechenden Ermächtigung durch den Berechtigten (§ 185 BGB), so kann der insoweit redliche Dritte nach § 366 Abs. 1 HGB das Eigentum an der Sache erwerben.

II. Die einzelnen Voraussetzungen

4   Wie eingangs festgestellt, bietet § 366 HGB dem Aufgabensteller die Möglichkeit, handels- und sachenrechtliche Fragen miteinander zu kombinieren. Daher muss in der Prüfungsvorbereitung mitberücksichtigt werden, dass sich bei den einzelnen Tatbestandsmerkmalen des § 366 klassische Fragen des Handelsrechts stellen, für deren Beantwortung immer zugleich auch die soeben herausgearbeitete **ratio legis** in die Betrachtung mit eingestellt werden muss.

1. Kaufmann und Scheinkaufmann

5   Nach § 366 Abs. 1 HGB muss es ein Kaufmann sein, der eine ihm nicht gehörige Sache im Betrieb seines Handelsgewerbes veräußert. Dafür lässt es die herrschende,[8] wenngleich bestrittene[9] Ansicht entsprechend[10] § 15 HGB ausreichen, dass ein früher im Handelsregister als solcher eingetragene Kaufmann die Sache veräußert, wenn die Eintragung nicht gelöscht worden ist. Ferner ist streitig, ob § 366 Abs. 1 HGB auch für den Erwerb von einem **Scheinkaufmann** gilt.[11] Die herrschende Lehre lehnt dies mit der Begründung ab, dass nicht der Scheinkaufmann, sondern der Berechtigte von dem Rechtsnachteil betroffen ist; dieser müsse sich das Handeln des Scheinkaufmanns aber nicht zwangsläufig zurechnen lassen.[12]

---

7 *Medicus/Petersen* BR, Rn. 567.

8 *M. Wolff*, Ehrenbergs Handbuch IV 1, 1917, S. 40; *Glaser*, DB 1957, 301, 302; *K. Schmidt* HR, § 23 II 1a; *Canaris* HR, § 27 Rn. 5.

9 Schlegelberger/*Hefermehl*, Handelsgesetzbuch, 5. Auflage, 1977, § 366 Rn. 26; *A. Hueck*, ArchBürgR 43 (1919), 415, 451.

10 Direkt passt die Vorschrift nicht, weil sie nur dem früheren Kaufmann selbst die Berufung auf das Erlöschen der Kaufmannseigenschaft versagt; vgl. GroßKomm-HGB/*Canaris*, 4. Auflage 2004, § 366 Rn. 13.

11 Dagegen die Rechtsprechung (OLG Düsseldorf DB 1999, 89, 90) und h.L.; vgl. *A. Hueck*, ArchBürgR 43 (1919), 415, 451 f.; *Bülow*, AcP 186 (1986), 576, 588.

12 *A. Hueck*, ArchBürgR 43 (1919), 415, 451 f.; hiergegen im einzelnen GroßKomm-HGB/*Canaris*, 4. Auflage 2004, § 366 Rn. 12.

Aus dem gebotenen **Verkehrsschutz** als Zweck des § 366 Abs. 1 HGB lässt sich 6
ableiten, dass die Vorschrift auch in diesem Fall eingreifen muss. Denn für den gutgläubigen Erwerber spielt es keine Rolle, ob der Veräußerer wirklich Kaufmann ist
oder nur als solcher erscheint.[13] Schließlich hätte der Berechtigte sein Eigentum auch
dann – wenngleich nach § 932 BGB – verloren, wenn sich der Scheinkaufmann als
Eigentümer ausgegeben hätte; dann kann nicht anders zu entscheiden sein, wenn der
veräußernde Scheinkaufmann nur seine Verfügungsbefugnis über die Sache behauptet.[14]

2. Handelsgewerbe und Kleingewerbe

§ 366 Abs. 1 HGB verlangt, dass der Kaufmann die Sache im Betrieb seines Handelsge- 7
werbes veräußert. Damit sind Kleingewerbetreibende, die nichts ins Handelsregister
eingetragen sind, dem Wortlaut nach ausgeschlossen, sofern sie sich nicht als Kommissionär (vgl. § 383 Abs. 2 S. 2 HGB), **Frachtführer** (§ 407 Abs. 3 S. 2 HGB), **Spediteur**
(§ 453 Abs. 3 S. 2 HGB) oder **Lagerhalter** (§ 467 Abs. 3 S. 2 HGB) betätigen. Das führt
zu der weitreichenden Frage, ob beim einfachen Kaufvertrag, für den es an einer derartigen Verweisungsvorschrift fehlt, kein Gutglaubensschutz nach § 366 Abs. 1 HGB
besteht. Eine im Vordringen befindliche Ansicht im Schrifttum erweitert den Schutz
des § 366 HGB auch auf diese Fälle,[15] was insbesondere beim praktisch wichtigen Beispiel des Vorbehaltskaufs zweckmäßig und richtig erscheint.

3. Veräußerung einer fremden Sache

Die Gutglaubensvorschriften greifen nach § 366 Abs. 1 HGB nur ein, wenn ein Kauf- 8
mann eine *ihm nicht gehörige* bewegliche[16] Sache veräußert. Das wirft die Frage auf,
wie es sich bezüglich gesetzlicher Verfügungsbeschränkungen verhält. Examensrelevant sind insoweit § 81 InsO, also die Verfügungsbeschränkung bei Eröffnung des
Insolvenzverfahrens, sowie aus dem Familienrecht die §§ 1365, 1369 BGB. Sie zeigen
im Übrigen noch eine weitere Kombinationsmöglichkeit des Aufgabenstellers, der
an dieser Stelle sachenrechtliche Probleme mit den Grundzügen des Handels- und
Familienrechts miteinander verzahnen kann. Derartige „Einbruchstellen" können in
der Examensvorbereitung nicht ernst genug genommen werden.

Für alle diese gesetzlichen Verfügungsbeschränkungen gilt, dass § 366 Abs. 1 HGB 9
auf sie unanwendbar ist.[17] Das folgt schon aus dem Wortlaut, der eine dem Verfügenden nicht gehörige Sache voraussetzt; in den genannten Fällen gehört die Sache aber
dem Verfügenden; er kann nur eben nicht über sie verfügen.[18] Das entscheidende

---

13 *Canaris*, Die Vertrauenshaftung im deutschen Privatrecht, 1971, S. 181 f.

14 *Canaris* HR, § 6 Rn. 26; § 27 Rn. 5.

15 *Canaris* HR, § 27 Rn. 7.

16 Für Grundstücke gilt also § 366 HGB zweifelsfrei nicht; GroßKomm-HGB/*Canaris*, 4. Auflage 2004,
§ 366 Rn. 20.

17 Ganz h.L.; anders nur *Bärmann*, AcP 157 (1958/59), 145, 161 zu den familienrechtlichen Verfügungsbeschränkungen.

18 Vgl. nur *Lorenz*, JZ 1959, 105, 109; *Rittner*, FamRZ 1961, 185, 194; *Lutter*, AcP 164 (1964), 122, 127.

teleologische Argument, das in der Fallbearbeitung stets mit herausgestellt zu werden verdient, besteht aber darin, dass es sich bei den genannten Tatbeständen um **absolute Verfügungsbeschränkungen** handelt, die keinerlei Gutglaubensschutz zulassen. Der Verkehrsschutz tritt hier ganz bewusst zurück, so dass sich auch aus § 366 Abs. 1 HGB nichts anderes ergeben kann.

10   Allerdings muss man hier, wie überall, die konkrete Fallgestaltung beachten: Veräußert ein Kaufmann einen ihm gehörigen Haushaltsgegenstand im Betrieb seines Handelsgewerbes, so wird der gutgläubige Erwerber nicht nach § 366 HGB geschützt, wenn es an der nach § 1369 BGB erforderlichen Einwilligung des Ehegatten fehlt.[19] Lässt ein Ehegatte einen solchen **Haushaltsgegenstand** dagegen durch einen Kommissionär veräußern, so greift § 366 HGB unmittelbar ein.[20] In diesem Fall geht es nämlich allein um die Verfügungsbefugnis des Kommissionärs und nicht um die güterrechtlichen Verfügungsbeschränkungen. Der Grund der mangelnden Verfügungsmacht des Kommissionärs, die im letztgenannten Beispiel auf die familienrechtlichen Verfügungsbeschränkungen zurückgeht, ist für § 366 HGB irrelevant.[21]

4. Gutgläubigkeit

11   Im Unterschied zu § 932 Abs. 1 BGB setzt § 366 Abs. 1 HGB voraus, dass der gute Glaube die Befugnis des Veräußerers, über die Sache für den Eigentümer zu verfügen, betrifft.[22] Im Hinblick auf die maßgebliche grobe Fahrlässigkeit (vgl. § 932 Abs. 2 BGB) gilt für § 366 HGB dieselbe Definition wie im Mobiliarsachenrecht: der Erwerber handelt grob fahrlässig, wenn er dasjenige außer Acht gelassen hat, was im konkreten Fall jedem hätte einleuchten müssen. Im Unterschied zu § 932 BGB kommt es für § 366 HGB indes entscheidend darauf an, ob der Erwerber annehmen darf, dass die Veräußerung der Sache im Rahmen eines ordnungsgemäßen Geschäftsgangs erfolgt.[23] Das hängt zusammen mit der Schwäche des durch § 366 HGB vermittelten Rechtsscheins,[24] von der bereits eingangs die Rede war.[25] Des Weiteren spielen die Interessen des Berechtigten eine gewichtige Rolle, so dass etwa auch der Verkauf zum Schleuderpreis einen gutgläubigen Erwerb in aller Regel ausschließt.[26] Nicht minder wichtig ist die Vorlage entsprechender Urkunden, ohne die Erwerber nicht ohne Weiteres gutgläubig erwerben kann. Ein besonders krasses Beispiel, in dem sowohl dieser

---

19 Vgl. zu diesem und dem folgenden Beispiel GroßKomm-HGB/*Canaris*, 4. Auflage 2004, § 366 Rn. 35.

20 *Rittner*, FamRZ 1961, 185, 194 Fußnote 114 (gegen *Boehmer*, FamRZ 1959, 1, 5).

21 GroßKomm-HGB/*Canaris*, 4. Auflage 2004, § 366 Rn. 35; zu den Regeln der Rechtsscheinhaftung im Hinblick auf die genannten Verfügungsbeschränkungen siehe *dens.*, Die Vertrauenshaftung im deutschen Privatrecht, 1971, S. 79 ff., 126 f.

22 Nicht der Erwerber muss seinen guten Glauben, sondern umgekehrt der andere Teil dessen bösen Glauben darlegen und gegebenenfalls beweisen; vgl. *Mormann*, WM 1966, 2, 5.

23 Das gilt vor allem für den Erwerb unter Eigentumsvorbehalt; vgl. BGHZ 10, 14, 17; 68, 199, 201. Dieser ist sogar ein besonders wichtiger Anwendungsfall, weil der Erwerber weiß, dass der Veräußerer nicht selbst Eigentümer ist und deshalb § 932 BGB nicht einschlägig ist und es nunmehr auf den guten Glauben an die Verfügungsbefugnis ankommt; vgl. *Canaris* HR, § 27 Rn. 21 f.

24 GroßKomm-HGB/*Canaris*, 4. Auflage 2004, § 366 Rn. 40.

25 Unter I.

26 RG WarnRspr. 1932 Nr. 150 S. 311; OLG Hamburg MDR 1970, 506.

Gesichtspunkt als auch die allgemeinen Umstände, die natürlich in der Fallbearbeitung immer zu würdigen sind, die Gutgläubigkeit ausschlossen, veranschaulicht ein kurioser Fall aus der oberinstanzlichen Rechtsprechung:

OLG München, NJW 2003, 673: Ein Geigenbauer erwirbt am Münchener Haupt- 12 bahnhof von einer arbeitslosen Laborantin eine Gragnani-Geige aus dem Jahre 1781 (Wert: 170.000 DM) mit Bogen (Wert: 20.000 DM) gegen Barzahlung von 130.000 DM ohne Vorlage des Originalzertifikats. Die Veräußererin legitimierte sich durch einen handschriftlich verfassten Auftrag, der von der angeblichen Auftraggeberin nicht unterschrieben war. Tatsächlich hatte die Veräußererin sich den Besitz des Instruments erschlichen.

Da der Erwerber hier von vornherein nicht an das Eigentum der Veräußererin 13 glaubte, kam nur ein Erwerb nach § 366 Abs. 1 HGB in Betracht. Dieser schied jedoch gleich aus mehreren Gründen aus: Zunächst lag keine Veräußerung eines Kaufmanns im Betrieb seines Handelsgewerbes vor. Der gelegentliche Verkauf eines Musikinstruments begründet, wie das Gericht eigens ausführt, keine Kaufmannseigenschaft. Hier zeigt sich im Übrigen besonders deutlich, welche Bedeutung es hat, dass der Erwerb im Rahmen eines ordnungsgemäßen Geschäftsganges erfolgen muss. Vor allem aber war der Erwerber ersichtlich bösgläubig: Die Lokalität – Hauptbahnhof – musste ihm angesichts des sehr teuren Einzelstücks zu denken geben. Der angebliche Auftrag war nicht unterschrieben. Schließlich fehlte das für einen Fachmann, welcher der Erwerber war, unerlässliche Originalzertifikat, so dass überaus nahe lag, dass die Veräußererin dieses mangels Berechtigung nicht beibringen konnte. Die saloppe Verkürzung – grobe Fahrlässigkeit liegt vor, „wenn man sich an den Kopf fasst" – erweist sich als nicht ganz unzutreffend.

Aus Sicht der **Fallbearbeitung** veranschaulicht dieser einfache Fall, den man 14 insoweit nicht besser hätte erfinden können, eines, das auch bei § 932 Abs. 2 BGB häufig nicht hinreichend berücksichtigt wird: Es ist oft nicht nur ein einzelnes Indiz im Sachverhalt mitgeteilt, welches die grobe Fahrlässigkeit begründet, sondern ein ganzes Bündel. Es kommt dann darauf an, alle Umstände, freilich ohne übertrieben subtile Zuspitzung, auszuwerten. Mitunter ist bei mehreren mitgeteilten Momenten jedes für sich betrachtet noch unschädlich, im Zusammenhang mit den oder dem anderen dagegen hinreichend für die Annahme grober Fahrlässigkeit.

III. Schutz des guten Glaubens an die Vertretungsmacht?

Eines der meistdiskutierten und daher auch prüfungsrelevantesten Probleme im 15 Zusammenhang mit § 366 HGB bildet die Frage, ob die Vorschrift über ihren Wortlaut hinaus[27] auch den guten Glauben an die Vertretungsmacht schützt.[28] Im Unterschied zur Kommission als wichtigem Beispielsfall zu § 366 HGB handelt es sich dabei also nicht um Fälle, in denen der Veräußerer im eigenen Namen über eine Sache verfügt, sondern um solche, in denen er im fremden Namen handelt. Die entscheidende Frage geht also dahin, ob auch in dieser Konstellation das Vertrauen des

---

27 Nach *K. Schmidt* HR, § 23 III, kommt in diesem Fall sogar eine unmittelbare Anwendung der Vorschrift in Betracht.
28 Dazu *Reinicke*, AcP 189 (1989), 79; *K. Schmidt*, JuS 1987, 936.

Rechtsverkehrs schutzwürdig ist, dass der Veräußerer verfügungsbefugt ist. Die Frage so zu stellen, heißt sie – freilich entgegen einer starken Strömung im Schrifttum[29] – zu verneinen.[30] Der in fremdem Namen Handelnde ist, für den Dritten ersichtlich, in stärkerem Ausmaß von seinem Prinzipal abhängig, so dass er auch entsprechend geringe Befugnisse hat.[31] Im Übrigen ist nur das Handeln im eigenen Namen handelsrechtstypisch und somit allein schutzwürdig i.S.d. § 366 HGB.[32] Zumindest verringert sich der mit der Kaufmannseigenschaft einhergehende Vertrauenstatbestand beim Handeln in fremdem Namen.[33] Außerdem reichen für Vertretungsmängel die allgemeinen Zurechnungstatbestände der **Duldungs- und Anscheinsvollmacht**[34] und des § 56 HGB aus,[35] so dass für eine Erstreckung des § 366 HGB auf diese Fälle auch gar kein Bedürfnis besteht.

16   Zu bedenken ist auch, dass sich eine Erstreckung der Wirkung des § 366 HGB auf den guten Glauben an die Vertretungsmacht auf die dingliche Seite beschränken würde;[36] dann aber würde Raum für einen allfälligen **Bereicherungsausgleich** bleiben.[37] Denn es wäre ja nur die Übereignung und nicht das ihr zugrunde liegende schuldrechtliche Verpflichtungsgeschäft wirksam. Das hätte zur Folge, dass der gutgläubige Erwerber das Eigentum nach § 812 Abs. 1 S. 1 Fall 1 BGB zurückübertragen müsste[38] – eine merkwürdige Konsequenz der Ansicht, die § 366 HGB auf Mängel der Vertretungsmacht anwenden möchte.[39] Zumindest zeitigt die entsprechende Anwendung des § 366 HGB aufgrund dieser bereicherungsrechtlichen Rückgabepflicht des Dritten gegenüber dem Vertretenen nur geringfügige Auswirkungen.[40]

17   Zur Vermeidung von **Grundlagenfehlern** sei daher hier der klausurtaktische Rat erlaubt, dass die Ablehnung der Erstreckung des § 366 HGB auf das Fehlen von Vertretungsmacht in der Fallbearbeitung den Vorzug hat, dass man die Fehlerquelle des Bereicherungsausgleichs meidet, ohne in aller Regel dem Vorwurf ausgesetzt sein,

---

29 So bereits *Langner*, LZ 1929, 1245; *Lux*, 16. Beiheft zu ZHR, 1939, S. 62 ff.; *Glaser*, DB 1957, 301, 302; *Ogris*, Guter Glaube an die Vertretungsmacht, 1987, S. 100 ff.; *K. Schmidt* HR, § 23 III 1 b; *ders.*, JuS 1987, 936 ff.; *Krampe*, Jura 1989, 167.

30 *Medicus/Petersen* BR, Rn. 567 sub c); *Canaris* HR, § 27 Rn. 16; *Wiegand*, JuS 1974, 545, 548; *Tiedtke*, Jura 1983, 460, 474; *Reinicke*, AcP 189 (1989), 79; skeptisch auch *Bosch*, JuS 1988, 439, 440.

31 GroßKomm-HGB/*Canaris*, 4. Auflage 2004, § 366 Rn. 37.

32 *Medicus/Petersen* BR, Rn. 567.

33 *Canaris* HR, § 27 Rn. 16.

34 Sie ist zwar im Bürgerlichen Recht umstritten, im Handelsrecht aber anerkannt; vgl. *Canaris*, Die Vertrauenshaftung im deutschen Privatrecht, 1971, S. 191 ff.

35 *Medicus/Petersen* BR, Rn. 567.

36 *Medicus/Petersen* BR, Rn. 567 a.E.

37 Zu den bereicherungs- und schadensersatzrechtlichen Konsequenzen einer solchen Erstreckung *Raisch*, FS Hagen, 1999, S. 449.

38 Im Schrifttum wird demgegenüber der Versuch unternommen, das Bereicherungsrecht über § 179 BGB auszuschließen, indem der durch § 366 Abs. 1 HGB begründete gutgläubige Erwerb als konditionsfest gedacht und dem Dritten ein Anspruch aus § 179 BGB gegen den Erwerber eingeräumt wird (so *K. Schmidt*, JuS 1987, 936, 939; *ders.* HR, § 23 III 2; dagegen *Reinicke*, AcP 189 (1989), 79, 94; skeptisch auch *Raisch*, FS Hagen, 1999, S. 449, 456, 465 f.). Dieser Anspruch vermittelt indes keinen Rechtsgrund im Verhältnis zum Vertretenen noch stellt § 366 HGB selbst bei der hier einschlägigen Leistungskondiktion einen Rechtsgrund dar (*Larenz/Canaris*, § 67 I 2 a; III).

39 HK-BGB/*Schulte-Nölke*, 7. Auflage 2012, § 932 Rn. 11.

40 *Canaris* HR, § 27 Rn. 16.

den Problemen aus dem Weg zu gehen, weil es sich hier nur um eine Anwendungskonsequenz des Meinungsstreits handelt, den man dann aber bereits hinreichend erörtert hat. Dies freilich ist, wie immer, Voraussetzung einer problemorientierten Auseinandersetzung. Doch wiegen hier schon die anderen Gründe, insbesondere das mangelnde Bedürfnis nach einer Analogie, so schwer, dass man sich ohne Umschweife dieser Ansicht anschließen kann.

IV. Gutgläubiger Erwerb gesetzlicher Pfandrechte

Nach § 366 Abs. 3 HGB steht das gesetzliche Pfandrecht des Kommissionärs, des Spediteurs, des Lagerhalters und des Frachtführers hinsichtlich des Schutzes des guten Glaubens einem gemäß § 366 Abs. 1 HGB durch Vertrag erworbenen Pfandrecht gleich. Die Vorschrift betrifft also das bisher mit Bedacht ausgeblendete Pfandrecht, das in § 366 Abs. 1 HGB neben der Veräußerung geregelt ist („Veräußert oder verpfändet"). Was die in Abs. 3 genannten Personen betrifft, so war von ihnen bereits kursorisch die Rede,[41] als es um die Anwendbarkeit des § 366 Abs. 1 HGB über die §§ 383 Abs. 2 S. 2, 407 Abs. 3 S. 2, 453 Abs. 3 S. 2, 467 Abs. 3 S. 2 HGB ging; insofern schließt sich hier der Kreis. **18**

Die Bedeutung des auf den ersten Blick schwer zu verstehenden § 366 Abs. 3 HGB erschließt sich, wie so oft, wenn man sich die Lage der dort genannten Personen ohne diese Vorschrift vergegenwärtigt.[42] Allen dort Aufgezählten ist nämlich gemein, dass sie ihre Leistung naturgemäß nicht Zug um Zug erbringen können und demgemäß ohne eine entsprechende Regelung von ihren Vertragspartnern Vorkasse verlangen würden, was nicht unbedingt den Bedürfnissen des Wirtschaftsverkehrs entspricht. Ohne die in § 366 Abs. 3 HGB geregelten gesetzlichen Pfandrechte würden die dort genannten Personen die Möglichkeit des gutgläubigen Erwerbs derartiger Pfandrechte im Wege der Vereinbarung vermittels ihrer **Allgemeinen Geschäftsbedingungen** herbeiführen; § 366 Abs. 3 HGB ist so gesehen als gesetzliche Typisierung dessen zu verstehen, was die Parteien individualvertraglich vernünftigerweise vereinbart hätten.[43] Eine starke Strömung im Schrifttum[44] folgert daraus, entgegen der Ansicht des Bundesgerichtshofs,[45] die Möglichkeit eines gutgläubigen Erwerbs eines **Werkunternehmerpfandrechts** (§ 647 BGB).[46] Wie man sieht, ist die richtige dogmatische Einordnung scheinbar peripherer Sondervorschriften durchaus geeignet, auch prüfungsrelevante Standardprobleme, wie eben den gutgläubigen Erwerb eines Werkunternehmerpfandrechts,[47] besser verstehen und die Lösung entsprechend argumentativ anreichern zu können. **19**

---

41 Oben unter Rn. 7.
42 *Canaris* HR, § 27 Rn. 31.
43 *Canaris* HR, § 27 Rn. 33, sieht darin geradezu die „unausgesprochene Prämissen von § 366 Abs. 3 HGB".
44 Vgl. nur *J. Hager*, Verkehrsschutz durch redlichen Erwerb, 1990, S. 105 ff.; Staudinger/*Wiegand*, 13. Bearbeitung 1997, § 1257 Rn. 14.
45 BGHZ 34, 122, 124; 87, 274, 280; 100, 95, 101.
46 Näher zur methodologischen Fundierung *Canaris*, FS Medicus, 1999, S. 25, 44 f.
47 Zu den examensrelevanten Einzelheiten des Problems *Medicus/Petersen* BR, Rn. 589 ff.

Vierter Teil: Rechtssubjekte und Rechtsobjekte

Vierter Teil Rechtssubjekte und Rechtsobjekte

§ 51 Personen und Sachen

I. Einleitung

Eine nicht ganz ernst gemeinte, aber immerhin aufschlussreiche Prüfungsfrage lautet: 1
Ein Jurist steigt auf einen Turm; was sieht er? Antwort: Personen und Sachen. Das
entspricht zumindest den beiden ersten Abschnitten des Ersten Buches des BGB, die
mit Personen (§§ 1-89 BGB) und Sachen (§§ 90-103 BGB) überschrieben waren.[1] Dass
der Gesetzgeber neuerdings auch die **Tiere** (vgl. § 90a BGB) in den zweiten Abschnitt
einordnet, ist eine systematisch bedauerliche Entgleisung. So wichtig es ist, der Mit-
geschöpflichkeit Rechnung zu tragen, hätte doch die Regelung an anderer Stelle, vor
allem dem Tierschutzgesetz (vgl. jetzt auch § 90a S. 2 BGB), genügt, um klarzustellen,
dass die nüchterne Definition des § 90 BGB, wonach Sachen im Sinne des Gesetzes nur
körperliche Gegenstände sind, jedenfalls im Grundsatz auch auf Tiere zutraf. Denn
klar war immer schon, dass Tiere nicht den Personen im Rechtssinne zugehören, wie
vor allem § 1 BGB zeigt, wonach die Rechtsfähigkeit des Menschen mit der Geburt
beginnt. Mit dem Tod des Menschen wird der Leichnam nicht zur Sache,[2] soweit er
nicht als Skelett „entpersönlicht" wird.[3] Bei den Personen unterscheidet man ferner
zwischen natürlichen und juristischen; letztere sind freilich „unsichtbar" im Sinne
der eingangs dargestellten Frage. Sie sollen hier nicht weiter verfolgt werden, zumal
sie nur zu einem kleinen Teil ins Bürgerliche Recht gehören, zum größeren ins Gesellschaftsrecht.

1. Sache und Gegenstand

Dabei zeigt die Definition des § 90 BGB, dass der Begriff des Gegenstandes weiter 2
reicht als der der Sache.[4] In der Tat handelt es sich um den Oberbegriff, zumal die Ein-
grenzung des § 90 BGB deutlich macht, dass es auch unkörperliche Gegenstände gibt.[5]
Vor allem **Forderungen** sind somit auch Gegenstände.[6] Dementsprechend spricht
das Gesetz an anderer Stelle (vgl. nur § 135 BGB) bewusst von Gegenständen und legt
somit ein weiteres Verständnis zugrunde.[7] Ein häufiger Fehler in der Fallbearbeitung
besteht darin, dass von einem Gegenstand gesprochen wird, wo eine Sache gemeint
ist. So wird beim Sachkauf (vgl. § 433 Abs. 1 S. 1 BGB) oder bei der Übereignung beweglicher Sachen (vgl. § 929 S. 1 BGB) nicht selten statt Sache das vermeintlich gleichbe-

---

1 Öffentliche Sachen behandeln *Papier*, Jura 1979, 93; *Peine*, JZ 1996, 350; 398; *Häde*, JuS 1993, 113.
2 Näher *H. Hübner*, Allgemeiner Teil des Bürgerlichen Gesetzbuchs, 2. Auflage 1996, Rn. 288 m.w.N.;
speziell zu künstlichen Teilen im menschlichen Körper *Görgens*, JR 1980, 140; allgemein zu Verfügungen über Teile des menschlichen Körpers *Forkel*, JZ 1974, 593.
3 So wörtlich *Medicus*, Rn. 1177; siehe auch *Schünemann*, Das Recht am menschlichen Körper, 1985; zur
postmortalen Organentnahme *Reimann*, FS Küchenhoff, 1972, S. 341.
4 Monographisch *Husserl*, Der Rechtsgegenstand, 1933.
5 Zum Sachbegriff im elektronischen Zeitalter *P. Bydlinski* AcP 198 (1998), 287; zur Qualifizierung von
Computerprogrammen als Sachen *Knütel*, NJW 1999, 259; *König*, NJW 1989, 2604; *Kort*, DB 1994, 1505;
Müller-Hengstenberg, NJW 1994, 3128.
6 Palandt/*Ellenberger*, 71. Auflage 2012, Überbl v § 90 Rn. 2.
7 Allgemein zum Sachbegriff *Wieacker*, AcP 148 (1943), 57.

deutende Wort Gegenstand verwendet, ohne zu sehen, dass die Rechtssprache hier weiter geht und zugleich präziser ist als die Umgangssprache.[8] Zumeist handelt es sich dabei um vermeidbare begriffliche Unschärfen, aber nicht selten führen sie im weiteren Verlauf der Prüfung zu Grundlagenfehlern.

2. Bewegliche und unbewegliche Sachen

3   Aber die Definition in § 90 BGB ist noch in anderer Hinsicht bemerkenswert. Denn wenn Sachen nur körperliche Gegenstände sind, so ist damit noch nichts über Beweglichkeit oder Unbeweglichkeit gesagt und erst recht sind unbewegliche Sachen nicht vom Sachbegriff des § 90 BGB ausgeschlossen. Somit sind auch **Grundstücke** mit Selbstverständlichkeit (unbewegliche) Sachen, eben **Immobilien**. So gesehen trifft die Antwort auf die eingangs gestellte Frage zu, erfasst sie doch neben den beweglichen Sachen auch die unbeweglichen sowie die darauf liegenden Gebäude, die nach § 94 BGB wesentliche Bestandteile der Sache, d.h. des Grundstücks, werden.

4   Bewegliche Sachen setzt im Schuldrecht **§ 651 S. 1 BGB** voraus, wonach auf einen Vertrag, der die Lieferung herzustellender oder zu erzeugender beweglicher Sachen zum Gegenstand hat, die Vorschriften über den Kauf Anwendung finden.[9] Ungleich größere Bedeutung hat die Unterscheidung jedoch im Sachenrecht. Dort regelt § 873 BGB die Übertragung des Eigentums an einem Grundstück, also einer unbeweglichen Sache, während die §§ 929 ff. BGB die Übertragung des Eigentums an einer beweglichen Sache betreffen. Die Einzelheiten gehören ins Sachenrecht.

II. Bestimmte Merkmale

5   Das Gesetz nennt im Folgenden bestimmte Merkmale, nach denen sich Sachen im Sinne des Gesetzes unterscheiden können. Sie können vertretbar oder verbrauchbar sein.

1. Vertretbare Sachen

6   Vertretbare Sachen im Sinne des Gesetzes sind bewegliche Sachen, die im Verkehr nach Zahl, Maß oder Gewicht bestimmt zu werden pflegen, § 91 BGB. Die Wendung „im Sinne des Gesetzes" impliziert, dass jenseits des Allgemeinen Teils an das Merkmal der Vertretbarkeit angeknüpft wird. So wird etwa durch den Sachdarlehensvertrag der Darlehensgeber gemäß § 607 Abs. 1 BGB verpflichtet, dem Darlehensnehmer eine vereinbarte vertretbare Sache zu überlassen. Wer einem anderen ein Pfund Zucker „leiht" gewährt also in aller Regel ein Sachdarlehen und vereinbart keinen Leihvertrag, wenn und weil er nicht das konkrete Pfund Zucker zurückverlangen will (vgl. § 604 Abs. 1 BGB). Wichtig ist im Zusammenhang mit vertretbaren Sachen § 651 S. 3 BGB: Soweit es sich bei den herzustellenden oder zu erzeugenden beweglichen

---

8 Instruktiv *Harms*, Jura 1982, 404.
9 Zum Vergleich mit dem früheren Recht *Mankowski*, MDR 2003, 854.

Sachen um nicht vertretbare Sachen handelt, sind auch die §§ 642, 643, 645, 649 und 659 BGB mit der Maßgabe anzuwenden, dass an die Stelle der Abnahme der nach den §§ 446 und 447 BGB maßgebliche Zeitpunkt tritt. Das erklärt sich nicht zuletzt daraus, dass nicht vertretbare Sachen typischerweise den Bestellerwünschen angepasst, d.h. auch nicht so leicht austauschbar sind.[10] Das legt die Heranziehung der werkvertraglichen Vorschriften nahe, insbesondere die zitierte **Mitwirkungspflicht des Bestellers** (§ 642 f. BGB), seine Verantwortlichkeit (§ 645 BGB) und die Kündigung (§ 649 BGB) sowie den **Kostenanschlag** (§ 650 BGB). Diese Regelungen treten, wie der Wortlaut („auch") zeigt, neben die kaufrechtlichen Bestimmungen, die sich gegenüber der werkvertraglichen Abnahme hinsichtlich des maßgeblichen Zeitpunkts durchsetzen (vgl. § 651 S. 3 BGB a.E.).

2. Verbrauchbare Sachen

Verbrauchbare Sachen im Sinne des Gesetzes sind bewegliche Sachen, deren bestimmungsgemäßer Gebrauch in dem Verbrauch oder in der Veräußerung liegt (§ 92 Abs. 1 BGB). Dieser Begriff hängt nicht mit dem Rechtsbegriff des Verbrauchers (§ 13 BGB) zusammen; sein Schutz hängt also nicht etwa vom Verbrauch im Sinne des § 92 Abs. 1 BGB ab.[11] Als verbrauchbar gelten nach § 92 Abs. 2 BGB auch bewegliche Sachen, die zu einem Warenlager oder zu einem sonstigen **Sachinbegriff** gehören,[12] dessen bestimmungsmäßiger Gebrauch in der Veräußerung der einzelnen Sachen besteht. Entscheidend ist also der konkrete Zusammenhang, in dem die Sache steht. Dem Gesetz liegt bei Nutzungsrechten der allgemeine Rechtsgedanke zugrunde (vgl. §§ 706 Abs. 2, 1075 Abs. 2, 1086 S. 2 BGB), dass der Nutzungsberechtigte den Sachwert zu ersetzen hat.[13]

III. Bestandteile und Zubehör

§ 93 BGB führt den Begriff der Bestandteile ein, der auch die nachfolgenden Vorschriften bestimmt.[14] Bestandteile einer Sache, die voneinander nicht getrennt werden können, ohne dass der eine oder der andere zerstört oder in seinem Wesen verändert wird, können nach § 93 BGB nicht Gegenstand besonderer Rechte sein. Solche Bestandteile werden als **wesentliche Bestandteile** legaldefiniert, womit zugleich deutlich wird, dass dieser Begriff im Bürgerlichen Gesetzbuch an mehreren Stellen begegnet.

---

10 OLG Hamm BB 1986, 555.
11 *Medicus/Petersen* BR, Rn. 311.
12 Zum Rechtsproblem der Sachgesamtheit *Oertmann*, AcP 136 (1932), 88.
13 *Medicus*, Rn. 1182.
14 Zu den Voraussetzungen und Auswirkungen der Bestandteileigenschaft *Michaelis*, FS Nipperdey, 1965, Band I, S. 553; ferner *Schreiber*, Jura 2006, 113 ff.; *Kirsten*, Der Bestandteilsbegriff des § 93 BGB unter Berücksichtigung der technischen Normung, 1933; zur Reichweite des § 94 BGB *Knütel*, FS Medicus, 1999, S. 259.

1. Systematischer Zusammenhang mit dem Schuld- und Sachenrecht

9 Die für die Fallbearbeitung wichtigsten Bestimmungen, in denen der Begriff des wesentlichen Bestandteils vorausgesetzt wird, finden sich in §§ 946 ff. BGB: Wird eine bewegliche Sache mit einem Grundstück dergestalt verbunden, dass sie wesentlicher Bestandteil des Grundstücks wird, so erstreckt sich das Eigentum an dem Grundstück gemäß § 946 BGB auf diese Sache.[15] Werden bewegliche Sachen miteinander dergestalt verbunden, dass sie wesentliche Bestandteile einer einheitlichen Sache werden, so werden die bisherigen Eigentümer nach § 947 Abs. 1 BGB Miteigentümer dieser Sache; entsprechendes gilt für die Vermischung und Vermengung, § 948 Abs. 1 BGB.

10   Allen diesen Regelungen liegt der Gedanke zugrunde, dass es besser ist, die auf die dort beschriebene Weise geschaffene wirtschaftliche Einheit – wenn auch um den Preis des Eigentumswechsels – zu erhalten, als sie zu zerschlagen. Das Gesetz gleicht dies durch einen **Bereicherungsanspruch** aus: Wer infolge der Vorschriften der §§ 946 ff. BGB einen Rechtsverlust erleidet, kann nach § 951 Abs. 1 S. 1 BGB von demjenigen zu dessen Gunsten die Rechtsänderung eintritt, Vergütung in Geld nach den Vorschriften über die Herausgabe einer ungerechtfertigten Bereicherung verlangen. Dabei handelt es sich um eine **Rechtsgrundverweisung** auf § 812 BGB, das heißt es müssen alle Tatbestandsmerkmale geprüft werden.[16] Uneinheitlich wird nur beurteilt, ob sich § 951 Abs. 1 S. 1 BGB nur auf die Eingriffskondiktion bezieht[17] oder auch auf die Leistungskondiktion.[18]

2. Konsequenzen für die Fallbearbeitung

11 Diesen systematischen Zusammenhang muss man sich vor Augen halten, wenn man in der Fallbearbeitung zu entscheiden hat, ob ein wesentlicher Bestandteil vorliegt. Denn je nach dem nimmt die Prüfung einen denkbar unterschiedlichen Verlauf: Ist dies der Fall, so liegen die Schwerpunkte infolge der zuletzt genannten Verweisung nicht selten im Bereicherungsrecht, paradigmatisch sind insoweit die so genannten „**Einbaufälle**".[19] Handelt es sich dagegen nicht um einen wesentlichen Bestandteil, so mündet die Prüfung häufig in sachenrechtliche Fahrwasser. Ob ein wesentlicher Bestandteil vorliegt oder nicht, bedeutet also in aller Regel eine wichtige Weichenstellung für die Lösung des Falles. Daher darf man sich an dieser Stelle nicht von vordergründigen Assoziationen oder gar Vergleichen mit vermeintlich bekannten oder entschiedenen Fällen begnügen. Vielmehr ist im Wege der exakten Subsumtion zu ermitteln, ob es sich im konkreten Fall um Bestandteile einer Sache handelt, die voneinander nicht getrennt werden können, ohne dass der eine oder der andere zerstört oder in seinem Wesen verändert wird. Ist im Sachverhalt etwa von einem Einbau die Rede, so ist dies nicht zwingend dahingehend zu verstehen, dass die erwähnten Einbaufälle des Bereicherungsrechts geprüft werden. Stellt sich nämlich heraus, dass der

---

15 Vgl. hierzu *Schreiber*, Jura 2006, 113 ff.
16 *Baur/Wolf*, JuS 1966, 393.
17 Vgl. *Wieling*, Sachenrecht, 5. Auflage 2007, § 11 II 5 a.
18 In diese Richtung BGHZ 40, 272; BGH NJW 1989, 2745.
19 Vgl. nur *Larenz/Canaris*, § 70 III 2 a.E., 3.

Ausbau der Sache ohne Beeinträchtigung der Funktionsfähigkeit möglich ist, so kann nicht ohne Weiteres von einem wesentlichen Bestandteil ausgegangen werden.

Einen wesentlichen Leitgesichtspunkt stellt daher die Frage dar, ob die Einzel- **12** teile in ihrer Funktionsfähigkeit beeinträchtigt werden, wenn sie wieder voneinander getrennt werden.[20] Entscheidend ist also auch hier die fortbestehende wirtschaftliche Nutzung.[21] Es kommt auf eine wirtschaftliche und natürliche Betrachtungsweise an,[22] wobei die jeweilige **Verkehrsanschauung** zu berücksichtigen ist.[23] Häufig wird von Klausurbearbeitern von der festen Verbindung auf das Vorliegen eines wesentlichen Bestandteils geschlossen, doch ist diese weder notwendig noch ausreichend.[24] So sind etwa Räder und Motor keine wesentlichen Bestandteile des Fahrgestells, weil und sofern sie nur damit verschraubt sind.[25] Denn mag diese Verbindung auch entsprechend fest sein – was schon aus Gründen der Verkehrssicherheit unerlässlich sein dürfte –, so können die einzelnen Bestandteile doch wieder voneinander gelöst werden, ohne dass dies zu einer Minderung der **Funktionsfähigkeit** der einzelnen Teile führen muss oder dass sie zerstört bzw. in ihrem Wesen verändert werden.

3. Wesentliche Bestandteile eines Grundstücks

Zu den wesentlichen Bestandteilen eines Grundstücks[26] gehören nach § 94 Abs. 1 S. 1 **13** BGB die mit dem Grund und Boden fest verbundenen Sachen, insbesondere Gebäude, sowie die Erzeugnisse des Grundstücks, solange sie mit dem Boden zusammenhängen.[27] Zu den wesentlichen Bestandteilen eines Gebäudes gehören die zur Herstellung des Gebäudes eingefügten Sachen, § 94 Abs. 2 BGB. Das gilt etwa für Türen und Fenster, mögen diese auch auf vergleichbar einfache Weise entfernbar sein.[28] Eine Sache kann demnach zugleich gemäß § 93 BGB und nach § 94 BGB wesentlicher Bestandteil sein.[29] Zu den Bestandteilen eines Grundstücks gehören freilich nach § 95 BGB solche Sachen nicht, die nur zu einem vorübergehenden Zweck mit dem Grund und Boden verbunden oder in ein Gebäude eingefügt sind (**Scheinbestandteile**). Ob ein nur vorübergehender Zweck vorliegt, bestimmt sich maßgeblich nach Willen und Erwartung des Einfügenden und daher etwa zu verneinen sein, wenn sich ein im Rahmen eines (befristet) geschlossenen Pachtvertrags vom Pächter errichtetes Blockhaus nach Vertragsende an den Verpächter zur weiteren Nutzung überlassen werden soll. Auch diese Regelungen dienen der Schaffung klarer Verhältnisse über die dingliche Zuordnung.[30]

---

20 *Medicus*, Rn. 1187.
21 BGHZ 18, 226; 61, 80.
22 BGHZ 61, 80.
23 BGHZ 36, 50.
24 Palandt/*Ellenberger*, 71. Auflage 2012, § 93 Rn. 3.
25 *Medicus*, Rn. 1187 f.
26 Näher dazu *Schreiber*, Jura 2006, 113 ff.
27 Zum damit zusammenhängenden Problem des Baus auf fremdem Boden BGHZ 10, 171, 177; 41, 157, 161; *Waltjen*, AcP 175 (1975), 109, 136 f.; *Canaris*, JZ 1996, 344, 347; *Wendehorst*, Anspruch und Ausgleich, 1999, S. 338 f.; *Petersen*, Von der Interessenjurisprudenz zur Wertungsjurisprudenz, 2001, S. 92 ff.
28 *Medicus*, Rn. 1190.
29 Palandt/*Ellenberger*, 71. Auflage 2012, § 94 Rn. 1.
30 Grundlegend BGHZ 104, 298, 301; vgl. auch BGH NJW 1979, 712.

4. Zubehör

14 Zubehör sind nach § 97 Abs. 1 BGB bewegliche Sachen, die ohne Bestandteile der Hauptsache zu sein, dem wirtschaftlichen Zweck der Hauptsache zu dienen bestimmt sind und zu ihr in einem dieser Bestimmung entsprechenden räumlichen Verhältnis stehen. Was dem wirtschaftlichen Zweck der Hauptsache zu dienen bestimmt ist, regelt § 98 BGB. Obwohl nach einhelliger Ansicht entsprechend dem insoweit unmissverständlichen Wortlaut nur bewegliche Sachen Zubehör sein können,[31] liegt die eigentliche Bedeutung des § 97 BGB für die Fallbearbeitung doch paradoxerweise im **Immobiliarsachenrecht**, genauer: im Hypothekenrecht.[32] Nach § 1120 BGB, der auch auf die Grundschuld entsprechend anwendbar ist (vgl. § 1192 Abs. 1 BGB),[33] erstreckt sich nämlich die **Hypothek** auch auf das Zubehör des Grundstücks mit Ausnahme der Zubehörstücke, welche nicht in das Eigentum des Eigentümers des Grundstücks gelangt sind. Der Zweck der Regelung besteht darin, dass das Grundstück auch hier als wirtschaftliche Einheit angesehen wird, weil dies den Interessen der Hypotheken- bzw. Grundschuldgläubiger dient.[34] Ergänzt wird dies in der **Zwangsvollstreckung** durch **§ 865 ZPO**: Nach dessen erstem Absatz umfasst die Zwangsvollstreckung in das unbewegliche Vermögen auch die Gegenstände, auf die sich bei Grundstücken die Hypothek erstreckt. Diese sind in § 1120 BGB näher bestimmt. Nach § 865 Abs. 2 ZPO können diese Gegenstände, soweit sie Zubehör sind, nicht gepfändet werden.[35] Die Vorschrift verlängert also den Schutzzweck des § 1120 BGB – Schutz der wirtschaftlichen Einheit und Verhinderung der Zerschlagung – ins Vollstreckungsrecht. Grundstück und Zubehör unterliegen als Einheit der **Immobiliarvollstreckung** nach dem ZVG mit der Folge, dass der Ersteher in der Zwangsversteigerung gemäß §§ 90 Abs. 2, 55 Abs. 1, 20 Abs. 2 ZVG, 1120 ff. BGB kraft Hoheitsakt auch Eigentum an dem Zubehör erlangt. Daher müssen die §§ 97, 1120 ff. BGB, 865 ZPO, 90, 55, 20 ff. ZVG in der Examensvorbereitung in ihrem systematischen Zusammenhang gelernt und wiederholt werden.[36]

5. Übungsfall

15 Der BGH hatte sich jüngst mit einem Fall zu befassen, der grundlegende und klausurrelevante sachenrechtliche Probleme eröffnet. Als zentraler Anspruch war ein Herausgabeanspruch aus § 985 BGB zu prüfen; im Rahmen dessen insbesondere die Frage, ob ein Modul wesentlicher Bestandteil eines Kleinkraftwerks i.S.d. § 93 BGB geworden war:[37]

---

31 Vgl. nur BGHZ 111, 110; 135, 292.
32 Entsprechendes gilt im Übrigen für § 96 BGB (Palandt/*Ellenberger*, 71. Auflage 2012, § 96 Rn. 1), auf den jedoch hier in Ermangelung entsprechender Prüfungsrelevanz nicht eingegangen wird.
33 Vgl. auch BGH NJW 1979, 2514.
34 *Mand*, Jura 2004, 221.
35 Instruktiv *Habersack*, Sachenrecht, 7. Auflage 2012, Rn. 291, 368.
36 Zu der schwierigen Problematik der Anwartschaften am Zubehör im Haftungsverband *Medicus/Petersen* BR, Rn. 484; *Mand*, Jura 2004, 221 ff.; *Plander*, JuS 1975, 345.
37 BGH NJW 2012, 778; vgl. zum Themenkreis auch BGH NJW-RR 2011, 1458.

a) Sachverhalt

Die Fa. G stellte ein ORC Kompaktmodul her. Dieses ist ein selbständig nicht funkti- **16** onsfähiges Teil eines kleinen Wärmekraftwerks zur Stromerzeugung, in dem anstelle von Wasser eine organische Flüssigkeit eingesetzt, für den Antrieb einer Turbine verdampft und anschließend wieder kondensiert wird. Dieses Modul betrieb G zunächst in einer Versuchsanlage. Im November 2007 schloss G mit der Fa. B für den weiteren Betrieb des Moduls an einem anderen Standort einen unentgeltlichen, zeitlich unbegrenzten Überlassungsvertrag. Falls G nach der Beendigung des Vertrags das Modul nicht übernehmen wollte, sollte das Eigentum auf B übergehen. Das Modul wurde von B in einer neuen Halle montiert und an eine mit Holzabfällen der Fabrik betriebene Feuerungsanlage angeschlossen. Es erzeugt dort Strom, der über einen Transformator in das öffentliche Netz eingespeist wird. Über das Vermögen der G wurde im Mai 2012 das Insolvenzverfahren eröffnet. Im August 2012 veräußerte G das an B überlassene Modul unter Abtretung des Herausgabeanspruchs an die Fa.E. Im Oktober 2012 kündigte die G den Vertrag mit B mit sofortiger Wirkung und zeigte die Veräußerung des Moduls an E an. E begehrt nun von B Herausgabe des Moduls. Nach Ansicht des Berufungsgerichts könne E nicht die Herausgabe des Moduls nach § 985 BGB beanspruchen, weil das Eigentum bereits mit der Integration in die zur Stromerzeugung errichtete Anlage gemäß §§ 949, 947, 93 BGB auf B übergegangen sei.

b) Lösungshinweise

E hat gegen B einen Herausgabeanspruch aus § 985 BGB, wenn Eigentümerin des **17** Moduls E und Besitzerin B ist, diese jedoch kein Recht zum Besitz hat. Ursprüngliche Eigentümerin war G. Diese hat ihr Eigentum nach § 947 Abs. 1 und 2 BGB bereits an B verloren, wenn das Modul als bewegliche Sache durch die Verbindung mit anderen Teilen wesentlicher Bestandteil der von B errichteten Anlage (Kleinkraftwerk) geworden ist.

I. Bestandteile einer Sache sind diejenigen körperlichen Gegenstände, die entweder **18** von Natur aus eine Einheit bilden oder die durch die Verbindung miteinander ihre Selbständigkeit dergestalt verloren haben, dass sie fortan, solange die Verbindung dauert, als eine einzige Sache erscheinen. Maßgebend dafür ist die **Verkehrsanschauung**, hilfsweise die natürliche Betrachtungsweise eines verständigen Beobachters, wobei Zweck und Wesen der Sache und ihrer Bestandteile vom technisch wirtschaftlichen Standpunkt aus zu beurteilen sind. Das vorliegende Modul ist allein nicht funktionsfähig und bereits dafür ausgelegt, mit anderen Anlagen (hier: Kleinkraftwerk) verbunden zu werden, um seinen Zweck zu erfüllen. Das Modul ist somit Bestandteil der Gesamtanlage geworden.
II. Problematisch ist jedoch, ob das Modul auch i.S.d. § 93 BGB **wesentlicher Bestand- 19 teil** der Anlage geworden ist. Was als wesentlicher Bestandteil angesehen werden kann, bestimmt sich nach den Wirkungen eines Ausbaus des Moduls. Nur Bestandteile, die voneinander nicht getrennt werden können, ohne dass der eine oder der andere zerstört oder in seinem Wesen verändert wird, können nach § 93 BGB nicht Gegenstand besonderer Rechte sei. Eine Wesensänderung des abgetrennten Bestandteils ist zu verneinen, wenn dieser in gleicher oder in ähnlicher Weise in eine andere Anlage integriert werden und damit wieder seine Funktion (hier: Strom zu erzeugen) erfüllen kann. Es genügt insoweit nicht, dass das Modul für sich allein nicht funktionsfähig ist.

20　**1.** Das Modul wäre allerdings auch dann wesentlicher Bestandteil, wenn durch die Trennung die bei B verbleibende Restsache in ihrem Wesen verändert würde. Für die Wesentlichkeit eines Bestandteils ist nämlich auch entscheidend, ob die Restsache nach der Abtrennung des Bestandteils noch in der bisherigen Weise benutzt werden kann, sei es auch erst, nachdem sie zu diesem Zweck wieder mit anderen Sachen verbunden wird. Kann das auszubauende Teil durch ein gleiches oder ähnliches Aggregat ersetzt und dadurch die Gesamtsache in gleicher oder ähnlicher Funktion wieder hergestellt werden, ist der abzutrennende Bestandteil grundsätzlich als unwesentlich anzusehen. Dabei verfolgt § 93 BGB nicht die Absicht, die durch die Verbindung entstandene Gesamtheit zu konservieren, sondern unter Rücksichtnahme auf volkswirtschaftliche Interessen allein solche Abtrennungen zu vermeiden, welche die Trennstücke beschädigen oder wesentlich verändern. Dabei kann allenfalls ein Anhaltspunkt sein, ob die abtrennbare Sache serienmäßig oder nur auf Bestellung produziert wurde. Entscheidend ist, ob sie an die Gegenstände, mit denen sie verbunden ist, besonders angepasst ist oder ob sie durch andere gleichartige ersetzt werden kann. Ist sie an die Gegenstände, mit denen sie verbunden ist, besonders angepasst und kann nur mit diesen verwendet werden, ist sie wesentlicher Bestandteil einer einheitlichen Sache, weil sie durch die Trennung wirtschaftlich wertlos würde. Andernfalls geht sie durch die Verbindung grundsätzlich nicht in der daraus entstandenen Sache auf, sondern bleibt ein **unwesentlicher, sonderrechtsfähiger Bestandteil**.

21　**2.** Vorliegend lief das Modul zunächst in einer Versuchsanlage der G, sodann wurde es dort ausgebaut und in die Anlage der B eingebaut. Insoweit kann nicht nur das Modul selbst in verschiedenen Anlagen seine stromerzeugende Funktion erfüllen. Die nach dem Ausbau jeweils verbleibenden Anlagen können ebenfalls technisch mit Ersatzmodulen weiter betrieben werden, ohne dass besondere Anpassungen erforderlich sind. Etwas anderes könnte sich ergeben, soweit das Modul bei B durch ein neues, viel teureres Modul ersetzt werden muss. § 93 BGB bezweckt jedoch wie dargelegt den Schutz volkswirtschaftlicher Interessen: Es soll verhindert werden, dass wirtschaftliche Werte ohne einen rechtfertigenden Grund in volkswirtschaftlich sinnloser Weise zerstört werden wird. Das individuelle Interesse des Besitzers einer solchen Sache, nach der Abtrennung eines Bestandteils von den Aufwendungen für eine Ersatzbeschaffung verschont zu bleiben, wird vom Schutzzweck des § 93 BGB nicht erfasst. Der Aufwand der B für eine Ersatzbeschaffung ist daher nicht maßgeblich. G hat ihr Eigentum damit nicht nach § 947 Abs. 1 und 2, 93 BGB an B verloren.

22　**III.** Allerdings könnte E durch Abtretung des Herausgabeanspruchs nach §§ 929 S. 1, 931 BGB Eigentümerin geworden sein. G und E haben sich über den Eigentumsübergang geeinigt. G stand gegenüber der B ein (potentieller) **Herausgabeanspruch aus § 604 Abs. 1 BGB** aus dem als Leihvertrag (§§ 598 ff. BGB) zu qualifizierenden Vertrag zu. Diesen hat sie an E abgetreten. Dass der Anspruch bei Abtretung im August 2012 noch nicht fällig war (die Parteien hatten § 604 III BGB vertraglich ausgeschlossen), ist insoweit unschädlich. G hat als Eigentümerin und damit auch als Berechtigte verfügt. Damit ist E Eigentümerin des Moduls geworden.

23　**IV.** B ist Besitzerin des Moduls, § 854 Abs. 1 BGB. Sie hat jedoch ein Recht zum Besitz aus dem Leihvertrag – dass sie nach § 986 Abs. 2 BGB E entgegenhalten kann – wenn G den Leihvertrag nicht bereits wirksam gekündigt hat. Denkbar ist eine außerordentliche Kündigung nach § 605 Nr. 1 BGB wegen Eigenbedarfs. Der Eigenbedarf eines Verleihers kann darin begründet sein, dass er aus wirtschaftlichen Gründen auf die Verwertung der Leihsache angewiesen ist. Dies ist zu bejahen, wenn er wegen einer bei ihm eingetretenen Überschuldung die Sache dem Entleiher nicht mehr unentgelt-

lich überlassen kann, sondern zur Befriedigung seiner Gläubiger verwerten muss.
Nach Eröffnung eines **Insolvenzverfahrens** hat der Insolvenzverwalter dieses Interesse an der Rückerlangung der Sache wahrzunehmen. G war vorliegend mithin nicht verpflichtet, ihre Interessen denen der B unterzuordnen und durfte den Leihvertrag wirksam kündigen. Ein Recht zum Besitz der B scheidet demzufolge aus.

V. E hat gegen B einen Anspruch auf Herausgabe des Moduls aus § 985 BGB. (In der 24 Klausursituation ist vorrangig freilich der vertragliche Rückgabeanspruch aus § 604 Abs. 1 BGB zu prüfen, den der BGH nicht angesprochen hat.)

IV. Früchte und Nutzungen

Die §§ 99 ff. BGB haben ebenfalls vor allem im Schuld- und Sachenrecht Bedeutung. 25 Vor allem die Nutzungen begegnen an vielen zentralen Stellen des Bürgerlichen Rechts, die auch und gerade in der Prüfung häufig behandelt werden.

1. Früchte

Früchte einer Sache sind die Erzeugnisse der Sache und die sonstige Ausbeute, 26 welche aus der Sache ihrer Bestimmung gemäß gewonnen wird, § 99 Abs. 1 BGB. Der Fruchtbegriff findet sich nicht zuletzt im Sachenrecht. So bestimmt etwa § 955 BGB, dass derjenige, der eine Sache im Eigenbesitz hat, das Eigentum an den Erzeugnissen und sonstigen zu den Früchten der Sache gehörenden Bestandteilen erwirbt. In der Prüfung stellt sich hier regelmäßig die Vorfrage nach dem Eigentum.[38] Aber auch im Schuldrecht geht es mitunter um Früchte im Rechtssinne, wo es begrifflich nicht unbedingt naheliegt. Beispielsweise gehört zu den **mittelbaren Sachfrüchten,** also den **Erträgen,** welche die Sache vermöge eines Rechtsverhältnisses gewährt (§ 99 Abs. 3 BGB), auch die Miete.[39] Die Vorschriften über die Verteilung der Früchte (§ 101 BGB) haben in der Fallbearbeitung keine besondere Relevanz; erwähnenswert ist nur die Verweisung in § 993 Abs. 2 BGB auf § 101 BGB. Im Eigentümer-Besitzer-Verhältnis geht es in § 993 Abs. 1 Hs. 1 BGB um Früchte: Liegen die in den §§ 987 ff. BGB bezeichneten Voraussetzungen nicht vor, so hat der Besitzer die gezogenen Früchte, soweit sie nach den Regeln einer ordnungsgemäßen Wirtschaft nicht als Ertrag der Sache anzusehen sind, nach den Vorschriften über die Herausgabe einer ungerechtfertigten Bereicherung herauszugeben. Es handelt sich dabei um die so genannten **Übermaßfrüchte,** die der Besitzer, sei er auch noch so redlich, auf Kosten der Sachsubstanz gezogen hat.[40] Bedeutsamer als diese Regelung ist freilich die im zweiten Halbsatz zum Ausdruck kommende Wertung, die auch von Nutzungen handelt und daher den Übergang zu diesen markiert.

---

38 Näher *Medicus*, JuS 1985, 657; *ders./Petersen* BR, Rn. 603.
39 RGZ 105, 409; 138, 72.
40 *Medicus/Petersen* BR, Rn. 597.

2. Nutzungen

27 Wichtiger sind in der **Fallbearbeitung** die Nutzungen. Die wohl wichtigste diesbezügliche Regelung ist § 818 Abs. 1 BGB, wonach sich die Verpflichtung zur Herausgabe beim Bereicherungsanspruch auf die gezogenen Nutzungen erstreckt.[41] Nutzungen sind nach § 100 BGB die Früchte einer Sache oder eines Rechts sowie die Vorteile, welche der Gebrauch der Sache oder des Rechts gewährt. Gerade diese so genannten Gebrauchsvorteile sind bedeutsam. Aber auch im **Eigentümer-Besitzer-Verhältnis** (§§ 987 ff. BGB) spielen die Nutzungen eine zentrale Rolle. Nach § 987 Abs. 1 BGB hat der Besitzer dem Eigentümer die Nutzungen herauszugeben, die er nach dem Eintritt der Rechtshängigkeit zieht. Zieht der Besitzer nach dem Eintritt der Rechtshängigkeit Nutzungen nicht, die er nach den Regeln einer ordnungsgemäßen Wirtschaft ziehen könnte, so ist er dem Eigentümer gemäß § 987 Abs. 2 BGB zum Ersatz verpflichtet, soweit ihm ein Verschulden zur Last fällt. § 991 Abs. 1 BGB stellt eine Haftungsmilderung bezüglich der Herausgabe von Nutzungen dar.[42] Prüfungsrelevant ist schließlich § 988 BGB mit seiner Verweisung ins **Bereicherungsrecht**: Hat ein Besitzer, der die Sache als ihm gehörig oder zum Zwecke der Ausübung eines ihm in Wirklichkeit nicht zustehenden Nutzungsrechts an der Sache besitzt, den Besitz unentgeltlich erlangt, so ist er dem Eigentümer gegenüber zur Herausgabe der Nutzungen, die er vor dem Eintritt der Rechtshängigkeit zieht, nach den Vorschriften über die Herausgabe einer ungerechtfertigten Bereicherung verpflichtet. Erfolgte die Besitzerlangung nicht unentgeltlich, sondern rechtsgrundlos, so stellt sich die Frage, ob § 988 BGB analog anzuwenden ist.[43] Schließlich ist im Zusammenhang mit den Nutzungen der bereits angesprochene § 993 Abs. 1 Hs. 2 BGB zu erwähnen, wonach der redliche Besitzer im Übrigen weder zur Herausgabe von Nutzungen noch zum Schadensersatz verpflichtet ist. Die §§ 987 ff. BGB stellen dann eine Bereicherungsansprüche ausnehmende abschließende Regelung dar.[44]

28 Eine Pflicht zur Herausgabe von Nutzungen ist schließlich auch noch im Rücktrittsrecht angeordnet in §§ 346 Abs. 1, 347 Abs. 1 BGB. Der Rückgewährschuldner hat grundsätzlich die tatsächlich gezogenen Nutzungen herauszugeben (§ 346 Abs. 1 BGB) und für die nichtgegenständlichen Gebrauchsvorteile **Wertersatz** zu leisten (§ 346 Abs. 2 S. 1 Nr. 1 BGB). Für nicht gezogene Nutzungen schuldet er nur nach Maßgabe des § 347 Abs. 1 BGB Ersatz, wobei in der Fallbearbeitung insbesondere § 347 Abs. 1 S. 2 BGB zu beachten ist, der insofern der Regelung des § 346 Abs. 3 S. 1 Nr. 3 BGB entspricht.

---

41 Zur Nutzungshaftung Minderjähriger OLG Hamm NJW 1988, 2357; *Batsch*, NJW 1969, 1743; *Gursky*, NJW 1969, 2183; *Medicus/Petersen* BR, Rn. 601 f.

42 *Katzenstein*, AcP 204 (2004), 1; Beispiel bei *Medicus/Petersen* BR, Rn. 584.

43 So RGZ 163, 348; BGH NJW-RR 2005, 965, 966 f.; dazu *Medicus/Petersen* BR, Rn. 390a, 600; zum Parallelproblem bei § 816 Abs. 1 S. 2 BGB auch *Petersen*, Die mündliche Prüfung im ersten juristischen Staatsexamen, 2. Auflage 2012, S. 76 f.

44 *Medicus/Petersen* BR, Rn. 600.

§ 52 Die Rechtsfähigkeit des Menschen

I. Rechtsfähigkeit als Attribut des Menschen

Nach § 1 BGB beginnt die Rechtsfähigkeit des Menschen mit der **Vollendung der** 1
Geburt. Diese Bestimmung enthält nicht nur eine zeitliche Anordnung, sondern vor
allem eine fundamentale Wertentscheidung.[1]

1. Mensch und Person

Das Gesetz beginnt den Abschnitt über die Personen mit der Behandlung der natür- 2
lichen Personen (§§ 1-14 BGB) und regelt erst im Anschluss die juristischen Personen
(§§ 20 ff. BGB). Der Mensch ist **natürliche Person**.[2] Der Begriff der Person ist also nach
dem Sprachgebrauch des Gesetzes weiter als der des Menschen.[3] Allerdings ist mitunter aus dem jeweiligen Sinnzusammenhang zu folgern, dass mit einer Person nur der
Mensch gemeint sein kann.[4] Nach § 1922 Abs. 1 BGB geht mit dem Tode einer Person,
den das Gesetz als Erbfall legaldefiniert, deren Vermögen (Erbschaft) als Ganzes auf
eine oder mehrere andere Personen (Erben) über. Wenn das Gesetz hier vom Tode
einer Person spricht, so ist klar, dass nur eine natürliche Person gemeint sein kann,[5]
da nur der Mensch sterben kann.[6] **Juristische Personen** können durch **Liquidation**
erlöschen, so dass der Begriff des Todes auf sie nicht zutrifft. Passiv erbfähig sind also
nur Menschen. Dagegen sind die **Erben**, für die das Gesetz wiederum den Begriff der
Person verwendet, weiter zu verstehen. Wenn es in § 1922 Abs. 1 BGB heißt, dass das
Vermögen als Ganzes auf eine oder mehrere andere Personen übergeht, so erfasst der
Personenbegriff hier auch die juristischen Personen,[7] da auch sie erbfähig sind, wenn
sie beim Erbfall bestehen.[8] Die **Erbfähigkeit juristischer Personen** wird daher in
einigen Regelungen (vgl. §§ 2044 Abs. 2 S. 3, 2101 Abs. 2, 2106 Abs. 2, 2163 Abs. 2 BGB)
vorausgesetzt. Tiere dagegen können wegen § 1922 Abs. 1 BGB nicht erben, so dass ein
Testament, in dem etwa ein Haustier zum Alleinerben eingesetzt wird, nichtig ist.[9]
Tiere sind keine Personen im Sinne des Gesetzes, so dass sie auch nicht rechtsfähig

---

1 *H. Westermann*, Person und Persönlichkeit als Wert im Zivilrecht 1957; sehr lesenswert *Ch. Paulus*,
JuS 1994, 367.
2 *Köhler*, § 20 Rn. 1.
3 Zur Geschichte des Begriffs der Person *Hattenhauer*, JuS 1982, 405.
4 Aus dem früheren Schrifttum zum Rechtssubjekt und zur Rechtsperson und den philosophischen
Grundlagen *Husserl*, AcP 127 (1927), 129.
5 *Medicus*, Rn. 1099, der für den umgekehrten Fall darauf hinweist, dass der Mensch etwa nicht als
Versicherer i.S.d. § 7 Abs. 1 VAG auftreten kann; zu den rechtlich möglichen Versicherern *Petersen*, Versicherungsunternehmensrecht 2003 Rn. 5 ff.
6 Palandt/*Weidlich*, 71. Auflage 2012, § 1922 Rn. 2.
7 Palandt/*Weidlich*, 71. Auflage 2012, § 1923 Rn. 7.
8 Ausnahme: Stiftungen, § 84 BGB.
9 *Köhler* § 20 Rn. 1.

sein können.[10] Auch wenn § 90a S 1 BGB propagiert, dass Tiere keine Sachen im Sinne des Gesetzes sind, folgt daraus jedenfalls nicht, dass sie etwa rechtsfähig wären.

2. Unverzichtbarkeit und Unaufhebbarkeit

3 § 1 BGB stellt klar, dass jeder Mensch, gleich welcher Herkunft, Staatsangehörigkeit und welchen Geschlechts als solcher ohne jede Abstufung rechtsfähig ist. Der Begriff des Menschen im Sinne des § 1 BGB ist also gleichbedeutend mit dem des Menschen nach Art. 1 GG, dessen Würde unantastbar ist.[11] Die Rechtsfähigkeit kann dem Menschen folgerichtig unter keinen Umständen entzogen oder behördlich aberkannt werden. Ebenso wenig kann der Mensch auf seine Rechtsfähigkeit verzichten.[12] Die Rechtsfähigkeit steht dem Menschen daher unabhängig von seiner Geschäftsfähigkeit, seiner Verbraucher- oder Unternehmereigenschaft oder sonstigen Bestimmungen zu, so dass es auch keinen Grund gibt,[13] sie gegenüber der Handlungsfähigkeit zu relativieren[14] oder unterschiedlich weit zu verstehen.[15] Zugleich bedeutet dies, dass schon jeder Säugling uneingeschränkt rechtsfähig ist[16] und somit beispielsweise Erbe eines Millionenvermögens und Eigentümer von Grundstücken sein kann, auch wenn er seine Rechte selbst noch nicht ausüben kann. Allein aufgrund seiner Rechtsfähigkeit und damit einhergehenden **Rechtsträgerschaft** sind ihm alle Vorteile zugewiesen, die andere etwa in Ausübung ihrer Vermögensfürsorge erzielen. Zu weit geht es allerdings,[17] wenn im Schrifttum vereinzelt angenommen wird, § 1 BGB verstoße gegen das dem Grundgesetz übergeordnete Naturrecht, weil § 1 BGB die Rechtsfähigkeit des Menschen erst mit der Vollendung der Geburt und nicht schon früher beginnen lässt.[18]

II. Beginn und Ende der Rechtsfähigkeit

4 Die Rechtsfähigkeit des Menschen beginnt also mit der Vollendung der Geburt, § 1 BGB. Die Geburt ist vollendet, wenn das Kind vollständig aus dem Mutterleib ausgetreten ist.[19] Der genaue Zeitpunkt kann für die Erbfolge bedeutsam sein, wenn das Kind bei der Geburt stirbt.[20] Hat das Kind mit der Vollendung der Geburt auch nur

---

10 Zu der darüber vor allem in den Vereinigten Staaten von Amerika geführten Kontroverse *Petersen*, ARSP 1997, 361.

11 *Medicus*, Rn. 1043.

12 Palandt/*Ellenberger*, 71. Auflage 2012, § 1 Rn. 1.

13 Zutreffend *Medicus*, Rn. 1040.

14 So *Fabricius*, Relativität der Rechtsfähigkeit, 1963.

15 In diese Richtung *Pawlowski*, Rn. 98 ff.

16 *Brox/Walker*, Rn. 703.

17 Ebenso *Medicus*, Rn. 1044.

18 So *Ernst Wolf*, Allgemeiner Teil des bürgerlichen Rechts, 3. Auflage 1982, S. 183 ff., 188; ausführlich *Wolf/Naujoks/ders.*, Anfang und Ende der Rechtsfähigkeit des Menschen, 1955, S. 83 ff.

19 *Wolf/Neuner*, § 11 Rn. 5 ff. mit Beispiel.

20 *Medicus*, Rn. 1043.

kurz gelebt,[21] so ist es rechtsfähig gewesen und kann Erbe geworden sein. Die Rechts-fähigkeit endet erst und nur mit dem Tod. Hierbei handelt es sich um eine an sich ungeschriebene Regel,[22] die daraus folgt, dass nach § 1922 Abs. 1 BGB mit dem Tod einer Person das Vermögen auf eine andere Person oder mehrere andere Personen übergeht.[23] Aus dieser erbrechtlichen Herleitung kann gefolgert werden, dass die Rechtsfähigkeit endet, wenn endgültig keine Gehirnkurven mehr verzeichnet werden können[24] und Kreislauf und Atmung vollständig ausgefallen sind.[25] Dieser späteste Zeitpunkt ist für das Zivilrecht deshalb maßgebend, weil damit vermieden werden kann, dass jemand, der unerwartet wiederbelebt wird, als schon beerbt angesehen wird, womit er sein Vermögen verloren haben könnte.[26] Einmal begründete **Verbind-lichkeiten des Verstorbenen** enden nicht mit seinem Tode, sondern bestehen auch danach fort und gehen auf den oder die Erben über.[27] Lediglich bei höchstpersönli-chen Rechtsgeschäften oder besonderer gesetzlicher Regelung kann etwas anderes gelten.[28]

III. Schutz der Leibesfrucht

Der so genannte Nasciturus, also die Leibesfrucht, ist nach § 1 BGB nicht rechtsfähig. 5 Es gibt jedoch eine Reihe von Regelungen, die auf den **Nasciturus** Bezug nehmen und seine Rechtsstellung betreffen. Man kann insofern von einer beschränkten[29] bzw. **par-tiellen Rechtsfähigkeit** sprechen.[30] Nicht behandelt werden kann im vorliegenden Rahmen die überaus komplexe Problematik der „vorgeburtlichen Schädigung"[31] bzw. dessen, was unter dem Stichwort **„wrongful life"** erörtert wird.[32]

1. Vertrag zugunsten Dritter

Für den **Vertrag zugunsten Dritter** hält § 331 Abs. 2 BGB eine Regelung bereit. Stirbt 6 der Versprechensempfänger – also etwa jemand, der zugunsten eines Dritten bei einer Bank ein Sparbuch eingerichtet hat[33] – vor der Geburt des Begünstigten, so kann das

---

21 Es genügen nachweisbare Hirnströme, Palandt/*Ellenberger*, 71. Auflage 2012, § 1 Rn. 2.

22 *Coester-Waltjen*, Jura 2000, 106, 107.

23 *Medicus*, Rn. 1051.

24 BayObLG NJW-RR 1999, 1309; OLG Frankfurt NJW 1997, 3099 spricht von „Gesamthirntod".

25 Zu den hier nicht interessierenden strafrechtlichen Fragen sowie den Problemen der Organtrans-plantation *Merkel*, Jura 1999, 113; siehe auch *Schmidt-Jortzig*, Wann ist der Mensch tot? 1999; *Brocker/Wagner*, ZRP 1996, 226.

26 MüKo/*Leipold*, 5. Auflage 2010, § 1922 Rn. 12; *Medicus*, Rn. 1052.

27 *Coester-Waltjen*, Jura 2000, 106, 107.

28 Siehe hierzu bspw. §§ 672, 673, 727 BGB.

29 So noch Bamberger/Roth/*Bamberger*, 2. Auflage 2007, § 1 Rn. 20.

30 Palandt/*Ellenberger*, 71. Auflage 2012, § 1 Rn. 7; *Avenarius*, JR 1994, 267 spricht von fingierter Rechts-fähigkeit, doch passt die Fiktion wohl allenfalls bei § 1923 Abs. 2 BGB.

31 Näher *Medicus*, Zivilrecht und werdendes Leben, 1985; *Heldrich*, JZ 1965, 593; *Laufs*, NJW 1965, 1055; *Selb*, AcP 166 (1966), 76; *Stoll*, FS Nipperdey, 1965, S. 373.

32 Grundlegend *Picker*, Schadensersatz für das unerwünschte eigene Leben „wrongful life", 1995.

33 Zu den diesbezüglichen Zweifelsfällen im Hinblick auf § 2301 BGB *Petersen*, Rn. 459 ff.

Versprechen der Bank, an den Dritten zu leisten, nach § 331 Abs. 2 BGB nur dann noch aufgehoben oder geändert werden, wenn die Befugnis dazu vorbehalten worden ist. Der Ungeborene, ja sogar der noch nicht einmal Gezeugte (**nondum conceptus**),[34] erhält auf diese Weise eine unentziehbare Rechtsposition.[35]

2. Ersatzansprüche bei Tötung

7 Eine wichtige Schutzvorschrift enthält ferner § 844 Abs. 2 S. 2 BGB für Schadensersatzansprüche Dritter bei Tötung eines Angehörigen. Stand der Getötete zur Zeit der Verletzung zu einem Dritten in einem Verhältnis, vermöge dessen er diesem gegenüber kraft Gesetzes unterhaltspflichtig war oder unterhaltspflichtig werden konnte, und ist dem Dritten infolge der Tötung das Recht auf den **Unterhalt** entzogen, so hat der Ersatzpflichtige dem Dritten durch Entrichtung einer Geldrente insoweit Schadensersatz zu leisten, als der Getötete während der mutmaßlichen Dauer seines Lebens zur Gewährung des Unterhalts verpflichtet gewesen sein würde. Die Ersatzpflicht tritt nach dem hier interessierenden § 844 Abs. 2 S. 2 BGB auch dann ein, wenn der Dritte zur Zeit der Verletzung gezeugt, aber noch nicht geboren war. So kann ein später geborenes Kind vom Schädiger Unterhalt verlangen.[36]

3. Erbfähigkeit des Gezeugten

8 Schließlich ist die bereits eingangs betrachtete erbrechtliche Lage zu berücksichtigen. Erbe kann gemäß § 1923 Abs. 1 BGB nur werden, wer zur Zeit des Erbfalls lebt. Nach § 1923 Abs. 2 BGB gilt jedoch als vor dem Erbfall geboren, wer zur Zeit des Erbfalls noch nicht lebte, aber bereits gezeugt war. Nach der Geburt wird das Kind also erbrechtlich so behandelt, als hätte es bereits gelebt.[37] Stirbt also der Vater während der Schwangerschaft, so ist das später lebend geborene Kind als **gesetzlicher Erbe** mit zu berücksichtigen.[38]

---

34 Palandt/*Grüneberg*, 71. Auflage 2012, § 331 Rn. 6.
35 *Coester-Waltjen*, Jura 2000, 106, 107.
36 *Medicus*, Rn. 1046.
37 Palandt/*Weidlich*, 71. Auflage 2012, § 1923 Rn. 6.
38 *Medicus*, Rn. 1047 mit instruktivem Beispielsfall; *Coester-Waltjen*, Jura 2000, 106, 107.

§ 53 Namensrecht und Domain-Namen

I. Das herkömmliche Namensrecht

Wird das Recht zum Gebrauch eines Namens dem Berechtigten von einem anderen 1
bestritten oder wird das Interesse des Berechtigten dadurch verletzt, dass ein
anderer unbefugt den gleichen Namen gebraucht, so kann der Berechtigte von dem
anderen nach § 12 S. 1 BGB Beseitigung der Beeinträchtigung verlangen. Sind weitere
Beeinträchtigungen des Namensrechts zu besorgen, besteht mit anderen Worten
Wiederholungsgefahr,[1] kann der Berechtigte auf Unterlassung klagen, § 12 S. 2 BGB.
Es handelt sich also bei beiden Sätzen des § 12 BGB um eigenständige Anspruchsgrundlagen, die deshalb in der Fallbearbeitung jeweils exakt zu zitieren sind.

1. Dogmatische Einordnung und konkurrierende Ansprüche

Die Regelungen über das Namensrecht weisen eine strukturelle Gleichartigkeit zu 2
§ 862 BGB für den Besitz und zu § 1004 BGB bezüglich des Eigentums auf.[2] Daraus
erklärt sich auch, dass bei ungeregelten Materien, wie etwa dem **„quasi"-negatori-
schen Ehrenschutz,** auf eine Gesamtanalogie zu den §§ 12, 862, 1004 BGB zurück-
gegriffen wird.[3] Andererseits ist § 12 BGB auch bezüglich des Namensschutzes nicht
erschöpfend. So kommen beispielsweise Bereicherungsansprüche in Betracht, wenn
jemand etwas auf Kosten eines anderen durch den unbefugten Gebrauch eines
fremden Namens erlangt (§ 812 Abs. 1 S. 1 Fall 2 BGB).[4]

2. Unbefugter Gebrauch

In der Praxis ist der erste Fall des § 12 S. 1 BGB, die Namensbestreitung, weitaus sel- 3
tener als der zweite Fall, die **Namensanmaßung,** so dass hier lediglich die letztere
Begehungsform interessieren soll. Die Vorschrift des § 12 S. 1 BGB setzt in der **Begehungsform** der Namensanmaßung zunächst den unbefugten Gebrauch des Namens
voraus. Ein Namensgebrauch liegt bereits dann vor, wenn der Eindruck erweckt
wird, der Träger habe eine entsprechende Lizenz erteilt (**Namenslizenz**).[5] Zusätzlich muss der Betreffende durch den Namensgebrauch eine Zuordnungsverwirrung
bewirkt und schützenswerte Belange des Namensträgers verletzt haben.[6] Das Wort
„unbefugt" schließlich entspricht dem sonst vom Gesetz verwendeten „widerrechtlich" (vgl. § 229 BGB). Zu beachten ist, dass der Namensgebrauch auch dann unbefugt
und somit widerrechtlich sein kann, wenn er zwar isoliert betrachtet zulässig ist, im

---

1 *Köhler*, § 20 Rn. 21.
2 *Medicus*, Rn. 1071; *Larenz/Canaris*, § 76 II 4 d, § 80 I 1.
3 Näher *Petersen*, Medienrecht, 5. Auflage 2010, § 5 Rn. 13.
4 Vgl. BGHZ 81, 75.
5 Vgl. BGHZ 110, 196.
6 BGHZ 119, 237, 245; vgl. auch schon RGZ 108, 230; BGHZ 107, 384. In der Fallbearbeitung vgl. *Lettl*
Fälle HR, Fall 3.

Hinblick auf einen anderen, unter dem gleichen Namen ungleich Bekannteren, aber zu Verwechslungen einlädt.[7] Diese Problematik, auf die weiter unten noch bei den Domain-Namen zurückzukommen sein wird,[8] hat sich bereits früher verschiedentlich gestellt.[9] Der Bundesgerichtshof musste sich mit ihr in einer spektakulären Entscheidung auseinandersetzen:

4   BGH NJW 1983, 1184: Uwe Seeler, der nicht nur bei Fußballfreunden unter dem Kürzel „uns' Uwe" oder schlicht „Uwe" bekannt geworden ist und sich unter seinem Namen gewerblich betätigt, klagt gegen jemanden, der ebenfalls Uwe mit Vornamen heißt und diesen ohne Nachnamen in seiner Firmenbezeichnung – freilich ohne Bezug zur Sportbekleidung – führt.

5   Der Bundesgerichtshof stellt im Ausgangspunkt fest, dass Vornamen „in Alleinstellung" in Ermangelung einer hinreichenden Individualisierung grundsätzlich keine Namensfunktion im Sinne des § 12 BGB haben.[10] Ausnahmsweise kann es sich jedoch anders verhalten, wenn schon die Nennung des Vornamens „beim Publikum die Erinnerung an den Träger (...) weckt und daher geeignet ist, **Verwechslungen** mit diesem hervorzurufen",[11] wie dies etwa beim Namen „Romy" – in Anlehnung an Romy Schneider – der Fall ist.[12] Allerdings ist damit noch nicht gesagt, dass der Beklagte den Vornamen des Klägers im Sinne des § 12 S. 1 Fall 2 BGB gebraucht. Dafür ist vielmehr erforderlich, dass die Allgemeinheit den konkreten Namensgebrauch als Verweis auf die Person dessen erachtet, für den der Namensschutz besteht. Das ist hier nicht zuletzt deshalb zweifelhaft, weil der Beklagte keine Sportbekleidung vertreibt und der Vorname Uwe nicht eben selten ist.[13] Ob weitergehende Indizien dafür sprachen, dass der Verkehr die Vornamensverwendung als mehr denn eine bloß zufällige Übereinstimmung ansah, musste das Berufungsgericht klären. Aber auch mit den getroffenen Feststellungen enthält das Urteil des Bundesgerichtshofs wegweisende Ausführungen für die im Folgenden näher zu behandelnde Problematik.

II. Domain-Namen

6   Das Namensrecht hat, wie eingangs dargestellt, im Zeitalter des Internet eine regelrechte Renaissance erfahren. Die rechtspolitische Brisanz der Thematik liegt nicht zuletzt darin, dass sich gerade in der Anfangszeit des Internet findige Rechtsgenossen Internetdomains[14] registrieren ließen, ohne ein erkennbares Eigeninteresse[15] an dem jeweiligen Namen zu haben. Second Level Domains wie Coca Cola oder Microsoft, so

---

7 Zu diesem Problemkreis bereits *Siebert*, BB 1959, 643, 644.

8 Siehe Rn. 6 ff.

9 Etwa OLG Düsseldorf NJW 1987, 1413 („Heino").

10 Zum Vornahmen in familienrechtlicher Hinsicht siehe *Gernhuber/Coester-Waltjen*, Lehrbuch des Familienrechts, 4. Auflage 1994, § 54 I 6-8.

11 BGH NJW 1983, 1184.

12 OLG München GRUR 1960, 394.

13 Anders lag es etwa beim Namen „Graf Zeppelin"; vgl. RGZ 74, 310.

14 So genannte Second-Level-Domains, vgl. dazu *Köhler/Arndt/Fetzer*, Recht des Internet, 7. Auflage 2011, Rn. 12.

15 Zu diesem Kriterium und überhaupt zur gesamten Problematik *Bücking*, Namens- und Kennzeichenrecht im Internet (Domainrecht), 1999.

die Spekulation, könnte man später gewinnbringend an die entsprechenden Unternehmen veräußern. Obwohl die Vergabe der Domain-Namen grundsätzlich dem **Prioritätsprinzip** folgt,[16] war klar, dass dies wettbewerbsrechtliche Probleme nach sich ziehen würde.[17] Die Rechtsprechung hat dem schnell einen Riegel vorgeschoben und indirekt[18] die Reservierung von **Namen mit überragender Verkehrsgeltung**, wie z.B. „krupp.de", sogar dann untersagt, wenn der Betreffende selbst zufällig so heißt.[19]

1. Namensrecht und gewerblicher Rechtsschutz

Gelegentlich besteht die Schwierigkeit darin, den Anwendungsbereich des § 12 S. 1 BGB 7 herauszuarbeiten, weil zugleich wettbewerbs- und markenrechtliche Fragen betroffen sein können.[20] Das zeigt sich etwa daran, dass die Gleichnamigkeit auch in § 23 Abs. 1 MarkenG geregelt ist. Die Lösung des **Gleichnamigkeitsproblems** bestimmt sich im Grundsatz, nicht aber unter allen Umständen,[21] nach dem Prioritätsgrundsatz. Der Bundesgerichtshof hat diese Linie[22] in einer vieldiskutierten und auch für die Fallbearbeitung wichtigen Entscheidung bestätigt.[23]

BGH NJW 2002, 2031: Ein Unternehmen, das auch Inhaber einer Vielzahl anderer 8 Domain-**Namen** ist, ließ sich die Adresse „shell.de" registrieren und bot dem weltweit agierenden und bekannten Mineralölunternehmen Shell vergeblich an, ihren Internet-Auftritt unter diesem Namen zu organisieren. Daraufhin wandte sich das Unternehmen an einen Herrn Andreas Shell, welcher im Nebenberuf Unternehmer war. Dieser nahm die Offerte an und ist seitdem Inhaber der Domain „shell.de". Er richtete unter dieser Adresse eine Homepage ein, mit der er auf sein Unternehmen hinwies. Das Mineralölunternehmen Shell verlangt daraufhin von ihm Schadensersatz sowie die Umschreibung des Domain-Namens „shell.de" auf sich.

Der Bundesgerichtshof hat zunächst eine für das strittige Verhältnis der in Frage 9 kommenden konkurrierenden Anspruchsgrundlagen grundlegende Feststellung aufgegriffen,[24] die § 12 S. 1 BGB zum Gegenstand hat. Danach geht der kennzeichenrechtliche Schutz aus §§ 5 Abs. 2, 15 MarkenG in seinem Anwendungsbereich ungeachtet der **Gleichwertigkeit aller Kennzeichenrechte**[25] dem Namensschutz aus § 12

---

16 *Wolf/Neuner*, § 13 Rn. 8 m.w.N.

17 Speziell zum Schutz von Internet Domain Namen nach dem UWG *Brandl/Fallenbröck*, RdW 1999, 186.

18 Zu einem direkten Anspruch gegen die Vergabestelle (DENIC) vgl. unten Rn. 23.

19 OLG Hamm CR 1998, 241; ähnlich OLG München CR 1999, 382; vgl. auch LG Paderborn MMR 2000, 622 („Joop").

20 Vgl. aus dem Fachschrifttum *Mayer-Schönberger/Galla/Fallenböck* (Hg.), Das Recht der Domain Namen, 2001.

21 In diese Richtung aber *Kur*, Festgabe Beier, 1996, S. 265, 276.

22 Zur Rechtsprechung des BGH zu den Internet-Domains auch *Nägele*, WRP 2002, 138.

23 Dazu *Emmerich*, JuS 2002, 1226 f.

24 In diese Richtung nämlich bereits BGH NJW 1998, 2045; dagegen aber *Fezer*, Markenrecht, 4. Auflage 2009, § 2 Rn. 4, § 15 Rn. 21 f.; vgl. auch *Bettinger*, GRUR Int. 1997, 402, 416 Fußnote 86a; *dens.*, CR 1998, 243.

25 Diese betont *Schricker* in seiner Entscheidungsrezension (in: JZ 2002, 1056) entgegen dem insoweit missverständlichen ersten Leitsatz der Entscheidung.

BGB grundsätzlich vor.[26] Der BGH fasst die gesetzgeberische Entwicklung selbst instruktiv wie folgt zusammen: „Mit dem In-Kraft-Treten des Markengesetzes am 1.1.1995 ist an die Stelle verschiedener markenrechtlicher Regelungen, die früher im Warenzeichengesetz oder im UWG enthalten waren oder den Generalklauseln der §§ 1, 3 UWG oder des § 823 BGB entnommen wurden, eine umfassende, in sich geschlossene kennzeichenrechtliche Regelung getreten, die im Allgemeinen den aus den Generalklauseln hergeleiteten Schutz verdrängt.“[27] Das bedeutet, dass nicht nur für § 12 BGB, sondern auch für die gleichzeitige Anwendung der §§ 1, 3 UWG – der Mineralölkonzern berief sich nämlich u.a. auf das wettbewerbswidrige Handeln des Beklagten – sowie § 823 Abs. 1 BGB kein Raum ist.[28] Außerhalb des Anwendungsbereichs der §§ 5 Abs. 2, 15 MarkenG könne dagegen die Anwendbarkeit der §§ 12, 823 Abs. 1 BGB nicht von vornherein ausgeschlossen werden.[29] Da im vorliegenden Fall die Internet-Adresse auch privat genutzt wurde, kam daneben **§ 12 S. 1 BGB als Anspruchsgrundlage** in Betracht.[30] Dessen Voraussetzungen lagen nach Ansicht des Gerichts auch vor. Im Hinblick auf die „Suchgewohnheiten“ des Publikums werde der Berechtigte selbst bei einer lediglich privaten Nutzung eines etablierten Namens von der eigenen Nutzung des Zeichens ausgeschlossen.[31] Die Namensanmaßung[32] liegt nach Ansicht des Senats nicht erst in der Benutzung des fremden Unternehmenskennzeichens, sondern bereits in der Beantragung[33] der **Second Level Domain** bei der DENIC.[34] Schon die Beantragung ist geeignet, den Anspruch aus § 12 S. 1 BGB zu begründen,[35] zumal sie zu einer **„Zuordnungs- und Identitätsverwirrung“** beim Publikum führen kann.[36] Allerdings hebt das Gericht hervor, dass es auf der anderen Seite niemandem verwehrt sein darf, unter seinem Namen im Geschäftsleben aufzutreten.[37] Dies muss grundsätzlich auch dem Beklagten namens Andreas Shell offen stehen. Dabei komme

---

26 *Krings* (GRUR 1996, 629) hat bereits vorher die Frage gestellt, ob die §§ 14 Abs. 2 Nr. 3 und § 15 Abs. 3 MarkenG den Schutz der berühmten Marke sowie des berühmten Unternehmenskennzeichens aus §§ 12, 823 Abs. 1, 1004 BGB ersetzt haben.

27 BGH NJW 2002, 2031, 2032.

28 BGH NJW 2002, 2031, 2033; siehe dazu auch *Marly*, LM Nr. 33 zu § 14 MarkenG.

29 Im Anschluss an BGH NJW 1994, 2045.

30 Skeptisch insoweit *Schricker*, JZ 2002, 1056, 1057.

31 BGH NJW 2002, 2031, 2033.

32 Nicht Namensleugnung; so aber OLG Düsseldorf WRP 1999, 343, 346; dagegen *Viefhues*, NJW 2000, 3239, 3240.

33 Aus gutem Grund skeptisch *Bücking*, Namens- und Kennzeichenrecht im Internet (Domainrecht), 1999, Rn. 114, 118.

34 Der Interessenverband Deutsches Netzwerk Information Center (IV-DENIC) überwacht durch die Vergabe deutscher Domain-Namen unterhalb der Top-Level-Domain .DE seit 1994 die Einrichtung und die Anbindung von Homepages an das Internet; vgl. *Hoeren*, Grundzüge des Internet-Rechts, 2. Auflage 2002, S. 30.

35 Siehe zu den „unternehmensträgeridentifizierenden Gütern“ und zur „Aneignung von Individualität“ in diesem Zusammenhang insbesondere *Peifer*, Individualität im Zivilrecht, 2000, S. 509 ff., 528 ff.

36 „Und zwar auch dann, wenn der Internet-Benutzer beim Betrachten der geöffneten Homepage alsbald bemerkt, dass er nicht auf der Internet-Seite des Namensträgers gelandet ist“, vgl. BGH NJW 2002, 2031, 2033 mit Verweis auf *Kur*, in: Loewenheim/Koch, Praxis des Online-Rechts, 2001, S. 362; auch dies ist nicht unzweifelhaft.

37 So bereits BGH GRUR 1966, 623, 625.

dann der Prioritätsgrundsatz als „Gerechtigkeitsprinzip" in Betracht,[38] der vorliegend für den Beklagten streiten würde. Wenn jedoch die Interessen der Parteien, wie im vorliegenden Fall, angesichts der überragenden Bekanntheit der Marke „Shell" von derart unterschiedlichem Gewicht sind, könne es nicht bei der Prioritätsregel bleiben.[39] Interessanterweise hat der Bundesgerichtshof im Wesentlichen auf die **Verkehrserwartungen** der Internet-Nutzer abgestellt, die unter „shell.de" den gleichnamigen Ölkonzern und nicht Andreas Shell erwarten.

Der Beklagte ist zudem nach Auffassung des Bundesgerichtshofs schadenser- **10** satzpflichtig aus §§ 14 Abs. 2 Nr. 3, Abs. 3 Nr. 5, Abs. 6, 30 Abs. 3 MarkenG sowie – da Shell ein berühmtes **Unternehmenskennzeichen** darstellt – aus §§ 5 Abs. 2, 15 Abs. 3, Abs. 4 und Abs. 5 MarkenG. Dabei hält es der Senat konsequenterweise für entscheidend, dass das Publikum „auf eine falsche Fährte gelockt wird",[40] was den Werbewert des Kennzeichens „Shell" beeinträchtigt.[41] Auch im Rahmen der §§ 14 Abs. 2 Nr. 3, 15 Abs. 3 MarkenG – und nicht erst bei der Prüfung der Gleichnamigkeit[42] i.S.d. § 23 MarkenG[43] – komme es auf eine Interessenabwägung an. Diese führe hier freilich zu keinem anderen Ergebnis als oben zu § 12 S. 1 Fall 1 BGB.[44] Dabei ist der Bundesgerichtshof bei der Bejahung der erforderlichen Fahrlässigkeit außerordentlich streng mit dem Beklagten ins Gericht gegangen.[45]

Einen gegen den Beklagten gerichteten Anspruch auf Umschreibung der beste- **11** henden Registrierung hat das Gericht jedoch mangels gesetzlicher Grundlage nicht zugebilligt.[46] Der vom Berufungsgericht ins Feld geführten Analogie zu den §§ 8 S. 2 PatG, 894 BGB hat der Bundesgerichtshof eine Absage erteilt.[47] Es gebe eben **kein absolutes Recht auf Registrierung** eines bestimmten Domain-Namens. Der Mineralölkonzern könne nicht mehr beanspruchen, als dass der Beklagte Andreas Shell gegenüber der DENIC auf den Namen „shell.de" verzichtet.[48] Auch den von Seiten des Schrifttums unterbreiteten[49] Vorschlag eines Anspruchs aus angemaßter Eigengeschäftsführung gemäß §§ 687 Abs. 2, 681 S. 1, 667 BGB bzw.[50] – wenn die positive Kenntnis fehlen sollte – aus § 812 Abs. 1 S. 1 Fall 2 BGB hat der BGH gleichfalls mit der Begründung abgelehnt, dass der Eintrag des Domain-Namens nicht einer bestimmten Person wie ein absolutes Recht zugewiesen sei. Zu berücksichtigen ist demgegenüber, dass in das Namensrecht sehr wohl eingegriffen wurde und die Eintragung

---

38 Vgl. zum „Gerechtigkeitsprinzip der Priorität" schon BGHZ 148, 1, 10; dazu sogleich näher unter V.

39 BGH NJW 2002, 2031, 2034.

40 BGH NJW 2002, 2031, 2035.

41 Eine solche Beeinträchtigung ist erforderlich; vgl. BGH GRUR 1987, 711, 713; 1990, 711, 713.

42 Dazu *Knaak*, Das Recht der Gleichnamigen, 1978.

43 Vgl. BGH GRUR 1999, 992, 994.

44 BGH NJW 2002, 2031, 2034; ebenso *Schricker*, JZ 2002, 1056, 1057.

45 So bereits BGHZ 141, 329, 345.

46 Zustimmend *Schricker*, JZ 2002, 1056, 1057.

47 Vgl. auch *Ernst*, MMR 1999, 487, 488.

48 BGH NJW 2002, 2031, 2035.

49 *Hackbarth*, CR 1999, 384; *Fezer*, Markenrecht, 4. Auflage 2009, § 3 Rn. 351 a.E.

50 Für eine weitergehende Anwendung der angemaßten Eigengeschäftsführung – freilich bezogen auf Persönlichkeitsverletzungen – treten *Beuthien/Schmölz*, Persönlichkeitsschutz durch Persönlichkeitsgüterrechte, 1999, S. 50 ff. ein. Allgemein zur Herausgabe des Verletzergewinns bei Verstößen gegen das Markengesetz *Beuthien/Wasmann*, GRUR 1997, 255.

durch diesen Eingriff erlangt wurde. Damit kommt eine Erlösherausgabe durchaus in Betracht.

12 BGH NJW 2005, 1503: Das beklagte Unternehmen sollte für den Literaturhaus e.V. eine Internetseite errichten und sicherte sich zu diesem Zweck die Internet-Adresse „literaturhaus.de". Nachdem die geplante Zusammenarbeit nicht zustande kam, klagte der Literaturhaus e.V.

13 Ein **Unterlassungsanspruch** aus §§ 15 Abs. 2, Abs. 4, 5 Abs. 2 MarkenG scheitert daran, dass das betreffende Unternehmenskennzeichen nicht über die erforderliche namensmäßige **Unterscheidungskraft** verfügt.[51] Die Bezeichnung geht nicht über bloße Zusammensetzung der kennzeichnenden Worte (Literatur und Haus) hinaus und hat nur beschreibenden Charakter ohne „einprägsame Neubildung".[52] Kennzeichenrechtlicher Schutz könnte sich demnach nur über die **Verkehrsgeltung** ergeben,[53] an der es jedoch gleichfalls fehlt. Entsprechendes gilt für einen Unterlassungsanspruch aus §§ 12, 57 BGB.[54] Allerdings kann sich ein Anspruch unter dem Gesichtspunkt der wettbewerbsrechtlichen Behinderung (§ 4 Nr. 10 UWG)[55] sowie des Verschuldens bei Vertragsverhandlungen (§§ 311 Abs. 2 Nr. 2, 280 Abs. 1, 241 Abs. 2 BGB) ergeben. Letzteres ist insbesondere dann einschlägig, wenn – was das OLG, an das zurückverwiesen wurde, festzustellen hat – anvertraute Geheimnisse gebrochen wurden;[56] dann könnte sich aus §§ 311 Abs. 2 Nr. 2, 280 Abs. 1 S. 1, 241 Abs. 2 i.V.m. § 249 Abs. 1 BGB ein Anspruch auf Freigabe des Domain-Namens ergeben.

2. Ergänzender deliktsrechtlicher Schutz

14 Aber auch das **Wettbewerbsrecht** bietet keine durchgängige Lösung, weil zwischen den Beteiligten nicht immer ein Wettbewerbsverhältnis besteht. Versagt in einem solchen Fall auch der Schutz aus § 12 BGB, kommt in gravierenden (!) Fällen ein deliktsrechtlicher Anspruch in Betracht. Das veranschaulicht folgende Entscheidung:

OLG Frankfurt MDR 2000, 1268: Ein Student ließ die Kennung „weideglueck.de" für sich registrieren, ohne ein irgendwie geartetes Interesse gerade an diesem Begriff zu haben. Der Kläger war demgegenüber Inhaber einiger Marken, die die Bezeichnung „Weideglück" trugen.

15 Dem Kläger half § 12 S. 1 Fall 1 BGB im vorliegenden Fall nicht weiter, weil danach zwar der Unternehmensname, nicht aber die Produktbezeichnung geschützt ist. Damit es in derartigen Fällen nicht zu Schutzlücken kommt, hat das Gericht § 826 BGB angewandt und den Beklagten wegen vorsätzlicher sittenwidriger Schädigung zu Unterlassung verurteilt.[57] Dem ist freilich nur unter der Prämisse zuzustimmen, dass der Betreffende, hier der Student, wusste, dass die Marke „weideglueck" existierte. War ihm dies – sei es auch nur aus Fahrlässigkeit – unbekannt, so ist für § 826 BGB kein Raum. Das Bestreben, Schutzlücken zu schließen, darf also nicht dazu führen,

---

51 Vgl. auch BGH GRUR 2002, 814, 816.
52 Ähnlich EuGH GRUR 2004, 680, 681; vgl. auch BGH GRUR 1988, 319, 320; 2003, 1050.
53 BGH GRUR 2004, 514, 515.
54 Vgl. BGHZ 43, 245, 253; BGH GRUR 1953, 446, 447; 1970, 481, 482.
55 Dazu Baumbach/Hefermehl/*Köhler*, Wettbewerbsrecht, 23. Auflage 2004, § 4 Rn. 10.95.
56 BGHZ 60, 221, 223 f.
57 OLG Frankfurt MDR 2000, 1268; in die gleiche Richtung OLG Nürnberg CR 2001, 54.

dass bei der Prüfung des subjektiven Tatbestandes des § 826 BGB Abstriche gemacht werden.

Einer Ausdehnung des deliktischen Schutzes hat auch BGH NJW 2012, 2034 **16** einen Riegel vorgeschoben, indem er dem Inhaber des Domainnamens die Berufung auf § 823 Abs. 1 BGB verwehrt: Nach nicht unbestrittener[58] Ansicht des BGH erwirbt dieser durch die Registrierung kein absolut geschütztes Recht und damit kein sonstiges Recht i.S.d. § 823 Abs. 1 BGB.[59] Bei einem Domainnamen handele es sich nur um eine technische Adresse, die auf Grund der technischen Gegebenheiten nur einmal von der DENIC vergeben werden kann. Diese bloß faktische Ausschließlichkeit genügte dem BGH jedoch nicht zur Begründung eines absoluten Rechts.[60] Auch die bilanzrechtliche Wertung des § 266 Abs. 2 lit. A. I. 1. HGB, wonach ein Domainname als **immaterieller Vermögensgegenstand** im Rahmen des **Anlagevermögens** bilanziert werden kann,[61] genügte dem BGH nicht für die bürgerlichrechtliche Begründung eines absoluten Rechts. Soweit das BVerfG Domainnamen zuvor als von Art. 14 GG geschützt angesehen hat,[62] weist der BGH darauf hin, dass die registrierte Domain dem grundrechtlichen Eigentumsschutz bereits als vertragliches, relativ wirkendes Nutzungsrecht unterfällt, insoweit aber gerade vom zivilrechtlichen Eigentum bzw. einem sonstigen absolut geschützten Recht zu unterscheiden sei.[63]

3. Pseudonym und Zuordnungsverwirrung

Schwieriger wird es, wenn eine Partei den Second Level Domain-Name als Pseudo- **17** nym verwendet, eine andere aber tatsächlich so heißt. In einer solchen Konstellation kommt es entscheidend auf das Kriterium der Verkehrsgeltung an.

BGH NJW 2003, 2978: Der Rechtsanwalt Werner Maxem, der sich und seine Kanzlei im Internet unter „maxem.de" präsentieren möchte, klagt gegen jemanden, der unter dieser Kennung eine private Homepage unterhält und dessen Pseudonym Maxem ist, das er aus seinem Vornamen sowie Initialen seiner Familienangehörigen zusammengesetzt hat.

Der Bundesgerichtshof hat den Beklagten im Gegensatz zu den Vorinstanzen aus **18** § 12 BGB auf Unterlassung verurteilt.[64] In der Verwendung des Namens Maxem sieht der Senat zwar keine Namensleugnung – eine solche wäre per se unzulässig[65] –, wohl aber eine **Namensanmaßung**,[66] die nur unter weiteren Voraussetzungen unzulässig ist. Es bedarf zuerst einer „namensmäßigen Zuordnungsverwirrung" und außerdem

---

58 Vgl. OLG Köln GRUR-RR 2006, 267, 268; *Fezer*, Markenrecht, 4. Auflage 2009, Einl. G Rn. 15.

59 BGH NJW 2012, 2034, 2036 Tz. 22 ff.

60 Vgl. BVerfG NJW 2005, 589.

61 So auch in der Steuerbilanz, BFHE 215, 222.

62 BVerfG NJW 2005, 589

63 BGH NJW 2012, 2034, 2036 Tz. 27.

64 Vgl. LG Köln MMR 2000, 437; OLG Köln MMR 2001, 170

65 MüKo/*Säcker*, 6. Auflage 2012, § 12 Rn. 125, 127.

66 Ebenso schon BGHZ 149, 191, 198; dass ein Domain-Name aus technischen Gründen nur einfach vergeben werden kann, führt also nicht zwangsläufig zu einem Bestreiten des Namens eines anderen; BGH NJW 2003, 2979.

der Verletzung schutzwürdiger Belange des Namensträgers.[67] Bei der Verwendung eines fremden Namens als Internet-Adresse ist dies freilich im Regelfall gegeben,[68] weil bereits der private Gebrauch **Zuordnungsschwierigkeiten** verursachen kann, ohne dass es tatsächlich zu Verwechslungen kommen muss.[69]

19   Problematisch ist, dass der Beklagte den Namen „Maxem" seit längerem als Pseudonym verwendet und daher gleichfalls ein Recht an diesem Namen haben könnte. Die Problematik ähnelt insoweit der Verwendung von Künstlernamen, bei denen die Rechtsprechung seit jeher darauf abstellt, ob sich der betreffende Name im Verkehr durchgesetzt hat.[70] Diesen Gesichtspunkt der **Verkehrsgeltung** greift der Bundesgerichtshof im Einklang mit einigen Stimmen im Schrifttum[71] auf und stellt darauf ab, ob sich das Pseudonym im Verkehr durchgesetzt hat, was vorliegend nicht der Fall sei. Die erstmalige tatsächliche Nutzung lässt der Bundesgerichtshof, entgegen einer in der Literatur vertretenen Auffassung,[72] nicht ausreichen, weil dann jeder behaupten könnte, er verwende keinen fremden Namen, „sondern einen eigenen Aliasnamen".[73]

4. Vererblichkeit und postmortales Persönlichkeitsrecht

20   Interessante Fragen stellen sich, wenn der Namensträger gestorben ist und die Erben Schadensersatz wegen der Namensanmaßung und unter dem Gesichtspunkt der Verletzung des postmortalen Persönlichkeitsrechts beanspruchen. Paradigmatisch ist folgender Fall aus der jüngeren Rechtsprechung des Bundesgerichtshofs:

21   BGH I ZR 277/03 Urteil vom 6.10.2006: Die Erben von Klaus Nakszynski, der unter dem Künstlernamen Klaus Kinski weltberühmt wurde, verlangen Schadensersatz von Ausstellungsbetreibern, die zu Werbezwecken den Domain-Namen „kinski-klaus.de" zur Registrierung angemeldet und genutzt hatten.

22   Der **Unterlassungsanspruch aus § 12 BGB**, den Kinski zu Lebzeiten unter dem Gesichtspunkt der Namensanmaßung gehabt hätte,[74] steht den Erben nicht zu, da der Tote nicht mehr Träger des Namensrechts sein kann und sonach das Namensrecht mit dem Tod des Namensträgers erlischt.[75] Nichts anderes ergibt sich nach Ansicht des BGH aus § 823 Abs. 1 BGB wegen Eingriffs in das postmortale Persönlichkeitsrecht. Im Falle der Verletzung der **ideellen Bestandteile des Persönlichkeitsrechts**[76] stehen freilich den Wahrnehmungsberechtigten nach der Rechtsprechung nur Unterlassungs-, nicht aber Schadensersatzansprüche zu.[77] Schadensersatz wegen Ver-

---

67 Vgl. oben Rn. 3.
68 BGHZ 149, 191, 199.
69 BGHZ 124, 173, 181.
70 RGZ 101, 226, 228; BGHZ 30, 7, 8.
71 Palandt/*Ellenberger*, 71. Auflage 2012, § 12 Rn. 31; MüKo/*Säcker*, 6. Auflage 2012, § 12 Rn. 55 ff.
72 RGRK-*Krüger-Nieland*, 12. Auflage 1982, § 12 Rn. 31; Bamberger/Roth/*Bamberger*, 24. Edition 2012, § 12 Rn. 49.
73 BGH NJW 2003, 2979.
74 Vgl. BGHZ 155, 273, 276; BGH GRUR 2004, 619, 620.
75 BGHZ 8, 318, 324; a.A. *Schack*, JZ 1987, 776; offen gelassen zwischenzeitlich in BGHZ 107, 384, 390.
76 Grundlegend zur Unterscheidung zwischen ideellen und vermögenswerten Bestandteilen des Persönlichkeitsrechts BGHZ 143, 214 ff. siehe auch *Staudinger/Schmidt*, Jura 2001, 241; 246.
77 BGH GRUR 2006, 252, 253.

letzung der vermögenswerten Bestandteile des Persönlichkeitsrechts hat der Senat entsprechend § 22 S. 3 KUG abgelehnt, weil seit dem Tod Kinskis mehr als zehn Jahre vergangen waren.[78]

5. Unterlassungsanspruch gegen die DENIC

Wie bereits oben im Rahmen des Löschungsanspruchs gesehen,[79] kommen beim 23 Recht der Domain-Namen bisweilen neuartige Anspruchsbegehren in Betracht. Mitunter ist jedoch nur die **Anspruchsrichtung** ungewöhnlich, etwa wenn es um Ansprüche gegen die Vergabestelle DENIC selbst geht. Der folgende Fall zeigt jedoch, dass auch damit keine unlösbaren Aufgaben gestellt werden, sondern vielmehr die wenigen oben aufgezeigten Wertungen konsequent zu verfolgen sind.

BGH NJW 2004, 1793: Der Politiker Kurt Biedenkopf klagt gegen die DENIC sowie 24 denjenigen, der sich bei ihr die Internet-Adresse „kurt-biedenkopf.de" hat reservieren lassen. Er hat damit Erfolg, möchte aber nicht selbst eingetragen werden, sondern die DENIC verpflichten, es in Zukunft zu unterlassen, den Domain-Namen „kurt-bieden-kopf" an andere Anmelder zu vergeben.

Ein Unterlassungsanspruch aus § 12 BGB stand dem Kläger gegen die DENIC nicht 25 zu, da diese die Internet-Adresse nicht namensmäßig gebraucht, sondern nur verwaltet, indem sie die technischen Voraussetzungen für die namensmäßige Verwendung der Adresse durch den Anmelder herstellt.[80] Aber auch ein Anspruch gerichtet auf Unterlassung der Vergabe der Adresse an andere Anmelder besteht nach Ansicht des Bundesgerichtshofs nicht. Die damit intendierte vollständige Sperrung ist nicht möglich, zumal ein anderer „Kurt Biedenkopf" die Eintragung beantragen könnte. Ein solcher namensgleicher Dritter könnte sich dann auf das Prioritätsprinzip berufen, da die Ausnahmen hiervon nicht Platz greifen, wenn der prominente Gleichnamige sich nicht registrieren lassen will.[81]

---

78 Aus dem Schrifttum dazu *Wortmann*, Die Vererblichkeit vermögensrechtlicher Bestandteile des Persönlichkeitsrechts, 2005, S. 306 ff.; *Lichtenstein*, Der Idealwert und der Geldwert des zivilrechtlichen Persönlichkeitsrechts vor und nach dem Tode, 2005, S. 256; *Jung*, Die Vererblichkeit des Allgemeinen Persönlichkeitsrechts, 2005, S. 256; *Frommeyer*, JuS 2002, 13, 18; zum Meinungsspektrum bezüglich der konkreten Schutzdauer ferner *Gregoritza*, Die Kommerzialisierung von Persönlichkeitsrechten Verstorbener, 2003, S. 128 ff., 131; *Wenzel/Burkhardt*, Das Recht der Wort- und Bildberichterstattung, 5. Auflage 2009, Kapitel 5 Rn. 124 (30 Jahre); *Jung*, AfP 2005, 317, 322 f. (35 Jahre); *Fischer*, Die Entwicklung des postmortalen Persönlichkeitsschutzes, 2004, S. 260 f.; *Claus*, Postmortaler Persönlichkeitsschutz im Zeichen allgemeiner Kommerzialisierung, 2004, S. 218 ff. (70 Jahre); wie der BGH (10 Jahre) *Taupitz*, in: Taupitz/Müller, Rufausbeutung nach dem Tode: Wem gebührt der Profit?, 2002, S. 48 f.; *Schulze Wessel*, Die Vermarktung Verstorbener, 2001, S. 141 ff.; *Ullmann*, AfP 1999, 209, 214; *ders.*, WRP 2000, 1049, 1053; *Magold*, Personenmerchanising, 1994, S. 573.
79 Unter II 1 am Ende.
80 BGHZ 148, 13, 16; dazu auch *Hoeren*, LM H. 12/2001 § 4 MarkenG Nr. 2; *Welzel*, MMR 2001, 744.
81 Siehe auch *Jacobs*, Gesetzliche Teilhabe am Domain-Names, 2003, S. 110.

§ 54 Das Firmenrecht zwischen Bürgerlichem Recht und Handelsrecht

I. Die Firma als Name des Kaufmanns

1 Die Firma ist nach § 17 Abs. 1 HGB der Name eines Kaufmanns, unter dem er seine Geschäfte betreibt und seine Unterschrift abgibt. Dementsprechend steht zumindest das sogenannte Firmennamensrecht in einem interessanten Spannungsverhältnis zum Namensrecht des § 12 BGB.[1] Um das Firmenrecht für die Prüfungsvorbereitung sinnvoll eingrenzen zu können, muss man sich daher zunächst die dogmatische Einordnung des Firmennamensrechts vergegenwärtigen.

1. Das Firmennamensrecht als Bürgerliches Recht

2 Während das sogenannte Firmenordnungsrecht mit seinen Grundsätzen der **Firmenwahrheit** (§ 18 Abs. 2 HGB), **Firmenbeständigkeit** (§§ 21, 22 Abs. 1, 24 Abs. 1 HGB), **Firmenunterscheidbarkeit** (§ 30 HGB) und **Firmeneinheit** dem Wettbewerbsrecht zuzuordnen ist und daher hier nicht weiter verfolgt werden muss,[2] ist das Firmennamensrecht „dogmatisch gesehen genuin Bürgerliches Recht".[3] Das zeigt sich bereits mit Blick auf die Formulierung „unter seiner Firma" in § 17 Abs. 1 HGB. Denn danach bestimmt sich insbesondere der Vertragspartner, weil so der jeweilige Unternehmensträger als Inhaber der Firma berechtigt und verpflichtet wird, mag er sich auch sonst nicht nach außen als solcher zu erkennen gegeben haben.[4] Allerdings ändert § 17 Abs. 1 HGB nichts an der Geltung des Offenkundigkeitsprinzips des § 164 BGB,[5] so dass sich zumindest aus dem Unternehmensbezug den Umständen nach ergeben muss, dass der Unternehmensträger verpflichtet werden soll; ansonsten schuldet der Handelnde Erfüllung.[6] Das gilt auch dann, wenn zwar den Umständen nach Maßgabe der §§ 133, 157 BGB zu entnehmen ist, dass die Firma verpflichtet werden soll, der Handelnde aber darüber hinaus den falschen Anschein erweckt hat, dass zumindest eine natürliche Person mithafte, etwa weil der erforderliche Rechtsformzusatz (GmbH) fehlt. Ist dies der Fall, haftet der Handelnde wegen der hervorgerufenen irrigen Haftungserwartungen des Vertragspartners entsprechend § 179 BGB bzw. nach Rechtsscheingrundsätzen dann gesamtschuldnerisch neben dem vertretenen Unternehmensträger.[7] Scheinbar firmenrechtliche Besonderheiten entpuppen sich somit in der Fallbearbeitung nicht selten als schlichte Einkleidung, die zu delikaten Problemen des Stellvertretungsrechts führt.

---

1 Grundlegend *Köhler*, FS Fikentscher, 1998, S. 494.
2 Zu den wettbewerbsrechtlichen Fragen *Lettl* HR, 63 ff.
3 So treffend *Canaris* HR, § 11 Rn. 54.
4 Ständige Rechtsprechung; vgl nur BGHZ 62, 216, 221; 64, 11, 14; 73, 217 f.; 92, 259, 268.
5 Dazu oben § 35.
6 BGH NJW 1992, 1380 f.; 1995, 43 f.
7 *Canaris* HR, § 6 Rn. 37 ff.; 10 Rn. 3; vgl. auch BGH NJW 1991, 2627 mit Anmerkung *Canaris*; *ders.*, Die Vertrauenshaftung im deutschen Privatrecht, 1971.

2. Firmenrecht und Namensrecht

In der Firma kann zugleich ein Name im Sinne des § 12 BGB enthalten sein.[8] Ein Unter- **3** nehmen mag sich also etwa nach dem Inhaber „Firma Heinz Müller" nennen. Eine GmbH kann aber beispielsweise auch unter „Müller GmbH" firmieren, wenn und weil der Gesellschafter Müller seinen Familiennamen in die Firma der Gesellschaft mit beschränkter Haftung eingebracht hat. Schließlich kann eine Berührung mit dem bürgerlichen Namensrecht auch bei der Verbindung mit Phantasienamen oder Sachnamen („Celesio") vorkommen, weil auch solche Namen dem Anwendungsbereich des § 12 BGB unterfallen.[9] In allen diesen Fällen fragt sich, wie sich das bürgerlichrechtliche Namensrecht und das handelsrechtliche Firmenrecht zueinander verhalten. Richtigerweise steht dem Kaufmann, der die Firma unter seinem Familiennamen betreibt, daraus ein eigenständiges Kennzeichnungs- und Namensrecht, und zwar als Vollrecht zu.[10] Aber auch bei der Veräußerung der Firma nach § 22 HGB an einen Familienfremden erwirbt dieser das **Kennzeichnungsrecht** unabhängig vom Namensrecht nach § 12 BGB, das nur dem Namensträger gebührt. Allerdings hat der Namensträger gegen den Erwerber des Firmennamens dann keinen Abwehranspruch aus § 12 BGB, wenn der Erwerber der Firma auch den Namen mit gekauft hat, weil er den Firmennamen, der zugleich bürgerlichrechtlicher Name sein kann, dann kraft der Vereinbarung nicht unbefugt führt, wie es § 12 BGB voraussetzt.[11] Der Erwerber kann also aufgrund einer Veräußerung oder Lizenzvergabe auch unter dem Gesichtspunkt des § 12 BGB berechtigt sein, den Firmennamen kommerziell zu verwerten.[12] Die mögliche Kollision der Namensrechte lässt sich also in der **Anspruchsprüfung** am besten dadurch lösen, dass man sich des dogmatischen Ausgangspunkts vergewissert, insbesondere des möglichen eigenständigen Vollrechts der Firma, und auf dieser Grundlage prüft, ob und inwieweit eine unbefugte Namensanmaßung vorliegt.

II. Haftung bei Firmenfortführung

Prüfungsrelevant aus dem Bereich des Firmenrechts ist vor allem § 25 HGB, der nach **4** § 27 HGB entsprechend für die Firmenfortführung durch einen Erben gilt und eine im Verhältnis zum Bürgerlichen Recht strengere **handelsrechtliche Erbenhaftung** enthält. Allerdings kommt es bei den §§ 25 ff. HGB weit weniger, als mitunter angenommen, darauf an, die vielen kleinteiligen Streitigkeiten zu den einzelnen Tatbestandsmerkmalen der einzelnen Vorschriften zu kennen. Die §§ 26 ff. HGB können hier sogar ganz ausgeblendet werden, weil die Einzelheiten dem betreffenden Schwerpunktbereich vorbehalten sein dürften.[13] Vielmehr sollte man sich den Geltungs-

---

8 Dazu soeben § 53.

9 *Canaris* HR, § 10 Rn. 8, 12.

10 Grundlegend *Köhler*, FS Fikentscher, 1998, S. 494, 496 f.

11 *Canaris* HR, § 10 Rn. 10.

12 Näher *Köhler*, DStR 1996, 510.

13 Zur Enthaftungsregelung der §§ 26, 28 III HGB im Hinblick auf das Umwandlungsrecht etwa *Canaris*, FS Odersky, 1996, S. 753, 761 ff.; *Petersen*, Der Gläubigerschutz im Umwandlungsrecht, 2001, S. 361 f.

grund der Forthaftung vergegenwärtigen,[14] um auf dieser Basis Grund und Grenzen der Haftung ermessen zu können. Das gelingt am besten dann, wenn man sich auch insoweit das Zusammenspiel mit den anspruchsbegründenden Vorschriften des Bürgerlichen Rechts klarmacht.

1. Haftung des Erwerbers für Altschulden

5 Zu den umstrittensten Fragen des Handelsrechts, ja des Privatrechts überhaupt, gehört die Problematik der Haftung des Erwerbers eines Handelsgeschäfts für die **Altschulden**.[15] Sie ist in § 25 Abs. 1 S. 1 HGB geregelt, wonach derjenige, der ein unter Lebenden gleichwie erworbenes[16] Handelsgeschäft – schon eine diesem funktional gleichstehende Zweig- und erst recht eine **Hauptniederlassung** kann ausreichen, wenn es nur ein selbständiger Unternehmensteil ist[17] – unter der bisherigen Firma mit oder ohne Beifügung eines das Nachfolgeverhältnis andeutenden Zusatzes fortführt, für alle im Betrieb des Geschäfts begründeten Verbindlichkeiten des früheren Inhabers haftet. Aus dem Wortlaut folgt, dass Erwerber und Veräußerer Kaufleute (§ 1 HGB) – also insbesondere keine Freiberufler – bzw. wie solche zu behandeln sein müssen (§ 5 HGB), während es nicht genügt, dass der Erwerber die Kaufmannseigenschaft nach §§ 2 f. HGB erlangt hat, weil es dann kein „erworbenes" Handelsgeschäft ist, das unter der „bisherigen" Firma fortgeführt wird.

6   Dass das Firmenrecht ungeachtet der genuin handelsrechtlichen Regelung aus Sicht der Examenskandidaten auch insoweit zwischen Bürgerlichem Recht und Handelsrecht steht, sieht man bereits daran, dass es ganz gewöhnliche bürgerlichrechtlich begründete Verbindlichkeiten aus Kauf- oder Darlehensvertrag sein können, für die der Erwerber nach § 25 Abs. 1 HGB haftet. Deren Anspruchsbegründung (vgl. §§ 433, 488 BGB) muss im Übrigen stets mitgeteilt werden, weil § 25 Abs. 1 HGB für sich keine vollständige Anspruchsgrundlage darstellt. Am besten benennt man die jeweilige Kauf- bzw. Darlehensschuld in Verbindung mit § 25 Abs. 1 HGB („Anspruch aus Kaufvertrag gemäß § 433 Abs. 2 BGB i.V.m. § 25 Abs. 1 HGB"). Der Veräußerer des Unternehmens haftet zwar weiterhin für die von ihm begründete Schuld, doch wird es auf ihn der Fallfrage nach häufig nicht ankommen; in der Praxis ist er im Übrigen nicht selten insolvent.[18] Die **Mithaftung** ist jedoch für das dogmatische Verständnis wichtig, weil sie dafür spricht, dass § 25 Abs. 1 S. 1 HGB nicht einen Vertragsübergang,[19] sondern einen **gesetzlichen Schuldbeitritt** darstellt.[20] Das zeigt ein Vergleich mit § 25 Abs. 1 S. 2 HGB, der die im Betrieb begründeten Forderungen betrifft. Denn der

---

14 Zur Entwicklung des dogmatischen Verständnisses der Norm seit In-Kraft-Treten eingehend *J. W. Flume*, Vermögenstransfer und Haftung, 2008, S. 116 ff. Vgl. aktuell etwa BGH NJW-RR 2012, 239 m. Anm. *K. Schmidt*, JuS 2012, 357.

15 Vgl. nur *Beuthien*, NJW 1993, 1737; *Lieb*, FS Börner, 1992, S. 747; *ders.*, FS Westermann, 1974, S. 309; *Schricker*, ZGR 1972, 121.

16 Pacht genügt, BGH NJW 1982, 1647; 1984, 1186 f.

17 BGH WM 1979, 576.

18 *Canaris*, FS Frotz, 1993, S. 11, 15.

19 So aber *K. Schmidt*, FS Medicus, 1999, S. 555, 559; *Lieb*, Dauerschuldverhältnisse bei Unternehmensübergang, 1992, S. 13 ff.; *Börner*, FS Möhring, 1975, S. 37.

20 *Canaris* HR, § 7 Rn. 39 m.w.N.

Erwerber wird ungeachtet der Fiktion des § 25 Abs. 1 S. 2 HGB nicht Gläubiger der Forderungen des Unternehmens, sondern haftet nach § 25 Abs. 1 S. 1 HGB lediglich für die Schulden, ohne dass er zwangsläufig die Forderungen erwirbt, wenn dies nicht ausdrücklich vereinbart ist. § 25 Abs. 1 S. 2 HGB soll nämlich den Schuldner der Forderung durch diese Form der Empfangszuständigkeit nach Art einer **gesetzlichen Einziehungsermächtigung**[21] schützen, damit er mit befreiender Wirkung an den die Firma Fortführenden leisten kann. Die Fiktion des § 25 Abs. 1 S. 2 HGB ersetzt aber nicht die **Abtretung**,[22] infolge derer der Erwerber des Handelsgeschäfts die Forderung erwerben würde. Dies ergibt sich aus dem Wortlaut, wonach die Forderungen „als auf den Erwerber übergegangen gelten", also nicht übergegangen sind.[23] Ohne Forderungsabtretung hat der Erwerber das Erlangte nach § 816 Abs. 2 BGB an den Veräußerer der Firma herauszugeben.

Daher ist letztlich auch die zur Erklärung der Haftung nach § 25 Abs. 1 S. 1 HGB   **7** vertretene **Haftungsfondtheorie** nicht zwingend, nach der Aktiva und Passiva eines Unternehmens zusammengehören.[24] Der gesetzlich angeordnete Schuldbeitritt entspricht den Haftungserwartungen des Rechtsverkehrs und wird teilweise rechtsgeschäftlich,[25] teilweise über eine Außenwirkung der im Innenverhältnis regelmäßig vereinbarten **Erfüllungsübernahme**,[26] seltener unter Rechtsscheinsgesichtspunkten begründet.[27] Die neuere Rechtsprechung erblickt den Geltungsgrund der Haftung in einer „an die Öffentlichkeit gerichteten Erklärung des Erwerbers, für die bisherigen Geschäftsschulden haften zu wollen".[28] Aus dieser Haftungserwartung des Rechtsverkehrs sollte man folgern, dass der für den Erwerb erforderliche dingliche Übertragungsakt auch wirksam und nicht etwa nach §§ 123, 138 BGB nichtig ist.[29]

2. Geltungsgrund und Grenzen

Wie bereits erwähnt, folgt die Nähe zum Bürgerlichen Recht in der Fallbearbeitung vor   **8** allem aus dem Umstand, dass sich die Fortführung eines fremden Handelsgeschäfts praktisch häufig aus einem **Unternehmenskauf** ergibt und die vor der Geschäftsübernahme begründeten Altverbindlichkeiten dementsprechend dem wirtschaftlichen Tätigkeitsbereich des Unternehmens entstammen. Angesichts der unterschied-

---

21 *J. Hager*, GS Helm, 2001, S. 697, 701, 715 f.

22 In diese Richtung aber BGH JZ 1992, 1028 mit ablehnender Anmerkung von *Lieb*. Kritisch zum „Schattendasein" von Satz 2 auch *J. W. Flume*, Vermögenstransfer und Haftung, 2008, S. 118.

23 *K. Schmidt*, AcP 198 (1998), 516, 529, erblickt darin allerdings eine gesetzlich vertypte Abtretung; dagegen *Canaris* HR, § 7 Rn. 64.

24 Zu ihr etwa *Schricker*, ZGR 1972, 121, 150 f., der zusätzlich den Verkehrsschutz zur Begründung heranzieht.

25 *Säcker*, ZGR 1973, 261, 272; nach *J. W. Flume*, Vermögenstransfer und Haftung, 2008, S. 126 handelt es sich in Ergänzung der Vorschriften des UmwG um einen rechtsgeschäftlich gesteuerten Verfügungstatbestand der partiellen Universalsukzession.

26 *Gerlach*, Die Haftungsordnung der §§ 25, 28, 130 HGB, 1976, S. 36 ff.; 40 ff.

27 In diese Richtung insbesondere die frühere Rechtsprechung; vgl BGHZ 18, 248, 250; 22, 234, 239; 29, 1, 3.

28 BGH NJW 1982, 577, 578; BGH WM 1990, 1573, 1576.

29 *Canaris* HR, § 7 Rn. 24; anders aber zumindest die frühere Rechtsprechung (RGZ 149, 25, 28 f.; BGHZ 18, 248, 251 f.; 22, 234, 239) sowie ein Teil der Lehre (*U. Huber*, FS Raisch, 1995, S. 85, 97 f.).

lichen Charakteristika dieser Schulden stellt sich die Frage nach dem Geltungsgrund und den Grenzen der Haftung des Erwerbers. Während er bestimmte Altverbindlichkeiten, wie etwa **Nacherfüllungsansprüche**, angesichts ihres meist überschaubaren Umfangs im Vorhinein einkalkulieren kann, können andere Lasten ihn völlig überraschend treffen und schlimmstenfalls ruinieren.[30] Andererseits hat der Erwerber nach § 25 Abs. 2 HGB die Möglichkeit, seine Haftung durch eine abweichende Vereinbarung einem Dritten gegenüber auszuschließen, die allerdings ins Handelsregister eingetragen und bekannt gemacht oder von dem Erwerber oder Veräußerer dem Dritten mitgeteilt werden muss. Die Streitigkeiten ranken sich nicht zuletzt darum, ob § 25 HGB mit seinen Folgevorschriften eine **Haftungskontinuität** als anerkennungswürdiges unternehmensrechtliches Prinzip statuiert[31] oder aber – im Gegenteil[32] – eine nicht legitimationswürdige Ungerechtigkeit darstellt.[33] So wichtig, ja geradezu zentral für die Gerechtigkeitsgewähr des Handelsrechts im System der Privatrechtsordnung diese Frage ist, so sehr sollten sich die Examenskandidaten vergegenwärtigen, dass sie zunächst und vor allem die lex lata frei von Grundlagenfehlern anwenden müssen, bevor sie die mögliche Unbilligkeit der auf dieser Grundlage ermittelten Ergebnisse problematisieren, auf welche die Aufgabe im Einzelfall durchaus einmal zugeschnitten sein kann. Wenn also beispielsweise eine Kommanditgesellschaft (KG) den Betrieb einer illiquiden Metallwarenfabrik fortführt, die zuvor eine inzwischen im Handelsregister gelöschte GmbH war, und ansonsten alles beim Alten belässt, dann ist in der Fallbearbeitung zunächst einmal festzustellen, dass alle Tatbestandsmerkmale des § 25 Abs. 1 S. 1 HGB erfüllt sind[34] und die KG folglich gegenüber einem Altgläubiger aus dessen ursprünglich begründeter Kaufpreis- oder Darlehensforderung i.V.m. § 25 Abs. 1 HGB haftet, wie dies auch der Bundesgerichtshof angenommen hat.[35] Allerdings kann man das Ergebnis durchaus in Frage stellen, wenn man etwa bedenkt, dass die fortführende Gesellschaft infolge der Löschung der ursprünglichen GmbH ihre Haftung nicht mehr nach § 25 Abs. 2 HGB ausschließen und der Gläubiger nach deren erwiesener Zahlungsunfähigkeit praktisch nicht mehr davon ausgehen konnte, dass er noch einen zahlungskräftigen Schuldner bekommt. So wird die Forthaftung in der Tat für den Gläubiger zu einem **Zufallsgeschenk** und für den Schuldner zu einer Haftungsfalle.[36]

---

30 *Canaris* HR, § 7 Rn. 1 f.

31 *K. Schmidt* HR, § 8 I 1, 3; *ders.*, ZHR 145 (1981), 2; 157 (1993), 600; *ders.*, AcP 198 (1998), 516; *ders.*, FS Medicus, 1999, S. 555; *ders.*, GS Sonnenschein, 2003, S. 497.

32 *Canaris*, FS Frotz, 1993, S. 11.

33 *Canaris*, Die Vertrauenshaftung im deutschen Privatrecht, 1971, S. 183 ff.; *ders.*, Handelsrecht, 24. Auflage 2006, § 7 Rn. 5.

34 Im Originalfall war allerdings der nach h.L. (vgl. nur *Lieb*, FS Vieregge, 1995, S. 557, 563) erforderliche derivative Übertragungsakt dem Sachverhalt nach sehr zweifelhaft, weil die KG den Betrieb der früheren GmbH ohne weiteres fortgeführt hatte; in einer solchen Fallgestaltung kann man am „Erwerb" zweifeln und eine Haftung nach § 25 I 1 HGB folgerichtig ablehnen; vgl. *Canaris* HR, § 7 Rn. 23 mit Fußnote 43.

35 BGH NJW 1992, 911; ebenso *K. Schmidt*, ZGR 1992, 621.

36 *Canaris*, FS Frotz, 1993, S. 11 ff.; zustimmend *Scherer*, DB 1996, 2321, 2324; *J. W. Flume*, Vermögenstransfer und Haftung, 2008, S. 118 f.; im Ergebnis auch *Lieb*, FS Vieregge, 1995, S. 557, 562 ff.

§ 55 Verbraucher und Unternehmer

I. Begriffsbestimmung

Das Verbraucherschutzrecht wird – auch in der Fallbearbeitung – immer wichtiger.[1] **1**
Schon ist vom **Verbraucherprivatrecht** die Rede.[2] Die Regelungen über den Verbraucher (§ 13 BGB) und den Unternehmer (§ 14 BGB) sind neueren Datums. Sie sind
in den Allgemeinen Teil integriert worden, weil sie zum allgemeinen Privatrecht gehören.[3] Aber sie gehören ebenso zum Schuldvertragsrecht, zumal der Vertrag zwischen
Unternehmer und Verbraucher schuldrechtliche Verträge zunehmend bestimmt.[4]

1. Verbraucher

Verbraucher ist nach § 13 BGB jede natürliche Person, die ein Rechtsgeschäft zu einem **2**
Zweck abschließt, der weder ihrer gewerblichen noch ihrer selbständigen beruflichen Tätigkeit zugerechnet werden kann.[5] Die Verbrauchereigenschaft ist allerdings
zunächst nicht mehr als ein Aspekt rechtsgeschäftlichen Handelns: „Wer gerade kein
Rechtsgeschäft abschließt, sondern etwa in der Sonne sitzt oder ein Delikt begeht, ist
also weder Verbraucher noch Unternehmer."[6] Daher ist hier über die Verbraucher-
definition auch nur wenig zu sagen, zumal sie von Seiten des Schrifttums für wenig
glücklich gehalten wird.[7] Die Zuordnung des Handelns zum privaten oder unternehmerischen Bereich bestimmt sich nicht nach dem inneren Willen des Handelnden, sondern nach dem durch Auslegung (§§ 133, 157 BGB) zu ermittelnden Inhalt des
Rechtsgeschäfts.[8] Tritt jemand bei Abschluss eines Rechtsgeschäfts bewusst wahrheitswidrig als Unternehmer auf, kann er sich nicht auf seine Verbrauchereigenschaft
berufen, weil dem das aus § 242 BGB abgeleitete Verbot des **venire contra factum
proprium** entgegenstünde.[9] Dagegen billigte der BGH einer Rechtsanwältin noch
die Verbrauchereigenschaft zu, die sich für ihre Privatwohnung bestellte Lampen
an die Anschrift ihrer Kanzlei liefern ließ, denn Unsicherheiten im Hinblick auf dem
Vertragspartner bekannte Umstände – und damit Zweifel an der Verbrauchereigenschaft – dürften nach der negativen Formulierung des § 13 BGB diesen gerade nicht
belasten.[10]

---

1 *Canaris*, AcP 200 (2000), 273, spricht insoweit von einer „Materialisierung des Zivilrechts".
2 Vgl. *Bülow/Arzt*, Verbraucherprivatrecht, 2003.
3 Palandt/*Sprau*, 71. Auflage 2012, Einleitung Rn. 1.
4 *Grundmann*, AcP 202 (2002), 41, 68.
5 Instruktiv dazu *Duwe*, Jura 2002, 798; vgl. auch *K. Schmidt*, JuS 2006, 1 ff. Zur Verbrauchereigenschaft von Arbeitnehmern *Riesenhuber/von Vogel*, Jura 2006, 81.
6 *Medicus/Petersen* BR, Rn. 311; vgl. auch *K. Schmidt*, JuS 2006, 1: „Leitlinie jeder Auslegung muss
die Überlegung sein, dass es nicht um den Verbraucherstatus einer Person, sondern um den Begriff des
Verbrauchervertrags geht."
7 Pointiert *Flume*, ZIP 2000, 1427, 1429 („barer Unsinn").
8 BGH NJW 2008, 435.
9 BGH NJW 2005, 1045; zum Scheinunternehmer und Scheinverbraucher vgl. auch *Herresthal*, JZ
2006, 695.
10 BGH NJW 2009, 3780; *Wolf/Neuner*, § 15 Rn. 8; vgl. aber auch BGH NJW 2007, 2619, 2621.

3   Zweifelhaft ist, ob Existenzgründer Verbraucher i.S.d. § 13 BGB sind. Teilweise wird dies bis zum eigentlichen Beginn der unternehmerischen Tätigkeit, also insbesondere bei Abschluss eines **Franchisevertrags** oder der Anmietung von Geschäftsräumen, bejaht.[11] Der Bundesgerichtshof[12] und die wohl herrschende Lehre[13] bestreiten dies und verweisen auf den allfälligen Umkehrschluss aus § 512 BGB (bzw. § 507 a.F.), wonach beim Verbraucherdarlehensvertrag **Existenzgründer** und Verbraucher gleichgestellt werden[14] und darauf, dass § 13 BGB maßgeblich auf die objektive Zweckrichtung des jeweiligen Verhaltens und nicht auf die geschäftliche (Un-)Erfahrenheit abstelle. Anders urteilt der BGH jedoch, wenn das Rechtsgeschäft seinem objektiven Zweck nach nur fragt, ob die Existenzgründung betriebswirtschaftlich überhaupt sinnvoll ist.[15]

2. Unternehmer

4 Unternehmer ist eine natürliche oder juristische Person oder eine rechtsfähige Personengesellschaft, die bei Abschluss eines Rechtsgeschäfts in Ausübung ihrer gewerblichen oder selbständigen beruflichen Tätigkeit handelt, § 14 Abs. 1 BGB. Nicht entscheidend ist die **Gewinnerzielungsabsicht**.[16] Es kommt nur darauf an, ob der Betreffende dauerhaft und planmäßig Leistungen am Markt gegen Entgelt anbietet.[17] Wer für einen Unternehmer als Strohmann handelt, wird gleichfalls als solcher angesehen.[18] Auch eine nebenberufliche unternehmerische Tätigkeit fällt unter § 14 Abs. 1 BGB, z.B. die als eBay-Verkäufer.[19] Die private Vermögensverwaltung zieht dagegen keine Unternehmereigenschaft nach sich.[20]

5   Mit dieser Skizzierung des Unternehmerbegriffs soll es einstweilen bewenden, weil die interessantere und vor allem für die Fallbearbeitung drängendere Problematik darin besteht, an welchen Stellen und in welchen Zusammenhängen der Unternehmer im Bürgerlichen Recht begegnet. Es ist nämlich häufig nicht die Frage, ob jemand im konkreten Fall Verbraucher oder Unternehmer ist; vielmehr ist es wichtig zu erkennen, welche vertraglichen Schuldverhältnisse dann einschlägig sind und welche Behelfe das Allgemeine Schuldrecht für diesen Fall bereithält.

---

11 OLG München NJW-RR 2004, 913 f.; *Prasse*, MDR 2005, 961 f.

12 BGH NJW 2005, 1273, 1275 m.w.N.

13 Soergel/*Pfeiffer*, 13. Auflage 2002, § 13 Rn. 55; Staudinger/*Weick*, 2004, § 13 Rn. 55 ff., 60.

14 Dagegen freilich Palandt/*Ellenberger*, 71. Auflage 2012, § 13 Rn. 3; *Prasse*, MDR 2005, 961, 962.

15 BGH NJW 2008, 435.

16 BGHZ 167, 40; *Faber*, ZEuP 1998, 854, 869.

17 BGH NJW 2006, 2250; OLG Frankfurt/M. NJW 2004, 3433; *Becker/Föhlisch*, NJW 2005, 3377; vgl. auch *K. Schmidt* HR, § 9 IV.

18 BGH NJW 2002, 2030.

19 OLG Frankfurt/M. NJW 2005, 1438 („PowerSeller").

20 *Pfeiffer*, NJW 1999, 169, 172.

II. Verbraucher und Unternehmer im Schuldrecht

Die eigentliche Bedeutung der Unterscheidung zwischen Verbraucher und Unterneh- **6** mer liegt im Schuldrecht. Da sie im Allgemeinen Teil, also gleichsam vor der Klammer, definiert werden, sind die Begriffe im Schuldrecht ebenso zu verstehen. Daher müssen die §§ 13, 14 BGB im Rahmen der Subsumtion der schuldrechtlichen Vorschriften stets mit zitiert werden. Außerhalb des Schuldrechts begegnet der Verbraucherbegriff auch noch in den weniger prüfungsrelevanten §§ 414 Abs. 3 HGB, 1031 Abs. 5 ZPO.

1. Allgemeines Schuldrecht

Im Allgemeinen Schuldrecht spielt die Unterscheidung an verschiedenen Stellen eine **7** Rolle. Zu nennen sind neben der Lieferung unbestellter Sachen die so genannten **besonderen Vertriebsformen**, wie die Haustürgeschäfte (§ 312 BGB) und die Fernabsatzgeschäfte (§ 312b ff. BGB), welche die Unterscheidung zwischen Verbraucher und Unternehmer zugrunde legen, sowie die so genannten **Durchgriffstatbestände** (§§ 358 f. BGB), bezüglich derer auf das Schrifttum zum Allgemeinen Schuldrecht verwiesen sei.[21]

a) Lieferung unbestellter Sachen

Unternehmer und Verbraucher werden bereits in § 241a BGB vorausgesetzt:[22] **8** Danach werden Ansprüche gegen den Verbraucher (vgl. § 13 BGB) durch die Lieferung unbestellter Sachen oder Erbringung unbestellter sonstiger Leistungen durch einen Unternehmer (§ 14 BGB) grundsätzlich nicht begründet.[23] Neben der Frage des Zustandekommens eines solchen Vertrags[24] ist vieles zweifelhaft.[25] So ist vor allem die Reichweite des normierten **Anspruchsausschlusses** unklar.[26] Nach seiner systematischen Stellung zu urteilen, könnte es so aussehen, als seien nur vertragliche Ansprüche ausgeschlossen, doch sind im Schuldrecht gerade auch gesetzliche Schuldverhältnisse geregelt, so dass § 241a BGB auch auf diese ausgeweitet werden könnte.[27] Das könnte für die vorsätzliche Zerstörung (§ 823 Abs. 1 BGB), den Verbrauch (§ 812 Abs. 1 S. 1 BGB), die Weiterveräußerung (§ 816 Abs. 1 S. 1 BGB) oder den Anspruch aus § 985 BGB[28] folgenreich sein, da der Unternehmer weiterhin Eigentümer bleibt. Allerdings werden solche Ansprüche auch nicht „durch die Lieferung",

---

21 Siehe nur *Petersen*, Rn. 209 ff. zum so genannten Widerrufsdurchgriff und Rn. 213 ff. zum Einwendungsdurchgriff.

22 *Wolf/Neuner*, § 15 Rn. 7; kritisch insoweit *Medicus*, Rn. 15a.

23 Instruktiv dazu – auch im Hinblick auf aliud-Probleme – *S. Lorenz*, JuS 2003, 36; zu letzteren auch *Thier*, AcP 203 (2003), 399.

24 Etwa diejenige, ob durch Ge- oder Verbrauch der unbestellt zugesandten Ware ein Vertrag zustande kommt (dazu *S. Lorenz*, JuS 2000, 833, 841; *Riehm*, Jura 2000, 505, 511 f.; *Casper*, ZIP 2000, 1602, 1607 f.).

25 Zu den rechtlichen Folgen einer unwirksamen Willenserklärung des Verbrauchers vgl. *Wendehorst*, DStR 2000, 1311, 1316.

26 Hier und im Folgenden *Petersen*, Rn. 104.

27 So *Schwarz/Pohlmann*, Jura 2000, 361, 363.

28 Dazu *Mankowski*, NJW 2001, 1025, 1028.

sondern durch andere Handlungen des Verbrauchers ausgelöst. Die Tatsache, dass es sich um eine systemwidrige Vorschrift handelt,[29] streitet eher für eine enge Auslegung des § 241a BGB.[30]

b) Allgemeine Geschäftsbedingungen

9 Zwar enthalten die §§ 305 ff. BGB kein spezielles Verbraucherschutzrecht, jedoch gelten für Verbraucherverträge gemäß § 310 Abs. 3 BGB einige Besonderheiten, die es in der Klausur zu beachten gilt. Insbesondere gelten AGB als vom Unternehmer gestellt, sofern sie nicht durch den Verbraucher in den Vertrag eingeführt wurden (Nr. 1). Eine **Inhaltskontrolle** findet unter Umständen auch dann statt, wenn die vorformulierten Vertragsbedingungen nur zur einmaligen Verwendung bestimmt sind und der Verbraucher aufgrund der Vorformulierung auf ihren Inhalt keinen Einfluss nehmen konnte.

c) Haustürgeschäfte

10 Dem Verbraucher steht bei Haustürgeschäften nach § 312 Abs. 1 S. 1 BGB ein Widerrufsrecht gemäß § 355 BGB zu,[31] weil diese leicht zu einer **Überrumpelung** führen können. Eine Ausnahme besteht nach § 312 Abs. 3 Nr. 1 BGB insbesondere dann, wenn die Verhandlungen auf vorhergehende Bestellung des Verbrauchers geführt werden. Jedoch macht die Rechtsprechung davon eine Unterausnahme für den Fall, dass es sich um eine **provozierte Bestellung** handelt.[32] Über das Widerrufsrecht muss der Verbraucher zu seinem Schutz jedenfalls eindeutig, unmissverständlich und möglichst umfassend gemäß § 355 Abs. 2 S. 1 und Abs. 3 S. 3 BGB belehrt werden.[33] Fehlt eine solche Belehrung, begeht der Unternehmer eine Pflichtverletzung i.S.d. § 280 Abs. 1 BGB.[34]

11 Problematisch ist, ob § 312 BGB auch für **Bürgschaften** gilt,[35] weil die Vorschrift eine entgeltliche Leistung voraussetzt. Der BGH hat das zwischenzeitlich[36] auf deutliche Kritik im Schrifttum[37] hin zumindest für den Fall bejaht, dass der Kunde in der Erwartung bürgt, dass ihm oder einem bestimmten Dritten daraus irgendein Vorteil entsteht.[38] Während der BGH Bürgschaften nunmehr,[39] wie in seiner anfänglichen Rechtsprechung,[40] nicht als entgeltliche Verträge ansieht, geht der EuGH davon

---

29 *Altmeppen*, FS v. Westphalen, 2010, 1 ff.

30 A.A. *Schwarz/Pohlmann*, Jura 2000, 361, 366, aber trotz der Heranziehung aller Auslegungskanones in Ergebnis und Begründung nicht unbedenklich.

31 Allgemein zum Widerrufsrecht nach den §§ 355 ff. BGB vgl. *Lettl*, JA 2010, 9; *Grunewald*, JuS 2010, 93; vertiefend auch *Eidenmüller* AcP 210 (2010), 67.

32 BGHZ 109, 127; BGH NJW 2001, 509.

33 BGHZ 180, 123.

34 BGHZ 169, 109; vgl. dazu auch EuGH NJW 2005, 3551.

35 *Reinicke/Tiedtke*, ZIP 1998, 893; *Klein*, DZWiR 1996, 230.

36 BGH NJW 1993, 1595; dagegen *Wenzel*, NJW 1993, 2781.

37 *Klingsporn*, NJW 1991, 2229; *ders.*, WM 1993, 829; *Probst*, JR 1992, 133; *Schanbacher*, NJW 1991, 3263.

38 Zustimmend MüKo/*Habersack*, 5. Auflage 2009, Vor § 765 Rn. 9.

39 BGH NJW 1998, 2356.

40 BGHZ 113, 287; BGH NJW 1991, 2905.

aus,[41] dass Bürgschaften, die ein Verbraucher für den Kredit eines anderen Verbrauchers übernimmt, der Haustürgeschäfterichtlinie, die das Erfordernis eines entgeltlichen Vertrags nicht kennt, unterfallen.[42] Darüber hinaus hat der BGH zum Widerrufsrecht eines Verbrauchers entschieden, dass das Widerrufsrecht eines Verpfänders gem. § 312 Abs. 1 S. 1 Nr. 1 BGB nicht davon abhängt, dass der persönliche Schuldner Verbraucher ist oder sich in einer **Haustürwiderrufssituation** befunden hat.[43]

Folgender Fall illustriert, wie Probleme des Allgemeinen Teils und des Allgemeinen Schuldrechts beim Verbraucherschutz ineinander greifen können.   12

BGH NJW-RR 1991, 1074: Die Gattin des U, der eine Gärtnerei betreibt, kauft im Namen ihres Mannes vom Vertreter V einen Blumenautomaten. G war entgegen der Annahme des V zum Ankauf nicht befugt. Als V deshalb von G Zahlung verlangt, widerruft diese ihre Erklärung.

V könnte gegen G einen Anspruch aus § 179 Abs. 1 BGB haben. Dann müsste G einen Vertrag als Vertreterin ohne Vertretungsmacht geschlossen haben. G hat mit V im Namen des U einen Kaufvertrag geschlossen. Da G weder nach § 54 HGB noch in anderer Weise bevollmächtigt war und für den Ankauf auch keine **Rechtsscheinvollmacht** nach § 56 HGB besteht, liegen die Voraussetzungen des § 179 Abs. 1 BGB vor. Allerdings setzt die Haftung aus § 179 BGB einen im Übrigen wirksamen Vertrag voraus. Es fragt sich deshalb, ob sich G von ihrer Erklärung lösen kann. Bei der Anfechtung, für die es hier im Übrigen keine Anhaltspunkte gibt, ist anerkannt, dass diese auch dem nach § 179 Abs. 1 BGB Verpflichteten möglich sein muss, wenn der Vertragspartner anfechten könnte, da kein Grund ersichtlich ist, den Vertragspartner besser zu stellen, als wenn er nicht mit einem falsus procurator kontrahiert hätte.[44] Entsprechendes soll nach Auffassung des Bundesgerichtshofs auch im Rahmen des § 312 Abs. 1 BGB gelten.[45] Allerdings müssten dann auch bei einem hypothetischen Vertragsschluss mit dem Vertretenen die Voraussetzungen des § 312 Abs. 1 BGB in dessen Person gegeben sein, da der vollmachtlose Vertreter nicht ein eigenes, sondern das Widerrufsrecht des vermeintlich Vertretenen geltend macht. Daran fehlt es hier jedoch, weil U als Inhaber der Gärtnerei Unternehmer i.S.d. § 14 BGB ist und somit nicht widerrufsberechtigt wäre. Daraus folgt, dass auch G kein Widerrufsrecht nach § 312 Abs. 1 BGB zusteht und mithin zur Zahlung aus § 179 Abs. 1 BGB verpflichtet ist.[46]

d) Fernabsatzverträge

Bei Fernabsatzgeschäften[47] ergibt sich die Schutzbedürftigkeit des Verbrauchers daraus, dass der Vertragsgegenstand schwer einsehbar, der Verbraucher gegenüber der Person des Vertragspartners häufig im Unklaren und demzufolge auch die Rechts-   13

---

41 Zu den übrigen europarechtlichen Überlagerungen der §§ 312, 355 BGB, die sich insbesondere aus der so genannten Heininger-Rechtsprechung ergeben, *Petersen*, Rn. 205 f.

42 EuGH NJW 1998, 1295.

43 BGHZ 165, 363.

44 Vgl. *Canaris* HR, § 14 Rn. 24.

45 BGH NJW-RR 1991, 1074 f.

46 Näher zur Haftung aus § 179 *Gottwald*, Rn. 203 ff.

47 Dazu *Wendehorst*, DStR 2000, 1311; *S. Lorenz*, JuS 2000, 833; *Riehm*, Jura 2000, 505. Zu dem am 8.12.2004 in Kraft getretenen Gesetz zur Änderung der Vorschriften über Fernabsatzverträge bei Finanzdienstleistungen *Felke/Jordans*, NJW 2005, 710 ff.

verfolgung erschwert ist.[48] Daher steht dem Verbraucher nach § 312d Abs. 1 BGB ein gesetzliches Widerrufsrecht (§ 355 BGB) bzw. ein **Rückgaberecht** i.S.d. § 356 BGB zu.[49] Fernabsatzverträge sind in § 312b Abs. 1 BGB legaldefiniert; zu beachten ist das Ausschließlichkeitserfordernis, so dass vor allem Geschäfte über Internet oder Online-Dienste in Betracht kommen. Daher schließen auch Haustürwiderruf und Fernabsatzwiderruf einander aus.[50] Kein Widerrufsrecht besteht trotz des Vorliegens eines Fernabsatzvertrags in den Fällen des § 312d Abs. 4 BGB. Bei Internetauktionen eines gewerblichen Anbieters ist das Widerrufsrecht hingegen nicht nach § 312d Abs. 4 Nr. 5 BGB ausgeschlossen, weil es sich dabei in Ermangelung eines Zuschlags nicht um eine Versteigerung i.S.d. § 156 handelt.[51]

2. Besonderes Schuldrecht

14 Innerhalb des Besonderen Schuldrechts sind zum einen der Verbrauchsgüterkauf (§ 474 ff. BGB), zum anderen der **Verbraucherdarlehensvertrag** (§§ 491 ff. BGB) von Bedeutung. Weniger prüfungsrelevant dürften die §§ 481 ff. BGB über **Teilzeit-Wohnrechtsverträge** sein, die gleichfalls die Unterscheidung zwischen Verbraucher und Unternehmer voraussetzen. Zu nennen ist ferner § 661a BGB. Die Einzelheiten dieser komplexen und unübersichtlichen Regelungen können hier nicht wiedergegeben werden. Unentbehrlich ist in der Prüfung wie immer die sorgfältige Lektüre der gesetzlichen Regelungen und – womöglich noch mehr als sonst – das Nachlesen der folgenden Sätze und Absätze, weil in diesen nicht selten eine Präzisierung bzw. Ausnahme oder Unterausnahme geregelt ist, die gerade auf den zu lösenden Fall zugeschnitten ist. Für das systematische Verständnis wichtig ist vor allem der Funktionszusammenhang mit den Bestimmungen des Allgemeinen Teils und des Allgemeinen Schuldrechts. Daher seien diese Gesichtspunkte im Folgenden herausgegriffen.

a) Verbrauchsgüterkauf

15 Als Verbrauchsgüterkauf definiert § 474 Abs. 1 S. 1 BGB den Tatbestand, dass ein Verbraucher von einem Unternehmer eine bewegliche Sache kauft. Der umgekehrte Fall ist also kein Verbrauchsgüterkauf.[52] Da § 13 BGB maßgeblich auf den Zweck des Geschäfts – hier des Kaufs – abstellt, ist fraglich, was bei so genannten **Mischgeschäften** (dual use) gilt, also etwa wenn der Freiberufler seinen gekauften PKW auch

---

[48] *Grigoleit*, NJW 2002, 1151.
[49] Die weiteren Folgen des Widerrufs und der Rückgabe regelt § 357 BGB, worauf hier nicht näher eingegangen werden soll. Vgl. dazu aber aus der Rechtsprechung EuGH NJW 2009, 3015; BGHZ 182, 241; BGH NJW 2011, 56 (Wasserbett) m. Anm. *Faust*, JuS 2011, 259; *Looschelders*, JA 2011, 259. Zu Hinsendekosten EuGH NJW 2010, 1941; BGH NJW 2009, 66; 2010, 2651.
[50] Näher *Oechsler*, Rn. 382.
[51] BGH NJW 2005, 53; dazu *Ruzik*, ZGS 2005, 14; *Hoeren/Müller*, NJW 2005, 948; *Bernhard*, ZGS 2005, 226; vgl. auch *Wackerbarth/van der Hoff*, ZGS 2005, 216; a.A. *Braun*, JZ 2008, 330; ausführlich dazu oben § 12 Rn. 32.
[52] *Medicus/Petersen* BR, Rn. 311.

privat nutzt. Während solche Geschäfte teils nie,[53] teils stets[54] als Verbraucherge-
schäfte angesehen werden, stellt die herrschende Ansicht[55] auf den überwiegenden
Zweck ab. Tritt für den Eigentümer der verkauften Sache ein Unternehmer als Ver-
mittler auf, wie es im Gebrauchtwagenhandel insbesondere bei der Inzahlungnahme
nicht selten vorkommt, so wird uneinheitlich beurteilt, ob die §§ 474 ff. BGB gelten.[56]
Nach dem Wortlaut des § 474 Abs. 1 S. 1 BGB führt ein solcher **Agenturvertrag** nicht
zum Verbrauchsgüterkauf,[57] doch liegt nach dem BGH ein Umgehungsgeschäft[58] vor,
wenn bei wirtschaftlicher Betrachtungsweise der Gebrauchtwagenhändler als der
Verkäufer des Fahrzeugs anzusehen ist, wobei maßgeblich darauf abzustellen ist,
ob der Händler oder der als Verkäufer in Erscheinung tretende Fahrzeugeigentümer
das wirtschaftliche Risiko des Verkaufs zu tragen hat.[59] Bedeutsam ist § 475 Abs. 1
S. 1 BGB, wonach sich der Unternehmer auf eine vor Mitteilung eines Mangels an ihn
getroffene Vereinbarung, die zum Nachteil des Verbrauchers von den §§ 433 bis 435,
437 bis 443 BGB sowie von den Vorschriften über den Verbrauchsgüterkauf abweicht,
nicht berufen kann. Damit werden die Regelungen über die Sachmängelhaftung zum
Vorteil des Verbrauchers für ihn einseitig zwingendes Recht.[60] § 475 Abs. 1 S. 2 BGB
ergänzt dies durch einen **Umgehungsschutz**.[61] Liegt nach dem eben Gesagten ein
Umgehungsschutz vor, richten sich die Mängelrechte des Käufers nach § 475 Abs. 1 S. 2
BGB gegen den Unternehmer und nicht gegen den als Verkäufer vorgeschobenen Verbraucher. Inwieweit **negative Beschaffenheitsvereinbarungen**, vermittels derer der
Verkäufer die Sollbeschaffenheit (vgl. § 434 BGB) bewusst reduziert, zum Haftungs-
bzw. Gewährleistungsausschluss führen, ist eine Frage des Einzelfalls. Bezeichnet der
Verkäufer die Kaufsache zu diesem Zweck als „Bastlerauto",[62] nicht mehr funktionsfähig[63] oder gar als „Schrott", so kann dies als verdeckter Gewährleistungsausschluss
gegen § 474 Abs. 1 S. 2 BGB verstoßen. Nicht mehr dem Verbraucherschutz zuzuordnen, wenngleich es eine Folge dessen darstellt, ist § 478 BGB, dessen zweitem Absatz
als Anspruchsgrundlage besondere Beachtung gebührt. Hier ist nurmehr das Verhältnis zwischen zwei Unternehmern betroffen.[64]

b) Verbraucherdarlehensvertrag

Die §§ 492 BGB ff. gelten für entgeltliche Darlehensverträge (vgl. § 488 BGB) zwischen **16**
einem Unternehmer (§ 14 Abs. 1 BGB) als Darlehensgeber und einem Verbraucher

---

53 So Bamberger/Roth/*Schmidt-Räntsch*, 24. Edition 2012, § 13 Rn. 12.
54 So *Graf v. Westphalen*, BB 1996, 2101.
55 OLG Naumburg WM 1998, 2158, 2159; OLG Celle NJW-RR 2004, 1645; OLG Rostock OLG-NL 1994, 77; *Pfeiffer*, NJW 1999, 169, 173; Anders jetzt OLG Celle ZGS 2007, 354: Auftreten bei Vertragsschluss entscheidend.
56 Dazu *Reinel*, Jura 2005, 850.
57 Vgl. *Medicus/Petersen* BR, Rn. 312.
58 Dazu noch sogleich im Text.
59 BGH NJW 2005, 1039.
60 *Medicus/Petersen* BR, Rn. 312.
61 BGHZ 170, 67; vgl. dazu auch *Müller*, NJW 2003, 1975 ff.
62 Dazu OLG Oldenburg ZGS 2004, 75.
63 Dazu *Marotzke*, ZInsO, 2002, 501.
64 Näher *Medicus/Petersen* BR, Rn. 315.

(§ 13 BGB) als Darlehensnehmer, § 491 Abs. 1 BGB. Da Verbraucherdarlehensverträge schriftlich abzuschließen sind (§ 492 Abs. 1 S. 1 BGB), sind die Rechtsfolgen von Formmängeln von Bedeutung. Eine entscheidende Vorschrift stellt insoweit § 494 Abs. 1 BGB dar, wonach der Verbraucherdarlehensvertrag sowie die auf Abschluss eines solchen Vertrags vom Verbraucher erteilte Vollmacht bei Missachtung der gesetzlichen Form nichtig sind. Wichtig ist, dass § 494 BGB dem § 125 BGB als lex specialis vorgeht.[65] Die Nichtigkeitsfolge ergibt sich also im Unterschied zu anderen Formverstößen nur aus § 494 Abs. 1 BGB und nicht aus § 125 S. 1 BGB. Ebenso wie bei § 125 BGB ist freilich im Rahmen der Subsumtion von der Anordnung der Rechtsfolge auszugehen. Es ist also gegebenenfalls zunächst zu prüfen, ob der Verbraucherdarlehensvertrag nach § 494 Abs. 1 BGB nichtig ist. Erst dann sind die einzelnen Voraussetzungen der §§ 492 f. BGB zu untersuchen. Entsprechendes gilt für **Teilzahlungsgeschäfte** nach § 507 BGB, der ebenfalls dem § 125 BGB vorgeht.[66]

17   Die zweite wichtige Schnittstelle markiert § 495 Abs. 1 BGB, wonach dem Darlehensnehmer bei einem Verbraucherdarlehensvertrag ein Widerrufsrecht nach § 355 BGB zusteht. Für die Fallbearbeitung stellt dies eine zentrale Weichenstellung dar. Insoweit kann auf die bereits behandelten Einzelheiten verwiesen werden. So illustrieren gerade die Verschränkungen zwischen den §§ 13 f. BGB, den §§ 312 ff., 355 BGB sowie die § 495 Abs. 1 BGB die gesetzliche Systematik, die das Verbraucherschutzrecht zu einem prüfungsrelevanten Gegenstand macht.[67]

---

65 Palandt/*Weidenkaff*, 71. Auflage 2012, § 494 Rn. 2.
66 Palandt/*Weidenkaff*, 71. Auflage 2012, § 507 Rn. 7.
67 Noch schwieriger wird es unter Berücksichtigung der prozessualen Feinheiten im Zusammenhang mit § 767 ZPO.

§ 56 Der Kaufmann

Der Begriff und die Eigenschaft des Kaufmanns bereiten in der Fallbearbeitung immer 1
wieder Probleme. Dabei entscheidet die erforderliche Vertrautheit mit den Eingangs-
vorschriften des Handelsgesetzbuchs nicht selten über den Erfolg oder Misserfolg in
der Klausur. Deshalb seien die grundlegenden Probleme und Wertungen der §§ 1 ff.
HGB im Folgenden in Erinnerung gerufen.

I. Betreiben eines Handelsgewerbes

Kaufmann im Sinne des Handelsgesetzbuchs ist nach § 1 Abs. 1 HGB, wer ein Han- 2
delsgewerbe betreibt. Handelsgewerbe ist jeder Gewerbetrieb, es sei denn, dass das
Unternehmen nach Art und Umfang keinen in kaufmännischer Weise eingerichteten
Geschäftsbetrieb erfordert, § 1 Abs. 2 HGB. Im Mittelpunkt der Eingangsregelung steht
damit ersichtlich der **Gewerbebetrieb**.

1. Gewerbe

Einigkeit besteht im Ausgangspunkt über die **Selbständigkeit** (vgl. § 84 Abs. 1 S. 2 3
HGB) und die Entgeltlichkeit der ausgeübten, auf gewisse Dauer angelegten Tätigkeit. Umstritten ist die Gewinnerzielungsabsicht,[1] die von der Rechtsprechung vorausgesetzt wird.[2] Die h.L. hält dies demgegenüber für ein zwar durchaus typisches,
wenngleich jedoch nicht notwendiges Merkmal.[3] Von zentraler Bedeutung – auch
für die Fallbearbeitung – ist, dass die freien Berufe ausgenommen sind. Dass **Freiberufler** kein Gewerbe betreiben, ergibt sich teilweise aus dem jeweiligen Gesetz (vgl.
§§ 2 Abs. 2 BRAO, 1 Abs. 2 BundesärzteO, 32 Abs. 2 S. 2 SteuerberG). Anderenteils entspricht es einer gefestigten Rechtstradition,[4] was z.B. bei den Architekten der Fall ist.
Praktisch bedeutet dies, dass sich Freiberufler nicht in der Rechtsform der offenen
Handelsgesellschaft oder Kommanditgesellschaft zusammentun können,[5] weil § 105
Abs. 1 HGB voraussetzt, dass der Zweck der Gesellschaft auf den Betrieb eines Handelsgewerbes gerichtet ist.

2. Istkaufmann nach § 1 Abs. 2 HGB

Die tatbestandliche Fassung des § 1 Abs. 2 HGB macht deutlich, dass das Schwerge- 4
wicht auf dem Erfordernis eines in kaufmännischer Weise eingerichteten Geschäfts-

---

1 Gleiches gilt für die Berufsmäßigkeit, die indes verzichtbar ist; vgl. *Canaris* HR, § 2 Rn. 15.
2 BGHZ 36, 273, 276; 95, 155, 157; BAG NJW 1988, 222, 223.
3 *Hopt*, ZGR 1987, 145, 172; *Kort*, AcP 193 (1993), 453, 457 f.; *Sack*, ZGR 1974, 179, 196 f.; *Henssler*, ZHR 161
(1997), 13, 21 f.
4 *Canaris* HR, § 2 Rn. 8.
5 Die Rechtsform der GmbH bzw. AG ist ihnen dagegen – vorbehaltlich berufsrechtlicher Maßgaben – nicht generell verschlossen.

betriebs liegt.[6] Hierfür kommt es auf das Gesamtbild des Unternehmens an, insbesondere die Komplexität der Unternehmensstruktur, jedoch nicht unbedingt auf die Zahl der Beschäftigten[7] oder den Umsatz.[8] Eher maßgeblich sind Art und Zahl der Geschäftsabschlüsse.[9] Jedenfalls ist im Rahmen der **Fallbearbeitung** an dieser Stelle besonderes Augenmerk auf die im Sachverhalt mitgeteilten Einzelheiten zu legen, da der Aufgabensteller hier in aller Regel deutlich erkennen lässt, ob im konkreten Fall die Voraussetzungen des § 1 Abs. 2 HGB vorliegen sollen. Zu beachten ist dabei, dass es nicht darauf ankommt, ob der Geschäftsbetrieb tatsächlich eingerichtet ist, sofern dies nur erforderlich ist.[10]

II. Kleingewerblicher Kannkaufmann

5 Ein gewerbliches Unternehmen, dessen Gewerbebetrieb nicht schon nach § 1 Abs. 2 HGB Handelsgewerbe ist, gilt gemäß § 2 S. 1 HGB als Handelsgewerbe im Sinne des Handelsgesetzbuchs, wenn die Firma des Unternehmens in das Handelsregister eingetragen ist. Derartige Kleingewerbetreibende können sich also auf freiwilliger Basis ins Handelsregister eintragen lassen und so zu Kaufleuten werden.[11] Die Eintragung wirkt demnach **konstitutiv**.[12]

6 Der Unternehmer ist nach § 2 S. 2 HGB berechtigt, aber nicht verpflichtet, die Eintragung nach den für die Eintragung kaufmännischer Firmen geltenden Vorschriften herbeizuführen. Die Ausübung des Wahlrechts stellt eine Willenserklärung bzw. rechtsgeschäftsähnliche Erklärung dar, so dass die §§ 104 ff. BGB auf sie Anwendung finden.[13] Beruht die Anmeldung zum Handelsregister auf § 1 Abs. 2 HGB, so kann darin nicht ohne weiteres zugleich eine Antragstellung und Wahlrechtsausübung nach § 2 HGB für den Fall gesehen werden, dass der in kaufmännischer Weise eingerichtete Geschäftsbetrieb durch **Herabsinken auf ein Kleingewerbe** wegfällt.[14] In diesem Fall gilt vielmehr § 5 HGB,[15] der im Folgenden näher behandelt wird.

---

6 Das ist insofern wörtlich verstehen, als *Canaris* HR, § 3 Rn. 8, auf den insoweit ähnlichen Mechanismus des beweglichen Systems verweist; vgl. dazu *Petersen*, Unternehmenssteuerrecht und bewegliches System, 1999, S. 10 ff.

7 So aber *Preis*, ZHR 158 (1994), 567, 610, 611.

8 In diese Richtung *Heinemann*, FS Fikentscher, 1998, S. 349, 377.

9 *Canaris* HR, § 3 Rn. 9.

10 *Canaris* HR, § 3 Rn. 10.

11 Monographisch dazu *Schmitt*, Die Rechtsstellung der Kleingewerbetreibenden nach dem Handelsrechtsreformgesetz, 2003.

12 Baumbach/Hopt/*Hopt*, Handelsgesetzbuch, 35. Auflage 2012, § 2 Rn. 3.

13 *Siems*, Der personelle Anwendungsbereich des Handelsrechts nach dem Handelsrechtsreformgesetz, 1999, S. 81; *Lieb*, NJW 1999, 35; skeptisch *K. Schmidt*, ZHR 163 (1999), 87, 92.

14 *Canaris* HR, § 3 Rn. 22.

15 *Lieb*, NJW 1999, 35, 36; a.A. *K. Schmidt*, ZHR 163 (1999), 87, 93; *Treber*, AcP 199 (1999), 525, 582.

III. Kaufmann kraft Eintragung

Eine in der Fallbearbeitung überaus wichtige Vorschrift ist § 5 HGB. Danach kann **7** gegenüber demjenigen, der sich, wenn eine Firma im Handelsregister eingetragen ist, auf die Eintragung beruft, nicht geltend gemacht werden, dass das unter der Firma betriebene Gewerbe kein Handelsgewerbe sei. Dogmatisch handelt es sich bei § 5 HGB nicht um eine Rechtsscheinsvorschrift, wie sich schon daraus ergibt, dass es für die Geltung keinen Unterschied macht, ob der andere Teil den Wegfall bzw. das Fehlen des Erfordernisses eines kaufmännischen Gewerbebetriebs kennt.[16] Dementsprechend bezweckt die Regelung auch nicht den Schutz redlicher Dritter, sondern vor allem **Rechtssicherheit**.[17]

1. Fiktivkaufmann

Es sind gerade die auch im Schrifttum diskutierten Zweifel über die Reichweite des **8** § 5 HGB, die diese Vorschrift so prüfungsrelevant machen. Teilweise wird vertreten, dass § 5 HGB neben § 2 HGB keine eigenständige Bedeutung habe, da ein eingetragenes Kleingewerbe schon nach dieser Vorschrift als Handelsgewerbe gilt.[18] Gegen diese restriktive Auslegung, die schon deshalb methodologisch bedenklich ist, weil sie gegen den anerkannten Grundsatz der Methodenlehre verstößt, dass Vorschriften tunlichst nicht so auszulegen sind, dass sie ihren Anwendungsbereich verlieren,[19] spricht außerdem, dass sich sehr wohl Fallgestaltungen ausmachen lassen, in denen es gerade auf § 5 HGB ankommt. Es sind nämlich gerade diejenigen – in der **Fallbearbeitung** im Übrigen nicht seltenen – Fälle, in denen der Eintragende entweder in fehlerhafter Weise angenommen hat, dass sein Unternehmen einen in kaufmännischer Weise eingerichteten Geschäftsbetrieb verlange und mithin gemäß § 1 Abs. 2 HGB einzutragen sei oder die Eintragung zwar zunächst erforderlich war, später aber weggefallen ist,[20] weil der Gewerbebetrieb zu einem Kleinbetrieb herabgesunken ist.[21]

2. Parallelproblem im Gesellschaftsrecht

Es gibt im Übrigen noch eine ausbildungsrelevante Parallelproblematik im Gesell- **9** schaftsrecht, die den Anwendungsbereich des § 5 HGB illustriert. Dort begegnet die Fallgestaltung, dass eine in Wahrheit kleingewerbliche Gesellschaft sich in der fehlerhaften Annahme in das Handelsregister eintragen lässt, sie erfordere einen kaufmännischen Geschäftsbetrieb. Entsprechendes gilt, wenn das Erfordernis eines kaufmännischen Geschäftsbetriebs zwar ursprünglich bestand, später aber weggefallen ist. In

---

16 *Canaris* HR, § 3 Rn. 51; grundlegend zur Rechtsscheinhaftung *ders.*, Die Vertrauenshaftung im deutschen Privatrecht, 1971.
17 BGH NJW 1982, 45.
18 In diese Richtung *K. Schmidt* HR, § 10 III 1b, 2; *ders.*, ZHR 163 (1999), 87, 93, 97; *ders.*, NJW 1998, 2161, 2164; *Treber*, AcP 199 (1999), 525, 582; *Körber*, Jura 1998, 452, 454.
19 *Canaris* HR, § 3 Rn. 50.
20 *Canaris* HR, § 3 Rn. 49.
21 *Lieb*, NJW 1999, 35, 36.

diesen Fällen scheint es auf § 105 Abs. 2 HGB anzukommen, wonach eine Gesellschaft, deren Geschäftsbetrieb nicht schon nach § 1 Abs. 2 HGB Handelsgewerbe ist oder die nur eigenes Vermögen verwaltet, eine offene Handelsgesellschaft ist, wenn die Firma des Unternehmens in das Handelsregister eingetragen ist.[22] In Wahrheit gilt jedoch gerade für derartige Fallgestaltungen im Gesellschaftsrecht ebenfalls § 5 HGB. Das ist auch wertungsmäßig richtig, da andernfalls Kleingewerbetreibende den strafrechtlichen Vorschriften für Kaufleute unterfallen könnten, ohne das **Wahlrecht** aus §§ 2, 105 Abs. 2 HGB ausgeübt haben zu können.[23] Jedenfalls veranschaulicht das Beispiel, dass auch in gesellschaftsrechtlichen Fällen die allgemeinen handelsrechtlichen Vorschriften nicht zugunsten vermeintlich einschlägiger Regelungen aus dem Blick verloren werden dürfen. Außerdem zeigt sich hier, dass der Anwendungsbereich des § 5 HGB weiter reicht, als bisweilen angenommen wird.[24]

IV. Sonstige Fälle der Kaufmannseigenschaft

10 Die übrigen Fälle der Kaufmannseigenschaft sind vergleichsweise unproblematisch. Geringes Augenmerk verdient § 3 HGB für den Betrieb der Land- und Forstwirtschaft, da diese in der Fallbearbeitung erfahrungsgemäß eher selten zum Zug kommt. Immer wieder gefragt wird demgegenüber nach dem Form- und Scheinkaufmann.

1. Formkaufmann

11 Der so genannte Formkaufmann ist in § 6 HGB geregelt. Danach finden die „in Betreff der Kaufleute gegebenen" Vorschriften auch auf die **Handelsgesellschaften** Anwendung. Man unterscheidet insoweit zwei Ausprägungen der Kaufmannseigenschaft: den Kaufmann kraft Rechtsform und den Kaufmann kraft Handelsgewerbes.

a) Kaufmann kraft Rechtsform

12 Die Kaufmannseigenschaft kraft Rechtsform gilt insbesondere für die Kapitalgesellschaften, also die Aktiengesellschaft, die GmbH und die Kommanditgesellschaft auf Aktien.[25] Das folgt aus den §§ 3, 278 Abs. 3 AktG sowie § 13 Abs. 3 GmbHG, wonach die jeweiligen Gesellschaften als Handelsgesellschaften gelten. Auch wenn die betreffende Gesellschaft kein Handelsgewerbe betreibt, also etwa als **Rechtsanwalts-GmbH** ausgestaltet ist, handelt es sich um einen Formkaufmann.[26]

---

22 Vgl. dazu sowie zu Alternativgestaltungen im Gesellschaftsrecht *Petersen*, GmbHR 1997, 1083.
23 *Canaris* HR, § 3 Rn. 22, 50, 57.
24 Vgl. oben unter 1.
25 Auch sie ist nach heute einhelliger Auffassung trotz der Mitwirkung eines Komplementärs (§ 278 AktG) eine juristische Person; vgl. nur *Petersen*, Der Gläubigerschutz im Umwandlungsrecht, 2001, S. 30 ff.
26 *Canaris* HR, § 3 Rn. 41.

b) Kaufmann kraft Handelsgewerbes

Anders sieht es bei den Personengesellschaften, also der Kommanditgesellschaft und **13** offenen Handelsgesellschaft, aus. Für sie stellt § 6 HGB zwar klar, dass sie Kaufmannseigenschaft besitzen. Indes darf nicht übersehen werden, dass Voraussetzung für das Vorliegen einer Handelsgesellschaft nach § 105 Abs. 1 HGB ist, dass ihr Zweck auf den Betrieb eines Handelsgewerbes gerichtet ist. Das bemisst sich nach den §§ 1 Abs. 2, 2 HGB und muss daher in der **Fallbearbeitung** vorrangig erörtert werden. Liegen die Voraussetzungen der §§ 105 Abs. 1, 161 Abs. 1 HGB vor, so sind die betreffenden Gesellschaften Kaufmann kraft Handelsgewerbes und nicht Kaufmann kraft Rechtsform.[27]

c) Kaufmannseigenschaft der Komplementäre

Davon zu unterscheiden ist die Frage, ob auch die einzelnen Gesellschafter einer Han- **14** delsgesellschaft Kaufmannseigenschaft besitzen; immerhin „betreibt" (vgl. § 1 Abs. 1 HGB) nur die Gesellschaft das Handelsgewerbe. Dessen ungeachtet sieht die Rechtsprechung[28] die Gesellschafter im Einklang mit einer starken Strömung im Schrifttum[29] wegen ihrer unmittelbaren unbeschränkten und persönlichen Einstandspflicht (§ 128 HGB) als Kaufleute an.[30] Kein Kaufmann ist dagegen der haftungsmäßig privilegierte (§ 171 Abs. 1 Hs. 2 HGB) und gesetzlich nicht zur Vertretung ermächtigte (§ 170 HGB) **Kommanditist**.[31] Kaufmannseigenschaft kommt also nur den persönlich haftenden Gesellschaftern (vgl. § 161 Abs. 1 HGB a.E.) zu.

2. Scheinkaufmann

Die Lehre vom Scheinkaufmann hat entgegen einem verbreiteten Missverständnis **15** nichts mit dem bereits oben behandelten § 5 HGB zu tun, dem es um absoluten Verkehrsschutz geht.[32] Für die Fallbearbeitung ist jedoch wichtig, dass **§ 5 HGB vor der Lehre vom Scheinkaufmann zu prüfen** ist. Gilt also jemand schon nach § 5 HGB als Kaufmann, etwa weil er trotz Fehlens eines kaufmännischen Gewerbebetriebs im Handelsregister eingetragen ist,[33] so bedarf der Gesichtspunkt des Scheinkaufmanns keiner weiteren Prüfung mehr.[34]

Im Gegensatz zu § 5 HGB unterfällt die Lehre vom Scheinkaufmann sowohl nach **16** der Rechtsprechung[35] als auch der herrschenden Meinung der **Rechtsscheinlehre**.[36] Danach muss sich derjenige, der in zurechenbarer Weise den Eindruck erweckt,

---

27 *Canaris* HR, § 3 Rn. 45.
28 BGHZ 34, 293, 296; 45, 282, 284.
29 *Flume*, § 4 II, S. 58 f.; *Canaris* HR, § 2 Rn. 20.
30 A.A. *Lieb*, DB 1967, 759, 761; *K. Schmidt*, ZIP 1986, 1510, 1512; *Zöllner*, DB 1964, 795, 796.
31 BGHZ 45, 282, 284; BGH NJW 1980, 1572, 1574; a.A. *Ballerstedt*, JuS 1963, 253, 259.
32 Zu dieser Kategorie eingehend *Canaris*, Die Vertrauenshaftung im deutschen Privatrecht, 1971, S. 1 ff.
33 Zu den einzelnen Anwendungsfällen oben III.
34 Vgl. *Canaris* HR, § 6 Rn. 9.
35 BGH NJW 1966, 1915, 1916.
36 Grundlegend *Canaris*, Die Vertrauenshaftung im deutschen Privatrecht, 1971, S. 180 f.; vgl. auch *Nickel*, JA 1980, 566, 570.

Kaufmann zu sein, zum Schutz gutgläubiger Dritter als Kaufmann behandeln lassen, so dass er etwa auf einen Antrag im Sinne des § 362 Abs. 1 HGB reagieren muss, will er nicht daraus gebunden sein. Richtiger Ansicht zufolge ist der Scheinkaufmann auch beim gutgläubigen Erwerb nach § 366 HGB einem Kaufmann gleichzustellen[37]. Wer also etwa auf dem Briefkopf mit dem Zusatz „eingetragener Kaufmann" (e.K.) firmiert, muss sich als solcher behandeln lassen.[38] Gleiches gilt, wenn jemand sich eines Instituts wie der Prokura bedient, das gerade für Kaufleute bestimmt ist (vgl. § 48 Abs. 1 HGB).

---

[37] *Canaris* HR, § 6 Rn. 26; a.A. Teile der Rechtsprechung (vgl. nur OLG Düsseldorf DB 1999, 89, 90) und Lehre; vgl. *Bülow*, AcP 186 (1986), 576, 588; so bereits schon *A. Hueck*, ArchBürgR 43 (1919), 415, 451 f.
[38] *Canaris* HR, § 6 Rn. 13.

§ 57 Die rechtsfähige Personengesellschaft

I. Entstehung der Vorschrift

Selten ist eine fundamentale Neubestimmung so unbemerkt in das BGB gelangt wie 1
die **Neuregelung** über die rechtsfähige Personengesellschaft: Zunächst fristete sie
ein Schattendasein in einem der am wenigsten beachteten Gebiete des Sachenrechts,
nämlich dem Recht der beschränkten persönlichen Dienstbarkeiten. § 1059a a.F. BGB
bestimmte, dass der Nießbrauch, der einer juristischen Person zusteht, unter gewissen Voraussetzungen übertragbar ist. § 1059a Abs. 2 a.F. BGB statuierte dies auch für
eine Personengesellschaft, die „mit der Fähigkeit ausgestattet ist, Rechte zu erwerben
und Verbindlichkeiten einzugehen" (rechtsfähige Personengesellschaft).

1. Ungereimtheiten bezüglich des systematischen Standorts

Eine derartige Regelung hätte man wohl am wenigsten im Recht des Nießbrauchs 2
erwartet. Dort blieb sie auch nicht lange, denn schon wenige Jahre später fand sie in
§ 14 Abs. 2 BGB ihren vorläufig letzten Platz.[1] Danach ist eine rechtsfähige Personengesellschaft eine Personengesellschaft, die mit der Fähigkeit ausgestattet ist, Rechte
zu erwerben und Verbindlichkeiten einzugehen. Es ist fraglich, ob diese tautologisch
anmutende Vorschrift einen Zugewinn an Klarheit bringt. Trotz der Bezugnahme auf
den Unternehmerbegriff in § 14 Abs. 1 BGB wirkt sie zusammenhanglos, was wohl an
ihrem vorherigen Standort liegt. Man kann darüber streiten, ob eine Vorschrift dieses
Inhalts in den Allgemeinen Teil gehört,[2] doch ist sie dort jedenfalls besser aufgehoben als im Sachenrecht. Der unauffälligen Einfügung in den Allgemeinen Teil korrespondiert jedenfalls eine gewisse Ratlosigkeit über den Nutzen, Anwendungsbereich
und vor allem die Folgen, die sich aus der Vorschrift ergeben.

2. Die Gleichstellung von juristischer Person und rechtsfähiger Personengesellschaft

Ein bemerkenswertes Relikt der Vorschrift im **Nießbrauchsrecht** findet sich heute 3
noch in § 1059a Abs. 2 BGB. Danach steht einer juristischen Person eine rechtsfähige
Personengesellschaft gleich. Kennte man den oben skizzierten Werdegang der Vorschrift nicht, so würde das damit erreichte Durcheinander womöglich noch mehr
verblüffen. Denn es ist mehr als erklärungsbedürftig, dass der Gesetzgeber an so entlegener Stelle eine Gleichsetzung statuiert, die gesellschaftsrechtlich überaus weit-
reichend zu sein scheint. Es ist ungereimt, dass der Gesetzgeber etwa in **§ 613a Abs. 3
BGB** davon spricht, dass „eine juristische Person oder eine Personenhandelsgesell-

---

1 § 1059a BGB wurde geändert durch Art. 2 Nr. 14 des Gesetzes vom 27.6.2000; BGBl. I S. 897.
2 Scharf ablehnend im Hinblick auf den Komplementärbegriff des Verbrauchers in § 13 BGB („nach
ihrem Wortlaut barer Unsinn") *Flume*, ZIP 2000, 1427; zustimmend *Picker*, JZ 2003, 895, 896.

schaft" erlischt;[3] bei konsequenter Durchführung hätte auch hier die Gleichsetzung von juristischer Person und rechtsfähiger Personengesellschaft erfolgen müssen. Das spricht entscheidend dafür, § 1059a Abs. 2 BGB ebenfalls, also als dritten Absatz in den § 14 BGB zu übernehmen. Dann bliebe wenigstens das Prinzip des Allgemeinen Teils gewahrt, vor der Klammer ein einheitliches begriffliches Verständnis zu wahren.

4   Immerhin sieht es mit der vordergründigen Gleichsetzung von juristischer Person und juristischer Personengesellschaft so aus, als werde eine der grundlegendsten Fragen des Verbandsrechts kurzerhand im Nießbrauchsrecht beantwortet. Es wird nämlich seit jeher kontrovers diskutiert, ob zwischen juristischer Person und **Gesamthandsgemeinschaft** – um solche handelt es sich bei den Personengesellschaften – eine unüberschreitbare Kluft besteht[4] oder ob die beiden Verbandsformen einander so stark angeglichen sind, dass sich letztlich kein struktureller Unterschied mehr manifestieren lässt.[5] Richtigerweise lassen sich aus § 14 Abs. 2 i.V.m. § 1059a Abs. 2 BGB keine Folgerungen oder auch nur Hinweise für die Bewältigung dieses tiefgreifenden Strukturproblems ableiten. Man kann vielmehr nur sagen, dass sich allmählich die Sichtweise Flumes durchsetzt, der die Gesamthand als Gruppe begreift und sie von der juristischen Person grundsätzlich unterscheidet.[6]

3. Die Parallelentwicklung im Gesellschaftsrecht

5   In auffälliger Koinzidenz mit dem Eingang der rechtsfähigen Personengesellschaft in das BGB vollzog sich im Gesellschaftsrecht eine Neubestimmung fundamentaler Fragen, die vor allem die Rechtsnatur und Rechtsfähigkeit der Gesellschaft bürgerlichen Rechts betrafen. Ausgangspunkt der Diskussion war eine aus Sicht des Examenskandidaten eher periphere Vorschrift, nämlich § 191 Abs. 2 UmwG, wonach eine Gesellschaft bürgerlichen Rechts beim Formwechsel Rechtsträger neuer Rechtsform sein kann. Zwar hat man aus gutem Grund aus dem Begriff „Rechtsträger" keine Folgerungen für die Rechtsfähigkeit der Gesellschaft bürgerlichen Rechts gezogen, da dieser Begriff nur als Oberbegriff aller Gesellschaftsformen im **Umwandlungsgesetz** fungiert (vgl. § 1 UmwG), ohne etwas über deren Eigenschaft auszudrücken, Träger von Rechten und Pflichten zu sein. Immerhin schloss man aber aus der Fähigkeit der Gesellschaft bürgerlichen Rechts, als Zielrechtsträger aus einem Formwechsel hervorzugehen, dass sie rechtsfähig sein müsse,[7] weil alter und neuer Rechtsträger nach § 202 Abs. 1 Nr. 1 UmwG im Rechtssinne identisch sind.[8] Indes belegt schon § 191 Abs. 1 UmwG, dass dies nicht weiter führt, weil danach eine Gesellschaft bürgerlichen Rechts aus gutem Grund kein Ausgangsrechtsträger beim Formwechsel sein kann

---

3 Wahrscheinlich hat der Gesetzgeber ganz einfach übersehen, dass sich in § 613a Abs. 3 BGB eine ähnliche Regelungssituation findet wie in § 1059a BGB.
4 Vgl. *Flume*, Allgemeiner Teil des Bürgerlichen Rechts, Band I, Teil 1, 1977, S. VII, S. 50 ff.; Teil 2, S. 31 ff.
5 In diese Richtung *Th. Raiser*, AcP 199 (1999), 104 ff. Zu den steuerrechtlichen Folgen der juristischen Persönlichkeit *Palm*, JZ 2012, 297.
6 Grundlegend *Flume*, ZHR 136 (1972), 177; weitgehend zustimmend *Ulmer*, AcP 198 (1998), 113 ff. Die verschiedenen Organisationsformen illustrieren *Schwab/Löhnig*, Rn. 130 ff.
7 So zuerst *Timm*, NJW 1995, 3209.
8 Näher zu der sog. Identitätsthese und ihren Folgen *Petersen*, Der Gläubigerschutz im Umwandlungsrecht, 2001, S. 95-105.

und es sich insoweit allenfalls um eine „hinkende" Identität handelt, aus der für die Rechtsfähigkeit der Gesellschaft bürgerlichen Rechts gar nichts folgt.

II. Die Gesellschaft bürgerlichen Rechts im Kontrast zur rechtsfähigen Personengesellschaft

Diese erste Skizze zeigt, dass die Bestimmung der rechtsfähigen Personengesell- 6 schaft aufs engste mit der Problematik der Rechtsnatur der **BGB-Gesellschaft** zusammenhängt, mag auch dem Gesetzgeber dies ursprünglich nicht unbedingt bewusst gewesen sein.[9] Das bedeutet, dass die Frage nach der Rechtsfähigkeit der Gesellschaft bürgerlichen Rechts im Folgenden nicht außer Betracht gelassen werden kann. Bevor wir uns den Folgen des § 14 Abs. 2 BGB für die Personenhandelsgesellschaft zuwenden, wollen wir uns daher fragen, wie es mit der BGB-Gesellschaft aussieht.

1. Der Umkehrschluss aus § 14 Abs. 2 BGB

Bezieht man die Gesellschaft bürgerlichen Rechts auf § 14 Abs. 2 BGB, so drängt sich 7 förmlich der Gegenschluss auf: Wenn es die rechtsfähige Personengesellschaft gibt und der Gesetzgeber gerade das Merkmal der Rechtsfähigkeit so ausdrücklich akzentuiert, so muss es auch eine nichtrechtsfähige Personengesellschaft geben. Welche, wenn nicht die BGB-Gesellschaft, soll aber das sein? Es kommt wohl nur die reine Innengesellschaft in Betracht. Die **stille Gesellschaft** dürfte jedoch schwerlich gemeint sein. Ebenso wenig dürfte der Gesetzgeber die BGB-Gesellschaft als rechtsfähige Personengesellschaft verstanden haben.[10] Für die Beantwortung dieser Frage führt es auch nicht weiter, zwischen unternehmenstragender und einfacher BGB-Gesellschaft zu unterscheiden und erstere dem § 14 Abs. 2 BGB zu subsumieren, während letztere als nicht rechtsfähig verbleiben würde. Denn diese Unterscheidung hat im positiven Recht zu wenig Rückhalt, als dass sie als systematisches Argument verwendet werden könnte.[11]

Gleichwohl führte die dogmatische Entwicklung der letzten Jahre, aber auch die 8 Rechtsprechung des Bundesgerichtshofs eher in die gegenteilige Richtung, d.h. hin zur Annahme der **Rechtsfähigkeit** der BGB-Gesellschaft, die der Bundesgerichtshof inzwischen anerkannt hat.[12] Die wesentlichen Stationen und Argumente sollen daher hier, soweit nicht bereits oben geschehen, nachgezeichnet werden. Aus dem soeben dargestellten Umkehrschluss erhellt, dass § 14 Abs. 2 BGB dabei bislang keine nennenswerte Rolle gespielt hat.[13]

---

9 Siehe als Stellungnahme eines der mit der Neuregelung befassten Juristen nur *Seibert*, JZ 1996, 785.
10 Zutreffend *Prütting*, ZIP 1997, 1725, 1727: „Bei näherem Hinsehen kann freilich kaum zweifelhaft sein, dass mit einer ‚rechtsfähigen Personengesellschaft' nicht die GBR gemeint ist, sondern nur die OHG und die KG."
11 Vgl. auch *Petersen/Rothenfußer*, GmbHR 2000, 801, 805 ff.
12 BGHZ 146, 341.
13 Eine Ausnahme bilden freilich die tiefschürfenden Überlegungen von *Mülbert*, AcP 199 (1999), 38, der daraus noch weitergehend Konsequenzen für die Haftungsverfassung gezogen hat; kritisch dazu *Petersen*, Der Gläubigerschutz im Umwandlungsrecht, 2001, S. 50 ff.

2. Die Entwicklungsstadien

9 Bevor der Bundesgerichtshof die Rechtsfähigkeit der BGB-Gesellschaft anerkannt hat, entschied er, dass sie wechsel- und scheckfähig sein könne.[14] Von einer umfassenden Rechtsfähigkeit ist der Bundesgerichtshof damals noch nicht ausgegangen.[15] Erst im Jahre 2001 hat der Bundesgerichtshof die Gesellschaft bürgerlichen Rechts erstmals und ausdrücklich für rechts- und **parteifähig** erklärt.[16] Damit wurde die Gesellschaft gleichsam auf „ein neues Fundament" gestellt.[17] Obwohl dies im Hinblick auf § 736 ZPO nicht ganz unproblematisch ist,[18] hat das Schrifttum dem überwiegend Anerkennung gezollt.[19] Inzwischen wird die Annahme der Rechts- und Parteifähigkeit der Gesellschaft bürgerlichen Rechts nahezu schon als Gemeingut gehandelt.

10 Indes wird man auch danach nicht ohne weiteres sagen können, dass die Gesellschaft bürgerlichen Rechts damit nun auch juristische Person ist.[20] Sie ist insbesondere nicht in der Weise unabhängig vom Bestand ihrer Mitglieder, wie dies etwa bei der Aktiengesellschaft, dem rechtsfähigen Verein oder der GmbH der Fall ist.[21] Auch fehlt es bei der Gesellschaft bürgerlichen Rechts an dem typischen Merkmal, dass der Verband seine Rechtsfähigkeit durch Eintragung in das dafür bestimmte Register erhält.[22] Dessen ungeachtet sprechen gute Gründe dafür,[23] auch bei der Gesellschaft bürgerlichen Rechts und nicht nur bei den juristischen Personen die Figur des sogenannten **Organbesitzes** anzuerkennen. Es bedarf dann der dogmatisch heiklen Figur des **Gesamthandsmitbesitzes** nicht mehr. Dieser Gesichtspunkt ist für die Fallbearbeitung von nicht zu unterschätzender Bedeutung.

3. Die GbR in der Insolvenz, der Zwangsvollstreckung und im Grundbuch

11 Von der für die Zwangsvollstreckung zentralen Vorschrift des § 736 ZPO war soeben bereits die Rede. Danach ist zur Zwangsvollstreckung in das Gesellschaftsvermögen einer Gesellschaft bürgerlichen Rechts ein gegen alle Gesellschafter ergangenes Urteil erforderlich. Die Rechtsprechung setzt sich darüber in gewisser Weise hinweg, wenn sie die Gesellschaft bürgerlichen Rechts gleichwohl für rechtsfähig hält. Der Bundesgerichtshof hat sich in seiner Entscheidung zwar mit § 736 ZPO auseinandergesetzt[24]

---

14 BGH NJW 1997, 2754.

15 *Prütting*, ZIP 1997, 1725, 1727 Fn. 16.

16 BGHZ 146, 341.

17 So der Aufsatztitel von *Dauner-Lieb*, DStR 2001, 356.

18 Dazu sogleich unter 3.

19 Vgl. nur *Habersack*, BB 2001, 477; *Wiedemann*, JZ 2001, 661; siehe auch *Gesmann-Nuissl*, WM 2001, 973; *Peifer*, NZG 2001, 296; *Ann*, JA 2001, 441.

20 So jedoch *Th. Raiser*, AcP 199 (1999), 104 ff.

21 Siehe zur von ihm sogenannten „Entmythologisierung der ‚juristischen Person'" indes auch *Hadding*, ZGR 2001, 712, 718.

22 Gegen die Interpretation der GbR als juristische Person auch *Ulmer*, AcP 198 (1998), 113, 123; *Hadding*, FS Kraft, 1998, S. 137, 142; *Grunewald*, Gesellschaftsrecht, 7. Auflage 2008, S. 50 Rn. 101.

23 Vgl. nur *Habersack*, BB 2001, 477 ff.

24 BGH NJW 2001, 1056, 1060. Im Zusammenhang aktuell BGH NJW 2011, 615 m. Anm. *K. Schmidt*, JuS 2011, 365.

und dessen Bedeutung unter Hinzuziehung einer Habilitationsschrift relativiert.[25] Die Vorschrift wird dahingehend ausgelegt, dass danach das **Gesellschaftsvermögen** lediglich dem Zugriff der **Gesellschaftsgläubiger** und nicht auch der Gläubiger der einzelnen Gesellschafter offensteht.[26] Diese Ansicht entfernt sich indes bedenklich weit vom insoweit unmissverständlichen Wortlaut des § 736 ZPO.

Nach § 11 Abs. 2 Nr. 1 InsO ist die Gesellschaft bürgerlichen Rechts nun auch insol- 12 venzfähig.[27] Schließlich ist für die Grundbuchfähigkeit der Gesellschaft bürgerlichen Rechts § 47 GBO zu beachten. Hier hat der Gesetzgeber nach zeitweiligen praktischen Ungewissheiten[28] nunmehr festgeschrieben, dass neben der Gesellschaft auch die Gesellschafter ins Grundbuch einzutragen sind, § 47 Abs. 2 GBO. Infolge der Eintragung der Gesellschafter ins Grundbuch greift nunmehr auch die Vermutungswirkung des § 899a BGB, der zumindest auf sachenrechtlicher Ebene Verkehrsschutz im Grundstücksverkehr mit einer GbR bieten soll. In der **Klausur** wäre es in solchen Fallkonstellationen verfehlt, auf § 15 HGB abzustellen, der für die GbR ja gerade keine Anwendung findet.

III. Zusammenfassung

Die Regelungen über die rechtsfähige Personengesellschaft sind missglückt und 13 lassen sich dementsprechend schwer dogmatisch einordnen. Allenfalls lassen sich im Gegenschluss Zweifel an der Rechtsfähigkeit der Gesellschaft bürgerlichen Rechts entnehmen. Doch sind auch diese – zumal angesichts der zwischenzeitlichen Entwicklung in der Rechtsprechung – letztlich nicht durchschlagend, weil eben die Vorschrift, aus der sie sich speisen, so wenig konsistent ist.

Für die Fallbearbeitung ist der Ertrag dessen, was § 14 BGB leisten kann, eben- 14 falls arm. Einmal mehr zeigt sich bei dieser Gelegenheit, dass dogmatische Einordnungsschwierigkeiten für den gutachterlichen Aufbau auch insofern nicht folgenlos bleiben, als die betreffenden Vorschriften auch dort Schwierigkeiten bereiten. Am ehesten wird man § 14 Abs. 2 BGB im Zusammenhang mit den **Personenhandelsgesellschaften**, also nicht mit der BGB-Gesellschaft, zitieren, und zwar etwa zusammen mit § 124 Abs. 1 HGB.[29]

---

25 Es handelt sich um die Arbeit von *Wertenbruch*, Die Haftung von Gesellschaften und Gesellschaftsanteilen in der Zwangsvollstreckung, 2000, S. 122 ff.

26 Vgl. *Grunewald*, Gesellschaftsrecht, 7. Auflage 2008, S. 52 Rn. 104.

27 Näher dazu *Prütting*, ZIP 1997, 1725.

28 Diese offenbarte sich deutlich in der Entscheidung BGHZ 179, 102. Vorher aus der obergerichtlichen Rechtsprechung BayObLG NJW 2003, 70; NJW-RR 2005, 43; OLG Stuttgart NJW 2008, 304. Dazu ausführlich *Kesseler*, NJW 2011, 1909. Zur BGB-Gesellschaft im Liegenschaftsrecht *Kohler*, Jura 2012, 1; 83; *Lieder*, Jura 2012, 335.

29 Nach einer im Schrifttum vertretenen Auffassung (vgl. nur *Grunewald*, Gesellschaftsrecht, 7. Auflage 2008, S. 101 Rn. 33 f. m.w.N. auch zur Gegenansicht) ergibt sich die umfassende Rechtsfähigkeit freilich schon aus § 124 Abs. 1 HGB. Zu neueren Entwicklungen im Personengesellschaftsrecht *Grunewald*, JA 2011, 881.

§ 58 Das Vereinsrecht des BGB

I. Vertretung und Beschlussfassung

1 Nahezu jede Klausur mit vereinsrechtlichem Bezug wird Fragen der Vertretungsmacht aufwerfen. Auszugehen ist, wie immer bei der Stellvertretung, von § 164 Abs. 1 S. 1 BGB, der neben dem Erfordernis einer eigenen Willenserklärung und der Einhaltung des Offenkundigkeitsprinzips (vgl. § 164 Abs. 1 S. 2 BGB)[1] voraussetzt, dass der Betreffende innerhalb der ihm zustehenden Vertretungsmacht gehandelt hat. Der Verein wird nach § 26 Abs. 1 BGB durch den Vorstand vertreten, der die Stellung eines **gesetzlichen Vertreters** hat, § 26 Abs. 1 S. 2 Hs. 2 BGB.

1. Innen- und Außenverhältnis

2 Zu beachten ist in diesem Zusammenhang allerdings die aus dem Gesellschaftsrecht geläufige und dort schlechthin konstituierende Trennung zwischen **Innen- und Außenverhältnis**. Das zeigt sich besonders an der **Beschlussfassung** innerhalb eines mehrköpfigen Vereinsvorstands, für die § 28 BGB weitergehende Maßgaben aufstellt. Die Beschlussfassung ist lediglich ein Internum des Vorstands und entfaltet Rechtswirkungen grundsätzlich nur im Innenverhältnis.[2] Die Verpflichtung des Vereins gegenüber Dritten, auf die es in der Klausur zumeist ankommen wird, wird dagegen im Außenverhältnis begründet, so dass aus § 28 BGB hierfür strenggenommen nichts abgeleitet werden kann.

2. Gesamt- oder Mehrheitsvertretung?

3 Bei mehrköpfigen Vereinsvorständen war gleichwohl lange Zeit umstritten, ob zur Vertretung des Vereins sämtliche Vorstandsmitglieder gemeinsam tätig werden müssen (**Gesamtvertretung**) oder ob für die Vertretung – ähnlich wie bei der Beschlussfassung – das Tätigwerden einer Mehrheit genügt (**Mehrheitsvertretung**). Wäre Gesamtvertretung erforderlich gewesen, so hätte es in der Praxis häufig an der Vertretungsmacht gefehlt, weil in den seltensten Fällen sämtliche Vorstandsmitglieder am Vertragsschluss mitgewirkt hatten. Allerdings deuteten die entsprechenden gesellschaftsrechtlichen Vorschriften der §§ 35 Abs. 2 S. 2 GmbHG, 78 Abs. 2 S. 1 AktG, 125 Abs. 2 S. 1 HGB, 714, 709 BGB eher auf das Erfordernis der Gesamtvertretung hin, da in ihnen die gemeinsame Vertretung gleichfalls als Gesamtvertretung ausgestaltet ist. Dennoch ging die h.M. schon länger von der Geltung des **Mehrheitsprinzips** aus.[3] Dafür sprachen nicht zuletzt Praktikabilitätsgesichtspunkte, weil der Vorstand andernfalls leicht handlungsunfähig werden könnte. Das lief trotz der aufgezeigten dogmatischen Bedenken auf einen Gleichlauf von Vertretung und Beschlussfas-

---

1 Dazu oben § 35.

2 Allgemein zum Beschluss als Organakt *Ernst*, Liber Amicorum Leenen, 2012, S. 1 ff.; zum Verhältnis von Beschluss und Ausführungsakt *Jacoby*, Das private Amt, 2007, S. 421 ff.

3 *Medicus*, Rn. 1130.

sung und damit auf eine entsprechende Anwendung der §§ 28, 32 BGB hinaus. Dabei wurde für ausreichend gehalten, dass die Vorstandsmitglieder spontan gemeinsam handeln,[4] ohne zuvor einen entsprechenden Beschluss zu fassen.[5] Seit der Vereinsrechtsreform im Jahre 2009 ergibt sich dieser Befund nunmehr unmittelbar aus § 26 Abs. 2 S. 1 BGB.

3. Satzungsmäßige Beschränkung und negative Publizität

Allerdings kann in der Satzung nach § 40 S. 1 BGB statt der Mehrheitsvertretung des **4** § 26 Abs. 2 S. 1 BGB auch Gesamt- oder Einzelvertretung angeordnet werden.[6] Anders als bei § 82 Abs. 1 AktG, § 37 Abs. 2 GmbHG kann zudem der **Umfang der Vertretungsmacht des Vereinsvorstands** gemäß § 26 Abs. 1 S. 3 BGB in der Satzung mit Wirkung gegenüber Dritten beschränkt werden. Zu beachten ist in diesem Zusammenhang allerdings die in § 68 BGB zum Ausdruck kommende **negative Publizität des Vereinsregisters**. Im Zusammenspiel mit § 70 BGB folgt daraus, dass trotz Beschränkung der aktiven Vertretungsmacht mit Wirkung gegenüber Dritten (§ 26 Abs. 1 S. 3 BGB) oder der Statuierung einer Gesamtvertretung (§ 40 S. 1 BGB) ein bezüglich dieser Regelung gutgläubiger Dritter nach § 68 BGB i.V.m. § 70 BGB geschützt wird, etwa wenn die Beschränkung nicht in das Vereinsregister eingetragen wurde.

II. Zurechnungsfragen

Wird der Verein nach dem soeben Gesagten wirksam vertreten und verpflichtet, so **5** schuldet er selbst Erfüllung der eingegangenen Verbindlichkeit, ohne dass dafür § 31 BGB als weitere Zurechnungsnorm herangezogen werden dürfte.[7] Diese Vorschrift wird in ihrer Funktion und ihrem Anwendungsbereich häufig missverstanden und dementsprechend falsch angewendet. Unmittelbar anwendbar ist § 31 BGB bei zum Schadensersatz verpflichtenden Handlungen, die keinem rechtsgeschäftlichen Verhalten entspringen. Begeht also der Vereinsvorsitzende gegenüber einem Dritten – als solcher kommt auch ein Vereinsmitglied in Betracht[8] – in Ausführung einer Vereinsangelegenheit ein Delikt, so haftet er nicht nur persönlich nach den §§ 823 ff. BGB, sondern der Verein muss sich daneben das Handeln des Vorsitzenden auch nach § 31 BGB zurechnen lassen, so dass der Dritte auch auf das **Vereinsvermögen** zugreifen kann. § 31 BGB selbst ist freilich keine Anspruchsgrundlage, sondern setzt einen anderweitig begründeten Anspruch voraus und ermöglicht nur, die Handlung des Organs dem Verein zuzurechnen.[9]

---

4 MüKo/*Reuter*, 6. Auflage 2012, § 26 Rn. 15.
5 *Flume*, Allgemeiner Teil des Bürgerlichen Rechts, Erster Band, Zweiter Teil, 1983, § 10 II 2a, S. 361, hält die „Vertretung durch die Mehrheit der vorhandenen Vorstandsmitglieder" für hinreichend, gleichviel „ob ein Beschluß und welcher Beschluß gefaßt worden ist".
6 Ausf. *Reichert*, Handbuch Vereins- und Verbandsrecht, 13. Auflage 2012, Rn. 2450 ff.
7 Instruktiv *Medicus*, Rn. 1134.
8 *Medicus*, Rn. 1138.
9 Vgl. BGHZ 99, 298, 302; Palandt/*Ellenberger*, 71. Auflage 2012, § 31 Rn. 2 („keine haftungsbegründende, sondern eine haftungszuweisende Norm").

1. Das Verhältnis von § 31 BGB zu § 278 BGB

6 Bei vereinsrechtlichen Zurechnungsfragen wird oft nur an § 31 BGB gedacht, wohl weil dies zugleich die bekannteste und am häufigsten verallgemeinerte[10] Vorschrift des Vereinsrechts ist. Dabei wird nicht selten die viel allgemeinere Vorschrift des § 278 BGB übersehen, mit der sich jedoch zahlreiche Zurechnungsfragen auch des Vereinsrechts lösen lassen, so dass es des Rekurses auf § 31 BGB nicht unbedingt bedarf. Das ist etwa dann anzunehmen, wenn den Vorstand bei der Erfüllung einer Verbindlichkeit ein Verschulden trifft oder der Verein andere Personen in die Erfüllung der Verpflichtung einschaltet. In diesen Fällen wird der Handelnde selbst nicht zum Schadensersatz verpflichtet, wie dies § 31 BGB voraussetzt, weil er selbst dem Gläubiger nichts schuldet.[11] Aus diesem Grund ist es vorzugswürdig, § 31 BGB[12] nur außerhalb einer bestehenden **Sonderverbindung** anzuwenden.[13] Die wohl h.M. sieht dies freilich anders und wendet § 31 BGB auch bei der Haftung aus Vertrag und Pflichtverletzungen an.[14]

7 Allerdings ist im Einzelfall sorgfältig zu prüfen, ob es auf diesen Streit überhaupt ankommt, wie sich an folgendem Beispiel zeigt: Bei einer Vereinsfeier gehen geliehene Gläser durch unbeherrschtes Verhalten einzelner Vereinsmitglieder zu Bruch. Da nicht aufzuklären ist, wer dies konkret war, wendet sich der Verleiher an den Verein. Ein Schadensersatzanspruch gegen den Verein kann sich aus § 280 Abs. 1 S. 1 BGB ergeben. Die erforderliche Pflichtverletzung liegt in dem unsorgsamen Umgang mit den entliehenen Gläsern. Fraglich ist allein die Zurechnung des Handelns der Mitglieder, das zur Zerstörung führte. § 31 BGB scheidet als Zurechnungsnorm schon deshalb aus, weil sich der Vorstand nichts hat zu schulden kommen lassen. Daher kann die streitige Frage dahinstehen, ob § 31 BGB überhaupt bei der Haftung aus Vertrag anwendbar ist. Der Verein muss sich jedoch das Verhalten seiner Mitglieder nach § 278 BGB zurechnen lassen, wenn die Mitglieder **Erfüllungshilfen** sind. Das ist bezüglich der Obhutspflichten aus dem Leihvertrag zu bejahen, so dass es nicht darauf ankommt, welche Mitglieder konkret die Beschädigung verschuldet haben. Der Verein haftet demnach aus § 280 Abs. 1 BGB i.V.m. § 278 BGB.

2. Die Lehre vom Organisationsmangel

8 § 31 BGB nennt neben dem Vorstand und seinen Mitgliedern den verfassungsmäßig berufenen Vertreter, der in § 30 BGB näher bezeichnet wird. In diesem Zusammenhang wird vom „**Haftungsvertreter**" gesprochen.[15] Allerdings erwies sich die gesetzliche Regelung in einer Hinsicht als lückenhaft. Die Vereine scheinen sich nämlich der Haftung entziehen zu können, indem sie im Verhältnis zum Vorstand untergeordnete Personen – und insbesondere keine verfassungsmäßigen Vertreter (§ 30 BGB), für die

---

10 Dazu sogleich unter 2.

11 *Medicus*, Rn. 1135.

12 Dasselbe gilt dann für §§ 86 und 89 BGB, die auf § 31 BGB verweisen.

13 *Flume*, Allgemeiner Teil des Bürgerlichen Rechts, Erster Band, Zweiter Teil, 1983, § 11 III 5; *Medicus/Petersen* BR, Rn. 779.

14 BGHZ 109, 327, 330; Palandt/*Ellenberger*, 71. Auflage 2012, § 31 Rn. 2; siehe auch *Schreiber*, Jura 1987, 647, 653.

15 *Medicus*, Rn. 1137.

sie nach § 31 BGB einzustehen hätten – auftreten ließen und für deren Fehlverhalten sie sich nach § 831 Abs. 1 S. 2 BGB exkulpieren könnten. Dieser Möglichkeit hat die Rechtsprechung schon früh[16] mit der Lehre vom Organisationsmangel[17] entgegengewirkt. Sie überprüft die verbandsrechtliche Organisation im konkreten Fall daraufhin, ob der Verein für die jeweilige Aufgabe nicht einen verfassungsmäßigen Vertreter hätte einsetzen müssen, für den der Verein nach § 31 BGB gehaftet hätte. Diese Rechtsfolge gilt also nach der Rechtsprechung auch dann, wenn die juristische Person in unangemessener Weise andere als die in § 31 BGB aufgezählten Personen einsetzt, um der Haftung zu entgehen.[18] Auf diese Weise wird der **Verrichtungsgehilfe** praktisch als verfassungsmäßiger Vertreter behandelt. Methodologisch handelt es sich um eine entsprechende Anwendung des § 31 BGB.[19]

3. Privilegierung ehrenamtlicher Vorstandsmitglieder

Kommt ein Dritter durch schuldhaftes Verhalten des Vorstandsvorsitzenden zu Schaden, kann sich der Dritte gemäß § 823 Abs. 1 BGB gegen den Vorstandsvorsitzenden und gemäß §§ 823 Abs. 1, 31 Abs. 1 BGB gegen den Verein wenden. Im Außenverhältnis haften beide gemäß § 840 Abs. 1 BGB als Gesamtschuldner, während der Vorsitzende den Schaden im Innenverhältnis entsprechend § 840 Abs. 2 BGB grundsätzlich allein zu tragen hat.[20] Nimmt der Dritten demgemäß den Verein in Anspruch, so hat dieser **Rückgriffsansprüche** gegen den Vorsitzenden aus § 426 Abs. 1 und 2 BGB. Eine Ausnahme hiervon macht seit der Vereinsreform im Jahre 2009 nunmehr § 31a BGB. Danach haftet ein Vorstand, der unentgeltlich tätig ist oder für seine Tätigkeit eine jährliche Vergütung von nicht mehr als 500,– Euro erhält, dem Verein nur bei Vorsatz und grober Fahrlässigkeit. Nimmt der Dritte also den Verein in Anspruch, so ist ein Rückgriff des Vereins beim ehrenamtlich tätigen Vorsitzenden nach § 31a Abs. 1 S. 1 BGB ausgeschlossen. Nimmt der Dritte stattdessen den Vorsitzenden in Anspruch – was ihm unbenommen bleibt, weil § 31a Abs. 1 S. 1 BGB nur das Innenverhältnis, nicht aber das Außenverhältnis betrifft –, so kann der Vorsitzende gemäß § 31a Abs. 2 S. 1 BGB vom Verein die Freistellung von der Verbindlichkeit verlangen. Zahlt er dennoch selbst, verwandelt sich der **Freistellungsanspruch** nach allgemeinen Grundsätzen in einen Rückgriffsanspruch.[21]

Schädigt der Vorsitzende statt eines außenstehenden Dritten, ein anderes Vereinsmitglied, so haftet dem Mitglied bei **leichter Fahrlässigkeit** – vorbehaltlich einer abweichenden Satzungsregelung, § 40 S. 1 BGB – allein der Verein, weil § 31a Abs. 1 S. 2 BGB die persönliche Haftung des Vorstands gegenüber anderen Vereinsmitgliedern ausnahmsweise auch mit Wirkung im „Außenverhältnis" ausschließt. Grund hierfür ist, den Vorstand für sein stärkeres Engagement im Verein gegenüber normalen Vereinsmitgliedern zu privilegieren.[22]

---

16 RG Warneyer 1914 Nr. 35; RGZ 89, 136 f.; RGZ 157, 228, 235.
17 Instruktiv zu ihr *Hassold*, JuS 1982, 583.
18 BGHZ 24, 200, 213; BGH VersR 1965, 1055; BGH NJW 1980, 2810.
19 So zutreffend *Hassold*, JuS 1982, 583; Soergel/*Hadding*, 13. Auflage 2000, § 31 Rn. 18.
20 RG JW 1924, 1155.
21 Palandt/*Ellenberger*, 71. Auflage 2012, § 31a Rn. 51.
22 BT-Drs. 16/10120, S. 7.

III. Berührungspunkte mit den weiteren Büchern des BGB

11 Die zentrale Bedeutung des Vereinsrechts liegt seiner systematischen Stellung entsprechend im Allgemeinen Teil. Daneben sind, wie gesehen, die Bezüge zum Allgemeinen Schuldrecht und zum Gesellschaftsrecht unübersehbar. Darüber hinaus stellen sich jedoch Folgefragen, die in die anderen Bücher des BGB übergreifen. Zwei von ihnen sollen hier exemplarisch behandelt werden.

1. Besitz

12 Im Sachenrecht interessieren vor allem die besitzrechtlichen Verhältnisse beim Verein. Das ist nicht nur wichtig für die §§ 854 ff. BGB, sondern auch für die §§ 929 ff. BGB, insbesondere § 935 Abs. 1 BGB. Für die Übergabe oder das Abhandenkommen kommt der Verein selbst als juristische Person nicht in Betracht. Hier hilft die Figur des **Organbesitzes**: Übt ein Organ des Vereins die tatsächliche Sachherrschaft für den Verein aus, so besitzt der Verein; verliert das Organ sie, so kommt die Sache dem Verein abhanden, § 935 Abs. 1 BGB.

13 Interessant sind vor allem diejenigen Fälle, in denen das Vereinsorgan seine Willensrichtung bezüglich des Besitzes ändert, etwa durch Unterschlagung einer vereinseigenen Sache. Verbringt etwa der Vereinsvorsitzende Weinflaschen, die der Verein von einem befreundeten Verein geschenkt bekommen hat und die der Vorsitzende namens des Vereins entgegengenommen hat, in seinen eigenen Weinkeller, so hatte zunächst der beschenkte Verein (Organ-) Besitz. Mit der Umwandlung in Eigenbesitz durch die Unterschlagung der Flaschen besitzt nurmehr der Vorsitzende und ist mithin den Ansprüchen aus §§ 861, 1007 BGB ausgesetzt. Veräußert er sie an einen Dritten weiter, so steht dem gutgläubigen Erwerb § 935 Abs. 1 BGB entgegen.

2. Deliktischer und sonstiger Schutz der Vereinsmitgliedschaft

14 Im Deliktsrecht ist aus vereinsrechtlicher Sicht vor allem der deliktische Schutz der Vereinsmitgliedschaft von Interesse. Es geht dabei um die Frage, ob und unter welchen Voraussetzungen die Vereinsmitgliedschaft als absolutes Recht im Sinne des § 823 Abs. 1 BGB anzusehen ist. Paradigmatisch hierfür ist der **Schärenkreuzer-Fall** des Bundesgerichtshofs:[23] Ein eingetragener Segelverein hatte dem auf Schadensersatz klagenden Mitglied die Anerkennung seines Segelboots als Schärenkreuzer und damit dem Mitglied die Teilnahme an einer Bodensee-Regatta mit der Begründung verweigert, dass sein Boot nicht den Vorschriften entspreche. Das Boot entsprach jedoch den Anforderungen der Klassevorschriften der Schärenkreuzer. Das Mitglied durfte auf Grund der Nichtanerkennung als Schärenkreuzer wiederholt nicht an Regatten seiner Bootsklasse teilnehmen. Der Schwerpunkt der Entscheidung des

---

23 BGHZ 110, 323; dazu *K. Schmidt*, JZ 1991, 157; *Deutsch*, VersR 1991, 837; monographisch *Helms*, Schadensersatzansprüche wegen Beeinträchtigung der Vereinsmitgliedschaft, 1998.

Bundesgerichtshofs[24] galt der bereits angedeuteten Frage, ob die Mitgliedschaft als sonstiges Recht deliktisch geschützt ist.[25]

a) Ansprüche nach Allgemeinem Schuldrecht

In der Fallbearbeitung ist nach dem Grundsatz der Anspruchskonkurrenz jedoch vor- **15** rangig ein vertraglicher bzw. quasivertraglicher Anspruch zu untersuchen.[26] Dieser Gesichtspunkt ist auch für die deliktische Schutzbedürftigkeit nicht uninteressant.[27] Denn wenn die aus der Vereinsmitgliedschaft resultierende Sonderverbindung hinreichenden Schutz garantiert, bedarf es womöglich eines daneben bestehenden deliktischen Anspruchs nicht mehr.[28] Der Bundesgerichtshof hat dazu in einer früheren Entscheidung,[29] auf die auch im Schärenkreuzer-Urteil Bezug genommen wird,[30] bemerkt, dass eine Haftung des Vereins „ähnlich der positiven Vertragsverletzung" gegeben sei.[31] Mit einer so vagen Funktionsbestimmung könnten es die Studierenden in der **Fallbearbeitung** natürlich nicht bewenden lassen. Gerade der vertragliche Anspruch ist – spätestens und besonders seit der Schuldrechtsreform – interessant.

Damit ist die Frage aufgeworfen, ob das klagende Mitglied einen Anspruch aus **16** § 280 Abs. 1 S. 1 BGB hat. Das setzt das Bestehen eines Schuldverhältnisses voraus. Als solches kommt die Mitgliedschaft in Betracht.[32] Das führt zu der weitergehenden Frage nach der Rechtsnatur der Vereinsmitgliedschaft.[33] Hierzu bemerkt der Bundesgerichtshof in der Schärenkreuzer-Entscheidung, das Mitgliedschaftsverhältnis als ein **„vertragsähnliches Rechtsverhältnis"** könne „Grundlage eines quasi-vertraglichen Schadensersatzanspruchs" sein.[34] Folgt man dem, so kann man auch für die Anwendung des § 280 Abs. 1 BGB davon ausgehen, dass ein Schadensersatzanspruch nach Allgemeinem Schuldrecht besteht. Der Verein müsste sich das Verschulden (vgl. § 280 Abs. 1 S. 2 BGB) seiner Organe nach der hier vertretenen Ansicht nach § 278 BGB zurechnen lassen, da eine Sonderverbindung besteht.[35]

---

24 Vgl. BGHZ 110, 323, 327, 330 ff.

25 Eingehend zu dieser Frage auch über das Vereinsrecht hinaus *Habersack*, Die Mitgliedschaft – subjektives und ,sonstiges' Recht, 1996.

26 Näher dazu *Helms*, Beeinträchtigungen der Vereinsmitgliedschaft, 1998. Seine dortigen Ausführungen zur positiven Forderungsverletzung und zu § 280 BGB a.F. sowie zum Verzug (§ 286 BGB a.F.) lassen sich mutatis mutandis ohne weiteres auf das neue Recht übertragen; dazu näher im Folgenden.

27 Siehe zum Folgenden insbesondere *Hadding*, FS Kellermann, 1991, S. 91 ff.

28 *Medicus/Petersen* BR, Rn. 620a.

29 BGHZ 90, 92 ff.

30 Vgl. BGHZ 110, 323, 327.

31 BGHZ 90, 92, 95.

32 Nach *Hadding*, FS Kellermann, 1991, S. 91 ff., kommt nicht die Mitgliedschaft als solche, sondern nur das Mitgliedschafts*verhältnis* in Betracht.

33 Allgemein zur Theorie der Mitgliedschaft der gleichnamige Aufsatz von *Lutter*, AcP 180 (1980), 84; sowie die erwähnte Habilitationsschrift von *Habersack*, Die Mitgliedschaft – subjektives und ,sonstiges' Recht, 1996; speziell zur Vereinsmitgliedschaft *Helms*, Beeinträchtigungen der Vereinsmitgliedschaft, 1998, S. 19 ff.

34 BGHZ 110, 323, 334; dazu *Helms*, Beeinträchtigungen der Vereinsmitgliedschaft, 1998, S. 18 f.

35 Dazu oben II. 1; der Bundesgerichtshof sieht dies freilich anders: „Die Verletzung der Mitgliedschaftsrechte durch den Vorstand begründet – ähnlich der positiven Vertragsverletzung – Schadensersatzpflichten, für die der Verein nach § 31 BGB haftet (BGHZ 90, 92, 95)."

b) Zusätzlicher deliktischer Schutz

17 Folgt man dem, so fragt sich, ob es eines darüber hinausgehenden deliktischen Schutzes nach § 823 Abs. 1 BGB überhaupt noch bedarf[36] und ob nicht vielmehr Ansprüche aus §§ 826, 823 Abs. 2 BGB ausreichen. Die ganz h.M.[37] geht jedoch davon aus, dass auch die Mitgliedschaft und Mitgliedschaftsrechte zu den sonstigen Rechten i.S.d. § 823 Abs. 1 BGB gehören, soweit ihnen **Zuweisungsgehalt** und **Ausschlussfunktion** zukommen, was für die fraglichen Mitgliedschaftsrechte gesondert zu untersuchen wäre. Das ergibt sich daraus, dass die Ausübung der mit der Mitgliedschaft verbundenen Befugnisse (vgl. § 38 S. 2 BGB), wie etwa die Stimmabgabe allein beim Mitglied selbst liegt.[38] Im Schärenkreuzerfall wäre demnach ein Anspruch aus § 823 Abs. 1 BGB anzunehmen, weil die Vereinsorgane das Mitglied durch ihr Fehlverhalten, die fehlerhafte Auskunft zur Regatta-Tauglichkeit, schuldhaft an der Ausübung einer satzungsmäßigen Tätigkeit gehindert haben. Denn das wesentliche Ziel der Mitgliedschaft lag hier in der Ermöglichung der Teilnahme an Regatten. Der Eingriff stellt sich für das Mitglied in einem solchen Fall als ähnlich schwerwiegend dar wie der Entzug der Mitgliedschaft.[39]

IV. Nichtrechtsfähiger Verein

18 Bisher war vor allem vom rechtsfähigen Verein (vgl. § 21 BGB) die Rede. Die besonderen Ausprägungen, wie etwa der wirtschaftliche Verein (§ 22 BGB), sind in der Staatsprüfung von eingeschränkter Bedeutung. Wichtig ist dagegen der nichtrechtsfähige Verein mit seiner Verweisung in § 54 S. 1 BGB auf das Recht der Gesellschaft bürgerlichen Rechts (§§ 705 ff. BGB).[40] Das Verständnis dieser Verweisung gehört zum Kernbestand zivilrechtlicher Examensvorbereitung, weil es sich zum einen um eine wichtige Verbindungslinie zwischen den beiden zentralen Verbandsformen des Bürgerlichen Gesetzbuchs handelt.[41] Zum anderen zeigt sich anhand des § 54 BGB, dass ursprünglicher gesetzgeberischer Wille und die sogenannte objektiv-teleologische Auslegung unterschiedliche Wege gehen können.[42]

19   Der historische Gesetzgeber wollte mit der Verweisung in das Gesellschaftsrecht nämlich erreichen, dass sich die nichtrechtsfähigen Vereine, als deren suspekteste Erscheinungsformen **Parteien** und **Gewerkschaften** galten und entsprechend argwöhnisch betrachtet wurden, in das Vereinsregister eintragen ließen, damit sie durch die damit einhergehende **Registerpublizität** besser im Blick gehalten werden

---

36 Ablehnend *Helms*, Beeinträchtigungen der Vereinsmitgliedschaft, 1998, S. 171; vlg. *Medicus/Petersen* BR, Rn. 620a.

37 *Larenz/Canaris*, § 76 II 4 e; *Mertens*, FS Robert Fischer, 1979, S. 461, 468; *K. Schmidt*, JZ 1991, 157, 158 f.; *Reuter*, FS Hermann Lange, 1992, S. 707.

38 *Larenz/Canaris*, S. 394.

39 *Larenz/Canaris*, S. 395.

40 Dazu *Flume*, ZHR 148 (1984), 503.

41 Vgl. *Habscheid*, AcP 155 (1956), 375.

42 Zu dieser schwierigen methodologischen Frage, für die es im Übrigen nur eine überschaubare Zahl wirklicher Anwendungs- und Beispielsfälle gibt, allgemein *Larenz/Canaris*, Methodenlehre der Rechtswissenschaft, 3. Auflage 1995, S. 137 ff., 233 f.; speziell zum vorliegenden Beispiel des § 54 BGB in dieser Hinsicht *Neuner*, Die Rechtsfindung contra legem, 1992, S. 153 f.

konnten. Indem man den nichtrechtsfähigen Verein dem Recht der Gesellschaft bürgerlichen Rechts unterstellte, machte man ihn – so das unausgesprochene gesetzgeberische Kalkül – unattraktiver.[43] Das zeigte sich etwa an der scharfen **Handelndenhaftung** des § 54 S. 2 BGB sowie dem Umstand, dass der nichtrechtsfähige Verein nach der ursprünglichen gesetzgeberischen Konzeption zwar nach § 50 Abs. 2 ZPO verklagt werden, umgekehrt aber seine Ansprüche nicht geltend machen konnte, weil ihm die dazu erforderliche **aktive Parteifähigkeit** vorenthalten wurde.[44] Auch wenn die zugrundeliegende gesetzgeberische Überlegung der verdeckten Diskriminierung von Parteien und Gewerkschaften unter der Geltung des Grundgesetzes (vgl. Art. 9 Abs. 3 GG) keinen Platz mehr hat, wäre es zu einfach, die Vorschrift des § 54 S. 1 BGB nach dem Grundsatz *cessante ratione legis cessat lex ipsa* einfach zu ignorieren. Dennoch unterscheidet sich die heutige Rechtslage von der gesetzlich gewollten, nachdem Rechtsprechung und Lehre einige wichtige Modifizierungen durchgesetzt haben. Dazu gehört vor allem die von zahlreichen Stimmen im Schrifttum befürwortete[45] und schließlich auch von der Rechtsprechung[46] bzw. im Jahre 2009 sogar vom Gesetzgeber anerkannte aktive Parteifähigkeit der nichtrechtsfähigen Vereine. Darüber hinaus wird heute sogar der **Rechtsfähigkeit des nichtrechtsfähigen Vereins** das Wort geredet, wofür wegen der Verweisung des § 54 S. 1 BGB vor allem die ebenfalls anerkannte Rechtsfähigkeit der Außen-Gesellschaft bürgerlichen Rechts spricht.[47]

Für die Fallbearbeitung wichtig ist wie immer die Haftung. Ausdrücklich geregelt **20** ist die persönliche Haftung des oder der (§ 54 S. 2 Hs. 2 BGB i.V.m. § 427 BGB) unmittelbar[48] Handelnden. Dabei handelt es sich nicht um eine bloße Ersatzhaftung, sondern um eine zusätzliche Haftung.[49] Da das Vereinsvermögen keinerlei Kapitalsicherung unterliegt, dient die Handelndenhaftung in erster Linie dem **Gläubigerschutz**, weil dem Geschäftspartner neben dem Vereinsvermögen auch das Privatvermögen des Handelnden haftet.[50] Für die persönliche Haftung aus § 54 S. 2 BGB ist es gleichgültig, ob der Handelnde Vertretungsmacht hat oder der Verein dessen vollmachtloses Handeln später genehmigt (§ 177 BGB).[51] Sie greift sogar dann, wenn der Handelnde gänzlich ohne Vertretungsmacht tätig geworden ist.[52]

Im Übrigen ist für die **Haftung des Vereins und seiner Mitglieder** zu trennen **21** zwischen rechtsgeschäftlichen und deliktisch begründeten Verbindlichkeiten: Für rechtsgeschäftliche Verbindlichkeiten haftet zunächst unproblematisch das Ver-

---

43 Vgl. die Übersicht bei *Medicus*, Rn. 1141.
44 Näher *K. Schmidt*, NJW 1984, 2249.
45 MüKo/*Reuter*, 6. Auflage 2012, § 54 Rn. 15 f.; *Flume*, Die Personengesellschaft, 1977, S. 88; *Palandt/ Ellenberger*, 71. Auflage 2012, § 54 Rn. 2.
46 BGH NJW 2008, 69, 74 Tz. 55.
47 Vgl. BGH NJW 2008, 69, 74 Tz. 55 mit Verweis auf BGHZ 146, 341; *K. Schmidt* NJW 2001, 993, 1002 f.; nach *Hadding*, ZGR 2006, 137, 145 sollte deshalb eher vom „nicht eingetragenen Verein" gesprochen werden.
48 Der nur mittelbar Handelnde haftet zumindest beim Idealverein nicht; vgl. BGH NJW 1957, 1186.
49 Palandt/*Ellenberger*, 71. Auflage 2012, § 54 Rn. 13.
50 BGH NJW-RR 2003, 1265; Soergel/*Hadding*, BGB, 13. Auflage 2000, § 54 Rn. 26.
51 *Medicus/Petersen* BR, Rn. 796.
52 BGH NJW-RR 2003, 1265; a.A. *Beuthien* GmbHR 1996, 561, 563 f.; *Schöpflin*, Der nichtrechtsfähige Verein, 2003, S. 486 ff.

einsvermögen.[53] Ob daneben auch die Mitglieder persönlich haften, hängt beim Idealverein[54] vom Umfang der Vertretungsmacht des Vorstands ab. Berechtigt diese qua Satzung nur zu Geschäften über das Vereinsvermögen, so haften die Mitglieder ähnlich wie beim rechtsfähigen Verein nicht persönlich.[55] Aber selbst ohne einen solchen Zusatz lehnen die Rechtsprechung[56] und eine starke Strömung im Schrifttum[57] eine persönliche Mitgliederhaftung ab. Hierfür spricht etwa, dass dem Gläubigerschutz mit der Handelndenhaftung nach § 54 S. 2 BGB vollauf Genüge getan ist.

22   Eine bezeichnende Modifikation für den nichtrechtsfähigen Verein findet sich für deliktisch begründete Verbindlichkeiten. Bei wortlautgetreuer Anwendung des § 54 S. 1 BGB würde sich die entsprechende und überaus kontrovers diskutierte Frage der Einstandspflicht des Gesellschafters einer Gesellschaft bürgerlichen Rechts für Delikte eines Mitgesellschafters stellen. Was für die GbR streitig ist – nämlich die Anwendung des § 31 BGB – entspricht beim nichtrechtsfähigen Verein der ganz überwiegenden Auffassung.[58] Das bedeutet, dass der Verein für Schäden haftet, die der Vorstand oder seine **Haftungsvertreter** einem Dritten zugefügt haben.[59] Hierfür haftet jedoch nur das Vereinsvermögen, nicht aber haften die Mitglieder persönlich.[60] Gleiches gilt, wenn der Verein aus § 831 BGB wegen des Verhaltens eines Verrichtungsgehilfen, welche die Mitglieder in aller Regel mangels Weisungsgebundenheit nicht sind, in Anspruch genommen wird, so dass auch in diesem Fall nur das Vereinsvermögen haftet.[61]

---

53 Soweit man den nichtrechtsfähigen Verein für rechtsfähig hält, folgt diese Haftung bereits aus der Rechtsfähigkeit selbst, weil der Verein insoweit Träger des Vereinsvermögens ist, vgl. etwa *K. Schmidt*, NJW 2001, 993, 1002; andernfalls folgt sie jedenfalls aus der gesamthänderischen Bindung des Vereinsvermögens, vgl. Bamberger/Roth/*Schöpflin*, 24. Edition 2012, § 54 Rn. 27.

54 Anders beim Wirtschaftsverein, bei dem es keinen, auch keinen historischen, Grund gibt, von der unbeschränkten persönlichen Mitgliederhaftung eine Ausnahme zu machen, vgl. BGHZ 22, 240, 244; *Flume*, ZHR 148 (1984), 503, 519; *Medicus*, Rn. 1155.

55 Für einen ähnlichen Ansatz bei der sog. „GbR m.b.H." *Petersen/Rothenfußer*, GmbHR 2000, 757.

56 BGH NJW-RR 2003, 1265.

57 *K. Schmidt*, Gesellschaftsrecht, 4. Auflage 2002, § 25 III 2, S. 746; Soergel/*Hadding*, BGB, 13. Auflage 2000, § 54 Rn. 24; *H. Westermann*, JuS 1961, 333, 336; *Medicus*, Rn. 1154; *Larenz*, Allgemeiner Teil des deutschen Bürgerlichen Rechts, 7. Auflage 1989, § 10 VI 3, S. 175; *Sellert*, AcP 175 (1975), 77, 98 ff.

58 *Flume*, Allgemeiner Teil des Bürgerlichen Rechts, Erster Band, Zweiter Teil, 1983, § 11 III 4; *Staudinger/Coing*, § 54 Rn. 71; *Medicus*, Rn. 1157 m.w.N.

59 *Medicus*, Rn. 1157.

60 Palandt/*Ellenberger*, 71. Auflage 2012, § 54 Rn. 12.

61 *Medicus/Petersen* BR, Rn. 796; Palandt/*Ellenberger*, 71. Auflage 2012, § 54, Rn. 12.

§ 59 Das Stiftungsrecht des BGB

I. Bedeutung in Praxis und Prüfung

In kaum einem Bereich des Bürgerlichen Rechts scheinen theoretische und prakti- **1** sche Bedeutung so weit auseinander zu gehen wie im Stiftungsrecht.[1] Immerhin handelt es sich seit jeher um einen klassischen Bereich des Bürgerlichen Rechts.[2] In der Praxis spielen Stiftungen eine immer größer werdende Rolle, weil es sich dabei gerade bei großen Vermögensmassen – nicht zuletzt im Hinblick auf den Erbgang[3] – um eine probate Rechtsform handelt.

1. Praktische Bedeutung

Gerade bei Familienunternehmen ist die praktische Bedeutung immens.[4] Die **2** **rechtsfähige Stiftung** kann sogar selbst Träger des Unternehmens sein (Unternehmensträgerstiftung).[5] Dementsprechend wichtig ist die steuerrechtliche Seite, sind doch Stiftungen in steuerlicher Hinsicht vielfach privilegiert,[6] so dass sie sich schon aus diesem Grund als Rechtsform anbieten.[7] Schon aus diesem Grund sind von jedem Juristen zumindest ungefähre Kenntnisse über diese Rechtsform zu erwarten, weil sie als Gestaltungsmöglichkeit immer mitbedacht werden sollten. Denn die Stiftung bietet etwa insofern eine Alternative zu gängigen erbrechtlichen Lösungen, wie z.B. der **Testamentsvollstreckung**, der **Nacherbschaft** oder des **Vermächtnisses**, als sie über die für diese hinausgehenden Zeitraum von dreißig Jahren (vgl. §§ 2210, 2109, 2162 BGB) hinaus eine Handhabe bereitstellt, den Willen und Namen des Erblassers bzw. Stifters fortleben zu lassen.[8] Unter diesem Blickwinkel kann in den immer gängiger werdenden **Kautelarklausuren** zumindest an sie zu denken sein, wenngleich natürlich die Kenntnis der stiftungs- und vor allem stiftungssteuerlichen Besonderheiten nicht erwartet werden kann. Als alternative Gestaltungsform sollte sie indes gleichwohl bekannt sein.

---

1 Allgemein dazu *K. Schmidt*, Stiftungswesen – Stiftungsrecht – Stiftungspolitik, 1987. Das Stiftungsrecht wurde im Jahre 2002 modernisiert. Zu den Änderungen im BGB vgl. *Andrick/Suerbaum*, NJW 2002, 2905 ff.; zu den landesgesetzlichen Folgeänderungen vgl. *Richter/Sturm*, NZG 2005, 655 ff.
2 Vgl. nur *Kohler*, ArchBürgR 3 (1890), 228.
3 Speziell zur Erbschaftsteuer *von Oertzen*, ZEV 1997, 103.
4 *Hennerkes/Binz/Sorg*, DB 1986, 2217; *Sorg*, Die Familienstiftung, 1984; *ders.*, BB 1983, 1620; *Nietzer-Stadie*, NJW 2000, 3457; *Schindler*, Familienstiftungen, 1975.
5 *Vinken*, Die Stiftung als Trägerin von Unternehmen und Unternehmensteilen, 1970; *Goerdeler*, FS Kuntze, 1969, S. 209; *ders.*, NJW 1992, 1487; *Heuel*, Die Entwicklung der Unternehmensträgerstiftung in Deutschland, 2001; *Kronke*, Zur Problematik der Unternehmensträger-Stiftung, 1988.
6 *Mecking*, NJW 2001, 203.
7 Näher *Pöllath*, in: Seifart/v. Campenhausen, Handbuch des Stiftungsrechts, 3. Auflage 2009, § 39.
8 *Medicus*, Rn. 1162; siehe auch *Gradenwitz*, Der Wille des Stifters, FS zur Erinnerung an Immanuel Kant, 1904, S. 179.

2. Relevanz in der Fallbearbeitung

3 Andererseits ist die Bedeutung in der Prüfung unleugbar gering. Nur wenige – aber immerhin einige! – Examensklausuren hatten in der Vergangenheit eine Stiftung zum Gegenstand. Gerade im Zuge der mit der Schwerpunktbereichsreform einhergehenden Konzentration auf das Bürgerliche Recht im Pflichtfachbereich wird jedoch das Augenmerk unwillkürlich auf diejenigen verbandsrechtlichen Instrumente gelenkt, die im Bürgerlichen Gesetzbuch geregelt sind, also die Gesellschaft bürgerlichen Rechts,[9] den Verein, und die rechtsfähige Stiftung.[10] Die nichtrechtsfähige bzw. unselbständige Stiftung,[11] bei der einer bestehenden Person Vermögen mit der Bestimmung als wirtschaftlich getrenntes **Sondervermögen** zugewendet wird, dieses für einen bestimmten Zweck zu verwenden,[12] ist nicht im BGB, sondern im jeweiligen Landesrecht näher geregelt und kann daher hier außer Betracht bleiben. Entsprechendes gilt für die kirchlichen Stiftungen, vgl. § 80 Abs. 3 BGB.

4 Eine größere Bedeutung, als vielfach angenommen, hat das Vereinsrecht, das gerade für alltägliche Rechtsfragen Prüfungsstoff birgt. Von dort ist es – unter dem Gesichtspunkt der Prüfungsrelevanz – freilich nur ein kleiner Schritt zum Stiftungsrecht: Nach § 86 S. 1 BGB finden nämlich die Vorschriften des § 26, des § 27 Abs. 3 und der §§ 28 bis 31a, 42 BGB auf Stiftungen entsprechende Anwendung. Gerade diese Vorschriften sind jedoch besonders prüfungsrelevant, so dass es ein Leichtes ist, einen Fall mit einer Stiftung zu stellen, der über die genannte Verweisung in gängige Probleme des Vereinsrechts weist. Dass § 86 S. 1 BGB im Übrigen nur auf § 27 Abs. 3 BGB, nicht aber auf dessen Abs. 1 und 2 verweist, liegt daran, dass dort die Mitgliederversammlung vorausgesetzt wird, an der es bei der Stiftung jedoch gerade fehlt, weil diese ein verselbständigtes Vermögen darstellt, das also keine Mitglieder hat.[13] Seinerseits verweist § 27 Abs. 3 BGB weiter in die Vorschriften des Auftrags, woraus sich etwa die Folgefrage einer möglichen Haftungsprivilegierung bei unentgeltlichen Tätigkeiten ergibt.[14]

II. Entstehung der Stiftung

5 Zur Entstehung einer rechtsfähigen Stiftung sind nach § 80 Abs. 1 BGB das Stiftungsgeschäft und die Anerkennung durch die zuständige Behörde des Landes erforderlich, in dem die Stiftung ihren Sitz haben soll (**Konzessionssystem**). Das Gesetz sagt also nicht, was eine rechtsfähige Stiftung ist. Man versteht darunter ein rechtlich verselbständigtes Vermögen, das einem bestimmten Zweck gewidmet ist.[15] Die rechtsfä-

---

9 Zu nennen ist weiterhin die rechtsfähige Personengesellschaft i.S.d. § 14 Abs. 2 BGB.

10 Überblick bei *Weimar*, MDR 1981, 548. Allerdings handelt es sich bei der Stiftung selbst genaugenommen nicht um einen Verband im Sinne des Gesellschaftsrechts, siehe unten II.

11 Zu ihr *Wochner*, ZEV 1999, 125.

12 *Medicus*, Rn. 1160.

13 *Medicus*, Rn. 1168.

14 Hierzu BGH NJW-RR 2012, 280 m. Anm. *K. Schmidt*, JuS 2012, 251.

15 *Medicus*, Rn. 1164.

hige Stiftung ist somit eine juristische Person, die – anders als der Verein – nicht aus einem Personenverband besteht.[16]

1. Das Stiftungsgeschäft

Ein zentraler Begriff innerhalb der §§ 80 ff. BGB ist der des Stiftungsgeschäfts, das 6 neben der Anerkennung durch die zuständige Behörde zur Entstehung der rechtsfähigen Stiftung erforderlich ist (§ 80 Abs. 1 S. 1 BGB). Nach § 81 Abs. 1 S. 1 BGB bedarf das Stiftungsgeschäft unter Lebenden der schriftlichen Form. Es muss die verbindliche Erklärung des Stifters enthalten, ein Vermögen zur Erfüllung eines von ihm vorgegebenen Zwecks zu widmen, § 81 Abs. 1 S. 2 BGB. Als Stiftungsgeschäft bezeichnet man die Handlung des Stifters, auf der die von ihm geschaffene Institution gründet. Es ist ein **Rechtsgeschäft sui generis,** und zwar eine einseitige, nicht empfangsbedürftige Willenserklärung.[17] Dies gilt selbst dann, wenn mehrere Stifter die Stiftung gemeinsam begründen.[18]

2. Die Anerkennung der Stiftung

Die Anerkennung der Stiftung durch die nach Landesrecht zuständige Stiftungsbe- 7 hörde (**Konzession**) ist konstitutive Voraussetzung für die Entstehung der Stiftung als juristische Person.[19] Es handelt sich bei der Anerkennung um einen (gebundenen) Verwaltungsakt.[20] In dem Verwaltungsverfahren, das sich nach dem Verwaltungsverfahrensgesetz des jeweiligen Bundeslandes richtet, prüft die Behörde die in § 80 Abs. 2 BGB genannten Voraussetzungen sowie die Anforderungen des jeweiligen Landesstiftungsgesetzes, welches auch das Anerkennungsverfahren näher regelt. Bei der Beurteilung der Gemeinwohlgefährdung und der Prognoseentscheidung der angemessenen Vermögensausstattung steht der Stiftungsbehörde ein (begrenzt überprüfbarer) Beurteilungsspielraum zu.[21]

Eine von der zuständigen Behörde als rechtsfähig anerkannte Stiftung ist auch 8 bei Mängeln des Stiftungsgeschäfts solange rechtsfähig, bis die Anerkennung aufgehoben worden ist.[22] Die wichtigsten Aufhebungsgründe finden sich in §§ 86, 87 BGB. Möglich ist daneben auch ein Widerruf gem. § 49 VwVfG, z.B. wenn die Anerkennung widerruflich erteilt wurde.[23] Hinsichtlich der Aufhebung ist zu beachten, dass diese nur *ex nunc*, d.h. mit Wirkung für die Zukunft möglich ist, weil es sich um einen **privatrechtsgestaltenden Verwaltungsakt** handelt.[24] Im Rahmen der Ermessensaus-

---

16 *K. Schmidt*, Gesellschaftsrecht, 4. Auflage 2002, § 7 II. 1. a), S. 173.
17 *Flume*, Allgemeiner Teil des Bürgerlichen Rechts, Erster Band, Zweiter Teil, 1983, § 4 V 3.
18 *Von Tuhr*, Der Allgemeine Teil des Deutschen Bürgerlichen Rechts, Band I, 1910, S. 600.
19 *Flume*, Allgemeiner Teil des Bürgerlichen Rechts, Erster Band, Zweiter Teil, 1983, § 4 V 3.
20 Anwaltkommentar-*Schiffer*, 2005, § 80 Rn. 33; Palandt/*Ellenberger*, 71. Auflage 2012, § 80 Rn. 2.
21 Anwaltkommentar-*Schiffer*, 2005, § 80 Rn. 35.
22 Palandt/*Ellenberger*, 71. Auflage 2012, 2005, § 80 Rn. 2.
23 Palandt/*Ellenberger*, 71. Auflage 2012, § 87 Rn. 3.
24 BVerwG NJW 1969, 339.

übung hinsichtlich der Aufhebungsentscheidung sind vor allem mildere Mittel, wie die Zweckumwandlung zu beachten.[25]

9 Der Rechtsschutz gegen die Nichtanerkennung, die Aufhebung und gegen sonstige Maßnahmen der Stiftungsbehörde richtet sich nach den allgemeinen verwaltungsgerichtlichen Regelungen, d.h. die Anerkennung kann mit Widerspruch und Verpflichtungsklage erzwungen werden und gegen die Aufhebung und sonstige belastende stiftungsbehördliche Verwaltungsakte sind Widerspruch und Anfechtungsklage statthaft.[26] Da die Rechtsbehelfe aufschiebende Wirkung haben, bleibt die Stiftung bis zur rechtskräftigen Entscheidung über die Aufhebungsverfügung rechtsfähig.[27]

3. Übertragungspflicht des Stifters

10 Wird die Stiftung als rechtsfähig anerkannt – bis dahin ist der Stifter zum Widerruf des Stiftungsgeschäfts berechtigt (§ 81 Abs. 2 S. 1 BGB) –, so ist der Stifter nach § 82 BGB verpflichtet, das in dem Stiftungsgeschäft zugesicherte Vermögen auf die Stiftung zu übertragen. Anders als bei der erbrechtlichen Universalsukzession gemäß § 1922 BGB gibt es bei der Errichtung der Stiftung also keinen Rechtsübergang kraft Gesetzes.[28] Es ist eine dogmatische Eigentümlichkeit des Stiftungsgeschäfts unter Lebenden,[29] dass mit der Genehmigung der Stiftung durch die einseitige Erklärung des Stifters die Verpflichtung begründet wird, das im Stiftungsgeschäft zugesicherte Vermögen an die Stiftung zu übertragen.[30] Die Stiftung entsteht somit ausgestattet mit dem **Anspruch auf Übertragung des Vermögens**.[31] Obwohl es in der Regel nicht ausgesprochen wird, handelt es sich bei § 82 BGB um eine – freilich sehr entlegene – Anspruchsgrundlage. Es besteht dann also ein Anspruch der Stiftung gegen den Stifter. Auch wenn die rechtsfähige Stiftung nicht mehr als ein rechtlich verselbständigtes Vermögen darstellt, ist dies folgerichtig, weil sie eben eine juristische Person ist und als solche möglicher Träger von Rechten.

11 In Betracht kommt sogar ein **Schadensersatzanspruch analog § 160 BGB** gegen den Stifter, wenn er während des Schwebezustands, der von der Einreichung des Antrags bei der Behörde bis zur Erteilung der Genehmigung entsteht, die Erfüllung der im Stiftungsgeschäft versprochenen Zusage beeinträchtigt oder gar vereitelt.[32] Da die Stiftung wegen der Unentgeltlichkeit jedoch zumindest Ähnlichkeiten zur Schen-

---

25 *Hof*, in: Seifart/v. Campenhausen, Handbuch des Stiftungsrechts, 3. Auflage 2009, § 12 Rn. 45.

26 Zu der Frage ob und auf welche Weise einzelne Stiftungsorgane Rechtsschutz gegen stiftungsaufsichtliche Maßnahmen beanspruchen können vgl. *Suerbaum*, NVwZ 2005, 160 ff.

27 OLG Hamm NJW-RR 1995, 120 f.

28 Staudinger/*Hüttemann/Rawert*, Neubearbeitung 2010, § 82 Rn. 2.

29 Zu ihr *Seyboth*, Die Haftung des Stifters und seines Erben bei Stiftungen unter Lebenden, 1936; ferner *Jacke*, Die Haftung des Stifters und seines Erben, 1905.

30 *Flume*, Allgemeiner Teil des Bürgerlichen Rechts, Erster Band, Zweiter Teil, 1983, § 4 V 3.

31 MüKo/*Reuter*, 6. Auflage 2012, § 82 Rn. 1.

32 Staudinger/*Hüttemann/Rawert*, Neubearbeitung 2010, § 82 Rn. 8.

kung aufweist,[33] wird man dem Stifter analog § 521 eine **Haftungsprivilegierung**
zugestehen müssen, so dass er nur für Vorsatz und grobe Fahrlässigkeit haftet.[34]

Ipso iure, also ohne entsprechende Übertragung, gehen nach § 82 S. 2 BGB vorbe- 12
haltlich eines anderen Willens des Stifters nur Rechte auf die Stiftung über, zu deren
Übertragung der Abtretungsvertrag genügt, also etwa Mitgliedschafts- oder gewerbli-
che Schutzrechte (§§ 398, 413 BGB).[35] Vom Anspruch der Stiftung gegen den Stifter zu
unterscheiden sind die Rechte der von der Stiftung Begünstigten, den so genannten
Destinatären. Diesen kann entsprechend § 328 BGB ein klagbarer Anspruch gegen
die Stiftung auf Leistung der nach dem Stiftungszweck festgesetzten Zuwendungen
eingeräumt werden.

Wegen der **treuhänderischen Zweckbindung** ist umstritten, ob die Übertragung 13
des Stiftungsvermögens als unentgeltlich anzusehen ist. Bedeutung hat dies vor allem
für das Pflichtteilsrecht aber auch für alle anderen Vorschriften, die den unentgeltlichen Erwerber gegenüber dem entgeltlichen Erwerber schlechter stellen.[36] Teilweise
wird das Vorliegen einer pflichtteilsergänzungspflichtigen Schenkung i.S.d. §§ 2325,
2329 BGB verneint, weil der Erblasser der Stiftung nur Durchgangsvermögen treuhän-
derisch gebunden zuwende und sie daher nicht wirtschaftlich bereichere.[37] Dem hat
der BGH nunmehr eine Absage erteilt, indem er mit der schon bislang herrschenden
Meinung insbesondere im Hinblick auf den Zweck des Pflichtteilsrechts das Vorliegen
einer Schenkung zutreffend bejaht hat.[38]

4. Stiftungsverfassung und Stiftungszweck

Die Verfassung der Stiftung wird nach § 85 BGB, soweit sie nicht auf Bundes- oder 14
Landesrecht beruht, durch das Stiftungsgeschäft bestimmt. Hier zeigt sich wiederum
dessen zentrale Bedeutung. Daher muss das Stiftungsgeschäft den Zweck der Stiftung
und Regelungen über die Bildung des Vorstands angeben. Insoweit verweist § 86 BGB
auf § 26 BGB über die gesetzliche Vertretungsmacht. Mitglieder hat die Stiftung als
selbständiges Vermögen wie gesagt keine. In aller Regel enthält das Stiftungsgeschäft
auch Bestimmungen über die so genannte **Dotation**, d.h. die Vermögenszuwendung
an die Stiftung. Streng genommen muss das Stiftungsgeschäft unter Lebenden nicht
einmal eine Vermögenszuwendung enthalten,[39] doch verlangt ein Teil der Lehre dies
gleichwohl.[40] Zwingend ist es aber nur für die Stiftung von Todes wegen i.S.d. § 83
BGB. Ist die Erfüllung des Stiftungszwecks unmöglich geworden oder gefährdet sie
das Gemeinwohl, so kann die zuständige Behörde der Stiftung eine andere Zweckbestimmung geben oder sie aufheben, § 87 Abs. 1 BGB. Allerdings soll bei der Umwandlung des Zweckes gemäß § 87 Abs. 2 BGB der Wille des Stifters berücksichtigt werden,

---

33 Dazu sogleich.
34 *Enneccerus/Nipperdey*, § 118 Anmerkung 8; zu anderen Fällen der analogen Anwendung des § 521
BGB in der Fallbearbeitung *Petersen*, Rn. 44 ff.
35 Staudinger/*Hüttemann/Rawert*, Neubearbeitung 2010, § 82 Rn. 2.
36 Z.B. §§ 816 Abs. 1 S. 2, 822, 1390, 2287 BGB.
37 OLG Dresden NJW 2002, 3181 (Dresdner Frauenkirche).
38 BGHZ 157, 184 = NJW 2004, 1382 ff.; hierzu *Schiffer*, NJW 2004, 1565 ff.
39 *Flume*, Allgemeiner Teil des Bürgerlichen Rechts, Erster Band, Zweiter Teil, 1983, § 4 V 3.
40 *Von Tuhr*, Der Allgemeine Teil des Deutschen Bürgerlichen Rechts, Band I, 1910, S. 597.

insbesondere dafür gesorgt werden, dass die Erträge des Stiftungsvermögens dem Personenkreis, dem sie zustatten kommen sollen, im Sinne des Stifters erhalten bleiben.

Stichwortverzeichnis

Die **fett** gesetzten Zahlen verweisen auf die Paragraphen dieses Buches, die mageren auf deren Randnummern.

Gesetzesverzeichnis

Die **fett** gesetzten Zahlen verweisen auf die Paragraphen dieses Buches, die mageren auf deren Randnummern.

InsO

JGG

KUG

MarkenG

PatG

PersBefG

ProdHaftG

PostG

RBerG

Art. 1 § 1: **37** 1, 5 f., 9

RDG

§§
2: **37** 6
3: **37** 6

SchwarzArbG

§§
1: **26** 9

SignG

§§
2: **25** 13
4: **25** 13

SteuerberG

§§
32: **56** 3

StGB

§§
19: **21** 4
32: **6** 11
34: **6** 11
246: **22** 5; **26** 6
253: **24** 29; **26** 6
259: **26** 6
263: **21** 4, 11; **24** 11; **25** 21
265a: **3** 29
266: **22** 5

StVG

§§
7: **6** 12

UmwG

§§
1: **57** 5
191: **57** 5
202: **57** 5

UWG

§§
1: **53** 9
3: **53** 9
4: **53** 13

VwGO

§§
57: **7** 21

VwVfG

§§
49: **59** 8

WG

Art.
1: **30** 9, 11, 22
2: **25** 3; **30** 11
9: **30** 9
15: **30** 9
21: **30** 9, 12
25: **30** 11, 22
26: **30** 3, 9, 12, 17, 19 f.
28: **30** 8 f., 11 f., 15 ff.
36: **7** 21

ZPO

§§
50: **58** 9
91: **5** 8
91a: **5** 9
222: **7** 21, 25
736: **57** 9, 11
767: **22** 18
780: **22** 18